François Lenormant

Die Magie und Wahrsagekunst der Chaldäer

weitsuechtig

François Lenormant

Die Magie und Wahrsagekunst der Chaldäer

ISBN/EAN: 9783943850710

Auflage: 1

Erscheinungsjahr: 2013

Erscheinungsort: Bremen, Deutschland

weitsuechtig

Die Geheimwissenschaften Asiens.

Die
Magie und Wahrsagekunst
der
Chaldäer.

Von

François Lenormant,
Professor der Alterthumskunde an der National-Bibliothek zu Paris.

Autorisirte, vom Verfasser bedeutend verbesserte und vermehrte deutsche Ausgabe.

Zwei Theile in einem Bande.

Jena,
Hermann Costenoble.
1878.

Inhaltsverzeichniß.

Vorwort zur deutschen Ausgabe.

Das vorliegende Werk erschien bereits 1874 in französischer Sprache. Seitdem ist die Wissenschaft vielfach fortgeschritten, während es auch mir, wie ich wohl annehmen darf, gelungen ist, meine Kenntnisse zu bereichern und zu vervollkommnen. Ich hielt es daher nicht für zulässig, eine deutsche Uebersetzung meiner Studien über die chaldäische Magie erscheinen zu lassen, ohne dieselben vorerst durch eingehende Revision und erhebliche Erweiterungen zu einer völlig neuen Ausgabe umgestaltet zu haben. Die in diesem Bande enthaltenen Uebersetzungen von Keilschrifttexten habe ich sämmtlich auf's sorgfältigste revidirt und nach Maaßgabe der neuesten Ergebnisse auf diesem Gebiete nicht unwesentlich geändert; ich habe vieles neu hinzugefügt, was mir von Interesse schien und in der französischen Ausgabe nicht enthalten war, endlich mehrere Abschnitte gänzlich umgearbeitet. Das Werk, das ich hiermit der Oeffentlichkeit biete, ist daher ein zum großen Theil noch unedirtes; auch bezeichnet dasselbe den gegenwärtigen Stand meiner Forschungen und Ansichten.

Neben den Studien über die Magie finden sich hier gleichzeitig meine Abhandlungen über die Wahrsagerei und Weissagekunst, welche bereits in französischer Sprache erschienen sind. Auch dieser Abschnitt ist sorgfältig revidirt, wenngleich keine dringende Veranlassung vorlag, größere Aenderungen darin vorzunehmen.

Fr. Lenormant.

Vorwort zur französischen Ausgabe von 1874.

Die Geschichte gewisser Formen des Aberglaubens bildet in den Annalen der geistigen Entwickelung des Menschengeschlechtes einen der wichtigsten, wenn auch seltsamsten Abschnitte. Denn wie thöricht auch die schwärmerischen Aeußerungen der Magie und Astrologie waren, wie fern uns gegenwärtig in Folge des allgemeinen Fortschrittes die Ideen liegen, die sie hervorriefen, sie haben immerhin lange Jahrhunderte hindurch, ja sogar bis auf naheliegende Zeiten einen so tiefen und gewichtigen Einfluß geübt, daß sie vom aufmerksamen Forscher und Beobachter der verschiedenen Phasen des allgemeinen Bildungsganges gewiß nicht unbeachtet gelassen werden dürfen. Das Alterthum vermochte selbst in seinen aufgeklärtesten Perioden nicht, dem Aberglauben ganz zu entsagen; im Mittelalter herrschten die Geheimwissenschaften fast unbeschränkt, als ein Vermächtniß des heidnischen Aberglaubens, welches den Triumph des Christenthums überlebt hatte; und es gelang erst der Neuzeit, diesen Wahn zu zerstreuen. Eine Verirrung, welche so anhaltend alle Geister, selbst die hervorragendsten, befangen hielt, und deren sich sogar die Philosophie nicht erwehren konnte, — die ihr zeitweise, wie bei den Neuplatonikern der alexandrinischen Schule, eine Hauptstelle in ihren Speculationen einräumte, — darf daher von der Darstellung des allgemeinen Verlaufs der Ideenentwickelung nicht ausgeschlossen werden. Es erscheint vielmehr angezeigt, sie mit Aufmerksamkeit zu prüfen und zu verfolgen, ihre Ursachen zu ergründen, ihre verschiedenen Gestaltungen zu beobachten und zugleich auch den Einfluß zu bestimmen, den sie abwechselnd von

den religiösen Anschauungen der verschiedenen Völker und Zeit=
alter erfuhr, oder aber auf dieselben ausübte. Welchen Antheil
hieran die unrichtige Auslegung von Thatsachen oder aber die
Benutzung von wirklich vorhandenen, jedoch mit dem Schleier
des Geheimnißvollen umgebenen Naturkenntnissen hatte, — ohne
Zweifel eine der interessantesten Seiten der Geschichte der Ge=
heimwissenschaften, — dieses mögen indessen Andere nachweisen.
Unsere Absicht ist nur, die Ursprünge der Magie an einer ihrer
ältesten Stätten zu erforschen und ein Gemälde von dem zu ent=
werfen, was sie thatsächlich in Chaldäa gewesen ist.

Das einmüthige Zeugniß des klassischen Alterthums, sowie
die jüdische und arabische Ueberlieferung, bezeichnen Aegypten
und Chaldäa als die Wiege der Magie und Astrologie, welche,
mittelst fester, theoretisch begründeter und systematisch geordneter
Regeln zum Range von Wissenschaften erhoben, seit einem be=
stimmten Zeitpuncte an die Stelle der noch ungekünstelten und
fast jeder äußerlichen Gelehrsamkeit entbehrenden Practiken der
ältesten Zauberer und Wahrsager traten. Was die klassischen
Schriftsteller und die heiligen Bücher über die Geheimwissen=
schaften dieser Länder von so uralter Gesittung berichten, er=
scheint aber ebenso unbestimmt wie zweifelhaft; man weiß nicht,
wie weit man diese Ueberlieferungen gelten lassen darf, auch
vermag man nicht die besonderen Merkmale aus ihnen heraus zu
erkennen, welche die Magie und die Astrologie der Aegypter von
denen der Chaldäer und Babylonier unterschieden. Ebenso ent=
halten hierüber auch die orientalischen Schriftsteller des Mittel=
alters so vieles Abenteuerliche, sie ermangeln in so hohem Grade
des Geistes der Kritik und der Anzeichen der Glaubwürdigkeit,
daß die Wissenschaft ihnen durchaus keinen Werth beizulegen
vermag.

Die Entzifferung der ägyptischen Hieroglyphen und der
Keilinschriften des Euphrat= und Tigrisgebiets, diese staunens=
werthe Errungenschaft unseres Jahrhunderts, bietet aber heute
zur Aufhellung dieses so wichtigen Problemes Hülfsmittel, welche
noch vor funfzig Jahren völlig außer Berechnung lagen.
Wir können gegenwärtig die Geheimwissenschaften Aegyptens

und Chaldäas an ihren ursprünglichsten Quellen studiren. Die in ziemlichem Umfange erhaltenen Zauberbücher und astrologischen Tafeln, welche in Aegypten auf Papyrusblättern, in Chaldäa und Assyrien auf Tafeln aus gebranntem Thon (coctilibus laterculis, wie sie Plinius bezeichnet) dem zerstörenden Einflusse der Zeit widerstanden haben, lassen sich mittelst der Methoden der heutigen Sprachwissenschaft mit Sicherheit entziffern und enthüllen derart dem Forscher in unmittelbarer Weise die Lehren und angeblichen Geheimnisse derer, welche die griechischen und römischen Astrologen und Magier als ihre Meister anerkannten.

Manche schätzbare Arbeit ist im Verlaufe der letzten Jahre den Urkunden der ägyptischen Magie gewidmet worden, insbesondere hat der hochverdiente, von der französischen Wissenschaft mit Recht so betrauerte Vic. de Rougé die astrologischen Tafeln der thebanischen Königsgräber erklärt. Dagegen fehlt es noch immer an entsprechenden Publicationen bezüglich der Magie und Astrologie der Chaldäer, welche, wie fast alle priesterlichen Lehren Chaldäas und Babyloniens, von den Assyrern fast unverändert übernommen wurden. Der Grund liegt ohne Zweifel darin, daß die Assyriologie erst später aufgekommen ist als die Aegyptologie: es fehlte bisher an Zeit, in entsprechender Weise ihr ganzes Gebiet zu durchforschen, so daß die Mehrzahl der Texte, die einer Deutung durch diese Wissenschaft harren, noch immer unveröffentlicht ist. Der Ausfüllung dieser Lücke ist meine Arbeit gewidmet; ich werde mit Hülfe der meist noch unübersetzten Urkunden zu zeigen und festzustellen suchen, worin die chaldäische Magie bestand, welches ihre Künste und Lehren waren; ich werde sie mit der ägyptischen Magie vergleichen, auf daß sich herausstelle, in wie fern sie von dieser abweicht und ihr Ausgangspunct ein anderer ist; ich werde die religiösen Anschauungen, die ihr zur Grundlage dienten, erforschen und dadurch ihren Ursprung und das ethnische Element, welches sie an die Ufer des Euphrat und Tigris verpflanzte, zu bestimmen suchen. Und diese Untersuchung wird mich schließlich zur Prüfung und Erörterung einer der wichtigsten Fragen veranlassen, welche die

Entzifferung der Keilschrifttexte in die Wissenschaft einführte:
das Problem der ursprünglichen turanischen Bevölkerung von
Babylonien und Chaldäa.

In einer späteren Arbeit, zu der die Materialien zum Theil
schon gesammelt, werde ich endlich alles das zu erforschen suchen,
was auf die Astrologie der Chaldäer, das System und den Ursprung dieser angeblichen Wissenschaft der Priesterschulen, sowie
auf die thatsächlichen Kenntnisse Bezug hat, welche Babylon und
Chaldäa der Nachwelt vermachten und deren Erben wir auch
heute noch sind.

Erster Theil.

Die Magie der Chaldäer

und

die Urgeschichte von Akkad.

Capitel I.

Die Magie und Zauberei der Chaldäer.

I.

Eine allgemeine, ziemlich richtige Vorstellung von der Be=
schwörungskunst der Chaldäer, ihren Verfahrensweisen und haupt=
sächlichsten Bestimmungen bietet uns eine Urkunde, welche Sir
Henry Rawlinson und Norris im Jahre 1866, im zweiten
Bande der Cuneiform inscriptions of Western
Asia [1]), im Facsimile veröffentlichten. Dieselbe besteht in einer
größeren Tafel aus der Bibliothek des Königspalastes zu Ninive,
mit achtundzwanzig, leider nur im Fragmente erhaltenen Zau=
bersprüchen, welche die Einwirkung böser Geister, die Folgen von
Zaubereien, Krankheiten und anderen Unfällen, denen der Mensch
alltäglich ausgesetzt ist, abzuwenden bestimmt waren. Die Zau=
bersprüche selbst endigen sämmtlich mit ein und derselben Be=
schwörungsformel; auch scheint es, als ob bei gegebener Gelegen=
heit nicht etwa nur dieser oder jener Spruch für sich allein, son=
dern alle zusammen hintereinander recitirt werden mußten, wenn
Einer gleichzeitig vor allen übrigen vorgesehenen schädlichen Ein=
flüssen bewahrt und geschützt sein sollte. Wie alle magischen
Documente Assyriens und Chaldäas ist auch diese Urkunde in
akkadischer, d. h. in der den finnischen und tartarischen Idiomen
verwandten turanischen Sprache verfaßt, welche der ursprüng=
lichen Bevölkerung der sumpfigen Ebenen des unteren Euphrat

---

[1]) Tfl. 17 und 18.

eigen war. Daß der alte akkadische Text überall von einer ne=
benstehenden assyrischen Uebersetzung begleitet wird, erklärt sich
daraus, daß schon lange bevor der assyrische König Assurban=
habal im siebenten Jahrhundert vor unserer Zeit die uns er=
haltene Abschrift anfertigen ließ, diese Urkunden nur noch mit
Hülfe der bezüglichen assyrischen Uebertragungen verstanden
werden konnten, welche daher ebenfalls einer älteren Zeitperiode
angehören. Das Akkadische war zu jener Zeit eine todte Sprache;
aber gerade deshalb legte man den in ihr abgefaßten Beschwö=
rungen eine um so höhere geheimnißvolle Macht bei, je unver=
ständlicher sie selber geworden waren.

Damit der Leser sich gleich von vornherein in das Getriebe
jener geheimnißvollen Welt versetzt fühle, in die ich ihn einzu=
führen gedenke, werde ich hier die erwähnten Zaubersprüche,
wenigstens diejenigen, welche man bisher zu entziffern vermochte,
vollständig mittheilen und gleichzeitig meine Uebersetzung mit
kurzen erläuternden Anmerkungen versehen. Ich stimme hierbei
in der Hauptsache mit meinem Vorgänger Oppert überein
und dürften daher die vereinzelten Abweichungen, die sich bei
einem etwaigen Vergleiche unserer beiden Uebersetzungen ergeben
möchten, im Wesentlichen dadurch zu erklären sein, daß der Ge=
lehrte des Collége de France nach dem assyrischen Texte über=
setzte, während ich dem Originaltext zu folgen bemüht war.
Die assyrische Version ist, wie leicht ersichtlich, nicht immer wört=
lich; ich habe daher alle Stellen besonders vermerkt, wo dieselbe
vom ursprünglichen Texte abweicht. Der akkadische Text zer=
fällt in rhythmische Verse, die auf der Tafel je eine besondere
Zeile einnehmen; ich richte mich genau nach ihrer Eintheilung [1]).

Beschwörung.

I. Den bösen Gott, den bösen Dämon,
    den Dämon der Wüste, den Dämon der Berggipfel,

---

[1]) Seit der Veröffentlichung der französischen Ausgabe dieses Werkes habe
ich den hier angeführten Text mit einer bereits merklich verbesserten Interli=
nearübersetzung in meinen Etudes accadiennes (II, 1, S. 150—205)
mitgetheilt. Die vorliegende Uebersetzung hat ebenfalls eine Reihe neuer Ver=
besserungen erfahren.

den Dämon des Meeres, den Dämon des Sumpfes,
den bösen Genius, den gewaltigen uruku[1]),
den durch sich selbst bösen Wind,
den bösen Dämon, der den Körper befällt, der den Körper erschüttert,
Geist des Himmels, beschwöre ihn! Geist der Erde, beschwöre ihn!

II. Den Dämon, der sich des Menschen bemächtigt, den Dämon, der
sich des Menschen bemächtigt[2]),
den gigim, der das Uebele anthut, den bösen Dämon,
Geist des Himmels, beschwöre ihn! Geist der Erde, beschwöre ihn!

III[3]). Die qedescheth[4]) mit widerspenstigem Herzen, welche das Hei=
ligthum in Stich läßt,
die qedescheth des Gottes Ana[5]), die ihren Dienst nicht versieht
am Abend des Anfangs des unvollzähligen Monats,
den Hierobulen[6]), der unzuverläſſig sich nicht auf seinen Poſten
begiebt,
der seine Bruſt nicht zerfleiſcht, der seine Hand nicht zerreißt,
der . . . .[7]),
Geist des Himmels, beschwöre ihn! Geist der Erde, beschwöre ihn!

IV. Was nimmer verläßt, was schädlich wirkt,
was sich ausbreitet[8]), die bösartige Geschwulst,
die geißelnde Geschwulst, die um sich greifende Geschwulst, die
freſſende Geschwulst, die . . . . Geschwulst[9]),

---

[1]) Diese Bezeichnungen der verschiedenen Dämonenarten werde ich später
ausführlicher besprechen.

[2]) In der aſſyrischen Verſion: „Der festhaltende Dämon, der sich des
Menschen bemächtigt."

[3]) Jene monſtruöſen Verirrungen des religiöſen Geiſtes, welche in den
Culten Vorderaſiens die unſittlichen Gebräuche der Qedeschim und
Qedeschoth erzeugten, ſind bereits so häufig erörtert worden, daß ich mich
nicht von Neuem über dieſes abſtoßende Thema verbreiten, vielmehr darauf
beſchränken werde, den Leſer auf die vielfachen bezüglichen Ausführungen An=
derer zu verweiſen. Die vorſtehende Beschwörung dürfte übrigens zu den in=
tereſſanteſten Documenten hierüber zu rechnen sein.

[4]) Der akkadische Ausdruck iſt nugig, der aſſyriſche qadistuv.

[5]) Es iſt dies der aſſyriſche Gott Anu, den man irrthümlicher Weiſe mit
dem Oannes des Beroſus identificirte; vgl. Anhang I.

[6]) Das akkadische Wort iſt genna, daſſelbe, welches die Syllabare aſſyriſch
muniru überſetzen.

[7]) Die Ueberſetzung dieſes nur im akkadischen Texte erhaltenen Verſes
bietet vorläufig noch große Schwierigkeiten.

[8]) Aſſyriſch: „was brütet."

[9]) Der akkadische Ausdruck, den wir nicht mit Beſtimmtheit zu übertragen
vermögen, lautet: šā adnum.

die wuchernde Geschwulst, die bösartige Geschwulst [1]),
Geist des Himmels, beschwöre sie! Geist der Erde, beschwöre sie!

[1]) Zur Erleichterung des Vergleiches der akkadischen und assyrischen Krank=
heitsbezeichnungen geben wir hier das Verzeichniß derselben wieder, wie es in
dem Werke: Western Asia Inscriptions (II, 28, Z. 1—28, b—c) enthalten ist:

Akkadisch:	Assyrisch:		
amut a ´igi			
a sâga ´si	} ..... malia me	„Die Wassersucht."
a galla tila			
a galla tila	raḫ imtu	„Der vergiftete Athem."
sâbur suguda	eri sa muriv ...	„Die Schwangerschaft."
sâ maχ	esîltu	„Die Hypertrophie des Herzens."
sâta χargig	simertu	„Die Nieren= oder Blasensteine."
sâdib	kiṣirtu	„Der Herzkrampf."
mar..........	migganu	„Die Abzehrung."
mar gal	} ...... iskibbu	„Die Lähmung" (?)
mar sasur		
is. ti. ki. sim. tab ...	libistu	
sâ sar sâ			
sâga ka´sa	} ...... maśkadu	„Die schmerzhaft geißelnde Ge=
sâ adgal		schwulst."
sâ gig			
sâ bui	nipistu	„Die wuchernde Geschwulst."
sâ addir	sanadu	„Die folternde Geschwulst."
sâ addugud			
sâ melgal			
sâ adgal	} ..... sassaṭu	„Das geschwulsterzeugende Ge=
sâ nummarra		schwür."
sâ adnum			
sâ adnum	bennu	
sâ adgal			
sâ pad	} ..... rapadu	„Die ausgebreitete Geschwulst."
sâ padba aka		
sâ χirara			

Das akkadische sâ, assyrisch buanu, ist eine generische Bezeichnung für
Geschwulst, Geschwür.

Ebenfalls im erwähnten Werke (II, 27, Z. 41—43, e—f) finden wir noch
folgende Bezeichnungen angegeben:

Akkadisch:	Assyrisch:	
sâ ku	ḫara´u	„Die Krätze."
sâ kue	iggituv	„Die juckende Krätze."
sâ tabin aka	talsutuv	„Die Krankheit, die das Ausfallen
		der Nägel verursacht."

V. Die Krankheit der Eingeweide, die Krankheit des Herzens, der be=
ängstigende Herzkrampf,
die Gelbsucht, die Krankheit des Hauptes, die bösartige Ruhr,
den entzündeten Ausschlag [1]),
die Schwärung der Nieren, das schneidende Harnen,
den grausamen Schmerz, der nicht aufhört,
das Alpdrücken,
Geist des Himmels, beschwöre sie! Geist der Erde, beschwöre sie!

VI. Den, der das gefertigte Ebenbild bezaubert,
das böse Antlitz, den bösen Blick,
den bösen Mund, die böse Zunge,
die böse Lippe, das schädliche Gift,
Geist des Himmels, beschwöre sie! Geist der Erde, beschwöre sie!

VII. Die Amme.
Die Amme, deren Brust [2]) süß ist,
die Amme, deren Brust bitter ist,
die Amme, deren Brust schwärt,
die Amme, die an der Schwärung ihrer Brust stirbt,
die Schwangere, deren Leibesfrucht schwindet,
die Schwangere, deren Leibesfrucht sich spaltet,
die Schwangere, deren Leibesfrucht verwest,
die Schwangere, deren Leibesfrucht verkommt [3]),
Geist des Himmels, beschwöre sie! Geist der Erde, beschwöre sie!

VIII. Das schmerzhafte Fieber, das heftige Fieber,
das Fieber, das dem Menschen hartnäckig anhaftet,
das Fieber, das nimmer verläßt,
das Fieber, welches nicht schwindet, das bösartige Fieber,
Geist des Himmels, beschwöre es! Geist der Erde, beschwöre es!

IX. Die schmerzhafte Pest, die hinraffende Pest,
die Pest, die dem Menschen hartnäckig anhaftet,
die Pest, die nimmer verläßt,
die Pest, welche nicht schwindet, die bösartige Pest,
Geist des Himmels, beschwöre sie! Geist der Erde, beschwöre sie!

X. Die schmerzhafte Krankheit der Eingeweide,
das Hinsiechen, welches mißmuthig stimmt und einschneidet (?) [4]),
das Hinsiechen, welches nicht abläßt, die Schwäche der Blutadern,
das Hinsiechen, welches nicht schwindet, das bösartige Kränkeln,
Geist des Himmels, beschwöre! Geist der Erde, beschwöre!

---

[1]) Assyrisch: „Den ekelerregenden Ausschlag."

[2]) Die Worte „deren Brust" sind in diesem wie in den folgenden Versen
ein, übrigens sehr erwünschter, erläuternder Zusatz der assyrischen Uebersetzung.

[3]) Vgl. hierzu das Verzeichniß in Western Asia Inscriptions, II, 33, 1.

[4]) Assyrisch: „Das Leibschneiden."

XI. Was sich heftig im Munde regt, das der Sprache[1] verhängnißvolle Gift,
   das Speien der Schwindsucht, welches schrecklich ermattet,
   die Feigwarze, die eitrigen Bläschen[2], das Ausfallen der Nägel,
   den entzündeten Ausschlag[3], die eingewurzelte Flechte,
   die schädliche Rose,
   den Aussatz, der die Haut bedeckt,
   die Nahrung, die den Körper des Menschen zum Skelet reducirt,
   die Nahrung, die genossen wieder ausgeworfen wird,
   die Flüssigkeit, die getrunken anschwillt,
   das verhängnißvolle Gift, das . . . . .[4],
   den Wind . . . . .[5], der von der Wüste her weht,
   Geist des Himmels, beschwöre sie! Geist der Erde, beschwöre sie!

XII. Den Frost, der die Erde erstarren macht,
   die übermäßige Hitze, die des Menschen Haupt springen läßt,
   das böse Geschick, ...
   welches unversehens dem Menschen ein Ziel setzt,
   den bösen Durst, Vorboten des Hauches der Pest,
   . . . .
   Geist des Himmels, beschwöre sie! Geist der Erde, beschwöre sie!

Die nächstfolgenden Sprüche XIII und XIV sind leider
in beiden Versionen so arg verstümmelt, daß selbst der Versuch
einer bezüglichen Uebersetzung nicht gerathen erscheint; jedoch
läßt sich aus den wenigen erhaltenen Bruchtheilen entnehmen,
daß ersterer die Einwirkung eines in der Wüste hausenden
Dämons bekämpfen, letzterer vor einem Uebel bewahren sollte,
das den Menschen jederzeit, beim Essen und Trinken, Schlafen
oder Ruhepflegen treffen kann, wahrscheinlich vor dem plötzlichen
Tode.

Von den folgenden vier Beschwörungen ist nur der akkadische Text erhalten; die assyrische Version derselben ist gänzlich
verloren gegangen.

XV. Den, der im Kerker verhungert,
   den, der im Kerker verdurstet,

---

[1] Assyrisch: „Die giftige Schwindsucht, die sich bösartig im Munde regt."
[2] Assyrisch: „Die Eiterbläschen am After, die Eiterbläschen am Körper."
[3] Assyrisch: „Den eitrigen Ausschlag."
[4] Die Uebersetzung der Schlußworte dieses Verses bietet gegenwärtig
noch erhebliche Schwierigkeiten.
[5] Das betreffende Epitheton erscheint noch sehr zweifelhaft.

ben, der, in eine Grube gestürzt, vor Hunger,
hülfeflehend, [gezwungen ist zu verzehren] ben Staub,
ben, der im Schooße der Erde oder im Flußbett
umkommt und seinen Geist aushaucht,
ben, der in der Wüste verschmachtet,
ben, ben die Sonne in der Wüste verbrennt,
die Sclavin, die ihres Herren Gunst nicht genießt,
das freie Weib, welches ledig einhergeht[1]),
ben, der einen ehrlosen Namen hinterläßt,
ben, der keinen Namen hinterläßt,
ben, der sich vor Hunger nicht wieder zu erheben vermag,
ben, der in Krankheit verfällt und wehklagt am Anfang eines un=
vollzähligen Monats[2]),
Geist des Himmels, beschwöre! Geist der Erde, beschwöre!

XVI. Der Gott, er möge dem vergänglichen Menschen
[gewährleisten?] die Beschirmung seines Lebens!
Er verleihe ihm Kraft im Anblick der Sonne!
Der Genius, der günstig einwirkende Coloß,
er lasse sich nieder in seinem Haupte,
zur Erhaltung seines Lebens,
ohne sich je von ihm wieder zu trennen!
Geist des Himmels, beschwöre! Geist der Erde, beschwöre!

Eine genügende Uebersetzung des siebenzehnten Spruches zu
geben, ist beim gegenwärtigen Stande der Wissenschaft leider
nicht möglich; nur so viel läßt sich mit Bestimmtheit darüber

---

[1]) Ein ähnliches bilingues Fragment (W. A. I., II, 33, Nr. 4), welches
ebenfalls das Unglück einer vom Gebieter vernachlässigten Sclavin betrifft,
lautet in möglichst getreuer Uebersetzung wie folgt:
Die Sclavin, welche zum Weibe
kein Mann erkor;
die Sclavin, welche die Umarmungen ihres Gatten
durch ihren Reiz
nicht erwarb;
die Sclavin, die in den Umarmungen
ihres Gatten den Schleier nicht verlor;
die Sclavin, welcher der Gatte, in seinen Gunstbezeugungen,
die letzte Hülle nicht abnahm . . . .
. . . .

[2]) Der „unvollzählige Monat" wird in den magischen Texten sehr häufig
erwähnt; er scheint im Allgemeinen für einen ganz besonders unglückseligen
Zeitpunct gegolten zu haben, doch ist es bisher nicht gelungen, den eigentlichen
Zusammenhang nachzuweisen.

angeben, daß er die Vorschriften eines schutzgewährenden und beschwörenden Ritus enthielt.

XVIII. Von weißem Zeuge zwei doppelte lange Streifen
an das Bett und den Tritt [1])
als Talisman zur rechten Hand [2]) er heftet;
von schwarzem Zeuge zwei doppelte lange Streifen
zur linken Hand er heftet;
der böse Dämon, der böse alal, der böse gigim,
der böse telal, der böse Gott, der böse maskim,
der Schreckgeist, das Gespenst, der Vampyr,
die böse Zauberei, der Zaubertrank, das flüssige Gift,
was Schmerzen verursacht, was heftig erregt, was bösartig einwirkt,
ihr Haupt
auf sein Haupt,
ihre Hand auf seine Hand,
ihren Fuß auf seinen Fuß
werden sie nimmer legen,
sie werden nimmer zurückkehren.
Geist des Himmels, beschwöre sie! Geist der Erde, beschwöre sie!

Die Verstümmelung des betreffenden Täfelchens verursacht an dieser Stelle eine größere Lücke, mit welcher zum wenigsten zwei vollständige Sprüche und der Anfang eines dritten verloren gegangen. Es ist mir jedoch gelungen, im britischen Museum ein kleines Fragment zu entdecken, welches unter den in England veröffentlichten Texten nicht aufgeführt ist, ohne Zweifel aber den Schluß der neunzehnten Beschwörung bildete [3]):

. . . .
Daß der böse Dämon ausfahre!
Daß er sich anderswo niederlasse!
Daß der holde Dämon, der holde Coloß,
einfahren mögen in seinen Körper!
Geist des Himmels, beschwöre! Geist der Erde beschwöre!

Aus der ersten Zeile des zwanzigsten Spruches, die sich auf dem nämlichen Fragment befindet, entnehmen wir, daß die

---

[1]) Ueber die Anlage dieses Trittes in den Schlafgemächern des Harems zu Khorsabad s. die bildlichen Darstellungen in Place's: Ninive et l'Assyrie.

[2]) Der Abschreiber hat hier im akkadischen Texte hinter id, „Hand“, das Wort zida, „rechte“, fortgelassen; das Richtige geht jedoch aus der assyrischen Version imna mit Bestimmtheit hervor.

[3]) Vgl. meine Choix de textes cunéiformes inédits, Nr. 24.

betreffende Beschwörung der Heilung einer innern Krankheit, einer „Krankheit der Eingeweide" gewidmet war. Vom einundzwanzigsten Spruche ist ebenfalls nur ein kleineres Bruchstück erhalten, in welchem alle Theile des Hauses genannt werden, welche vermöge der Beschwörung von bösen Geistern befreit werden können. Die einzelnen Verse sind indessen außerordentlich verwickelt und unverständlich; die vielen darin vorkommenden architectonischen Bezeichnungen, zu deren Erklärung wir nicht den geringsten Anhalt besitzen, machen eine Uebersetzung des Fragmentes unmöglich, während auch der Ausfall der entsprechenden assyrischen Version das richtige Verständniß des Ganzen in hohem Maaße erschwert.

XXII. Das Schreckgespenst, des Himmels Kind,
das die Götter verfluchen,
den innin[1]), den Fürsten
der Herren,
den . . . . . ., der das schmerzhafte Fieber erzeugt,
den uruku, der schwer lastet
auf der Menschheit,
das Gespenst, das den Menschen erschreckt,
sie werden nicht anfallen.
Geist des Himmels, beschwöre! Geist der Erde, beschwöre!

Von der dreiundzwanzigsten und vierundzwanzigsten Beschwörung lassen sich bei der mangelhaften Erhaltung des betreffenden Täfelchens nur die Anfangszeilen des akkabischen Textes erkennen, und bleibt daher die Möglichkeit einer Uebersetzung derselben vorläufig gänzlich ausgeschlossen. Nur so viel läßt sich mit Bestimmtheit darüber angeben, daß erstere die Hülfe des in allen ähnlichen Texten gewöhnlich als Vermittler betrachteten Gottes Silik-mulu-khi anruft, desselben, der in der officiellen Religion der assyrischen Periode dem Gotte Maruduk gleichgestellt wurde; die zweite ist an den Feuergott Izbar (?) gerichtet, über welchen wir später noch ausführlich berichten werden.

Von der fünfundzwanzigsten Beschwörung sind nur die

---

[1]) Eine Art Nachtgespenst.

erften vierzehn Zeilen und zwar im affabiſchen Texte erhalten; ſie beginnt mit einer Anrufung des Gottes Nin = a = ʒu ¹), nennt dann verſchiedene Krankheiten und ſchließt endlich wie folgt:

Das Meer . . . .
das Meer . . . .
die waſſerloſe Wüſte . . . . . .
die Waſſer des Tigris, die Waſſer des Euphrat,
das Gebirge des Weſtens, das Gebirge des Oſtens,
das ſchlüpfrige Gebirge,
mögen ſie ihre grundloſen Tiefen verſchließen!
Geiſt des Himmels, beſchwöre ſie! Geiſt der Erde, beſchwöre ſie!

XXVI. Nin = kigal ²), Gattin des Gottes Nin = a = ʒu,
möge dieſen ſein Antlitz richten laſſen auf den Ort, wo er (der Kranke) ſich befindet!
Mögen die böſen Dämonen ausfahren!
Mögen ſie ſich niederlaſſen an anderen Orten!
Der holde Dämon ³), der holde Coloß,
mögen ſie einziehen in ſeinen Körper!
Geiſt des Himmels, beſchwöre! Geiſt der Erde, beſchwöre!

XXVII. Der Gott Ital ⁴), der mächtige Held, der gewaltigſte Schlingenleger unter den Göttern, dem Gott der Berggipfel ⁵) gleich,
er laſſe ſich nieder in ſeinem Haupte,
zur Verlängerung ſeines Lebens,
ohne ſich je wieder von ihm zu trennen!
Geiſt des Himmels, beſchwöre! Geiſt der Erde, beſchwöre!

XXVIII. Der ſterbliche und vergängliche Menſch; mögen in Folge ſeines Opfers Barmherzigkeit
und innerer Friede auf ihn herabfließen, wie geſchmolzenes Erz!
Den Glanz dieſes Menſchen ⁶)
möge die Sonne ⁷) ſteigern!

---

¹) „Der Gebieter der angeſchwollenen Gewäſſer,“ ſonſt auch als Neben= geſtalt des Ea erwähnt.

²) Das affabiſche kigal iſt im Aſſyriſchen durch birutu, „die Gruft“, wiedergegeben; Nin = kigal iſt die Göttin der Todten, die aſſyriſche Allat.

³) Aſſyriſch: „Genius“.

⁴) Gott des Tigris, deſſen Gattin Nin = mul genannt wird.

⁵) Aſſyriſch: „Dem Gott, der ihn zeugte.“

⁶) Aſſyriſcher Text: „dieſen Menſchen“.

⁷) Im affabiſchen Text wird die Sonne Parra „der Leuchtende“ genannt, ein Name, welcher bei weitem ſeltener gebraucht wird als Utu.

Silik-mulu-kbi [1]), des Oceans Erstgeborener,
möge die Kraft ihm stählen, sein Glück ihm begründen!
Geist des Himmels, beschwöre! Geist der Erde, beschwöre!

Die so zahlreichen und mannigfaltigen Belehrungen, welche dieser schon seit längerer Zeit bekannte Text enthält, werden übrigens durch neue Urkunden, die in Kurzem veröffentlicht werden dürften, in erfreulichster Weise erweitert und vervollständigt. Unter den Tausenden von Bruchstücken thönerner Täfelchen, welche Layard in dem Bibliothekssaal des Königspalasts zu Kojunndjik, an der Stelle des eigentlichen Ninive, entdeckte und die gegenwärtig im britischen Museum bewahrt werden, befinden sich nämlich die Fragmente eines umfangreichen Werkes magischen Inhalts, welches in seiner Vollständigkeit nicht weniger als zweihundert Tafeln umfaßte und für Chaldäa wohl das Nämliche war, was die alten Inder in ihrem Atharva-Veda besaßen. Es war dasselbe eine Sammlung aller Formeln, Beschwörungen und Hymnen der chaldäischen Magier, von denen uns die klassischen Schriftsteller berichten, unter andern auch Diodorus Siculus [2]) sagt: „Sie suchen das Böse abzuwenden und das Gute zuzuwenden, theils durch Reinigungen, theils durch Opfer und Zaubermittel." Die Auswahl der Reste dieses Werkes aus dem Chaos von Trümmern aller Art, unter denen sie zerstreut waren, sowie ihre richtige Zusammenstellung zur Publication, die im vierten Bande der Cuneiform inscriptions of Western Asia erfolgen wird, waren Arbeiten, welche die größte Hingebung und Ausdauer erheischten. Doch wurden sie nichts desto weniger mit vielem Geschicke zu Ende geführt, von Henry Rawlinson, einem der ausgezeichnetsten englischen Orientalisten, der mehr als alle übrigen zur Entzifferung der vorarischen Keilschrifttexte beigetragen hat, und von George Smith, einem jüngeren Mitarbeiter desselben, der hierbei die erprießlichsten Dienste leistete, auch selber schon eine hervorragende

---

[1]) Die assyrische Version ersetzt diesen Namen durch den des Gottes Marubut.

[2]) II, 29.

Stellung in der Wissenschaft sich errungen hat [1]). Um einen
Begriff von der Masse und Weitläufigkeit der in Rede stehenden Fragmente zu geben, erwähne ich nur, daß ihre Zahl sich
auf mehr denn funfzig beläuft, unter denen mehrere, die unverletzt blieben, oft drei- bis vierhundert Schriftzeilen aufweisen und
dreißig Folioseiten fast vollkommen ausfüllen. Mit seltenster
Uneigennützigkeit, für die ich mich auf keine andere Weise er-
kenntlich zu zeigen vermag, als indem ich sie hier öffentlich
rühme, hatte Herr Rawlinson die Güte, mir noch vor ihrem
Erscheinen Einsicht in die Probedrucke der Facsimile-Tafeln dieser
Publication, die ohne Zweifel zu den werthvollsten zu rechnen
ist, welche bisher die Assyriologie bereichert und gefördert haben,
zu gestatten; und hieraus habe ich denn auch die meisten Daten
der vorliegenden Studie geschöpft [2]).

Das umfangreiche magische Werk, von welchem die Schreiber
Assurbanhabal's nach dem [bereits] seit dem frühesten Alterthum in der Bibliothek der berühmten Priesterschule zu Erech in
Chaldäa befindlichen Exemplar mehrere Abschriften angefertigt
hatten, bestand aus drei verschiedenen Büchern. Von einem
derselben ist uns der Titel „Die bösen Geister" bekannt, indem am Ende eines jeden der zugehörigen und vollständig erhaltenen Täfelchen die nähere Bezeichnung „Tafel Nr. .... der
bösen Geister" vermerkt ist. Diesem Titel zufolge enthielt das
entsprechende Buch ausschließlich Beschwörungen und Verwünschungen, welche bestimmt waren, Dämonen und andere
böse Geister zu vertreiben, ihren schädlichen Einfluß abzuwenden

---

[1]) Da obige Zeilen noch vor dem Eintritte des vorzeitigen und unerwar-
teten Todes G. Smith's verfaßt waren, so möge es mir erlaubt sein, dieses
so harten und für die Wissenschaft nicht genug zu beklagenden Verlustes nach-
träglich an dieser Stelle zu gedenken. G. Smith wurde in der Blüthe seines
Lebens, im Besten seiner Arbeiten und seines eifrigen Strebens dahingerafft,
und ist daher eine Kraft mit ihm verloren gegangen, welche zu den schönsten
Hoffnungen und begründetsten Erwartungen berechtigte. Die Freundschaftsbande,
die mich ununterbrochen an den Verblichenen knüpften, werden mir stets zur
besonderen Ehre gereichen.

[2]) Der vierte Band der Cuneiform inscriptions ist bereits seit 1875 veröffentlicht und ausgegeben worden.

unb gegen ihre Angriffe sicher zu stellen. Ein zweites Buch
erweist sich, nach dem davon Vorhandenen zu urtheilen, als
eine Sammlung von Beschwörungen, denen man die Macht,
die verschiedensten Krankheiten zu heilen, zuschrieb. Das dritte
endlich umfaßt nur Hymnen, welche an einzelne Götter gerichtet
sind und deren Inhalt eine übernatürliche und geheimnißvolle
Wirkung ausüben sollte; sie tragen jedoch ein ganz anderes Ge=
präge als die im engeren Sinne liturgischen Hymnen der
Staatsreligion, von denen ebenfalls einige Proben erhalten
sind. Auch ist es nicht ohne Interesse, zu erfahren, daß die
drei Theile dieses von Rawlinson wiederaufgefundenen
magischen Werkes auf's genaueste den drei verschiedenen Classen
der chaldäischen Gelehrten, welche im Buche Daniel[1]) neben
den Astrologen und Wahrsagern (kasdim und gazrim) aufge=
zählt werden, also den khartumim oder Beschwörern, den
hakamim oder Aerzten und den asaphim oder Zauberpriestern
(assyr. asipu) entsprechen[2]).

Die Sprüche, Hymnen und Beschwörungen sind in dieser
dreitheiligen Sammlung sämmtlich in akkadischer Sprache ver=
faßt, jedoch durchgehend von einer assyrischen Interlinear=Ueber=
setzung begleitet. Von einigen der seltenern Hymnen war indessen
der Urtext zweifelsohne schon in frühester Zeit, da die Samm=
lung zum ersten Male veranstaltet wurde, verloren gegangen.
Diese werden daher nur in der assyrischen Version mitge=
theilt, deren Sprache unverkennbare Spuren hohen Alters trägt,
während sie auch in syntactischer Beziehung durch ihre dem
inneren Geiste der semitischen Idiome häufig widerstrebenden
Redewendungen das eigenthümliche Gepräge der grundverschie=
denen Sprache verräth, in welcher das schon längst verschollene
Original verfaßt sein mußte. Die einzelnen Stücke sind durch
eine tiefe, vom Abschreiber auf dem Täfelchen gezogene Schluß=
linie getrennt; ferner steht vor einem jeden derselben das Wort

---

[1]) I, 20; II, 2 und 27; V, 11.
[2]) Ueber das Buch Daniel und die bezüglichen Ergebnisse der Keilschrift=
studien vgl. den Anhang zum zweiten Theile dieses Werkes.

ên [1]) „Beschwörung" (affyr. siptu), welches allerdings auf noch deutlichere Art den jedesmaligen Anfang eines neuen Spruches bezeichnet. Die Hymnen des dritten Buches schließen alle mit dem affadischen Worte kakama, welches im Assyrischen in amen (amanu) übertragen wird.

Die Form der Beschwörung der bösen Geister ist meist eine sehr eintönige; die betreffenden Sprüche sind, so zu sagen, sämmtlich aus einem Gusse hervorgegangen. Zuerst werden in ihnen die zu beschwörenden Dämonen genannt, ihre Macht angegeben und die Wirkung derselben geschildert; es folgt hierauf der Wunsch, daß sie vertrieben werden und man vor ihren Nachstellungen bewahrt bleiben möge, was häufig geradezu in kategorischer Weise verlangt wird. Den Schluß der Beschwörung bildet endlich die mysteriöse Formel, die ihre Wirksamkeit erhöhen und bestätigen soll: „Geist des Himmels, beschwöre sie! Geist der Erde, beschwöre sie!" Dieser Zusatz scheint unbedingt nothwendig gewesen zu sein und fehlt daher nirgends; nur werden demselben zuweilen auch Anrufungen anderer göttlicher Geister beigefügt.

Als erläuterndes Beispiel möge folgende Beschwörung dienen, welche gegen mehrere Dämonen, Krankheiten und schädliche Einflüsse, wie z. B. den bösen Blick, gerichtet ist [2]).

— Die Pest und das Fieber, die das Land verheeren,
— die Seuche, die Auszehrung, die das Land verwüsten,
— schädlich dem Körper, verderblich den Eingeweiden,
— der böse Dämon, der böse alal, der böse gigim,
— der boshafte Mensch, der böse Blick, der böse Mund, die böse Zunge,
— daß sie des Menschen, Sohn seines Gottes [3]), Körper verlassen mögen, daß sie seine Eingeweide verlassen mögen!

---

[1]) Das Ideogramm dieses Wortes besteht aus einer Zusammensetzung der Schriftzeichen sû und an, von denen ersteres die Begriffe „Vereinigung" und „Abwehr" wiedergiebt, letzteres aber „Gott" bedeutet. Die Grundidee dieser Verschmelzung erscheint daher derjenigen der ϑεῶν ἀνάγκαι der neuplatonischen Theurgie verwandt.

[2]) W. A. I., IV, 1, Col. 3.

[3]) Dieser Ausdruck wird später noch näher erläutert werden.

Meinem Körper werden sie nimmer anhaften,
vor mir werden sie nimmer Böses stiften,
in meinem Gefolge werden sie nimmer einherschreiten,
in mein Haus werden sie nimmermehr eintreten.
mein Zimmerwerk werden sie nimmer durchschreiten,
in das Haus meiner Wohnstätte werden sie nimmermehr einkehren.
Geist des Himmels, beschwöre sie!
Geist der Erde, beschwöre sie,
Geist des Mulge [1]), König der Länder, beschwöre sie!
Geist der Nin=gelal [2]), Herrin der Länder, beschwöre sie!
Geist des Nin=bara [3]), mächtiger Kämpe des Mulge, beschwöre sie!
Geist des Nusku [4]), erhabener Bote des Mulge, beschwöre sie!
Geist des Eni=zuna [5]), Erstgeborener des Mulge, beschwöre sie!
Geist der Sukus [6]), Herrin der Feldlager [7]), beschwöre sie!
Geist des Mermer [8]), König dessen Stimme [9]) wohlthut, beschwöre sie!
Geist des Utu [10]), König der Gerechtigkeit [11]), beschwöre sie!
Geister Anunna=ge [12]), große Götter, beschwört sie!

Minder ausführlich ist die Aufzählung von Gottheiten in folgender Beschwörung:

Sie sind der Tag der Trauer, die schädlichen Winde;
sie sind der verhängnißvolle Tag und der verheerende Wind, der
    ihn ankündigt;
sie sind der verhängnißvolle Tag und der verheerende Wind, der ihm
    voraufgeht;
sie sind die Kinder der Rache, die Söhne der Rache;
sie sind die Vorboten der Pest;
sie sind die Werkzeuge des Zorns der Nin=kigal;
sie sind die flammende Wettersäule, welche arg hauset auf Erden;

---

[1]) Assyrisch Bel.

[2]) Belit.

[3]) Assyrisch Abar, der Hercules in der Religion der Uferbewohner des Euphrat.

[4]) Ein Gott, welcher nicht selten mit Nebo verwechselt, ebenso häufig aber auch wieder von ihm streng unterschieden wird.

[5]) Sin, der Gott des Mondes.

[6]) Istar.

[7]) Assyrisch: „Herrin der Heerschaaren".

[8]) Assyrisch Bin und Ramanu (der Rimmon der h. Schrift), Gott der Luft, des Blitzes und Regens.

[9]) Assyrisch: „Ungestüm".

[10]) Samas, die Sonne.

[11]) Anspielung auf seinen Beinamen dayan same, „Schiedsrichter des Himmels".

[12]) Assyrisch Anunna-irsiti, die irdischen Erzengel.

sie sind die sieben Götter des unermeßlichen Himmels;
sie sind die sieben Götter der unermeßlichen Erde;
sie sind die sieben Götter der feurigen Sphären;
die sieben Götter, sie sind sieben an der Zahl [1]);
sie sind die sieben schädlichen Götter;
sie sind die sieben bösen Schreckgeister;
sie sind die sieben bösen Flammengespenster;
sieben im Himmel, sieben auf Erden,
der böse Dämon, der böse alal, der böse gigim, der böse telal, der
böse Gott, der böse maskim.
Geist des Himmels, beschwöre sie, Geist der Erde, beschwöre sie!
Geist des Mulge, König der Länder, beschwöre sie!
Geist der Nin-gelal, Herrin der Länder, beschwöre sie!
Geist des Nin-bara, Sohn des Feuerhimmels, beschwöre sie!
Geist der Sulus, Herrin der Länder, die zur Nachtzeit erglänzt,
beschwöre sie [2])!

In den meisten Fällen findet jedoch eine derartige längere
Aufzählung von Gottheiten am Schlusse der Beschwörung nicht
Statt. Als Vorbild der einfachsten Beschwörungen diene hier
folgende gegen die sieben bösen Geister, die maskim, welche zu
den gefürchtetsten Dämonen gezählt wurden [3]):

Sieben sind's! Sieben sind's!
Sieben sind es, in des Oceans tiefsten Gründen!
Sieben sind es, Verstörer des Himmels;
Sie wuchsen empor aus des Oceans tiefsten Gründen, aus dem
(verborgenen) Schlupfwinkel.
Sie sind nicht männlich, sind nicht weiblich,
sie breiten sich aus gleich Fesseln.
Sie haben kein Weib, sie zeugen nicht Kinder;
Ehrfurcht und Wohlthun kennen sie nicht;
Gebet und Flehen erhören sie nicht.
Ungeziefer, das dem Gebirge entsprossen,
Feinde des Ea,
sie sind die Werkzeuge des Zorns der Götter.
Die Landstraße störend lassen sie auf dem Wege sich nieder.
Die Feinde! Die Feinde!
Sieben sind sie! Sieben sind sie! Sieben (zwei mal) sind sie!
Geist des Himmels, daß sie beschworen seien!
Geist der Erde, daß sie beschworen seien!

---

[1]) Assyrisch: „Sie sind die sieben versammelten Götter."
[2]) W. A. I., IV, 1, Col. 2 und 3.
[3]) W. A. I., IV, 2, Col. 5.

Daß der chaldäische Exorcist die Dämonen, die er austreiben sollte, nicht eben glimpflich behandelte, ist hieraus leicht ersicht= lich. Die Verfasser der akkadischen Beschwörungen ließen in der Anhäufung von Schmähungen, in der Darstellung des Unheils, das die Geister des Bösen und der Finsterniß anrichten, ihrer dichterischen Phantasie vollen Lauf; daher sich auch in ihren Zaubersprüchen die mannigfaltigsten Bilder, meist von glühender Färbung und wirklich überraschender Kraft bieten.

Die exorcistischen Sprüche erhalten zuweilen eine größere Ausdehnung und nehmen dann stets eine dramatische Form an. Eine Schilderung der von den Dämonen verursachten Verheerungen bildet die Einleitung, wobei vorausgesetzt wird, daß die Klage vom wohlwollenden Silik=mulu=khi, der über den Menschen wacht und zwischen ihnen und den oberen Göttern als Ver= mittler dient [1]), erhört worden sei. Aber Macht und Weisheit desselben sind nicht derart, daß sie die übermächtigen Geister, deren Einfluß beschworen werden soll, zu überwinden vermögen. Silik=mulu=khi wendet sich daher an seinen Vater Éa, den Träger der göttlichen Intelligenz, die das Weltall durchbringt, den Herrn der ewigen Geheimnisse, der die theurgischen Hand= lungen leitet; und dieser offenbart endlich den mysteriösen Ritus, die Zauberformel oder den „allmächtigen, geheimnißvollen Namen,‟ der im Stande ist, alle Anschläge, sogar der furchtbarsten Höllen= mächte, zu vereiteln.

Die Krankheitsbeschwörungen umfassen die verschiedensten Fälle, wie wir bereits aus der längeren, gleich zu Anfang mit= getheilten Beschwörung ersehen haben. Die ausführlichsten sind jedoch vorzugsweise diejenigen, welche eine Heilung der Pest, des Fiebers und der „Krankheit des Hauptes‟ (akkadisch sak-gig, assyrisch muruṣ qaqqadi und ṭi'u) zum Gegenstand haben. Dieses semitische Wort ṭi'u bedeutet aber thatsächlich „Irrsinn‟, und es ist daher leicht begreiflich, warum die Magie ihre Thätig=

---

[1]) Die Assyrer haben ihn später mit ihrem Gotte Marubuk, welcher der Gott des Planeten Jupiter geworden war, identificirt; ursprünglich hatte er aber keineswegs diesen planetarischen Charakter.

keit hauptſächlich gegen dieſe ebenſo ſchreckliche als räthſelhafte Krankheit richtete, welche mehr als alle anderen die Geiſteskraft lähmte und vorzugsweiſe als eine Strafe des göttlichen Zornes oder eine Einwirkung der böſen Mächte betrachtet wurde. Uebrigens ſcheint dieſer Irrſinn in der Mehrzahl der Fälle von noch anderen äußeren Krankheiten und Uebeln, als Schwärung der Stirn, Abzehrung, Eiterbeulen am Kopfe oder gar an den Lenden, begleitet geweſen zu ſein.

Ein Zauberſpruch[1]) zur Beſchwörung dieſer Krankheit lautet folgendermaaßen:

> Die Krankheit des Hauptes, ſie behaftet den Menſchen;
> der Irrſinn, die ſchmerzhafte Schwärung der Stirn, ſie behaften den
> Menſchen;
> die Krankheiten des Hauptes, ſie drücken und ſchnüren gleich einer
> Tiara,
> die Krankheiten des Hauptes, vom Anbruch bis zum Neigen des
> Tages.
> Die Krankheit des Hauptes, ſie hat ihn umhüllt; und er rief:
> . . . .[2])
> „Oeffne deine Ohren, Eribhu's Sohn[3])!
> „Die Krankheiten des Hauptes, ſie machen alles wirr, wie ein Stier,
> „die Krankheiten des Hauptes, ſie ſchnüren wie der Herzkrampf.“
> Seinem Vater hat ſich der Gott genähert; als achtſamer Wächter
> ſprach er:
> „Mein Vater, die Krankheit des Hauptes, ſie behaftet den Menſchen;
> „gleich einem finſtern Kerker . . . ., ſie hat ſich
> ſeiner bemächtigt;
> „ . . . . daß ich doch vermöchte, ſeiner Krankheit
> ein Ende zu machen!“
> . . . . er erwiderte ihm:
> . . . .[4])
> Die Krankheiten des Hauptes, wie Tauben [mögen ſie zurückeilen]
> in ihre Schlupfwinkel,

---

[1]) W. A. I., IV, 3 und 4; Etudes accadiennes, II, 1, Nr. XIX. — Dieſer Zauberſpruch befindet ſich mit ſechs ähnlichen auf einem Täfelchen, welches, nach Angabe eines beſonderen Vermerks, als ſechstes einer Specialſammlung von Beſchwörungen gegen den Irrſinn angehörte.

[2]) Es fallen hier zwei ſehr ſchwer zu entziffernde Verſe aus.

[3]) Silik-mulu-khi oder Marduk, Sohn des Ea, deſſen hauptſächlichſter Tempel in Eribhu, dem heutigen Abu-Schahrein, ſtand.

[4]) Von der Fortſetzung dieſes Geſprächs ſind nur einzelne Worte erhalten.

wie Heuschrecken mögen sie [sich erheben] in die Räume des Himmels,
wie Vögel mögen sie flüchten in die unendliche Ferne!
In die schützenden Hände seines Gottes möge (der Kranke) zurück=
geführt sein!

Diese Probe genügt vollkommen, dem Leser eine Vorstellung
von der einförmigen Abfassungsart der Krankheitsbeschwörungen
zu geben, welche den Inhalt des zweiten Buches des in Rede
stehenden magischen Werkes bildeten; sie sind, wie gesagt,
sämmtlich nach ein und demselben Muster gefertigt. Eine Er=
klärung der Krankheit und ihrer Symptome macht den Anfang
und füllt sodann den größeren Theil der Beschwörung aus, worauf
die Wünsche nach Genesung, oder aber eine an die Krankheit selber
gerichtete kategorische Aufforderung, sich zu entfernen, den Schluß
bilden. Manchmal gewinnt jedoch die Beschwörung des Heil=
künstlers am Schluß eine dramatische Form, wie wir sie bereits
an einzelnen Geisterbeschwörungen nachgewiesen haben, und es
entspinnt sich dann stets ein Dialog, in welchem Éa, von seinem
Sohn darum angegangen, das gewünschte Heilmittel nachweist.

Ein treffendes Beispiel hiezu bietet eine längere Beschwö=
rung, die allein ein volles Täfelchen einnahm[1]). Leider ist
der Anfang derselben sehr verstümmelt, während auch die Lücken,
die sich auf Schritt und Tritt darbieten, keine fortlaufende
Uebersetzung gestatten. Der Text beginnt mit den Versen:

> Die Krankheit der Stirn ist der Hölle entstiegen,
> sie ist dem Wohnsitze des Gebieters der Hölle entstiegen.

Im Folgenden werden sodann die besonderen Symptome
dieses Leidens charakterisirt; es wird von der „anschwellenden
Geschwulst" und „beginnenden Eiterung", sowie von der Ge=
walt des Uebels gesprochen, welches „die Wände des Kopfes gleich
denen eines morschen Schiffes zersprengt." Vergeblich hat der
Kranke die Wirkung der reinigenden Gebräuche versucht; sie ver=
mochten die der Hölle entstammende Plage nicht zu bemeistern.

> „Er hat sich gereinigt und er hat den Stier nicht gebändigt,
> „er hat sich gereinigt und er hat den Büffel nicht in's Joch gespannt.

---

[1]) W. A. I., IV, 22, 1.

Das Uebel läßt nicht ab, ihn „gleich Heuschreckenschwärmen" zu zernagen; da schreiten endlich die Götter ein, und von hier ab lautet der Text wie folgt:

Silik-mulu-khi hat ihm Beistand geliehen;
er ist in seines Vaters Ea Behausung getreten und hat zu ihm ge=
sprochen:
„Mein Vater, die Krankheit des Hauptes ist der Hölle entstiegen."
Ein zweites Mal hat er zu ihm gesprochen:
„Was er dagegen thun soll, das weiß dieser Mann nicht; wie wird
er dieselbe überwinden?"
Ea hat seinem Sohne Silik-mulu-khi erwidert:
„Mein Sohn, weshalb weißt du das nicht? Warum soll ich's dich
erst lehren?
„Silik-mulu-khi, weshalb weißt du das nicht? Warum soll ich's
dich erst lehren?
„Was ich weiß, das weißt du doch auch.
„Doch komme her, mein Silik-mulu-khi.
„ . . . . nimm einen Eimer;
„schöpfe Wasser von der Spiegelfläche des Flusses;
„theile diesem Wasser deine hehre Zauberkraft mit;
„verleihe ihnen durch deinen Zauber den Glanz der Reinheit.
„Benetze mit ihnen den Mann, den Sohn seines Gottes;
„ . . . . umhülle sein Haupt.
. . . . [1]
„Daß der Irrsinn [vergehe]!
„Daß die Krankheit seines Hauptes sich auflöse wie flüchtiger Nacht=
regen!"
Daß Ea's Vorschrift ihn heile!
Daß Davkina[2]) ihn heile!
Daß Silik-mulu-khi, des Oceans Erstgeborener, das günstige
Bild schaffe!

Selbstverständlich mußte der Zauberer während des Sprechens dieser Worte auch die betreffenden Handlungen ausführen, deren Anordnung dem Gotte selbst in den Mund gelegt wird.

——————

II.

Die im Vorhergehenden besprochenen Urkunden, sowie die vielen talismanischen Inschriften auf babylonischen oder assy=

---

[1]) Wir lassen hier drei unverständliche, stark verstümmelte Verse ausfallen.
[2]) Gattin des Ea.

affyrischen Gegenständen aller Art, wie wir sie in den Museen
so häufig zu Gesicht bekommen, diese Urkunden zeugen alle von
der Existenz einer so künstlichen und zahlreichen Dämonologie bei
den Chaldäern, wie sie sich ein Jakob Sprenger, Johann
Bodin, Wier oder Pierre de Lancre wohl nimmer vor-
gestellt hätten. Es erschließt sich uns darin eine ganze Welt
von bösen Geistern, deren Rangordnung mit vieler Gelehrsamkeit festgestellt, deren Persönlichkeiten sorgfältig unterschieden
und deren besondere Eigenschaften scharf präcisirt sind.

Zuoberst werden zwei Classen von Wesen gestellt, welche
mehr als alle übrigen göttlicher Eigenschaften theilhaftig sind;
sie sind Genien oder Halbgötter, fast Gottheiten niederen Ranges.
Die einen haben den akkadischen Namen alad, dem der assyrische
sedu „Genius" entspricht, die anderen heißen akkadisch lamma,
d. h. „Coloß", assyrisch lamassu. Diese Benennungen bezeichnen
in den religiösen Texten häufig gute und schützende Geister,
unter deren Aegide man sich begiebt[1]), an anderen Stellen aber
wiederum böse und Schaden zufügende Geister, deren Macht beschworen werden muß. Hatten aber die Chaldäer einander
gegenüberstehende Gruppen guter und böser alad, guter und
böser lamma ersonnen? Oder hatten diese Genien, wie gewisse
Götter, eine doppelte Eigenschaft, konnten sie sich je nach den
Umständen wohlthätig oder schädlich, schutzgewährend oder feindselig zeigen? Es erscheint rathsam, diese Frage vorläufig noch
unerörtert zu lassen, bis sie durch fernere Forschungen etwas
erhellter sich zeigen wird.

Besser sind wir unterrichtet in Betreff der eigentlichen
Dämonen, der Geister, die eine Stufe tiefer stehen und entschieden böser Natur sind. Ihr Gattungsname, utuq, ist eine aus
dem Akkadischen auch in das Semitisch-Assyrische übergegangene
Bezeichnung; er begreift alle Dämonen und kann zuweilen so-

---

[1]) Der geflügelte Stier an den Pforten der assyrischen Paläste ist ein
wohlthätiger sedu; seine speciellere Bezeichnung ist kirubu. Der geflügelte
Löwe oder nirgallu, welcher diesen Stier zuweilen in derselben Stellung vertritt, gehört zur Kategorie der lamassi.

gar in gutem Sinne gebraucht werden, wenn er vermöge einer
Verallgemeinerung der Bedeutung alle Geister bezeichnet, die
den zuerst besprochenen an Rang nachstehen; jedoch hat der
Name utuq auch die engere und speciellere Bedeutung einer be=
sonderen Art Dämonen. Außerdem giebt es noch den alal oder
„Zerstörer", assyrisch alu; den gigim, assyrisch ekimmu, dessen
Wortbedeutung unbekannt ist; den telal oder „Krieger", assyrisch
gallu; endlich den maskim oder „Nachsteller", assyrisch rabiṣu.
Im Allgemeinen bilden sie in jeder besonderen Classe eine
Gruppe von sieben, eine Zahl, welcher ja bekanntlich eine vor=
zugsweise mysteriöse und magische Bedeutung anhaftet.

Ueber die hierarchische Rangordnung, in welcher sich diese
angeführten fünf Dämonenclassen zu einander befanden, haben
wir gegenwärtig noch keine genügende Kenntniß.

Die einzige Andeutung, die wir hierüber besitzen, ergiebt
sich aus folgender Thatsache. Die Speculationen über den
Werth der Zahlen nehmen in den religionsphilosophischen Ideen
der Chaldäer eine sehr bemerkenswerthe Stelle ein. In Folge
dieser Speculationen wurde jeder Gott, nach Maaßgabe seiner
Rangstufe in der himmlischen Hierarchie, mit einer ganzen
Zahl aus der Zahlenreihe von 1 bis 60 bezeichnet, wie sich
dieses aus einem Täfelchen aus der Bibliothek zu Ninive ergiebt,
welche in Form eines Verzeichnisses die hauptsächlichsten Götter
in Verbindung mit der ihnen zugehörigen mystischen Zahl nennt.
Dieser Scala von ganzen, auf die Götter bezüglichen Zahlen
scheint nun aber eine andere mit Bruchzahlen gegenüber=
gestanden zu haben, welche zur Bezeichnung der Dämonen, und
zwar gleichfalls nach Maaßgabe ihrer Rangstufe, dienten.

Wenigstens werden der utuq, der gigim und der maskim
alle drei in der Schrift durch eine Zusammenstellung ideographi=
scher Zeichen dargestellt, in welcher nur durch Aenderung des
ersten Elementes ein Unterschied herbeigeführt wird, während die
anderen Zeichen sich consequent gleich bleiben. Dieses veränder=
liche Element ist aber immer eines der Zeichen, die bestimmt
waren, eine Theilung der Einheit nach dem System der Sexa=
gesimalrechnung, einer der wesentlichen Grundlagen der chaldäischen

Rechenkunst, anzudeuten; und es würden hiernach dem utuq $\frac{1}{2}$ oder $^{30}/_{60}$, dem gigim $^2/_3$ oder $^{40}/_{60}$, dem maskim $^5/_6$ oder $^{50}/_{60}$ entsprechen. Ich constatire übrigens nur das Factum allein, ohne eine Erklärung der besonderen Speculationen, die dazu geführt haben mögen, zu versuchen; ich beschränke mich lediglich auf die Bemerkung, daß die diesen Bruchzahlen entsprechende hierarchische Abstufung einer jeden Dämonenclasse eine um so höhere Rang=stellung verlieh, je beträchtlicher der Zähler ihrer Bruchzahl war. Unter den drei Classen, deren bezügliche Ziffern wir kennen, nahmen der maskim die höchste, der utuq die niedrigste Stufe ein.

III.

Unter den genannten Dämonen giebt es in der That ganz verschiedene Gattungen. Die mächtigsten und gefürch=tetsten sind diejenigen, welche einen kosmischen Charakter haben und deren Thätigkeit sich auf die allgemeine Ordnung der Natur, die sie durch ihr Eingreifen zu stören vermögen, erstreckt. Aus einer der angeführten Beschwörungen haben wir bereits ersehen, daß man sieben böse Geister, „sieben Flammen=gespenster", sieben Dämonen „der feurigen Sphären" in den Himmel versetzte, welche auf's genaueste den Widerpart der sieben mit der Leitung des Weltalls bekleideten Planetengott=heiten bildeten. Es sind dies die sieben bösen Geister, die Söhne des Ana, welche die Ordnung des Laufs der Planeten stören, Sonnen= und Mondfinsternisse verursachen und gleich am An=beginn der Weltenschöpfung erbitterte Kämpfe gegen die himm=lischen Götter führen. Eine Schilderung dieser Vorgänge findet sich in folgender längeren, vorzugsweise episch gestalteten Be=schwörung [1]:

---

[1] W. A. I, IV, 5. — Uebersetzungen dieser Urkunde lieferten bereits G. Smith (Assyrian discoveries, S. 398 ff.) und Fox Talbot (im fünften Bande seiner Records of the past).

Die im Kreislauf wiederkehrenden Tage[1]), die bösen Götter sind sie,
die Genien des Aufruhrs, die im unteren Theile des Himmels ge=
schaffen wurden.

Sie, sie waren die Werkzeuge der Gewaltthat,
. . . .[2])
Sie waren sieben an der Zahl: der Erste . . . . .
der Zweite ein Menschenfresser, ...
der Dritte ein Leopard, ...
der Vierte eine Schlange, ...
der Fünfte ein Kettenhund, der . . . .
der Sechste ein rebellischer [Riese], der weder Gott noch dem Könige
unterthan;
der Siebente, der Bote des verhängnißvollen Windes, der . . .
Sie waren sieben an der Zahl, Boten des Ana, ihres Königs;
von Stadt zu Stadt ihre Schritte sie lenkten.
Sie waren der Südwind, welcher am Himmel mächtig dahinjagt;
sie waren die jagenden Wolken des Himmels, die sich drängenden
Regenwolken,
der Sturmwind, welcher heftig braust und am heiteren Tage Finster=
niß macht.
Zusammen mit dem bösen Wind, als böse Winde sie umherzogen;
der Sturm des Mermer[3]) war das Erzeugniß ihrer kriegerischen
Macht,
zur Rechten des Mermer sie vorrückten;
aus den Tiefen des Himmels, gleich Wetterleuchten, sie [hervor=
schossen],
hinfluthend, wie Ströme, sie vordrangen.
Im weiten Himmelsraum, dem Wohnorte Ana's, ihres Königs, sie
Böses gestiftet
und keinen Gegner sie hatten.
Siehe, da vernahm Mul=ge diese Mähr,
und im Innern seines Herzens ersann er Beschlußnahme.
Mit Ea, dem obersten Weisen unter den Göttern, pflog er Be=
rathung,

--- --- --- ---

[1]) „Die Vorstellung erinnert entfernt an die syro=palästinischen sieben
mustaqridât, die Tage vom 25. Februar bis 3. März, deren sprichwörtliche
Gefährlichkeit Wetzstein in Franz Delitzsch' Commentar zu Koheleth,
S. 445 ff., schildert." (Friedrich Delitzsch, G. Smith's chaldäische
Genesis, S. 308.) — Vgl. auch die analogen Angaben W. A. L, IV, 1,
Col. 1, Z. 18—19; 27, 5, Z. 22—23.

[2]) Ich übergehe hier zwei fragmentarisch erhaltene, besonders schwer zu
entziffernde Verse.

[3]) Im Assyrischen Bin oder Ramanu (Rimmon).

und sie versetzten Uru=ki[1]), Utu[2]) nnd Suku[3]) in den unteren
    Theil des Himmels, ihn zu verwalten;

sie setzten sie ein, mit Ana, in die Herrschaft der himmlischen Heer=
    schaaren.

Diesen drei Göttern, seinen Kindern,

zu wachen Tag und Nacht, ohne Unterlaß,

er anempfahl.

Aber siehe, die sieben Götter, die im unteren Theile des Himmels
    umherzogen,

vor das Licht des Aku[4]) heftig und widerspenstig sie traten.

Der edle Utu und Mermer, der Krieger, traten ihrerseits über;

Suku erhob sich mit Ana[5]) hinauf zu den obersten Sitzen,

und sie setzte sich ein in die Königsherrschaft des Himmels.

. . . .[6])

Siehe da, diese Sieben . . . .

an der Spitze . . . . . .

das Böse . . . .

zum Getränk seines glänzenden Mundes . . . .

Aku, der Hirt der Menschheit . . . . . der Erde

    . . . . wurde gestürzt und blieb stehen auf der
    höchsten Höhe (seines Laufes)[7]),

geängstigt Tag und Nacht ließ er sich nicht mehr nieder auf den
    Sitz seiner Herrschaft.

Die bösen Götter, Boten des Ana, ihres Königs,

. . . .[8])

verabredeten heimlich das Böse;

aus der Mitte des Himmels, mit Windeseile, stiegen sie herab zur
    Erde.

Mulge, des edlen Aku Herzensangst

im Himmel er wahrnahm.

Gebieterisch richtete er an Nusku, seinen Diener, das Wort:

„Nusku, mein Diener, trage mein Wort zum Ocean hin,

„die Nachricht von Aku, meinem Sohne, der im Himmel heftig
    in Aengsten schwebt,

---

[1]) In der assyrischen Version Sin.

[2]) Im Assyrischen Samas.

[3]) Im Assyrischen Istar.

[4]) Im Assyrischen Sin.

[5]) In der assyrischen Version: „mit Anu, dem Könige".

[6]) Das fehlende Bruchstück des Täfelchens umfaßt vier Verse.

[7]) Die Uebersetzung dieses Verses ist nach der assyrischen Version verfaßt;
doch scheint dieselbe dem ursprünglichen akkadischen Texte nicht wörtlich zu
folgen; letzterer ist sehr verstümmelt und kaum zu entziffern.

[8]) Eine Uebersetzung der hier ausfallenden Zeile zu geben, war mir bis=
her nicht möglich.

„erzähle Ea im Ocean wieder."

Nusku gehorchte dem Befehl seines Königs,

er eilte zu Ea als hurtiger Bote.

Dem Gebieter, dem obersten Weisen, dem unwandelbaren Meister [1]),

wiederholte Nusku das Wort seines Königs.

Ea, im Ocean, vernahm dieses Wort;

er biß sich in die Lippen, und sein Antlitz mit Thränen bedeckt war.

Ea rief seinen Sohn Silik=mulu=khi [2]) und sprach zu ihm

folgende Worte:

„Gehe hin, mein Sohn Silik=mulu=khi,

„die Nachricht von meinem Sohn [3]) Aku, der im Himmel heftig in

Aengsten schwebt,

„seine Herzensangst im Himmel liegt offenkundig zu Tage.

Diese bösen und mörderischen sieben Götter, die keine Furcht kennen,

„diese bösen sieben Götter, wie der Blitzstrahl das Leben der Erde

[sie vernichten],

„zur Erde, wie ein flammender Wirbelwind, sind sie herabgestiegen;

„vor das Licht des Aku sind sie ungestüm und widerspenstig ge=

treten;

„der edle Utu und Mermer, der Krieger, sind ihrerseits [über=

getreten]".

. . . .

Die Fortsetzung dieses Berichtes ist leider mit einigen
Bruchtheilen des betreffenden Täfelchens verloren gegangen und
besitzen wir daher keinen Aufschluß über die weiteren Vorgänge,
die die endliche Niederlage der sieben bösen Geister sowie die
Befreiung des Aku, des Mondgottes, herbeiführten. Wir wissen
jedoch, daß dieser Kampf am Anfang aller Dinge als ein regel=
mäßig wiederkehrender betrachtet wurde, so oft eine Mond=
finsterniß stattfand; desgleichen berichtet eine astrologische Ur=
kunde [4]), daß im Falle der Wiederholung gewisser Himmels=
erscheinungen „die himmlischen und irdischen Götter die Menschen

---

[1]) Nu=kimmut, ein häufig gebrauchter und auch in's Assyrische über=
gegangener Beiname des Ea.

[2]) In der assyrischen Version Marubuk.

[3]) Diese Worte sind nach der assyrischen Version wiedergegeben; der Sinn
des nur zum Theil erhaltenen akkadischen Textes scheint jedoch ein anderer
gewesen zu sein. Auch dürfte hier der assyrische Uebersetzer insofern einen
Fehler begangen haben, als Aku, wenige Verse vorher, als Sohn des Mulge,
nicht des Ea, bezeichnet wird.

[4]) W. A. I., III., 62, Col. 2, §. 11 und 12.

in Staub verwandeln und deren Untergang herbeiführen würden;
es würde dann Finsterniß, Ueberschwemmung, Krankheit und
Sterblichkeit eintreten; die sieben gewaltigen bösen Geister wür=
den ihre ruchlosen Pläne in Ausführung bringen."

Die Beschwörung, welche mit dieser Schilderung des Kampfes
der sieben bösen Geister gegen den Mond verflochten war, sollte
den Landesherrn von einem Uebel befreien, das ihm dieselben
Geister auferlegt hatten. Der Gott Aku, assyrisch Sin, galt
für das Urbild der königlichen Würde, für den ersten gött=
lichen Monarchen, der auf Erden geherrscht hatte; seine Leiden
wurden daher mit denen des siechenden Königs verglichen; die
Erinnerung an seine Befreiung wurde als ein günstiges Vor=
zeichen der Wiedergenesung des Letzteren gedeutet, und es sollten
nun ebendieselben Beschwörungen seine Heilung herbeiführen,
die einst Aku vor dem Drängen der erbitterten Dämonen, die
ihn seines Glanzes zu berauben suchten, geschützt hatten. Diese
Bestimmung der Bittformel läßt sich ohne Mühe aus den wenigen
Bruchstücken entnehmen, die den Schluß derselben enthalten:

In der Behausung der Herrschaft und der Gerechtigkeit . . . . .
    am Thor des Palastes der Schrei . . . .
Einen bunt gefärbten Schleier, das Fell eines weiblichen Kameels,
    das sich niemals paarte,
das Fell einer . . . . . [1]), die sich niemals paarte, richte zu;
des Königs, Sohn seines Gottes, Füße und Hände umhülle.
Der König, Sohn seines Gottes, wie das Licht des Aku wird er
    des Landes Lebenskraft wieder anfachen;
wie das Lodern der Flamme wird er sein Haupt von Neuem erheben.

Nach einer Lücke von ungefähr zehn Versen lesen wir
weiter:

. . . . . . mache über seinem Haupte;
zeige . . . .
lege vor . . . .
. . . .
. . . . . . daß er rein sei und heilig; daß er leuchte!
Der böse Dämon, der böse] alal, der böse gigim, der böse telal, der
    böse Gott,] der böse maskim,
in den Palast] sie nimmer einkehren werden;
dem Thor] des Palastes sie nimmer sich nähern werden;

---

[1]) Der betreffende Thiername ist zweifelhaft.

dem Könige sie nimmer anhaften werden;
. . . . . sie nimmer verfolgen werden;
. . . . . sie nimmer eintreten werden.

Eine weitere, über 60 Verse umfassende Beschwörung [1] schildert uns die schrecklichen Verheerungen einer anderen Art Dämonen kosmischen Charakters, welche stets in der Stärke von sieben auftreten und hier speciell als Dämonen der Hölle gekennzeichnet werden. Sie thronen im Innern der Erde, sie verursachen Unheil und Umsturz im Himmel und auf Erden und stören den Lauf der Planeten. Es sind dies die sieben maskim, „die Schlingenleger", deren wüstes Treiben mit lebhaften Zügen beschrieben wird:

Die Sieben, sie werden im Gebirge des Westens geboren;
die Sieben, sie werden groß im Gebirge des Ostens [2]);
sie thronen in den Tiefen der Erde;
sie lassen ihre Stimme erschallen auf den Höhen der Erde;
sie lagern im unermeßlichen Raum, im Himmel und auf Erden.
. . . .
Einen guten Namen, im Himmel und auf Erden besitzen sie nicht.
Sie, die Sieben, sie erheben sich im Gebirge des Westens;
sie, die Sieben, sie legen sich im Gebirge des Ostens zur Ruh'.

Vergeblich sucht „der Feuergott, der sich hoch emporrichtet, das große Oberhaupt, der Vollstrecker der Befehle der obersten Macht des himmlischen Gottes", ihrem wüsten Treiben ein Ende zu machen; die Beschwörung richtet sich daher direct an ihn und weist ihm den Gott nach, der allein im Stande, Hülfe zu schaffen:

Nähere dich dem Silik=ribana [3]) und möge dir dieser seinen Willen verkünden;

---

[1] W. A. I., IV, 15.
[2] Ihr Streben ist hauptsächlich darauf gerichtet, den normalen Verlauf aller Dinge, zumal die regelmäßigen Bewegungen der Himmelskörper zu stören.
[3] In der assyrischen Version Marduk. Der Name Silik=ribana, den er hier als Vermittler und Beschützer der Ordnung des Wetalls erhält, bedeutet: „der Anordner der Zusammenkünfte zweier Planeten im nämlichen Puncte eines Zeichens." Der Name Silik=mulu=khi, den er besonders als Vermittler und Beschützer aller menschlichen Dinge führt, bedeutet dagegen: „der Anordner alles Guten für die Menschen."

gegen das Böse, welches diese Sieben in deiner Gegenwart ausüben,
wird er dir Hülfe gewähren;
denn Glück verleiht der Befehl seines Mundes; er ist der oberste
Schiedsrichter des Himmels.

Die Beschwörung fährt dann in dramatischer Form fort:

Der Feuergott hat sich dem Silik=ribana genähert und er hat
ihm seinen Wunsch zu erkennen gegeben;
dieser aber vernahm auf dem Lager seiner nächtlichen Ruhe die Bitte.
In seines Vaters Êa Wohnung ist er getreten, und er sprach zu
ihm:
„Mein Vater, der Feuergott ist gen Osten geeilt, und er hat mir
seinen Wunsch zu erkennen gegeben.
„Du aber, der du das Treiben der Sieben kennst, bezeichne uns die
Orte, die sie bewohnen;
„öffne dein Ohr, Eridhu's[1]) Sohn."
Êa seinem Sohne Silik=mulu=khi erwiderte:
„Mein Sohn, diese Sieben hausen im Innern der Erde;
„diese Sieben gehen aus der Erde hervor;
„diese Sieben werden im Innern der Erde geboren;
„diese Sieben wachsen im Innern der Erde heran;
„durch ihren Anprall bringen sie die Mauern des Abgrundes der
Gewässer zum Wanken.
„Komme her, mein Sohn Silik=mulu=khi.
„Der Ceder ist der Baum, der der maskim schädliche Macht bricht."

Es wird dann weiter von einem „allmächtigen, magischen
Namen" berichtet, „mittelst dessen Êa im Innern seines Herzens
die Zukunft bewacht und beschirmt;" der Name selbst, der alle
höllischen Mächte zu Boden streckt, wird indessen nicht genannt:
er wird in geheimnißvoller Weise vom Vater dem Sohn über=
mittelt. Êa ertheilt noch eine Reihe Vorschriften zum Behuf
der Beschützung und Heilung des von Dämonen Besessenen,
worauf endlich mehrere göttliche Wesen, wie die Höllengöttin
Nin=kigal, und Nin=akha=qubbu, deren Eigenschaften weniger
bekannt sind, unter Êa's Anführung in die Handlung eingreifen
und zusammen mit dem Feuergotte zur völligen Unterwerfung
und Bannung der maskim schreiten.
Die soeben besprochenen Dämonen, deren Thätigkeit eine

---

[1]) Stadt in der Nähe des Tigris= und Euphrat=Zusammenflusses, das
Ptolemäische Kata und heutige Abu=Schahrein, ältester Sitz des Êa=Cultus.

allgemeine und kosmische ist, greifen nicht selten den Menschen
an, dessen Mißgeschick (akkadisch nam neru oder kûru, assyrisch
mamit) sie herbeiführen; ihre Einwirkung kann aber auch in Folge
der Bezauberung durch Schwarzkünstler eintreten und gilt daher
überhaupt als Urquelle allen menschlichen Unglücks, sowie als
Ursache aller tellurischen Katastrophen. Die Beschreibung eines
solchen, vom „bösen Geschicke" verursachten Kataklysma enthält
folgende episch gestaltete Beschwörung [1]), welcher anscheinend die
bekannte Ueberlieferung der Sintfluth zu Grunde gelegt ist.

> Ein Gebot [ging hervor] aus der Mitte des Oceans,
> ein schweres Verhängniß [stieg herab] aus der Mitte des Himmels;
> ein Gewittersturm bedeckte allerorten die Oberfläche der Erde, wie
>   ihre grünende Hülle.
> Nach allen Himmelsgegenden schleuderten sie ihre unermeßliche Kraft,
>   sie versengten wie Feuer.
> Den Menschen [2]) beunruhigten sie heftig die Eingeweide und . .,
> in den Städten und auf dem Lande sie dieselben in Staunen und
>   Schweigen bannten;
> sie streckten den Freien wie den Sclaven zu Boden . . . . .
> Im Himmel und auf Erden, gleich einem heftigen Orkan, sie Regen
>   und Ueberfluthung verursachten.
> Zu den hochgelegenen Standorten ihrer Götter, diese (die Menschen)
>   flüchteten, und ein Unterkommen sie suchten;
> die . . . . stürzten wetteifernd hervor und gleich einem
>   Schleier sie sie einhüllten.
> . . . . der Tod [bemächtigte sich ihrer.

Zum Schlusse sei noch das engere Verhältniß erwähnt,
welches zwischen den soeben besprochenen Dämonen von kosmischer
Thätigkeit und einigen anderen Naturgeistern herrschte. Letztere
wurden jedoch nicht zu den eigentlichen Dämonengruppen gerechnet, sondern, wie die Urkunden selber sich ausdrücken, lediglich
als „an sich selbst böse Geister" betrachtet; es waren dies besonders die Geister gewisser Winde, deren glühender und ungesunder

---

[1]) W. A. I., IV, 19, 1.
[2]) Assyrisch nis dadme; überhaupt sind dadmu und admu in allen
babylonischen Traditionen der Schöpfungsberichte die stets wiederkehrende Bezeichnung der Urmenschen oder eines einzelnen Stammes derselben. Vgl.
G. Smith's Chaldäische Genesis, S. 81, sowie die bezüglichen Noten
Fr. Delitzsch's, S. 301 ff.

Anhauch, in Verbindung mit den besonderen klimatischen Ver=
hältnissen Chaldäas, die Entwickelung und Verbreitung vieler
Krankheiten begünstigte.

IV.

Die Thätigkeit der übrigen Dämonen ist unmittelbarer auf
die gewöhnlichen Vorkommnisse des irdischen Lebens gerichtet;
sie hat besonders den Menschen zum Gegenstande, dem sie un=
unterbrochen Mißgeschick und Unglück bereitet.

Eine Beschwörung [1]) berichtet hierüber wie folgt:

Sie sind der Hölle Ausgeburt,
sie tragen den Umsturz nach oben, sie bringen Verwirrung nach
unten.
Sie sind das Gift in der Galle der Götter, die großen Tage, die
vom Himmel sich wegstehlen [2]).
Sie fallen als Regen vom Himmel, sie sind die der Erde ent=
sprossenen Kinder;
sie drängen sich rings um hohe Gerüste, um geräumige Gerüste;
sie dringen aus einem Hause in's andere;
sie werden von den Thüren nicht abgehalten;
sie werden von den Riegeln nicht aufgehalten;
sie schleichen sich zwischen den Thüren hindurch, wie Schlangen.
Sie verhindern die Beschwängerung des Weibes durch den Gatten;
sie stehlen die Kinder vom Schooße der Menschen;
sie vertreiben den Besitzer aus seinem väterlichen Hause.
Sie sind die Stimme, die den Menschen verflucht und verfolgt.

Desgleichen ein anderer Spruch [3]):

Sie überfallen ein Land nach dem andern,
sie lassen die Sclavin nicht Mutter werden,
sie verjagen den Herrn aus seinem väterlichen Hause,
sie vertreiben den Sohn aus dem väterlichen Hause.
Sie zwingen die Taube, ihr Felsennest zu verlassen;
sie zwingen den Vogel, sich auf seinen Schwingen zu erheben;

---

[1]) W. A. I., IV, 1, Col. 1.
[2]) Aehnliche Identificirungen der Unglückstage mit persönlichen Dämonen
finden häufiger statt.
[3]) W. A. I., IV, 27, 5; Etudes accadiennes, II, 1, Nr. XVII.

sie lassen die Schwalbe aus ihrem Nest in's Unendliche flüchten;
sie verjagen den Stier, sie lassen das Lamm flieh'n,
sie sind die großen Tage, die bösen, jagenden Dämonen.

Diese Dämonen hausen gewöhnlich in öden, verlassenen und
verwilderten Gegenden, und von hier aus durchstreifen sie die
bewohnten Landstriche, die Menschen zu verfolgen und zu beun=
ruhigen. Die gleich zu Anfang erwähnte längere Beschwörung
nannte die Dämonen nach den Gegenden, in denen sie hausen,
nach der Wüste, den rauhen Berggipfeln, den Miasmen ver=
breitenden Sümpfen und dem Meere; auch an anderer Stelle[1])
heißt es, daß „der utuq die Wüste bewohne, der alad sich auf
den Berggipfeln aufhalte, der gigim die Wüste durchstreife, der
telal in den Städten umherschleiche." Ihr vornehmlichster Auf=
enthaltsort ist aber doch die Wüste. In den magischen Urkunden
ist immer wieder von den Dämonen die Rede, welche vom Inneren
der Wüste aus den Menschen auflauern; daher denn auch die
meisten Beschwörungen den Zweck haben, sie in diese leblosen
Einöden zurückzuverweisen. Daß sich die Dämonen in der Wüste
aufhielten, wurde übrigens nicht nur in Chaldäa und Mesopo=
tamien, sondern auch in Syrien allgemein für thatsächlich erachtet,
ja es hatten sogar die Propheten Israels diesen Volksglauben
angenommen. So sagt u. a. Jesaias in seiner Schilderung
der Verwüstung von Edom[2]):

Dornen werden in ihren Palästen wachsen,
in ihren Festen Nesseln und Disteln;
Schakale werden da hausen,
Strauße werden da nisten.
Dort werden die Thiere der Wüste den Wölfen begegnen,
die Dämonen mit einander verkehren.
Dort allein wird Lilith ihre Wohnstatt suchen, ihren Ruhplatz
finden.

Von allen Einwirkungen der Dämonen auf den Menschen
ist die Besessenheit die gefürchtetste, und es finden sich daher
viele besondere Sprüche zur Bannung dieser Krankheit, sowie

[1]) W. A. I., IV, 16, 2.
[2]) XXXIV, 13 und 14.

zahlreiche Stellen in den übrigen Beschwörungen, welche gleicherweise darauf anspielen. So wurden z. B. die Dämonen, die etwa den König besessen zu machen versuchten, durch einen längeren Zauberspruch beschworen, dessen Schlußzeilen lauten:

> „Sie werden nimmer den Palast betreten,
> „sie werden sich nimmer des Königs bemächtigen[1]).

Uebrigens mag hier ein merkwürdiger Zwischenfall erwähnt sein, der sich im Verkehr zwischen Aegypten und den Uferbewohnern des Euphrat ereignete und eine directe Folge dieses Volksglaubens war, den die Aegypter sowie alle Völker assyrisch-chaldäischer Gesittung theilten. Der Vorfall, den wir nach Angabe einer Stele der Pariser Nationalbibliothek mittheilen, ist in wenigen Worten folgender: Zu Anfang des zwölften Jahrhunderts v. Chr. G., da sich die ägyptische Oberherrschaft, in Folge der großen Eroberungen der achtzehnten und neunzehnten Dynastie, auch über den westlichen Theil von Mesopotamien erstreckte, befand sich der thebanische König Ramses XII. auf einer Reise durch diese Gegend, um die fälligen Steuern und Tribute in Empfang zu nehmen. Er sah bei dieser Gelegenheit die Tochter des Landesoberhauptes von Bakhten; sie gefiel ihm, und er heirathete sie. Wenige Jahre darauf, als Ramses in Theben war, wurde ihm durch einen Boten das Ansuchen seines Schwiegervaters übermittelt, er möge demselben einen erfahrenen Arzt überweisen, der die Prinzessin Bint-Reschid, eine Schwester der nunmehrigen Königin von Aegypten, die von einem unbekannten Leiden befallen und vom Teufel besessen sei, wiederherstellen könnte. Wirklich reiste bald darauf ein bewährter ägyptischer Arzt, welcher der Priesterkaste angehörte, mit dem Boten nach Bakhten; aber die angewandten Heilmittel blieben alle erfolglos; der böse Dämon ließ sich, wie die Stele berichtet, nicht austreiben und der Heilkünstler mußte unverrichteter Sache nach Theben zurückkehren. Dies geschah im funfzehnten Regierungsjahre des Königs Ramses. Elf Jahre

---

[1]) W. A. I., IV, 6, col. 6.

später, im sechsundzwanzigsten Regierungsjahre desselben Herrschers, traf sodann ein neuer Abgesandter ein. Der Fürst von Bakhten verlangte aber dieses Mal keinen Arzt; nach seiner Meinung konnte nur noch das unmittelbare Eingreifen eines der ägyptischen Götter die ersehnte Heilung der Prinzessin bewerkstelligen. Ramses erfüllte auch diese Bitte seines Schwiegervaters, und die heilige Arche des thebanischen Gottes Khons wurde abgesandt, das verlangte Wunder zu bewirken. Nach einer längeren, mühseligen Fahrt, welche nicht weniger als anderthalb Jahre in Anspruch nahm, kam die heilige Arche wohlbehalten in Mesopotamien an und der böse Dämon sah sich endlich veranlaßt, die junge Prinzessin, die nun mit einem Male ihre Gesundheit wiedererlangte, zu verlassen. Der Besitz eines Gottes, dessen bloße Anwesenheit solche Wunder zu bewirken vermochte, erschien aber dem Fürsten von Bakhten sehr wünschenswerth; und er beschloß daher, selbst auf die Gefahr hin, sich mit seinem mächtigen Verbündeten zu entzweien, den wunderthätigen Gott in seinem Schlosse zurückzuhalten. Die heilige Arche des Gottes Khons blieb drei und dreiviertel Jahre in Mesopotamien, worauf der asiatische Herrscher einen seltsamen Traum hatte. Der gefangen gehaltene Gott schien ihm nämlich in Gestalt eines goldenen Sperbers nach Aegypten zu entfliehen, und gleichzeitig befiel ihn urplötzlich eine schwere Krankheit. Er nahm daher diesen Traum für eine Warnung des Himmels und befahl sofort, den Gott wieder heim zu senden, so daß dieser endlich im dreiunddreißigsten Regierungsjahre des Ramses seinen ursprünglichen Platz in einem Tempel zu Theben wieder einnehmen konnte [1].

Waren die Dämonen aus dem Körper eines Besessenen vertrieben, so gab es nur ein sicheres Schutzmittel gegen ihre Wiederkehr: es mußte durch entsprechende Beschwörungen dahin gewirkt werden, daß an Stelle der bösen Dämonen jetzt gute und wohlthätige Geister sich des nämlichen Körpers bemächtigten.

---

[1] Birch, im vierten Bande neuer Folge der Transactions of the royal Society of literature. — De Rougé, Etude sur une stèle égyptienne appartenant à la Bibliothèque impériale, Paris 1858.

Daher lesen wir in den Sprüchen XIX und XXVI der gleich zu Anfang mitgetheilten längeren Beschwörung:

> Daß der böse Dämon ausfahren möge!
> Daß er sich anderswo niederlasse!
> Der holde Dämon, der holde Coloß,
> daß sie einfahren mögen in seinen Körper!

Diese wohlthätige Besitznahme wird daher nicht selten als der glücklichste aller übernatürlichen Erfolge der Magie für sich allein ersteht, ohne daß gleichzeitig auch die Wiederkehr der bösen Dämonen beschworen würde. Es geht dies besonders aus einem Hymnus auf die Wohlfahrt des Königs hervor, in welchem darum gebeten wird, daß dieser den Göttern ähnlich und eine Wohnstätte nur guter Geister sein möge [1]); diese Urkunde ist ungeachtet ihrer mangelhaften Erhaltung so merkwürdig, daß wir alles davon Vorhandene übersetzen, auch die Lücken möglichst ergänzen, um den allgemeinen Sinn und Zusammenhang, so gut es eben geht, wiederherzustellen:

> Die Kronen . . . .
> dem Hirten geheimnißvoll . . . .
> auf den Thronen und Altären . . . .
> Daß der funkelnde Scepter . . . .
> in seiner Hand . . . .
> dem Hirten geheimnißvoll . . . .
> Mögen Honig und Milchrahm [fließen] in Bächen [für ihn!
> möge das Gebirge, welches Tribute erzeugt, [einbringen] Tribute
>   [für ihn!
> mögen die Triften der Wüste, welche Tribute erzeugen, [einbringen]
>   Tribute [für ihn!
> mögen die Obstgärten, welche Tribute erzeugen, [einbringen] Tribute
>   [für ihn!
> König, Hirt seines Landes, möge er die Sonne zur Rechten [haben],
>   möge er den Mond zur Linken [haben]!
> Daß der holde Dämon, der die Herrschaft und das Königthum
>   beschirmende Genius,
> in seinen Körper einfahren möge!

Nach chaldäischem Glauben sind alle Krankheiten ein Werk der Dämonen; und daraus erklärt sich denn auch die Thatsache,

---

[1]) W. A. I., IV, 18, 3.

die schon Herodot's Aufmerksamkeit erregte, daß es in Baby=
lonien und Assyrien zu keiner Zeit wirkliche Aerzte gegeben hat.
Die Medicin war hier keine rationelle Wissenschaft wie in
Griechenland, sondern nur ein Nebenzweig der magischen Künste.
Ihr Verfahren bestand allein in Beschwörungen, Exorcismen
und in der Anwendung von Zaubertränken, wodurch allerdings
nicht ausgeschlossen wird, daß man sich bei Zubereitung dieser
Heilmittel nicht auch einer Anzahl Substanzen bediente, deren
Heilkraft die Erfahrung gelehrt hatte. Die Krankheitsbeschwö=
rungen, die wir besitzen, lassen jedoch die eigentliche Vorstellung,
welche man von der Natur und dem Ursprunge der Krankheiten
hegte, nicht deutlich erkennen. Die Krankheit wird in ihnen
bald als Wirkung der Bosheit der verschiedenen Dämonen auf=
gefaßt, bald als ein besonderes persönliches Wesen betrachtet, das
sich des Menschen bemächtigt. Letzteres geschieht vornehmlich
bei den beiden schwersten und verheerendsten Krankheiten der
Chaldäer, der Pest und dem Fieber; Namtar[1]) und Idpa[2])
sind zwei von allen übrigen stets unterschiedene Dämonen, denen
die charakteristischsten persönlichen Eigenschaften zugetheilt werden;
sie zählen zu den gewaltigsten und gefürchtetsten Geistern[3]), wie
wir u. a. auch aus folgendem Fragmente[4]) ersehen:

> Gegen den Kopf des Menschen richtet seine Macht der fluchwürdige
> idpa,
> gegen das Leben des Menschen der grausame namtar,
> gegen den Hals des Menschen der schändliche utuq,
> gegen die Brust des Menschen der verderbenbringende alal,
> gegen die Eingeweide des Menschen der böse gigim,
> gegen die Hand des Menschen der schreckliche telal.

Die nächste Classe hinter diesen activen, alles Uebele be=
wirkenden Dämonen bilden sodann diejenigen Geister, welche,

---

[1]) Im Assyrischen behält er seinen akkadischen Namen in der Form
namtaru bei.
[2]) Assyrisch Asakku.
[3]) In der Erzählung von Istar's Höllenfahrt ist Namtar der Diener
der Göttin Allat, der Königin der Unterwelt.
[4]) W. A. I., IV, 29, 2.

ohne gleichzeitige Ausübung eines so unmittelbaren Einflusses, sich in schreckenerregenden Erscheinungen offenbaren und mit den Schatten der Todten im Innern der Erde, in den finsteren Wohnsitzen des „Landes ohne Heimkehr", dem scheôl der alten Hebräer, in enger Verbindung stehen. Solcher Art sind z. B. der innin und der „gewaltige uruku", welche beide zu den Nacht= geistern und Gespenstern zählen. Die drei hervorragendsten Wesen dieser Classe sind das Schreckgespenst oder Schattenbild (akkabisch dimme, assyrisch lamastuv), das Gespenst (akkabisch dimmea, assyrisch labaṣu) und der Vampyr (akkabisch dimmekhab, assyrisch aḫḫaru [1]), von denen erstere nur durch ihre Erscheinung erschrecken [2]), der Vampyr aber „den Menschen anfällt." Der Glaube, daß die Todten als Vampyre aus dem Grabe stiegen, war überhaupt in Chaldäa und Babylonien ein ganz allgemeiner; in einem Fragmente des britischen Museums, welches die Höllen= fahrt der Istar in Form eines mythologischen Epos erzählt, ruft diese Göttin am Thore des Höllenreiches dem Schließer die Worte zu [3]):

„Hüter, öffne dein Thor;
„öffne dein Thor, daß ich eintreten kann.
„Oeffnest du aber das Thor nicht, und kann ich nicht eintreten,
„dann stürm' ich das Thor und sprenge sein Schloß,
„stürme die schließenden Riegel, durchschreite das Thor.

[1]) Das akkabische Wort dimme (von der Wurzel dim, „debilis, inanis esse") bezeichnet das Gespenst als unkörperliches, nicht betastbares Wesen; dimme-khab charakterisirt den Vampyr als bösartiges Gespenst (akkabisch khab, assyrisch bi'su). — Das assyrische lamastuv ist mit dem talmudischen למשׂ zu vergleichen. Die Bezeichnung der Vampyrs aḫḫaru bedeutet eigentlich „denjenigen, der an der Kehle verwundet" (cf. das arabische ‎) wie denn auch der Volksglaube behauptet, daß die Vampyre ihre Opfer besonders an dieser Stelle angreifen.

[2]) In einer astrologischen Urkunde (W. A. I., III, 60, Col. 1.) lese ich jedoch: Im Monat ab, „wenn am einundzwanzigsten Tage Finsterniß eintrit, werden das Schattenbild und die Flamme das Land und den König ver= brennen."

[3]) W. A. I., IV, 31, recto, Z. 14—20.

„Dann werd' ich die Todten erwecken, zu verschlingen die Lebenden;
„ich werde die (dem Tageslicht wiederzugeführten) Todten zahlreicher
machen denn Alles, was lebt."

Als besondere Gruppe werden ferner in den Beschwörungs=
formeln die „Dämonen der nächtlichen Saamenergüsse" erwähnt,
deren Umarmungen sich weder Frauen noch Männer im Schlafe
zu erwehren vermögen: das Nachtmännchen und das Nacht=
weibchen, akkadisch lillal und kiel-lillal, assyrisch lilu und lilituv [1]).
Die lilith spielte jedoch auch in der talmudischen Dämonologie
eine größere Rolle; die kabbalistischen Rabbiner hatten sogar
eine förmliche Legende ersonnen, in welcher die lilith den Adam
verführt und sich ihm beigesellt; auch zählten die Propheten die
lilith unter die Dämonen, wie wir bereits aus oben angeführtem
Citat des Jesaias ersehen haben.

Neben diesen Nachtmännchen und Nachtweibchen wird endlich
auch der weibliche Kobold, akkadisch kiel-udda-karra, assyrisch
ardat, erwähnt. Eine Urkunde, die das eigentliche Wesen und
die Thätigkeit desselben genauer bestimmt, ist mir indessen nicht
bekannt, und es läßt sich daher nur aus der betreffenden Be=
zeichnung entnehmen, daß dieser Kobold zu den Geistern zählt,
die sich in der Nähe des Menschen aufhalten und Ställe oder
Wohnhäuser zum Schauplatze ihres Treibens ersehen; der Kiel=
udda=karra war jedenfalls nur einer der zahlreichen Geister,
deren Dasein so viele Völker annahmen und auch die Landleute
mancher Gegenden von Europa noch heutigen Tages für that=
sächlich halten.

Zum Schlusse dieses Abschnittes über die abergläubischen
Vorstellungen der Chaldäer sei endlich noch der Glaube an den
bösen Blick, der in ihnen so tief wurzelte und so häufig in ihren

---

[1]) Die Assonanz, die gewissermaaßen zwischen lillal und lilu besteht, ist
nur zufällig. Die Namen lillal und kiel-lillal sind rein akkadisch und be=
deuten „der Bezwingende" oder „die bezwingende Beischläferin"; sie geben die
Art und Weise an, wie Nachtmännchen und Nachtweibchen sich derer bemäch=
tigen, denen sie ihre Umarmungen aufdrängen. Ebenso sind lilu und lilituv
rein semitische Wörter, welche diese phantastischen Wesen als männliche und
weibliche Dämonen der Nacht charakterisiren.

magischen Sprüchen beschworen wird, desgleichen der Glaube
an die unheilvolle Kraft gewisser Wörter erwähnt, welche selbst
dann noch verhängnißvolle Wirkungen äußern, wenn sie unab=
sichtlich und ohne Hinterlist ausgesprochen werden; „der böse
Mund" und „das böse Wort" werden demgemäß fast überall
neben dem „bösen Blicke" genannt. Uebrigens scheint es eine
bestimmte Bewegung des Auges gegeben zu haben, die man auf
alle Fälle als den bösen Blick und die schädlichen Wirkungen
desselben erzeugend erachtete; wenigstens scheinen zwei Stellen
der lexicographischen Tafeln darauf hinzudeuten [1]), da sie das
akkadische si χul, „der böse Blick", im Assyrischen durch lapatuv
sa ini, „die rollende Bewegung der Augen", wiedergeben.

V.

„Das Hinduvolk," sagt der englische Reisende J. Ro=
berts [2]), „hat mit einer so großen Anzahl Dämonen, Göttern
und Halbgöttern zu thun, daß es in beständiger Furcht vor der
Macht derselben schwebt. Es giebt in seinem Lande keinen Weiler,
der nicht wenigstens einen Baum, eine geheime Stätte besäße,
welche als Sitz böser Geister gelten. Mit der Nacht verdoppelt
sich aber der Schrecken des Hindu und es kann ihn sodann nur
die dringendste Nothwendigkeit bewegen, seine Wohnung nach
Sonnenuntergang zu verlassen. Muß dieses geschehen, so schreitet
er mit äußerster Vorsicht von bannen. Er beachtet das geringste
Geräusch; er murmelt Beschwörungen vor sich her, die er immer=
fort wiederholt; er hält Amulete in der Hand, betet ununter=
brochen und führt sogar einen Feuerbrand mit sich, um seine
unsichtbaren Feinde abzuwehren. Hört er den geringsten Laut,
das Rauschen eines Blattes, die Stimme eines Thieres, so hält
er sich sogleich für verloren; er bildet sich ein, daß ein Dämon
ihn verfolge, und um seinen Schrecken zu bemeistern, fängt er

---

[1]) W. A. I., 11, 27, ß. 61., c—b; ß. 42, e—f.
[2]) Oriental illustrations of Scriptures, S. 542.

an zu singen oder in lauter Weise zu sprechen; er beschleunigt
seinen Schritt und athmet erst dann wieder auf, wenn er endlich
einen, seiner Ansicht nach, sicheren Ort erreicht hat."

Diese Beschreibung der heutigen Hindus paßt nicht allein
auf's genaueste auf die alten Chaldäer, sie vermag auch den
Zustand abergläubischen Schreckens zu veranschaulichen, in welchem
letztere durch ihre besprochenen Vorstellungen beständig erhalten
werden mußten. Welche Hülfsmittel bot ihnen aber die heilige
Magie gegen die Dämonen und bösen Einflüsse aller Art, von
denen sie sich jeden Augenblick umgeben und bedroht wähnten?

Diese bestanden zunächst in Beschwörungen, wie wir deren
bereits mehrere kennen gelernt. Diese Beschwörungen, die zum
größeren Theil einem sehr hohen Alterthum angehören, wurden
in Sammlungen, wie die uns in Bruchstücken vorliegende, vereinigt. Freilich konnte eine wirklich umfassende und gründliche
Kenntniß derselben nur den magischen Priestern eigen sein, wie
sie denn auch in ihren Händen eine förmliche Wissenschaft bildete; aber es mußte auch sonst noch jeder andere Mensch eine
Anzahl dieser Sprüche für die gewöhnlichsten Fälle und die am
häufigsten wiederkehrenden Gefahren kennen, ebenso wie auch
heute noch jeder einzelne Hindu eine Reihe von mantras in
seinem Gedächtnisse birgt. Die Reinigungsacte und mysteriösen
Gebräuche erhöhten sodann die Wirkung der Beschwörungen;
sie bestanden in Handlungen, die die Vertreibung der bösen
Geister beförderten.

Eine ausführliche Darlegung des Beschwörungsrituals werden
wir noch im siebenten Paragraphen dieses Abschnittes kennen
lernen, in einem längeren Spruche, welcher die beschwörenden
Handlungen und Gebräuche zu begleiten bestimmt war; auch
wird sich aus demselben ohne Mühe constatiren lassen, welch'
große Aehnlichkeit zwischen ebendiesen Practiken und den Vorschriften der Φαρμακεύτρια des Theokrit sowie der achten Ecloge
des Vergilius besteht.

Zu den vielen mysteriösen Ritualien, deren sich die präser-
vative Magie der Chaldäer im Allgemeinen zur Heilung von
Kranken bediente, gehörten, wie bereits erwähnt, auch Zauber-

tränke, welche ohne Zweifel wirkliche Medicamente enthielten, und sogenannte Zauberknoten oder Schleifen, an deren Wirksamkeit sogar noch im Mittelalter mit vieler Hartnäckigkeit geglaubt wurde. Einigen Aufschluß über diese Gebräuche gewährt folgender Zauberspruch [1]), in welchem Êa die Mittel zur Heilung eines Kopfübels angiebt:

> Nimm das Fell eines weiblichen Kameels, das sich nie begattete.
> Die Zauberin stelle sich zur Rechten, auch treffe sie ihre Vorrichtungen zur Linken (des Kranken);
> zertheile (dieses Fell) in zweimal sieben Stücke, und theile ihnen den Zauber mit, der da kommt von Eridhu.
> Umhülle das Haupt des Kranken,
> umhülle den Hals des Kranken,
> umhülle den Sitz seines Lebens,
> umhülle seine Hände und Füße.
> Lasse ihn sich niedersetzen auf seinem Lager und
> benetze ihn mit den bezauberten Wassern.
> Daß die Krankheit seines Hauptes in den Himmelsraum entführt werde, gleich einem reißenden Sturmwind!
> Daß sie von der Erde verschlungen werde, wie die zeitweise übertretenden Wasser!
> Daß Êa's Vorschrift ihn heile!
> Daß Davkina ihn heile!
> Daß Silik-mulu-khi, des Oceans Erstgeborener, dem Bilde die heilsame Kraft leihe!

Die höchste und unwiderstehlichste Macht ruht in dem geheimnißvollen göttlichen Namen, „dem großen Namen", „dem höchsten Namen", den Êa allein kennt. Vor diesem Namen beugt sich Alles, im Himmel, auf Erden und in der Unterwelt; er allein vermag die maskim zu bezwingen und ihren Verheerungen Einhalt zu thun. Selbst den Göttern legt dieser Name Fesseln an und zwingt sie, ihm unterthan zu sein. In der Erzählung von Istar's Höllenfahrt wird die himmlische Göttin von der Höllengöttin Allat gefangen gehalten. Die Himmelsgötter werden von ihrem Loose gerührt und suchen sie zu befreien. Der Sonnengott begiebt sich zu Êa, der allein im Stande ist, den Zauber zu lösen, und erzählt ihm das Schicksal der Istar.

---

[1]) W. A. I., IV, 3, Col. 2, Z. 3—26.

Da in seines Herzens geheimnißvoller Erhabenheit einen Beschluß
faßte;

er hat Asusu=namir, den assinnu [1]) erschaffen.

„Gehe hin, Asusu=namir; am Thore des Landes ohne Heimkehr
zeige dein Antlitz.

„Mögen die sieben Thore des Landes ohne Heimkehr sich öffnen,
vor deinem Antlitz!

„Möge dich Allat erblicken und Freude empfinden vor deinem
Antlitz!

„Sie wird sich im Grunde ihres Herzens beruhigen, ihr Zorn wird
dahinschwinden.

„Beschwöre sie durch den Namen der mächtigen
Götter.

„Richte deine Köpfe empor und wende deine Aufmerksamkeit hin
auf die fließende Quelle [2]).

Die Befehle, welche Asusu=namir überbringt, bewirken
thatsächlich ein Nachgeben der Allat, die nunmehr ihren ganzen
Zorn auf den Boten überträgt; Istar trinkt vom „Wasser des
Lebens", wird dadurch frei und kehrt endlich an's Tageslicht
zurück [3]).

Der „große Name" bleibt immerdar ein Geheimniß des
Ea; denn wenn ihn Jemand erführe, so würde er dadurch mit
einer Macht bekleidet, vor der die Götter selber sich beugen
müßten. Daher wird er selbst dann nicht genannt, wenn im
dramatischen Theile der Beschwörungen angenommen wird, daß
Ea ihn seinem Sohne Silik=mulu=khi mittheilt; er wird in
die Beschwörung nicht aufgenommen, da schon die bloße Erwähnung genügen würde, beim mündlichen Gebrauche des Zauber-
spruches eine verhängnißvolle Katastrophe herbeizuführen.

Es ist eine allbekannte Thatsache, daß der Glaube an den allmächtigen und verborgenen Namen Gottes bei den talmudischen
und kabbalistischen Juden von sehr großem Einflusse war und
noch heute bei den Arabern ein ganz allgemeiner ist. Gegenwärtig erkennen wir aber auf's unzweifelhafteste, daß dieser
Glaube aus Chaldäa stammte; und es scheint auch vollkommen
naturgemäß, daß sich eine solche Vorstellung, zumal in einem

---

[1]) Phantastische, sphinxähnliche Wesen mit mehreren Köpfen.

[2]) Die Quelle der Lebenswasser, die im Innern der Unterwelt verborgen war.

[3]) W. A. I., IV, 31, verso.

Lande herausbilden mußte, wo der göttliche Name, der schem, als Symbol so specieller und individueller Eigenschaften aufgefaßt wurde, daß man zuletzt eine besondere Persönlichkeit daraus machte: eine Thatsache, welche einen leicht veranlassen könnte, Varro's bekanntes Wortspiel in nomen numen zu verwandeln.

Neben den Beschwörungen bedienten sich die Chaldäer, und später, nach ihrem Vorgange, auch die Assyrer in ausgedehntem Maaße der sogenannten Talismane (akkadisch sagba, assyrisch mamituv). Die äußerst schwungvolle Beschwörung, die wir hier mittheilen, war bestimmt, über einem solchen Talisman gesprochen zu werden, um demselben die Macht zu verleihen [1]), alle Dämonen, die sich etwa in die verschiedenen Theile eines Wohnhauses einschleichen könnten, zu vertreiben:

> Talisman! Talisman! unwandelbarer [2]) Hort,
> unüberschreitbare, von den Göttern errichtete Schranke,
> Grenzscheide des Himmels und der Erde, die man nimmer hinweg
> rückt,
> einziger Gott, der sich nimmer verändert [3]),
> dessen (Macht) kein Gott, kein Mensch zu bekämpfen vermag,
> Schlinge, die nimmer gelöst wird, dem schädlichen Zauber gelegt,
> Schwert, dem man nimmer entgeht, gegen den schädlichen Zauber
> gerichtet!
> Sei's auch ein böser utuq, ein böser alal, ein böser gigim, ein
> böser telal, ein böser Gott, ein böser maskim,
> ein Schreckgespenst, ein Nachtgeist, ein Vampyr,
> ein Nachtmännchen, ein Nachtweibchen, ein weiblicher Kobold,
> sei's gar die verheerende Pest, das schmerzhafte Fieber, eine bösartige
> Krankheit:
> — wer sein Haupt gegen die Wasser des Ea erhebt, die durch Be
> sprengen verbreitet,
> den soll die Falle des Gottes Ea erfassen!
> — wer sein Haupt [4]) gegen die Speicher des Gottes Serakh [5]）
> erhebt,

---

[1]) W. A. I., IV, 16, 1.
[2]) Assyrische Version: „der niemals entführt wird".
[3]) Assyrisch: „der niemals erniedrigt worden"
[4]) Assyrische Version: „wer sich den Speichern anhängt".
[5]) Gott der Ernten und Kornspeicher. Sein semitischer Name ist Nirba, der „Vervielfältiger"; jedoch wurde auch der akkadische Name Serakh von den West-Semiten angenommen, die ihn der Religion des Euphratlandes entlehnten; wir begegnen dieser Gottheit sogar auf Cypern, wo sie als Σεραχος auftritt.

ben soll das Sichelschwert des Gottes Serach in Stücke zer=
schneiden!
— wer den Grenzstein (des Eigenthums) überschreitet,
den wird der Grenzstein der Götter, der Grenzstein des Himmels
und der Erde, nimmer entkommen lassen!
— wer den . . . der Götter nicht fürchtet,
den soll der . . . der Götter in Stücke zerschneiden!
den soll der . . . der großen Götter beschwören [1])!
— wer Arges im Schilde führt, gegen das Wohnhaus,
den soll er in den Graben des Hauses versenken!
— diejenigen, die allerorten Verwirrung und Umsturz stiften,
die soll er anderswohin verjagen, in öde, unfruchtbare Orte!
— wer am Thore des Hauses auflauert,
den soll er einsperren im Hause, an einem Orte, aus dem keine
    Wiederkehr möglich!
— wer sich den Thürflügeln, den Querriegeln anhängt,
den sollen die Thürflügel, die Riegel in unauflösbare Bande
schließen!
— wer sich heimlich in die Rinnen und Dachtraufen stiehlt,
wer mit Gewalt den Verschluß fortstößt, der auf die Thür und die
    Angeln gelegt ist,
den soll er wie Wasser hindurchfließen lassen!
den soll er zerschmettern wie einen irdenen Krug!
den soll er zermalmen wie Thonerde!
— wer das Zimmerwerk überschreitet, den soll er der Flügel be=
rauben!
— den, der seinen Hals zum Fenster hinausstreckt, den soll das
Fenster erwürgen!

Die Talismane waren sehr verschiedener Art. Es gab solche,
die aus Streifen von irgend welchem Zeuge bestanden und auf
denen bestimmte Formeln geschrieben waren; sie wurden an das
Hausgeräth oder aber, wie die Denkzettel der Juden, an die
Kleider geheftet. Nebenbei trug man auch Amulete aus ver=
schiedenen Stoffen um den Hals, als Schutzmittel gegen Dämonen,
Krankheiten und sonstiges Unglück. Solche Talismane aus
hartem Stein sind in unseren Museen sehr zahlreich vorhanden.
Man findet Bildnisse von Gottheiten und Genien darauf einge=
schnitten, daneben aber stets einen talismanischen Zauberspruch
angegeben.

Folgende Beschwörung, die ich auf zwei Amuleten des bri=

[1]) Assyrisch: „den soll er verdammen!“

tischen Museum vorfand, ist in semitisch-assyrischer Sprache verfaßt und gehört schon aus diesem Grunde zu den seltenern; die
betreffenden Amulete wurden allem Anschein nach von Schwangeren
getragen:

> Ich bin Bit-nur, Adar's Diener, der Götter Kämpe, der Aug-
> apfel Bel's.
> Beschwörung. O Bit-nur, vertreibe die Schmerzen, weit in
> die Ferne;
> kräftige den Keim, bringe das Haupt des Menschen zu voller Ent-
> wickelung [1]).

Die weit überwiegende Mehrzahl dieser Inschriften auf
Amuleten ist jedoch in akkadischer Sprache verfaßt. Ich citire
hier eine solche, welche allem Anschein nach einen von der Pest
Geheilten vor jedem Rückfall bewahren sollte:

> Beschwörung. Böser Dämon, bösart'ge Pest, der Geist der Erde
> verjage dich aus dem Körper.
> Mögen der holde Genius, der gnädige Coloß, der holde Dämon
> zusammen mit dem Geiste der Erde einziehen.
> Beschwörung des mächtigen, mächtigen, mächtigen Gottes. Amen [2]).

Die Legenden, in denen sich die musulmanischen Schriftsteller gefallen, so oft sie vom heidnischen Alterthum und den
alten asiatischen Reichen berichten, deren Geschichte ihrem Ge-
dächtniß zwar entschwunden, deren Denkmäler sie aber noch
immer mit Bewunderung erfüllen und ihnen als ein Werk von
übermenschlicher Kraft und Macht erscheinen, diese Legenden er-
zählen nicht selten von talismanischen Bildnissen, die, nach den
Vorschriften der Magie geschaffen, die Geschicke der Reiche, der
Städte oder einzelnen Individuen bestimmen. Freilich sind das
Alles nur Märchen, die an „Tausend und eine Nacht" erinnern;
der verworrenen Ueberlieferung liegt aber dennoch eine Thatsache zu Grunde. Denn die Original-Urkunden und Denkmäler
setzen uns heute in den Stand zu constatiren, daß die Chaldäer
und ihre Jünger, die Babylonier und Assyrer, wirklich an diese

---

[1]) In meinen Choix de textes cunéiformes, Nr. 24.
[2]) Ebend., Nr. 26.

talismanischen Bildnisse glaubten und sich deren gar häufig be=
dienten.

Als Botta den Königspalast zu Khorsabad durchsuchte,
entdeckte er unter dem Pflaster der Thorschwelle eine Reihe Sta=
tuetten von gebrannter Erde, die gegenwärtig im Louvre zu sehen
sind. Es sind dies ziemlich rohgeformte Götterbilder: Bel mit
einer Kopfbedeckung, welche mehrreihig mit Stierhörnern ge=
schmückt ist; Nergal mit einem Löwenkopf; Nebo mit dem
Scepter. In einer Inschrift, die sich gegenwärtig in Cambridge
befindet, sagt Nergalsarussur, der Neriglissor des Pto=
lemäischen Canon und einer der Nachfolger des babylonischen
Herrschers Nabukuburussur, er habe bei seiner Wiederher=
stellung der Thore der heiligen Pyramide zu Babylon „acht
talismanische Figuren von ächter Bronce, welche durch Todes=
schrecken Böse und Feinde entfernen", verfertigen lassen, um sie
dort aufzustellen. Die Bestimmung dieser Bildnisse sowie die
Macht, die man ihnen zuschrieb, lassen sich am besten aus dem
Fragment eines Zauberspruchs entnehmen, welcher mehrere dieser
Figuren erwähnt, die in den verschiedenen Theilen des Hauses
als Schutzgötter aufgestellt wurden [1]).

> Zur Erhebung euerer Hände habe ich mich in einen dunkelblauen
>   Schleier gehüllt;
> ich habe ein vielfarbiges Kleid angelegt; in euere Hände . . .
>   . . . . [2])
> ich habe die (Zauber=) Binde vervollkommnet, ich habe sie gereinigt,
> ich habe mich mit Glanz umhüllt;
> . . . . [3])
> Stelle] zwei an einander gebundene Bilder, untadelhafte Bilder,
>   welche die bösen Dämonen verjagen,
> neben den Kopf des Kranken, zur Rechten und Linken.
> Stelle] das Bild des Gottes Ungal=nirra [4]), der nicht seines
>   Gleichen hat, an die Umzäunung des Hauses.

---

[1]) W. A. I., IV, 21, 1.

[2]) Der Schluß dieser Zeile ist unverständlich.

[3]) Lücke von vier Zeilen, deren mangelhafte Erhaltung keine Uebersetzung
gestattet.

[4]) Beiname des Nergal.

Stelle] das Bild des Gottes, der im Glanze der Tapferkeit [1] strahlt,
der nicht seines Gleichen hat . . . .

und das Bild des Gottes Narudi, des Gebieters [2] der mächtigen
Götter,
auf den Boden, unter das Bett.

Zur Abhaltung alles nahenden Ungemachs [stelle] den Gott x [3] und
den Gott Latarak an die Thür.

Zur Abweisung alles Uebels [stelle] als Scheuche an die Thür . . .

Unter den Thorweg [stelle] den streitbaren Helden [4], der von Kriegs=
ruhm strahlt.

Auf die Schwelle der Thür [stelle] den streitbaren Helden, der seine
Hand (dem Feinde) entgegenstreckt [5]);
stelle ihn] zur Rechten und Linken.

Stelle] die wachsamen Bilder des Ea und Silik=mulu=khi's
unter den Thorweg;
stelle sie] zur Rechten und Linken.

. . . . die Zauberkraft Silik=mulu=khi's, die dem Bilde
innewohnt.

. . . . . . [6])

O, die ihr dem Ocean entsprossen, ihr Glänzenden, Kinder des Ea,
esset was mundet, trinket was süß schmeckt!

Dank euerem Schutz, kein Ungemach [eindringe!

Aus den Schlußzeilen dieses Fragmentes ergiebt sich's allem
Anschein nach mit Bestimmtheit, daß man an irgend einer Stelle
des Hauses auch Nahrungsmittel und gefüllte Trinkgefäße für
die Götter und Genien aufstellte, die man zum Schutze herbeirief
und mit deren Bildnissen, als schirmenden Talismanen, man sich
zu versehen pflegte. Uebrigens glaube ich kaum, daß sich die
Vorstellung, die Gottheit bediene sich des dargebrachten Opfers
zur materiellen Ernährung und schöpfe aus demselben neue Le=
benskraft, bei irgend einem Volke deutlicher ausprägte, als sie
uns in den akkadischen Zaubersprüchen entgegentritt. So lesen
wir z. B. in einem Beschwörungshymnus an die Sonne [7]):

---

[1]) Mislamta=ubbua, Beiname desselben Gottes.
[2]) Assyrische Version „Anführer".
[3]) Name ich nicht zu entziffern vermag.
[4]) Assyrische Version: „der streitbare Held, der in Stücke schneidet".
[5]) Assyrische Version: „der streitbare Held, der heldenmüthig ficht, der
. . . . . seine Hand".
[6]) Die fehlenden Verse sind fast gänzlich zerstört.
[7]) W. A. I., IV, 17.

Du leitest in deinem Lauf das Menschengeschlecht [1]);
laß über ihm leuchten einen heilsamen Strahl, der ihn befreie von
    seinem Leiden!
Der Mensch, Sohn seines Gottes, hat seine Sünde und Missethat
    vor dir bekannt,
seine Hände und Füße leiden grausamen Schmerz, er wird von der
    Krankheit schrecklich verunreinigt.
Sonne, laß meine erhobenen Hände nicht unbeachtet,
genieße seine Speisen, weise sein Opfer nicht von dir, führe ihm
    seinen Gott wieder zu, (auf daß er eine Stütze gewähre) seiner
    Hand!
Mögen, auf deinen Befehl, seine Sünde vergeben, seine Missethat
    vergessen sein!

Desgleichen in einer Sammlung von assyrischen Beschwö=
rungen gegen die Einwirkung der bösen Zauberer [2]):

Gegen die Dämonen, den Genius, den rabisu, den ekimmu,
das Gespenst, das Schattenbild, den Vampyr,
das Nachtmännchen, das Nachtweibchen, den weiblichen Kobold,
und alles Uebel, das den Menschen erfaßt,
veranstaltet Festlichkeiten, opfert und kommet alle zusammen.
Daß euer Weihrauch zum Himmel emporsteige!
Daß die Sonne das Fleisch eueres Opfers verzehre!
Daß Ea's Sohn, der Held, dessen Zauber . . . .,
euer Leben verlängere!

Endlich im Fragment [3]) eines Zauberhymnus an einen Gott:

Wasche deine Hand, reinige deine Hand!
Die Götter, deine Geschwister, mögen ihre Hände waschen, ihre
    Hände reinigen!
Auf reinen Tellern verzehre die reinen Speisen,
aus reinen Gefäßen trinke die reinen Wasser.
Günstig zu richten den König, Sohn seines Gottes, möge dein Ohr
    geneigt sein!

Es gab jedoch auch eine andere Art talismanischer Götter=
bilder, denen eine weit originellere Idee zu Grunde lag. Die

---

[1]) Akkadisch sak miga, assyrisch salmat qaqqadi, wörtlich „die Schwarz=
köpfigen"; über die Erklärung dieses Ausdrucks und seiner Analogien in der
Sprache der h. Schrift, vgl. Friedrich Delitzsch, G. Smith's Chal=
däische Genesis, S. 304.
[2]) W. A. I., IV, 56, verso, Z. 28—35.
[3]) W. A. I., IV, 13, 2.

Chaldäer stellten sich nämlich die Dämonen in so abschreckenden
Gestalten vor, daß sie zur schleunigen Vertreibung derselben es
für völlig genügend erachteten, ihnen ihre eigenen Ebenbilder
vorzuhalten. Eine Anwendung dieses Princips findet sich in
folgender Beschwörung [1]) (gegen die Pest), welche übrigens in
H. Rawlinson's Sammlung keine Aufnahme fand; die erste
Uebersetzung lieferte davon Oppert, doch glaubte ich in einigen
Puncten von derselben abweichen zu müssen:

> Der böse Namtar (die Pest) verbrennt das Land, wie das Feuer;
> der Namtar [2]) fällt den Menschen an, wie der Idpa (das
>   Fieber);
> der Namtar breitet sich über die Ebene aus, wie eine Kette;
> der Namtar nimmt den Menschen gefangen, wie ein Feind;
> der Namtar entzündet den Menschen, wie eine Flamme;
> der Namtar hat keine Hand, keinen Fuß; er überfällt den Menschen,
>   wie eine Schlinge;
> der Namtar schnürt den Siechenden, gleich einem Bündel;
> er unt li . . . .
> er verdirbt . . . .
> . . . .
> er beraubt den Menschen des günstigen . . . .;
> er erfaßt . . . .
> Diesen Menschen] sein Gott . . . . verläßt ihn;
> seine Göttin entfernt sich aus seinem Körper.
> Silik=mulu=khi ist ihm zu Hülfe geeilt [3]);
> er ist in die Behausung seines Vaters Ea getreten und hat zu ihm
>   gesprochen:
> „Mein Vater, der böse Namtar verheert das Land, wie das
>   Feuer."
> Ein zweites Mal hat er zu ihm gesprochen:
> „Was dieser Mensch that, er weiß es nicht; wodurch wird er Ge=
>   nesung erlangen?"
> Ea hat seinem Sohn Silik=mulu=khi erwidert:
> „Mein Sohn, was wüßtest du nicht, was sollte ich dich weiter noch
>   lehren?
> „Silik=mulu=khi, was wüßtest du nicht, was sollte ich dich
>   weiter noch lehren?
> „Was ich weiß, das weißt du doch auch;

---

[1]) Etudes accadiennes, II, 1, Nr. XVIII.

[2]) In der assyrischen Version ist der Name Namtar am Anfang der
einzelnen Verse durchgehend fortgelassen.

[3]) Der häufigen Wiederholungen halber gebe ich hier den dialogischen
Theil dieses Textes nur im Auszuge wieder.

4*

„tritt heran, mein Sohn Silik=mulu=khi.

„Knete [den Schlamm] des Ocean's ¹)

„und forme daraus das ihm (dem Namtar) ähnliche Bild.

„Lege den Menschen nieder, nachdem du ihn einer Reinigung unter=
zogen;

„lege (das Bild) auf seinen entblößten Unterleib;

„theile ihm den Zauber mit, der von Eribhu kommt.

„Wende sein Antlitz nach Westen.

„Daß der böse Namtar, der seinem Körper innewohnt, sich an=
derswo niederlasse!

Amen.

Das Bild, das sein Haupt emporrichtet, ist mit großer Macht aus=
gestattet ²).

Im Museum des Louvre befindet sich unter anderen eine
äußerst merkwürdige Broncestatuette von assyrischer Arbeit. Sie
stellt einen schrecklichen Dämon dar, aufrechtstehend, mit einem
halb entfleischten und mit Augen und Ziegenhörnern ausge=
statteten Todtenkopf, mit dem Rumpf eines Hundes, an den
Füßen mit Adlerfängen, an den Armen mit Löwentatzen, hinten
mit einem Scorpionenschweif, am Rücken mit vier gewaltigen ge=
spannten Flügeln versehen. Ein Ring, der sich am Hinterkopf
der Figur befindet, diente zum Aufhängen derselben; auch ent=
nehmen wir aus einer am Rücken befindlichen akkadischen In=
schrift ³), daß sie den „Dämon des Westwindes" darstellt und
an der Thür oder am Fenster des Hauses angebracht werden
sollte, um die schädlichen Einflüsse dieses Windes abzuhalten:
eine Vorsicht, die sich allerdings um so weniger tadeln läßt, da
gerade der Westwind, der über die arabische Wüste nach Babylon
gelangte, durch die glühende und verdorrende Temperatur, die
er mitführte, dieselben Verheerungen anrichten mußte, wie der
khamsin in Syrien und der semun in Afrika. Uebrigens ist
diese besondere Art von Talismanen eine äußerst vielfältige.

---

¹) Von hier ab ist der Urtext unverkürzt wiedergegeben.

²) Die Buddhisten auf Ceylon verfahren noch heute in ähnlicher Weise;
sie legen das Bild des Dämons, welcher für den Urheber der Krankheit er=
achtet wird, auf den betreffenden Theil des siechenden Körpers und glauben
dadurch eine Heilung desselben herbeizuführen. Vgl. J. Roberts, Oriental
illustrations of Scriptures, S. 171.

³) Veröffentlicht in meinen Choix de textes cunéiformes, Nr. 95.

Das britische Museum besitzt allein zwei verschiedene Köpfe dieses Dämons des Westwindes, einen aus gelber und einen aus rother Steinmasse, beide mit der nämlichen Inschrift versehen wie die Broncestatuette des Louvre, desgleichen ein drittes Exemplar ohne Inschrift.

Die öffentlichen Sammlungen besitzen aber auch noch viele andere solcher Dämonenbilder, die als Talismane dienten und den Zweck hatten, die bösen Geister, deren Ebenbild sie darstellen sollten, zu vertreiben. Im britischen Museum befindet sich z. B. ein solches mit einem Widderkopf und übermäßig langem Halse, desgleichen ein anderes[1]), welches mit dem Kopf einer Hyäne, dem Körper eines Bären und Löwentatzen versehen ist. Auch haben wir bereits früher aus einer Beschwörung die mannigfaltige Verschiedenartigkeit der Gestalten und Formen kennen gelernt, die man den sieben bösen Geistern, den Sprossen des Ana und Bekämpfern des Mondgottes, zuschrieb. Die Einbildungskraft der Künstler des Mittelalters war jedenfalls nicht fruchtbarer als die der Babylonier und Assyrer, wenn es galt, vermöge der wunderlichsten Combinationen die abschreckendsten und abenteuerlichsten Dämonengestalten zu ersinnen.

Unsere geringen Kenntnisse auf diesem Gebiete gestatten aber leider keine nähere Feststellung und Deutung aller Formen und Gestalten, denen wir in diesen bildlichen Darstellungen begegnen. Nur so viel steht fest, daß zwischen diesen ungeheuerlichen Formen, welche die chaldäisch-babylonischen Künstler den Dämonenbildern verliehen, und denen, welche Berosus den ersten lebenden Wesen des Chaos zuschrieb, eine merkwürdige Aehnlichkeit besteht.

„Es gab eine Zeit“, erzählt der chaldäische Priester, der die Erzählungen der heiligen Bücher seines Volkes den Griechen übermittelte, „es gab eine Zeit, wo alles in Finsterniß gehüllt und vom Wasser durchdrungen war und wo inmitten dieses wirren Chaos die scheußlichsten Thiere und wunderbarsten Geschöpfe urplötzlich entstanden; es gab Menschen mit zwei und

---

[1]) Aus gebrannter Thonerde.

vier Flügeln, mit zwei verschiedenen Gesichtern oder Köpfen, von denen oft der eine männlichen, der andere weiblichen Geschlechtes war, ja sogar Menschen, welche zu ein und derselben Zeit männlichen und weiblichen Geschlechts waren; es gab Menschen mit Ziegenfüßen und Ziegenhörnern, oder solche mit Pferdefüßen; es gab endlich Menschen, welche mit dem Hintertheil eines Pferdes und dem Vordertheil eines Menschen ausgestattet waren, ähnlich den Hippocentauren. Es gab Stiere mit menschlichem Kopfe, Hunde mit vierfachem Körper und Fischschwänzen, Pferde und Menschen mit Hundeköpfen, desgleichen Thiere, welche mit dem Kopf und dem Körper eines Pferdes und dem Schwanze eines Fisches versehen, auch andere Vierfüßler, welche aus verschiedenen Thieren, wie Fischen, Schlangen und anderen Reptilien zusammengesetzt, desgleichen zahlreiche Arten von wunderbaren Ungeheuern, welche auf das verschiedenartigste gestaltet waren und deren Abbildungen man auf den Wandgemälden des Baal=Tempels sehen kann. Ein Weib, Omoroka (um Uruk), leitete diese Schöpfung; sie wird im Chaldäischen Thavatth (Tiamat) genannt, ein Name, der im Griechischen „das Meer" bedeutet; doch wird sie auch mit dem Monde identificirt."

Ich habe schon früher in meinem Essai de commentaire des fragments cosmogoniques de Bérose darauf hingewiesen, daß wir sowohl auf Cylindern als auf den Stickereien der königlichen Trachten, die wir auf Basreliefs erblicken, die Mehrzahl der soeben beschriebenen Wesen dargestellt finden und zwar als solche, die von den Göttern bekämpft werden oder aber als wohlthätige Genien der lichtvollen Welt wirken. Es verhält sich in der That so, wie ich schon damals nach der chaldäischen Angabe hervorhob: das Werk des Demiurgen war keineswegs auf die Zerstörung der in Finsterniß gehüllten, chaotischen Welt gerichtet; es bezweckte vielmehr eine Theilung der Elemente, aus welcher dann endlich die geordnete Schöpfung hervorging. Gleichzeitig bestand aber auch die finstere Welt mit allen ihren bösen Geistern und sonderbaren, abenteuerlichen Geschöpfen fort. Das astrologische System des Diodorus Siculus[1] wies

---

[1] II, 30.

denselben die ganze untere Hälfte des Weltalls und der himm=
lischen Sphäre als Sitz an. Die Ungeheuer, welche Tiamat
im Chaos beherrschte, sind indessen auch die Bestandtheile
jenes Heeres, mit welchem diese Personificirung der noch un=
geordneten Materie die Götter, welche die nunmehr organisirte
und geordnete Welt regieren, befehdet. Desgleichen ist es
Tiamat, die endlich den Menschen zur Verletzung der gött=
lichen Gebote verleitet, so daß sie dieserart in der babylonischen
Schöpfungstradition die nämliche Rolle spielt wie die Schlange
in den Berichten der Genesis; die Ungeheuer, die dabei mitwirken,
werden vollkommen mit den Dämonen verwechselt und zusammen=
geworfen.

Es ist bekannt, welche Rolle der Kampf der Tiamat
gegen den sie überwindenden Götterkämpen Marubuk in den
erst neuerdings von Smith entdeckten epischen Fragmenten
spielt. Ein colossales Basrelief aus dem Palast zu Nimrud,
welches sich gegenwärtig in London befindet, bringt diese Scene
zur Darstellung [1]). Marubuk, das Haupt mit der Königskrone
und mit Stierhörnern geschmückt, an den Schultern mit vier
gewaltigen Flügeln versehen, jagt und verfolgt mit dem Blitz=
strahl, der Götterwaffe, die Tiamat, welche ebenso abschreckend
dargestellt wird, wie die bereits früher erwähnten Dämonen.
Sie erscheint als Ungeheuer, mit dem Körper, dem Kopfe und
den Vorderfüßen eines Löwen, mit den Flügeln, dem Schwanze
und den Fängen eines Adlers, am Hals und am ganzen Körper
mit Schuppen bedeckt. Letzteres würde auch auf's genaueste mit
dem Epitheton „schuppenreiche Tiamat" zusammenfallen, welches
ihr die epischen Fragmente beimessen. Auf einem Cylinder [2]),
welcher den nämlichen Kampf veranschaulicht, tritt sie in gleicher
Gestalt auf; nur wird sie hier vom Marubuk durch Pfeil=
schüsse bekämpft, während sich ein bereits überwundenes Unge=
heuer dem siegreichen Gotte zu Füßen wälzt. Anderswo tritt
sie in demselben Kampfe als Greif auf [3]). Auf einem

---

[1]) Layard, Monuments of Nineveh, second series, Tfl. 5.
[2]) G. Smith, Chaldaean account of Genesis, S. 100.
[3]) Ebend., S. 95.

Cylinder [1]) wird sie sogar als Löwin dargestellt, die den Ma =
rubuk angreift; der Verfertiger dieses Bildwerks scheint sich
indessen, wie Berosus, mehr an jene Version des Mythus ge=
halten zu haben, welche die eigentliche Handlung der Schöpfungs=
arbeit des Marubuk mit seinem Kampfe gegen die Tiamat
verflicht.

Die magischen Urkunden bieten überhaupt viele Anhaltepuncte
zur Erklärung und Deutung von Bildwerken. In den Sculp=
turen der assyrischen Paläste finden wir neben den historischen
Scénerien und rein religiösen Darstellungen auch zahlreiche Bas=
reliefs von unbestreitbar talismanischem Charakter, welche ohne
Zweifel dazu bestimmt waren, böse und verhängnißvolle Einwir=
kungen abzuhalten, um so mehr, da die Ansicht vorherrschte, daß
ein Bildwerk dieselbe Schutzkraft besäße wie ein Zauberspruch
und ebenso unmittelbar auf die bösen Geister einzuwirken ver=
möchte. Die geflügelten Stiere mit menschlichem Kopfe, welche
an Eingängen aufgestellt wurden, waren ebenfalls schützende
Genien, die für alle Zeiten, so lange sie unversehrt blieben, auf
einem und demselben Standorte belassen wurden. Wir ent=
nehmen dies aus folgender Inschrift, die vom Könige Asura=
khibbin herrührt:

> Daß der bewachende Stier, der bewachende Genius, der die Macht
> meines Königthums schützt, für alle Zeiten meinen freudestrahlenden
> und geachteten Namen erhalte, bis seine Füße von ihrem Platze
> verdrängt werden.

In dem herrlichen Residenzschlosse, das sich Assurban=
habal im Centrum von Ninive erbaut hatte, sehen wir jetzt
noch an mehreren Stellen ganze Reihen von monstruösen Figuren
mit menschlichem Körper, Löwenköpfen und Adlerfängen, zu zweien
gruppirt und im Kampfe mit Dolchen und Streitkolben begriffen.
Auch diese Gestalten sind Dämonen, deren bildliche Darstellung
nur eine plastische Uebertragung der Beschwörung: „Daß die
bösen Dämonen ausfahren, daß sie sich gegenseitig anfallen mögen!"

---

[1]) Layard, Culte de Mithra, Tff. XLIX, Nr. 5; vgl. meinen Commentaire de Bérose, S. 85.

sein sollte; und es wurde gerade dadurch, daß man diese gegenseitige Bekämpfung der Dämonen auf den Wänden des Palastes
zur Darstellung brachte, gewissermaßen auch die Verwünschung
selbst, die sie zur Zwietracht verdammte, für alle Zeiten wiederholt.

Auf den Cylindern von hartem Stein, welche den Babyloniern und Assyrern als Petschaft dienten, erblicken wir sehr
häufig das Bild eines der beiden Kriegsgötter Abar oder
Nergal (akkadisch Nin-dara und Nir-gal oder Ne-uru-
gal), des Hercules und Mars der Religion des Euphrat- und
Tigrislandes, wie sie die verschiedenartigsten Ungeheuer bekämpfen.
Diese Ungeheuer sind aber ebenfalls nur für Dämonen zu erachten, da die genannten beiden Götter, den magischen Urkunden
gemäß, insbesondere mit der Bekämpfung der bösen Geister betraut
waren. In der magischen Sammlung befindet sich ein Hymnus,
welcher speciell der Verherrlichung der Kriegesthaten Nin-dara's
gewidmet war [1]); ebenso lautet auch in einer Beschwörung gegen
mehrere Dämonen einer der Schlußwünsche: „Daß sie Nir-gal,
dem gewaltigen Krieger des Mul-ge, gegenüberstehen mögen."

Oft kämpft einer der genannten Götter, oder auch beide zugleich, nicht gegen phantastische Ungeheuer, sondern gegen einen
oder mehrere Stiere, die sie mit ihrem Schwerte erlegen. Man
hat hierin sinnreiche astronomische Mythen, die sich auf das Verweilen der Sonne im Zeichen des Stieres beziehen sollten, ja
sogar einen Beweis für den babylonischen Ursprung der Mithra-
mysterien sowie den Leitfaden einer vollständigen Theorie der
asiatischen Religionen zu erkennen geglaubt. So tiefe Gedanken
dürften aber doch wohl kaum in diesen Darstellungen verborgen
liegen: es wird hier lediglich der Triumph der Kriegesgötter
Abar oder Nergal über Dämonen von der Art der akkadischen
telal oder assyrischen gallu verherrlicht, Dämonen, die in Stier-
gestalt auftreten und, wie sich auch aus folgendem Fragment
einer Beschwörung [2]) entnehmen läßt, vorzugsweise den Menschen
zu schädigen suchen.

---

[1]) W. A. I., IV, 13, 1.
[2]) W. A. I., IV, 2, Col. 4.

Verstörer des Himmels und der Erde, der die Erde verwüstet[1]), der
   Genius, der die Erde verwüstet,
der Genius, der die Erde verwüstet, dessen Macht eine höhere,
dessen Macht eine höhere, dessen vernichtende Macht eine höhere,
der telal, der durchbohrende Stier, der gewaltige Stier[2]),
Stier, der die Wohnungen umstürzt,
der ungebändigte telal; es giebt deren sieben,
die keinen Widerstand kennen,
die das Land zernagen, wie Ratten[3]).
Sie kennen die Ordnung nicht;
sie lauern dem Menschen auf;
sie verschlingen den Körper, sie lassen Blut regnen; sie tränken sich
   mit Blut;
sie verunglimpfen die Bilder der Götter.
Sie sind die Heerde im Hause des Gottes Dul=kûga, beim Gotte
   Se=tir mästen sie sich.
Die telal sind die, die Feindseligkeit auf Feindseligkeit häufen,
die sich mit Blut sättigen und denen doch nimmer beizukommen ist.
Beschwöre ihre Frevelthaten! sie werden nimmer wieder in die Ge=
   gend zurückkehren . . . . .!
Geist des Himmels, mögen sie beschworen sein! Geist der Erde,
   mögen sie beschworen sein!

Solche Darstellungen siegreicher Kämpfe der himmlischen
Götter gegen die Dämonen waren in der That nirgend an=
gebrachter, als gerade auf den erwähnten Cylindern. Denn die
geheimnißvolle Schutzkraft, die den betreffenden Darstellungen
beigemessen wurde, mußte natürlich nicht allein dem Gegenstande
selber, auf welchem sie sich befanden, den Charakter eines Talis=
mans verleihen und somit auch den Besitzer desselben schützen,
sondern auch den Abdruck der Darstellung, das Siegel, dem man
seine Geheimnisse oder Schätze anvertraute, vor allen möglichen
Gefahren oder Anschlägen sicher machen.

Die neuesten Forschungen G. Smith's haben allerdings
darauf schließen lassen, daß die Darstellungen auf Cylindern,
welche zwei herculisch gestaltete Persönlichkeiten im Kampf mit

---

[1]) In der assyrischen Version ist dieser ganze Satztheil fortgelassen.

[2]) Assyrische Version: „ekimmu".

[3]) Meine Uebersetzung des akkadischen zî, durch „Ratte", begründet sich
allerdings nur auf Muthmaaßung; doch handelt es sich hier ohne Zweifel um
ein Nagethier kleinerer Gattung.

einem Stier zeigen, zum Theil eine künstlerische Bearbeitung einer
Episode des sechsten Gesanges der Jzbhubar-Epopöe, eine Dar=
stellung des Sieges Jzbhubar's und seines Genossen Éabani
über den Stier waren, welchen Anu zur Rächung seiner Tochter
Jstar erschaffen hatte. Diese sinnreiche Erklärung kann ich in=
dessen nur für bestimmte Fälle gelten lassen, d. h. wenn die
beiden kämpfenden Persönlichkeiten eine vollkommen menschliche
Gestalt besitzen und gegen einen wirklichen Stier kämpfen, oder
aber, und zwar hauptsächlich dann, wenn den ausdrücklichen An=
gaben der Dichtung gemäß der eine der Kämpfenden (Jzbhubar)
den Stier erwürgt, den der andere (Éabani) am Kopf und
am Schweif vor ihm festhält. Zeigt dagegen das im Kampfe
unterliegende Wesen halb menschliche, halb thierische Körperformen,
sind die kämpfenden Persönlichkeiten überhaupt nur zur einen
Hälfte Menschen, zur anderen Stiere, und bieten sie demnach in
ihrer ganzen Gestaltung jene zwitterhaften Combinationen, die
wir sonst weder an Göttern noch an Genien oder epischen Helden
wahrnehmen, so glaube ich doch auf meine Deutung, die ich auf
Grund der magischen Urkunden aufstellte, beharren und die An=
sichten Smith's für unhaltbar erachten zu müssen.

VI.

Unter den wichtigsten und wesentlichsten Talismanen, deren
sich die wohlthätige und schützende Magie der Chaldäer bediente,
darf der Zauberstab, als Hauptwaffe und eigentlichste Urquelle
aller Macht des Beschwörenden, nicht unerwähnt bleiben. Der
Zauberstab spielt überhaupt im Aberglauben aller Völker eine
hervorragende Rolle. Er wird im Exodus als Abzeichen der
pharaonischen Magier und wiederholt in den homerischen Ge=
sängen[1], desgleichen von Cicero[2] als virgula divina er=
wähnt und von Proclus sogar weitläufig in einer magischen

---

[1] Odyssee, *K. V.* 238, 293, 318, 389; *II*, B. 172.
[2] Epist. ad Attic., I, 44.

Abhandlung besprochen. In den chaldäischen Urkunden wird der Zauberstab häufig mit einem Ausdruck bezeichnet, den der assyrische Uebersetzer durchgehend unverändert in seinen neuen Text herüber= nahm, gleich als ob diese akkadische Bezeichnung, gis-zida, wörtlich „der günstige, wohlthätig wirkende Stab", sich auch im Assyrischen forterhalten hätte, ohne durch einen gleichbedeutenden semitischen Ausdruck ersetzt zu sein. Das Prädicat Nin=gis=zida, „Herrin des Zauberstabs", ist eine Nebenbezeichnung der akkadischen Göttin Nin=kigal, der assyrischen Allat, der Königin des Todten= reichs und daher auch der Specialgöttin der Magie und der Geisterbeschwörung [1]); auch gehört der Monat ab der Allat, der „Herrin des Zauberstabs [2]).

Eine weit erhabenere, geläutertere und sittlichere Idee tritt uns indessen aus anderen Bruchstücken des großen magischen Sammelwerkes entgegen. Hier sind es nicht äußere Mittel, die dem Leidenden Hülfe und Linderung gegen die ihn bedrängenden Dämonen und Krankheiten gewähren, sondern reuevolles Bekennen der begangenen Fehltritte und aufrichtige Buße, die den reinigenden Gebräuchen schutzgewährende Kraft und Wirksamkeit verleihen sollen. Der Mensch beugt sich als Sünder vor den Göttern, deren Gnade und Beistand er gleichzeitig erfleht.

> Ich komme als Bote des Herrn,
> als Bote des Ea, des mächtigen Herrn.
> Entscheide das Loos dieses Menschen, offenbare, was seiner wartet,
> bestimme sein Schicksal!
> Du leitest in deinem Laufe das Menschengeschlecht;
> laß über ihm leuchten einen friedlichen Strahl, der ihn befreie von
> seinem Leiden!
> Der Mensch, Sohn seines Gottes, hat seine Sünde und Missethat
> vor dir bekannt;
> seine Hände und Füße verursachen ihm heftigen Schmerz, seine
> Krankheit verunreinigt ihn schrecklich.
> . . . .
> Auf deinen Befehl sei seine Sünde vergeben, seine Missethat ver=
> gessen!

---

[1]) Es ergiebt sich dieses aus W. A. I₁, II, 59, verso, Z. 36, und Nr. 99 meiner Choix de textes cunéiformes, verso, Z. 7.
[2]) G. Smith, History of Assurbanipal, Z. 325.

Daß ihn sein Ungemach verlasse, daß er von seiner Krankheit genese [1])!

Diese Worte, die an den Sonnengott (den akkadischen Utu und assyrischen Samas) gerichtet sind, wurden unter gleich= zeitiger Darbringung eines Opfers von dem Zauberpriester ge= sprochen, der für den Kranken die erforderliche Handlung vollzog; in solchen Fällen waren also die magischen Gebräuche auf's engste mit denen des Cultus verflochten.

Zuweilen werden die Krankheiten geradezu als eine Züch= tigung für Sünde und Gottlosigkeit betrachtet. Die Götter be= stimmen die Krankheit, die den Schuldigen treffen soll; mit der Erzeugung dieses strafenden Uebels werden aber die bösen Geister beauftragt. Der wohlthätige Schutz, den die Götter ununter= brochen dem Menschen angedeihen lassen, hört mit einem Mal auf, und der Sünder, der sich des göttlichen Zornes schuldig ge= macht, wird der Gegenstand aller dämonischen Anschläge, das Opfer aller Uebel, die ohne Unterlaß die Menschheit bedrohen. Vergebung kann in solchen Fällen nur durch Reue oder dadurch erlangt werden, daß man durch aufrichtige Demuth sich der gött= lichen Gnade würdig erweist.

> Die Krankheit des Hauptes, sie schweift in der Wüste umher, sie hat sich wie ein Sturmwind erhoben,
>
> sie ist hervorgeschossen wie ein Blitzstrahl, sie hat sich nach oben und nach unten gestürzt.
>
> Wer seinen Gott nicht ehrt, wird gleich einem schwankenden Rohr geknickt,
>
> seine Schwären drücken ihn wie eine Fessel;
>
> wer keine Schutzgöttin hat, dessen Fleisch geht in Schwärung über, er verschwindet wie eine Sternschnuppe, er zerstiebt wie nächtlicher Thau.
>
> Den hinfälligen, vergänglichen Menschen behandelt sie (die Krank= heit) feindlich; sie läßt ihn verdorren wie die Tagesgluth;
>
> diesen Menschen hat sie tödtlich getroffen;
>
> er wird beunruhigt wie vom Herzkrampf;
>
> er wird zur Verzweiflung gebracht, wie einer, der sich sein Herz abreißt;
>
> er geberdet sich wie ein Gegenstand, den man an's Feuer stellt;

---

[1]) W. A. I., IV, 17, recto.

über seine Augen legen sich Wolken, wie die Flecken am Fell eines
scheckigen Hirsches;

er verzehrt sich lebendig; er ist dem Tode verfallen.

Der Irrsinn gleicht einem heftigen Sturmwind; Niemand kennt seine
Herkunft;

seine eigentliche Bestimmung, sein eigentliches Loos[1]), kennt Niemand[2]).

Es erscheint mir unmöglich, diese Fragmente, in denen wir
einer so ausgeprägten religiösen Idee begegnen, als zu den
ältesten Bestandtheilen des großen magischen Sammelwerks gehörig
zu betrachten; das religiöse Gefühl ist hier bereits zu einer
solchen Entwickelung gediehen, wie sie den ersten Zeitaltern wohl
kaum zugeschrieben werden könnte. Aber selbst dann, wenn nur
einzelne dieser Bruchstücke einer jüngeren Periode angehören sollten,
würden dieselben immerhin von hohem Interesse für die Entwickelungsgeschichte der religiösen Anschauungen sein, da sie nachweisen, wie frühzeitig schon die Chaldäer, vielleicht mehr als ein
anderes heidnisches Volk, von dem eigentlichen Begriff der Sünde,
von der Nothwendigkeit der Reue und der wohlthätigen Macht
der Demuth und Buße durchdrungen waren. Ihre Schöpfungstradition erkannte ebenfalls die Erbsünde an; sie nahm an, daß
der Mensch ursprünglich makellos aus den Händen seines Schöpfers
hervorgegangen, dann aber gefallen sei, durch eigene Schuld und
in Folge der Verlockungen der finsteren Mächte des Chaos. Ebenso
nahmen auch die Bußübungen einen besonders hervorragenden
Platz unter den religiösen Gebräuchen der Chaldäer ein. Wir
besitzen die Bruchstücke einer besonderen Zusammenstellung von
Gebeten, im ursprünglichen akkadischen Texte nebst interlinearer
assyrischer Uebersetzung, welche mit dem gemeinsamen Titel:
„Klagen des reuevollen Herzens" (akkadisch ir sâ kumal) bezeichnet waren; es sind dies förmliche Bußpsalmen, deren hoch-
poetischer Geist nicht selten an jene Psalmen, welche die jüdische
Tradition dem König David zuschrieb, desgleichen an viele
Stellen der Propheten Israels und des Buches Hiob erinnert.

---

[1]) Assyrische Version: „wozu er dient."
[2]) W. A. I., IV, 3, Col. 1, Z. 1—30.

Zur Orientirung des Lesers werde ich hier das am besten er=
haltene dieser Fragmente ohne Abkürzung mittheilen [1]); dasselbe
ist nicht allein von hohem Werthe für das Studium der religiösen
Anschauungen, sondern auch durch die darin durchgeführte Ein=
theilung der lyrischen Strophen sowie durch den Parallelismus
der Verse mehr als alle anderen erhaltenen Texte geeignet,
uns über die Structur der akkadischen Dichtung zu belehren.

Str. I.

    Mein Herr, daß der Groll seines Herzens
    sich lege!

    Gott, daß der Thörichte zur Einsicht gelange!
    Göttin, daß der Thörichte zur Einsicht gelange!

    Der Gott, der das Verborgene kennt,
    daß er beschwichtigt werde!

    Die Göttin, die das Verborgene kennt,
    daß sie beschwichtigt werde!

Gegenstr. I.

    Daß das Herz meines Gottes besänftigt werde!
    Daß das Herz meiner Göttin besänftigt werde!

    Mein Gott und meine Göttin,
    mögen sie Beide beschwichtigt werden!

    Der Gott, der gegen mich [aufgebracht ist],
    daß er beschwichtigt werde!

    Die Göttin, die gegen mich [aufgebracht ist],
    daß sie beschwichtigt werde!

Str. II.

    Meine Sünden . . . . .
    . . . .

    Meine Sünden . . . . .
    . . . . [2])

---

[1]) W. A. I., IV, 10.
[2]) Das Uebrige ist durch einen Bruch des Täfelchens zerstört; übrigens
zählte diese Strophe nur zwei, nicht vier Verse.

Gegenstr. II.

Der gnädige Name [meines Gottes,

. . . .[1])

Der gnädige Name [meiner Göttin,

. . . .[1])

Der gnädige Name [des Gottes, der das Verborgene kennt,

. . . .[1])

Der gnädige Name [der Göttin, die das Verborgene kennt,

. . . .[1])

Str. III.

Ich genieße Speisen [des Grolles[2]]
Ich trinke Wasser [der Herzensangst.

Von dem Fehltritte gegen meinen Gott,
ernähre ich mich unbewußt.

Im Fehltreten gegen meine Göttin,
schreite ich, unbewußt, vorwärts.

Gegenstr. III.

Herr, meine Fehler sind sehr groß,
sehr groß meine Sünden[3]).

Mein Gott, meine Fehler sind sehr groß,
sehr groß meine Sünden.

O meine Göttin, meine Fehler sind sehr groß,
sehr groß meine Sünden.

Gott, der du das Verborgene kennst,
meine Fehler sind sehr groß, sehr groß meine Sünden.

Str. IV.

Ich begehe Fehler,
unbewußt.

Ich begehe die Sünde,
unbewußt.

Ich ernähre mich von Fehltritten,
unbewußt.

---

[1]) Lücken.

[2]) Die zwei ersten Verse dieser Strophe sind unregelmäßig gebaut, das zweite Glied des Parallelismus ist in beiden ausgefallen.

[3]) Assyrische Version: „meine Fehler sind zahlreich, groß meine Sünden."

Ich wandle unrechte Wege,
unbewußt.

Gegenstr. IV.

Der Herr, im Grolle seines Herzens
er mich mit Verwirrung überschüttet;

der Gott, im Zorne seines Herzens
er mich zermalmt;

die mir zürnende Göttin[1]),
sie beunruhigt mich schrecklich;

der Gott, der das Verborgene kennt,
er bedrückt mich;

die Göttin, die das Verborgene kennt.
sie beraubt mich aller Kräfte.

Str. V.

Ich beuge mich in Demuth
und Niemand reicht mir die Hand[2]).

Ich löse mich auf in Thränen[3])
und Niemand ergreift meine Hand.

Ich bete mit erhobener Stimme
und Niemand erhört mich.

Ich bin entkräftet, niedergedrückt,
und (Niemand) erlöst mich.

Gegenstr. V.

Ich nähere mich dem Gotte, der mich erzeugte,
und klage in glühenden Worten.

Ich küsse die Füße meiner Göttin
und . . . .[4])

Ich nähere mich dem Gott, der das Verborgene kennt,
und klage in glühenden Worten.

Ich küsse die Füße meiner Göttin, die das Verborgene kennt,
und . . . .[4],

---

[1]) Assyrische Version: „ist erzürnt gegen mich und . . .“
[2]) Assyrische Version: „nimmt meine Hand.“
[3]) Assyrische Version: „ich weine.“
[4]) Lücke.

Str. VI.

Herr, sei gnädig
. . . .[1]

Göttin, sei gnädig
. . . .[1]

Gott, der du das Verborgene kennst,
sei gnädig . . . .[1]

Göttin, die du das Verborgene kennst,
sei gnädig . . . .[1]

Gegenstr. VI.

Wie lange noch, o mein Gott,
. . . .[1]?

Wie lange noch, o meine Göttin,
. . . .[1]?

Wie lange noch, o mein Gott, der du das Verborgene kennst,
werde ich . . . .[1]?

O Göttin, die das Verborgene kennt, wie lange noch . . . . . .
der Zorn deines Herzens [1]?

Str. VII.

Das Schicksal der Menschen ist schriftlich bestimmt,
aber Niemandem ist es bekannt.

Die Menschen, die da alle genannt werden [2],
sie kennen nicht die Bestimmung desselben.

Ob er lästert oder sich eines frommen Wandels befleißigt,
Niemandem ist es bekannt [3].

Gegenstr. VII.

Herr, du wirst deinen Knecht nicht zurückweisen [4].

Inmitten der stürmischen Fluthen, eile ihm zu Hülfe,
ergreife seine Hand!

---

[1] Lücke.

[2] Im akkadischen Text wörtlich: „Die Menschen, die einen Namen tragen," assyrische Version: „Was alles einen Namen trägt."

[3] Diese Strophe besteht ausnahmsweise nur aus drei Versen, doch wird dieser Ausfall durch die ungewöhnliche Ausdehnung der zugehörigen Gegenstrophe wieder aufgewogen.

[4] Unregelmäßiger Vers, ohne Parallelismus.

Ich begehe die Sünde,
verwandele du sie in Frömmigkeit!

Ich begehe Fehler,
verwehe sie mit dem Winde[1])!

Meine Lästerungen sind sehr groß[2]),
zerreiße sie, wie einen Schleier!

Str. VIII.
O mein Gott, meine Sünden sind sieben mal sieben,
vergieb meine Sünden!

O meine Göttin, meine Sünden sind sieben mal sieben,
vergieb meine Sünden!

Gott, der du das Verborgene kennst,
meine Sünden sind sieben mal sieben, vergieb meine Sünden!

Göttin, die du das Verborgene kennst,
meine Sünden sind sieben mal sieben, vergieb meine Sünden!

Gegenstr. VIII.
Vergieb meine Fehler,
verkünde dein Urtheil!

Möge dein Herz, wie das Herz einer Mutter, die geboren,
sich erheitern!

Möge es, wie das Herz einer Mutter, die geboren, und eines Va=
ters, der gezeugt,
sich erheitern!

„Die Klagen des reuigen Herzens,
fünfundsechszig Verse im Ganzen.“

Das Fragment eines anderen Psalmes der nämlichen Samm=
lung[3]), in welchem übrigens nicht der Sünder das Wort führt,
sondern für ihn, als dritte Person, um Hülfe gefleht wird,
lautet folgendermaßen:

. . . .

Versunken in Seufzen und Klagen,
(offenbart sich) die Wunde seines Herzens in schmerzlichen Worten.

---

[1]) Assyrische Version: „daß der Wind sie verwehe!“
[2]) Assyrische Version: „Meine zahlreichen Lästerungen.“
[3]) W. A. I., IV, 26, 8.

In bitteren Thränen, in bitterem Wehklagen,
verstummt er; wie die Turteltaube irrt er weinend, Tage und
Nächte, umher.

Er hat das Erbarmen seines eigenen Gottes erfleht,
wie (sein) Kind.

Er beharrt in schmerzlichen Klagen;
in der Gluth seines Schmerzes hat er sein Antlitz vor seinem Gotte
gebeugt.

Meine Absicht, das Vorhandensein solcher kostbaren Ur=
kunden nachzuweisen, hat mir indessen eine ziemliche Abschweifung
vom eigentlichen Thema, der Magie der Chaldäer, zu Schulden
kommen lassen. Ich kehre nunmehr zur weiteren Besprechung
desselben zurück.

———

VII.

Bei allen Völkern hat der Glaube an eine Zauberkraft, die
durch bestimmte Worte und Gebräuche die Geister beherrscht
und sogar die Götter dem Kenner dieser allmächtigen Geheim=
nisse unterwirft, in der Ausübung derselben einen Dualismus
erzeugt, welcher dem der guten und bösen Geister entspricht.
Die übernatürliche Macht, die der Mensch durch diese Kraft er=
langt, kann göttlicher oder teuflischer Natur sein, dem Himmel
oder der Hölle entstammen. Im ersteren Falle verschmilzt sie mit
der Macht, die von den oberen Göttern dem Priester verliehen
wird: sie äußert sich auf eine wohlthätige Weise, dient zur Ab=
wehr des Unglücks, bannt Krankheiten und bekämpft dämonische
Einflüsse. Im zweiten Falle aber wird sie verwerflich, gottlos
und bildet die Schwarzkunst oder Zauberei mit allen zugehörigen
verbrecherischen Verirrungen. Diese Unterscheidung, welche sich
überall kundgiebt, — vielleicht nur wenige, völlig ungesittete
Stämme ausgenommen, bei denen der magische Priester mehr wegen
seiner schädlichen Zaubereien gefürchtet, als wegen seiner wohl=
thätigen gesegnet wurde, — machten auch die Chaldäer. Natür=
lich enthalten die heiligen Bücher, deren Ueberreste wir besitzen,

nur die Beschwörungen und Zaubersprüche der göttlichen Magie, der wohlwollenden Beschwörungskunst; die bösartige, teuflische Magie ist mit Abscheu ausgeschlossen, ihre Ausübung auf's nachdrücklichste verpönt.

Der Umstand, daß diese Beschwörungen nicht allein die unmittelbare Thätigkeit der Dämonen, sondern auch die schädlichen Wirkungen der Schwarzkunst bannen sollten, bewirkt indessen, daß wir auch zahlreiche Andeutungen über letztere aus eben diesen Büchern entnehmen können. Es ist darin häufig von Zauberern und Zauberinnen die Rede, woraus wir eben ersehen, daß diese im ältesten Chaldäa, im akkadischen Volke, gewiß zahlreich vertreten waren. Die Zaubereien derselben werden im Verzeichniß der zu beschwörenden Plagen oft gleichzeitig mit den Dämonen und Krankheiten aufgeführt, zuweilen aber mit besonderen Beschwörungen bekämpft. Ein solcher Spruch, der einen Schwarzkünstler verflucht, nennt denselben u. a. „den schändlichen Bösewicht, den boshaften Menschen, denjenigen der Menschen, der boshaft ist, den schlechten Menschen", auch spricht er vom „Schrecken, den er verbreitet", vom „Schauplatz seiner gewaltsamen Angriffe", von „seiner Bosheit" und „seinen Zaubereien, die weit aus dem Bereiche der Menschen verbannt werden". Als hauptsächlichste Schutzgötter gegen die Anschläge solcher Zauberer werden Êa und der Sonnengott angerufen[1]). Denn in der Dunkelheit verborgen setzen diese Bösewichte ihre Zaubereien in's Werk; daher auch die Sonne als ihr mächtigster Widersacher gilt.

Ein Hymnus an den Sonnengott[2]), den wir der magischen Sammlung entnehmen, lautet folgendermaaßen:

> Der du die Lüge zu Schanden machst, den bösen Einfluß vernichtest,
> der du Wunder, schreckliche Zeichen, Deutungen, Träum' und Erscheinungen,
> der du die bösen Ränke vereitelst, Menschen und Länder vernichtest,
> die der Hexerei und dem bösen Zauber ergeben sind, u. s. w.

---

[1]) W. A. I., IV, 6, Col. 6.
[2]) W. A. I., IV, 17.

Im Allgemeinen wird der Schwarzkünstler in den alten akkadischen Beschwörungen „der Bösewicht, der boshafte Mensch" genannt. Die Ausdrücke, welche seine Ränke und Listen bezeichnen, haben aber stets einen besonderen verschleierten Charakter, in welchem sich der Schrecken, den sie einflößen, verräth; man wagt sie nicht offen zu bezeichnen, und es geschieht erst in den assyrischen Uebersetzungen, daß den bezüglichen Ausdrücken ein bestimmterer Sinn verliehen wird. Die Zaubereien werden im Allgemeinen „das Wirkende, das Schlechte, das Gewaltsame", die Gebräuche bei Ausübung derselben „die Handlung", die Beschwörungen „das Wort", die Zaubertränke „die tödtlich wirkende Sache" genannt. Uebrigens hat Pictet in den Sprachen der verschiedenen arischen Völker genau entsprechende Thatsachen nachgewiesen.

Es giebt überhaupt nichts Böses, das der Schwarzkünstler zu verüben nicht im Stande wäre. Bezauberungen durch bösen Blick oder durch Unglücksworte stehen ihm zu beliebiger Verfügung; seine Künste und Zauberformeln zwingen die Dämonen, seinen Befehlen zu gehorchen; er entfesselt sie gegen den, den er zu schädigen beabsichtigt und bewirkt, daß sie ihn in jeder möglichen Weise belästigen und peinigen; er behext Menschen und Länder, er bewirkt Krankheit und Besessenheit. Ja er vermag sogar zu tödten, und zwar durch Zaubereien und Verwünschungen oder durch Gift, das er seinen Zaubertränken beimischt. Die Beschwörungen, welche im letzteren Falle in Anwendung kommen, suchen aber stets diesen tödtlichen Ausgang der Zauberei auf ihren Urheber selber zurückzuwälzen: „Daß sie sterben und ich am Leben bleiben möge!" so lautet der betreffende Passus einer assyrischen Beschwörung[1]), welche gegen die Zaubereien einer Hexe gerichtet war.

Thatsächlich wurde die böse Zauberei in Chaldäa, wie in Thessalien und andern Ländern des Alterthums, hauptsächlich von Frauen betrieben, weshalb auch eine lange Reihe von assyrischen Beschwörungen[2]) gegen das Unwesen dieser Zauberinnen

---

[1]) W. A. I., IV, 56, Col. 1.
[2]) W. A. I., IV, 57.

und Heren gerichtet war. Uebrigens herrschte bei den Chaldäern der nämliche Aberglaube, der noch das ganze Mittelalter hindurch spukte, daß nämlich diese Heren auf Besenstielen durch die Lüfte ritten, so oft sie sich zu ihren nächtlichen Zusammenkünften begaben. Die merkwürdige Glosse einer lexicographischen Tafel [1]): gusur „Stück Holz" — rakabu sa kasipti „Reitthier der Here", dürfte jedenfalls darauf anspielen.

Eine Beschwörung, deren Text nur in assyrischer Sprache erhalten [2]), zählt die verschiedenen Einwirkungen der Zauberer und Zauberinnen auf den Menschen folgendermaaßen auf:

> Der Zauberer hat mich durch Zauber bezaubert, er hat mich durch seinen Zauber bezaubert;
> die Zauberin hat mich durch Zauber bezaubert, sie hat mich durch ihren Zauber bezaubert;
> der Herenmeister hat mich durch Hexerei behext, er hat mich durch seine Hexerei behext;
> die Here hat mich durch Hexerei behext, sie hat mich durch ihre Hexerei behext;
> Die Zauberin hat mich durch Zauber behext, sie hat mich durch ihren Zauber behext;
> derjenige, der Bildnisse anfertigt, entsprechend meiner ganzen Erscheinung, der hat meine ganze Erscheinung bezaubert;
> er hat den mir bereiteten Zaubertrank ergriffen und meine Kleider verunreinigt;
> er hat meine Kleider zerrissen und sein zauberisches Kraut mit dem Staub meiner Füße vermengt.
> Daß der Feuergott, der Held, ihre Zaubereien zu Schanden machen möge!

Eine andere Beschwörung desselben Täfelchens spricht von dem, „der die drei Nachtwachen mit Zaubern hinbringt", „schädliche Worte spricht", „zauberische Knoten schürzt, die gelöst werden müssen", und schließt mit dem Wunsche, „daß er durch das Machtwort der Götter beschworen werden möge!" Ebenso sucht ein im akkadischen und assyrischen Texte erhaltener Zauberspruch der großen magischen Sammlung [3]) sowohl dämonische Krankheiten als

---

[1]) W. A. I., II, 33. 8. 12, a—b.
[2]) W. A. I, IV, 56, Col. 2.
[3]) W. A. I., IV, 16, 2.

böswillige Bezauberungen durch Anwendung von besprochenem Wasser zu bekämpfen:

> Fülle ein Gefäß mit Wasser;
> . . . . .¹);
> stelle einen Zweig vom weißen Ceder hinein;
> übertrage demselben den Zauber, der von Eridhu kommt;
> bekräftige sodann die Bezauberung dieses Wassers;
> vervollständige den göttlichen Zauber.
> Reiche dieses Wasser dem Menschen,
> thue, was . . . . .¹) sein Haupt.
> Den hinfälligen Menschen, Sohn seines Gottes, stelle wieder her,
> . . . . .¹) sein Zauberbild.
> Beschwöre diesen Menschen,
> verleihe Heilkraft dem bezauberten Wasser, auf daß
> ihn alle Folgen der Verwünschung verlassen.
> Gleichzeitig, während dieses Wasser über seinem Körper zerrinnt,
> möge die Pest, die seinen Körper behaftet, zerrinnen wie dieses Wasser.
> Fange dieses Wasser im Gefäße wieder auf
> und schütte es aus, als Trankopfer, auf die Seite der Landstraße;
> daß die Landstraße die Krankheit, die seine Kräfte verzehrt, entführe!
> daß dieser Zaubertrank zerrinne wie Wasser!
> Daß das Zauberwort, das über diesem Tranke gesprochen, verflüchte!

In der assyrischen Version lautet der Schluß dieses Zauberspruchs abweichend:

> Der mächtige Zaubertrank, daß er zerrinne wie Wasser!
> Daß die dem mächtigen Tranke einverleibten Zauberworte zurückkehren mögen, dahin, woher sie gekommen!

Die Bezauberung geschieht also einerseits durch bloße Worte des Zauberers, was die Lateiner Carmen (wovon das französische charme) nannten, andererseits durch Anwendung von sogenannten „Handlungen", mysteriösen Practiken, Verwünschungen und bezauberten, unwiderstehlich wirkenden Gegenständen (Bildnissen ꝛc.), oder endlich durch Zubereitung von Zaubertränken aus bestimmten, nur dem Zauberer bekannten Kräutern, deren Wirkungskraft durch darüber gesprochene Zauberworte noch sehr gesteigert werden konnte.

Uebrigens machten die Chaldäer, wie die ältesten Griechen,

---

¹) Unverständlich.

keinen Unterschied zwischen Zaubertrank und Gift, was sie beides
mit einem einzigen Worte bezeichneten: eine Thatsache, welche
vielleicht dazu beitragen könnte, die eigentliche Beschaffenheit dieser
so gefürchteten Tränke zu beleuchten. Aus dem elften Spruche
der gleich Anfangs mitgetheilten großen Beschwörung scheint sogar
hervorzugehen, daß man der Wirkung dieser Zaubertränke den
Ursprung aller jener abschreckenden Krankheiten zuschrieb, die
wahrscheinlich in Folge einer allgemeinen Blutzersetzung entstanden,
wie z. B. der Aussatz und ähnliche Leiden.

Unter den Sprüchen derselben großen Beschwörung befindet
sich einer (der sechste), welcher vor „dem Anfertiger des Eben=
bildes" warnt; die Bezauberung durch Bildnisse scheint in der
That eine der häufigsten Operationen der chaldäischen Schwarz=
kunst gewesen zu sein. In den Zaubertexten wird sehr häufig
darauf angespielt, und es erscheint dies um so beachtenswerther,
da nach Aussage des arabischen Schriftstellers Ibn Khaldun,
der im vierzehnten Jahrhundert unserer Zeit lebte und als Augen=
zeuge berichtet, diese Kunst bei den nabatäischen Zauberern am
unteren Euphrat, auf die sich von den ältesten Bewohnern jener
Gegend viele mehr oder minder entstellte Traditionen vererbt
hatten, noch ganz allgemein war.

„Wir haben mit eigenen Augen gesehen," berichtet Ibn
Khaldun, „wie einer dieser Schwarzkünstler das Bildniß einer
Person herstellte, die er bezaubern wollte. Diese Bildnisse bestehen
aus Stoffen, deren Qualität sich je nach den Absichten und Plänen
des Zauberers richtet und deren symbolische Bedeutung mit dem
Namen und dem Stande seines Opfers gewissermaßen harmonirt.
Nachdem der Zauberer das Bildniß, welches die zu bezaubernde
Person thatsächlich oder sinnbildlich darstellt, vor sich aufgestellt
und einige Worte darüber gesprochen, speit er einen Theil des
im Munde angesammelten Speichels gegen dasselbe, während er
gleichzeitig die Organe bewegt, mittelst deren die Buchstaben der
verhängnißvollen Formel ausgesprochen werden; endlich spannt
er über diesem symbolischen Bildniß eine bereit gehaltene Leine,
in welcher er einen Knoten macht, womit er eben andeuten will,
daß er mit Entschlossenheit und Beharrlichkeit handelt und mit

dem Dämon, der im Augenblicke des Ausspeiens seine Handlung
unterstützt, einen Bund schließt, und beweist, daß er die feste
Absicht hegt, den Zauber unlösbar zu machen. Ein böser Geist,
der, im Speichel verborgen, dem Munde des Zauberers entfährt,
nimmt an diesen unheilvollen Handlungen und Worten Theil,
während allmälich noch andere böse Geister hinzutreten, so daß
der Zauberer vollkommen im Stande ist, seinem Opfer das Böse
anzuthun, das er ihm angewünscht hat[1]."

Ibn Khaldun verbindet hier mit der Bezauberung durch
Bildnisse auch die Anwendung der magischen Knoten. Und wirklich
bedienten sich derselben in Chaldäa nicht allein die bösen Zauberer
und Schwarzkünstler, sondern auch die wohlthätigen, helfenden
Magier. „Silik-mulu-khi, Eridhu's Sohn, durchschneide den
Knoten mit deinen reinen und heiligen Händen!" sagt u. a. eine
akkadische Formel[2]).

Die mächtigste und unwiderstehlichste Waffe des Verderben
sinnenden „boshaften Menschen" war aber doch die Verwünschung.
Die Verwünschungsformeln entfesselten nicht allein die Dämonen,
sie beeinflußten sogar die himmlischen Götter, deren Handlungen
und Worte sie oft mit schädlicher Wirkungskraft ausstatteten; sie
machten sich den Gott, der nach Ansicht der Chaldäer über jedem
einzelnen Menschen waltet, unterthan und verwandelten seine
wohlthätige Macht in eine feindselige. Besonders ausgeprägt
findet sich dieser Gedanke in nachstehendem Spruche, welcher mit
vieler Poesie die Folgen der Verwünschung darstellt, die er lahm
zu legen bestimmt war[3]):

> Die schändliche Verwünschung, sie wirkt auf den Menschen wie ein
> böser Dämon;
> der Spruch der Verwünschung schwebt über ihm;
> der Spruch des Verderbens schwebt über ihm;
> die schändliche Verwünschung, sie ist der Zauber, der den Irrsinn
> hervorrief.
> Die schändliche Verwünschung, sie erwürgt diesen Menschen wie ein
> Lamm;

---

[1]) Prolegomènes d'Ibn Khaldun, par Slane, Bd. I., S. 177.
[2]) W. A. I., IV, 8, Col. 3, Z. 40 und 41.
[3]) W. A. I., IV, 7; Etudes accadiennes, II, 1, Nr. XVIII.

sein Gott hat sich aus dem Innern seines Körpers entfernt; seine Göttin, aufgebracht, hat sich anderswo niedergelassen.

Die dröhnende Stimme umhüllt ihn, wie ein Schleier, sie schmettert ihn zu Boden, durch ihre Schallkraft.

Silik=mulu=khi ist ihm zu Hülfe geeilt.

Er ist in seines Vaters Ea Wohnung getreten, und hat ihm zugerufen:

„Mein Vater, die schändliche Verwünschung wirkt auf den Menschen wie ein böser Dämon."

Ein zweites Mal hat er zu ihm gesprochen:

„Was dieser Mensch that, er weiß es nicht; wie wird er Genesung erlangen?"

Ea hat seinem Sohne Silik=mulu=khi erwidert:

„Mein Sohn, was wüßtest du nicht, was sollte ich dich weiter noch lehren?

„Silik=mulu=khi, was wüßtest du nicht, was sollte ich dich weiter noch lehren?

„Was ich weiß, das weist du doch auch.

„Doch komme her, mein Sohn Silik=mulu=khi.

„Reich' ihm die Hand, von der Höhe der glänzenden Wohnsitze herab;

„Zerstöre das böse Geschick, befreie ihn vom bösen Geschick,

„welches Uebel auch in seinem Inneren wühlen mag,

„sei es eine Verwünschung seines Vaters,

„eine Verwünschung seiner Mutter,

„eine Verwünschung seines älteren Bruders,

„oder gar der Fluch eines Unbekannten."

Das böse Geschick, möge es auf den Zauberspruch, den Ea verkündet,

gleich einer Zwiebel sich abschälen,

gleich einer Dattel zerstückelt,

gleich einem Knoten gelöst werden!

Das böse Geschick, — Geist des Himmels, beschwöre es! Geist der Erde, beschwöre es!

Die Fortsetzung dieses Zauberspruchs zerfällt sodann in folgende Strophen, welche nach einander den verschiedenen Theilen der magischen Handlung, die sich in den letzten Versen des Vorstehenden angedeutet findet, entsprechen.

I. Gleichwie diese Zwiebel ihrer Schale beraubt ist, so wird es auch dem bösen Zauber ergehen.

Das lodernde Feuer wird sie verzehren,

sie wird als Zierde (der Einfassungsbeete in Gärten) nimmer benutzt werden,

. . . .[1])

ihre Wurzel wird in der Erde nicht Fuß faffen,

ihr Saame wird verkümmern und die Sonne wird fich ihrer nicht annehmen,

fie wird bei keinem freudigen Fefte eines Königs, eines Gottes gezeigt werden.

Der Menfch, der den böfen Zauber [verhängt hat], desgleichen fein Weib,

die gewaltfame Einwirkung, das Zeigen mit Fingern, die bezau= bernde Schrift, die Verwünfchung und fündige Rede,

das Uebel, welches meinen Unterleib, mein Fleifch, meine Wunden behaftet,

möge (dies alles) feiner fchädlichen Kräfte beraubt, möge es gleich diefer Zwiebel gefchält werden!

Möge es noch an diefem Tage vom lobernden Feuer verzehrt werden!

Möge fich das böfe Verhängniß verziehen, möge es wieder hell um mich werden!

II. Gleichwie diefe Dattel in Stücke gefchnitten ift, fo wird es auch dem böfen Zauber ergehen.

Das lobernde Feuer wird fie verzehren,

fie wird nimmer wieder an ihrem gebrochenen Stiel hängen,

fie wird bei den feftlichen Gelagen eines Königs, eines Gottes wohl nimmer aufgetragen werden.

Der Menfch, der den böfen Zauber [verhängt hat], desgleichen fein Weib,

die gewaltfame Einwirkung, das Zeigen mit Fingern, die bezau= bernde Schrift, die Verwünfchung und fündige Rede,

das Uebel, welches meinen· Unterleib, mein Fleifch, meine Wunden behaftet,

möge (diefes alles) in Stücke gefchnitten werden, wie diefe Dattel;

Möge es noch an diefem Tage vom lobernden Feuer verzehrt werden!

Möge fich das böfe Verhängniß verziehen, möge es wieder hell um mich werden!

III. Gleichwie diefer Knoten gelöft ift, fo wird es auch dem böfen Zauber ergehen.

Das lobernde Feuer wird ihn verzehren,

feine Fäden werden nimmer wieder zum Stamme gelangen, der fie erzeugte,

er wird nimmer die Erfüllung eines Gelübbes herbeiführen.

Der Menfch, der den böfen Zauber [verhängt hat], desgleichen fein Weib,

---

[1]) Noch unverftändlich.

die gewaltsame Einwirkung, das Zeigen mit Fingern, die bezau=
bernde Schrift, die Verwünschung und sündige Rede,
das Uebel, welches meinen Unterleib, mein Fleisch, meine Wunden
behaftet,
möge (dies alles) gelöst werden, wie dieser Knoten!
Möge es noch an diesem Tage vom lobernden Feuer verzehrt werden!
Möge sich das böse Verhängniß verziehen, möge es wieder hell um
mich werden!

IV. Gleichwie diese Wolle zersetzt ist, so wird es auch dem bösen Zauber
ergehen.
Das lobernde Feuer wird sie verzehren,
sie wird nimmer wieder auf (den Rücken) des Schaafes gelangen,
sie wird nimmer prunken an den Gewändern eines Königs oder
Gottes.
Der Mensch, der den bösen Zauber [verhängt hat], desgleichen sein
Weib,
die gewaltsame Einwirkung, das Zeigen mit Fingern, die bezau=
bernde Schrift, die Verwünschung und sündige Rede,
das Uebel, welches meinen Unterleib, mein Fleisch, meine Wunden
behaftet,
möge (dies alles) zersetzt werden, wie diese Wolle!
Möge es noch an diesem Tage vom lobernden Feuer verzehrt
werden!
Möge sich das böse Verhängniß verziehen, möge es wieder hell um
mich werden!

V. Gleichwie dieses Fähnlein zerrissen ist, so wird es auch dem bösen
Zauber ergehen.
Das lobernde Feuer wird es verzehren,
es wird nimmer wieder an die Spitze seines Schaftes gelangen,
es wird nimmer die Erfüllung eines Gelübdes herbeiführen.
Der Mensch, der den bösen Zauber [verhängt hat], desgleichen sein
Weib,
die gewaltsame Einwirkung, das Zeigen mit Fingern, die bezau=
bernde Schrift, die Verwünschung und sündige Rede,
das Uebel, welches meinen Unterleib, mein Fleisch, meine Wunden
behaftet,
möge (dies alles) zerrissen werden, wie dieses Fähnlein!
Möge es noch an diesem Tage vom lobernden Feuer verzehrt
werden!
Möge sich das böse Verhängniß verziehen, möge es wieder hell um
mich werden!

VI. Gleichwie dieses gewalkte Tuch zersetzt ist, so wird es auch dem
bösen Zauber ergehen.
Das lobernde Feuer wird es verzehren,

der Walker wird es nimmermehr färben und zu einem Bekleidungs=
stücke (verwenden),

es wird nimmermehr zum Gewande eines Königs, eines Gottes ge=
wählt werden.

Der Mensch, der den bösen Zauber [verhängt hat], desgleichen sein
Weib,

die gewaltsame Einwirkung, das Zeigen mit Fingern, die bezau=
bernde Schrift, die Verwünschung und sündige Rede,

das Uebel, welches meinen Unterleib, mein Fleisch, meine Wunden
behaftet,

möge (dies alles) zersetzt werden, wie dieses gewaltte Tuch!

Möge es noch an diesem Tage vom lodernden Feuer verzehrt
werden!

Möge sich das böse Verhängniß verziehen, möge es wieder hell um
mich werden!

Das Entsetzen, welches die Verwünschungssprüche einflößten,
die Furcht, die man allgemein vor den Folgen ihrer Wirkungs=
kraft hegte, kann allerdings nicht befremden, wenn man ihren
Wortlaut in Betracht zieht und erwägt, daß sie alle Götter des
Himmels und der Hölle herbeiriefen, um das unglückselige Opfer
mit allem erdenklichen Ungemach zu überhäufen. Als Beispiel
hiezu führe ich nachstehende Verwünschungen an, die auf dem
allbekannten Michaux'schen Kiesel der Pariser National=Biblio=
thek verzeichnet sind. Es ist dies ein aus der Umgegend von
Bagdad herrührender ovaler, etwa funfzig Centimeter hoher Roll=
kiesel aus schwarzem Basalt, dessen Oberfläche zum Theil mit
Sinnbildern, im Uebrigen aber mit einer langen assyrischen In=
schrift bedeckt ist[1]); letztere bildet die Ausstattungsurkunde einer
Braut, welche näher beschriebene Grundstücke, denen der Kiesel
als Grenzstein diente, zur Mitgift erhält. Einen Anhang zu
dieser authentischen Abschrift der Urkunde bilden endlich folgende
Verwünschungen, welche gegen Jeden gerichtet sind, der es mög=
licherweise wagen würde, den Grenzstein zu verrücken oder gar
den friedlichen Besitz der bräutlichen Aussteuer zu stören.

---

[1]) W. A. I., I, 70. — Im britischen Museum befinden sich zwei ähn=
liche Steine; die Inschriften derselben, welche entsprechende Verwünschungen
enthalten, lesen wir im dritten Bande der W. A. I., S. 41—44. Die letzte
und beste Uebersetzung derselben lieferte Oppert in den Documents juridi=
ques de l'Assyrie et de la Chaldée, welche er zusammen mit Ménant erst
kürzlich veröffentlichte.

Diesen Menschen, daß ihn Anu, Bel, Ea und die oberste Herrin
(Belit), die großen Götter, mit Schmach bedecken, daß sie seinen
Namen vernichten und seine Familie ausrotten mögen!

Daß Marubu!, der gewaltige Herr der unendlichen Ewigkeit, ihn
in unauflösliche Banden schlage!

Daß Samas, der mächtige Schiedsrichter des Himmels und der
Erde ihn verdamme, daß er ihn auf frischer That ertappe!

Daß Sin Nannar (der Erleuchtende), der die glänzenden Himmel
bewohnt, ihn mit Aussatz bedecke wie mit einem Kleide; daß er
ihn zu Boden werfe wie ein Büffel in der Nachbarschaft seines
Ortes!

Daß Istar, die Königin des Himmels und der Erde, ihn ergreife
und zum Verderben schleife vor den Gott und König!

Daß Adar, der Sohn des Feuerhimmels, der Sprosse des Bel,
der Gewaltige, sein Besitzthum mitsammt seinen Grenzen und
Grenzzeichen verschwinden mache!

Daß Gula, die große Herrin, die Gattin der Mittagssonne (Adar),
ein unheilbares Gift in seinen Körper träufele und daß er statt
Wasser Blut und Eiter harne!

Daß Bin, der Befehlshaber des Himmels und der Erde, Anu's
Sohn, der Heros, sein Feld überschwemme!

Daß Serakh seinen Erstgeborenen vernichte, daß er sein Fleisch
foltere, daß er seine Füße mit Ketten belaste!

Daß Nebo, der oberste Diener, ihn mit Ungemach und Unglück
peinige, daß er nimmer Ruhe finde vor dem zornigen Blicke
dieses Gottes!

Daß endlich alle großen Götter, die an dieser Stelle genannt sind,
ihn zu seinem Verderben verfluchen mögen, mit einem ewigen
Fluche, und daß sie sein Geschlecht zerstreuen mögen bis an's
Ende der Tage!

Es leuchtet ein, daß nur Ea durch unmittelbares Einschreiten
von der Last solcher Verwünschungen wieder befreien konnte.

Capitel II.

Die ägyptische Magie, im Vergleich zur chaldäischen.

I.

Die gesammte Magie beruht auf einem System religiöser Glaubensmeinungen, auf einer bestimmten Vorstellung von der übernatürlichen Welt, deren Ahnung dem Menschen angeboren und die er, selbst im Zustande völliger Barbarei, gewissermaaßen zu erfassen und in ihren geheimnißvollen Tiefen zu ergründen sucht. Betrachten wir die Ideen, welche den Aberglauben der Magie erzeugt haben, die religiösen Anschauungen, deren Ent= stellung und Verirrung dieser Aberglaube ist, so müssen wir drei Arten des letzteren unterscheiden, denen die Verschiedenheit des Ur= sprungs auch verschiedene Richtungen und äußere Merkmale gab.

Die erste und älteste Art der Magie ist aufs engste mit der Verehrung der Naturgewalten verknüpft. „Die Religion des wilden oder noch in hohem Grade uncivilisirten Menschen," sagt Maury[1]), „ist ein abergläubischer Naturdienst, ein zu= sammenhangloser Fetischismus, in welchem alle Erscheinungen der Natur, alle Wesen der Schöpfung zu Gegenständen der An= betung werden. Der Mensch denkt sich überall persönliche Wesen nach seinem Ebenbilde, die er bald mit den Gegenständen selber vermengt, bald von ihnen absondert. Solcher Art ist die Re= ligion aller schwarzen Völker, der altaischen Stämme, der

---

[1]) La Magie et l'Astrologie dans l'antiquité et au moyen âge, S. 7 ff.

malaiſchen Völkerſchaften und der Ueberreſte der urſprünglichen Bevölkerungen Hindoſtans, der Rothhäute Amerikas und der Inſulaner Polyneſiens; ſo war anfänglich auch die der Arier, Mongolen, Chineſen, Kelten, Germanen und Slaven.“ In einem ſolchen Syſtem bildet die Magie den weſentlichſten Theil des Cultus, mit dem ſie verſchmilzt. „Die Aufgabe der Magie beſtand An= fangs vornehmlich in der Beſchwörung der Geiſter, von denen die wilden Völkerſchaften bei weitem mehr Unheil erwarteten als Wohlthaten erhofften. . . . . . Da der Cultus bei dieſen Völkern faſt ausſchließlich auf Beſchwörung von Geiſtern und Verehrung von Amuleten beſchränkt war, ſo hatten ihre Prieſter, gleich Zauberern, nur den Beruf, ſich mit den ſo gefürchteten Dämonen in Verbindung zu ſetzen. Mit anderen Worten, der Gottesdienſt beſtand faſt lediglich in der Ausübung magiſcher Künſte, was übrigens auch heute noch beim Prieſterſtande vieler barbariſchen Völkerſchaften und wilden Stämme der Fall iſt . . . . . Magier finden ſich überhaupt in allen Ländern, wo der Fetiſchismus noch die Stelle der Religion vertritt; ſolche Prieſter ſind zu gleicher Zeit Wahrſager, Propheten, Exorciſten, Thaumaturgen, Aerzte, Fabrikanten von Götterbildern und Amuleten. Sie predigen weder Moral noch gute Werke; ſie kennen keinen regelmäßigen Gottesdienſt, keine Amtsverrichtungen in einem Tempel oder an einem Altar. Man ruft ſie nur im Falle der Noth; aber ſie üben gleichwohl eine große Herrſchaft über die Bevölkerungen aus, bei denen ſie die Stelle geheiligter Gottesdiener einnehmen.“

Wie zu Anfang und im Zuſtande völliger Barbarei die Magie und der Cultus zuſammenfielen, ſo gab es auch keinen Unterſchied zwiſchen wohlthätiger und verderblicher Magie, zwiſchen guten und böſen Geiſtern. Der Prieſter vereinigte beiderlei Eigenſchaften in ſich; je nach den Launen ſeines Willens, je nachdem er Jemandes Freund oder Feind war, gebrauchte er ſeine geheimnißvolle Macht zum Nutzen oder Schaden der An= deren. Mit dem Eintritte geordneter ſocialer Zuſtände, mit der fortgeſchrittenen Entwickelung der ſittlichen Begriffe, tauchte aber in dieſem rohen und früheſten Naturdienſt die Vorſtellung eines Dualismus auf, welcher bald mehr bald weniger Einfluß

erlangte und, wie bei den Perſern, ſogar den Grund zu einer
äußerſt erhabenen und vollkommen ſpiritualiſtiſchen Religion zu
legen vermochte. Eine Welt des Lichtes und eine Welt der
Finſterniß, phyſiſches, wenn auch noch nicht ſittliches Gute und
Böſe werden als Gegenſätze erkannt und unterſchieden. Und die
Folge hiervon war, daß man die über das ganze Weltall verbreiteten Geiſter in zwei verſchiedene Claſſen ſchied; die einen
ſtellte man ſich als ihrem Weſen und ihrer Natur nach gut, die
anderen alſo böſe vor. Alles Beglückende wurde der Macht der
Erſteren, alles Ungemach den Letzteren zugeſchrieben. Der
Prieſter war auch jetzt noch Zauberer, aber er bediente ſich ſeiner
Macht nur zu wohlthätigen Zwecken; mit den böſen Geiſtern
hatte er nichts zu ſchaffen, außer wenn er ſie bekämpfen und
bannen ſollte; ſeine beſchwörenden Handlungen und Formeln
erwirkten zugleich den Beiſtand und den Schutz der guten Geiſter.
Er wurde nicht mehr mit dem Schwarzkünſtler verwechſelt, der
mit den böſen Geiſtern und Dämonen verkehrt, an ihren ſchädlichen Handlungen theilnimmt und ſie zur Ausführung ſeiner
Befehle zwingt. Die Thaten des Letzteren werden als gottlos
verdammt und verflucht, während man nur mit Ehrfurcht auf
die Macht des wohlthätigen Zauberers, des wunderthätigen
Prieſters blickte und ihn ſelber für göttlich und heilig erachtete.

Wir erkennen hierin allerdings eine zweite Phaſe der älteſten
Magie, die ſich auf den Glauben an die Naturgeiſter gründete.
Aber ungeachtet dieſer wichtigen Läuterung blieb das Syſtem
im Weſentlichen daſſelbe, da der eingeführte Dualismus mehr
ein ſcheinbarer als ein thatſächlicher war. Und in der That,
die Magie, die auf dem rohen Naturdienſt barbariſcher Zeiten
beruht, verſchwindet nicht immer mit der bloßen Annahme einer
edleren und durchgeiſtigteren Religion, welche eine höhere Vorſtellung von der Gottheit hat, deren Einheit ſie ahnt und zum
Principe erhebt. Sie wird von der neuen Religion genehmigt
und geduldet, desgleichen ihr Fortbeſtehen anerkannt, wiewohl
ſie von dem öffentlichen Gottesdienſte ausgeſchloſſen bleibt. Die
Zauberprieſter beſtehen ebenfalls fort; aber ſie bilden eine untergeordnete Claſſe des Prieſterſtandes. Die Naturgeiſter, vormals

die einzigen Objecte des Cultus, werden nicht zu den obersten
Stufen des Pantheon zugelassen, es sei denn, daß man freiwillig
oder gezwungen einige der hervorragendsten unter ihnen mit
einzelnen Göttern der herrschenden Religion identificirt; man
weist ihnen unter den dii minores, den untergeordneten Personificationen, welche der öffentliche Gottesdienst nicht weiter berücksichtigt, eine Stelle an. Und auf diese Weise wird der Gebrauch der alten Zaubersprüche, welche anscheinend die Hauptgötter außer Acht lassen, gutgeheißen und, da sie das Gepräge
des früheren Religionssystems, das sie erzeugte, noch unverletzt
an sich tragen, auch die Götter- und Geisterhierarchie desselben
unter der äußeren, ganz verschiedenen Schicht der herrschenden
Religion beibehalten: diese Thatsache werden wir in Chaldäa
aufs ersichtlichste nachweisen.

Vollkommen abweichend ist in ihrem Principe und daher
auch, ungeachtet der gleichen Ansprüche, in der Beschaffenheit
ihrer Beschwörungen und Gebräuche die theurgische Magie.
Sie ist eine abergläubische Verirrung einer philosophischen
Religion, welche aus der Einheit eines unendlichen und univer-
salen, aber unbestimmt gefaßten Gottes, mittelst eines gelehrten
Emanationssystems eine ganze Hierarchie von übernatürlichen
Gewalten hervorgehen läßt, die sich allmälich der Wirklichkeit
nähern und zugleich, wenn auch in verschiedenem Maaße, an
den göttlichen Vollkommenheiten und menschlichen Schwächen
Theil nehmen. In einem solchen System wird es dem Menschen
durch reinigende Gebräuche und vornehmlich durch den Besitz der
Wissenschaft möglich, sich zur Gottheit emporzuschwingen; er
nähert sich ihr in beständigem Fortschritt, wird ihr ähnlich und
beherrscht somit die ihr entströmenden niederen Gewalten, welche
seinen Befehlen gehorchen müssen. Und die Zauberei wird von
Neuem ein wichtiger Theil des Cultus; sie bildet den heiligen
und erlaubten Verkehr zwischen dem Menschen und den Göttern,
ein Verkehr, den die heiligen Bräuche vermitteln. Diese Art
der Magie ist wesentlich ein göttliches Werk, wie auch der ihr
von den Neuplatonikern gegebene Name „Theurgie" ganz richtig
besagt. Ihr Einfluß ist nur ein heilsamer; der Mißbrauch aber,

6*

den böse Menschen, sei es zur Befriedigung strafbarer Lüste, sei
es zur Schädigung Anderer von der Gewalt machen, die ihnen
die göttliche Wissenschaft über die Geister und unteren Götter
verleiht, ist nur ein fluchwürdiger Frevel, dessen Folgen allein
durch bestimmte Anrufungen der göttlichen Gewalt gehindert
oder entkräftet zu werden vermögen.

Vollkommen ausgebildet findet sich das theurgische System
nur bei den Neuplatonikern der alexandrinischen Schule, beson=
ders der letzten Periode. Denn wenn die Neigung zu dämono=
logischen Gebräuchen auch schon bei Porphyrius hervortritt,
so feiert sie doch erst mit Proclus ihren entscheidenden Sieg.
Von diesem Zeitpuncte an besteht der Cultus der Neuplatoniker
in Huldigungen und Danksagungen, die den guten Geistern ge=
zollt werden, in Beschwörungen, Exorcismen, Reinigungen, die
gegen die bösen Dämonen gerichtet sind. Mit anderen Worten,
aus der Religion wird eine reine Theurgie, in welche alle alten
magischen Gebräuche der verschiedenen Völker des Alterthums,
wie die der Chaldäer [1]) und Aegypter, Aufnahme finden. Obgleich
die Magie des alten Aegypten nicht den nämlichen Grad syste=
matischer Entwickelung erreichte, noch an die Stelle eines anderen
Cultus trat, indem sie der Staatsreligion stets untergeordnet
blieb und ihre Gebräuche nicht ausdrücklich anerkannt wurden,
so war sie doch ihrem Ursprunge und ihren Lehren nach völlig
theurgisch, und es läßt sich keineswegs verkennen, daß sie that=
sächlich viel zur Entstehung der schwärmerischen Gedanken und
Bestrebungen der letzten Neuplatoniker beitrug.

Die dritte Art der Magie ist, wie sie selber einräumt, rein
diabolischer Natur. Die Gebräuche, welche sich auf die Verehrung
der alten und nunmehr seit dem siegreichen Durchbruche der
neuen, jede Gemeinschaft mit dem früheren Cultus abweisenden
Religion als Dämonen betrachteten Götter beziehen, werden von
ihr zum Theil und im Vertrauen auf ihre noch nicht gänzlich
erloschene Macht fortgesetzt und in finstere Künste verwandelt.
Der Zauberer hält sich in diesem Falle keineswegs für einen

---

[1]) Marin., Vit. Procl., 32.

gottbegeisterten Menschen und räumt, wenn er nur für seine
Zauberkünste entsprechend belohnt wird, vollkommen ein, das
Werkzeug böser, höllischer Mächte zu sein. Er selbst sieht in den
alten, durch seine Zaubereien citirten Göttern nur Teufel; allein
darum verliert er nichts von dem Vertrauen auf ihren Schutz;
er verbündet sich mit ihnen und lebt in der Einbildung, daß er
in ihrer Gemeinschaft verkehre. Die mittelalterliche Magie hat
zum größeren Theil denselben Charakter, indem sie die abergläubischen Volksbräuche des Heidenthums als mysteriöse, dia-
bolische Zaubereien fortpflanzt. Ebenso verhält es sich auch mit
der Magie der meisten mohammedanischen Länder. In Ceylon
sind seit der gänzlichen Bekehrung der Insel zum Buddhismus
die alten Götter des Schivaïsmus Dämonen und ihr Cultus
strafbare, nur von Magiern ausgeübte Zauberei geworden.

Auf diese letzte Art der Magie werden wir übrigens in
einer anderen Arbeit zurückkommen, deren Zweck es sein wird,
dem nachzugehen, was sich von chaldäischen Ueberlieferungen im
Glauben und in der Praxis der mittelalterlichen Zauberer erhalten hat. Da sie jedoch nicht das Gepräge der Ursprünglichkeit
trägt und erst viel später auftritt als die beiden anderen, so
brauchen wir für jetzt nur im Vorübergehen auf sie hinzuweisen,
ohne bei ihr länger zu verweilen.

II.

Wie schon oben gesagt worden, sind für das griechische und
lateinische Alterthum, sowie für die jüdische und arabische Ueberlieferung, Aegypten und Chaldäa die beiden Urquellen aller gelehrten Magie. Aber ohne die Lehren der einen oder der anderen
genauer zu prüfen, unterscheidet man die ägyptische und die
chaldäische lediglich als zwei in ihren Principien und Verfahrensweisen gänzlich von einander abweichende Schulen. Es ist
dies vollkommen richtig und wird auch durch das Studium der
Originalurkunden beider Theile bestätigt. Die chaldäische Magie,

wie wir sie dargestellt und wie sie sich unserer Beobachtung dar=
bietet, ist mit all' ihren im engsten Zusammenhange stehenden
Theilen gleichsam das letzte Wort und die gelehrteste Systemati=
sirung der alten, auf den Glauben an die Naturgeister begrün=
deten Magie der frühesten Zeitalter; die ägyptische Magie ist
hingegen eine Theurgie, welche aus den Lehren einer schon ent=
wickelteren theologischen Philosophie hervorging. Die erstere bildete
anfänglich den ganzen Cultus einer noch rohen Naturreligion
und behielt trotz des gelehrten Anstriches, den sie ihrem syste=
matischen Ausbau zu geben bemüht war, deren Gepräge bei;
die letztere ist die zum Aberglauben gesteigerte Verzerrung einer
erhabenern und in ihren Bestrebungen lautereren Religion.

Zur besseren Veranschaulichung dieses Unterschiedes, dessen
genauere Präcisirung von höchster Wichtigkeit ist, halte ich es
hier für gerathen, zunächst einen Blick auf die ägyptische Magie
zu werfen, ihre Lehren kurz anzugeben und aus denselben, zum
Vergleich mit den akkadischen, einige Beschwörungen zu citiren.
Freilich wird es hierbei auch einiger weiteren Erläuterungen über
die religiösen Grundideen Aegyptens, aus denen die Magie dieses
Landes hervorging, bedürfen und werden wir somit zu einer Ab=
schweifung veranlaßt sein, die mir indessen im Interesse unserer
vorliegenden Untersuchung vollkommen geboten erscheint, da sie
uns auch um so leichter die Besonderheit der Vorstellungen, auf
denen die chaldäische Magie beruht, erkennen lassen wird. Eben=
diese Vorstellungen sind, wie ich jetzt schon bemerken will, ebenso
sehr von der chaldäisch=assyrischen Religion der historischen Jahr=
hunderte, als von der Religion der Aegypter verschieden: sie
gehören, mit einem Worte, einem anderen Volksstamme an.

Die Idee der göttlichen Einheit findet sich bereits in den
ältesten Documenten der ägyptischen Religion ausgesprochen.
Herodot berichtet, daß die Aegypter in Theben an einen einzigen
Gott ohne Anfang und Ende glaubten. Und diese Angabe des
Vaters der Geschichte bestätigen auch die heiligen Hieroglyphen=
texte, in denen es von diesem Gotte heißt, „daß er, selber nicht
gezeugt, der einzige Erzeuger im Himmel und auf Erden ist . . .
daß er der einzige Gott ist, der in Wahrheit lebt und sich selber

erzeugt, ... der von Anfang an existirt, ... der alles geschaffen hat und doch selber nicht geschaffen worden ist." Aber wenn sich auch diese erhabene Erkenntniß in der esoterischen Lehre stets behauptete, so wurde sie doch bald verdunkelt und durch die Auffassung der Priester sowie durch die Unwissenheit der Menge entstellt. Die Vorstellung von Gott vermengte sich mit den Offen= barungen seiner Macht, seine Attribute und Eigenschaften wurden in einer Menge secundärer Kräfte personificirt, die in hierarchischer Abstufung bei der Welterschaffung und der Forterhaltung der Schöpfung mitwirken. Und so entstand der Polytheismus, der in seinen mannigfaltigen und seltsamen Symbolen schließlich die ganze Natur umfaßte.

Den Geist der Aegypter beschäftigte vornehmlich der Gedanke an das Loos, welches im jenseitigen Leben des Menschen wartet. In unzähligen Naturerscheinungen glaubten sie Bilder und Sym= bole des zukünftigen Lebens zu gewahren, aber mehr als alles Andere schien ihnen dieses der tägliche Umlauf der Sonne zu verkünden. Es kam ihnen vor, als ob dieses Gestirn in seinem Laufe die der menschlichen Seele bevorstehenden Verwandelungen täglich versinnbildliche. Diese Auffassung darf uns bei einem Volke, das die wahre Beschaffenheit der Himmelskörper nicht kannte, nicht befremden. Die Sonne oder R·a, wie die Aegypter sie nannten, weilt abwechselnd an der Stätte der Finsterniß oder des Todes und an der des Lichtes oder des Lebens. Ihre wohl= thätigen Strahlen erwecken und erhalten das Leben; die Sonne spielt also, dem Weltall gegenüber, die Rolle eines Erzeugers und Vaters; sie erzeugt das Leben, ist aber selbst nie erzeugt worden; durch sich selbst seiend, ist sie ihr eigener Erzeuger. Nachdem diese Symbolisirung einmal Fuß gefaßt hatte, gewann sie immer größere Ausdehnung, und die Einbildungskraft der Aegypter erblickte in der Aufeinanderfolge der Sonnenerscheinungen ein Anzeichen der verschiedenen Phasen des menschlichen Daseins. Von jedem Puncte im Laufe des Sonnengestirnes galt die An= nahme, daß er einer der verschiedenen Phasen unseres Lebens entspreche.

R·a erschien übrigens nicht nur als das himmlische Urbild

des Menschen, der geboren wird, lebt und stirbt, um von Neuem
zu erstehen; vielmehr wurde er wie bei den übrigen heidnischen
Völkern des Alterthums auch für eine Gottheit, und weil er das
glänzendste, das größte, kurzum dasjenige unter den Gestirnen
ist, dessen wohlthuende Wirkung der Schöpfung Leben spendet,
sogar für die höchste Gottheit gehalten. Allein die theologische
Anschauung der Aegypter blieb hierbei nicht stehen; sie zerlegte
diese Gottheit gewissermaßen in mehrere Gottheiten. Man faßte
alle verschiedenen Stellungen und Erscheinungen des Ra in's
Auge und machte aus ihm ebenso viele verschiedene Götter, von
denen jeder seinen besonderen Namen, seine Attribute, seinen
Cultus hatte; diesen Zug hat die ägyptische Mythologie mit fast
allen anderen Mythologien gemein. So z. B. ist die Sonne in
ihrer nächtlichen Existenz Tum; strahlt sie im Mittag, so ist sie
Ra; insofern sie Leben erweckt und erhält, ist sie Kheper.
Dies waren die drei Hauptformen der Sonnengottheit, aber man
dachte sich deren noch viele andere. Da nach der Zeiteintheilung
der Aegypter die Nacht dem Tage vorausging, so nahm man an,
daß Tum vor Ra geboren und ursprünglich allein dem chaotischen
Abgrund entstiegen sei. Auch vereinigte man die drei Offen=
barungen der Macht der Sonne in eine göttliche Trias, die das
Urbild vieler anderen Triaden von Gottheiten wurde, in denen
man sich die verschiedenen Beziehungen der Sonne zur Natur
und ihren mannigfachen Einfluß auf die kosmischen Erscheinungen
personificirt dachte.

In diese sabäischen Grundideen schlich sich dann der Anthro=
pomorphismus ein, dessen sich keine alte Religion zu erwehren
vermochte. So dachten sich die Aegypter den Vorgang bei der
Entstehung der Götter ähnlich dem bei der Erschaffung der
Menschen. Sie theilten die Gottheit in ein männliches, thätiges
und in ein weibliches, leidendes Princip und trugen ihre Vor=
stellungen von der gegenseitigen Betheiligung, die den Geschlechtern
bei dem geheimnißvollen natürlichen Acte der Fortpflanzung zu=
gewiesen ist, in ihre Theogonie hinein. Zu gleicher Zeit erfuhr
die Gottheit, von der man eine allgemeinere und höhere Vorstellung
gewann, dasselbe, was die Sonne erfahren hatte: man personificirte

eine jede Einwirkung oder Handlung derselben zu einem beson=
deren Gotte, zu einer neuen göttlichen Person. Und so entstanden
die Götter von mehr abstracter und philosophischer, weniger eng
mit einer bestimmten Naturerscheinung verbundenen Auffassung,
wie Ammon, Num oder Phtah.

Da in Aegypten der Verkehr durch die Schifffahrt auf dem
Nil vermittelt wurde, so wurde die Sonnentrias oder auch die
Sonne der unteren Hemisphäre, als Sinnbild des zukünftigen
Lebens, auf einer segelnden Barke befindlich dargestellt. Diese
Sonne der Unterwelt nahm den specielleren Namen des Osiris
an; und man gab diesem die zwölf Stunden der Nacht, in eben=
so vielen Gottheiten personificirt, zu Gefährten und Beisitzern,
an deren Spitze man Horus, die aufgehende Sonne, stellte.
Der Mythus erzählte, daß dieser Gott die Schlange Apophis
oder Apap, eine Personification der Morgennebel, die durch die
Strahlen des aufgehenden Gestirnes zerstreut werden, mit seinem
Wurfspieß durchbohrte. Dieser Kampf des Osiris oder seines
Sohnes Horus gegen die Finsterniß wurde sodann mit
einem ganz natürlichen Vorgang, der in allen Mythologien eine
Rolle spielt, mit dem Kampfe des Guten und Bösen verglichen;
und es entstand hieraus eine in Aegypten ganz populäre Sage,
auf welche zahlreiche Denkmäler anspielen und die zum Ausgangs=
punct einer langen Reihe religiöser Vorstellungen wurde. Das
Böse personificirte man durch einen eigenen Gott Set oder
Sutekh, zuweilen auch Baal genannt; Baal war der höchste
Gott der asiatischen Nachbarvölker, später der Gott der Hirten;
auch wurde er von den Griechen mit ihrem Typhon verglichen.
Unter dessen Streichen sollte Osiris erlegen sein, der jedoch
durch die Bitten und Gebete seiner Gemahlin Isis in's Leben
zurückgerufen wurde und in seinem Sohne Horus einen Rächer
fand. Osiris' Tod, Isis' Schmerz, Set's endliche Niederlage
bieten der Legende einen nie versiegenden Stoff zu Schöpfungen,
welche häufig an die Mythen und Sagen der orientalischen Re=
ligionen, namentlich an die Geschichte von Cybele und Atis,
von Aphrodite und Adonis erinnern.

Nachdem der Lauf der Sonne für das Leben in der Unter=

welt einmal typisch geworden, war zur Ausbildung der Lehre vom jenseitigen Leben bei den Aegyptern nichts weiter nöthig, als denselben Symbolismus noch einmal in Anwendung zu bringen. Der Mensch steigt in das Grab nur hinab, um wieder aus dem= selben zu erstehen; nach seiner Auferweckung erhält er ein neues Leben, an der Seite oder im Schooße des leuchtenden Gestirnes. Die Seele ist unsterblich, wie Ra, und vollendet dieselbe Pilger= fahrt. Daher erblickt man zuweilen auf Sargdeckeln die Seele in Gestalt eines Sperbers mit Menschenkopf, der die beiden Ringe der Ewigkeit in seinen Krallen hält, und darüber als Sinnbild des neuen, dem Verstorbenen bestimmten Lebens die aufgehende Sonne, die in ihrem Lauf von den Göttinnen Isis und Nephthys begleitet wird. Hieraus erklärt sich, warum die durch den Vogel bennu (Kibitz), den Phönix der Griechen, symbolisirte Sonnenperiode ein Sinnbild des menschlichen Lebens wurde; man glaubte, daß der geheimnißvolle Vogel den Menschen auf seinem Wege in die Unterwelt begleite. Nach seiner Pilger= fahrt in die Unterwelt erwachte der Todte wieder und die Seele durfte in den Körper zurückkehren, um ihm Beweglichkeit und Lebenskraft wieder zu verleihen, oder, wie es in der Sprache der ägyptischen Mythologie heißt, der Verstorbene gelangte endlich zur Barke der Sonne; er ward dort von Ra, dem Gotte in Käfergestalt, empfangen und durfte fortan in dem Glanze strahlen, welcher ihm von demselben verliehen wurde. Die Gräber sowie die Mumiensärge enthalten viele Malerien, welche die verschie= denen Episoden dieses unsichtbaren Fortbestehens darstellen. Eines der Bildchen des Todtenbuchs[1]) zeigt eine Mumie, die auf einem Todtenbett liegt, während ein Sperber mit Men= schenkopf auf sie zufliegt, um ihr ein mit einem Henkel versehenes Kreuz, das Sinnbild des Lebens, zu bringen.

Diese Lehre geht in Aegypten bis in das früheste Alterthum zurück; sie flößte nothwendiger Weise große Ehrfurcht vor den Ueberresten der Todten ein, die ja eines Tages in's Leben zu= rückgerufen werden sollten, und veranlaßte die Sitte der Ein=

---

[1]) Cap. LXXXIV.

balsamirung der Leichname. Die Aegypter waren darauf bedacht,
den Körper, der ein vollkommneres Dasein genießen sollte, unverletzt zu erhalten und vor jeder Zerstörung zu schützen. Sie
glaubten aber auch, daß die Mumien in ihren Umhüllungen nicht
gänzlich des Lebens beraubt seien, ja sogar, wie das Todtenbuch
uns lehrt, daß der Verstorbene noch seine Organe und Glieder
gebrauchen könne; und man nahm daher, zur besseren Erhaltung
dieser Lebensfähigkeit, seine Zuflucht zu mystischen Formeln, die
beim Leichenbegängniß recitirt wurden, desgleichen zu bestimmten
Amuleten, die man auf die Mumie selbst legte. Ueberhaupt beziehen sich die meisten Leichenceremonien, die verschiedenen Hüllen
der Mumien sowie die innerhalb oder außerhalb der Särge befindlichen Malereien sämmtlich auf die verschiedenen Phasen der
Auferstehung, wie etwa das Aufhören der Leichenstarre, die er-
neuete Thätigkeit der Organe, die Rückkehr der Seele.

Der Glaube an die Unsterblichkeit der Seele ist von jeher
mit der Vorstellung einer zukünftigen Vergeltung der menschlichen Handlungen verbunden gewesen; dies ist besonders in
Aegypten wahrzunehmen. Obgleich alle Todten in die Unterwelt, den Ker-neter, hinabstiegen, waren sie doch nicht sämmtlich
einer Auferstehung gewiß. Um ihrer theilhaftig zu werden,
durfte man keine schwere Sünde, weder in Werken noch Worten
begangen haben. Der Todte wurde von Osiris und seinen
zweiundvierzig Beisitzern gerichtet; sein Herz lag auf der einen
Schale der Wage, welche von Horus und Anubis gehalten
wurde; auf der anderen zeigen Darstellungen der Seelenwägung
das Bild der Gerechtigkeit; der Gott Thoth verzeichnet das
Ergebniß der Wägung. Von dem in der „Halle der zwiefachen
Gerechtigkeit" gefällten Richterspruch hing das unwiderrufliche
Schicksal der Seele ab. War der Verstorbene unverzeihlicher
Vergehen überführt, so wurde er die Beute eines unterirdischen
Ungeheuers mit Nilpferdkopf; er wurde von Horus oder Imu,
einer der Erscheinungsformen Set's, auf dem nemma oder
unterirdischen Schaffot enthauptet. In der Vernichtung seines Da-
seins also erblickten die Aegypter die dem Bösen bestimmte Strafe.
Der Gerechte hingegen ward von seinen verzeihlichen Sünden

in einem von vier Genien mit Affengesichtern gehüteten Feuer
gereinigt und dann in den pleroma oder die Seligkeit geführt,
wo er von Osiris, dem Guten κατ' ἐξοχήν (Unnefer), dessen
Genosse er geworden war, mit köstlichen Gerichten gespeist wurde.
Indeß gelangte auch der Gerechte, weil er als Mensch nothwen=
diger Weise gesündigt haben mußte, nicht ohne viele Prüfungen
bestanden zu haben, zur Seligkeit. Schon wenn der Todte in
den Ker=neter hinabstieg, hatte er funfzehn Säulenhallen,
welche mit Schwertern bewaffnete Genien bewachten, zu durch=
schreiten; nur wenn er gute Werke und Kenntniß der göttlichen
Dinge, d. h. seine Eingeweihtheit in dieselben nachweisen konnte,
wurde er hindurchgelassen; ferner mußte er sich schweren Buß=
übungen unterziehen, welche den Gegenstand eines beträchtlichen
Theils des Todtenbuchs bilden. Er hatte schreckliche Kämpfe
mit Ungeheuern zu bestehen, mit phantastischen Thieren, die
Typhon's Böses brütende Macht reizte, und er konnte über
dieselben nur dadurch den Sieg erringen, daß er sich mit be=
schwörenden Formeln und Exorcismen, welche in elf Capiteln
des Todtenbuchs näher bezeichnet sind, versah. Zu anderen
sonderbaren Mitteln, die der Verstorbene zur Beschwörung dieser
diabolischen Gespenster anwandte, gehörte auch, daß er jedes
einzelne seiner Glieder denen eines Gottes ähnlich machte und
so gewissermaaßen sein ganzes Wesen zu einer Gottheit erhob [1]).
Der Böse dagegen hatte noch vor seiner Vernichtung unzählige
Qualen zu erleiden; und er kehrte als böser Geist, in Gestalt
eines unreinen Thieres auf die Erde zurück, um die Menschen
zu peinigen und in's Verderben zu führen.

Die Sonne, in ihrer Personification als Osiris, veran=
laßte also die ganze ägyptische Seelenwanderung. Der Gott,
der das Leben erweckt und erhält, hatte sich in den belohnenden
und erlösenden Gott verwandelt. Man betrachtete Osiris
sogar als Begleiter des Todten auf seiner unterirdischen Wan=
derung, als denjenigen, der den Menschen bei seiner Hinabfahrt
in den Ker=neter empfing und zum ewigen Lichte geleitete.

---

[1]) Todtenbuch, Cap. XLII.

Da er der erſte unter den Todten geweſen, der wieder auf=
erſtanden, ſo war auch er es, der wiederum die Gerechten er=
weckte, nachdem er ihnen zur ſiegreichen Ueberwindung der vor=
behaltenen Prüfungen verholfen. Zuletzt wurde der Todte mit
Oſiris vollſtändig eins, er verſchmolz ſo zu ſagen dergeſtalt
mit deſſen Weſen, daß er alle Perſönlichkeit einbüßte; ſeine
Prüfungen verwandelten ſich in Prüfungen des Gottes ſelber;
daher auch jeder Verſtorbene vom erſten Augenblicke ſeines Hin=
ſcheidens an „der Oſiris“ genannt wurde.

III.

Die ägyptiſche Magie ſteht in unmittelbarem Zuſammen=
hange mit der Lehre vom Ende der Dinge und der Entwickelung
der Oſiris=Mythe, welche daraus hervorging. Auf ihrer
Wanderung im jenſeitigen Leben, wo ſie dieſelben Prüfungen zu
beſtehen, dieſelben Feinde zu bekämpfen und zu überwinden hat
wie einſt Oſiris, kommen der Seele des Verſtorbenen außer
ihrer Reinheit und Unſchuld, welche ihr zuletzt einen günſtigen
Richterſpruch erwirken, nur die heiligen Gebräuche, welche an
ihrem Grabe beobachtet werden, ſowie die liturgiſchen Gebete,
welche man für ſie ſpricht, zu Statten. Ueberhaupt iſt die
Macht, welche dieſen Gebeten zugeſchrieben wird, eine grenzen=
loſe. Sie erwerben der abgeſchiedenen Seele nicht allein die
Gunſt des Oſiris und der mit ihm verbündeten Götter, ſondern
haben auch die Wirkung, ihr unmittelbar die Verdienſte der
Thaten und Leiden des Todten=Gottes zuzuwenden und alle
jene Eigenſchaften und Eigenheiten zu verſchaffen, welche mit der
Bezeichnug „der Oſiris“ verknüpft ſind. Das Todtenbuch
enthält in mehreren ſeiner Capitel ſolche Formeln, welche auf
die unmittelbare Wirkſamkeit dieſer Gebete während der Wan=
derung durch’s jenſeitige Leben hinweiſen, desgleichen auch nähere
Vorſchriften über ihren talismaniſchen Gebrauch, welche ihnen
an ſich ſchon den Charakter wirklicher magiſcher Beſchwörungen

verleihen. Dahin gehört z. B. die Schlußformel jenes Capitels, welches man auf allen Scarabäen von hartem Stein, die man auf die Brust der Mumien zu legen pflegte, eingrub [1]):

„Gesprochen über dem Scarabäus von hartem Stein, der mit Gold bekleidet sein und an der Stelle des Herzens der Person liegen soll. Mache daraus einen mit Oel gesalbten Talisman und sprich darüber die Zauberworte: Mein Herz ist von meiner Mutter, mein Herz ist in meinen Verwandlungen."

Am Ende eines anderen Capitels, eines der dunkelsten und mystischsten des Todtenbuchs, lesen wir [2]):

„Wenn er (der Todte) dieses Capitel kennt, wird er im Lande Kerneter für wahrhaft erklärt werden; er wird alles thun, was Lebende thun. Denn von einem großen Gotte ist es verfaßt worden. Dieses Capitel, in blauer Schrift auf einem Würfel aus Blutstein verzeichnet, ist unter den Füßen dieses Gottes in Sesennu (Hermopolis) gefunden worden; es ist zur Zeit des Königs Menkera, des Wahrhaften, vom Königssohn Harbubuf gefunden worden, da er umherreiste, um die Tempelrechnungen zu prüfen. Es enthielt einen Hymnus, der ihn in Entzücken versetzte; er trug den Stein in den königlichen Wagen, sobald er wahrgenommen, was auf ihm geschrieben stand. Es ist dies ein großes Mysterium. Wenn man dieses reine und heilige Capitel recitirt, so sieht und hört man nichts Anderes. Nähere dich nicht mehr den Frauen; iß weder Fleisch noch Fisch. Verfertige einen aus Stein gemeißelten, mit Gold bekleideten Scarabäus und lege ihn an die Stelle des Herzens der Person; und hast du dann endlich einen mit Oel gesalbten Talisman daraus gemacht, so sprich darüber die Zauberworte: Mein Herz ist von meiner Mutter, u. s. w."

Aus diesen Beispielen, denen wir übrigens noch viele andere entsprechende beifügen könnten, erhellt vollkommen, daß mehrere der wichtigsten Capitel des Todtenbuches, sobald sie auf Gegenständen, die man mit der Mumie beisetzte, verzeichnet waren, dieselben in Talismane verwandelten und somit auch den Verstorbenen mit einer Kraft ausstatteten, die ihn befähigte, alle Angriffe und Gefahren zu überwinden, die seiner noch vor der Wiederauferstehung im Jenseits harrten. Andere Capitel sind dagegen für die Einweihung gewisser Symbole bestimmt, die man der Mumie um den Hals hing; die Substanzen derselben werden

---

[1]) Cap. XXX.
[2]) Cap. LXIV.

liturgisch vorgeschrieben, desgleichen auch in besonderen Clauseln
die Art der Anfertigung dieser Schutzamulete sowie ihre Wirkung
auf's genaueste nachgewiesen [1]). Endlich finden sich noch solche
Capitel vor, die den ausgeprägtesten Charakter magischer Be=
schwörungen an sich tragen; sie waren dazu bestimmt, alle jene
Ungeheuer, in denen sich die Macht Set's offenbart, zu bannen
und die Seelen der Verstorbenen, welche von diesen Plagegeistern
heimgesucht und gepeinigt wurden, zu schützen und sicher zu stellen.

In der That besteht kein wesentlicher Unterschied zwischen
diesen Capiteln des großen hermetischen Buches über das Loos
der Menschen im Jenseits, zwischen diesem Buche, dem ein gött=
licher Ursprung zugeschrieben wurde, und gewissen Zaubersprüchen
auf Papyrusblättern, die sich zuweilen an den Mumien vor=
finden und jedenfalls in der Absicht, sie in Talismane zu ver=
wandeln, an denselben befestigt wurden. Die Texte dieser
Sprüche sind alle gleicher Art; aber nur ein Theil von ihnen
ist in die große Sammlung der göttlichen Schriften und amt=
lichen Todtenliturgie aufgenommen worden, während der andere,
vielleicht weil er später verfaßt wurde, keinen Platz in derselben
gefunden hat. Uebrigens ist wohl zu beachten, daß die in das
Todtenbuch aufgenommenen Beschwörungs= und Zaubersprüche
sich allein auf den Schutz des Verstorbenen während seiner un=
terirdischen Wanderung bezogen, dagegen die anderen, denen nicht
die gleiche Ehre zu Theil wurde, die in der Todtengruft beige=
setzte Mumie selbst, deren Erhaltung für das Schicksal der Seele
von so hoher Bedeutung war, gegen bösartige Thiere und andere
Möglichkeiten der Zerstörung zu schützen bestimmt waren. Sie
sollten ferner verhüten, daß der Geist eines Verdammten in den
leblosen Körper eindringe, ihn beseele und als Vampyr wieder
auferstehen lasse. Nach der Vorstellung der Aegypter waren
nämlich die Geister der Besessenen sowie die Gespenster, welche
die Menschen erschrecken oder quälen, alles Seelen von Ver=
dammten, die noch vor ihrer Auflösung und Vernichtung durch
den „zweiten Tod" auf die Erde zurückkehrten.

---

[1]) Cap. CLVI—CLXI.

Ein Spruch dieser Art lautet nach Chabas' Uebersetzung
folgendermaaßen:

„O Schaaf, eines Schaafes Kind! Lamm, eines Schaafes Kind, das die
Milch des Schaafes, seiner Mutter, saugt; leide nicht, daß der Verstorbene
von einer männlichen oder weiblichen Schlange, von einem Scorpion, von
einem Reptil gebissen werde; leide nicht, daß Gift seine Glieder beschleiche.
Kein Todter, keine Todte dringe in ihn ein! Keines Geistes Schatten suche
ihn auf! Der Schlange Am=kahu=ef Maul habe keine Macht über ihn!
Denn er, er ist das Schaaf!

„O der du einbringst, bringe in kein Glied des Verstorbenen ein! O der
du ausstreckst, strecke ihn nicht mit dir aus! O der du verflichst, verflechte
dich nicht mit ihm!

„Leide nicht, daß ihn berühre der Einfluß einer männlichen oder weib=
lichen Schlange, eines Scorpions, eines Reptils, eines Todten, einer Todten.
O der du einbringst, bringe nicht in ihn ein! O der du athmest, hauche ihm
nicht ein, was im Finstern haust. Dein Schatten besuche ihn nicht, wenn die
Sonne sich neigt und wenn sie noch nicht aufgegangen ist."

„Ich habe die Worte über die heiligen Kräuter, die ich in alle Winkel
des Hauses legte, gesprochen; dann habe ich am Abend und bei Sonnenauf=
gang das ganze Haus mit den heiligen Kräutern und der Flüssigkeit haq be=
sprengt. Der da ausstreckt, wird selber ausgestreckt bleiben."

In den Beschwörungen des Todtenbuchs, sowie in den
übrigen Zaubersprüchen, die den Todten beschützen sollten, wird
die Rede zumeist dem Verstorbenen selber in den Mund gelegt:
eine Erscheinung, die sich wohl hauptsächlich aus der schon er=
wähnten Anschauung erklärt, daß der Todte, zur Abwehr aller
ihm drohenden Angriffe des bösen Princips, vornehmlich darauf
bedacht sein mußte, seine eigene Substanz zu einer göttlichen zu
machen, seine ganze Person, oder auch nur einen Theil derselben,
den himmlischen Göttern zu assimiliren, um demgemäß verkünden
zu können, daß er selber der eine oder andere dieser Götter sei.
Die Anschauung, daß der Mensch durch seine Kenntniß der gött=
lichen Dinge sich bis zu den Göttern emporzuschwingen und
in Folge dieser Annäherung sogar seine eigene Substanz mit der
göttlichen zu identificiren vermöge, war bei den alten Aegyptern,
wie unzählige Stellen ihrer religiösen Urkunden bezeugen, ge=
radezu ein förmlicher Glaubenssatz. Die geheimnißvollen Worte
und Formeln, welche diese Identificirung und Verschmelzung be=
wirkten, hatte Toth, der Gott der Intelligenz, geoffenbart;

doch waren sie der Kenntniß des gemeinen Volkes entzogen und
daher nur ein Besitzthum der Eingeweihten. Sprach man diese
Formeln im Namen des Todten über dessen Mumie und legte
sie dann schriftlich neben dieselbe in den Sarg, so genügte dies
vollkommen, um die Wohlthaten ihrer Wirkungskraft inmitten
der Gefahren der Unterwelt dem Verstorbenen zuzuwenden.

Weil man nun aber diesen Formeln und heiligen Worten
eine solche Macht im jenseitigen Leben zusprach, so war man
auch genöthigt, ihnen für das irdische Leben eine entsprechende
Macht einzuräumen. Denn das Leben nach dem Tode galt ja
nur für eine Fortsetzung des irdischen Daseins, für eine Ueber=
gangsperiode zu neuem Leben und Fortbestehen; und so wurde
die Vorstellung, die man vom jenseitigen Leben hegte, auch auf
das Erdenleben ausgedehnt. Man betrachtete den nächtlichen Lauf
der Sonne in der unteren Hemisphäre als das Urbild des ersteren,
den Tageslauf desselben Gestirnes als das Urbild des letzteren.
Auch wurden für das diesseitige und jenseitige Leben gleiche Prü=
fungen und Gefahren angenommen, welche man auf ein und die=
selbe feindliche Macht bezog, durch den nämlichen Symbolismus
erklärte und mit Anwendung derselben magischen Mittel bekämpfte.
Set wurde die Personification alles Schädlichen in der Natur;
er war der Gott der Umwälzung und Unordnung, des Kampfes
und der Gewaltthat; seinen Befehlen gehorchte alles Zerstörende,
die wilden Thiere und die giftigen Reptilien. Und man pflegte
fortan, ihn und sein verderbliches Gefolge von Uebeln zu be=
schwören, indem man dabei an die Ereignisse des epischen Kampfes
anknüpfte, in welchem das Princip der Ordnung und der Er=
haltung des Lebens, in der Person des Osiris, nach vorher=
gegangener Niederlage einen entscheidenden Sieg davongetragen
hatte.

Wir entnehmen dies u. a. auch aus folgender Beschwörung
gegen den Biß giftiger Schlangen; dieselbe befindet sich auf einem
Papyrus des Louvre [1]), den man zusammengerollt in einer Kapsel
als Talisman bei sich trug:

---

[1]) Th. Devéria, Catalogue des manuscrits égyptiens du Louvre.
S. 171 ff.

„Sie gleicht Set, die Natter, die bösartige Schlange voll verzehrenden Giftes. Der da kommt, um das Licht zu genießen, der bleibe verborgen! Der in Theben wohnt, nähert sich dir, weiche, bleibe in deiner Behausung! Ich bin Isis, die von Schmerz gebeugte Wittwe. Du willst dich gegen Osiris erheben; er liegt in der Mitte der Gewässer, wo Fische sich nähren, wo Vögel ihren Durst stillen, wo Netze ihre Beute fangen, während Osiris im Leiden schmachtet.

„Tum, Herr von Heliopolis, dein Herz ist zufrieden und frohlockt. Die in den Gräbern liegen, die sind voll Jubels; die in Särgen liegen, überlassen sich der Freude, wenn sie sehen, wie der Sohn des Osiris die Feinde seines Vaters zu Boden streckt, wie er die glänzende Krone von seinem Vater empfängt und die Bösen trifft. Komm! erhebe dich wieder, Osiris = Sap, denn deine Feinde sind vernichtet."

Das Bestreben, sich den Göttern zu assimiliren, um auf diese Weise gegen alle Gefahren gesichert zu sein, tritt in allen Zaubersprüchen gegen die Plagen des Lebens und die Angriffe der zahlreichen bösartigen Thiere auf's deutlichste hervor. Daher denn auch diese Sprüche keine Anrufung der göttlichen Macht, sondern stets die Verkündigung enthalten, daß man der und der Gott sei; findet jedoch wirklich eine Zuhülfeziehung anderer Götter statt, so geschieht dies von Seiten des Sprechenden stets nur in der bestimmten Voraussetzung oder Ueberzeugung, daß er als Genosse derselben auch ein Recht auf ihren göttlichen Beistand habe. Am schlagendsten ergiebt sich dies aus den Sprüchen des Papyrus Harris, welchen Chabas[1]) zum Gegenstande seiner Studien machte. Diese Urkunde stammt aus der Zeit der neunzehnten Dynastie; sie ist wahrscheinlich ein Bruchstück der Sammlung magischer Texte, für deren Verfasser der Gott Thoth galt, und dürfte daher ebenfalls zu den hermetischen Schriften zu zählen sein.

Folgende Beschwörung des Papyrus Harris war bestimmt, gegen Krokodile zu schützen:

Sei nicht gegen mich!
Ich bin Ammon. Ich bin Anhur, der gnädige Hüter.
Ich bin der große Befehlshaber, der Gebieter des Schwertes.
Erhebe dich nicht wieder!

---

[1]) Le papyrus magique Harris, Chalon sur Saône, 1860. — Traduction nouvelle du papyrus magique Harris, in den Mélanges égyptologiques, dritte Series, Bd. II.

Ich bin Mont.
Schläfere nicht meine Wachsamkeit ein!
Ich bin Set.
Erhebe nicht deinen Arm wider mich!
Ich bin Supti.
Rühre mich nicht an!
Ich bin Schetu[1]).
Die im Wasser sind,
mögen nicht herauskommen!
Die herausgekommen sind,
sollen nicht in's Wasser zurückkehren!
Die darin bleiben, sollen auf dem Wasser treiben,
gleich Leichnamen auf den Wellen!
Ihr Rachen, er schließe sich,
wie da geschlossen sind die sieben Siegel
einer unvergänglichen Versiegelung!

In einer anderen Beschwörung gegen verschiedene bösartige
Thiere ruft der Mensch, der sich zu schützen sucht, die Hülfe eines
Gottes an, jedoch unter Hinweisung auf das Recht, das ihm auf
Grund der eigenen Göttlichkeit oder Gottähnlichkeit zusteht:

Komme zu mir, Gebieter der Götter!
Halte ferne von mir die Löwen, die der Erde entsprossen,
die Krokodile, die dem Flusse entstiegen,
den Rachen aller bissigen Reptilien, die aus ihren Schlupfwinkeln
        hervorgekrochen!
Zurück, Krokodil Mako, du Sprosse des Set!
Schlage nicht mit deinem Schweife;
schüttele nicht deine Arme;
sperre nicht auf deinen Rachen;
das Wasser werde vor dir zu loderndem Feuer!
Der Speer der siebenundsiebenzig Götter gehört in dein Auge;
du bist gefesselt am gewaltigen Ruder des Ra;
du bist urplötzlich gefesselt an den vier metallenen Haken, am Vor=
        dertheil des Bootes des Ra.
Halte ein, Krokodil Mako, du Sprosse des Set!
Denn ich bin Ammon, der die eigene Mutter geschwängert!

Aber nicht nur dem Menschen vermögen solche Zauberworte
göttliche Kraft zu verleihen; sie können, — ebenso wie sie einem
leblosen Gegenstande, sobald derselbe durch Zauberspruch in einen
Talisman verwandelt ist, eine unüberwindliche Kraft verleihen, —

---

[1]) Beiname des Horus.

auch Thiere, und zwar hauptsächlich zum Schutze des Menschen, mit solchen übernatürlichen Kräften begaben. So besitzen wir z. B. einen Spruch, dessen Anwendung genügte, um Kraft und Wachsamkeit eines Hofhundes weit über das gewöhnliche Maaß hinaus zu erhöhen:

O du, den die Stimme des Hüters zurückführt!
Horus rief: „Es weiche das Land!"
Und auf diesen Ruf wichen die Thiere zurück, die ihm drohten.
Mögen Isis, meine gute Mutter, und Nephthys, meine Schwester,
 für mich ihre Stimme erheben;
Mögen sie ihr Wort des Heiles erschallen lassen,
zu meinem Süden,
zu meinem Norden,
zu meinem Westen,
zu meinem Osten!
Geschlossen bleibe
des Löwen Rachen, wie der der Hyäne,
der Kopf aller Thiere mit langem Schweife,
die sich nähren von Fleisch und tränken mit Blut,
auf daß sie gebannt werden in ihren Bewegungen,
auf daß das Gehör ihnen genommen,
Finsterniß ihnen bereitet,
das Licht ihnen entzogen,
Blindheit in ihnen erzeugt,
ihre Sehkraft getilgt werde,
urplötzlich
während der Nacht.
Erhebe dich, grimmer Hund!
Komm her, auf daß ich dich heute dein Werk lehre.
Du warst gebunden, bist du nicht los?
Horus ist's, der dich dein Werk lehren wird.
Dein Antlitz sei der offene Himmel!
Dein Drohen sei wie das des Usafohu!
Deine Kraft tödte wie Har-schefi!
Sie morde wie Anata!
Deine Mähne sei gleich Ruthen von Erz!
Sei in dem Einen wie Horus
und in dem Andern wie Set!
Gehe nach Süden, nach Norden, nach Westen, nach Osten;
das ganze Land gehört dir;
nichts hemme dich dort.
Richte nicht dein Antlitz gegen mich;
Richte es gegen die reißenden Thiere.
Zeige nicht dein Antlitz auf meinem Wege;
zeige es auf dem des Fremdlings.

Sonst werde ich dich mit Zauber schlagen,
das Gehör will ich dir rauben,
in Dunkelheit will ich dich versenken,
kein Licht dir spenden.
Du bist der muthige, furchtbare Hüter,
Heil! sprich für das Heil!

Der Inhalt dieser Sprüche bekundet übrigens auf's ent=
schiedenste Thatsachen, die sich schon bei den griechischen Schrift=
stellern erwähnt finden und die der ägyptischen Magie einen ganz
besonderen Charakter verleihen. Die Aegypter besitzen nämlich
keine ausgebildete Dämonenlehre. Sie kennen nur im Reiche der
Seelen eine bestimmte Anzahl sich bekämpfender Geister, von
denen die einen Helfer und Diener des Osiris sind, die anderen
das Gefolge des Set bilden. Auf der Erde sind es einzig und
allein die Plagen der Natur, die schädlichen und bösartigen Thiere,
welche mit den Seelen der Verdammten, die als Vampyre auf die
Erde zurückkehren, dem Gotte des Bösen als Werkzeuge dienen.
Die magischen Zaubersprüche bekämpfen daher keine eigentlichen
Dämonen; auch suchen die Gnade erflehenden Beschwörungen
nicht etwa die Gunst und Unterstützung guter, den Göttern unter=
geordneter Geister zu erlangen, sondern sie rufen den directen
Beistand der Götter selber herbei.

Das Verhältniß zwischen dem Menschen und den Göttern,
wie es diese Sprüche darstellen, ist ebenfalls in einer Weise auf=
gefaßt, welche den ägyptischen Lehren ausschließlich eigen ist. Bei
den übrigen Völkern beherrscht die Zaubermacht nur die Geister
zweiten Ranges und unterwirft nur die bösen Dämonen ihrem
Zwange. Den letzteren tritt der Zauberer befehlend entgegen,
wenn er sie vertreiben will, während der wohlthätige Magier
sich nur mit Bitten und Gebeten an die Götter wendet. Ganz
anders in Aegypten. Aus der dort üblichen Annahme, daß der
Gebrauch gewisser Zaubersprüche den Menschen zu den Göttern
erhebe und ihn mit einem jeden von ihnen zu identificiren ver=
möge, ging natürlicher Weise der Glaube hervor, daß diese
Sprüche eine Macht in sich schlössen, welche selbst die mächtigsten
Götter beherrsche; weshalb denn auch die alexandrinischen Schrift=

steller berichten [1]), daß die Aegypter durch ihre Beschwörungen und Zauberformeln die Götter zu zwingen gemeint hätten, ihre Wünsche zu erfüllen und sich ihnen zu offenbaren: denn bei seinem wahren Namen gerufen, hätte kein Gott vermocht, der Macht der Beschwörung zu widerstehen.

Der Papyrus Harris enthält den Text einer solchen Beschwörung, die sogar an Ammon, den obersten der thebanischen Götter, gerichtet ist:

Steige herab! steige herab! Linke des Himmels, Linke der Erde!
Ammon erhebt sich als König, als Leben, Gesundheit und Stärke;
er setzte sich die Krone der Welt auf.
Verschließe nicht dein Ohr.
Die Schlangen mit schleichendem Gange
mögen schließen ihren Rachen.
Und jedes Reptil winde sich erschreckt im Staube,
aus Furcht vor deiner Macht, o Ammon!

Diese rein ägyptische Vorstellung bestand bis in die letzten Zeiten der pharaonischen Religion. Wir finden sie auch in den Schriften des Hierogrammatisten Chaeremon verzeichnet, welcher unter den Ptolemäern ein Werk über die heilige Wissenschaft der Aegypter verfaßte [2]). „Man rief," sagt Maury, „den Gott nicht nur bei Namen, sondern drohte ihm sogar, wenn er nicht erscheinen wollte. Diese Formeln, welche auf die Götter einen Zwang ausüben sollten, nannten die Griechen θεῶν ἀνάγκαι." In seinem Briefe an Anebo kennzeichnet Porphyrius mit scharfen Worten diese Anmaßung der ägyptischen Zauberer, dieses blinde Vertrauen auf die Macht ihrer Beschwörungen:

„Mich empört der Gedanke, daß gerade diejenigen, die wir als die Mächtigsten anrufen, gleich den Schwächsten sich sollen befehlen lassen, daß gerade sie, die von ihren Dienern Gerechtigkeit fordern, gleichwohl selber bereit sein sollen, Ungerechtes zu thun, wenn es ihnen befohlen wird, und daß sie einerseits zwar die Bitten derer nicht erhören, welche den Freuden der Wollust nicht entsagen, andererseits aber doch dem ersten besten sittenlosen

---

[1] Jamblich., De myster. Aegypt., VII, 4, 5.
[2]) Porphyr., ap. Euseb., Praepar. evang., V, 10.

Menschen zu unerlaubten Genüssen zu verhelfen sich nicht weigern [1])."

Uebrigens wurde diese Macht der Zauberbeschwörungen, welche die Götter zu gehorchen zwang, auch für denjenigen, der sie ausübte, verhängnißvoll, sobald er sich derselben nicht durch Sittenreinheit und genügende Kenntniß der göttlichen Dinge würdig machte. Der Roman des Setna, welcher der Verfall-periode angehört und von Brugsch in der Revue archéologique von 1867 nach einem demotischen Papyrus übersetzt wurde, handelt größtentheils von den übernatürlichen Katastrophen, welche über denjenigen hereinbrechen, der, ohne den erforderlichen Grad der Einweihung erreicht zu haben, sich im Besitz des vom Gotte Thoth verfaßten Zauberbuchs befindet.

Man begreift, daß im Verfolge solcher Anschauungen die Anwendung der Götternamen sowohl in der Magie als in der Religion der Aegypter eine ganz außerordentliche Bedeutung er-langen mußte. Und dieses um so mehr, da die ägyptischen Götter wirklich tausendnamig waren, wie die Griechen dies z. B. von der Isis berichten. Im Todtenbuche [2]) belehren uns nicht weniger denn zwei ganze Capitel über die zahlreichen Namen des Osiris, welche dem Todten auf seiner unterirdischen Wan-derung allmächtigen Beistand gewähren. „Man liest nicht nur auf einigen Denkmälern der zwölften Dynastie," sagt Birch [3]), „daß sie bestimmten Göttern unter allen ihren Namen ge-weiht sind, sondern findet auch auf Denkmälern aus der Re-gierungszeit Ramses des Zweiten ganze Namenregister des Gottes Phtah, des Demiurgen, und des Gottes Ra, des Sonnenprincips . . . . . . Das große religiöse Mysterium und die Einweihung in dasselbe bestand bei den Aegyptern in der That in der Gnosis oder Kenntniß der göttlichen Namen in ihrem exoterischen und esoterischen Sinne."

In den Sprüchen des Papyrus Harris finden sich viele

---

[1]) Porphyr., ap. Euseb., Praepar. evang., V, 7.
[2]) Cap. CXLI und CXLII.
[3]) Bd. V seiner Uebers. von Bunsen's Werk über Aegypten.

Anspielungen auf diese magische Bedeutung der Götternamen; so z. B. in dem folgenden:

> Ich bin der von Millionen von Jahren Auserwählte,
> dem unteren Himmel entstiegen,
> der, dessen Name nicht bekannt ist.
> Spräche man seinen Namen am Ufer des Flusses aus,
> wahrlich! er würde denselben verschwinden lassen.
> Spräche man seinen Namen auf Erden aus,
> fürwahr! er entlockte ihr Funken.
> Ich bin Schu in der Gestalt Ra's,
> thronend im Augapfel seines Vaters [1]).
> Würde das, was im Wasser ist [2]), den Mund öffnen,
> oder gar mit seinen Armen zugreifen,
> dann würde ich die Erde in das Becken der Gewässer versenken,
> ich würde den Süden an die Stelle des Nordens versetzen,
> allerorten!

Ein anderer Spruch enthält einen förmlichen Befehl, sich zu offenbaren und herbei zu eilen:

> Eile zu mir, eile zu mir,
> der du beständig sein wirst Millionen und aber Millionen von
> Jahren,
> o Nun, einziger Sohn,
> gestern empfangen, heute geboren!
> Du, dessen Namen ich kenne,
> der du siebenundsiebenzig Augen und siebenundsiebenzig Ohren be=
> sitzest!
> Eile zu mir! Erhöre meine Stimme,
> wie die Stimme der großen Gans Kakat [3]) im Dunkel des Chaos
> erhört ward.
> Ich bin Bahu [4]), der Gewaltige! Bahu, der Gewaltige bin ich!

Die Lehre von der Bedeutung und Wirksamkeit des „höchsten und geheimnißvollen Namens der Götter" habe ich übrigens auch in der chaldäischen Magie nachgewiesen; doch scheint mir unter den bezüglichen Anschauungen an den Ufern des Nil und an denen des Euphrat immerhin ein charakteristischer Unterschied zu

---

[1]) In der ägyptischen Symbolik die Sonnenscheibe.

[2]) Die Krokodile und Nilpferde.

[3]) „Die Gluckende," die Gans des Gottes Seb, welche das Ei der Erde gelegt hat.

[4]) Eine dem Hapi, dem Nil=Gott, assimilirte Persönlichkeit.

herrſchen. In der chaldäiſchen, wie auch in allen anderen Re=
ligionen Vorderaſiens, wird der „geheimnißvolle Name" als eine
wirkliche göttliche Hypoſtaſe betrachtet, die eine perſönliche Exiſtenz
hat und mithin über die anderen Götter von geringerem Range,
wie auch über die Natur und die Geiſterwelt eine eigene Macht
ausübt. In Aegypten hingegen findet ſich von der Vorſtellung
einer derartigen Macht des göttlichen Namens nur ſelten und
zwar erſt in der ſpäteren, durch die ſemitiſchen Religionen beein=
flußten Zeit, eine Spur. Die Aegypter hatten die beſondere Auf=
faſſung, daß der myſtiſche Name über den Gott ſelber, dem er
angehört, eine Gewalt ausübe: bei ſeinem Namen gerufen, war
der Gott genöthigt zu gehorchen; daher denn auch dieſer Name
nur den Eingeweihten bekannt war, während er, zur Verhütung
allen ſchädlichen Mißbrauchs, der großen Menge ein beſtändiges
Geheimniß blieb.

In der ägyptiſchen Magie der ſpäteren Zeiten, wie ſie von
den Neuplatonikern dargeſtellt wird, „wurde es," wie M a u r y
bemerkt [1]), „ſelbſt dann, wenn der Zauberer die Sprache, welcher
der Name des Gottes entlehnt war, nicht verſtand, als unerläßlich
betrachtet, dieſem Namen ſeine urſprüngliche Form zu belaſſen,
da er ſonſt von ſeiner übernatürlichen Kraft einbüßte." Der Ver=
faſſer der „Aegyptiſchen Myſterien", angeblich J a m b l i ch u s,
behauptet [2]), „daß die barbariſchen Namen, die den Idiomen der
Aegypter und Aſſyrer angehören, eine myſtiſche und unausſprech=
liche Kraft beſitzen, welche mit dem hohen Alter ihrer Sprachen
und dem geoffenbarten göttlichen Urſprunge der Religion dieſer
Völker zuſammenhängt." Ueberhaupt wurden ſeltſame Wörter, die
dem gemeinen Volke unverſtändlich und der ägyptiſchen Sprache
nicht eigen, ſondern fremden Idiomen entlehnt oder gar reine
Phantaſiegebilde waren, ſchon frühzeitig von den Aegyptern be=
nutzt, um geheimnißvolle Götternamen daraus zu machen. Solchen
frembartigen Ausdrücken, welche S e t und O ſ i r i s bezeichnen,
begegnen wir z. B. in folgender Verwünſchung, welche bei Leichen=

---

[1]) La Magie et l'Astrologie, S. 42.
[2]) IV, 4.

begängniſſen geſprochen wurde; ſie befindet ſich auf einem Papyrus des Louvre und ſtammt aus der Zeit Ramſes des Zweiten [1]):

„O Ualbpaga! o Kemmara! o Kamalo! o Karkhenmu! O Aamagaaa! Die Uana! Die Remu! Die Uthun (Feinde) der Sonne! Dies iſt beſtimmt, allen denjenigen ein Gebot zu ſein, welche in eurer Mitte weilen: den Widerſachern [2]). Er iſt auf gewaltſame Weiſe umgekommen, der Mörder ſeines Bruders [3]); er hat ſeine Seele dem Krokodil geweiht. Keiner beklagt ihn. Sondern er geleitet ſeine Seele zum Richterſtuhl der zwiefachen Gerechtigkeit, vor Mamuremukahabu [4]) und die unumſchränkten Gebieter, die denſelben umgeben [5]). Dieſer antwortet ſeinem Feinde: O Löwe mit ſchwarzem Antlitz, blutunterlaufenen Augen, [giftgefülltem] Munde, Schänder ſeines eigenen Namens . . . ſeines Vaters, die Fähigkeit zu beißen iſt dieſem immer noch eigen.“

Solch' abſonderliche, myſtiſche und magiſche Götternamen finden ſich übrigens in den letzten vier Capiteln [6]) des Todtenbuchs ſehr zahlreich und mannigfaltig vertreten, und zwar in allen Exemplaren, die dem Turiner verwandt ſind. Man erkennt unter ihnen mit Beſtimmtheit eine Anzahl ſemitiſcher Ableitungen. Von denen des Capitels CLXV wird ausdrücklich geſagt, daß ſie aus der Sprache der Anu in Nubien geſchöpft ſeien; auch ſollen viele dem Idiom der Neger (nahaſi) des Landes Punt, des Somalilandes, angehören, wie ich aus einer ſchriftlichen Mittheilung de Rougé's entnehme. Hieraus ließe ſich vielleicht ſchließen, daß, zu einer gewiſſen Zeit und innerhalb gewiſſer Grenzen, die Magie der afrikaniſchen Völker auf die ägyptiſche Einfluß geübt habe. Ihren Grundlehren und ihrem Urſprunge nach war letztere allerdings von der erſteren grundverſchieden; in der Praxis könnte ſie aber dennoch von den Zauberprieſtern der Nubier und Neger einige Gebräuche und Namen entlehnt haben. Ebenſo iſt die Beſchwörung auf Blatt o (Rückſeite) des Papyrus Harris, eine Art Klagelied an den

---

[1]) Devéria, Catalogue des manuscrits égyptiens du Louvre, S. 174.
[2]) Ich überſetze ſo das Wort aabui, das ich für ſemitiſch halte.
[3]) Set.
[4]) Oſiris.
[5]) Die zweiundvierzig Beiſitzer im Gerichtshofe des Oſiris.
[6]) Die Abfaſſung dieſer Capitel dürfte, nach Birch, ungefähr in die Zeit der ſechs und zwanzigſten Dynaſtie zu verlegen ſein.

Himmel samu, offenbar affyrischen Urfprungs und nur in's Aegyptische übertragen; der Zusatz adi sana oder adi sina, „zweimal, bis", welcher in der großen magischen Sammlung in Keilschrift so häufig wiederkehrt, ist auch hier hinter jedem vorkommenden Namen zu lesen.

IV.

Nachdem ich den Leser durch die angeführten Beläge in den Stand gesetzt, die magischen Sprüche Aegyptens und Chaldäas selber mit einander zu vergleichen, halte ich es nunmehr für unnöthig, bei dem so offenbaren Unterschiede beider Systeme länger zu verweilen: die dem magischen Aberglauben in Aegypten und Chaldäa zu Grunde liegenden Anschauungen und Ideen weichen jedenfalls in nicht geringerem Grade von einander ab, als die äußere Form der Beschwörungen.

In den ägyptischen Urkunden gewahren wir keine Spur von den Naturgeistern, welche die chaldäische Magie, mit ausgeprägter Persönlichkeit, theils als gute, theils als böse Dämonen überall im Weltall verbreitet sieht und, je nach ihrem Wesen, durch Beschwörungen gnädig zu stimmen oder zu bannen sucht. Die Chaldäer bilden sich nicht im Entferntesten ein, durch ihre Formeln einen Menschen in einen Gott verwandeln und ihn mit den erhabensten Personen der himmlischen Hierarchie identificiren zu können. Ebensowenig wollen sie mittelst ihrer Beschwörungen die mächtigsten Götter beherrschen und zum Gehorsam gegen ihre Worte zwingen. Ihre Magie beschränkt sich allein auf die Geisterwelt, deren Wesen und Treiben sie zu beeinflussen bestrebt ist. Bedarf man der Hülfe der Götter, so wendet man sich an dieselben mit Bitten und Flehen, nicht mit trotzender Rede; ja, die Gebete des Menschen bedürfen nicht selten eines Vermittlers und Fürsprechers, wenn sie bei den Göttern Gehör finden sollen. Der „höchste Name", dessen Macht sich sogar auf die Götter erstreckt und einen zwingenden Einfluß auf sie ausübt, bleibt immerdar ein Geheimniß des Êa. Selbst der „Eingeweihte" wagt es nicht, wie dies in Aegypten geschieht, den Schleier dieses Geheimnisses zu lüften; er bittet nur in zwingenden Fällen den Silik=mulu=khi, den allmächtigen Namen durch Êa aus= sprechen zu lassen, auf daß Ordnung und Ruhe in der Welt wiederhergestellt und alle Anschläge der Höllenmächte vereitelt werden mögen. Aber auch dem Zauberer ist dieser Name nicht bekannt; er kann ihn in seine Beschwörung nicht aufnehmen, daher auch keinen beliebigen Gebrauch von ihm machen; und da er die Gefahren einer Ergründung dieses Geheimnisses wohl kennt, so bittet er im Nothfalle ebenfalls nur den Gott, dem der Name bekannt ist, denselben im Sinne der gesprochenen Be= schwörung wirken zu lassen.

Auffallend ist ferner an den chaldäischen Beschwörungen, im Vergleich zu den ägyptischen, die so überaus ursprüngliche Einfachheit, die ihnen das deutlichste Gepräge der Priorität ver= leiht. Wir finden hier alles mit überraschender Klarheit, Ein= fachheit und Natürlichkeit ausgedrückt, keine absichtlichen Ver= dunkelungen, keine künstlichen Hindernisse zur Erschwerung des richtigen Verständnisses. Der Glaube an die Geister erscheint hier in seiner ältesten und absoluten Form, ohne philosophische Grübelei oder Spitzfindigkeit über die göttliche Substanz, ohne Spur von Mysticismus und fast ohne jede Anspielung auf my= thologische Legenden, so daß die chaldäischen Beschwörungen, im Gegensatz zu den ägyptischen, zum größten Theil auch ohne er= läuternden Commentar durchaus verständlich erscheinen.

Die akkadischen Beschwörungen, welche Assurbanhabal im siebenten Jahrhundert v. u. Z. für die Palastbibliothek zu Ninive hatte abschreiben lassen und die sich in Chaldäa bis zur Auflösung der Priesterschulen forterhielten, waren Allen ver= ständlich und zugänglich. Sie schlossen durchaus kein Mysterium in sich; und wenn auch die Priesterschaft im Ganzen bestrebt war, sie mit einem gewissen Schein des Geheimnißvollen zu umgeben, so beruhte dieses letztere doch wohl nur in der zum Theil geringer gewordenen Kenntniß der Sprache dieser Be= schwörungen, die ohnehin schon ihres hohen Alters wegen,

wahrscheinlich aber auch in Folge des Glaubens an ihre ursprüng=
liche göttliche Offenbarung für heilig erachtet wurden. Sie sind,
mit einem Worte, das Erzeugniß eines Volkes, welches keine
esoterische Lehre, keine Geheimnisse Eingeweihter kannte und bei
welchem die Wissenschaft der magischen Priester nur in der
praktischen Kenntniß und Nutzanwendung gewisser Gebräuche
und Worte bestand, mit deren Hülfe man mit den Geistern in
Verkehr zu treten glaubte, — ohne aber daß sich bezüglich dieser
Geisterwelt die Anschauungen der Priester von dem Aberglauben
des Volkes anders unterschieden hätten, als etwa durch die An=
nahme einer systematischeren Anordnung und Eintheilung der
Hierarchie und der Competenzen derselben.

Und hieraus erklärt es sich auch, daß die Magie der Akkader
sogar in den Jahrhunderten, wo Babylon und Assyrien in höchster
Blüthe standen, das charakteristische Gepräge ihres hohen Alters,
den Geist der frühesten Zeitalter nicht verlor, trotz des steten
Umsichgreifens der gelehrten Religion, die sich später in jenen
Gegenden entwickelt hatte. Letztere hatte vielmehr die Existenz
der Magie anerkannt und die alten akkadischen Beschwörungen
in den Canon ihrer heiligen Bücher aufgenommen, wiewohl sie
den Geistern, welche in ebendiesen Beschwörungen angerufen
wurden, in ihrem theologischen System nur eine untergeordnete
Stellung zuwies. Thatsächlich ist nämlich die Magie in Chaldäa
nicht etwa der Staatsreligion der historischen Zeiten entsprossen,
sondern sie gehörte einem älteren Religionssystem, einem noch
unentwickelten und rohen Naturdienst, ja einer älteren Bevöl=
kerungsschicht und ganz anderen Rasse an als derjenigen, deren
Werk die chaldäisch=assyrische Religion war. In der Civilisation,
welche an den Ufern des Euphrat und Tigris aus der Ver=
schmelzung der Semito=Kuschiten und Turaner allmälich empor=
blühte, vollzog sich eine friedliche Vereinigung der Religion und
Magie, welche ursprünglich den beiden verschiedenen Bevölkerungs=
elementen angehörten. Und während uns die Staatsreligion
der historischen Zeiten eine Mischung von Bestandtheilen ver=
schiedenen Ursprungs zeigt, gestatten uns die magischen Ur=
kunden noch weiter zurückzugehen und alle jene Theile fast

vollständig auszuscheiden, welche thatsächlich den Akkadern ge=
hörten.

Zu diesem Ergebnisse wird uns nicht allein die eingehende
Betrachtung der ursprünglich in akkadischer Sprache verfaßten,
von H. Rawlinson entdeckten Zauberurkunden führen, sondern
hauptsächlich auch der Vergleich der Lehren derselben mit denen
der Staatsreligion und des öffentlichen Cultus, welche ebenfalls
zahlreiche Urtexte uns kennen lehren.

Capitel III.

Die chaldäisch-babylonische Religion und ihre Lehren.

I.

Da es nur bei genauester Kenntniß aller bezüglichen Verhältnisse möglich sein dürfte, die verschiedenen Ueberlieferungen der akkadischen Zaubertexte zu förderlichen Vergleichen heranzuziehen, so beginne ich hier zunächst mit einer Darstellung des babylonischen Religionssystems, wie es sich zur Zeit seiner vollen Entwickelung während der geschichtlichen Periode, welche als die a s s y r i s c h e zu bezeichnen ist, und bereits früher gestaltet hatte, in Folge der umfassenden reformatorischen Thätigkeit der Priesterschulen, die wir unter S a r g o n I. und H a m m u r a g a s in voller Arbeit sehen. Hierbei werde ich das, was ich in meinem Commentaire des fragments cosmogoniques de Bérose unter Anziehung von Stellen und Belägen genauer auseinandergesetzt, nur zusammen zu fassen und nach den neuesten Feststellungen zu ergänzen haben.

Die Religion der Babylonier, welche mit einer einzigen wesentlichen Aenderung von den Assyrern übernommen wurde, war ihren Grundsätzen und ihrem Geiste nach eine Naturreligion wie die der Aegypter und meist alle hervorragenderen Religionen des Heidenthums. Im Volksglauben hatte sie allmälich einen stark polytheistischen Charakter angenommen; aber man kehrte dann zu den höheren Ideen zurück, welche ursprünglich zur Grundlage gedient hatten; und in dieser Weise gelangte man

endlich zum Fundamentalbegriff der göttlichen Einheit, wiewohl
derselbe verunstaltet blieb durch pantheistische Beithaten, die das
Geschöpf mit dem Schöpfer verwechselten, das göttliche Wesen
in eine Götterwelt verwandelten und letztere in allen Naturerscheinungen sich offenbaren ließen. Dem einen und höchsten
Gott, — das große All, in das sich alle Dinge ergießen und
verlieren, — hatte man eine Reihe von Nebengottheiten untergeordnet, welche nach dem Grade ihrer Macht und Bedeutung
auf einander folgten und gleichsam die Attribute und personi-
cirten Offenbarungen des Urwesens darstellten. In solchen göttlichen Nebenpersonen, sowie im reciproken Wesen derselben,
prägten sich überhaupt alle Unterscheidungsmerkmale der hauptsächlichsten heidnischen Religionen aus, deren Grundideen sonst
überall die nämlichen waren. Die Einbildungskraft der Aegypter
war, wie ich bereits bemerkte, vorzugsweise durch den beständigen
Umlauf der Sonne auf ihrer Tages= und Jahresbahn erregt
worden. In ihm erblickten die Aegypter die erhabenste göttliche
Offenbarung, die ihnen die Gesetze der Weltordnung am besten
erklärte; und daher hatten sie auch in ihm ihre göttlichen Personificationen gesucht. Die Chaldäo-Babylonier, welche eine
außerordentliche Vorliebe für die Astronomie hegten, fanden
dagegen die Offenbarung des göttlichen Wesens in der ganzen
Einrichtung des Sternen= und Planetensystems. Wie die assyrisch=
phönicischen Völker, mit deren Religionen die ihre am engsten
verwandt war, betrachteten auch sie die Himmelskörper als wirkliche Offenbarungen des göttlichen Wesens; sie machten daraus
in ihrem Religionssystem die sichtbare Erscheinung der der Substanz
des absoluten Seins entsprossenen Emanationen, welche sie mit
der Welt, dem Werke desselben, identificirten; und da ihre Religion sich endgültig gestaltet hatte, brachten sie diese Emanationen
in eine gelehrte, philosophische Rangordnung, die das Ergebniß
eines hohen Gedankenaufschwunges war, für welchen Syrien und
Palästina nichts Aehnliches aufweisen.

II.

Der höchste Gott, das erste und höchste Princip, der alleinige Urquell, welchem alle übrigen Götter entsprossen, war Ilu (im Akkadischen Dingira), also, wie der Name selber angiebt, „der Gott" κατ' ἐξοχήν. Er ist der Eine und Gute (diese beiden Bezeichnungen: ⊢⊢𝔗𝔗 und ⊢⊢◺ finden sich ausdrücklich in den Keilinschriften), von dem die Neuplatoniker sagen, daß er in der Theologie der Chaldäer [1]) die gemeinsame Quelle aller Dinge gewesen sei. Und in der That wird in einigen Urkunden aus späterer Zeit, da die philosophische Sprache sich in den Priesterschulen bereits ausgebildet hatte, der Urquell oder das erste Princip auch „der Eine Gott" genannt; doch gehört diese Präcisirung wohl erst einer neueren Entwickelungsperiode an. In der Religion des klassischen Zeitalters im Euphratthale war der Begriff des Ilu zu weit und zu umfassend, als daß er eine äußerlich wohlbegrenzte und präcisirte Form hätte annehmen, folglich auch ein Gegenstand der Anbetung für das Volk hätte werden können [2]). In Chaldäa scheint ihm speciell kein Tempel geweiht gewesen zu sein, obgleich Babylon ihm den Namen Bab-Ilu (im Akkadischen Ka-Dingira) verdankte. Die Auffassung des Ilu war sogar lange Zeit hindurch unklar und schwankend; man überwies anfänglich seine Functionen und Eigenschaften als „einiger" Gott dem Anu, „dem Alten der Götter", dem Haupte der obersten Trias, und unterschied daher das erste und höchste Princip noch nicht von dem Letztgenannten, in welchem man später nur eine erste Emanation des Ilu erblickte. Die Verehrung eines deus exsuperantissimus, eines gemeinsamen Urquells, gewann allein bei den Assyrern in der Person ihres Nationalgottes Assur, von welchem das Land

---

[1]) Anonym. Compend. de doctr. Chaldaic. ap. Stanley, Histor. philosoph., Bd. II, S. 1125.

[2]) In dieser Hinsicht wurde Ilu nicht selten von den Griechen mit Kronos verglichen.

selbst seinen Namen erhielt, eine solche Bedeutung, daß sie mit
der des Ahuramazdâ der Perser verglichen werden könnte.

Der chaldäisch-babylonische Schöpfungsbericht, dessen erstes
Bruchstück G. Smith wieder auffand und veröffentlichte [1]),
beschreibt das Chaos und theilweise die Erschaffung der Götter
wie folgt:

> Zu dieser Zeit war droben etwas Namenloses, der Himmel,
> in der Tiefe etwas Namenloses, die Erde;
> Apsu (der Ocean), der sich weithin erstreckt, war ihr Erzeuger ge=
> wesen,
> Mummu=Tiamat (das Chaos und das Meer) war die Gebä=
> rerin ihrer aller.
> Ihre Gewässer, vereint und gemischt sie emporstiegen;
> doch hatte in ihnen kein Schilf getrieben, keine Blume sich entfaltet.
> Zu jener Zeit war noch kein Gott erstanden;
> diese hatten noch nicht verschiedene Namen und das Schicksal [war
> ebenfalls nicht.
> Dann erst wurden die großen Götter geschaffen.
> Lahma und Lahama (die männliche und weibliche Form der
> Substanz) gingen durch Emanation hervor,
> und sie wuchsen.
> Sar und Kisar (die schaffende Kraft in der Höhe und in der
> Tiefe) wurden [dann] erzeugt.
> Eine lange Reihe von Tagen [und es wurden geschaffen
> Anu, [Bel und Ea.

Diese Angaben stimmen genau mit der bekannten Stelle des
Damascius [2]) überein:

„Die Babylonier, wie die übrigen Barbaren, übergehen den
einen und ersten Grundstoff des All's mit Stillschweigen; sie
beginnen erst mit dem Paare Ταυθέ (Tiamat, das Meer,
Θανάτθ des Berosus) und Ἀπασῶν (Apsu, der Ocean), und
nennen Tauthe die „Mutter der Götter". Aus diesem Paare
entspringt ein einziger Sohn, Μωυμις (Mummu, das Chaos),
unter welchem ich nur die intellectuelle, aus den beiden Grund=
stoffen hervorgegangene Welt verstehen kann. Auch entstammt

---

[1]) Im Wortlaute bei Fr. Delitzsch, Assyrische Lesestücke, S. 40;
ein erster Uebersetzungsversuch bei G. Smith, Chaldaean account of Genesis,
S. 62 ff.

[2]) De prim. princip., 125, S. 381 der Ausgabe von Kopp.

demselben ein neues Geschlecht, *Λαχή* und *Λαχός* (zu verbessern
in *Λαχμή* und *Λαχμός*), und diesem ein drittes, *Κισαρή* und
Ἀσσωρός (Kisar und Sar[1]). Aus letzterem Paare gehen
noch drei andere Götter hervor, *Ἀνός*, *Ἴλλινος* und *Ἀός* (Ana,
Elim, eine der akkadischen Formen, welche dem semitischen Bel
entsprechen, und Êa). Endlich wird von *Ἀός* und *Λαύκη* (Êa
und Davkina) ein Sohn Belos (Bel=Marubuk), der
Weltbildner, geboren."

In anderen mythologischen Urkunden[2] werden Lakhma
und Lakhama, Sar und Kisar nur als Nebenformen des
Anu und der Anat, „des Himmels und der Erde[3]", genannt
und bilden als solche an der Spitze der Göttergenerationen ein
Paar wie Uranos und Gaïa in den hellenischen Kosmogonien.

Die kosmogonischen Götter, welche der angeführte Text
nennt, erhalten übrigens im öffentlichen und gewöhnlichen
Cultus keine Stelle. Dieser wendet sich allein an die „verständ=
lichen" Götter, wie die Neuplatoniker gesagt haben würden,
d. h. an die thätigen Götter, deren Vorstellung frei ist vom
geheimnißvollen Dunkel der Schöpfung. An der Spitze dieses
Götterkreises befindet sich eine oberste Trias: „der Erstgeborne,
der Uralte, der Aelteste der Götter, der Vater der Götter, der
Gebieter der Finsterniß", dessen akkadischer Name Ana „Himmel"
bedeutet; er ist der Gebieter des Sternenhimmels, war aber
ehedem der unumschränkte Beherrscher des Weltalls, bevor das=
selbe eine endgültige Gestaltung erfahren hatte; er ist endlich
der Gott „Zeit" und „Welt" (*χρόνος* und *κόσμος*, Beides im
weitesten Sinne), zugleich die Personification des chaotischen Ur=

---

[1] Damascius behält hier für Kisar die alte akkadische Form bei; für
den männlichen Gott dieses Paares fügt er sich indessen der Assimilation,
welche die Assyrer zwischen dem akkadischen Sar und ihrem Assur gemacht
hatten, indem er für diesen letzteren die ideographische Schreibung des Namens
des akkadischen Gottes an Stelle der alten phonetischen Form Ausar setzt,
welche anfänglich allein von jenen gebraucht wurde. Von einer bestimmten
Epoche an gerechnet, wurde diese Identificirung schließlich auch in Babylon
und Chaldäa angenommen, und man setzte gewöhnlich den semitischen Namen
Assur an Stelle des akkadischen Sar.

[2] W. A. I., III, 69, 1.

[3] Ebend., Z. 2 und 3.

8*

zuſtandes; zweitens Êa (akkadiſcher, jedoch auch im Aſſyriſchen
gebräuchlicher Name), die göttliche Weisheit [1]), die den Stoff be-
ſeelt und befruchtet, das All durchbringt, belebt und lenkt, zugleich der Beherrſcher des Meeres, mit einem Worte „der Geiſt,
welcher über den Waſſern ſchwebt"; endlich Bel (im Akkadiſchen
Mul-ge und Elim), der Gebieter und die Perſonification
des geordneten Weltalls, der Bildner der himmliſchen Welt, der
die Bewegungen und den periodiſchen Umlauf der Himmelskörper
überwacht. Dieſe göttlichen Perſonificationen waren im Allgemeinen gleich mächtig und weſensgleich; aber ſie ſtanden nicht
alle auf der nämlichen Emanationsſtufe; man machte aus Bel
bald den Bruder, bald den Sohn des Anu, gab aber letzterem
unveränderlich Êa zum Vater.

Einem jeden dieſer Götter der höchſten Trias entſprach eine
weibliche Gottheit, welche ſeine zweite Form, ſeine paſſive Form,
oder, wie viele Inſchriften ſich ausdrücken, „ſein Wiederſchein"
war, — ähnlich wie in der indiſchen Götterlehre Trimurti in der
weiblichen Trias als Çakti-Trimurti wieder auftritt. Anat
oder Nana (akkadiſcher Name) entſprach dem Anu; Belit
(akkadiſch Nin-gelal) dem Bel; Davkina (akkadiſcher Name)
dem Êa. Aber die Unterſcheidung dieſer weiblichen Perſonen iſt
weniger klar und beſtimmt als die der männlichen. Sie gehen
faſt ganz in einander auf und reduciren ſich in Wirklichkeit auf
eine einzige Gottheit, welche das weibliche Princip der Natur
vertritt: die feuchte, paſſive und fruchtbare Materie, eine wirklich
tauſendnamige Göttin, welche abwechſelnd „höchſte Göttin, Herrin
der Welt, Gebieterin der großen Götter, Königin der Erde,
Königin der Fruchtbarkeit" genannt wird; ihre gebräuchlichſten
und bezeichnendſten Benennungen ſind indeſſen im Akkadiſchen
Dingiri, „die Göttin", im Aſſyriſch-Semitiſchen Belit, „die
Herrin".

Dieſe Weſeneinheit aller Göttinnen des Religionsſyſtems der
Tigris- und Euphratländer, die Thatſache, daß man ſie alle nur
als verſchiedene Geſtalten und Formen einer einzigen Gottheit

---

[1]) Man möchte faſt ſagen „das Wort".

dachte, ergiebt sich auf's klarste und unzweifelhafteste aus einer
Urkunde der Palastbibliothek von Ninive[1]), die speciell den
Himmelskörper betrifft, in welchem man die deutlichste Offen=
barung der weiblichen Gottheit erblickte. Auch finden wir hier
zugleich den genauesten und bündigsten Ausdruck gewisser Vor=
stellungen, wie z. B. der Androgynie, die man speciell zum Wesen
der weiblichen Gottheit gehörig erachtete, des göttlichen Incests
und der ehelichen Verbindung des Gottes mit der eigenen
Mutter[2]), — alles Vorstellungen, die in der griechischen Welt
durch die Orphiker und Neuplatoniker verbreitet, jedoch schon
2000 Jahre vor der christlichen Zeit in den Schulen des chaldäisch=
babylonischen Priesterthums als förmliche Dogmen gelehrt wurden.

> Der weibliche Stern ist der Venusstern[3]); er ist weiblich bei
> Sonnenuntergang;
> der männliche Stern ist der Venusstern; er ist männlich bei
> Sonnenaufgang.
> Der Venusstern bei Sonnenaufgang, Samas ist der Name seines
> Gebieters und Sprößlings zugleich;
> der Venusstern bei Sonnenuntergang, Abar ist der Name seines
> Gebieters und Sprößlings zugleich[4]).
> Der Venusstern bei Sonnenaufgang, sein Name ist die Göttin von
> Agane (Anunit);
> der Venusstern bei Sonnenuntergang, sein Name ist die Göttin von
> Erech (Nana).

---

[1]) W. A. I., III, 53, 2, 8. 30—37. — Vgl. Gelzer, Zeitschrift
für ägyptische Sprache und Alterthumskunde, 1875, S. 129 ff.

[2]) Dieses Dogma, eine abstoßende religiöse Verirrung, ist in allen Culten
Vorderasiens verbreitet und grundlegend (vgl. meine Abhandlung La légende
de Sémiramis, S. 60 ff.). Der feurige, lichte Grundstoff, welcher als der
männliche betrachtet wird, gilt in demselben als Emanation des feuchten,
weiblichen Grundstoffs, den ersterer immer wieder befruchtet. In der Local-
religion von Nipur ist Abar zugleich Sohn und Gatte der Belit (H. Rawlinson, im ersten Bande seiner englischen Herodot=Ausgabe, S. 625.).
In den hellenischen Sagen knüpft die Semiramis ein blutschänderisches
Band mit ihrem eigenen Sohne Ninyas (Justinus, I, 2.).

[3]) Dilbat, akkadischer Name, beim Hesychius: Δελεφάτ.

[4]) In dieser Entgegenstellung der beiden Gatten (Abend und Morgen) ist
Samas die Tagessonne in ihrer vollen Kraft und Herrlichkeit, Abar dagegen die nebelumhüllte Sonne, der verweichlichte Hercules Sandon,
welcher Sclave der Omphale wird (vgl. meine Légende de Sémiramis,
S. 51 ff.).

Der Venusstern bei Sonnenaufgang, sein Name ist Istar unter
den Sternen;
der Venusstern bei Sonnenuntergang, sein Name ist Belit unter
den Göttern.

Die weibliche Gottheit der chaldäisch-babylonischen Religion
wird also unter ihren verschiedenen Namen, welche ebensovielen
Darstellungen ihrer Eigenschaften, ebensovielen Formen und Gestaltungen ihres Wesens entsprechen, sowohl einheitlich als viel-
fältig zugleich gedacht. Sie heißt Anat oder Nana, sobald
man in ihr den Urstoff, die Schöpferin aller Dinge, muallidat
gimri, die Quelle aller Göttergenerationen und lebenden Wesen
erblickt; und eine ihrer hauptsächlichsten Benennungen ist dann
Um-Uruk, die „Mutter von Erech“, welche Berosus mit
der Tiamat identificirt und als Omoroka zur Königin des
Chaos macht. Als Gebieterin der Götter und Menschen, als
Herrin des geordneten Weltalls ist sie die weibliche Gottheit
Belit; sie ist Davkina als Beherrscherin der Gewässer und
Gattin des Fischgottes, der die göttliche Intelligenz personificirt;
sie heißt Istar als Kriegerin, als „Königin der Schlachten“,
als Göttin der Liebe und Lenkerin des Planeten Venus. Sie
ist Zirbanit oder Zarpanit als Bildnerin der Keime, als
Göttin der Fruchtbarkeit aller lebenden Wesen, als Schöpferin,
muallidat (woraus die Griechen Μύλιττα und Μόλις gemacht
haben), und wird dann in Babylon durch die geheiligte Prostitution geehrt. Anunit heißt sie als „Stern des Flusses Tigris“ [1]),
als Planet Venus jedoch nur dann, wenn sie mit der Sonne
ehelich verbunden gedacht wird; sie heißt endlich Gula als Mond
und Allat (Ἀλιττα des Herodot) als Göttin der Todten und
Königin der Unterwelt. — Diese verschiedenen Formen und Gestalten verschmelzen indessen sehr leicht miteinander; und es erhalten daher nur die wenigen unter ihnen, welche den Charakter
bestimmter Persönlichkeiten annehmen, als solche einen eigenen
Platz in der systematischen Hierarchie der Götterwelt.

---

[1]) W. A. I., II, 58, 8. 58, a—b. — Es ist nicht ohne Interesse, hiermit
jene Sage von dem Ei zu vergleichen, welches vom Himmel herab in einen
Fluß fiel, sodann von Tauben ausgebrütet ward, bis endlich die Venus aus
ihm hervorging (vgl. Hygin., Fab. 197.).

Mit der erſten Trias, welche die Schöpfungsgeſchichte der
materiellen, aus der Subſtanz des göttlichen Weſens erſtandenen
Welt repräſentirt, war übrigens die Reihe der Emanationen nicht
abgeſchloſſen; es entſtand noch eine zweite Trias, deren Mitglieder
indeſſen nicht mehr einen ſo allgemeinen und unbeſtimmten Charakter wie die der erſten trugen, ſondern eine entſchieden aſtrale
Form annahmen und jene Himmelskörper repräſentirten, in denen
die Chaldäo-Babylonier die deutlichſte Offenbarung der Gottheit
erblickten. Es waren dies in ihrer hierarchiſchen Rangordnung:
Sin (im Akkadiſchen Aku und Eni-zuna), der Mondgott und
Sohn des Bel, mit Beinamen Nannaru „der Leuchtende“,
ein Epitheton, das ihn dem akkadiſchen Uru-ki, „der die Erde
beſchützt und beſchirmt“, entſprechen läßt; Bin, auch Ramanu
(der ſyriſche Rimmon) und im Akkadiſchen Mermer genannt,
der Sohn des Aku und Gott der Luft, der Naturerſcheinungen,
der Winde, des Regens und des Donners; endlich Samas (im
Akkadiſchen Utu), die Sonne, der „Schiedsrichter des Himmels“
und Sohn des Sin. Da übrigens nach chaldäiſch-babyloniſcher
Anſchauung der Mond einen bedeutenden Vorrang vor der Sonne
hatte, ſo war der Gott Sin auch das Sinnbild der königlichen
Macht [1]).

Die Beſtandtheile dieſer Triaden waren alſo durchgängig
„der Vater oder das erſte Princip, die materielle Macht und die
Verſtandeskraft“: pater, potentia et mens; ſie waren, wie die
Philoſophen der neuplatoniſchen Schule berichten, nach Auffaſſung
der Chaldäer aus „dem Einen und Guten“ hervorgegangen, und
wurden daher von denſelben als die eigentliche Baſis ihrer
Glaubenslehre betrachtet [2]). Und da überdies die Chaldäo-Babylonier, ſowie alle ſyriſch-phöniciſchen Völker, keinen Gott ohne
vorhergegangene Theilung ſeines Weſens in ein männliches und
ein weibliches Princip zuließen, ſo ſtand auch einem Jeden aus

---

[1]) Vgl. im Anhang IV. die Ueberſetzung des großen Hymnus an Sin
aus einer aſſyriſch-akkadiſchen Texturkunde.

[2]) Anonym., Compend. de doctr. chaldaïc., ap. Stanley, Histor.
philos., Bd. II, S. 1125. — Damascius, De Princip., 111, S. 345 in der
Ausgabe von Kopp; Lyd., De mensib., IV, 78, S. 121.

der Trias der vornehmsten Himmelskörper eine besondere Gattin zur Seite. Für Sin galt als solche „die große Herrin", deren Namen wir im Assyrischen noch nicht mit Bestimmtheit zu entziffern vermögen (im Akkadischen hieß sie Nin=gal); für Samas war es die Göttin Gula, welche dreigestaltig in ihrer Eigenschaft als Personification des Mondes gedacht und bisweilen durch die Gruppe: Ai, Gula[1]), Anunit ersetzt wurde. Die Gattin des Bin war Sala.

Auf der absteigenden Stufenleiter der Emanationen und der höchsten Hierarchie des Pantheons folgen sodann die Götter der fünf Planeten: Abar (Saturn), Marubuk (Jupiter), Nergal (Mars), Istar (Venus) und Nebo (Mercur)[2]). Und da die Planeten Venus und Mercur zwei verschiedene Erscheinungszeiten haben, am Abend und Morgen, so nahm man eine doppelte Istar[3]) an und machte aus Nebo zwei besondere Persönlichkeiten: Nebo und Nuzku[4]). Auch stellte man allen denjenigen dieser fünf Gottheiten, welche als männlich betrachtet wurden, also mit Ausnahme der weiblich gedachten Istar allen übrigen, eine weibliche Erscheinung zur Seite, welche, ehelich mit ihnen verbunden, sie in allen Stücken ergänzte; man gab dem Marubuk die Zarpanit, dem Nergal die Laz, dem Nebo die Tasmit zur Gattin, dachte aber Abar zugleich als Sohn und Gatten der Belit. Endlich hatte Istar einen geheimnißvollen Gatten, Dumuzi oder Duzi (Tammuz); derselbe wurde in der Blüthe seiner Lebenskraft ihrer leidenschaftlichen Liebe entrissen, und dieses Unglück veranlaßte die Wanderung der Istar in das „Land ohne Heimkehr", — freilich kein entscheidendes Hinderniß

---

[1]) Die akkadischen Namen dieser beiden Gottheiten wurden zu keiner Zeit durch entsprechende semitische ersetzt.

[2]) Im Akkadischen: Nin=bara, Amar=utuki, Nir=gal oder Ne=urugal, Sukus und Ak; die Lesung des Letzteren ist jedoch zweifelhaft.

[3]) In den mythologischen Urkunden der Chaldäer ist von den beiden Istar die eine Tochter des Anu, die andere Tochter des Sin. Im assyrischen Cultus gab es eine Istar von Arbela und eine Istar von Ninive; jene war Kriegerin, diese Göttin der Wollust; auch waren sie die Gottheiten der beiden Monatshälften.

[4]) Genauer genommen ist Nebo der Gott der Kenntnisse und Wissenschaften, Nuzku der Diener und Bote des Bel.

für so und so viele andere nebenbei unterhaltene Liebesverhält=
nisse, welche die mythologische Legende auf's umständlichste, häufig
sogar auf's anstößigste schildert. Uebrigens sind alle diese planc=
tarischen Götter, wie die Urkunden in zahlreichen Stellen be=
weisen, nur Nebengestalten und secundäre Offenbarungen der
Götter höheren Ranges: Abar=Samban entspricht dem Anu,
Marubuk dem Bel, Nebo dem Ea; die Beziehung des
Nergal ist weniger erkennbar.

Mit diesen Personificationen der Planeten schließt die Reihe
der zwölf großen Götter, welche den eigentlichen chaldäisch=baby=
lonischen Olymp, den höheren Rang der göttlichen Hierarchie
bilden. Diodorus Siculus nennt sie in seiner genauen Aus=
legung des astronomisch=theologischen Systems der Chaldäer
„Meister" oder „Herren der Götter" und bemerkt gleichzeitig,
daß sie die zwölf Monate des Jahres und die zwölf Zeichen des
Thierkreises regieren [1]. Auf mehreren Denkmälern, wie auf dem
Monolith des Assur=nazir=habal und dem Obelisk des Sal=
manu=asir in Nimrud, werden diese zwölf Götter in folgender
Reihe genannt:

1. Anu, König der himmlischen und irdischen Erzengel, König
   der Welt.
2. Bel, Vater der Götter, Schöpfer.
3. Ea, König des Oceans, Lenker des Schicksals, Gott der Weis=
   heit und Erkenntniß.
4. Sin, Herr der Kronen, zum höchsten Glanze erkoren.
5. Bin, der Krieger und Herr der befruchtenden Canäle.
6. Samas, Richter des Himmels und der Erde.
7. Marubuk, gerechter Fürst der Götter, Herr der Geburt.
8. Abar=Samban, der Mächtige, Krieger unter den kriegerischen
   Göttern, Vernichter des Bösen.
9. Nergal, der Edelmüthige, König der Schlachten.
10. Nebo, Träger des höchsten Scepters.
11. Belit, Gattin des Bel und Mutter der großen Götter.
12. Istar, die Aelteste des Himmels und der Erde, die das Antlitz
    der Krieger mit Glanz erfüllt [2].

---

[1] II, 30.
[2] Die Götter der zwölf Monate sind folgende (W. A. I., IV, 33,
Z. 36—48, a):
1. Nisannu. — Anu und Bel.
2. Airu. — Ea, Gebieter der Menschheit.

III.

Die Erscheinung, daß Marubuk unter den zwölf großen Göttern nicht immer ein und dieselbe Rangstufe einnimmt, daß er auf manchen Denkmälern nicht der siebente, sondern der fünfte ist und dann Bin und Samas voraufgeht, rührt mehrentheils von der Rolle her, die ihm von einem bestimmten Zeitpuncte an bei dem Werke der Schöpfung zugetheilt wurde. Er ist der zweite Weltbildner, der Schöpfer der irdischen Welt und wird so zum Bel-Marubuk, zum zweiten Bel, von welchem der erstere, der Bel der höheren Trias, als Bel labiru (im Akkadischen Elim uara) „Bel der Aeltere" unterschieden wird, — ein Ausdruck, welcher übrigens mit dem *Βολαθήν*, den die griechischen Schriftsteller als bei einigen syrischen Völkerschaften vorkommend bezeichnen, vollkommen identisch ist.

Dank der unschätzbaren Entdeckung der Fragmente der Schöpfungsberichte durch George Smith in den Keilschrift-Täfelchen des britischen Museums, können wir uns jetzt schon von der Genesis der Chaldäo-Babylonier, die mit der biblischen Genesis übereinstimmt und sogar die überraschendsten Analogien zeigt, eine genügende Vorstellung machen. Auch nach dieser Ueberlieferung geschah die Erschaffung der Welt in sieben Tagen; aber sie ist nicht ein Werk des Elohim, des Einen Gottes, des Einen

---

3. Sivanu. — Sin, Erstgeborener des Bel.

4. Duzu. — Adar, der Krieger.

5. Abu. — Allat, Herrin des Zauberstabs (Nin-gis-ziba).

6. Ululu. — Istar, Herrin der Schlachten.

7. Tasritu. — Samas, Held der Welt.

8. Arakh-samna. — Marubuk, gerechter Fürst der Götter.

9. Kisilivu. — Nergal, der große Krieger.

10. Tebitu. — Pap-sukul, Diener des Anu und der Anat.

11. Sabatu. — Bin, Feldherr des Himmels und der Erde.

12. Abbaru. — Die sieben großen Götter (der Planeten).

13. Makru sa abbari (Schaltmonat). — Assur, Vater der Götter.

Die Erwähnung des letztgenannten Gottes läßt übrigens einen Zusatz zur alten babylonischen Liste erkennen; nichts desto weniger erhielt aber Assur, ungeachtet seines Ranges, nur den Schaltmonat zugewiesen.

Meisters allein, sondern jeder der Urgötter nach einander hat
seinen Antheil an ihr. Sar schied den Himmel von der Erde
und schuf das Firmament (asar); Bel und Êa verfertigten und
befestigten die großen Himmelslichter am vierten Tage. In
seiner Eigenschaft als zweiter Weltbildner war Maruduk,
als Diener seines Vaters und Vollstrecker seiner Befehle, der
Anordner der Schöpfung der Erde, indem er die lebenden Wesen,
insbesondere die Menschen erschuf.

Letztere werden aufgefaßt als aus den Händen des
Schöpfers hervorgegangen, in einem Zustande völliger Unschuld
und absoluter Reinheit. Êa, der Meister des Wissens, nimmt
an ihnen einen besonderen Antheil. Er ist es, der über die
Ordnung in der ganzen Natur wacht und das Unheil, welches
die Dämonen in derselben anstiften, wieder gut macht; und so
wird er der Gesetzgeber der Menschen. Auch ist es sicherlich
Êa[1]), den man in dem Oës des Helladius, in dem
Dannes des Berosus und dem Euahanes des Hyginus
(im Akkadischen Êa-khan, „Êa der Fisch"), d. h. in dem
Gotte wiedererkennen muß, der sich dadurch offenbarte, daß er
täglich, halb Mensch, halb Fisch, aus dem Erythräischen Meere
emporstieg und den ersten Menschen die heiligen Bücher mit
den Vorschriften des religiösen und bürgerlichen Gesetzes gab,
sowie die Namen der Götter, die Mysterien der Religion und
die Geschichte der Schöpfung lehrte.

Aber Tiamat, die noch ungeläuterte Urquelle aller Dinge,
ist neidisch auf die ihr entstammenden Götter, die den Weltenbau
ordnen und dem Chaos, in welchem sie vormals unumschränkt
herrschte, ein Ende machen; und sie wird die eifrigste Gegnerin
derselben. Sie führt die Menschen in Versuchung und verleitet
sie zum Ungehorsam gegen die Lehren des Êa; und so ist die
Sünde entstanden. Der Unordnung muß aber gesteuert und
Tiamat wieder machtlos gemacht werden; es entspinnt sich
zwischen den beiden Welten des Himmels und der Hölle, des
Lichtes und der Finsterniß, ein gewaltiger Kampf, gewisser-

---

[1]) Vgl. Anhang I.

maaßen die Gigantomachie der chaldäischen Ueberlieferung. In diesem Kampfe wird Marubuk, von seinem Vater veranlaßt, der Kämpe und Streiter der Götter. Diese bewaffnen ihn mit dem Blitzstrahl und dem Sichelschwert; und an der Spitze der himmlischen Heerschaaren zieht er aus zum Kampfe gegen die Tiamat, welcher alle Dämonen, Ungeheuer und Ausgeburten des Chaos zur Seite stehen. Tiamat wird schließlich überwunden und in den Abgrund gestürzt.

Dies ist, in kurzem Auszuge, der Bericht der Tafeln aus der Palastbibliothek von Ninive und ihrer Urtexte, die sich noch viele Jahrhunderte in Erech erhielten. Berosus giebt allerdings einen ziemlich abweichenden, wiewohl in den Grundlagen übereinstimmenden Bericht, welcher aus den Priesterschulen von Babylon und Borsippa stammt. In demselben fällt der Kampf gegen Tiamat mit dem Schöpfungswerk selbst, dessen Modus er wird, zusammen; überhaupt verschwindet in ihm die Thätigkeit der übrigen Götter vollkommen vor derjenigen des Bel-Marubuk, welcher allein zum Weltbildner wird.

„Als Alles noch in wüstem Durcheinander war, kam Belos, (Bel-Marubuk) und hieb das Weib Omoroka (Um-Uruk) oder Thavat (Tiamat) in zwei Theile. Aus der unteren Hälfte ihres Körpers machte er die Erde, aus der oberen den Himmel; und alle Wesen, die in ihr vorhanden waren, verschwanden. Darauf schnitt Belos sich selber den Kopf ab[1]); das Blut, welches dabei geflossen war, durchkneteten aber die anderen Götter mit Erde und bildeten daraus die Menschen, welche in Folge dessen mit Verstand begabt sind und an der göttlichen Einsicht Theil haben.

„Belos, welcher bei den Griechen Zeus heißt, war es dann wiederum, der nach Zertheilung der Finsterniß den Himmel von der Erde schied und die Welt ordnete; aber alle lebenden Wesen, welche die Einwirkung des Lichtes nicht ertragen konnten,

---

[1]) Man vergleiche hiermit die Darstellung eines Cylinders, wo dem sceptertragenden Marubuk ein abgeschnittener Kopf zu Füßen liegt; Lajard, Culte de Mithra, Tfl. XXXVII, Nr. 6.

kamen um [1]). Und da nun Belos sah, daß die Erde trotz ihrer Fruchtbarkeit veröbet war, befahl er einem der Götter, ihm den Kopf abzuschneiden; und er durchknetete das herabgeflossene Blut mit Erde und bildete die Menschen sowie die Wesen, welche die Berührung mit der Luft, ohne Schaden zu nehmen, ertragen können. Endlich schuf Belos auch die Sterne, die Sonne, den Mond und die fünf Planeten."

Diese Version des Schöpfungsberichtes steht mit den bildlichen Darstellungen im Heiligthum des Marubuk zu Babylon vollkommen in Einklang; aber sie trägt offenbar ein locales Gepräge. Marubuk war der Specialgott von Babylon, und man war daher eifrig bemüht, ihm daselbst eine hervorragende Bedeutung zu verleihen: Bel-Marubuk verdrängte den alten Bel und trat mit Uebernahme aller seiner Attribute und Titel vollständig an dessen Stelle. Zur Zeit des Nabu-kuburri-usur und der übrigen Könige des letzten chaldäischen Reiches ging man sogar noch weiter; man machte aus ihm einen deus exsuperantissimus, stellte ihn an die Spitze des Pantheons und erhob ihn über alle anderen Götter.

---

[1]) In einem Fragment, das in Kutha von den Schreibern des Assurbanhabal copirt worden, haben wir folgende Ueberreste einer Erzählung, die sich weit mehr als die von Erech den Angaben des Berosus nähert:

Menschen mit Leibern von Vögeln der Wüste, menschliche Wesen mit Rabengesichtern,
welche die großen Götter geschaffen
und für die sie eine Wohnstätte auf Erden errichtet hatten.
Tiamat hatte ihnen Kraft verliehen,
die Gebieterin der Götter hatte ihr Leben erweckt;
in der Mitte der Erde waren sie geboren und groß geworden
und sie hatten sich zahlreich vermehrt.

Weiter wird berichtet, daß diese Wesen nur „das trübe Wasser (des Chaos) schlürfen und unfähig sind, reines Wasser zu trinken." Da aber das Sonnenlicht zum ersten Male vor ihren Blicken strahlte,

da verfolgte es mit seiner Flamme und Waffe diese Menschen,
es traf und vernichtete sie.

Auch wird erzählt, daß es sechstausend dieser Unholde gab; sie waren halb Menschen halb Thiere, konnten die Macht des Lichtes nicht ertragen und wurden von sieben Königen regiert, deren Namen leider 'zum großen Theil mit den Bruchstücken der betreffenden Tafel verloren gegangen.

Die Erzählung aus Erech hingegen beschränkt seine Rolle;
auch verleiht sie dem Gotte durchaus nicht die hohe Bedeutung,
die er in Babylon hatte. Marubuk wird in ihr zu einem
Weltbildner zweiten Ranges; er ist hier den drei höchsten Göttern
untergeordnet und handelt nur nach den Befehlen des Êa,
seines Vaters. Aber selbst auf diese Grenzen beschränkt, beweist
die Ertheilung der Rolle eines Schöpfers an Marubuk keines=
wegs, daß dies sein ursprünglicher Charakter gewesen. Es sprechen
vielmehr sehr gewichtige Gründe dafür, daß man ihm diese Rolle
erst später zutheilte, in Folge des religiösen und politischen Ein=
flusses von Babylon, welcher etwa zwanzig bis sechzehn Jahr=
hunderte v. Chr., also gerade zu jener Zeit sich geltend machte,
da die heiligen Bücher verfaßt und niedergeschrieben wurden.
Marubuk, der bisher ein durchaus localer und unbedeutender
Gott gewesen war, wurde nunmehr dem akkadischen Silik=
mulu=khi, dem göttlichen Mittler, Erstgeborenen und beftän=
digen Gehilfen des Êa, dessen Charakter wir späterhin in den
magischen Büchern näher erkennen werden, assimilirt. In der
ältesten Fassung der kosmogonischen Texte war Silik=mulu=
khi offenbar der zweite Weltbildner. Aber er wurde im akkadischen
Urtext der religiösen und magischen Bücher, ebenso wie in den
ältesten Inschriften, niemals mit dem Amar=utuki (aus welchem
der Marubuk der semitischen Schriften entstanden) verglichen
oder gar mit diesem verwechselt; es geschah dieses nur in den
assyrischen Versionen, welche bekanntlich weit jünger sind als der
akkadische Text. Ja noch mehr: wäre Marubuk schon zur Zeit
der Feststellung der Hierarchie des Pantheons als ein weltbil=
bender Gott und beständiger Mittler aufgefaßt worden, so würde
man ihm offenbar einen höheren Rang angewiesen haben als
den, der ihn unter die fünf planetarischen Götter versetzte. Er
wurde ohne Zweifel erst nach der Feststellung dieser Hierarchie
mit dem alten Silik=mulu=khi der Akkader identificirt und
mit der kosmogonischen Rolle desselben beliehen.

IV.

Wie die erhaltenen Texte lehren, bildeten die zwölf „großen Götter" fast den einzigen Gegenstand des allgemeinen und officiellen Landescultus; aber die Theologie und Mythologie von Babylonien und Assyrien kannte außer ihnen noch eine lange Reihe von dii minores, welche niedere Stufen der Emanation repräsentirten, jedoch niemals so genau charakterisirt und eingetheilt waren, wie die Häupter selbst der göttlichen Hierarchie; sie bildeten, mit einem Worte, eine untergeordnete Götterwelt, welche vornehmlich auf die Localculte beschränkt blieb. Die niederen Gottheiten, welche im Schöpfungsbericht des Berosus die Befehle des Bel-Marubuk vollziehen und letzteren bei seinem schöpferischen Werke unterstützen, desgleichen die vielen Götter, die in den mythologischen und astrologischen Tafeln genannt werden, gehören alle derselben Kategorie an. Und man würde daher besonders von diesem Gesichtspuncte aus alle Tafeln der Göttergenealogien zu prüfen und zu beurtheilen haben, zumal jenes werthvolle Fragment eines Textes, in welchem der Reihe nach alle Gottheiten genannt werden, die in den vornehmsten Heiligthümern von Babylonien und Assyrien die Altäre der großen Götter theilten [1]).

Es unterliegt keinem Zweifel, daß viele Namen, welche diese Denkmäler als solche besonderer Persönlichkeiten nennen, wiederum auf anderen mythologischen Tafeln als bloße Nebenbezeichnungen oder Titel der großen Götter wieder auftauchen; und es war daher jedenfalls nur der volksthümliche Cultus, der ihnen eine gesonderte Existenz verlieh, während sie sonst im allgemeinen wissenschaftlichen Religionssystem als verschiedene Gestalten einer und derselben Gottheit betrachtet wurden. Aber es treten einzelne dieser dii minores auch als Personen mit deutlich individuellem Charakter und nicht unwesentlicher Rolle auf. So z. B. Ungal-turda, dessen Name vielleicht in der Form Sarru-ikbu in's Assyrische überging und dessen Verwandlung in einen Vogel ein

---

[1]) W. A. I., III, 66.

merkwürdiges Fragment erzählt [1]); S e r a k h, auch N i r b a ge=
nannt, der Gott der Ernte und der Scheuern; M a n u der Große,
der Lenker des Schickſals (der Göttin M a m i t u v entſprechend);
D i b b a r a (akkadiſcher Name), auch U n g a l = n i r r a genannt,
der Verbreiter der Seuchen [2]), deſſen Verheerungen ein von
G. S m i t h wiederaufgefundenes Fragment ſchildert; I t a k,
oder vielmehr I ſ u v [3]), der beſtändige Helfershelfer des Vorher=
genannten, welcher auch die Beinamen M u t t a l l i k u „der Umher=

---

[1]) W. A. I., IV, 14, 1:

> Der Gott U n g a l = t u r b a [begab ſich] nach dem Gebirge, an einen
>   entlegenen Ort,
> er zog] in das Gebirge von Sabu.
> Seine Mutter bewohnte es nicht, und nicht . . . . . .;
> ſein Vater bewohnte es nicht, auch [ging er nicht] mit ihm [dahin.
> Den Preis ſeiner Erkenntniß . . . . . er nicht,
> er, der den Willen ſeines Herzens, den Willen nicht . . . . .
> In ſeinem eignen Herzen [faßte] er einen Entſchluß,
> in einen Vogel ſeine Geſtalt zu verwandeln,
> in einen Sturmvogel ſeine Geſtalt zu verwandeln,
> zu nehmen ein Weib . . . . . .,
> das Weib des Sturmvogels, den Sohn des Sturmvogels
> wohnen zu laſſen in ſeiner Gemeinſchaft.

Die folgenden Verſe ſchildern die Göttin, mit welcher ſich der verwandelte
U n g a l = t u r b a vermählt; doch enthalten ſie ſo vieles Zweifelhafte, daß mir
eine zuſammenhängende Ueberſetzung derſelben vorläufig noch nicht gerathen
erſcheint. Den Sturmvogel, deſſen Geſtalt U n g a l = t u r b a annimmt, nennt
die aſſyriſche Verſion den „göttlichen zû“; er wird als rieſenhafter Raubvogel
von wunderbarer Stärke beſchrieben, ähnlich dem rok der arabiſchen Märchen;
vgl. Fr. D e l i t z ſ ch, A ſ ſ y r i ſ ch e S t u d i e n, S. 96 und 116.

[2]) Eine Nebengeſtalt des A d a r, W. A. I., II, 54, Z. 57.

[3]) Nach der ſinnreichen Ableitung, welche Fr. D e l i t z ſ ch (G. S m i t h ’ s
C h a l d ä i ſ ch e G e n e ſ i s, S. 310) für I t a k annimmt, würde dieſer Name
„der erhabene Zerſtörer“ bedeuten. In der einzigen zweiſprachigen Urkunde,
welche dieſen Gott erwähnt, iſt es aber nur die aſſyriſche Verſion, die den in
Frage ſtehenden, wegen der Polyphonie des zweiten Schriftzeichens noch zwei=
felhaften Namen angiebt; der akkadiſche Text hingegen nennt ihn P a = ſ a k = e,
oder auch P a = z a k = m a l, welche Leſung noch zweifelhaft iſt (W. A. I., II,
18, Z. 46, a—b). Dieſer Name ſcheint mir daher ſemitiſchen Urſprungs zu
ſein, und ziehe ich deshalb die Leſung I ſ u v, das perſonificirte „(Krankheits=)
Feuer“, vor, um ſo mehr, da dieſelbe dadurch beſtätigt zu werden ſcheint, daß
dieſer Gott, unter den Gottheiten niederen Ranges, welche „im Tempel des
A n u und B i n zu Aſſur“ verehrt wurden, neben L a b a n, dem Gotte des
Ausſatzes, deſſen Name unzweifelhaft ſemitiſch iſt, genannt wird (W. A. I.,
III, 66, recto, b).

gehende"[1]), oder „der oberste Auflauerer unter den Göttern"[2]) hatte und in den Urkunden bald als einfacher Genius, bald als Gott des Flusses Tigris und zugleich als Gatte einer Göttin mit akkadischem Namen, Nin=muk, erwähnt wird; Martu, der Westen, Sohn des Anu; endlich Asmun, Samila, Usu und viele andere, deren Aufzählung zu weit führen würde. Neben den Gottheiten, die in den höchsten Classen der Hierarchie einen Rang haben, giebt man sodann auch den drei obersten Göttern noch zahlreiche Söhne, welche sich indessen nicht über die niederste Stufe erheben. Zu denselben gehören die neun Söhne des Anu: Ungal=zinna[3]), Latarak, Ab=gula, Egu, Mut=gurra, Kusu, Siruku, Anun=ki[4]), Asis=ki, und sechs Söhne des Ea: Dumuzi=abzu[5]), Ki...la, Nera, Barra, Barra=gula, Burnunta=šā, alles akkadische Namen, die man nicht durch gleichbedeutende assyrische ersetzte. In diesen Schwarm der dii minores verwies man endlich auch die alten Götter aus rein akkadischer Zeit, deren Cultus in der Folgezeit zwar gänzlich außer Gebrauch gekommen war, von denen aber doch manche noch in den überlieferten magischen Büchern erwähnt wurden; sie repräsentiren daher nur herrenlose Güter einer früheren Religionsphase, wie wir später noch ersehen werden.

Nicht anders verhält es sich . mit den Localgöttern von Flüssen oder Städten, deren Verehrung niemals im Lande allgemein wurde und denen man auch bei der Eintheilung des Pantheon keine höhere Stelle angewiesen hatte, wie z. B. Subulal, der Gott des Euphrat, Sarraku von Kis, Kanisurra von Kutha. Einige von ihnen haben sogar einen fremden Ursprung. In den östlichen Provinzen längs der elamitischen Grenze wurden häufig Götter verehrt, die dem Nachbarlande entlehnt waren, wie z. B. Laguba in Kisik, Lagamal oder Lagamar in Surippak, und in anderen Orten Susinka und Armannu,

---

[1]) W. A. I., III, 66, recto, Z. 8, b.
[2]) W. A. I., II, 18, Z. 47, a—b.
[3]) Im Akkadischen „der König der Wüste".
[4]) Der irdische Erzengel.
[5]) Im Akkadischen „der Sproß des Oceans".

welch' letzterer mit Ümman, dem großen Gotte von Susa, identisch ist.

Wie die Könige auf der Erde, so sind auch die großen Götter des chaldäisch-babylonischen Olymp außer von ihren Söhnen, Töchtern und legitimen Gemahlinnen noch von zahl=reichen Kebsweibern und Dienern umgeben, welche man ebenfalls zu den Göttern zählt. Jeder Gott hat seinen Boten und Voll=strecker seiner Befehle (im Akkadischen lux, im Assyrischen sukkallu). Die bekanntesten dieser Art sind Pap=sukul, der Bote des Anu, den man gewöhnlich auch als „Boten der großen Götter" bezeichnet, und Nuzku, der Bote des Bel. Außer seinem Diener Uzmû gruppiren sobann die Götterverzeichnisse um Êa noch acht verschiedene Thorwächter seines Palastes, desgleichen zwei Stiere vor der Pforte seines eigenen Thronsaales und zwei Stiere vor der Pforte des Thronsaales seiner Gattin Davkina, welche alle ihre besonderen Namen haben; Marubuk werden endlich vier Hunde, Ukkumu, Akkulu, Iksuda, Iltebu, zwei göttliche Thürhüter, sowie noch andere dienende Götter seines Heiligthums Ê=saggal (die Pyramide von Babylon) zur Seite gestellt. Diese Beispiele mögen genügen zum Nachweise, welches zahlreiche Contingent das Hoflager der großen Götter zu den Listen der als göttlich betrachteten Wesen stellte.

Aus der Zahl der Götter, die sich als niedere Mächte und Emanationen gleich unterhalb des höchsten Cyclus gruppiren, müssen übrigens die vielen Personificationen von Sternen, die sogenannten „himmlischen Wächter und Heerschaaren"[1]), des=gleichen alle Sternenbilder und einzeln betrachteten Sterne noch ausgeschieden werden. Sie entsprachen allein den astrologischen und apotelesmatischen Vorstellungen, welche schon in ältester Zeit die chaldäisch=babylonische Religion, und zwar mehr als ein anderes Religionssystem des Alterthums durchdrungen hatten. Sie waren ebenfalls mit vieler Gelehrsamkeit in Classen ge=theilt und nach dem Grade ihrer Bedeutung und ihrer Befugnisse in ein systematisches Verzeichniß gebracht, dessen Anordnung

---

[1]) Zweites Buch der Könige, XXIII, 5.

Diodorus Siculus [1]) genau auseinandersetzt. Sie gehörten aber nicht alle zur Zahl der eigentlichen Götter; man dachte sich viele Sterne nur von übernatürlichen Wesen aus der Gattung der Geister oder Genien (musedu) belebt; und diese führten die Reihe der Emanationen immer weiter und tiefer fort, indem sie allerdings noch am göttlichen Wesen Theil hatten, aber doch schon der Menschheit sich näherten und in immer höherem Maaße mit ihr und ihrem Geschicke verschmolzen.

Zur letzteren Kategorie gehörten auch die vier hauptsächlichsten Schutzgenien: der Sedu oder Kirubu (im Akkadischen Alab), ein Stier mit menschlichem Antlitz; der Lamassu oder Nirgallu (im Akkadischen Lamma), ein Löwe mit Menschenkopf; der Ustur, eine völlig menschliche Gestalt; endlich der adler= oder geierköpfige Nattig, welchen Hesekiel [2]) bei seiner Beschreibung der vier symbolischen Wesen, die in seinen Visionen den Thron des Jahveh tragen, zum Vorbilde nahm. Ueber diesen Genien standen aber noch in zwei besonderen Gruppen die Engel oder Geister: die Igigi oder Igaga [3]), die Geister des Himmels, und die Anunnaϝirṣiti (im Akkadischen Anunna=ge), die Geister der Erde. Nach den Angaben eines Täfelchens der Bibliothek zu Ninive gab es überhaupt nicht weniger denn sieben höchste Götter [4]), funfzig große Götter des Himmels und der Erde, dreihundert Geister des Himmels und sechshundert Geister der Erde [5]); und es erscheint daher völlig erklärlich, daß diese Annahme so zahlreicher Chöre von Engeln und untergeordneten Geistern und Genien auch eine Zulassung der Dämonologie der alten akkadischen Bücher zur Folge haben müßte, ebenso wie sie eine Verflechtung der priesterlichen Wissenschaften mit der Magie der früheren Jahrhunderte veranlaßte, obgleich letztere noch keinen der Götter kannte, die in Zukunft

---

[1]) II, 30 und 31.

[2]) I, 10; X, 14.

[3]) Sie entsprechen vollkommen den Kabirim der Phönicier, vgl. Gazette archéologique, 1877, S. 32.

[4]) Offenbar die beiden obersten männlichen Triaden nebst Belit, wie dies auch aus mehreren Texten hervorgeht.

[5]) G. Smith, North British review; Januar 1870, S. 309.

9*

die erſten wurden, vielmehr auf einem früheren Religionsſyſtem
baſirte und ihrer ganzen Theologie nur ein einfacheres Syſtem
von Göttern und guten oder böſen Naturgeiſtern zu Grunde
legte.

<hr />

V.

Die Darſtellung, die ich vorſtehend unter alleiniger Benutzung der bezüglichen Quellenangaben und ohne Beifügung
eigener Zuſätze oder Vermuthungen entworfen, dürfte wohl genügen zum Nachweiſe, daß dieſes ſo gelehrte und geſchickt geordnete Syſtem kein urſprüngliches ſein kann, vielmehr einen
mächtigen Aufſchwung religiöſer und philoſophiſcher Ideen in ſich
vereinigt, der mehrere Jahrhunderte fortdauernder Arbeit in den
Prieſterſchulen erfordern mußte. In der That reichen unſere
wiewohl noch geringen Kenntniſſe von der alten Geſchichte Chaldäas vor der Entwickelung der aſſyriſchen Macht zu der Behauptung vollkommen hin, daß das vollendete Syſtem der chal-
däiſch-babyloniſchen Religion mit ihrer Götterhierarchie und ununterbrochenen Reihe von Emanationen nur das Reſultat einer
umfaſſenden prieſterlichen Reformbewegung ſein konnte. Die
Umwälzung, die ſich hierbei vollzog, war eine ähnliche wie die
Umgeſtaltung der alten Religion der Vedas, welche ebenfalls
unter dem Einfluſſe der Brahmanenſchulen vor ſich ging. Ja
ſie war das Werk einer feſt organiſirten Prieſterkaſte, die ſich zu
den abſtracteſten Speculationen und zum Nachdenken über hohe
religiöſe Probleme hinreißen ließ, wie ſie nur von pantheiſtiſchen
Vorurtheilen durchdrungene Geiſter aufwerfen konnten; ſie war
das Werk einer Prieſterkaſte, deren Urſprung wir in einer weit
entfernten Zeit werden ſuchen müſſen und die eben mit jener
Umwälzung ihre religiöſe Herrſchaft zu begründen begann. Wir
können ſogar das Jahr 2000 vor der chriſtlichen Zeit, in welchem
die Dynaſtie von Aganê mit Sargon I. an der Spitze in
Babylonien zur Regierung gelangte, als den eigentlichen Zeitpunct anſetzen, wo die angedeutete religiöſe Umwälzung, nach

Feststellung und Vollendung ihres Systems die Oberhand ge=
wann und ihre Herrschaft über das ganze Land ausdehnte. Daß
die Provinzen des Südens und Nordens, daß Chaldäa und
Babylonien gerade damals unter der Dynastie von Agans unter
einem Scepter vereinigt waren und es auch unter der neuen,
durch Eroberung zur Herrschaft gelangten Familie des Hammu=
ragas blieben, mußte natürlich ihren erfolgreichen Durchbruch
bei Weitem erleichtern.

In der That besitzen wir viele zuverlässige Beläge für den
früheren Zustand und die frühere Form der Religion. In den
ziemlich zahlreich erhaltenen Inschriften der ersten Dynastien des
alten chaldäischen Reiches findet sich noch keine Spur von jener
gelehrten systematischen Ordnung und Eintheilung der Götter=
welt, wie sie bereits in den Büchern, deren Abfassung ausdrücklich
in die Zeit Sargon's I. verlegt wird, zu Tage tritt. Die
Götternamen sind in ihnen allerdings dieselben wie auch später
noch; aber die Gottheiten selbst sind weder durch ihre Stellung
einander genähert, wie dieses in dem von mir dargelegten theo=
gonischen System geschieht, noch sind sie schon in die vielen ver=
schiedenen Grade der Bedeutung und Emanation einer geordneten
Hierarchie gruppirt und eingereiht. Ihre Befugnisse sind weit
weniger präcisirt und von einander unterschieden als später; sie
gleichen einander mehr und zeigen noch alle einen fast aus=
schließlich localen Charakter. Auch wird jeder einzelne dieser
Götter, mit seiner Gemahlin, nur selten mit einem Sohn,
welcher die nach dem Muster der menschlichen Familie gebildete
Trias vervollständigt, in einer besonderen Stadt verehrt, wo er
dauernd sein vornehmstes Heiligthum hat und für den ersten
aller Götter gilt.

So wird Anu (Ana) mit Nana (Dingiri) in Erech ver=
ehrt; Bel (Mul=ge) mit Belit (Nin=ge) und seinem Sohn
Abar (Nin=bara) in Nipur; Ea mit Davkina und seinem
Sohn Silik=mulu=khi in Eridhu; Sin (Uru=ki) mit Nana
in Ur[1]; Samas (Utu) mit seinem Sohn Nergal in Larsam

---

[1] Der im Anhang IV. übersetzte Hymnus an Sin oder Aku hat speciell
auf den Cultus von Ur Bezug.

in Chaldäa, desgleichen in Sippara in Babylonien, wo Anunit
seine Gattin ist; doch scheinen die beiden Samas von Larsam
und Sippara nicht unwesentlich von einander abgewichen zu
haben. Die Götter von Babylon sind Marubuk und Zar=
panit; Nebo ist der Gott von Borsippa, wo er ausnahms=
weise Nana zur Gemahlin hat; Nergal und Laz werden in
Kutha verehrt; Bin (Mermer) und Sala in Muru. So=
lange die Dynastie von Ur über ganz Chaldäa herrschte, war
Sin der Specialgott dieser Stadt und sein Vorrang wurde
überall anerkannt; doch ging dieser Vorrang auf Samas über,
da die Hegemonie in die Hände von Königen aus Larsam ge=
langte. Keine einzige Inschrift aus dieser fernen Zeit (etwa
3000—2000 v. Chr.) liefert indessen den Beweis, daß, wie dies
in den späteren Epochen so häufig geschah, dem ganzen Kreise
der großen Götter an irgend einer Stelle eine gleichzeitige Ver=
ehrung gezollt worden wäre.

Auf ebensolche Zustände und auf die nämliche Geschichts=
periode ist auch die in akkadischer Sprache abgefaßte, von einer
interlinearen assyrischen Uebersetzung begleitete Sammlung litur=
gischer Hymnen zurückzuführen, mit denen ich mich bereits in
einer anderen Arbeit eingehend beschäftigte[1]). Die trefflichen
Forschungen des Grafen de Vogüé haben nachgewiesen, daß die
Religionen der Völker Syriens und Palästinas, welche nicht wie
die des unteren Euphratlandes den Einfluß einer einzigen, mäch=
tigen Priesterkaste erfahren hatten, ununterbrochen in eben=
demselben Zustande blieben[2]). Das Gesetz, welches der genannte
Gelehrte für diese Erscheinung aufstellte, ließe sich aber unver=
ändert auch auf die Form anwenden, welche die chaldäisch=baby=
lonische Religion noch vor ihrer in manchen Puncten so künst=

---

[1]) Un Vêda chaldéen, im zweiten Bande meiner Premières civilisations (in der deutschen Uebersetzung Bd. II, S. 107—148.).

[2]) Vogüé, Mélanges d'archéologie orientale, S. 51—57. — Vergl.
mein Manuel d'histoire ancienne de l'Orient, 3. Aufl., Bd. III, S. 127 ff.,
303, 352 ff.

Im zweiten Bande meiner Lettres assyriologiques habe ich bereits nach=
gewiesen, daß es sich mit der alten Religion Arabiens im Allgemeinen ganz
ebenso verhielt.

lichen systematischen Umgestaltung hatte. Es bestand also eine ganze Reihe eng mit einander verwandter Religionen, welche man die kuschitisch-semitischen oder euphratisch-syrischen nennen könnte und welche bei überwiegend gemeinsamen Götternamen auch ein und dieselben Grundgedanken aufwiesen: gewiß eine der ausgeprägtesten und interessantesten Gruppen, die sich dem Studium der Religionen nur bieten könnte.

Die Vorstellung des einen und allgemeinen göttlichen We- sens, das sich mit der stofflichen, aus der Substanz hervorge- gangenen und nicht von ihm geschaffenen Welt verbindet, trifft man in diesen Religionen überall als Basis an und sie ist gewiß auch ihr Grundbegriff gewesen. Aber die Beschaffenheit dieses Gottes ist, wie in jedem Pantheismus der Vorzeit, diejenige eines Wesens, das eine Einheit und Vielheit zugleich ist. Er ist ein Naturgott, der in der ganzen Welt wirkt, der Urheber des physischen Lebens, der jedes Jahr sein Werk vernichtet, um es im Wechsel der Jahreszeiten wieder zu erneuern. Und dieses ununterbrochene Werk der Zerstörung und Wiedererzeugung übte er, wie man in Folge der pantheistischen Auffassung seines Wesens annahm, nicht nur an der von ihm unterschiedenen Welt, sondern mittelst einer Rückwirkung auf sich selbst auch an seiner eigenen Substanz aus. Jeder Phase dieser Verrichtungen des Gottes entsprach ein besonderer Name und eine verschiedene Erscheinungsform, die in ihrer äußeren Gestalt zu einer beson- deren Personification wurde. Und hierauf begründete sich jene ursprüngliche Entwickelung der Mythologie, welche einen voll- ständig localen Charakter annahm, selbst an den Ufern des Euphrat und Tigris, bis zum Eintritte der umfassenden, ein- heitlichen Umgestaltung und systematischen Anordnung, welche weder Syrien noch Phönicien kennen lernten. Jeder Volksstamm, jede Stadt betrachtete das göttliche Wesen specieller unter Er- scheinungsformen, deren es fähig war, also in bestimmten Natur- phänomenen oder in einem der Urstoffe, welche die mangelhafte Naturwissenschaft jener Zeiten annahm. Und hieraus ent- sprangen ebensoviele in der Erscheinung verschiedene Götter, welche aber bei aufmerksamer Beobachtung gar bald in einander

zusammenfallen und sich auf die ursprüngliche Einheit der göttlichen Substanz zurückführen lassen.

Als Grundursache und Urbild der sichtbaren Welt hat ein
Naturgott nothwendiger Weise ein doppeltes Wesen; denn er
besitzt und vereint die beiden Principien aller irdischen Entstehung,
das active und das passive, das männliche und das weibliche
Princip in sich. Wir haben hier also eine Zweiheit in der Einheit, eine Vorstellung, welche den Begriff der weiblichen Gottheiten entstehen ließ. In den Religionen der euphratisch-syrischen
Gruppe wird die Göttin als „Offenbarung" des ihr entsprechenden
männlichen Gottes betrachtet. Sie unterscheidet sich also von
diesem nicht wesentlich, sondern ist, so zu sagen, eine subjective
Form der ursprünglichen Gottheit, eine zweite göttliche Person,
von der ersten hinlänglich unterschieden, um mit ihr ehelich verbunden sein zu können, aber doch wieder nichts Anderes als die
Gottheit selbst in ihrer äußeren Offenbarung. Die weibliche
Gottheit in dieser allgemeinen Auffassung zerfällt, ebenso wie
die männliche, in eine Menge Unterabtheilungen localer oder
attributiver Personificationen. Wie in Syrien und Phönicien,
so steht auch in Chaldäa und Babylonien nothwendiger Weise
jedem Gotte eine entsprechende Göttin zur Seite; die göttlichen
Personen lassen sich auch hier nicht einzeln, sondern nur in
Paaren begreifen; und da ein jedes dieser Paare eine vollständige
Einheit bildet, welche als ein Wiederschein der Ureinheit betrachtet
wird, so ergänzen sich auch die Personen, die das Paar zusammensetzen, durch gegenseitige Wechselbeziehung: hat der Gott
einen solaren Charakter, so hat die Göttin eine lunare Natur;
ist er ein Gott des Tages, so ist sie eine Göttin der Nacht; ist
er die Personification der für activ geltenden Elemente, des
Feuers und der Luft, so vertritt sie die passiven, das Wasser
und die Erde.

Die Gottheiten der euphratisch-syrischen Religionen haben
also auf dieser gemeinsamen Grundlage manches Unbestimmte
und Schwankende an sich. „Sie zeigen," wie Soury ganz
richtig bemerkt, „keine Festigkeit in den Umrissen, keine merkbare
Bestimmtheit, keine Eigenschaften, welche an die Lebendigkeit und

Perſönlichkeit der homeriſchen Götter erinnert; ſie gleichen viel=
mehr jenen Göttern der Kindheit der ariſchen Raſſe, jenen ve=
diſchen Gottheiten, die faſt aller Conſiſtenz entbehren und, wie
Varuna, Indra und Agni, häufig in einander verſchmelzen,
oder aber der Reihe nach, mögen ſie Indra, Savitri oder
Rubra heißen, ſämmtlich als die höchſten und mächtigſten
Götter betrachtet und geprieſen werden [1]." Und dieſes Urtheil
gilt auch für die Götter Chaldäas und Babylons, denen wir noch
vor dem Eintritte der reformatoriſchen Arbeit, welche die hier=
archiſche Rangordnung dieſer Götterwelt feſtſtellte, in den älteſten
Inſchriften und in der Sammlung akkadiſcher liturgiſcher Ge=
ſänge begegnen. Denn eine beſtimmtere und ausgeprägtere Per=
ſönlichkeit mit ſchärfer begrenzter Rolle erhielten dieſe Gott=
heiten doch nur erſt dann, als man ſie, ſo zu ſagen, in den
großen Himmelskörpern localiſirte und dadurch nicht ſelten auch
ihr urſprüngliches Weſen recht merkbar modificirte.

VI.

Ich glaube ſchon an anderer Stelle [2]) bewieſen zu haben, —
und im Grunde genommen iſt es ja auch die allgemeine An=
nahme, — daß Abar-Samban, der chaldäiſch=aſſyriſche He=
rakles, aus dem man ſpäter den Gott des Planeten Saturn
machte, urſprünglich eine Perſonification der Sonne war. Er
bewahrte ſogar in ſeiner neuen Rolle manchen Zug ſeiner alten
Phyſiognomie; auch nennen ihn die mythologiſchen Tafeln noch
immer „die Sonne des Südens". Im Cult von Sippara wird
Abar-Malik (der bibliſche אדרמלך, II. Könige, XVII, 31),
der dem Moloch Phöniciens entſpricht, mit Samas identi=
ficirt, oder er repräſentirt wenigſtens eine Form deſſelben [3]).

[1] Revue des Deux-Mondes vom 1. Febr. 1872.
[2]) Essai de commentaire des fragments cosmogoniques de Bérose,
S. 110 ff.
[3]) Gelzer, Zeitſchr. für ägypt. Spr.= und Alterthumsk., 1875,
S. 133.

Endlich wird der ursprüngliche Charakter dieses Gottes auch durch die zu Ehren des assyrischen Herakles veranstalteten Todten= ceremonien, mit welchen sich R. Rochette sehr eingehend be= schäftigte [1]), auf's deutlichste nachgewiesen. Er wurde, in sofern er die Sonne darstellte, als ein Gott betrachtet, welcher in be= stimmten Zeiträumen freiwillig starb, um sodann von Neuem ge= boren zu werden, eine Anschauung, auf welche auch folgendes Fragment [2]) eines Hymnus Bezug haben dürfte:

> Er ist gekommen, er ist hinabgestiegen in den Abgrund der Erde;
> Selbst Sonne, ist er eingegangen in das Land der Todten.
> . . . .
> In einem unheilvollen Monat geschah seine Niederfahrt,
> auf dem Wege, den alle Menschen wandeln,
> in das Gebiet der Todten,
> freiwillig, nach dem fernen Lande, wo man ihn nimmer wieder sieht.

Die Verbindung eines ursprünglich solaren Gottes mit dem Planeten Saturn wird übrigens auch von Diodorus Siculus[3]) in seiner Darstellung des religiösen astronomischen Systems der Chaldäer bezeugt. Im zweiten Buche, wo er speciell von den Planeten handelt, sagt nämlich dieser Schriftsteller wörtlich: „Dem Planeten, der bei uns Saturn heißt, geben sie (die Chal= däer) als dem ausgezeichnetsten, welchem sie die meisten und wichtigsten Weissagungen verdanken, den Namen Sonnenstern (καλοῦσιν Ἥλιον) [4])." Und hiermit übereinstimmend wird der Saturn auch in dem Grundriß der Astronomie des Eudoxus, auf einem Papyrus des Louvre, ὁ τοῦ ἡλίου ἀστήρ genannt [5]).

Man kann im Allgemeinen wohl sagen, daß in der ältesten Verfassung der chaldäisch=babylonischen Religion, ebenso wie in der syrischen, die männlichen Gottheiten vorwiegend solare waren, wie man sonst auch ihre Physiognomien entstellen oder die

---

[1]) Mémoire sur l'Hercule assyrien, Bd. XVII der Mémoires de l'Académie des Inscriptions.
[2]) W. A. I., IV, 30, 2.
[3]) II, 30.
[4]) Vgl. Simplic., De coelo, II, S. 499. — Hygin., Astronom., II, 42. — Th. H. Martin, Theon. Smyrn. Platon. lib. de astron., S. 88.
[5]) Notices et extraits des manuscrits, Bd. XVIII, S. 54.

Götter selber individualisiren mochte, um sie in den Rahmen
des aufgestellten hierarchischen Systems einzuzwängen. Dagegen
scheint die planetare Auffassung, welche in der folgenden Religionsphase eine so wichtige Rolle spielte, in der ersten Epoche
fast gänzlich gefehlt und daher auch der vorwiegende Einfluß
der damit zusammenhängenden astrologischen Ideen erst mit dem
Augenblicke begonnen zu haben, wo sich die Wandelung, welche
die Religion in ein bestimmtes System brachte, zum großen Theil
schon unter der Eingebung dieser neuen Ideen vollzog. Die
einzige Gottheit, welche seit den ältesten Zeiten eine stark ausgeprägte planetare Physiognomie zeigt, ist Istar; dagegen ist
nichts deutlicher und bestimmter als der solare Charakter ihres
Gemahls Dumuzi oder Tammuz, dessen Mythus, sammt den
von ihm veranlaßten alljährlichen Trauerceremonien, sich von
Babylonien auf Phönicien übertrug [1]). Diese den Culten Vorderasiens eigenen Götter, welche in bestimmten Zeiträumen sterben
und wieder aufleben, sind lediglich Personificationen der Sonne
und der ununterbrochenen Phasen ihres täglichen und jährlichen
Umlaufs. Ein solcher Gott war ursprünglich auch Maruduk,
der Schutzgott Babylons, den man später im Planeten Jupiter
localisirte; er starb, um wieder aufzuerstehen; sein Grab wurde
in der Pyramide von Babylon allen Gläubigen gezeigt [2]).

[1]) Vgl. meine Abhandlung Sur le nom de Tammuz, Bd. II des Congrès international des Orientalistes.

[2]) Wolf Baudissin (Theolog. Literaturzeitung von Schürer,
1876, S. 75) bekämpft diese Auslegung: „Vielmehr," sagt er, „ist daraus zu
entnehmen, daß der Hauptgott Babels später als ein menschlicher König aufgefaßt wurde, dessen Grab man zeigte wie das des Zeus auf Kreta." Dies
läßt sich auch in gewissem Maaße aufrecht erhalten; denn sicherlich hat man
den Maruduk für einen alten babylonischen König gehalten und als solchen
zum sagenhaften Nimrod (eine semitische Zusammenziehung des Akkadischen:
ana Amar-utu) gemacht. Man könnte sogar das Grab, welches man in
Ninive als das des Ninos oder des Sardanapal, zweier heroischer irdischer Gestalten des Abar=Samban (vergl. meine Abhandlung La légende
de Sémiramis, S. 41 und 52), zeigte, zum Vergleiche heranziehen. Aber ist
es nicht dennoch seltsam und auffallend, daß sich in Vorderasien diese Gräber
nur für solare Götter finden, nur solche, welche periodisch sterben und
wieder auferstehen, wie wir dieses soeben an Abar gesehen? Von Sin galt
es für gewiß, daß er auf Erden regiert hatte, und er war deshalb der Typus

Uebrigens bedeutete auch sein alter akkadischer Name Amar=
utuki, welcher in der semitischen Sprache in Maruduk ver=
wandelt wurde, den „Glanz der Sonne“. Selbst Bin wird noch
in einigen astrologischen Urkunden als „Sonne des Südens über
Elam“ bezeichnet [1]). Und wie Wolf Baudissin richtig be=
merkt, gestattet der völlig solare Charakter des Baal Phöniciens
die Annahme, daß es sich mit dem Bel von Babylon, vor
seiner Identificirung mit dem akkadischen Mul=ge, welche seine
Physiognomie von Grund aus änderte, ganz ebenso verhalten
habe. Erwuchs doch das vornehmste Epos Babyloniens aus
einer ähnlichen Grundlage; der Hauptheld desselben, Izdhubar
oder vielmehr Dhubar, war eine Personification der Sonne
und seine zwölf großen Abenteuer entsprachen den zwölf Zeichen
des Thierkreises [2]).

Es gab aber auch einige männliche Gottheiten, welche seit
den ältesten Zeiten der chaldäisch=babylonischen Religion dieses
allgemeinen solaren Charakters nicht theilhaftig waren. So
wurde z. B. Sin, der Mond (dessen Namen er auch im Assy=
rischen trägt), als männlich und im Besitze einer thätigen Kraft
gedacht, jedoch nur im Verhältniß zur Erde, da er im Verhältniß

---

des Königthums; aber nichts gestattet bis jetzt die Annahme, daß seine heilige
Stadt Ur behauptet habe, sein Grab zu besitzen. Hingegen zeigte man das
des Adonis in Byblos wie das des Maruduk in Babylon. Es scheint
mir daher, daß es nur die religiöse Vorstellung von dem sterbenden und
wieder auferstehenden Gotte gewesen sei, welche die Einrichtung von Götter=
gräbern hervorrief, und daß das Vorhandensein dieser Gräber, anstatt aus
Sagen von Göttern entstanden zu sein, die sich in Könige verwandelten, viel=
mehr zur Erfindung und Ausbildung dieser Sagen beigetragen habe.

[1]) Zu den vorhandenen Spuren des ursprünglichen solaren Charakters
des Bin dürfte vielleicht auch die Thatsache zu rechnen sein, daß man unter
den niederen Gottheiten, welche ihn im Tempel zu Assur (den er mit Anu
theilte) als Gefolge umgeben, auch Namen wie Niphu=samsi „der (personi=
ficirte) Sonnenaufgang“, Nuru=samsi „das Sonnenlicht“, Barqu „das
Wetterleuchten“, Isu=barqi „das Feuer des Wetterleuchtens“ und Râmu
„das Rollen des Donners“ vorfindet, alles Personificationen, die sich weit
eher mit der ursprünglichen Rolle des Bin in Verbindung bringen lassen
(W. A. I., III, 66, recto, b.).

[2]) Vergl. „Le déluge et l'épopée babylonienne, im II. Bande meiner
Premières civilisations. — In der deutschen Uebersetzung Bd. II, S. 3 ff.

zur Sonne, als aus der Vereinigung von Gula und Samas hervorgegangen, für weiblich galt. In seinem Heiligthum zu Ur hatte er eine wesentlich chthonische Göttin, eine Personification der Erde zur Gattin: ein Verhältniß, welches auch in seinem akkadischen Namen Uru=ki „der die Erde erleuchtet" [1] zum Ausdruck gelangt. Diese doppelte Stellung, die man dem Monde zuwies, veranlaßte aber auch, daß Sin in manchen mythologischen Berichten, wie in denen des Ktesias, als androgynischer Gott aufgefaßt wurde, gleich Mên, dem Mondgott der kleinasiatischen Religionen, mit welchem er große Aehnlichkeit hat.

Als Himmel, Zeit und Welt zugleich, realisirt Anu in der ältesten Periode der Religion des Euphratlandes die Idee des uranischen und kosmischen Gottes, den die Griechen, wenn sie von asiatischen Culten sprachen, mit Aeon, die Römer mit Saeculum bezeichneten. In Phönicien hieß dieser Gott Ulom oder Eschmun, in Gaza Marna, in anderen Theilen Palästinas Baal=Haldim, in Arabien Aubh oder Hobal [2]. Der „Alte der Tage" dürfte vielleicht unter allen göttlichen Personificationen, welche die euphratisch=syrischen Religionen annahmen, gerade diejenige sein, die man ihrem Wesen nach am weitesten gefaßt hatte und die daher dem Begriffe der ursprünglichen Einheit am nächsten kam; aber sie blieb, wie zum Theil auch die Auffassung des vedischen Varuna und des Uranos der ältesten Griechen, zugleich die verschwommenste und unbestimmteste. Daß Anu „der Alte" κατ’ ἐξοχήν, „der Erzeuger" und „Vater der Götter" genannt wurde, beruht allein darauf, daß man zur Zeit der alten chaldäischen Dynastien, wie auch noch in der Anfangsperiode der Systematisirung der Religion, da man eine Verbindung zwischen ihm und den übrigen Göttern herstellen wollte, ihn zum alleinigen Repräsentanten des Urstoffs, zum Urquell aller Emanationen, mit einem Worte zum Träger

---

[1] So übersetzt man ihn im Assyrischen; die ursprüngliche Bedeutung des Namens Uru=ki scheint aber ausdrucksvoller gewesen zu sein: „der seine Wirkung auf die Erde erstreckt", „der die Erde bebrütet".

[2] Ueber diese Auffassung vgl. meine Lettres assyriologiques, Bd. II, S. 164—178.

aller jener Eigenschaften gemacht hatte, die man später für Ilu
in Anspruch nahm, da man diesen, in einem neuen Anlauf nach
der abstracten Idee des göttlichen Wesens, von Anu unterschied.

Entsprechende Beobachtungen ließen sich indessen auch an
Ea (den ich nicht für semitischen Ursprungs halte), überhaupt
an allen Göttern des chaldäisch-babylonischen Pantheon machen,
wenn man ihre ältesten Auffassungsformen zu ergründen suchte.
Es würde dies aber eine vollständige und eingehende Darlegung
der Mythologie des Euphrat- und Tigrislandes erfordern, mithin
die Behandlung eines Themas, welches nicht unmittelbar in den
Kreis der mir gestellten Aufgabe gehört; und ich will daher
hoffen, daß schon die wenigen angeführten Beispiele genügen
werden, die Natur und den Geist der chaldäisch-babylonischen
Religion in ihrer ältesten Form, desgleichen auch ihre Identität
mit den Religionen erkennen zu lassen, welche andauernd und
ohne Aenderungen zu erfahren über Syrien, Phönicien und die
übrigen Länder gleichen Volksstammes herrschten.

VII.

Wir besitzen aber auch zuverlässige Urkunden, wie die Inschriften der Könige und die durch Ueberlieferung in den Heiligthümern Chaldäas erhaltenen liturgischen Hymnen, welche uns
vollkommen in den Stand setzen, die chaldäisch-babylonische Religion noch weit über die Zeit ihrer Systematisirung, welche
Anfangs des zwanzigsten Jahrhunderts v. Chr. eintrat, hinaus
zu verfolgen und daher in einem verhältnißmäßig ursprünglichen
Zustande zu erfassen. Die alten Zaubersprüche von Akkad vermögen uns in die früheste Vergangenheit dieses Landes zurück
zu führen, — in eine Zeit, da hieselbst noch so abweichende religiöse Anschauungen herrschten, daß wir in ihnen ohne Zweifel
Vorstellungen einer ganz anderen Rasse erkennen müssen.

Ich halte es übrigens für erforderlich, hier erst nach Kräften
den Standpunct zu rechtfertigen, auf den ich mich bei der

Schätzung dieser babylonischen Religionsalterthümer stelle; denn er entfernt sich in der That gar merklich von dem, welchen gegenwärtig die Mehrzahl der Assyriologen behauptet, insbesondere Sayce in England und Eberhard Schrader[1]) in Deutschland mit so außerordentlicher Gelehrsamkeit vertreten.

Ohne Zweifel bin ich in der ersten französischen Ausgabe des vorliegenden Werkes zu sehr in's Extrem gegangen. Ich ging vor Allem zu weit, indem ich, auf bloße Muthmaßungen hin, zwischen der akkadischen und der chaldäisch-babylonischen Religion einen historischen Antagonismus annahm, von dem sich allerdings keine unmittelbare Spur nachweisen läßt. Ich mußte daher bei der Revision meiner Arbeit nicht unwichtige Modificationen vornehmen; aber ich halte trotzdem auch heute noch im Wesentlichen meine früheren Ideen aufrecht, ungeachtet der hohen Autorität, welche sich an die Namen der Vertreter der entgegengesetzten Ansicht, zumal an das Urtheil Schrader's knüpft.

Ich kann nicht zugeben, daß das Religionssystem, welches ich eben in Kürze dargestellt, ganz und gar akkadischen Ursprunges und daß es von den Völkern semitischer Sprache von der früheren nicht semitischen Bevölkerung entlehnt sei. Auch Wolf Baudissin[2]), der hierin meine Ansichten theilt, hat dieses mit Recht bestritten: „Sicher," sagt derselbe, „sind nicht alle Vorstellungen, welche in akkadischen Texten niedergelegt sind, darum den Akkadern zuzusprechen. Die babylonischen Semiten behielten lange die Sprache dieses Volkes neben der eigenen, besonders als heilige Sprache, im Gebrauch und können darum ihre eigensten und echtsemitischen Gedanken in diesem Idiom ausgesprochen haben."

Die Ueberschätzung des Einflusses der Akkader auf die Semiten des Nordens ist eine Klippe, deren Vermeidung in Anbetracht der Gegenwart und Zukunft unserer Wissenschaft von besonderer Wichtigkeit ist. Denn wenn man gewisse unter den

---

[1]) Vornehmlich in seiner trefflichen Arbeit: Semitismus und Babylonismus (Jahrb. für protest. Theol., 1875.)

[2]) Vgl. Schürer's Theologische Literaturzeitung, 1876, S. 76.

Affyriologen herrschende Tendenzen auf die Spitze triebe, so
würde man gar bald dahin gelangen, eine jede Originalität des
Geistes und der Civilisation bei den anderen Semiten, wie bei
den Arabern, wegleugnen zu wollen. Dies wäre aber meiner
Ueberzeugung nach eine ebenso unrichtige Theorie, wie die des
Ultrasemitismus Halévy's. Es ist allerdings geschichtlich un=
bestreitbar, daß die Bevölkerungen Aramäas und Palästinas der
mächtigen Einwirkung, welche Babylon als Mittelpunct der Cultur
ausübte, unterworfen waren. Allein dieser Einfluß hat nie eine
völlige Assimilation herbeigeführt, sondern jene Völker haben
ebenso im Hinblick auf Babylon stets ihre Originalität bewahrt,
wie Babylon ihnen gegenüber durchaus original und eigenartig
geblieben ist.

Man wird aber auch Unrecht thun, für Babylon und
Chaldäa das semitische oder kuschitisch=semitische Element in der
historischen Culturentwickelung, namentlich in religiöser Hinsicht,
zu beschränken. Denn diese Cultur ist im Wesentlichen ein ge=
mischtes Product. Wie weit wir auch an der Hand der Denk=
mäler in die Vergangenheit Babylons und Chaldäas zurückgehen
mögen, sehen wir die turanische und die semitische Rasse in den
Ebenen, die vom Euphrat und Tigris bewässert werden, stets
neben einander bestehen; und der wechselseitige Einfluß, den beide
auf einander ausübten, offenbart sich überall, sogar in den
Sprachen. Es giebt keine Urkunden in akkadischer Sprache, in
denen man, seien sie auch noch so alt, nicht einige Entlehnungen
aus dem Assyro=Semitischen nachweisen könnte, desgleichen auch
keine Urkunden in assyrischer Sprache, in denen man nicht um=
gekehrt noch zahlreichere Entlehnungen aus dem akkadischen
Sprachschatze festgestellt hätte. Ja wir sehen, so weit auch
immer die Denkmäler uns zurückführen mögen, über alle Be=
wohner dieser Gegenden, ob sie nun assyrisch oder akkadisch
sprechen und schreiben, die nämliche Civilisation herrschen. Und
es mußte daher dieselbe offenbar das Product der Vereinigung
des Eingebrachten zweier Stämme sein, deren Culturstufe die
nämliche war, wiewohl ihre Sprachen verschieden blieben. Denn
es giebt, so weit wir dieses mit Hülfe der gleichzeitigen Denkmäler

beurtheilen können, keine rein akkadische, von dem semitischen oder
kuschitisch-semitischen Elemente völlig unabhängige Civilisation,
sondern nur eine gemischte, eine solche, die beiden Rassen gemeinsam war und an deren Entstehung eine jede von ihnen ihren
Antheil hatte. Und hieraus erklärt sich denn auch in natürlicher
Weise, wie im Laufe der Jahrhunderte, in schon historischer Zeit,
das anfänglich überwiegende nicht semitische Idiom, ohne eine
durchgreifende Aenderung der Culturverhältnisse, allmälich verschwinden und vor dem zunehmenden Uebergewichte des semitischen
Idioms zurückweichen konnte. Denn eine bloße Verrückung des
politischen Schwerpunctes dieser Länder (wie sie ja auch die
allerdings noch sehr lückenhaften Annalen durchblicken lassen)
mußte an sich schon genügen, dieses Ergebniß herbeizuführen.

Beschränken wir uns nun ausschließlich auf das Gebiet der
Religionsalterthümer, so wird die chaldäisch-babylonische Religion
der völlig historischen Zeit — selbst in ihrer ältesten Gestalt und
vor ihrer bestimmten Systematisirung — ebenfalls, und zwar
noch mehr als alles Andere, als ein Mischproduct erscheinen.
Wir erkennen in ihr ganz deutlich die beiden Elemente, die zu
ihrer Bildung beitrugen: auf der einen Seite eine Mythologie,
welche ursprünglich einen vorzugsweise solaren Charakter hatte
und mit der syrischen, phönicischen, palästinischen, ja sogar mit
der arabischen Götterlehre verwandt war, — wobei wir allerdings nicht verschweigen dürfen, daß die Denkmäler, die uns über
letztere belehren, erst aus späterer Zeit sind; auf der anderen
Seite die mythologischen und religiösen Anschauungen, welche wir
fast ohne fremdartige Beimischung in den akkadischen Zaubertexten vorfinden, — Anschauungen, die ihrem ganzen Wesen nach
völlig verschieden sind, ja zu verschieden, als daß man ihre Abweichung von der officiellen chaldäisch-babylonischen Religion
allein aus der Eigenart der Urkunden, in denen man ihnen begegnet, erklären könnte.

Man ist nun allerdings zu der Einsicht gelangt, daß alle
Götter der chaldäisch-babylonischen Religion, welche in den assy-
rischen Texten rein semitische Namen tragen und sich mit gleichem
Charakter und gleicher Physiognomie in den Religionssystemen

Syriens und Phöniciens wiederfinden, gleichzeitig auch besondere
akkadische Namen hatten. Ich füge dem noch hinzu, daß diese
Namen im Allgemeinen der alten Mythologie von Akkad ange=
hören und durchaus nicht erst später zur Uebersetzung der semi=
tischen Bezeichnungen erfunden zu sein scheinen. Für diejenigen
dieser Namen, welche uns in den magischen Urkunden wieder be=
gegnen, läßt sich aber leicht bestimmen, um wieviel sich die Rolle
und der Begriff des damit bezeichneten Gottes von seiner spä=
teren Auffassung im chaldäisch=babylonischen Religionssystem ent=
fernt. Wir befinden uns hier in der That Assimilationen ge=
genüber, welche denjenigen zwischen den Göttern von Rom und
Hellas vollkommen entsprechen. Denn von Allem, was sich in
der klassischen Literatur der Römer an die Namen Jupiter,
Mars, Minerva, Mercur und Ceres knüpft, — mit an=
deren Worten: von allen griechischen Zeus=, Ares=, Athene=,
Hermes= und Demeter=Sagen gilt die Ansicht, daß sie ur=
sprünglich der Religion der Römer fremd waren, desgleichen daß
manche der erstgenannten Götter, ihrer Abstammung nach, sich
von den hellenischen Göttern, mit denen sie identificirt wurden,
durchaus unterscheiden. Daher auch die Mythologen sich keines=
wegs veranlaßt sehen, diese Assimilationen zum Gegenstande
langer Erörterungen zu machen; sie gehen vielmehr weiter und
suchen das innerste und eigenste Wesen der Religion der Römer
durch das Studium ganz anderer Quellen zu ergründen, insbe=
sondere durch Prüfung der Fragmente der Indigitamenta
des Numa, der Gesänge der Arvalbrüder, des Carmen sa=
liore sowie der Sagen, welche Griechenland überhaupt fremd
blieben und sich für einen jeden der genannten Götter, neben
den erst später aufgenommenen griechischen Mythen, erhalten
haben. Eine ähnliche Arbeit ist aber, meines Erachtens, an der
Hand der magischen Texte auch für die alte Religion von Akkad
möglich; wenigstens habe ich dieselbe zu liefern versucht.

Weit schwerer wiegt dagegen der Einwurf, daß das chal=
däisch=babylonische Pantheon der historischen Zeit eine Anzahl
von Göttern — sogar ersten Ranges — umfaßte, welche auch
in den assyrischen Urkunden rein akkadische Namen bewahrten,

die man nie durch semitische Aequivalente ersetzte; so z. B. Anu,
Êa, Marubuk, Dumuzi, Davkina, Gula u. s. w. Von
diesen Göttern läßt sich natürlich mit Bestimmtheit annehmen,
daß sie von Akkad kamen, zumal wir sie mit gleichen Zügen in
den magischen Texten wiederfinden. Aber ich bin doch weit davon entfernt, den Akkadern die Grundelemente der chaldäisch-
babylonischen Religion zuzuschreiben; ich halte dieselbe lediglich
für ein Mischproduct und glaube, daß nur die Götter, die in
den semitischen Sprachen ihre ursprünglichen Namen behielten,
in ihr den akkadischen Antheil bilden.

Jedenfalls ist hiebei ganz besonders auffallend, daß diese
Götter mit akkadischen Namen fast alle der chaldäisch-babylo-
nischen Religion ausschließlich eigen blieben und sogar die cha-
rakteristische Seite ihrer Physiognomie bildeten, während sich
weder in Syrien noch in Phönicien oder Palästina analoge
Gestalten nachweisen lassen. In dieser Hinsicht liefert besonders
Êa ein sehr interessantes Beispiel. Er ist der Einzige, dessen
Auffassung die chaldäisch-babylonische Mythologie der historischen
Zeit, ungeachtet ihres reichhaltigen Sagenkreises, weder durch
Zusätze ausdehnte, noch durch Abzüge schmälerte; er ist allezeit
einer der hervorragendsten Götter der Staatsreligion, dessen
Cultus von höchster Bedeutung war. Wenn aber irgend ein Gott
akkadischen Ursprungs, so hätte sicherlich der Gott der Gewässer
und der Weisheit, der Gebieter des Oceans und Schutzgott der
Seefahrer, in allen seinen Auffassungen in Phönicien Wurzel
fassen und einen für die vollkommenste Entwickelung seines Cultus
günstigen Boden finden müssen. Er ist jedoch im Euphrat- und
Tigrislande localisirt geblieben; sein Cultus ist nicht über Babylonien und Chaldäa hinausgegangen; weder in Syrien noch
in Palästina, noch selbst bei einem seefahrenden Volke wie die
Phönicier, finden wir von ihm irgendwelche Spur. Ja sogar
in der Gestalt des Fischgottes, welche jenen Ländern nicht fremd
blieb, findet er sich nur an einem speciellen Puncte, im eigentlichen Centrum der Einwanderung der euphratischen Culte, in
Askalon, wo diese Gestalt mit den Sagen der assyrischen Semiramis auf's engste verflochten erscheint.

Diese Thatsache ist es vor allen, die mich zu der Annahme veranlaßt, man überschätze den religiösen Einfluß der Akkader auf die Semiten des Nordens nach ihrer ersten Berührung mit Babylon. Die Götternamen akkadischen und nicht semitischen Ursprungs, deren Uebertragung von Babylon auf die Semiten Syriens und Palästinas wir constatiren, beschränken sich ebenfalls auf eine sehr geringe Zahl: auf Sakkuth [1]), mit welchem sich Schrader sehr eingehend beschäftigte, auf Anath und Tammuz [2]). Erwägt man indessen, daß der Anath=Cultus in Palästina sehr weit über die Eroberungen der Aegypter in der achtzehnten und neunzehnten Dynastie zurückreicht, so ergiebt sich, daß der Name dieser Göttin nicht rein akkadisch, sondern ein semitisches, von Anu, dem schon semitisch gewordenen akkadischen Ana, abgeleitetes Femininum war, dessen Einführung bei gleichzeitiger gründlicher Modification des Charakters der Göttin selbst stattfand. Jedenfalls steht die kriegerische Anath Palästinas der Anatu oder chthonischen und kosmogonischen Nana Chaldäas sehr fern [3]).

Was endlich Tammuz betrifft, so gehören die wenigen Erwähnungen, die sich bisher von ihm finden ließen, erst einer späteren Zeit, der Periode der großen Eroberungen der Assyrer in Syrien, an. Erst damals also dürfte er eingeführt worden sein. Zudem fehlen uns bisher noch alle Mittel zur Feststellung, ob seine Geschichte in der That eine rein akkadische war, oder ob nicht vielleicht auch in ihr, wie in der des Maruduk von Babylon, ein großer Theil semitischer Ideen unter akkadischem Namen Eingang gefunden hatte.

Hierzu kommt, daß wir unmöglich die Religionen Syriens und Palästinas als entartete Töchter der Religion Babylons

---

[1]) Amos, V, 26.

[2]) Ich vermag nicht, mit Friedrich Delitzsch auch noch Istar hinzuzufügen; עשתרת ist trotz seiner quadriliteralen Form ein altes semitisches Wort, ein Eigenschaftswort, das im Assyrischen mit generischem Sinne „Göttin" bedeutet).

[3]) Vergl. meine Abhandlung über die Artemis Nanaea im ersten und dritten Heft der Gazette archéologique von 1876.

betrachten können. Sie sind vielmehr Schwestern derselben, welche bis zuletzt ein mehr ursprüngliches Aeußere bewahrten, indem sie nicht dieselbe Reform und Systematisirung erfuhren wie jene: ein Factum, welches jedenfalls als Gewähr für ihre Originalität zu betrachten ist.

Man kann daher, ohne die Thatsache eines ursprünglichen Einflusses der Akkaber auf die Semiten des Nordens, während ihrer frühzeitigen Berührung mit Babylon zu leugnen, ohne Weiteres den umgekehrten Fall annehmen, daß die Semiten schon weit vor der Zeit, in welche die erhaltenen Denkmäler zurückreichen, einen Einfluß auf Babylon und Chaldäa ausübten und einen bedeutenden Antheil an der Entwickelung der ältesten historischen Civilisation dieser Gegenden hatten. Die Nichtanerkennung dieser Thatsache würde, meines Erachtens, nur eine mangelhafte Schätzung des Antheils der verschiedenen Rassen an der ursprünglichen allgemeinen Culturentwickelung zur Folge haben. Jedenfalls dürfte aber eines der besten Kriterien zur Feststellung dessen, was in der chaldäisch-babylonischen Cultur von den Semiten oder Kuschito-Semiten herrührt, auf der gleichzeitigen Mitprüfung der Sitten, Gewohnheiten und Anschauungen aller übrigen Semiten beruhen. Diese Verfahrensweise wird allerdings nicht in allen Fällen unbedingt und gleich von vornherein zum Richtigen führen, und es wird daher stets erforderlich sein, nebenbei auch andere Betrachtungen und Beobachtungen anzustellen, um dadurch gewissermaßen die Richtigkeit des eingeschlagenen Weges zu controliren. Aber nichts desto weniger bin ich doch der Ueberzeugung, daß es gerathen ist, sich von ebendieser Verfahrensweise nur mit gutem Vorbedacht und erst dann zu trennen, wenn ihre Unrichtigkeit thatsächlich und durch Beibringung zutreffender Beweisgründe nachgewiesen sein wird.

Ich fasse daher zum Schlusse noch einmal meine gegenwärtige Ansicht kurz dahin zusammen, daß ich den Antheil des Semitismus an der chaldäisch-babylonischen Religion für überwiegend betrachte; ich halte diese letztere für eine ihren Grundlagen und wesentlichsten Vorstellungen nach semitische, obwohl mit einer ziemlich starken Zuthat akkadischer Elemente gemischte Religion, anftatt umgekehrt den Akkadern die Grundelemente der Religion und Mythologie der Semiten des Nordens zuzuschreiben. Und dieses Resultat meiner Studien hat in der That nichts Ueber= raschendes; denn gerade auf religiöfem Gebiete offenbart sich durchweg die Originalität und Ueberlegenheit der Semiten; sie haben hier Spuren hinterlaffen, die in der Geschichte nicht ver= schwinden werden, während fie andererseits die Oberherrschaft sowie die Erfindung und Ausbeutung der materiellen Cultur, die Entwickelung der Künste, der Wiffenschaften und der Philosophie anderen Völkern überließen.

Capitel IV.

Das Religionsſyſtem der akkadiſchen Zauberbücher.

I.

Betrachtet man zuvörderſt das Religionsſyſtem, welches von Babylon und Chaldäa auf Aſſyrien überging, und zwar gleich= viel ob in ſeiner urſprünglichen, noch ungeregelten Verfaſſung, oder in ſeiner ſpäteren Geſtaltung, welche ihm die reformatoriſche Thätigkeit der Prieſterſchulen verlieh, — und geht man ſobann zum Studium der alten akkadiſchen Zaubertexte über, ſo fühlt man ſich unmittelbar in eine ganz andere Ideenwelt verſetzt.

Die Gottheiten, um die ſich's hier handelt, ſind durchweg anderer Art. Namen, welche ſpäter vollſtändig aus den Be= ſchwörungen und der Mythologie verſchwinden[1] und in den aſſyriſchen Ueberſetzungen kaum genannt oder entſprechend erſetzt werden, ſpielen in den magiſchen Urkunden eine weſentliche Rolle. Die Götter, welche ſpäterhin auch dem Pantheon der officiellen Religion angehören, oder aber von den aſſyriſchen Ueberſetzern, ſo gut es eben geht, mit Gottheiten dieſer Religion identificirt werden, treten hier meiſt in Rollen und mit Attributen ganz anderer Art auf. Mit Ausnahme der Sonne werden alle Per= ſonificationen der Himmelskörper, alle Götter der Atmoſphäre

---

[1] Dieſe rein akkadiſchen, nicht durch ſemitiſche Aequivalente erſetzten Namen wurden fortan nur noch in den Göttergenealogien erwähnt; doch wurde ihnen auch hier eine nur untergeordnete Stellung zugewieſen, welche ihrer ehemaligen Bedeutung in keiner Hinſicht entſprach.

unb der Planeten, welche in dem durchdachten und wohlgeordneten theologischen System der Priesterschulen eine so hohe Rangstufe behaupten und sogar für die ersten Weltbeherrscher und Lenker der Ereignisse gelten, in den magischen Texten an keiner hervorragenden Stelle erwähnt [1]); sie werden nur in wenigen Sprüchen genannt, an völlig untergeordneter Stelle, etwa unter den Anrufungen am Schlusse der Beschwörungen. Auch werden hier in Folge eines ebenso auffälligen als charakteristischen Umstandes, den ich späterhin erörtern werde, im Allgemeinen nicht etwa die Sternengötter selbst, sondern nur ihre Geister berufen, deren besondere Existenz man anscheinend annahm.

So lesen wir z. B. am Schlusse einer Beschwörung gegen die Pest (Namtar), gegen Krankheiten, böse Geister und Zaubereien überhaupt [2]):

Geist des Himmels, beschwöre sie! Geist der Erde, beschwöre sie!
Geist des Mul-gelal [3]), Herr der Länder, beschwöre sie!
Geist der Nin-gelal [4]), Herrin der Länder, beschwöre sie!
Geist des Nin-bara [5]), gewaltiger Kämpe des Mul-gelal, beschwöre sie!
Geist des Nuzku, erhabener Bote des Mul-gelal, beschwöre sie!
Geist des Eni-zuna [6]), Erstgeborner Mul-gelal's, beschwöre sie!
Geist des Sukus [7]), Herrin der Heerschaaren, beschwöre sie!
Geist des Mermer [8]), König, dessen Stimme [9]) wohlthut, beschwöre sie!
Geist des Utu [10]), König der Gerechtigkeit, beschwöre sie!
Geister der Erzengel (Anunna), große Götter, beschwöret sie [11])!

---

[1]) Daß der Mondgott, selbst unter seinen akkadischen Namen Aku und Uru-ki, außer in den beiden nachstehend angeführten Anrufungen und in der bereits früher mitgetheilten Erzählung des Kampfes der sieben bösen Geister gegen den Mond, an keiner weiteren Stelle erwähnt wird, ist jedenfalls sehr bezeichnend.

[2]) W. A. I., IV, 1, Col. 3.

[3]) Assyrisch: Bel.

[4]) Belit.

[5]) Assyrisch: Adar.

[6]) Assyrisch: Sin.

[7]) Assyrisch: Istar.

[8]) Assyrisch: Bin oder Ramanu.

[9]) In der assyrischen Version: „stürmisches Andringen".

[10]) Assyrisch: Samas.

[11]) Vgl. die Anrufungen am Schlusse der unmittelbar vorhergehenden, auf demselben Täfelchen befindlichen Beschwörung:

Neben diesen Geistern sibirischer Gottheiten finden sich indessen in ähnlichen Anrufungen auch Geister solcher Götter erwähnt, die man in der officiellen Religion der Glanzperiode von Babylon und Ninive keinesweges mehr kannte, ja zum Theil sogar reine Naturgeister; es wird aber unter ihnen kein Unterschied gemacht, sie werden alle als gleichartig und auf gleicher Rangstufe stehend behandelt. Am deutlichsten entnehmen wir dieses aus folgender Aufzählung, der ausführlichsten des großen magischen Sammelwerkes, dessen Abschrift Assurbanhabal veranlaßte [1]:

Das Fieber, — Geist des Himmels, beschwöre es! Geist der Erde, beschwöre es!
Männliche Geister, Herren der Erde, beschwöret es!
Weibliche Geister, Herrinnen der Erde, beschwöret es!
Männliche Geister, Herren der Sterne, beschwöret es!
Weibliche Geister, Herrinnen der Sterne, beschwöret es!
Männliche Geister, Herren der Feindseligkeiten, beschwöret es!
Weibliche Geister, Herrinnen der Feindseligkeiten, beschwöret es!
Geister Eni-bazarma [2], beschwöret es!
Geister Nin-bazarma [3], beschwöret es!
Männliche Geister, Herren des glänzenden (Himmels-) Zeltes, beschwöret es!
Weibliche Geister, Herrinnen des glänzenden (Himmels-) Zeltes, beschwöret es!
Männliche Geister, Herren des Lebenslichtes, beschwöret es!
Weibliche Geister, Herrinnen des Lebenslichtes, beschwöret es!
Männliche Geister, Herren der Unterwelt, beschwöret es!
Weibliche Geister, Herrinnen der Unterwelt, beschwöret es!
Gebietende Geister der Mutter und des Vaters [4] des Mul-gelal, beschwöret es!

Geist des Himmels, beschwöre sie! Geist der Erde, beschwöre sie!
Geist des Mul-gelal, Herr der Länder, beschwöre sie!
Geist der Nin-gelal, Herrin der Länder, beschwöre sie!
Geist des Nin-dara, Sohn des Feuerhimmels, beschwöre sie!
Geist der Sukus, Herrin der Länder, die das nächtliche Dunkel erleuchtet, beschwöre sie!

[1] W. A. I., IV, 1, Col. 2.
[2] Worüber diese Geister geboten (eni = Herren), läßt sich leider nicht erkennen.
[3] Weibliche Geister, die in ihrer Eigenschaft den vorgenannten männlichen entsprechen (nin = Herrinnen).
[4] Assyrische Version: des Vaters und der Mutter.

Weibliche Geister der Mutter und des Vaters des Mul=gelal,
beschwöret es!

Geist des Uru=ki[1]), der sein talismanisches Schiff[2]) den Fluß
durchsegeln läßt, beschwöre es!

Geist des Utu, des Königs, des Schiedsrichters der Götter, be=
schwöre es!

Geist der Sukus, deren Geboten kein Erzengel des Abgrundes
(Anunna=ge) widersteht, beschwöre es!

Geist der Göttin Ziku[3]), Mutter des Ea, beschwöre es!

Geist der Ninuah[4]), Tochter des Ea, beschwöre es!

Geist der Nin=si=ana (oder Nin=gun=ana)[5]), ...
beschwöre es!

Geist des Feuergottes, des obersten Priesters auf Erden, beschwöre es!

Geist der Nin=gis=ziba[6]), die die Erdoberfläche verheert, be=
schwöre es!

Geister der sieben Weltthore, beschwöret es!

Geister der Verschlüsse der sieben Weltthore, beschwöret es!

Geist des Gottes Negab, des gewaltigen Thorhüters der Welt, be=
schwöre es!

Geist Khusbi=sa[7]), Gattin des Namtar, beschwöre es!

Geist Khi=tim=kur=kû[8]), Tochter des Ocean, beschwöre es!

Solch' lange Aufzählungen sind übrigens sehr selten. Auch
muß besonders hervorgehoben werden, daß gegenwärtig noch
jedes Kriterium fehlt, um das Alter der verschiedenartigen, im
großen magischen Sammelwerke vereinigten Stücke beziehungs=
weise festzustellen. Allem Anschein nach gehören sie, wie dies
auch mit den einzelnen Theilen der Vedas der Fall ist, sehr ver=
schiedenen Zeiträumen an, und dürfte sich demnach die Abfassung
dieser Beschwörungen, Sprüche und Hymnen auf eine längere

---

[1]) Assyrisch: Sin.

[2]) In der assyrischen Version lesen wir nur: „sein Schiff"; jedenfalls liegt
in diesem Verse eine Anspielung auf einen noch unbekannten Mythus.

[3]) Der himmlische Ocean.

[4]) Eine allerdings noch sehr zweifelhafte Lesung, zumal im vorliegenden
Falle; der Name ist hier durch das nämliche Schriftzeichen angegeben, welches
anderwärts zur Bezeichnung von Ninive dient, „Fischwohnung", akkadisch
unu-ȥa.

[5]) Die Herrin der Abend= und Morgenröthe, Beiname des Planeten Venus.

[6]) Herrin des Zauberstabs, Beiname der Höllengöttin Nin=kigal, der
assyrischen Allat.

[7]) Oder Khusbi=kuru, wörtlich: ihr Ansturmen ist glückverheißend.

[8]) „Die Quelle, die das hohe Gebirge umsprudelt".

Reihe von Jahrhunderten vertheilen, welche noch vor der Been=
digung ihrer definitiven Zusammenstellung und Aneinanderreichung
verflossen. Bezüglich ihrer chronologischen Reihenfolge dürfte
sich indessen vorläufig im Allgemeinen nur so viel annehmen lassen,
daß die Beschwörungen, deren Abfassungsform in jeder Hinsicht
von ursprünglicher Einfachheit zeugt, zu den ältesten Urkunden
zählen, während andererseits alle Texte, welche — wie die letzt=
erwähnten — längere Aufzählungen von Göttern und Geistern
enthalten, oder mit weitläufigen epischen Erzählungen verflochten
sind[1]), oder endlich von dem Gedanken einer Bestrafung der
Sünde durch Krankheiten, sowie von der Nothwendigkeit der
Reue und Buße durchdrungen sind, zu den jüngsten gerechnet
werden müssen. Denn diese Ideen bekunden allem Anschein nach
eine letzte Bildungsphase der magischen Urkunden, eine Periode,
in welcher die Verschmelzung der kuschitisch=semitischen und tura=
nischen Bevölkerungselemente bereits die religiösen Vorstellungen
erzeugt hatte, die zuletzt im officiellen Cultus maaßgebend wurden.
Die alte Geisterlehre, auf welche die Magie ausschließlich ge=
gründet war, bestand zwar zu dieser Zeit noch völlig unabhängig
fort, als Lehre der Zauberpriester, welche — was sie später ein=
gestellt zu haben scheinen — noch immer fortfuhren, Beschwö=
rungen abzufassen und mit den von ihren Vorgängern über=
lieferten Grundideen in Verbindung zu bringen. Aber wenn
auch diese Lehre unverändert blieb und sich neben der neuen
emporstrebenden Religion behauptete, so nahmen ihre Vertreter
dennoch auf die Popularität der Götter der rivalisirenden neuen
Religion Rücksicht und es fiel ihnen dabei nicht schwer, in der
unermeßlichen Geisterwelt, wie sie dieselbe dachten, auch diesen
letzteren Göttern eine Stelle anzuweisen.

Diese Annahme mag immerhin gewagt erscheinen, auch mag
man versucht sein, im Vorstehenden nur grundlose Hypothesen
zu erblicken. Aber ich glaube doch, daß ein Jeder, der das große,
von Henry Rawlinson entdeckte magische Sammelwerk ein=

---

[1]) Von solchen Texten sind nur zwei Exemplare erhalten, die wir bereits
im ersten Capitel mitgetheilt haben.

gehend prüft, zur Kenntniß positiver Thatsachen gelangen wird, welche meine Anschauungsweise vollkommen rechtfertigen.

Man kann aus den Beschwörungen und Sprüchen dieser Sammlung, vornehmlich aus den Hymnen des dritten Buches derselben das ganze Religionssystem ausziehen, welches der magischen Lehre zur Grundlage diente. Dieses System ist von demjenigen der officiellen Religion durchaus verschieden; es beruht auf anderen Grundlagen, während beide Systeme gewiß auch ihrem Ursprunge und ihrer Fortbildung nach von einander unabhängig sind. Sie sind Religionen, die zwei verschiedenen Rassen angehören; es offenbart sich in ihnen eine Dualität, gleich derjenigen, welche die Geschichte heutzutage in den Bevölkerungselementen von Chaldäa und Babylonien anerkennt; und ich glaube nachweisen zu können, daß die magischen Texte uns in ihrem Religionssystem auch die religiösen Anschauungen der ältesten Völkerschicht überliefern, welche den Boden dieser Gegenden ursprünglich bedeckte.

Wie dem aber auch sein mag, es mußte ungeachtet der merkbaren Unterschiede zwischen beiden Systemen, ungeachtet ihrer gegenseitigen Unabhängigkeit, immerhin bis zu einem gewissen Grade auch eine wechselseitige Beeinflussung stattfinden; und dies um so mehr, da doch sicherlich beide Systeme eine geraume Zeit hindurch neben einander bestanden. So erklärt es sich einerseits, daß manche der späteren Beschwörungen Götternamen enthalten, welche dem eigensten Ideenkreise der neuen, rivalisirenden Religion entsprungen und dem alten Bestande dieser Texte fremd sind; andererseits, daß in das Pantheon der chaldäisch-babylonischen Religion auch Gottheiten Eingang fanden, welche wesentlich dem akkadischen System angehören und in den eng verwandten Culten Phöniciens und Syriens nicht angetroffen werden.

Im Grunde genommen war indessen diese gegenseitige Beeinflussung nur unbedeutend. Denn beide Lehren, — sowohl die der ältesten Religion, welche von den Körperschaften der Zauberpriester forterhalten wurde, als die der neueren Religion, durch welche die erstere mit dem Anwachsen des kuschitisch-semitischen Bevölkerungselementes allmälich verdrängt wurde, —

blieben aller Wahrscheinlichkeit nach unabhängig und vielleicht
sogar im Gegensatz zu einander bis zu der großen Reform, die
der Brahmaismus des Euphratlandes genannt werden könnte
und ungefähr 2000 Jahre v. Chr., zur Zeit der Thronbesteigung
Sargon's I. sich vollzog. Thatsächlich hatte diese Reform
nicht nur den Zweck und das Ergebniß, daß sie die vielen, in
den verschiedenen Gegenden verehrten Götter in ein einziges Re=
ligionssystem zusammenbrachte und daraus eine Hierarchie nach
naturphilosophischen Vorstellungen geregelter Emanationen bildete;
sie beabsichtigte vielmehr, alle im Lande bestehenden religiösen
Anschauungen, ohne Rücksicht auf ihren verschiedenen Ursprung
in ein Ganzes zu verschmelzen, ebenso wie der Brahmaismus
mit den alten Glaubenssätzen der Vedas und dem eigenen Ideen=
kreise eine Reihe von Vorstellungen verband, die den vorarischen
Bevölkerungen Indiens entlehnt waren. Und die Folge dieser
Religionsmengerei war, daß der akkadische Cultus der Naturgeister
neben der Verehrung der chaldäisch=babylonischen Götter fortbe=
stand, jedoch so, daß er selbst in den zweiten Rang zurücktrat
und auch die Geister, die er anrief, in die untere Classe der
Emanationen versetzt wurden, welche eine mittlere Stellung
zwischen den Göttern und Menschen erhielten. Damals wurden
Alle, die den Ueberlieferungen der ursprünglichen Zauberpriester
treu geblieben waren, in die große priesterliche Körperschaft auf=
genommen, wie auch in Indien viele Priesterfamilien der braunen
Rasse, welche der arischen voraufging, zu den Brahmanen ge=
zählt wurden. Nach dieser Aufnahme bildeten aber die Zauber=
priester innerhalb des Priesterstandes besondere Gemeinschaften,
welche den übrigen im Range nachstanden: die khartumim, hakamim
und asaphim, wie sie das Buch Daniel nennt. Die Sammlung
ihrer überlieferten Beschwörungen, deren Zusammenstellung zu
dieser Zeit ihren Abschluß erreicht zu haben scheint, wurde unter
die Zahl der heiligen Bücher aufgenommen und erhielt somit
einen canonischen Charakter; sie bildete den Specialcodex dieser
der Magie ergebenen Priestercollegien, ebenso wie man auch in
Indien das Atharva=Veda, obwohl es in vielen Stücken
nicht nur mit dem ursprünglichen reinen Glauben der Arier,

sondern auch mit der strengen brahmanischen Orthodoxie in
Widerspruch stand, unter die heiligen Schriften aufnahm, sofern
es als den Priesterfamilien Goptis oder Angiras angehö=
rend betrachtet wurde.

II.

Wir wollen nunmehr das Religionssystem der akkadischen
Zauberbücher vornehmlich dadurch zu erhellen suchen, daß wir
zur Begründung unserer Analyse die Hymnen des dritten Buches
der großen magischen Sammlung in Betracht ziehen.

Es ist dieses System kein anderes, als das der Naturgeister;
auch ist es durchaus nicht minder bestimmt und ausgeprägt, als
es bei den altaischen Stämmen und im ältesten China zu irgend
einer Zeit sein konnte. Die akkadische Magie beruht auf dem
Glauben an zahllose persönliche Geister, die überall in der Natur
verbreitet sind und bald mit den von ihnen belebten Gegen=
ständen verschmelzen, bald eine von ihnen gesonderte Existenz
haben. Diese Vorstellung vom Uebernatürlichen und von der
unbekannten Macht, welche die Welt regiert, ist gewiß eine der
rohesten, aber auch eine der ursprünglichsten; denn sie nähert
sich dem Fetischismus, mit dem sie das blinde Vertrauen zu den
Talismanen und der geheimnißvollen Wirkungskraft derselben
theilt. Die allerorten verbreiteten Geister erzeugen alle Natur=
erscheinungen; sie beherrschen und beleben alle Wesen der
Schöpfung; sie verursachen das Gute und Böse, sie leiten den
Lauf der Planeten, sie führen die regelmäßige Wiederkehr der
Jahreszeiten herbei, sie bewirken das Wehen der Winde und er=
zeugen den Regen sowie alle heilsamen oder schädlichen Erschei=
nungen der Atmosphäre; sie verleihen dem Boden Fruchtbarkeit,
den Pflanzen Keim und Frucht, sie sorgen für die Entstehung
und Forterhaltung aller Lebenskraft, sie senden aber auch den
Tod und die Krankheiten. Geister dieser Art hausen überall,
im Sternenhimmel, auf der Erde und im Luftraum. Alle

Elemente sind von ihnen bewohnt, die Luft, das Feuer, die Erde, das Wasser; Alles besteht nur durch sie. Jeder Himmelskörper, jedes Wesen, jedes Ding der Natur hat einen besonderen Geist. Man verleiht ihnen eine sichtbare bestimmte Persönlichkeit; aber man gewahrt über diesem unzähligen Volke von übernatürlichen Wesen keine Spur von der Vorstellung eines höchsten Gottes, eines ersten Princips, welches sie mit einander verbände und von dem sie ihre Existenz hätten. Und hierin unterscheidet sich dieser Naturdienst, wie ja auch der der tartarischen und mongolischen Völkerschaften, von demjenigen der edleren Rassen, z. B. der alten Arier, bei denen man immer, wenn auch mitunter nur unsicher und unbestimmt, eine monotheistische Grundidee antrifft, welche die Anbetung der zu Göttern personificirten kosmischen Erscheinungen überragt.

Wie in der Natur allerorten Böses und Gutes, schädliche und förderliche Einflüsse, Tod und Leben, Vernichtung und Wiedererzeugung in scharfem Gegensatze einander gegenüberstehen, so findet sich, wie in der Religion Zoroaster's so auch bei den akkadischen Zauberpriestern ein ausgeprägter Dualismus in ihrer Vorstellung von der übernatürlichen Welt, von der sie weniger Wohlthaten erwarten, als schädliche Einwirkungen fürchten. Es giebt Geister, die ihrem Wesen nach gut, desgleichen auch solche, die von Natur aus böse sind. Ihre einander gegen= überstehenden Gruppen bilden einen großen, das ganze Weltall umfassenden Gegensatz und bekämpfen sich unaufhörlich in allen Theilen der Schöpfung. Die bösen Geister sind, ebenso wie die guten, allerorten verbreitet: im Himmel, auf Erden und im Luftraum; beide Kategorien befehden sich mit größter Erbitterung. Ihre wechselnden Siege und Niederlagen sind die Ursache, daß auf die Wohlthaten der Natur ihre Plagen folgen und der regel= mäßige Lauf aller Dinge durch plötzliche Katastrophen gestört wird. Mit jedem Himmelskörper, jedem Element, jeder Erschei= nung, jedem Ding und Wesen steht nicht nur ein guter, sondern auch ein böser, bekämpfender Geist in Verbindung. Daher denn auch überall Zwietracht herrscht und Nichts von diesem immer= währenden Kampfe des Guten und Bösen verschont bleibt; letzterer

wird vornehmlich als ein phyſiſcher betrachtet, während die mo=
raliſche Seite des herrſchenden Dualismus völlig in den Hinter=
grund tritt und ſogar in den Hymnen, wo ſie ſich am leichteſten
hätte entwickeln können, kaum wahrgenommen wird. Die ma=
giſchen Texte ſcheinen faſt kein anderes Vergehen zu kennen als
die Unterlaſſung der ſühnenden Gebräuche, und beſonders den
Bund mit den böſen Geiſtern, an Stelle der Anrufung der guten
Geiſter durch heilige und fromme Gebräuche und mittelſt der be=
rufenen Zauberprieſter.

Auf dieſer dualiſtiſchen Auffaſſung ruht das ganze Gebäude
der geheiligten Magie, welche als der fromme und erlaubte, durch
göttliche Gebräuche vermittelte Verkehr zwiſchen dem Menſchen
und den ihn umgebenden übernatürlichen Weſen betrachtet wird.
Der Menſch iſt ſelber in dieſen immerwährenden Streit der guten
und böſen Geiſter verwickelt und kann ihm nicht entrinnen; er
ſpürt in jedem Augenblicke das Verhängnißvolle dieſes Kampfes,
der ſein Loos beſtimmt. Alles Gute, das ihm widerfährt, rührt
von den einen, alles Böſe von den anderen her. Er bedarf
daher eines Beiſtandes gegen die Angriffe der böſen Geiſter,
gegen die Plagen und Krankheiten, die ſie über ihn verhängen;
und dieſen Beiſtand gewähren ihm die Beſchwörungen, die ge=
heimnißvollen und allmächtigen Worte der Zauberprieſter, des=
gleichen ihre bannenden Gebräuche und Talismane. Durch dieſe
allein werden die böſen Dämonen entfernt, die wohlthätigen
Geiſter gewonnen und zu Hülfe gerufen. Ja, man hat einen ſo
hohen Begriff von der Macht und dem Erfolge dieſer Beſchwö=
rungen, Gebräuche und Amulete, daß man ſie ſogar für befähigt
erachtet, die Kraft der guten Geiſter ſelber in ihrem Kampfe
gegen die Dämonen zu erhöhen; man glaubt, daß ſie ihnen
Beiſtand leiſten und unüberwindliche, den Sieg verbürgende
Waffen in die Hand geben. Daher iſt die übernatürliche Macht
des Zauberprieſters nicht nur ein ſchützender Schild für den
Menſchen; ſie hemmt auch die größten Kataſtrophen der Natur,
ſie beeinflußt den Verlauf der Erſcheinungen in derſelben und
ſchlichtet auf entſcheidende Weiſe die Zwiſtigkeiten der Geiſter=
welt.

Diese Anschauungen liegen allen magischen Texten zu Grunde;
sie traten auch in den bereits angeführten Belägen so deutlich
hervor, daß es wohl kaum erforderlich sein wird, sie neuerdings
durch Citate zu bestätigen.

Im Verlaufe ihres Bildungsprocesses und indem sie zu
einem streng wissenschaftlichen System zu gelangen suchte, führte
jedoch die magische Lehre auch eine bestimmte hierarchische Ordnung unter den zahlreichen Geistern ein, deren Existenz sie an-
erkannte. Sie theilte die guten Geister in Classen, welche den
schon angegebenen der Dämonen parallel liefen. Die urkund-
lichen Angaben über die Eintheilung und gegenseitige Rang-
stellung dieser Chöre der guten Geister sind aber noch ungenauer,
als es bezüglich der dämonischen Gruppen der Fall ist. Es läßt
sich nur soviel ersehen, daß man sowohl unter die guten als unter
die bösen Geister Genien der Kategorien alad und lamma und
Dämonen der Kategorie utuq versetzte. Der „gute alad“, der
„gute lamma“, der „gute utuq“ werden in den Zaubersprüchen
sehr häufig dem „bösen alad“, dem „bösen lamma“, dem „bösen
utuq“ gegenübergestellt. Auch ist von Geistern im engeren Sinne
(zi), welche vorzugsweise mit den Elementen oder bestimmten
Wesen und Dingen in Verbindung stehen, sowie von unab-
hängigeren, körperlich gestalteten Engeln die Rede, unter
denen die fast immer auf Erden hausenden Anunna und
die im Himmel wohnenden Igigi oder Igaga unterschieden
werden.

An der Spitze dieser Geisterhierarchie befindet sich sogar eine
Anzahl von Göttern (ana, dingir oder dimmer). Aber sie sind
nicht wesentlich von den Geistern (zi) unterschieden; sie werden
sowohl zi, als auch Götter genannt und behaupten vor den
Ersteren nur in sofern eine besondere Eigenschaft, daß man ihre
Macht für eine größere hält und ihnen einen weiteren Wirkungs-
kreis zuschreibt. So weit wir die ganze Anlage des betreffenden
Systems zu durchblicken vermögen, unterscheidet sich ein Gott
von einem einfachen Geiste nur darin, daß er an einen weniger
engen Raum gebunden ist und einen größeren Theil des Weltalls, eine Gesammtheit von Naturerscheinungen, eine ganze Gruppe

verwandter Wesen oder Dinge, von denen übrigens jedes noch seinen besonderen Geist hat, belebt und regiert. Die Götter sind also, so zu sagen, die Geister ganzer Kategorien natürlicher Wesen und Erscheinungen; sie werden von den individuellen Geistern unterschieden und ihnen überlegen gedacht. In allem Uebrigen haben sie aber eine ebenso bestimmte Selbstheit wie die niederen Geister; ein erstes Princip, das sie ihrem Wesen oder ihrem Ursprunge nach mit einander verbände, wird jedoch auch bei ihnen vermißt. Die beiden hervorragendsten Götter, welche über allen anderen thronen, Ana und Ea, haben keine höheren Namen als „Geist des Himmels" (Zi ana) und „Geist der Erde" (Zi kia); als solche werden sie überall in den feierlichsten Anrufungen angeredet, und ist somit auch ihre eigentliche und ursprüngliche Natur auf's deutlichste gekennzeichnet.

Die Götter dieser Art scheinen übrigens sehr zahlreich gewesen zu sein. Viele werden in den Beschwörungen gegen die Dämonen oder Krankheiten und in den magischen Hymnen genannt. Aber viele haben auch nur an einer einzigen Stelle und unter Umständen Erwähnung gefunden, daß wir nichts Bestimmtes über die Rolle und Attribute des betreffenden Gottes daraus entnehmen können, um so weniger, da unsere unvollkommene Kenntniß der akkadischen Sprache uns oft nicht in den Stand setzt, seinen Namen, der immer bezeichnend für ihn ist, zu erklären, und auch der assyrische Uebersetzer ihn lediglich abschrieb, ohne zugleich den Versuch zu machen, ihn mit dem eines Gottes seines eigenen, so überaus reichen Pantheon zu vertauschen. Welche Bedeutung haben z. B. der Gott Nin-akha-quddu, der Gott Nin-gur und viele andere, deren Namen nur vereinzelt in den magischen Urkunden auftauchen? Nur neue Texte können uns darüber belehren. Vielleicht bezeichnen einige dieser Namen göttliche Personen, die wir unter anderen Benennungen besser kennen. So wissen wir z. B. bestimmt, daß Nin-ka-si „die Herrin mit gehörntem Antlitz" ein Beiname der Nana, der Gattin des Ana, desgleichen Nin-gis-ziba „die Herrin des Zauberstabes" eine Nebenbezeichnung der Göttin Nin-kigal ist, ebenso wie Nina-su „der Herr der Gewässer", Nin-si-ku

„der Herr hellen Auges", Eni = kiga oder Mul = kiga „der Herr der Erde" nur Beinamen des Êa sind.

Wenn wir aber auch nicht im Stande sind, den Charakter und die besondere Machtbefugniß einiger Götter genauer zu be= stimmen, so erstreckt sich diese Unsicherheit immerhin doch nur auf die seltener erwähnten göttlichen Personificationen zweiten Ranges, wogegen wir aus den Beschwörungen und besonders aus den Hymnen zahlreiche Aufschlüsse über die vornehmsten Götter entnehmen können. Daß sich Letztere jetzt schon auf's genaueste erkennen und charakterisiren lassen, werden wir im Nachstehenden erfahren; wir wollen jedoch vorher noch auf eine eigenthümliche Vorstellung von der Gestalt der Erde, mit welcher Jene in engerem Zusammenhange stehen, einen Blick werfen.

„Die Chaldäer," sagt Dioborus Siculus[1], „hegen eine ganz besondere Ansicht über die Gestalt der Erde; sie glauben, sie habe die Form einer umgestülpten Barke und sei nach unten zu ausgehöhlt." Diese Ansicht behauptete sich bis zuletzt in den Priesterschulen Chaldäas; ihre Astronomen billigten sie, und es scheint, ebenfalls nach Dioborus, daß sie dieselbe sogar durch wissenschaftliche Beweisgründe zu rechtfertigen suchten. Aber sie ging bis in die ältesten Zeiten zurück; sie war ein Vermächtniß der Vorstellungen der rein akkadischen Periode; und man muß daher diese Angabe zum eigentlichen Ausgangspunct nehmen, wenn man alle einzelnen, auf Form und Einrichtung des Welt= alls bezüglichen Angaben der magischen Texte, sowie die Ver= theilung der hauptsächlichsten Partien dieses Weltalls unter die Herrschaft der verschiedenen Götter genau und richtig erfassen will.

Man stelle sich also eine umgestülpte Barke vor, jedoch keine solche, wie wir sie zu sehen gewohnt sind, sondern eines jener runden Boote (kufa), deren man sich noch heute zur Ueberfahrt über den unteren Tigris[2] und Euphrat bedient, und deren Abbildung auch die historischen Sculpturen der assyrischen Pa=

---

[1] II, 31.
[2] Vgl. Chesney, Expedition to the Euphratis and Tigris, Bb. I, S. 57, Bb. II, S. 640.

11*

läfte zeigen [1]); bie Seitenwänbe biefer Boote find kurz oberhalb
ber Stelle, wo fie am weiteften auseinanbergehen, nach innen
eingebogen, fo baß bas Ganze bem größeren Theil einer in
zwei ungleiche Hälften burchfchnittenen Hohlkugel gleicht. Genau
fo bachten fich bie Verfaffer ber akkabifchen Zauberfprüche, fowie
bie chalbäifchen Aftrologen ber fpäteren Zeit, bie Geftalt unferer
Erbe; es bilbete hiebei bie obere convexe Fläche bie eigentliche
bewohnbare Erbe (kî) ober bie aus Erbe unb Waffer beftehenbe
Oberfläche (kî-a), welche zuweilen auch mit bem Collectionamen
Land, kalama, bezeichnet wirb; bie innere, nach unten geöffnete
Höhlung war ber Abgrunb, bie Unterwelt (ge), in welcher bie
Tobten haufen (kur-nu-ga, kîgal, arali). In biefer finfteren
Gegenb legte auch bie Sonne ihre nächtliche Wanberung zurück.

Ueber ber Erbe behnt fich „gleich einer Decke" ber Himmel
(ana) aus, ber mit feinen Fixfternen (mul) fich um ben Berg
bes Oftens (xarśak kurra), eine Säule, bie ben Himmel mit ber
Erbe verbinbet unb bem Himmelsgewölbe als Achfe bient, breht.
Der Culminationspunct bes Himmels, ber Zenith (nuzku), fällt
aber nicht mit biefer Achfe [2]) zufammen; benn er befinbet fich
unmittelbar über bem Lanbe Akkab, welches für ben Mittelpunct
ber bewohnten Erbe gilt, währenb ber Berg, auf bem ber Fix-
fternhimmel ruht, norböftlich biefes Lanbes gelegen ift. Jenfeits
biefes Berges, unb zwar ebenfalls in norböftlicher Richtung,
breitet fich enblich bas Land Aralli aus, ber golbreiche [3])
Wohnfitz ber Götter [4]) unb feligen Geifter.

Später nahmen bie chalbäifchen Aftrologen einen fphärifchen
Himmel an, welcher bie Erbe nach allen Seiten hin umfchloß;
jeboch laffen mehrere charakteriftifche Ausbrücke vermuthen, baß
man zur Zeit, ba ber größere Theil ber magifchen Urkunben

---

[1]) Vgl. bie Anmerkungen zur englifchen Herobot=Ausgabe von G. Raw=
linfon, I, 194.

[2]) Nach W. A. I., II, 48, Z. 55 u. 56, c—b, wären ber Zenith (nuzku,
aff. elit same) unb bie Mitte bes Himmels (ana sâga, aff. kirib same) nicht
ein unb baffelbe.

[3]) W. A. I., II, 51, Z. 11, a—b.

[4]) Auch auf bie Affyrer war biefe Vorftellung übergegangen, vgl. bie große
Infchrift bes Sargon zu Khorfabab, Z. 156.

verfaßt wurde, das Firmament nur als Halbkugel dachte, deren unterste Ränder als „Fundamente des Himmels" (uru ana) auf den äußersten Enden der Erde, jenseits des großen Wasserbehälters (abzu [1])) ruhten, der das Festland, genau so wie der Okeanos des H o m e r , auf allen Seiten umgab. Wir wollen daher letzteren ebenfalls „Ocean" oder „Wasserbehälter" nennen, und den Ausdruck „Abgrund", womit das akkadische abzu und das gleichbedeutende assyrische apsu [2]) zuweilen übersetzt worden, nur zur Bezeichnung der unterirdischen Höhlung gebrauchen. Die periodischen Bewegungen der Planeten (lu-bad), welche ihr akkadischer Name belebten Geschöpfen [3]) gleichstellt, geschehen in einer niederen Himmelszone, ul-gana, unterhalb des Firmamentes (ê-sara [4])) der Firsterne; später hat ihnen die Astrologie sieben concentrische Bahnen mit gleichen Abständen zugetheilt; aber in den magischen Urkunden findet sich Nichts der Art vor. Das Firmament trägt den Ocean der himmlischen Gewässer, ziku, welcher ebenso wie der irdische Ocean zuweilen auch als „Fluß" (arra oder aria) bezeichnet wird [5]).

Zwischen der Erde und dem Himmel befindet sich endlich der Raum, in welchem die atmosphärischen Erscheinungen auftreten, wo die Winde (imi) und Stürme (imi-dugud) wehen, und die Wolken (imi-diri) jagen, welch' letztere, durch den Blitz (nim-gir) und den Feuerstrudel des aus den Planeten niederfahrenden Blitzstrahls (amâtu) gespalten, den Regen (sur) durch

---

[1]) Wörtlich: „das große Wasserbecken, die große Wassertiefe"; die Bildung dieses Wortes beruht auf einer älteren Form, deren Bestandtheile in umgekehrter Ordnung (zuab) geschrieben wurden; wie die Syllabare lehren, ersetzte man jedoch diese Form in der lebenden Sprache durch abzu.

[2]) Eine nur geringfügige Abänderung des ursprünglichen akkadischen Wortes.

[3]) Lu-bad, assyrisch bibbu, Leithammel.

[4]) Die akkadische Schreibung verleiht diesem Worte den Sinn: „die Stätte des Anstoßes"; im Assyrischen ist es mit esiru, von der Wurzel אסר, übersetzt. Die eine der beiden Sprachen hat daher offenbar das der anderen entlehnte Wort erst geändert, um demselben bei sich die richtige Bedeutung verschaffen zu können.

[5]) W. A. I., II, 50, 8. 27, c—b.

ihre Rinnen (ganul oder χidû, bie Lefung ift noch zweifelhaft)
abfließen laffen.

Das Weltall befteht alfo aus brei verfchiebenen Zonen:
bem Himmel, ber Erboberfläche mit ber Atmofphäre, unb bem
unterirbifchen Abgrunb. Ueber biefe Zonen gebieten bie ihnen
entfprechenben brei mächtigften Götter: Ana, Êa unb Mul=ge
ober Elim. Diefe ftimmen mit ben Göttern ber oberften Trias
ber chalbäifch=babylonifchen Religion, mit Anu, Êa unb Bel
überein, von benen bie beiben erfteren fogar ihre affabifchen
Namen behalten; in Wirflichfeit ift aber, Êa ausgenommen,
ihre urfprüngliche Auffaffung in ben magifchen Fragmenten
grunbverfchieben von berjenigen ber fpäteren Religion. Nur
Anu bewahrt noch einige wenige Züge bes affabifchen Ana;
vergleicht man inbeffen ben Mul=ge ber alten Zauberbücher mit
Bel, fo ergiebt fich ohne Weiteres, baß eine burchaus fünftliche
Annäherung bes affabifchen Gottes an einen völlig femitifchen
ftattfanb, welcher, wie wir bereits früher bemerkten, urfprünglich
allem Anfchein nach Sonnengott war.

Unter allen erhaltenen Theilen ber magifchen Sammlung
befinbet fich leiber kein einziger Hymnus an Ana; er wirb nur
in ber Schlußformel aller Befchwörungen burchgängig als „Geift
bes Himmels" (Zi ana) erwähnt. Wie fein Name anbeutet, ift
er von bem materiellen Himmel keineswegs unterfchieben; er ift
felber ber Himmel, ebenfo wie er auch beffen Geift ift; er ift
unter allen übernatürlichen Geiftern vielleicht ber einzige, ber
am wenigften von bem Gegenftanbe, mit bem er verbunben war,
getrennt gebacht wurbe. Der Ana ber älteften affabifchen Zau=
berurfunben entfpricht baher auf's genauefte bem Thian ber
älteften Chinefen; benn biefer ift nicht allein Thian „ber
Himmel", fonbern auch Chang=ti „ber oberfte Herr"; er thront
über ben Geiftern ber Natur, als oberfter Gebieter unb erftes
Princip, fobaß bas Gebäube bes Geiftercultus hier in ber That
burch eine rein monotheiftifche Vorftellung gefrönt wirb. Unb
Letteres mag vielleicht urfprünglich auch beim affabifchen Volke
ber Fall gewefen fein; wenigftens fprechen zwei wichtige Anzeichen
bafür: erftens, baß bas eine ber beiben Wörter, welche ben ab=

foluten Begriff der Gottheit zum Ausbrucke bringen', ana, zu=
gleich auch „Himmel" bedeutet; zweitens, daß die alte Hie=
roglyphe des Zeichens, welches in der akkadischen Keilschrift den
Begriff „Gott" darstellt, die einfache Figur eines Sternes[1]) ist.
Wenn sie aber auch anfänglich vorhanden war und in der chal=
däisch=babylonischen Religion wieder auftaucht, so hat sich in den
Fragmenten der magischen Sammlung doch jede Spur einer
solchen Vorstellung verloren. Ana gebietet hier nicht im Ge=
ringsten über die beiden anderen großen Götter der zwei übrigen
Zonen des Weltalls; und er ist ebensowenig das erste und höchste
Princip, aus dem diese Götter hervorgegangen wären.

Der Name Êa bedeutet „Wohnort" (ê, êa, Wohnhaus) und
gehört daher offenbar jener Zeit an, wo der Gott noch mit der
von ihm beherrschten Weltzone, dem „Wohnort" der Menschen
und lebenden Wesen, verschmolzen gedacht wurde; die Vorstellung,
die man von ihm hegte, hat sich jedoch später weit mehr von dem
materiellen Gegenstande losgelöst, als es bei Ana der Fall war.
Er ist der Herr der Erdoberfläche, eni-ki oder mul-ki, und dieser
Titel wird zu einer zweiten Benennung für ihn, die ebenso
häufig vorkommt wie sein eigentlicher Name Êa. Daher wird
er in der Schlußformel der Beschwörungen als „Geist der Erde"
oder genauer als „Geist der aus Erde und Wasser bestehenden
Oberfläche" (Zi ki-a) angerufen. Zugleich ist er der Herr des
Luftraums. Er ist der Geist dieser Zone des Weltalls, die
Seele, die dort Alles belebt und durchdringt und allem daselbst
Vorhandenen Lebens= und Bewegungskraft verleiht. Die Akkader,
sowie die späteren Chaldäo=Babylonier, betrachteten das feuchte
Element als Triebfeder allen Lebens und als Urquell der
Schöpfung; sie fanden dieses Element überall in der Zone der
Erdoberfläche und Atmosphäre thätig und dachten daher auch Êa,
die Seele und den Geist dieser Zone, mit dem feuchten Elemente

---

[1]) Die Anwendung dieses Zeichens beweist übrigens nicht nothwendig, wie
man anfänglich glauben könnte, daß die Religion ursprünglich eine Art Ster=
nendienst war. Die Sternfigur diente ursprünglich, bevor sie zur Darstellung
des Begriffes „Gott" angewandt wurde, nur zum Ausbrucke der allgemeinen
Bezeichnung „Himmel"; verdreifacht bedeutete sie „Gestirn" oder „Stern".

auf's engste verbunden. Er ist der specielle Beherrscher desselben; die Gewässer (a), die in ihrer materiellen Wirklichkeit verehrt wurden, und die Geister, welche darüber walten, sind seine Kinder. Man giebt ihm keinen Vater; aber da er sich im Schooße des feuchten Elementes ewig selber erzeugt, so sagt man von ihm mitunter [1], er sei aus dem zu einer Göttin Ziku personificirten himmlischen Ocean hervorgegangen. Sein gewöhnlicher Sitz ist in dem großen Wasserbehälter abzu oder arra, welcher, wie bereits gesagt wurde, die Erde umgiebt; und es lag daher nahe, diesen Gott in der sichtbaren Gestalt eines Fisches darzustellen, was auch wirklich geschehen ist; eine seiner üblichsten Nebenbezeichnungen ist „der gewaltige Fisch des Oceans" (gal χana abzu) oder „der erhabene Fisch" (χan maχ). Als Geist der bewohnten Welt, die Seele, die die Erscheinungen derselben leitet und regelt, ist Êa der Träger allen Wissens. Und wir begreifen auch den Ideenzusammenhang, welcher zu der sonderbaren Vorstellung führte, daß der allwissende Gott ein „Gott in Fischgestalt" sei. Diese Vorstellung ist zugleich mit der Persönlichkeit selber des Êa in die chaldäisch-babylonische Religion übergegangen; in Fischgestalt erscheint der Gott auch in der kosmogonischen Legende des Berosus, wo er als Oannes (Êa-χan = Êa der Fisch) den Menschen religiöse und sociale Gesetze offenbart [2]. „Er hatte," wie es in den Auszügen dieses Geschichtschreibers heißt, „einen vollständigen Fischleib, jedoch unterhalb seines Fischkopfes noch einen zweiten, menschlichen Kopf, desgleichen Menschenfüße, die aus seinem Schwanze hervorkamen, und eine menschliche Sprache. Dieses Ungeheuer verbrachte den ganzen Tag unter den Menschen, ohne die geringste Nahrung zu sich zu nehmen, und lehrte sie die Wissenschaften und die Grundlehren aller Künste, die Regeln der Städtegründung, des Tempelbaues, der Messung und Grenzscheidung der Ländereien, das Säen und Ernten, kurz alles was die Sitten mildert und die Civilisation ausmacht, dergestalt, daß seitdem Niemand etwas Neues erfunden

---

[1] W. A. I., IV, 1, Col. 2, S. 36.
[2] Ueber die Identität des Oannes und Êa vgl. Anhang I.

hat. Bei Sonnenuntergang kehrte dieser wunderthätige Dannes
in das Meer zurück und brachte die Nacht inmitten der uner=
meßlichen Fluthen zu; denn er war amphibienartig." Uebrigens
geben die Sculpturen der assyrischen Paläste [1]), sowie die baby=
lonischen Cylinder [2]), das Bildniß dieses gesetzgebenden und
schützenden Fischgottes genau so wieder, wie es Berofus be=
schrieben.

Als Geist der bewohnten Weltzone, des „Wohnortes" κατ'
ἐξοχήν, sorgt Ea beständig für Aufrechterhaltung der guten
Ordnung sowie für die Bannung der bösen Geister, welche un=
aufhörlich Verheerungen anrichten. Als Gott des Wissens kennt
er alle ihre Schliche; er allein besitzt die Kenntniß der magischen
Geheimnisse, durch welche die Dämonen besiegt und verjagt werden
können; daher auch seine hohe Bedeutung in der Beschwörungs=
kunst, deren allmächtiger Gott er ist. Die Beläge, welche wir
vorher dem Leser vorgeführt, haben über seine Eigenschaft eines
obersten Beschützers der Menschen und der Natur im ewigen
Kampfe des Guten und Bösen, eines deus averruncus, der die
schädlichen Einflüsse vernichtet oder abwendet, eines Urhebers
der theurgischen Macht, volles Licht verbreitet. Bei ihm suchte
man den höchsten Beistand, wenn weder Worte noch Gebräuche
noch Talismane, ja nicht einmal das Einschreiten eines anderen
Gottes die Macht der Dämonen zu brechen vermochten.

Die magischen Texte geben Ea dieselbe Gemahlin wie die
spätere Mythologie, Damkina oder Davkina, während sie
an den wenigen Stellen, wo die Gefährtin des Ana erwähnt
wird, niemals den Namen Nana, sondern immer Nin=ka=si
gebrauchen. Ihrem Namen zufolge, der sich nur durch das
lateinische uxor ex terra (dam-kina) genau wiedergeben ließe,
scheint daher Damkina ursprünglich die Gattin=Erde gewesen
zu sein, d. h. eine Personification der Erdoberfläche, welche der
Gott beherrscht und befruchtet. Auch entstanden aus der Verbin=

---

[1]) Layard, Monuments of Nineveh, new. ser., Tfl. 6.
[2]) Lajard, Culte de Mithra, Tfl. XVI, Nr. 7; Tfl. XVII, Nr. 1,
3, 5 u. 8.

dung des Êa mit der Damkina alle materiellen Gewässer, welche über die Erde hinweg fließen [1]).

Wie ich bereits früher erwähnte, ist Êa der einzige Gott der alten akkadischen Mythologie, welcher unverändert, mit seiner ursprünglichen Physiognomie in die chaldäisch-babylonische Religion überging, ebenso wie auch er und seine Gemahlin in Ninive ihre akkadischen Namen behielten, ohne daß überhaupt ein Versuch gemacht worden wäre, dieselben in's Semitische zu übertragen.

Im Sintfluthbericht spielt Êa neben Khasisatra, dem chaldäischen Noah, dem Xisuthros oder Sisithros der Berosus'schen Fragmente, die Rolle eines Beschützers und Retters. Nachdem Berosus [2]) erzählt, wie das Schiff des in der großen Wasserfluth verschonten Gerechten auf einem hohen Berge stehen geblieben, fährt er fort, indem er mit dieser Ueberlieferung magische und talismanische Gebräuche in Verbindung bringt: „Ein Theil dieses gestrandeten Schiffes ist noch vorhanden in den korbyäischen Bergen in Armenien, und Wallfahrer holen von da Erdpech, das sie vom Wrack abschaben, um es zur Abwehr des Einflusses der Behexungen zu gebrauchen." Der Auszug des Abydenus [3]) sagt gleichfalls: „Aus dem Holze des Schiffes machen die Bewohner des Landes Amulete, die sie zum Schutz gegen Behexungen um den Hals hängen." Die Vorstellungen, die sich anfänglich nur auf das Schiff bezogen, in welchem Êa — wenn er nicht in der Gestalt eines Halbfisches gedacht wurde — das Meer durchfuhr, sind daher von der Legende auch auf das Schiff des Khasisatra, dessen angebliche Ueberreste man den Gläubigen zeigte, übertragen worden. Ein Hymnus der magischen Sammlung [4]), welcher übrigens nur im akkadischen Texte erhalten und wegen der vielen vorkommenden technischen Ausdrücke noch äußerst schwer zu verstehen ist, handelt ausschließlich von diesem Schiffe des Êa, welches „das Herz bei Tagesanbruch erfreut". Die äußeren Wände dieses Fahrzeuges sind mit

---

[1]) W. A. I., IV, 14, 2, erste Seite, Z. 13 u. 15.
[2]) Fragm. 15 meiner Ausgabe.
[3]) Fragm. 16.
[4]) W. A. I., IV, 25, Col. 1.

„siebenmal sieben Löwen der Wüste" verziert; der Fußboden seines inneren Gemaches und sein Mast sind von Cedernholz (bekanntlich ein Mittel gegen jede Bezauberung). Auf dem Schiffe selbst fahren „Êa, der Lenker der Geschicke, Damkina, die Trägerin des lebendigen Wortes, Silik=mulu=khi, der Verkünder des gnadenreichen Namens, Munu=abge[1]), der Führer des Gebieters der Erde, und Nin=gar[2]), der große Steuerlenker des Himmels." Der Hymnus nennt alle Theile des Schiffes und schließt mit dem Wunsche:

> Möge das Schiff vor dir die Canäle befahren!
> Möge es hinter dir den (Wasser=)Spiegel durchfurchen!
> Möge sich in ihrer ganzen Fülle die Freude deines Herzens ent=
> falten!

Aus dem Fragment eines Täfelchens[3]) des britischen Mu=seum entnehmen wir die Reste einer kleineren Specialsammlung von Gebeten halb liturgischen, halb magischen Inhalts, welche sämmtlich dazu bestimmt waren, über die verschiedenen Abzeichen der Königswürde den himmlischen Schutz zu erflehen. Eines dieser Gebete, welches wir bereits früher mitgetheilt, erbittet für den Landesfürsten einen Besitz, der mit Hülfe der gnädigen Geister zum Heile gereicht; ein anderes betrifft die kostbaren Steine, „die als Insignien die Brust des Herrschers schmücken"; ein drittes endlich die Kriegswaffe desselben:

> Die Waffe, die Schrecken verbreitet, und durchbohrt im Dienste des
> Königthums,
> die Waffe, die sich erhebt, die das Geschoß ist zu den Seiten des
> Königthums,
> die unermeßliche Kraft ihres Stoßes verwirrt, Keiner widersteht ihrer
> Wucht,
> sie verwüstet das rebellische Land, sie schmettert die Feinde nieder.

Diese Waffe wird sodann mit der des „Êa, des Königs des Oceans", verglichen, und endlich zu Gunsten des Herrschers, der sie führt, der himmlische Steuermann, an dieser Stelle Nin=si=gar genannt, um Beistand gebeten:

---

[1]) „Wohlthätig über den Wogen".
[2]) „Meister des Steuerruders (?)".
[3]) W. A. I., IV, 18, 3.

Komm, Nin=si=gar, mächtiger Lootse des Himmels,
Schleudere vor dir her den glänzenden Schaft, deinen Speer!

Êa wurde also zuweilen auch bewaffnet und von kriegerischen
Gefährten umgeben gedacht, wenn er auf seinem Schiffe den
„großen Wasserbehälter" befuhr und die Erde bewachte.

Vielleicht ist es auch Êa[1]) in dieser kriegerischen Ausstattung, dem jener stolze, wegen seiner zahlreichen mythologischen
Anspielungen so schwierige Dithyrambus[2]) in den Mund gelegt
ist, jene Siegesode, in welcher ein Gott die Macht seiner Waffen,
zumal seines Discus mit fünfzig Stacheln und sieben concen-
trischen Speichen, ähnlich dem Tschakra der indischen Helden und
dem „rollenden Schwerte" des Cherubs am Thore Edens, verherrlicht[3]).

Angesichts des Schreckens, den meine unermeßliche Stärke, gewaltig
wie der Himmel, verbreitet, wer richtet sein Haupt noch empor?
Ich gebiete über die schroffen Berge, die da heftig erbeben und deren
Gipfel den Himmel berühren.
Den Berg von Alabaster, von Lapis und Onyx, in meiner Hand
ich ihn [halte.
Als Erzengel der Abgründe, gleich einem Raubvogel, der ungestüm
auf die Sperlinge niederschießt,
schlichte ich den Zwist im Gebirge, vermöge meiner heldenmüthigen
Tapferkeit.
Ich halte in meiner Rechten den Feuerdiscus,
in meiner Linken den zerfleischenden Discus.
Die Sonne mit funfzig Gesichtern, die erhabene Waffe meiner Gott-
heit, ich halte sie.
Den Tapfern, der die Berge zermalmt, die Sonne, deren Einwirkung
man nimmer entrinnt, ich halte sie.

---

[1]) In der französischen Ausgabe dieses Buches habe ich mich hierüber
allerdings mit größerer Entschiedenheit ausgesprochen; ich muß indessen ein-
räumen, daß dieser Siegesgesang vielleicht ebensogut auch Êa's Sohn,
Silik=mulu=khi oder Marubul, dem siegreichen Bekämpfer des Drachen
des Abgrundes, in den Mund gelegt sein kann. In jedem Falle handelt es
sich aber nur um einen der beiden Götter, welche speciell die Dämonen und
die Mächte der Finsterniß bekämpfen.
[2]) W. A. I., II, 19, 2.
[3]) Vgl. meine Premières civilisations, Bd. II, S. 193 ff. — In der
deutschen Uebersetzung Bd. II, S. 141 ff.

Die Waffe, die wie ein Wehrwolf[1]) die Leichen[2]) verschlingt, ich
halte sie.

Die die Berge zermalmt, die mächtige Waffe des Ana, ich halte sie.

Den, der die Berge krümmt, den Fisch mit sieben Flossen, ich
halte ihn.

Die flammende Klinge der Schlacht, die das rebellische Land verheert und in Trauer stürzt, ich halte sie.

Das Sichelschwert, das die Reihen der Tapferen lichtet, das Schwert
meiner Gottheit, ich halte es.

Die, deren Streichen der Berg nicht entrinnt, die Hand der gewaltigen Kämpen, ich halte sie.

Die Freude der Helden, die Lanze, die Kraft verleiht in der Schlacht,
ich halte sie.

Die Schlinge, die die Menschen umschnürt, und den Bogen des
Blitzstrahls, ich halte sie.

Die Keule, die die Wohnsitze des rebellischen Landes zermalmt, und
den Schild der Schlachten, ich halte sie.

Den Blitzstrahl der Schlacht, die Waffe mit funfzig Köpfen, ich halte sie.

Wie die gewaltige siebenköpfige Schlange ihre Köpfe heftig schüttelt,
so schwinge auch ich die siebenköpfige . . . . . .

Wie die Schlange, die die Wogen des Meeres peitscht, ihren Feind
von vorn [angreift],

so führe auch ich die Verheererin im tobenden Schlachtengetümmel,
die Beherrscherin von Himmel und Erde, die siebenköpfige Waffe.

Der seine Strahlen leuchten läßt wie das Tageslicht, den lichtvollen
Gott des Ostens, ich halte ihn.

Den Schöpfer des Himmels und der Erde, den Gott, dessen Macht
keinen Widersacher hat, ich halte ihn.

Die Waffe, die mit dem Schrecken ihrer unermeßlichen Wucht die
Erde [erfüllt],

in meiner Rechten mächtiglich das Geschoß von Gold und Onyx . . . .

Die auf wunderbare Weise den Gott zum Herrn und Gebieter
des Lebens macht, ich halte sie;

die Waffe, die gleich . . . . . das rebellische Land bekämpft,
die Waffe mit funfzig Köpfen, [ich halte sie.

---

[1]) Die Chaldäer und Assyrer glaubten an das Vorhandensein der Wehr-
wölfe; die akkadische Bezeichnung dieser Wesen war utag-gal, woraus das
assyrische utaggellu oder utaggillu. „Deine Waffe gleicht dem Rachen des
Wehrwolfs, der nimmer vom Tode (assyr. Variante: vom Blute) sich trennt",
sagt ein Hymnus an Nebo (W. A. I., IV, 20, 3, Z. 14—16). In W. A. I.,
II, 58, Z. 9 f. wird der „Zahn des Wehrwolfs" sogar zu einem göttlichen
Wesen gemacht; auch haben wir schon früher gefunden, daß der eine der sieben
bösen Geister als Menschenfresser (Wehrwolf) bezeichnet wurde (W. A. I., IV,
5, Col. 1, Z. 14—15).

[2]) Assyrische Version: „Die Waffe, die wie ein Wehrwolf Alles verschlingt".

Während Ea bei seiner Aufnahme in die chaldäisch-babylonische Mythologie nur eine geringe Namensänderung erfuhr, in
allem Uebrigen aber völlig unberührt blieb, gleicht dagegen der
Mul-ge der magischen Urkunden dem Demiurgen Bel, dem
Gotte des organisirten Weltalls, dem er assimilirt wurde, so
wenig, daß man in der Religion, die ihn entlehnte, kaum einen
rechten Ersatz für ihn wiederfindet; eine geringe Identität zwischen
beiden ließe sich vielleicht nur in der Uebereinstimmung nachweisen, welche zwischen der wörtlichen Bedeutung des semitischen
Namens Bel und derjenigen einer akkadischen Nebenbenennung
des Mul-ge, nämlich Elim, „der Mächtige, der Gefürchtete,
der Gebieter", herrschte. Besser glückte jedoch die Verschmelzung
seiner Gattin Nin-ge mit der Belit, sofern man Letztere als
chthonische Göttin charakterisirte. In der That sind Mul-ge
und Nin-ge (oder Mul-gelal und Nin-gelal, wenn man
den zweiten Bestandtheil dieser Namen mit einem ganz unwesentlichen Suffixum versieht [1]), wie ihre Namen angeben, der
Herr und die Herrin des unteren Abgrundes, des Inneren der
Erde; wenigstens werden sie in den akkadischen Texten nur als
solche erwähnt. Der Name Nin-kigal, „die Herrin der
Todtengruft" (welche in den zweisprachigen Listen mit der semitischen Göttin Allat identificirt wird), findet sich bald als Nebenbenennung der Nin-ge, bald als Bezeichnung einer besonderen Göttin. Auch wird die Höllengöttin Nin-kigal in
einigen mythologischen Urkunden einem Gotte beigesellt, welcher
vorzugsweise Anunna-ge, „der Erzengel des Abgrundes", genannt wird, — ohne Zweifel eine Nebenform des Mul-ge.
Nur an einer einzigen Stelle, in der großen, zu Anfang dieses
Buches mitgetheilten Beschwörung, wird Nin-kigal als Gattin
Nin-a-śu's erwähnt; und sie würde demnach, da Nin-a-śu
nur ein Beiname des Ea ist, in diesem speciellen Falle mit der
Damkina zusammenfallen. Uebrigens werden Mul-ge und

---

[1] Die Benennungen des Mondgottes Eni-zuna und Eni-zu, „der
Herr der Zunahme", sind ebenfalls unterschiedslos, gleichviel ob mit oder ohne
Suffixum.

Nin-ge auch „der Herr und die Herrin der Länder" genannt;
und es möchte dieses wohl darauf zurückzuführen sein, daß man
sie, als Besitzer des Inneren der Erde, zugleich auch als Besitzer
der zugehörigen Erdoberfläche dachte; wenigstens waren die
eigentlichen Grenzen der Reiche des Êa und Mul-ge nicht
näher bestimmt.

Im unteren Abgrunde (ge), dem unbestrittenen Bereiche
des Mul-ge, befindet sich, wie bereits erwähnt, der Aufenthaltsort der Todten, d. h. „das Land ohne Heimkehr" (kur
nuga), „das Grab" (arali), oder in euphemistischer Ausdrucksweise „der Tempel" (e-kur), „der Tempel der Todten" (ekur-
bat, Synonymum zu arali), „das große Land" (kî-gal), „die
große Stadt" (uru-gal), „die geräumige Wohnung" (unu-gal).
Zur Zeit der Entstehung des chaldäisch-babylonischen Epos wurde
„das Land ohne Heimkehr" (im Assyrischen mat la tayarti), wie
wir aus der Erzählung von Istar's Höllenfahrt entnehmen,
mit ebenso düsteren Farben geschildert wie in der hebräischen
Poesie der scheôl:

> Die Tochter des Sin (Istar) hat ihren Geist gerichtet
> auf die Stätte der Auflösung, den Sitz des Gottes Irkalla,
> auf die Stätte, in die man eintritt ohne wiederzukommen,
> auf den Pfad, den man wandelt ohne wiederzulehren,
> auf die Stätte, wo Allen, die da eintreten, das Licht durch Blindheit
>   (ersetzt wird),
> wo die Menge nur Staub für ihren Hunger, nur Schlamm zu
>   ihrer Nahrung hat,
> wo man das Licht nicht erblickt und im Finstern wohnt,
> wo die Schatten, gleich Vögeln, gekleidet sind in ein Gewand von
>   Flügeln,
> wo auf der Thür und den Thürflügeln der Staub sich anhäuft.

Nicht minder düster ist die Schilderung in den akkadischen
Zaubertexten. Ein Hymnus [1]), dessen theilweise Zerstörung leider
keine zusammenhängende Uebersetzung gestattet, nennt dieses
Todtenreich „den Tempel, in welchem keine Empfindung mehr
herrscht . . . . . die Grundstütze des Chaos (gi umuna), den Ort,
wo es keine Segnung giebt . . . . . das Grab, den Ort, wo

---

[1]) W. A. I., IV, 24, 2.

man im Finstern wandelt . . . . ." Als Beherrscher dieser un=
heimlichen Gegend werden „die gewaltige Mutter Nin=ge auf
den erhabenen Altären" und ihr Gatte Mul=ge bezeichnet.

Uebrigens gewahren wir in der Auffassung dieser Unterwelt,
sowohl in den mythologischen Urkunden der chaldäisch=babylo=
nischen Zeit als in den magischen Urkunden der rein akkadischen
Periode, weder die sittliche Vorstellung einer Wiedervergeltung,
noch einen wesentlichen Unterschied zwischen Belohnung und
Strafe; die Betrübnisse des Landes ohne Heimkehr sind für alle
Menschen dieselben, ganz ohne Rücksicht auf deren Führung zu
Lebzeiten; die einzigen Belohnungen, welche der Frömmigkeit
und Tugend zu Theil werden, sind rein irdischer Art. Jedoch
wird in der epischen Erzählung von Istar's Höllenfahrt eine
„Quelle des Lebenswassers" erwähnt, die sich im Hintergrunde
des Landes ohne Heimkehr befindet und mit eifersüchtiger Sorg=
falt von den unterirdischen Mächten bewacht wird; nur ein Be=
fehl der himmlischen Götter kann eine Annäherung zu denselben
gestatten; wer aber vom „Wasser des Lebens" genossen, kehrt
lebend an's Tageslicht zurück. Eine ähnliche Vorstellung mußte
übrigens schon zur Zeit der Abfassung der magischen Texte
existiren, da wir späterhin noch ersehen werden, daß ein Hymnus
auch dem Mittler Silik=mulu=khi[1]) die Macht zuschreibt,
„die Todten in's Leben zurückzuführen". Aber wir wissen freilich
nicht, unter welchen Umständen diese Auferstehung vor sich gehen
sollte; vielleicht wurde sie nur angenommen, um die Behauptung
der Zauberpriester zu rechtfertigen, daß sie vermöge ihrer Be=
schwörungen ähnliche Wunder bewirken könnten. Diogenes
Laërtius[2]) berichtet ausdrücklich, daß die Philosophenschulen
Chaldäas an eine Auferstehung glaubten, nach welcher alle
Menschen unsterblich sein sollten; und es liegt hierin jedenfalls

---

[1]) W. A. I., IV, 29, 1. — In einer anderen zweisprachigen Urkunde
(W. A. I., IV, 19, 1 verso) wird dieselbe Macht, die Todten in's Leben zu=
rückzurufen, der Göttin Gula beigelegt, die hier ausnahmsweise dem Silik=
mulu=khi, in der assyrischen Uebersetzung Maruduk, zugesellt wird.

[2]) De Vit. philosoph., prooem.

der Endpunct der Fortbildung, welche die hier in ihrem ersten
Keime wahrgenommene Vorstellung erfuhr.

In der epischen Erzählung der Abenteuer Istar's ist das
Land ohne Heimkehr, wie die Hölle des Dante, nach dem Vorbilde der planetarischen Sphären in sieben besondere Kreise getheilt. Diese Anschauung kann aber nur als eine Folge des
Einflusses der astronomischen Lehren auf die Religion betrachtet
werden, umsomehr da wir in den älteren Bruchstücken der magischen Bücher durchaus keine Spur davon finden. Die „sieben
Thore und sieben Verschlüsse der Welt" [1]), die hier erwähnt sind,
scheinen allein auf die Ein= oder Ausgänge Bezug zu haben, die
von der Oberfläche der Erde in die unteren Regionen hinab-
führten und wahrscheinlich rings um den Saum der Erde ver-
theilt gedacht wurden. Jedenfalls war der Haupteingang in die
Unterwelt, welchen der Gott Negab [2]), „der große Thürhüter
der Welt", bewachte, im Westen gelegen, in der Nähe des „großen
Berges", der auf dieser Seite dem „Berge des Ostens" oder
genauer des Nordostens entspricht, d. h. der „Wiege des Men-
schengeschlechts", dem „Vater der Länder", dem „Pol der Himmelsbewegungen", wohin die babylonische Mythologie den Versamm-
lungsort der Götter verlegte. Der Berg des Westens, wo die
Sonne untergeht, ist nebenbei auch die Geburtsstätte des Gottes
Mul=ge, ein vorzugsweise schauerlicher Ort; das Fragment
eines Hymnus [3]) beschreibt denselben folgendermaßen:

> Der große Berg Mul=gelal's, der Ruhm der Berge,
> dessen Stirn den Himmel berührt, der Ocean birgt seine Wurzel;
> unter den Bergen (ist er) wie ein gewaltiger, ruhender Büffel;
> es leuchtet sein Horn wie ein Sonnenstrahl,
> wie der prophetische Himmelsstern [4]), der ihm Glanz verleiht [5]).

---

[1]) W. A. I., IV, 1, Col. 2, Z. 49.
[2]) „Thürhüter".
[3]) W. A. I., IV, 27, 2.
[4]) Dilbat, der Venusstern.
[5]) Zuweilen wird dieser „große Berg" auch als persönlicher, thätiger Gott
gedacht und dann im Akkadischen Kur=gal, im Assyrischen Sadû=rabu
genannt. Der Steuermann Khasisatra's hieß übrigens Buzur=Sadu=
rabu (Friedrich Delitzsch, George Smith's Chaldäische Genesis, S. 319.).

Der Eingang in die Unterwelt befindet sich aber auch jen=
seits der Gewässer des großen Wasserbehälters oder Oceans.
Diese Annahme, welche noch zur Zeit der Abfassung des Ge=
dichtes von Istar's Höllenfahrt bestand, ergiebt sich nicht allein
aus der hier gebrauchten Bezeichnung des Thürhüters der finstern
Stätte als „Thürhüter der Gewässer" (nigab me), sondern auch
aus den Worten, welche letzterer bei der Anmeldung Istar's
zur Allat spricht: „Diese Gewässer hat Istar, deine Schwester,
überschritten".

In einem der dunkelsten und merkwürdigsten Fragmente des
dritten Buches der magischen Sammlung [1]) findet sich übrigens
eine gleiche Angabe. Dieses Bruchstück enthält eine ganze Reihe
von Anrufungen, welche häufig an die des ägyptischen Todten=
buches erinnern und auf alle Phasen einer Höllenfahrt Bezug
haben. Ob jedoch das betreffende Täfelchen eine Art Todten=
liturgie enthielt, oder nur bezügliche Beschwörungsgebräuche be=
handelte[2]), läßt sich nicht genauer bestimmen; die Aufschlüsse,
die wir darin finden, sind aber darum nicht minder werthvoll.

---

[1]) W. A. I., IV, 23, 1.

[2]) Sir Henry Rawlinson, welcher diese Urkunde bilingual tablet on
the manufacture of a sacred bull in bronze nennt, hat die Bestimmung
dieser Gebete ganz anders aufgefaßt; doch beruht diese abweichende Erklärung
lediglich darin, daß wenn auch der Sinn der Gebete selber nicht zweifelhaft
und eine Uebersetzung derselben verhältnißmäßig leicht ist, die beigegebenen
Vollstreckungsformeln noch sehr unverständlich sind und sich größtentheils einer
Deutung verschließen. Der so hochverdiente Begründer der Assyriologie legt
dem Worte lilis, welches im akkadischen wie im assyrischen Text steht, und
welches ich mit „Gehege" oder „Gitter" übersetze, die Bedeutung „Tiegel, in
welchem Metall geschmolzen wird" bei; ich werde jedoch an einer anderen
Stelle versuchen, diese abweichende Uebersetzung durch neue Beispiele philologisch
zu rechtfertigen. Vorläufig möchte ich nur bemerken, daß Henry Rawlinson
sich vielleicht von dem assyrischen Wortlaut am Ende des Täfelchens, wo
von einem Stier die Rede ist, verleiten ließ; wir lesen hier nämlich:
enuva alap ana bit mummutu scribu „danach läßt man den Stier in den
bit mummutu eintreten". Was ist nun aber dieser bit mummutu? Ziehen
wir zur Vergleichung das Wort mummu, „das Chaos, hebr. מהומה, „Ver=
wirrung", in Betracht (vgl. Friedrich Delitzsch, George Smith's
Chaldäische Genesis, S. 297), so bedeutete es „Stätte der Verwirrung, des
chaotischen Zustandes"; und diese Bezeichnung erscheint auch für „die finstere

Die Anrufung, welche das Täfelchen eröffnete, ist fast gänzlich vernichtet; sie war an „die sieben Götter, die in der Flamme [1] hausenden Söhne des Gebieters der Hölle" (Eni-me-sara) und an „die zwölf broncenen Götter, die innerhalb des broncenen Geheges stehen und das broncene Gehege aufrecht erhalten", gerichtet. Die folgende ist „den Ohren des Stieres zur Rechten des Broncegeheges" gewidmet. Man dachte sich also das Höllenthor ebenso wie die Thore der Paläste auf beiden Seiten von Stieren mit menschlichem Antlitz bewacht, die man als wirklich lebende Genien auffaßte:

> Großer Stier, gewaltiger Stier, der du glänzend stampfest [2],
> der du in das Innere eintreten läßt [3], der du weit die Canäle öffnest,
> der du als Stütze dienst dem Gotte Ulfsara [4], dem Schnitter der Felder [5],
> meine Hände, glänzend von Reinheit, sie opfern vor dir.

Eine dritte Anrufung richtet sich hierauf „an den Stier zur Linken des Broncegeheges" [6]:

Höllenregion" um so passender, als das akkadische Aequivalent von mummu: umun ist, und die Hölle, wie wir soeben gesehen, gi-umuna heißt.

Uebrigens würde selbst dann, wenn die von Henry Rawlinson ange-gebene Bedeutung richtig wäre und er den Zweck dieser Gebete genau erfaßt hätte, meine Uebersetzung dennoch ebenfalls richtig bleiben, da die Anspielungen auf die Vertheilung der Höllenräume so klar und unzweifelhaft sind, daß sie den ursprünglichen Zweck, den ich diesen Bruchstücken zuweise, vollständig recht-fertigen. Handelt es sich nämlich hier wirklich um einen Tiegel, in welchem Bronce geschmolzen wird, so vergleicht man eben alle seine Theile mit denen des Einganges zur Höllengruft; und wir würden auch so über die Vor-stellungen, die man sich von letzterer machte, einen nicht unerwünschten Auf-schluß erhalten.

[1] Ein Verzeichniß dieser sieben Götter findet sich auf einer mythologischen Tafel: W. A. I., III, 69, 8.

[2] Assyrische Version: „an den glänzenden Thoren".

[3] Assyrische Version: „der du öffnest".

[4] Oder Dû-sara. In der assyrischen Version Serakh, der Gott der Ernten.

[5] Es wird also in metaphorischer Ausdrucksweise gesagt, daß dieser Gott die Erde und ihre Ernten auf seinen Schultern trägt.

[6] Dieser Text ist nur in assyrischer Sprache vorhanden, während alle übrigen in beiden Sprachen verfaßt sind.

Du bist der vom Gott Ungal=turba[1]) gezeugte Stier,
an des Grabes Thür zu tragen ist dein Beruf,
für alle Ewigkeit hat die Herrin der Zauberruthe dich geschaffen.
Die großen . . . . ., die Marksteine, die Grenzen,
. . . . . welche bestimmen wo Himmel und Erde sich trennen,
. . . . . über sie wache er!

Die vierte bezieht sich auf einen Vorgang „im Inneren des Broncegeheges" und ist an den Berg, der den Eingang desselben beherrscht, wie an einen persönlichen, handelnden Gott gerichtet:

Der du die Ebene beschattest, o Herr, der du beschattest und deinen
Schatten über die Ebene breitest,
gewaltiger Berg, Vater Mul=ge's, der du die Ebene beschattest,
Hirt, der du die Geschicke bestimmst, der du die Ebene beschattest.

Auf die beiden nächsten, leider gänzlich verstümmelten Verse folgt sodann eine Anrufung Mulge's sowie einiger anderer ihm beigesellten Götter. Die Schlußworte der Zeilen sind indessen mit einem Bruchstück des Täfelchens verloren gegangen und daher nur theilweise zu ergänzen:

Wahrer Hirt, [erhabener] Hirt,
Mul=gelal, [wahrer] Hirt,
Herr der Gesammtheit der Länder, [wahrer] Hirt,
Herr der Gesammtheit der himmlischen Erzengel [wahrer] Hirt,
Herr der Gesammtheit der . . . . .[2]) [wahrer] Hirt,
Herr, der sein Land beschirmt, [wahrer] Hirt,
Herr, der sein Land beschirmt . . . . . .
Reichthümer spendend . . . .
Besitzthum begründend . . . .
die glänzende Residenz . . . .
den glänzenden Ort . . . .
Den glänzenden Ruheort . . . .
Die Stadt erhöhend . . . .
Herr, Gebieter der Erde (Ea), König . . . .
Herrscher Silik=mulu=khi . . . .
Herr, Vater, Mermer . . . .
Mächtiger Herrscher, Utu . . . .

---

[1]) Im Texte steht hier: „der Gott zû", mit Anspielung auf die bereits früher erwähnte Verwandlung Ungal=turba's in den gleichnamigen Vogel.
[2]) Das hier fehlende Wort ist sowohl im Akkadischen als im Assyrischen unübersetzbar.

Herrscher Uras[1] . . . .
Erhabener Herr, Dun=kun=ubbu[2] . . . .
Lenke die Hand, [stärke] die Hand,
führe die Hand, [lenke] die Eile meiner Schritte,
leite diese Anrufung, [lasse von günstigem Erfolge begleitet sein diese]
Anrufung!

Von der letzten Anrufung sind nur noch wenige Schriftzüge
und zwar die Ausgänge der einzelnen Zeilen vorhanden; man
ersieht aus denselben, daß die meisten Verse mit dem Worte
„reinige" abschlossen und daß die beiden letzten die Bitte ent=
hielten, „das Thor zu öffnen", worauf endlich der räthselhafte
Satz folgt:

> Dann läßt man den Stier eintreten in die Stätte des chaotischen
> Zustandes.

Welches nun aber auch die Bestimmung dieser Gebete ge=
wesen sein mag und auf welcherlei Gebräuche sie sich auch
immer beziehen mögen, — die Anspielungen auf den Eingang
in die Unterwelt sind in ihnen, und zwar besonders in den an
die Stiere gerichteten, durchaus nicht zu verkennen. Allerdings
scheint mir das ganze Fragment wegen seiner zahlreichen mytho=
logischen Anspielungen, wie sie die alten einfachen Beschwörungen
nicht kannten, erst einer späteren Zeit zuzuschreiben zu sein als
viele andere Stücke der betreffenden Sammlung. Doch sind die
darin enthaltenen Ideen ohne Zweifel nur eine Fortbildung
von Keimen, die bereits in den ältesten Vorstellungen vorhanden
waren.

---

[1] Eine der Nebenbezeichnungen des Nin=dara, oder Adar, wie ihn
die assyrische Version nennt.

[2] Der „Held des Anbruchs der Dämmerung" und Gott des Planeten
Mercur, hier mit seinem Gestirnnamen bezeichnet. — Die Auffassung dieses
Gottes ist übrigens älter als die Zeit, wo man den Planeten Mercur dem
Nebo der chaldäisch=babylonischen Religion zuwies. In den Götterverzeich=
nissen wird der akkadische Dun=kun=ubbu, assyr. Dapinu (Abkürzung von
yum dapinu „den Tag geleitend") an keiner Stelle übergangen; in den An=
rufungen der späteren Zeit wird er jedoch fast gar nicht mehr erwähnt. —
Aus der Liste seiner akkadischen Namen, W. A. I., III, 67, Z. 15—20, c—b,
heben wir besonders eni-gusur und ungal gusurra „Herr des Lichtes", sowie
ungal-udda „König des Tages" hervor.

Die Dämonen sowie die Geister der Krankheiten „gehen aus der Hölle hervor[1]“; sie sind „Geschöpfe des Arali[2]“ und „Kinder der Erde[3]“. Einer der furchtbarsten unter ihnen, Namtar, die personificirte Pest, wird indessen als „Lieblings-sohn Mulge's und Sprosse der Nin-kigal[4]“ bezeichnet. Wir sehen also, daß ein Gott, der seinem Wesen nach dem bösen Princip nicht angehört und sogar als guter und wohlthätiger Gott gepriesen und angerufen wird, andererseits dennoch Vater eines der mächtigsten und gefährlichsten Dämonen sein kann. Aehnlich werden die sieben bösen Geister, die den Himmel ver-heeren und den Mond bekriegen, gleich dem Feuergotte, dem gewaltigsten Gegner der bösen Mächte, als Söhne des Ana bezeichnet, desgleichen die Gemahlin des Namtar zu den guten Geistern gerechnet[5], wie dies schon ihr Name Khusbi-sâ, „ihr Einschreiten ist von guter Bedeutung, von günstigem Er-folge“, ergiebt. Eine sittliche Grundlage fehlt also dem Dua-lismus der Religion der akkadischen Zauberbücher gänzlich. Die guten und bösen Geister sind in ihrem gegenseitigen Verhältniß nicht streng und nach Maaßgabe der verschiedenen sittlichen Principien von einander geschieden; sie können sich auch gegen-seitig erzeugen und mit einander verbinden. Sind die einen gut, die anderen böse, so ist das lediglich die Folge eines blinden Verhängnisses, und ihr ewiger, mehr scheinbarer als wirklicher Kampf ist weiter Nichts als das beständige Ringen der Natur-gewalten, — die nothwendige Bedingung allen Lebens im Weltall.

Mit logischer Consequenz wird daher das finstere Reich des Mul-ge nicht ausschließlich mit Dämonen bevölkert. Wir finden „die männlichen und weiblichen Geister, die Gebieter der Höllenregion[6]“ auch unter den Schutzgeistern erwähnt; des-

---

[1] W. A. I., IV, 22, 1, S. 51.
[2] W. A. I., IV, 1, Col. 1, S. 12.
[3] W. A. I., IV, 1, Col. 1, S. 22.
[4] W. A. I., IV, 1, Col. 1, S. 5 und 6.
[5] W. A. I., IV, 1, Col. 2, S. 51.
[6] W. A. I., IV, 1, Col. 2, S. 23 und 24.

gleichen läßt man bem „Beherrscher bes Abgrunbes", außer bem
schrecklichen Namtar, noch einen zweiten Gott, Nin=bara ober
Uras, entstammen, welcher alle Dämonen, Ungeheuer unb
Plagen ber Natur mit möglichstem Eifer unb Nachbruck bekämpft.
Man hat benselben später mit bem Abar ber chalbäisch=baby=
lonischen Religion ibentificirt, beren Physiognomie er in ber
That manche charakteristische Züge verliehen hat. Nin=bara
ist bie Nachtsonne, bie ihren Lauf in ber unteren Hemisphäre
verbirgt; unb ba sein Wesen bas Licht ist, so bekämpft er auch
auf seiner nächtlichen Wanberung bie Finsterniß, bie er enblich
bei seinem Aufgang überwinbet. Er ist baher ber kriegerische
Gott κατ' ἐξοχήν; unb weil er ferner auf seiner Wanberung
Zeit unb Stunben regelt, so ist er auch ber Lenker unb Leiter
bes Lebens unb Treibens ber ganzen Natur, unb — wie Utu,
bie Tagessonne — ber Gebieter, Richter unb Bestimmer bes
Schicksals.

In einem größeren magischen Hymnus an Nin=bara[1])
lesen wir mehrere hierauf anspielenbe Anrufungen, bie sich in
bestimmten Abstänben refrainartig wieberholen:

> Nin=bara, Herr, Sohn Mul=ge's, Maaßstab unb Richter!

ober:

> Nin=bara, Herr, Sohn Mul=ge's, bestimme bu bas Geschick!

unb an anberer Stelle:

> Das Gebot ber Sonne ist bein Gebot;
> Geleite als Richter bie Länber,
> bein Gebot ist Allen bekannt, bie ba leben.

Dieser stellenweise recht schwungvolle Hymnus ist in ber
Form eines Zwiegesprächs zwischen bem Gotte unb bem ihn
Anrufenben verfaßt; bie Helbenthaten Nin=bara's sowie seine
kriegerische Macht werben oft mit kraftvollen Zügen geschilbert:
„In beinem Wirken brüllest bu wie ein Bär u. s. w.", es wirb
seiner Rüstung gebacht: „Du (umgürtest bich), wie mit einem
Felle, mit haltbarem Erz", unb enblich ber Gott selber gebeten,

---

[1]) W. A. I., IV, 13, 1.

„von den Bergen des Hochlandes" (Elam) und „von den Bergen von Mâkan" herbeizueilen, also von der Sinaïhalbinsel, deren berühmte Bergwerke die Aegypter bekanntlich schon seit der vierten Dynastie ausbeuteten.

Wiederholt werden in diesem Hymnus auch kostbare Steine erwähnt, deren talismanische Kräfte ihr Besitzer Min-dara „gegen das feindliche Land" richtet; und hieraus dürfte sich wohl erklären lassen, weshalb das Alterthum den Ursprung der abergläubischen Vorstellungen von der Zaubermacht der geschnittenen Steine immer wieder auf Chaldäa zurückführte. Das Buch, welches nach Plinius' Angabe[1]) ein gewisser Zachalias von Babylon über diesen Gegenstand verfaßte und dem Könige Mithribates widmete, gehörte jedenfalls auch nur zu den Producten jener griechisch-babylonischen Literatur, welche kurz vor der christlichen Zeit einen so bedeutenden Aufschwung nahm und mit den echten babylonischen Lehren in ebenso enger Verbindung stand, wie die griechische Literatur der hermetischen Bücher mit den Lehren der alten Aegypter.

Die Sonne in der unteren Hemisphäre galt übrigens auch als Gott der verborgenen metallischen und mineralischen Schätze, die ebenfalls nur des Augenblickes harren, um die Erde zu verlassen und in lichtvollem Glanze zu strahlen. Und diese Anschauung führt uns in einen neuen, höchst charakteristischen Ideenkreis der Völker turanischer Rasse ein: die Verehrung der Götter der Metallurgie und der Geister, die im Schooße der Erde verborgene Reichthümer hüten. Wie b'Eckstein[2]) richtig bemerkt, „giebt es nicht allein Stämme, wie die pelasgischen u. s. w., welche die Götter der Unterwelt wegen der Fruchtbarkeit des Bodens und der Erzeugnisse des Ackerbaues, die sie spenden, verehren, sondern auch solche, wie die finnischen, türkischen, mongolischen, tungusischen, welche diese Götter aus einem ganz anderen Gesichtspuncte verehren, indem sie dem Glanz der Metalle huldigen und diesen eigenartigen Cultus mit magischen Gebräuchen

---

[1]) Hist. nat., XXXVII, 10.
[2]) Athénaeum français, 19. August 1854.

·und abergläubischen Vorstellungen von der Macht der Talismane verbinden." Spuren solcher Anschauungen begegnen wir aber auch in den akkadischen Zauberbüchern; neben Silik-mulu-khi finden wir hier als Schutzgötter nicht nur einen Gott des Goldes, „der das Gold läutert", einen Gott des Silbers und einen Gott des Kupfers, sondern auch einen „Gott und Herrn des Ostens in seinem Berge von Edelsteinen" sowie einen „Gott der Ceder" erwähnt, welch' letzterer ganz besonders befähigt war, alle schäd= lichen Einflüsse und Zaubereien zu vernichten [1]).

III.

Der Hölle entsprossen, hegen natürlich die Dämonen, wie auch die Schwarzkünstler, die beständig mit ihnen verkehren, eine besondere Vorliebe für die Finsterniß, in der sie geboren wurden. Sie schleichen vorzugsweise im Schutze der Dunkelheit umher, als Plagegeister, die den Menschen allerorten belästigen und heim= suchen; daher denn die Finsterniß für eine sichtbare Offenbarung des bösen Princips galt, wie andererseits das Licht eine Offen= barung des guten ist. — Vor der Nacht scheinen die Akkader denselben Schrecken empfunden zu haben, wie die Arier der ve= dischen Zeiten; und sie unterscheiden sich hierin wesentlich von den Chaldäo=Babyloniern der späteren Zeiten, die sich an der Pracht ihrer sternhellen Nächte weideten und keinen glänzenderen und erhabeneren Ausdruck der Gottheit kannten, als diese Le= gionen von Himmelskörpern, denen sie beständige Ehrfurcht be= zeugten.

Den Akkadern galt Utu, die Tagessonne, die am Mittel= punct des Himmels erglänzt und die Finsterniß verscheucht, für einen der mächtigsten Schutzgötter und gewaltigsten Feinde der Dämonen und Zauberer.

---

[1]) W. A. I., II, 58, 6.

Ich habe dich angerufen, o Sonnengott, in den glänzenden Himmeln.
Im Schatten der Ceder bist du;
es ruhen deine Füße auf dem Wipfel . . . . .
es haben dein begehrt die Länder, sie haben dich herbeigesehnt, o
    Gebieter [1]) !
Dein strahlendes Licht erleuchtet alle Länder;
bezwinge, was dir Widerstand bietet, führe die Länder zusammen,
denn dir allein, o Sonne, ist bekannt, was ihre Eintracht fördert.
Du machst die Lüge schwinden, du vernichtest den bösen Einfluß
    der Wunder, Vorbedeutungen, Zaubereien, Träume und schädlichen
    Erscheinungen;
du verleihest den boshaften Anschlägen einen glücklichen Ausgang;
    du führst Menschen und Länder in's Verderben,
die sich der Zauberei und der Schwarzkunst ergeben; — ich habe
    eingeschlossen [vor dir
in die hohen Getreidehaufen ihr (der bösen Geister [2])) Ebenbild . . .
Laß diejenigen, die Zauberei treiben und verstockt sind, nicht auf=
    kommen!

. . . .
Möge der Gott, der mich schuf, meine Hände ergreifen!
leite den Athem meines Mundes! führe desgleichen
meine Hände, o Herr, Licht des Weltalls, Sonne, o Richter [3])!

Im Religionssystem der akkadischen Magie gehört die Sonne
zwar nicht zu den obersten Gottheiten, auch reicht ihre Macht
nicht entfernt an die der großen Geister der drei Weltzonen
hinan; aber gerade diese minder hohe Stellung macht sie den
Bitten der Menschen zugänglicher. Ihre unmittelbar wahrnehm=
bare Einwirkung auf die Menschheit und alle Verhältnisse des
Lebens verleihen ihr die Rolle eines Gebieters über die Ereig=
nisse und das Schicksal. Und da sie die Finsterniß überwindet
und die bösen Geister unablässig bekämpft, so zählt sie zu den
übernatürlichen Wesen, an die sich die magischen Anrufungen am
häufigsten wenden.

Es gab viele Texte, die sie mit wahrer und tiefer Poesie
feierten; so z. B. der Anfang eines leider nur zum Theil er=
haltenen Hymnus [4]):

---

[1]) Friedrich Delitzsch, George Smith's Chaldäische Ge=
nesis, S. 284.
[2]) Ein neues Beispiel, daß abschreckende Dämonenbilder als Talismane
zur Vertreibung böser Geister gebraucht wurden.
[3]) W. A. I., IV, 17, verso.
[4]) W. A. I., IV, 20, 2.

O Sonnengott! Aus dem Hintergrunde des Himmels bist du getreten,
die Riegel des glänzenden Himmels hast du geöffnet,
ja, die Pforte des Himmels hast du geöffnet.
O Sonnengott! über das Land [1]) hast du erhoben dein Haupt!
O Sonnengott! die unermeßliche Weite des Himmels und der Länder hast du bedeckt!

Desgleichen ein anderes Fragment [2]):

O Herr, Erleuchter der Finsterniß, der du öffnest das finstere Antlitz . . . . .
Barmherziger Gott, der aufrichtet den Gebückten (?), schützet den Schwachen,
nach deinem Licht schauen aus die großen Götter,
die Erzengel der Erde, sie alle blicken auf zu deinem Antlitz.
Die Sprache des Lobpreises wie Ein Wort regierest du,
die Schaar ihrer Häupter suchet des Sonnengottes Licht.
Wie ein Bräutigam lässest du dich nieder, freudig und wohlgemuth.
Du bist der Lichtträger des fernen Himmelsraumes,
der weiten Erde Panier bist du.
O Gott! es blicken zu dir auf und freuen sich die weithin wohnenden Menschen.

Ein Hymnus von größerem Umfange [3]) beginnt folgendermaaßen:

Hehrer Gebieter, bei deinem Hervortreten aus dem Grunde des glänzenden Himmels,
starker Held, o Sonne, bei deinem Hervortreten aus dem Grunde des glänzenden Himmels, [bei deinem Erscheinen
an der Oeffnung des glänzenden Himmels, an der Pforte, die den Himmel erschließt, bei deinem [Erscheinen
an der Schranke des glänzenden Himmels, an . . . . , [bei deinem Erscheinen
an der großen Pforte des glänzenden Himmels, wenn du sie öffnest,
auf den höchsten Höhen des glänzenden Himmels, während deines eiligen Laufes,
umkreisen dich in Ehrfurcht und Freude [die himmlischen Erzengel,
geleiten dich in festlichem Aufzuge [die Diener Jener, die da . . . . ihre Krone [4]),
bestimmen dir die Tage zur Erholung deines Herzens die . . . . .

---

[1]) Die Erdoberfläche.
[2]) W. A. I., IV, 19, 2. — Vgl. Friedrich Delitzsch, George Smith's Chaldäische Genesis, S. 284.
[3]) W. A. I., IV, 17, erste Seite.
[4]) Assyr. Version: die Herrin der Götter.

blicken auf zu dir die [zahllosen] Schaaren der Erde,
geleiten dich die Geister des Himmels und der Erde.
Du zermalmest mit deiner Kraft die . . . . .
du findest auf . . . . .
du läßt ergreifen . . . . .
du richtest . . . . .

(Lücke von vier bis fünf Versen.)

Wie wir aus dem Schlusse dieses Hymnus ersehen, war
derselbe zur Heilung eines Kranken gedichtet. Der Zauberpriester
(assyr. asipu) wendet sich direct an den Sonnengott, indem er
vom Kranken als von einer dritten Person spricht; er behauptet,
seine Macht sei göttlichen Ursprungs und verleihe ihm daher ein
Recht, der Sonne zu gebieten:

Ich komme als Bote des Herrn,
als Bote des Ea, des mächtigen Herrn.
Entscheide das Loos dieses Menschen, offenbare was seiner wartet,
bestimme sein Schicksal!
Du leitest in deinem Laufe das Menschengeschlecht;
laß über ihm leuchten einen friedlichen Strahl, der ihn befreie von
seinem Leiden!
Der Mensch, Sohn seines Gottes, hat seine Sünde und Missethat
vor dir bekannt;
seine Hände und Füße verursachen ihm heftigen Schmerz, seine
Krankheit verunreinigt ihn schrecklich.
Sonne, laß meine erhobenen Hände nicht unbeachtet,
genieße seine Speisen, weise sein Opfer nicht von dir, führe ihm
seinen Gott wieder zu, (auf daß dieser eine Stütze gewähre) seiner
Hand!
Mögen, auf deinen Befehl, seine Sünde vergeben, seine Missethat
vergessen sein!
Daß sein Ungemach ihn verlasse! daß er von seiner Krankheit genese!
Verleihe dem Könige neue Lebenskraft!
Daß deine Erhabenheit ihn am Tage seiner Wiedergenesung in
gnädigen Schutz nehme!
Geleite den König, der dir zu Füßen liegt!
Geleite auch mich, den Zauberpriester, deinen ehrfürchtigen Diener.

Aus den letzten Worten erhellt, daß der betreffende Kranke
der Landesfürst selber war. Die eigenthümliche Auffassung von
Züchtigung und Buße, wie sie hier zum Ausdruck gelangt, läßt
indessen darauf schließen, daß dieser Text nicht gerade zu den
ältesten zu zählen sein dürfte.

Eine Fürbitte für den König enthält sodann auch folgendes Bruchstück eines Hymnus [1]) an den Sonnengott Samas:

Du gehst voran . . . .
Mit Ana und Mul=ge . . . . . .
Stütze der Schaaren der Menschen, leite dieselben!
Der im Himmel Recht spricht, der das Urtheil fällt, du bist es!
Der die Wahrheit erkennt im Geiste der Menschen, du bist es!
Dir ist die Wahrheit, die Lüge bekannt!
Sonne, die Gerechtigkeit erhebet ihr Haupt,
Sonne, die Lüge verläumdet wie der Neid.
Sonne, du bist der Diener Ana's und Mul=ge's,
Sonne, du bist der höchste Richter des Himmels und der Erde.
Sonne . . . .
            (Lücke.)
Sonne, du bist der höchste Richter der Länder,
    du bist der Herr der lebenden Wesen, der sich der Länder erbarmt.
Sonne, an diesem Tage erhelle, erleuchte den König, den Sohn
    seines Gottes!
Reinige ihn, wie einen . . . .[2]) Krug,
laß ihn träufeln, wie einen Milchkrug!
Daß sein Uebel zerrinne, wie geschmolzenes Erz!
Befreie ihn von seiner Krankheit!
Möge deine Gnade ihn am Tage seiner Wiedergenesung [geleiten!
Möge dieselbe auch mich, den Zauberpriester [deinen ehrfürchtigen
    Diener, geleiten!

Die Beschützer= und Wohlthäterrolle, die man der Sonne überträgt, sowie ihre größere Zugänglichkeit den Menschen gegenüber, gilt übrigens auch als Eigenschaft der reinen Elemente der atmosphärischen Zone zwischen Himmel und Erde. Man verehrt dieselben entweder in ihrer materiellen Realität oder in den Geistern, die sie beleben.

Wie in den Vedas die Winde nicht allein in Gestalt eines einzigen Gottes, Vâyu, sondern auch als Vereinigung mehrerer Götter, Marut's, auftreten, so kennen auch die Texte der akkadischen Magie, außer den guten oder bösen Specialgeistern der einzelnen Winde [3]), noch einen Geist oder Gott der Winde

---

[1]) W. A. I., IV, 28, Nr. 1.
[2]) Unbekanntes Wort.
[3]) Vgl. meine Ausführungen über den Dämon des Westwindes und die Erwähnungen schädlicher Winde in der großen Beschwörung zu Anfang des ersten Capitels.

im Allgemeinen. Derselbe heißt Imi oder Mermer[1]) und wird in den Fragmenten häufig, jedoch immer nur beiläufig erwähnt und vornehmlich als Erzeuger der fruchtbaren Regen bezeichnet. Später wurde er mit dem chaldäisch-babylonischen Gotte Bin oder Ramanu identificirt, dessen Befugnisse in größerer Ausdehnung alle atmosphärischen Erscheinungen umfassen und dessen ursprüngliche Aufgabe die Personification einer besonderen Aeußerung der Sonnenkraft gewesen zu sein scheint.

Folgender Hymnus wendet sich an die Gewässer, die auf der Erde dahinströmen[2]):

> Glänzende Gewässer, [Gewässer des Tigris,
> Gewässer des Euphrat, die [dahinfließen] in ihrem Bette,
> vermehrte Gewässer, die beständig bei einander weilen im großen
>   Wasserbehälter,
> Ea's holder Mund hat sie gereinigt.
> Kinder des Oceans, deren es sieben giebt,
> die Gewässer sind glänzend, die Gewässer sind von leuchtender Klar-
>   heit, die Gewässer sie funkeln.
> Vor dem Angesichte eueres Vaters Ea,
> vor dem Angesichte euerer Mutter, der Gattin des großen Fisches[3]),
> seid glänzend, seid heilig und rein, und leuchtet!
> Daß machtlos der boshafte, ruchlose Mund sei!
> Amen!

Ein anderer ruft den Fluß als persönlichen Gott an[4]):

> O Flußgott, der du mit Macht dahinschießt, wie eines Schiffes
>   Kiel[5]),
> der vor sich her treibt das böse Geschick, wie ein schlingender Löwe,
> der die Länder versengt, wie die Kraft des hohen Zeniths.
> Die aufgehende Sonne zerstreue die Finsterniß! diese wird nimmer
>   im Hause herrschen.
> Das böse Geschick hebe sich hinweg in die Wüste und in hochgele-
>   gene Orte!
> Das böse Geschick, Geist des Himmels beschwöre es! Geist der Erde
>   beschwöre es!
> Amen. Das böse Geschick, das sich über die Erde verbreitet, gött-
>   licher Fluß, vernichte es!

---

[1]) Verstärkte factitive Form von mer, „der Cardinalpunct, die Himmels-gegend, aus welcher der Wind weht".

[2]) W. A. I., IV, 14, 2, erste Seite.

[3]) Assyr. Version: Davkina.

[4]) W. A. I., IV, 14, 2, erste und zweite Seite.

[5]) Im assyrischen Text fällt dieser Vergleich aus.

Die Verzeichnisse der Götter zweiten Ranges [1]) erwähnen diesen Flußgott (Hib) unter verschiedenen akkadischen Namen, wie z. B. Aria=mulu=rutik „der Fluß, der wie ein Kiel, wie ein Schiffsschnabel dahinschießt", desgleichen seine Gattin Ki=kuru=nir [2]), seinen Sohn Sâ=zi und seinen Boten neben den sechs Söhnen des Êa. Doch werden hier auch andere Wassergottheiten genannt [3]), welche alle so echt akkadische Namen haben, daß sie unbedingt bis in die alte elementare Mythologie der Akkader zurückreichen; so z. B. Ungal a=abba „der König des Meeres", Ungal hibba „der König des Flusses", Ungal aba „der König des Beckens, der Aushöhlung".

Unter den magischen Fragmenten findet sich ebenfalls ein Hymnus [4]) an den als Schutzgott personificirten Wasserbehälter des Oceans (ab abzu); er preist dessen „im Glanze der Reinheit strahlende Gewässer", seine erhabenen, heiligen, belebenden Gewässer, „die im heiligen, im reinen Ocean bei einander versammelt sind". — Und diesen Personificationen der Gewässer muß endlich auch Khi=tim=kur=kû, die Tochter des Oceans [5]) beigezählt werden; ihr Name bedeutet „Quelle, die das hohe Gebirge umsprudelt", also die in der Ueberlieferung so vieler Völker gepriesene Quelle des Paradieses.

Eine weit größere Bedeutung muß dagegen dem Feuer zuerkannt werden. Man verehrt dasselbe in seiner materiellen Realität als einen selbst über der Sonne stehenden Gott, und zwar unter demselben Namen, den er in der gewöhnlichen Sprache auch als Element trägt, nämlich gis-bar, oder vielmehr bar, — da das erste Schriftzeichen ein lautloses Determinativ zu sein scheint, — nur daß man noch das ideographische Schriftzeichen für „Gott" vorsetzt. Noch häufiger wird er indessen, wie es in den mythologischen Urkunden regelmäßig geschieht, Bil=gi „das Feuer des Schilfrohrs" genannt, d. h. Feuer, welches mit

---

[1]) W. A. I., II, 56, Z. 26—32, c—b.
[2]) Oder auch: Ki=sâ=nir.
[3]) W. A. I., II, 59, Z. 38—40, b—e.
[4]) W. A. I., II, 58, 6, erste Seite.
[5]) W. A. I., IV, Col. 2, Z. 53.

einem aus Schilfrohr angefertigten Instrument, ähnlich dem arâni der ältesten Arier, angefacht wird [1]). Die Art und Weise wie man diesen Gott auffaßte, sowie die ihm zugeschriebenen Eigenschaften, lassen ihn übrigens dem Agni der Vedas sehr ähnlich erscheinen.

Ein Hymnus [2]) an den Feuergott lautet:

Feuer, höchster Gebieter, der du dich hoch im Lande erhebst,
Held, Sohn des Oceans, der du dich hoch im Lande erhebst;
Feuer, mit deiner heiligen leuchtenden Flamme
schaffest du Licht im Hause der Finsterniß;
du wendest das Schicksal ab, von Allem, was einen Namen hat.
Du bist es, der Kupfer und Zinn mischt,
du bist es, der Silber und Gold läutert.
Du bist der Göttin Nin=ka=si Genosse,
du bist es, der des Bösen Seele in der Nacht mit wirrem Schrecken erfüllt.
Die Werke des Menschen, des Sohnes seines Gottes, sie mögen strahlen von Reinheit!
Wie der Himmel, so glänze er!
Wie die Erde sei er heilig und rein!
Wie des Himmels Mittelpunct strahle er!

In einer bereits früher mitgetheilten Beschwörung, welche die verschiedenen Kategorien von Zauberern und Schwarzkünst= lern nennt, wurde der Feuergott als mächtiger Widersacher der Zaubereien und als muthiger Bekämpfer der bösen Geister ge=

---

[1]) In G. Smith's Chaldäische Genesis, S. 270, schlägt Fried= rich Delitzsch mit vielem Scharfsinne vor, diesen stets Bil=gi geschriebenen Gottnamen, nach Analogie so vieler anderer akkadischer Composita (vgl. meine Langue primitive de la Chaldée, S. 421), lediglich für ein Wort zu er= achten, dessen Sprechweise im umgekehrten Verhältniß zur Schreibweise stand. Der in Rede stehende Name würde demnach nicht Bil=gi, sondern Gibil lauten und eine dem Verbum gibil, „verbrennen", entsprechende Bedeutung haben; auch wäre anzunehmen, daß dieser Name ohne Aenderung in das Assy= rische übergegangen sei. — In der That scheint dieser Name auch zu den Se= miten Syriens gelangt zu sein und hier einen Bestandtheil im Namen des großen Gottes von Emesa, אלה־גבל, dem Elagabalus der Römer, zu bilden. Wenigstens lassen alle Angaben über diesen Ela=gabal viel eher vermuthen, daß er ein „Feuer=Gott" war, als ein „Berg=Gott", für den man ihn bisher gehalten.
[2]) W. A. I., IV, 14, 2, erste Seite.

priesen und angerufen. In derselben Eigenschaft zeigt ihn uns folgendes Fragment eines anderen Hymnus[1]):

> Der du die bösen maskim verjagst,
> der du gedeihen läßt die Wohlthat des Lebens,
> der du des Bösen Brust in Schrecken bannst,
> Hüter des Orakels des Mul = gelal,
> Feuer, Vernichter des Feindes,
> schreckliche Waffe, welche die Pest vertreibt,
> welche befruchtet und leuchten läßt,
> welche unter den sieben Göttern die Bösen vernichtet.

Dem Walten dieses Gottes verdankt man auch, vor allen Anschlägen böser Geister gesichert, den allgemeinen Frieden:

> Ruhe des göttlichen Feuers, des Helden,
> mit dir seien in Frieden die Länder und Flüsse!
> Mit dir seien in Frieden der Tigris und [Euphrat!
> Mit dir seien in Frieden das Meer . . . . . .!
> Mit dir sei in Frieden der Pfad der Tochter der Götter[2]) . . .!
> Mit dir sei in Frieden der Kern der Erzeugnisse [der Natur!
> Mit dir sei in Frieden das Herz meines Gottes und meiner
>   Göttin, ... Geister!
> Mit dir sei in Frieden das Herz des Gottes und der Göttin meiner
>   Stadt, ... Geister!
> An diesem Tage offenbare sich das Innerste des Herzens meines
>   Gottes und meiner Göttin,
> und das böse Geschick möge vertrieben werden aus meinem Körper[3]).

In den letzten, sehr verstümmelten Versen, wird endlich der Feuergott aufgefordert, sein Amt als Richter und Retter zu üben.

Von den Hymnen der magischen Sammlung sind außerordentlich viele an diesen Gott gerichtet. Man verehrt ihn vor Allem in der Opferflamme, woher sein Name „der oberste Priester auf der Erdoberfläche[4])", erblickt ihn aber auch in der lodernden Flamme des häuslichen Heerdes, welche das Haus gegen alle schädlichen und dämonischen Einflüsse schützen sollte; und in dieser Eigenschaft wird er zuweilen „Hausgott". (dimmer êa),

---

[1]) W. A. L., IV, 21, 1, zweite Seite.
[2]) Vielleicht eine Anspielung auf die Milchstraße.
[3]) W. A. L., IV, 8, Col. 4.
[4]) W. A. L., IV, 1, Col. 2, Z. 42.

„Beschützer des Hauses" (uru ša) und „Beschützer der Familie"
(uru šuxar) genannt.

Der Gott, der sich in der Opferflamme und im Feuer des
häuslichen Heerdes offenbart, ist aber auch das kosmische Feuer,
das die Natur belebt und in den Sternen leuchtet. Er wird
in dieser Erscheinungsform als Sohn des Ana, des personificirten Himmels, betrachtet und heißt dann „der Gott, der sich
hoch emporhebt, der hehre Gebieter, der durch die erhabene Macht
des Ana gebietet"; auch ist er als solcher der unermüdliche Bekämpfer der maskim, welche Unheil und Umsturz in den Haus-
halt der Welt tragen[1]. Folgendes Fragment eines Hymnus[2]
betrachtet ihn in seiner umfassendsten und wesentlichsten Rolle:

> Hochherziger Gebieter, der du der großen Götter Güter besitzest,
> Glanz des Zenith's, Hochherziger, im Besitze der Güter der großen
>   Götter,
> . . . . des Mul-ge, der auf Erden das Herz erfüllt,
>   im Besitze der Güter der großen Götter,
> Gebieter des Unermeßlichen, der im Himmel das Herz erfüllt, im
>   Besitze der Güter der großen Götter,
> Held, Feuer, männliches Wesen, das sich emporhebt[3],
> das sich erhebt wie eine Hülle, die über dem Unermeßlichen lagert,
> mächtiges Feuer, das hohe Berge[4] versetzt[5],
> das den Fluch von uns wälzt, das die Finsterniß erhellt.

Die Bedeutung, welche der Feuergott ursprünglich im Religionssystem der akkadischen Zauberbücher hatte, war also, nach
Maaßgabe der mitgetheilten Texte, gewiß nicht gering. Aber sie
erfuhr mit der Zeit dennoch wesentliche Aenderungen und Be-
schränkungen, obgleich der Gott selber auch fernerhin beibehalten
wurde. Er wird in den Urkunden der assyrischen Periode nur
ein Mal, und zwar eher als symbolische Personification, unter
den dii minores erwähnt, an einer Stelle, wo Sargon den
Monat ab[6] nennt, also den „Monat der Herabkunft des Feuers,

---

[1] W. A. I., IV, 15.
[2] W. A. I., IV, 26, 3.
[3] Assyrische Version: „Feuer, das sich erhebt, männlicher Held".
[4] Assyrische Version: „die steilen Gebirge".
[5] Wörtlich: „fortstößt, fortwälzt".
[6] Juli-August.

das die Regenwolken zerstreut und verjagt [1])". Doch nehmen
die assyrischen Uebersetzer der magischen Hymnen meistentheils
seinen akkadischen Namen unverändert in ihre Uebersetzungen
auf, oder aber sie machen den Versuch, ihn einem Gotte der
chaldäisch-babylonischen Religion, bald Nebo, bald Bin, zu assimiliren, wobei natürlich Bedeutung und Wesen des Gottes ebenso-
häufig wechseln.

Als Ersatz für den im Pantheon verlorenen Posten erhält
aber der alte Feuergott der Akkader eine neue Rolle im Epos
zugewiesen: er nimmt unter dem Einflusse des Geistes der chaldäisch-babylonischen Religion, im ersten Entwickelungsstadium,
einen solaren Charakter an und wird als Izdhubar, oder
vielmehr Dhubar (dhu-bar „Feuermasse" [2])), der Held einer der
vornehmsten epischen Erzählungen, in welcher u. a. auch der
Sintfluthbericht eine besondere Episode bildet.

Daß übrigens derselbe Izdhubar oder Dhubar kein
historischer König ist, wie Smith annahm, sondern lediglich ein
in einen irdischen Helden verwandelter Gott, dürfte nunmehr
wohl keinem Zweifel mehr unterliegen. Denn seine solare Natur
ergiebt sich ebenso klar aus seinen Heldenthaten und Abenteuern,
die den zwölf Zeichen des Thierkreises entsprechen, wie aus seiner
Eigenschaft als Sohn des Samas, die ihm das Epos beilegt;
auch scheinen mir die Worte einer assyrischen Beschwörung [3])
gegen das Unwesen der Zauberer: „Erde! Erde! Erde und
Dhubar! ihr Gebieter der Talismane!" gerade dadurch, daß
sie sich an ihn und die Erde zugleich wenden, sein ursprüngliches
Wesen als Elementargott sowie seine Identität mit dem Feuer,
dem Bar oder Bil-gi der akkadischen Zaubertexte, unzweifelhaft nachzuweisen.

---

[1]) Oppert, Inscriptions de Dour-Sarkayan, S. 18.
[2]) Daß man zwischen IZ und bar die Silbe du eingeschoben, beweist
eben, daß das Zeichen für IZ hier nur ein lautloses Determinativ ist;
denn hätte man wirklich izbar oder gisbar gesagt, so würde das betreffende
Compositum dhuizbar oder dhugisbar, nicht aber Izdhubar haben lauten
müssen.
[3]) W. A. I., IV, 56, Col. 1, Z. 37.

13*

Die hauptsächlichsten Prädicate, die ihm das Fragment eines
von Smith entdeckten und nach England übergeführten Täfelchens[1] beilegt, lauten im Assyrischen puvalu „Riese" und puvalu emuqi „Riese an Macht". Ueberhaupt ist der Feuergott
das höchste Wesen, mit dem der Mensch durch heilige Handlungen
und magische Sprüche in directe Verbindung zu treten vermag;
und dieser Verkehr gestaltet sich gerade mit ihm zu einem aus-
nehmend innigen, um so mehr da der Mensch selber ihn erzeugen
oder doch wenigstens nach Belieben auf seinem Opferaltar oder
Hausheerd einsetzen kann. Dahingegen steht Êa, der averruncus
κατ' ἐξοχήν, die Seele der überirdischen Weltzone, die höchste
Schutzmacht und äußerste Zuflucht, ungeachtet der Macht, die
man den zauberhaften Worten und magischen Gebräuchen beimaß,
viel zu hoch und der Menschheit zu fern, als daß die Gebete
derselben ihn unmittelbar erreichen und seinen Willen beeinflussen und bestimmen könnten. Man nimmt daher einen besonderen Vermittler zwischen den Menschen und Êa an, einen
Gott, der keiner besonderen Naturerscheinung zu entsprechen,
sondern eben nur diese vermittelnde Rolle zu haben scheint,
nämlich Silik-mulu-khi, „der den Menschen das Gute zurecht legt[2]". „Ich bin es", sagt er selber in einem Hymnus[3],
„der vor Êa einhergeht, ich bin der Krieger, der erstgeborene
Sohn und Bote des Êa".

Das besondere Abzeichen seiner Würde ist ein einfaches
Schilfrohr, das ihm als königlicher Scepter und Zauberstab zugleich dient; später aber, als eine gewisse Assimilation zwischen
Silik-mulu-khi und dem Maruduk von Babylon stattgefunden, sehen wir dieses Schilfrohr auch in die Hände des Letzteren übergehen. In einer Beschwörung[4] spricht dieser göttliche
Stab selber wie folgt:

---

[1] Transactions of the Society of Biblical Archaeology, Bd. III, S. 460.
[2] Der Name Silik-mulu-khi zeigt übrigens häufige und nicht immer
verständliche Varianten, wie z. B. Silik-ri-mulu. Bemerkenswerth ist
auch die Form Silik-kuru, „der das gute Omen verleiht".
[3] W. A. I., IV, 30, 3.
[4] W. A. I., IV, 6, Col. 5.

Goldenes Schilfrohr, mächtiges Schilfrohr, leuchtendes Schilfrohr der
   Sümpfe,
heilige Streu der Götter,
kupfernes Schilfrohr, das die Vollendung erhöht,
ich bin der Bote des Silik=mulu=khi,
der Verkünder hehrer Verjüngung.

Uebrigens scheint dieser Spruch den Stab des Silik=
mulu=khi mit dem Geräth selber zu identificiren, welches, dem
arâni entsprechend, zur Anfachung des heiligen Feuers diente;
nach einigen preisenden Worten an das göttliche Abzeichen fährt
der Beschwörer im Namen dieses Stabes fort:

Der Hausgott kehre ein in das Haus!
Der holde Dämon, der gnädige Gott, sie mögen einziehen in dieses
   Haus!
Den bösen Dämon, den bösen [alal], den bösen gigim,
den bösen telal, [den bösen Gott], den bösen maskim,
das Gespenst, den Schreckgeist, den Vampyr,
Geist des Himmels, beschwöre sie! Geist der Erde, beschwöre sie!

Und da die specielle Bezeichnung „Hausgott", wie bereits
bemerkt, nur dem göttlich verehrten Feuer galt, so dürfte diese
Beschwörung allem Anschein nach bestimmt gewesen sein, beim
Anzünden der Heerdflamme gesprochen zu werden, d. h. also,
wenn man mittelst des Schilfrohrs des Silik=mulu=khi den
Schutzgott einsetzte, der alle Dämonen und schädlichen Einflüsse
vom Hause fernhielt.

Als Verkünder des Willens und der Rathschlüsse Êa's
sehen wir Silik=mulu=khi in allen dramatisch gestalteten
Beschwörungen auftreten. Man dachte ihn als den Uebermittler
der Wünsche und des Hülferufs der von bösen Geistern und
Krankheiten geplagten und heimgesuchten Menschen, desgleichen
als denjenigen, der ihre Leiden dem Êa schildert und diesen um
Beistand ersucht. Er ist es ferner, dem Êa den „geheimnißvollen
Namen" zur Bekämpfung und Vernichtung der Dämonen anver=
traut und den er mit der Vollziehung der befreienden und rei=
nigenden Gebräuche beauftragt. Ja noch mehr: selbst wenn Götter,
wie die Sonne oder das Feuer, die hohe Vermittelung und Hülfe
des Êa anrufen, müssen sie vorher zu Silik=mulu=khi, als

der Mittelsperson, ihre Zuflucht nehmen [1]), — alles Thatsachen, die wir schon früher dargelegt haben und daher nicht durch neue Beläge zu erweisen brauchen.

In markigen Zügen schildert uns folgendes Fragment eines Hymnus an Silik=mulu=khi die Macht der im Namen des Gottes ergangenen Befehle über die gesammte Natur [2]):

> Vor deiner Kriegesmacht, wer mag entfliehen?
> Dein Befehl ist das erhabene Schwert, das du ausstreckest über
>   Himmel und Erde.
> — Ich habe dem Meere geboten, und das Meer beruhigte sich [3]);
> dem Sturme gebot ich, und der Sturm legte sich;
> dem Ufer des Flusses von Sippara [4]) gebot ich,
> und der Wille des Silik=mulu=khi verstörte seinen Lauf.
> — O Herr! du bist erhaben, welcher Wandelbare [5]) gliche dir?
> Silik=mulu=khi, unter allen Göttern die einen Namen haben,
>   bist du der Vergelter.
> Held, unter den Göttern, die . . . . . den Feind . . . . .
> Silik=mulu=khi, der Feind . . . .
> Herr der Schlachten . . . . [6])

Ein anderer Hymnus [7]) aus späterer Zeit, da man Silik= mulu=khi bereits mit dem Marubuk von Babylon identificirt hatte, schildert sein wohlthätiges Wirken wie folgt:

> Hehrer Gebieter] des Landes, König der Länder,
> erstgeborener [Sohn] des Ea, der du zurückleitest [in ihren perio=
>   dischen Kreislauf] Himmel und Erde,
> Silik=mulu=khi], hehrer Gebieter des Landes, König der Länder,
> Gott der Götter,
> Lenker] des Himmels und der Erde, der seines Gleichen nicht hat.

---

[1]) W. A. I., IV, 15.

[2]) Vgl. meine Premières Civilisations, Bd. II, S. 169 ff. Die vor= liegende Uebersetzung ist wesentlich modificirt und verbessert.

[3]) Diese Worte waren offenbar dem Gotte selbst in den Mund gelegt, wie denn überhaupt die akkadischen Hymnen sehr häufig die Form eines Zwiege= sprächs zwischen dem Gotte und seinem Anbeter anwenden. Wir haben dies schon früher in einem Hymnus an Nin=dara gefunden und werden es auch später noch einmal, in einem zweisprachigen Hymnus an Istar (Anhang V.) beobachten können.

[4]) Assyrische Version: „des Euphrat".

[5]) In der assyrischen Version fällt dieses Wort aus.

[6]) W. A. I., IV, 26, 4.

[7]) W. A. I., IV, 29, 1.

Diener] des **Ana** und **Mul=ge**[1]),
Barmherziger unter den Göttern,
Schöpfer[2]), der du die Todten zum Leben erweckest,
Silik=mulu=khi, König des Himmels und der Erde,
König von **Tin=tir**[3]), König von **É=saggal**[4]),
König von **É=zida**[5]), König von **É=makh=tila**[6]),
Himmel und Erde ist dein!
Der Raum des Himmels und der Erde ist dein!
Der Zauber des Lebens ist dein!
Der Zaubertrank des Lebens ist dein!
Das glänzende Gehege des Bettes des Oceans ist dein!
Die Gesammtheit der Wesen des Menschengeschlechtes,
Alles was athmet[7]), Alles was einen Namen hat und auf Erden
    lebt,
  die vier Himmelsgegenden in ihrer Gesammtheit,
  die Erzengel der himmlischen und irdischen Heerschaaren, so viele
    ihrer sind,

. . . .
          [Lücke von mehreren Zeilen.]
Du bist [der gnädige Gott,
du bist der [holde] Coloß,
du bist die belebende Kraft,
du bist der Erretter,
der Barmherzige unter den Göttern,
der Schöpfer[8]), der die Todten zum Leben erweckt.
Silik=mulu=khi, König des Himmels und der Erde,
ich habe deinen Namen angerufen, ich habe deine Gnade erfleht.
Der Ruhm deines Namens, er werde von den Göttern [gepriesen!
Die Ehrfurcht gegen dich, sie mögen sie [segnen!
Der Kranke möge von seinem Siechthum befreit sein!
Heile die Pest, das Fieber, das Geschwür!
Den bösen utuq und alal den Bösen, den bösen gigim und telal
  den Bösen,

---

[1]) Im Sinne von Himmel und Erde.
[2]) Assyrische Version: „Barmherziger".
[3]) Babylon, wie sich aus der assyrischen Version ergiebt.
[4]) É=saggal oder É=sakkil „das Haus, welches sein Haupt empor=
hebt", Bezeichnung der Pyramide von Babylon, des Hauptsitzes des babylo=
nischen Cultus.
[5]) „Das Haus der rechten Hand" oder „das Haus des Rechten", Bezeich=
nung des terrassenförmigen Thurmes zu Borsippa.
[6]) „Das höchste Haus des Lebens", Bezeichnung eines anderen Tempels
von Borsippa.
[7]) Assyrische Version: „die lebenden Wesen".
[8]) Assyrische Version: „der Barmherzige".

ben böfen Gott, ben böfen maskim,
baß Gefpenft], ben Schreckgeift, ben Vampyr,
baß Nachtmännchen], baß Nachtweibchen, ben weiblichen Kobold,
bie böfe [Peft], baß fchmerzhafte Fieber, bie böfartige Krankheit,
ben Urheber [beß Böfen], ben Anftifter beß Böfen,

. . . .

bie böfe [Zauberei], ben Zaubertrank,
[Geift beß Himmels, befchwöre fie! Geift ber Erbe, befchwöre fie!

Silik-mulu-khi wirb in biefem Hymnuß offenbar mit bem
Maruduk ber chalbäifch-babylonifchen Religion identificirt, mit
beffen Namen ihn auch bie affyrifchen Ueberfetzer ber Zaubertexte
burchgängig bezeichnen. Allein biefe Affimilation entfpricht feiner
urfprünglichen Auffaffung nicht genau, ba wir an Silik-mulu-
khi weber ben planetarifchen Charakter wiederfinden, welcher
Maruduk im endgültig feftgeftellten babylonifchen Religionß-
fyftem eigen war, noch ben folaren, ben biefer urfprünglich befaß.
Sie könnte baher entweder bamalß erfolgt fein, alß Maruduk
ber Gott beß Planeten Jupiter, „baß große Glück“ ber Aftrologen, geworben und hierburch eine Annäherung ber Attribute
unb Eigenfchaften beß Maruduk an bie beglückenbe und be-
fchützenbe Rolle beß Silik-mulu-khi geftattet war; ober aber,
waß noch wahrfcheinlicher ift, fie könnte vielleicht fogar in eine
noch frühere Zeit unb auf ben Boben ber kosmogonifchen Sage
felber zurückgeführt werben, in welcher Maruduk alß Streiter
ber himmlifchen Götter auftritt unb bie „fchuppenbebeckte Tiamat“ befiegt. Denn biefe That ließe fich einerfeitß recht gut
mit ber Rolle beß Silik-mulu-khi in Verbindung bringen,
andererfeitß konnte man jenen Kampf mit ben Mächten ber
Finfterniß ebenfo fachgemäß auch einem folaren Gotte, wie eß
Maruduk urfprünglich war, zufchreiben. Auf ber Analogie
ber Sagen beruht alfo aller Wahrfcheinlichkeit nach bie Jbentität,
welche man zwifchen beiden zu finden geglaubt hat. Bemerkenß-
werth bleibt aber immerhin, baß bie alte akkabifche Schreibung
beß Namenß Silik-mulu-khi in ben Urkunden ber chalbäifch-
babylonifchen ober affyrifchen Religion niemalß alß ideographifche
ober allophone Bezeichnung für ben Namen Maruduk benutzt wirb. Nur bie Götterverzeichniffe unb bie affyrifchen

Ueberſetzungen der Zauberſprüche identificiren Beide, während viele mythologiſche Tafeln zwiſchen Silik-mulu-khi und Marubuk noch immer einen Unterſchied machen.

Recht hervortretend iſt übrigens die enge Verwandtſchaft zwiſchen der urſprünglichen Auffaſſung des Silik-mulu-khi der akkadiſchen Zaubertexte und derjenigen des Erzengels Qraoscha, „des Heiligen und Starken" der älteſten zoroaſteriſchen Urkunden, ſowie zwiſchen der vermittelnden Rolle des Erſteren und dem Weſen des Mithra, wie man daſſelbe am Ende der Achämenidenperiode, unter dem wachſenden Einfluß des mediſchen Magismus [1]) und während der dadurch bewirkten allmäligen Zerſetzung der alten mazdeiſchen Lehre [2]) auffaßte. Auch ſind die Anbetung des Feuers, die Annahme eines vermittelnden Gottes zwiſchen den Menſchen und dem reinen und erhabenen Geiſte Ahuramazdâ, ſowie der ſtreng durchgeführte Dualismus, gewiß ſo deutliche Berührungspuncte zwiſchen der Lehre der akkadiſchen Magie und der des Zoroaſter, zumal in deſſen jüngſten Schriften, daß ſie wohl keinem gründlicheren Kenner der Religionen des Alterthums entgehen dürften. Allerdings muß zugeſtanden werden, daß zur genaueren Erforſchung dieſer Analogien noch ein eingehenderes Studium der akkadiſchen Denkmäler erforderlich ſein wird; doch bieten ſich dem forſchenden Geiſte ſchon jetzt viele neue Geſichtskreiſe. Mehrere Gelehrte, die ſich, wie Spiegel, mit den heiligen Büchern der iraniſchen Religion umfaſſend beſchäftigten, haben bereits früher den Urſprung vieler Vorſtellungen, welche einerſeits den vediſchen Ueberlieferungen fremd ſind, andererſeits ſich in den ſogenannten zoroaſteriſchen Schriften vorfinden, auf Babylon zurückzuführen verſucht. Dieſe Anſicht muß indeſſen ohne Zweifel dahin modificirt werden, daß es nicht ſowohl die chaldäiſch-babyloniſche Religion, die Schweſter der Religionen Syriens und Phöniciens, als vielmehr das eigentliche akkadiſche Syſtem war, welches den urſprünglichen Beſtand der ariſchen Anſchauungen beeinflußte

---

[1]) G. Rawlinſon, The five great monarchies of the ancient eastern world, Bd. II, S. 328, Bd. III, S. 348.

[2]) Vgl. meine Lettres assyriologiques, Bd. I, S. 103.

und durchdrang. Auch dürfte bei dieser Frage noch als weiterer
wichtiger Umstand zu berücksichtigen sein, daß wir in den ältesten
Theilen des Avesta, den sogenannten gâthâs, an keiner Stelle
den Mithra und seine vermittelnde Rolle erwähnt finden,
während ebenderselbe Name in den Vedas einer solaren Persön=
lichkeit übertragen ist. Die von mir angedeuteten Analogien
zeigen sich erst in denjenigen Theilen des Avesta, welche einer
späteren Entwickelungsphase des Mazdeismus angehören, d. h.
also, wie die Gelehrten heut einstimmig annehmen, jener Zeit,
wo der ursprüngliche Geist der persischen Religion durch den
Einfluß des medischen Magismus bereits wesentlich modificirt
worden war. Ebendieser Magismus aber, welcher lange Zeit
mit dem orthodoxen Mazdeismus im Kampfe lag, war nur das
Ergebniß einer Mischung der alten iranischen Lehren der gâthâs
mit fremden Ideen, die der Religion der ursprünglichen tura=
nischen Bevölkerung Mediens angehörten, welch' letztere wiederum
mit den Akkadern Chaldäas auf's engste verwandt war. Und
diese fremden Ideen hatten hierbei im Magismus über die ira=
nischen Anschauungen die Oberhand behalten, weshalb wir denn
auch bei Betrachtung der hohen Verehrung der Elemente und
der Naturgeister sowie der Bedeutung, die man im Magismus
den magischen Gebräuchen zuschrieb, auf's lebhafteste an die
Glaubenslehre unserer akkadischen Texte erinnert werden. Es
ist daher nicht unmöglich, daß die angedeuteten Analogien eher
auf eine ursprüngliche Gemeinschaft der Glaubensmeinungen
wie der Rasse zwischen den Akkadern und dem turanischen Ur=
stamm der Bevölkerung Mediens, als auf eine directe Einwirkung
der Religion der ältesten Völker Chaldäas auf den Mazdeismus
zurückweisen.

Mit vieler Gelehrsamkeit vertheidigte Henry Rawlinson[1]
die Ansicht, daß der Feuercultus, welcher dauernd den vornehmsten
Religionsgebrauch der Mazdeer bildete, vom Magismus aus
der alten Religion der Turaner entlehnt, daß er dem ursprüng=

---

[1] Memoir on the Atropatenian Ecbatana, im zehnten Bande des
Journal of the Royal Geographical Society; Journal of the Royal
Asiatic Society, Bd. XV, S. 254.

lichen System des Zoroaster fremd gewesen, und daß seine
Wiege in Atropatene zu suchen sei. Ich habe seiner Zeit diese
Ansicht bekämpft, indem ich mich dabei hauptsächlich auf die hohe
Bedeutung des Agni = Cultus in den Vedas berief; doch würde
ich, offen gestanden, heut nicht mehr so zuversichtlich sein, zumal
im Hinblick auf die Rolle des Feuergottes und seines Cultus in
der Urreligion von Akkad, während die gâthâs durchaus nichts
enthalten, was der Entwickelung des Agni = Cultus in den vedischen Hymnen gliche. Jedenfalls dürfte diese Frage erst von
Neuem geprüft und erörtert werden müssen, da ihre Lösung
zum Theil auch mit der ferneren Erforschung der akkadischen
Texte Hand in Hand geht; und man wird hierbei wohl von dem
Gesichtspuncte auszugehen haben, daß der Feuercultus, der den
Turanern und Ariern anfänglich gemeinsam war und daher
außerordentlich alten Ursprunges ist, durch die Reform des Zoroaster umgestoßen, später aber in einer veränderten und vom
medischen Magismus beeinflußten Form in den Mazdeismus
wieder aufgenommen worden sei.

Es liegt auf der Hand, wie zahlreiche und für die Religions-
geschichte hochwichtige Fragen die magischen Urkunden von Akkad
anregen; mit der Sichtung derselben ist allerdings schon begonnen
worden, doch werden sie noch langehin den Gegenstand der be-
harrlichsten und eingehendsten Forschung bilden, bevor es gelingen
wird, sie bestimmt und genügend beantworten zu können. Uebrigens
werden hierbei außer den bereits erwähnten auch noch viele andere Analogien zwischen den Lehren der akkadischen Magie und
gewissen Seiten der späteren mazdeischen Religion zu betrachten
sein, wie z. B. die so bedeutungsvolle Lehre von den Fravashis,
den Fervern der heutigen Parsen.

Die Fravashis des Zoroastrismus sind die reinen Formen
der Dinge; sie sind himmlische Wesen, die den irdischen als deren
unsterbliches Urbild entsprechen. Jeder Himmelskörper, jedes
Thier, jeder Mensch, ja sogar jeder Engel, — kurzum jedes
Wesen hat seinen eigenen Fravashi, seinen unsichtbaren Schutz-
geist, der beständig über ihm wacht und den der Mensch durch
Gebete und Opfer um Gnade anfleht. Die Fravashis sind

also offenbar die persönlichen Geister jedes Wesens und Dinges, welche in die mazdeïschen Vorstellungen Eingang fanden und hier auf einer unteren Rangstufe der himmlischen Hierarchie des guten Princips eine Stelle erhielten; ihr Urbild findet sich aber auch im System der chaldäischen Magie wieder. Denn wie in den jüngeren Theilen des Avesta jeder Mensch seinen besonderen Fravashi hat, so besitzt auch in den magischen Texten von Akkad jeder Sterbliche, von Geburt an, einen eigenen ihm zugesellten Gott, der ihn schützt, in ihm lebt und sein geistiges Urbild ist; oder aber, es waltet über ihm, — nach einer anderen, nicht minder häufig wiederkehrenden Vorstellung, welche jedes übernatürliche Wesen in eine eheliche Dualität theilte, — sogar ein Götterpaar, „ein Gott und dessen Göttin, reine Geister." Daher die so häufigen Bezeichnungen „der Mensch, Sohn seines Gottes, — der König, Sohn seines Gottes", statt „der fromme Mensch, — der fromme König"; daher auch die Beschwörungen, in denen der Sprechende z. B. dem Feuergotte zuruft: „Mit dir sei in Frieden das Herz meines Gottes und meiner Göttin, der reinen Geister!" und endlich der Ausruf, welcher nicht selten die Bitte um Heilung eines Kranken oder Besessenen begleitet: „Er werde zurückversetzt in die gnädigen Hände seines Gottes!"

Uebrigens theilen diese Schutzgötter, gleichviel ob sie als einzelne Wesen oder göttliche Paare aufgefaßt werden, stets die menschliche Natur mitsammt ihren Unvollkommenheiten und Schwächen; und sie sind daher keineswegs so entschieden gut und unwandelbar in ihrer schützenden Rolle, wie es die soeben angezogenen Sprüche uns glauben machen könnten. Sie können ebensogut wie der Mensch, mit dem sie verbunden gedacht werden, von Dämonen und Zauberern bezwungen und dienstbar gemacht werden; ja sie können durch die Macht der Beschwörungen sogar dahin gebracht werden, alles Böse im Menschen zu bewirken und zu veranlassen, wie es jene befehlen [1]). Hat Namtar, die personificirte Pest, ein Individuum ergriffen, so befinden sich der Gott und die Göttin des letzteren nicht minder in der Gewalt

---

[1]) W. A. I., IV, 7.

des Geistes der Krankheit als der Körper des Siechenden selber[1]). Die Texte, aus denen sich diese Anschauung ergiebt, habe ich bereits früher wiederholt mitgetheilt. Und es läßt sich daher wohl sagen, daß der Specialgott sowie die Specialgöttin eines jeden Menschen einen Theil seiner Seele bilden, was ja auch in den mazdeischen Schriften von den Fravashis gilt; nur daß die Auffassung der letzteren eine höhere war und sich von der Materialität und Unvollkommenheit der irdischen Menschen mehr losgelöst hatte.

Darin aber, daß auch die rein geistigen Wesen, wie die Amesha-çpentas, die Yazatas und sogar der höchste Gott Ahuramazdâ ihre besonderen, von ihnen getrennt gedachten Fravashis hatten, finden wir endlich dieselbe eigenthümliche und subtile Unterscheidung wieder, welche in den Beschwörungssprüchen der magischen Urkunden zwischen dem und dem Gott und seinem von ihm unterschiedenen Geiste gemacht wird. Diese Auffassungsweise ist gewiß eine höchst complicirte und setzt offenbar einen hohen Grad von scharfsinniger Speculation über die Natur der geistigen Wesen voraus; aber sie wurde nichtsdestoweniger in förmlichster Weise zum Ausdruck gebracht und sie war es auch, die zu einer gewissen Zeit alle Geister der planetaren Götter der chaldäisch-babylonischen Religion, welche man nicht unter die Zahl der Nationalgötter rechnete, in die Beschwörungen aufnehmen ließ.

Ein Glaubenssystem wie das vorliegende, das ich allein unter steter Berücksichtigung der darauf bezüglichen Texte der großen, von Henry Rawlinson entdeckten akkadischen Urkundensammlung geschildert habe, konnte natürlich nur einen vollständig magischen Cultus in's Leben rufen. Es verdient aber um so mehr einen besonderen Platz in der Geschichte der Glaubenslehren, da es gerade am deutlichsten die vielseitigste und vollständigste Entwickelung nachweist, welche die der turanischen Rasse eigenthümliche ausschließliche Verehrung der Natur und der Elementargeister jemals erreichte.

---

[1] Britisches Museum, Tafel K. 1284.

Capitel V.

Die Religion und Magie der turanischen Völker.

I.

Der Vernunftglaube, welcher heute noch bei den ugrisch-
finnischen Stämmen der Ural- und Altaigegend vorherrscht und
auch bei den Mongolen, neben dem von ihnen seit Jahrhunderten
angenommenen Buddhismus im Volke fortbesteht, ist bereits
früher von mir besprochen worden. Die Religion erscheint hier
in kindlichster und unentwickeltster Form, mit einer verworrenen
Dämonologie verflochten, in welcher der Antheil des Guten und
Bösen nicht deutlich geschieden ist, wo keine hierarchische Reihenfolge der Geister besteht und daher auch keiner dieser Geister sich
dermaaßen über die anderen erhebt, daß er den Rang eines
Gottes erreicht. Dieses träge Verharren im ursprünglichen Zustande, dieser Mangel an jeglicher Entwickelung der religiösen
Anschauungen und an allem Streben nach einem durchdachteren
und höheren System erscheint jedoch völlig erklärbar, zumal diese
Stämme seit dem Ursprung ihrer Rasse Nomaden und Barbaren
blieben und vereinsamt in unfruchtbaren, der Civilisation fast
unzugänglichen und verschlossenen Gegenden fortlebten.

Die in Rede stehenden Völker kennen keinen anderen Cultus
als Zaubergebräuche, keine anderen Priester als Zauberer. Die
ugrischen und altaischen Stämme haben ihre Schamanen[1],

---

[1] Ueber die Schamanen s. de Wrangell, Le Nord de la Sibérie, übersetzt vom Fürsten E. Galitzin, Bd. I, S. 268; P. Hyacinthe, Du cha-
manisne en Chine, in den Nouvelles annales des voyages, fünfte Series,
Juni 1851, S. 287 ff.

die Mongolen neben ihren bubbhiſtiſchen Lamas auch die Zau=
berprieſter ihres früheren Cultus, die ſogenannten Abyſſen[1]);
und dieſe Zauberer, die den Prieſterſtand erſetzen, ſind zugleich
Wahrſager, Beſchwörer, Aerzte, Thaumaturgen und Amuletfabri=
kanten. Sie verſehen keinen bauernden und regelmäßigen Dienſt.
„Man bedient ſich ihrer,“ ſagt Maury[2]), „nur im Falle der
Noth; aber ſie üben nichtsbeſtoweniger einen bedeutenden Einfluß
auf die Bevölkerungen aus, weil dieſe ſie für heilig und unan=
taſtbar erachten. Man fürchtet ihre Macht und beſonders ihren
Zorn; man hegt ein blindes Vertrauen zu ihren Künſten.
Dieſe Zauberer haben gewöhnlich in ihrem Blick, in ihrer Hal=
tung ein Etwas, was Furcht einflößt und die Phantaſie erregt.
Es mag dieſes zuweilen daher rühren, daß ſie ihren Zügen einen
Ehrfurcht gebietenden oder abſchreckenden Ausdruck zu verleihen
wiſſen; häufiger iſt aber dieſer eigenthümliche Ausdruck eine
bloße Folge des Zuſtandes der Erregung, der von ihnen künſtlich
erhalten wird; ſie gebrauchen thatſächlich die verſchiedenſten Reiz=
mittel, um ihre natürlichen Kräfte zu ſteigern, ihren Muskeln
eine ungewöhnliche Spannkraft zu verleihen und Viſionen,
Extaſen oder Träume in ſich hervorzurufen, die ſie als göttliche
Begeiſterung betrachten; ſie laſſen ſich ſelber durch ihre Geiſtes=
verirrungen täuſchen, und verlangen auch dann, wenn ſie ſelber
von der Bedeutungsloſigkeit ihrer trügeriſchen Prophezeiungen
überzeugt ſind, daß man ihnen unbedingt und ohne Vorbehalt
Glauben ſchenke!“

Die Krankheiten, welcher Art ſie auch ſein mögen, werden
bei allen dieſen Völkern lediglich als Beſeſſenheit oder als Werk
eines Dämons betrachtet[3]).

„Die Baſchkiren,“ ſagt Maury[4]), „haben ihre Schaïtan=
kuriazi oder Teufelsbeſchwörer, welche es übernehmen, durch beſon=
dere Heilmittel die angeblich Beſeſſenen zu behandeln[5]). Der Schaïtan,

---

[1]) P. de Tchihatchef, Voyage scientifique dans l'Altai oriental, S. 45.
[2]) La Magie et l'Astrologie, S. 13.
[3]) Caſtrén, Vorleſungen über die finniſche Mythologie, S. 173.
[4]) La Magie et l'Astrologie, S. 283 ff.
[5]) C. d'Ohsson, Histoire des Mongols, Bd. I, S. 17.

deſſen Name ſeit der Berührung der Baſchkiren mit den Ruſſen
dem „Satan" der Chriſten entlehnt worden, wird auch bei den Kal=
mücken für den vorzugsweiſen Urheber aller körperlichen Leiden
gehalten. Zur Vertreibung oder Bannung deſſelben werden nicht
nur Beſchwörungen, ſondern auch Liſten benutzt. Der Abyſſe
läßt vor den Kranken Opfergaben hinſtellen, als wären ſie für
den zu vertreibenden böſen Geiſt beſtimmt; der Beſchwörer
nimmt an, daß der Geiſt, von der Güte oder Fülle der Gaben
verlockt, den Beſeſſenen verläßt und in die neue Beute einfährt [1]).
Nach Anſicht der Tſcheremiſſen werden die Lebenden von den
Seelen der Verſtorbenen verfolgt und beunruhigt; und daher
durchbohren ſie die Fußſohle und das Herz der Todten, in der
Ueberzeugung, daß ſie, ſolcherweiſe feſtgenagelt, ihre Gräber
nicht wieder verlaſſen können [2]).

„Auch die Kirgiſen wenden ſich an ihre Zauberprieſter oder
B a k ſ y, um die Dämonen zu vertreiben und die Krankheiten,
die ihrer Anſicht nach ebenfalls von den letzteren erzeugt werden,
zu heilen. Sie peitſchen den Kranken bis auf's Blut und ſpeien
ihm in's Geſicht, da jedes körperliche Leiden in ihren Augen ein
perſönliches Weſen iſt [3]). Dieſe Vorſtellung ſteht auch bei den
Tſchuwaſchen in ſolcher Geltung, daß ſie behaupten, die geringſte
Pflichtverſäumniß werde durch Krankheiten beſtraft, die der Dämon
T ſ ch e m e n (eine Ableitung von S ch a i t a n) ſende [4]). Beinahe
dieſelbe Anſchauungsweiſe findet ſich bei den Tſchuktſchen wieder;
dieſe Wilden bedienen ſich der ſeltſamſten Beſchwörungen, um
die Kranken von ihren Leiden zu befreien; ihre Schamanen ſind
ebenfalls nervöſen Kriſen unterworfen, die ſie durch künſtliche
Erregung hervorrufen [5])."

Die Spuren verwandtſchaftlicher Beziehungen, welche ſich
zwiſchen der akkadiſchen Magie und dem ganzen Weſen dieſer

---

[1]) P. de Tchihatchef, Voyage scientifique, S. 45.

[2]) Haxthausen, Etudes sur la situation intérieure de la Russie, Bd. I,
S. 419.

[3]) Levchine, Description des hordes et des steppes des Kirghiz-
Kazaks. S. 356, 358.

[4]) Nouvelles annales des voyages, fünfte Series, Bd. IV, S. 191.

[5]) Wrangell, le Nord de la Sibérie, Bd. I, S. 265 ff.

freilich einem anderen Cultus, einer anderen Anschauungsweise entstammenden Beschwörungskunst kundgeben, sind unverkennbar. Das hier zu Grunde liegende System befindet sich zwar noch auf der ersten Entwickelungsstufe, es ist verworren und ungeregelt, wie es bei Stämmen, die den Zustand der Barbarei nicht verließen, kaum anders geschehen konnte; aber man erkennt dennoch deutlich den Keim, welcher sich an den Ufern des Euphrat und Tigris unter günstigeren Verhältnissen entwickelte, bevor noch ethnische Elemente von anderem Ursprunge sich mit dem akkadischen Volke vermischten. Allerdings muß eingestanden werden, daß wenn ein solcher Vergleich nur mit Glaubensmeinungen und Gebräuchen solcher Völkerschaften angestellt werden kann, welche keine eigenen, Aufschluß ertheilenden Bücher besitzen, sondern nur aus unvollkommenen Reiseberichten bekannt sind und dazu noch im fernen Sibirien leben, die erzielten Beweisgründe offenbar nur schwach und geringfügig sein müssen, desgleichen die Analogien viel zu unbestimmt und unzureichend ausfallen werden, als daß sie von der Kritik gebilligt und angenommen werden könnten. Ueberdies ließen sich ja ähnliche und gewiß ebenso treffende Vergleiche auch mit den religiösen Vorstellungen und der Magie der Rothhäute Amerikas und der Schwarzen Afrikas anstellen, da, wie Maury ganz richtig bemerkt, „die Magie und Zauberei aller barbarischen Völker nicht nur im Allgemeinen, sondern auch im Besonderen die mannigfaltigsten Analogien bietet.“

Jedoch führt ein solcher Vergleich zu wahrhaft bedeutsamen Ergebnissen, sobald er sich auf Thatsachen erstreckt, die sich bei den Medern und Finnen, also bei Völkern nachweisen lassen, die der turanischen Rasse im strengen und engeren Sinne, wie wir das Wort auffassen, angehören; denn diese schwangen sich zu einer höheren Culturstufe empor; sie schöpften aus ihren ältesten Glaubensmeinungen ein wirkliches Religionssystem, welches zwar noch sein ganzes Gefolge von abergläubischen Vorstellungen der Magie bewahrte, aber auch die Entwickelung einer Mythologie und geläuterter Anschauungen erzeugte. Der medische Magismus ist aus der Vereinigung einer alten turanischen

Religion mit dem Mazdeismus, auf welchen er später einen we=
sentlichen Einfluß ausübte, hervorgegangen. Die finnische My=
thologie repräsentirt dagegen eine selbitändige Schöpfung des
turanischen Geistes; und da sie im hohen Norden, im Schooße
einer Natur entstanden, welche der akkadischen gänzlich entgegen=
gesetzt ist, so trägt sie auch ein eigenes Gepräge, wie es ihr die=
selbe aufdrücken mußte. Aber ungeachtet der Verschiedenheiten,
welche diese abweichenden Entwickelungsbedingungen zur Folge
hatten, glaube ich dennoch, daß ein Blick auf den medischen Ma=
gismus und die religiösen Vorstellungen der alten Finnen, wie
sie in der Kalewala zum Ausdruck gelangen, genügen wird, die
Verwandtschaft derselben mit dem von uns dargestellten System
der akkadischen Magie erkennen zu lassen und den Leser vom
thatsächlichen Bestehen einer auf's genaueste charakterisirten Re=
ligionsfamilie zu überzeugen. Und ebendiese Familie, welche man
bisher nur allzusehr übergangen hat, entspricht auf's genaueste
einer großen ethnischen und linguistischen Gruppe, welche auch
in der allgemeinen Geschichte der Menschheit fortan einer ein=
gehenderen Beachtung wird gewürdigt werden müssen.

II.

Alles auf Medien Bezügliche ist für uns von besonderer
Wichtigkeit. Zwar hegen noch manche der hervorragendsten Ge=
lehrten Bedenken, die allerdings überraschende Thatsache der
Existenz einer ursprünglichen Bevölkerung in Chaldäa, welche
gleicher Herkunft wie die ugrisch=finnischen und tartarischen Völker=
schaften war und an der Entstehung der chaldäisch=babylonischen
Civilisation großen Antheil hatte, zuzugeben. Und ich werde
daher später versuchen auf die Bedenken dieser Gelehrten zu
antworten, da ihr Urtheil zu großes Gewicht hat, um nicht
ernstlich in Betracht gezogen zu werden; ja ich hege sogar einiges
Vertrauen, daß die neuen in diesem Buche dargelegten Thatsachen
dazu beitragen möchten, ihre Zustimmung zu erlangen; denn sie

fordern förmliche Beweisgründe für die Thatsache, die sie a priori für unwahrscheinlich halten; und wenn ich mich nicht täusche, führen unsere Untersuchungen thatsächlich Gründe an, welche nicht ganz ohne Werth sind. Wie dem aber auch sein mag, eines der wichtigsten Elemente zur Lösung der Streitfrage ruht jedenfalls in den Thatsachen, welche lehren, daß wenn die Akkader ihrer Sprache und ihrem religiösen Geiste nach zur eigentlichen turanischen Rasse gehörten, sie an sich keineswegs eine sporadische und schwer zu erklärende Erscheinung bildeten, sondern zu einer ganzen Gruppe von Bevölkerungen gleicher Rasse gehörten, die schon im frühen Alterthum vom mittelasiatischen Hochplateau bis zum persischen Meerbusen hinabstiegen. Daher werde ich auch auf die Folgerungen der trefflichen Arbeiten zurückkommen müssen, in welchen Westergaard, de Saulcy, Norris, Oppert und Mordtmann nachweisen, daß Medien ursprünglich von einem Volke bewohnt wurde, dessen Sprache einerseits mit den türkisch=tartarischen und mongolischen Idiomen, andrerseits mit dem Akkadischen Chaldäas auf's engste verwandt ist.

Dieses Volk, welches in Ermangelung einer genaueren Be=nennung als protomedisches bezeichnet werden muß, blieb im ausschließlichen Besitze des Landes bis zur Niederlassung der eigentlichen Meder iranischer Rasse, — einem der wichtigsten Ereignisse der asiatischen Geschichte, dessen Zeitpunct ich bereits nach Angabe assyrischer Inschriften auf das achte Jahrhundert v. u. Z. festzusetzen versuchte[1]. Aber auch nach der völligen Besitznahme des Landes bildeten die Iraner immer nur den kleineren, wenn auch den herrschenden Theil der Bevölkerung. Zur Zeit der Achämeniden sprach das Volk noch seine alte Sprache, welche auch gewürdigt wurde, die amtliche Sprache der Perserkönige zu sein. Das turanische Medien bewahrte aber nicht nur seine eigene Sprache, sondern auch seinen eigenen Charakter; es entsagte erst sehr spät dem mit wechselndem Glück geführten Kampfe wider die Religion Zoroaster's. Die ihm

---

[1] Im ersten Abschnitte meiner Lettres assyriologiques, Bd. I. — Vgl. die Artikel Maury's im Journal des savants, Februar, März, April und Mai 1872.

eigenen religiösen Vorstellungen fanden sogar bei den Eroberern iranischer Rasse Eingang; und sie erzeugten durch ihre Vermischung mit den religiösen Ideen derselben das System des Magismus, so genannt nach dem Stamme der Magier, die das ausschließliche Privilegium besaßen, daselbst das Priesteramt auszuüben [1]).

Lange Zeit ist der Name Magismus der Religion des Zoroaster beigelegt worden; es ist das aber eine Verwechselung, deren erste Urheber die griechischen Schriftsteller waren, von Herobot an, der Medien und nicht das eigentliche Persien bereist hatte; und sie beruht auf einem förmlichen Irrthum, da die neuesten Forschungen ergeben haben, daß diese beiden Religionssysteme nicht nur als verschiedenartige, sondern sogar als einander entgegengesetzte zu betrachten sind [2]).

Darius, der Sohn des Hystaspes, welcher jedenfalls besser unterrichtet war als Herobot, erzählt ausdrücklich in seinen Regierungsannalen auf dem Fels von Behistun, daß die Magier, welche mit Gaumâta, dem falschen Smerdis, eine Zeit lang Herren des Reiches waren, den Versuch machten, die Religion der iranischen Nation durch die ihrige zu verdrängen, und daß er, Darius, ihre „gottlosen Altäre" stürzte:

„Als Kambyses in Aegypten war, verfiel das Volk in Gottlosigkeit; und Wahnglaube (drauga, Lüge) wurde im Lande mächtig, in Persien, Medien und anderen Provinzen [3]) . . . . . Die Königswürde, welche unserem Geschlechte entrissen war, habe ich wiedererlangt: ich habe sie von Neuem wiederhergestellt. Die Tempel, welche der Magier Gaumâta zerstört hatte, habe ich wiedererbaut; ich habe den Familien, denen sie vom Magier Gaumâta entrissen worden, die heiligen Gesänge und rituellen Gebräuche wiedererstattet; ich habe den Staat auf seinen alten

[1]) Herobot, I, 132.
[2]) Vgl. Westergaard in der Vorrede zu seiner Ausgabe des Zend-Avesta, S. 17; Henry Rawlinson, Journal of the Royal Asiatic Society, Bd. XV, S. 247; George Rawlinson, S. 426—431 des ersten Bandes seiner Herobot-Uebersetzung; The five great monarchies of ancient eastern world, 2. Ausgabe, Bd. II, S. 322—355.
[3]) Inschrift von Behistun, Tafel 1, §. 10.

Grundlagen wiederhergestellt und Persien, Medien, sowie die übrigen Provinzen wieder an mich gebracht[1]."

In seiner Grabinschrift zu Nakſch=i=Ruſtam ſagt er ferner: „Als Ahuramazdâ dieſes Land dem Aberglauben preisgegeben ſah, vertraute er es mir an." Das an dieſer Stelle im Text gebrauchte perſiſche Wort iſt yâtum, Religion der Yâtus, wie die Feinde des Zoroaſter im Zend=Aveſta heißen; im babyloniſchen Texte iſt jedoch der Ausdruck paraphraſirt: „Als er ſah, daß dieſe Länder gottloſen Lehren huldigten u. ſ. w.[2]." Das Blutbad, welches die Perſer bald nach der Ermordung des falſchen Smerdis unter den Magiern anrichteten, ſowie die ſonſt unerklärliche Einſetzung einer „Feier des Magiermordes", welche lange Zeit hindurch den Jahrestag deſſelben feſtlich beging, erſcheinen hiernach wohl begreiflich[3]. Die Magier werden überhaupt von keiner entſchieden zoroaſtriſchen Urkunde von altem Datum und perſiſchem oder baktriſchem Urſprunge als Diener der Religion erwähnt. Die Zerſetzung und Entſtellung der nationalen und urſprünglichen Lehren der iraniſchen Raſſe, d. h. des reinen Mazdeismus der Gâthâs und erſten Fargards des Vendibâd=Sâde, trat alſo jedenfalls bei den Medern ſchon frühzeitig durch ihre Berührung mit turaniſchen Elementen ein, noch bevor ſie das ganze Land, das ſie Medien nannten, völlig erobert hatten; im Einklange hiermit wird denn auch im Vendibâd[4]) der Sitz der hauptſächlichſten Irrlehren, wie z. B. der Leichenverbrennung, nach Raghâ und Tſchakhra, alſo nach Ragae, in das heutige Khoraſſan verlegt, wie es übrigens auch aus einer von Haug[5]) mitgetheilten intereſſanten Urkunde hervorgeht.

Es beſtand alſo zur Zeit der Gründung der Achämenidenherrſchaft und unter den erſten Königen dieſer Dynaſtie, als die

---

[1] Tafel 1, §. 14.
[2] S. Oppert, Expédition en Mésopotamie, Bd. II, S. 178.
[3] Herodot., III, 79; Cteſ., Perſic., S. 68 der Bachr'ſchen Ausgabe; Agath. II, 47 (Pariſer Ausgabe).
[4] I, 59—66.
[5] Vgl. Bunſen, Aegyptens Stelle in der Weltgeſchichte, Bd. V, S. 116.

Religion der Perser sich noch in ihrer vollen Reinheit und Selbst-
ständigkeit erhielt, ein tiefer Antagonismus in der Lehre sowie
in der Stellung der medischen und persischen Priester, der Magier und der Athravas[1] — ein Widerstreit, welcher erst
später in demselben Maaße erlosch, wie die Religion der Perser
selbst von ihrer Ursprünglichkeit einbüßte. Denn nachdem der
Versuch, ihrem System zum Siege über den Mazdeismus zu
verhelfen, nach kurzen Erfolgen unter dem falschen Smerdis
fehlgeschlagen war, betraten die Magier einen anderen, allerdings sicherern, aber auch weiteren Weg, um ihr Ziel zu erreichen.

Ihr Einfluß bei Hofe war bereits in den ersten Regierungs-
jahren des Xerxes im Wachsen begriffen[2], und er nahm auch
in der Folge immer mehr und mehr zu. Diesem Einflusse sind
fast sämmtliche Wandelungen und Neuerungen zuzuschreiben,
welche gegen das Ende der Achämenidenherrschaft den zoroasterischen Glauben verderbten und in Abgötterei sich verirren ließen:
ein Vorgang, dessen allmäliges Fortschreiten von George
Rawlinson auf's genaueste beobachtet und verfolgt worden
ist[3]. An die Stelle des reinen Mazdeismus trat eine synkre-
tistische Religion, in welcher die Elemente des Magismus ein
weites Feld behaupteten und der magus neben dem âthrava
seine Stelle hatte. Die Theile des Zend-Avesta, welche der
zweiten Redactionsepoche angehören, tragen die deutlichsten
Spuren dieses Eindringens fremder Ideen an sich, obwohl dieselben nicht jenen Grad der Entwickelung zeigen, welchen ihnen
einige der achämenidischen Könige mittelst ihrer Decrete im öffentlichen Cultus zu verleihen wußten. Aber auch einige Jahrhunderte später, als die Sassaniden den Mazdeismus zu läutern
unternahmen, ohne ihn jedoch zu seinem ursprünglichen Zustande
zurückzuführen, erhielten sie noch immer den Priesternamen
Magier aufrecht, dessen heterodoxe Bedeutung mit der Zeit sich
schon merklich verwischt hatte: eine Thatsache, die sich auch daraus
entnehmen läßt, daß alle griechischen und lateinischen Schrift-

---

[1] Spiegel, Avesta, Bd. II, S. VI ff.
[2] Herodot, VII, 19, 113, 191.
[3] The five great monarchies, 2. Ausgabe, Bd. III, S. 357—362.

steller, die mit den damaligen Verhältnissen der persischen Re=
ligion näher vertraut waren, die Diener derselben Magier
nennen [1]). Endlich wird in der großen Pehlewi=Inschrift zu
Nakſch=i=Rajab in entsprechender Weise der römische Titel
eines pontifex maximus mit magûpat û aîharpat Rûm wie=
dergegeben [2]), d. h. mit Ableitungen aus der Zendsprache, welche
in ihrer ursprünglichen Form magûpaiti und aêthrapaiti, „Haupt
der Magier“ und „Haupt der Athravas“ bedeuteten; diese
Wörter finden sich jedoch auch auf anderen Inschriften der Saſſa=
niden unterschiedslos zur Bezeichnung eines „oberſten Prieſters“
gebraucht, und sie erzeugten ebenfalls die Benennungen der Re=
ligionsdiener des neueren Parſismus: mobed und herbed.

Die Widersprüche zwischen den Ueberlieferungen des He=
rodot und Dinon über die Religion der Perser und Meder
und dem Geiste und der Lehre der Religion des Zoroaster,
wie sie uns in den alten Theilen des Zend=Avesta, in den
Inschriften des Darius und Xerxes oder endlich in jener
bekannten Widerlegung des persischen Dualismus entgegentritt,
welche von einem unbekannten Propheten an Cyrus gerichtet
und auch in Capitel XLV des Jesaias aufgenommen wurde,
erklären sich allein aus der fundamentalen Scheidung, welche für
die ersten Zeiten der Achämenidenherrschaft zwischen dem Ma=
gismus und dem Mazdeismus getroffen werden muß.

Die mazdeische Lehre, welche Darius zu wiederholten Malen
auf's deutlichſte charakterisirt, ist wesentlich spiritualiſtisch. Sie
beruht auf einer dualiſtischen Vorstellung, in welcher aber das
Uebergewicht und die Vorzüge Ahuramazdâ's, des guten
Princips, in hellem Lichte strahlen: Ahuramazdâ ist wirklich
der eine Gott, der „Herrgott der Himmel“ und „Spender
(Schöpfer) von Himmel und Erde“; alle amtlichen Erlaſſe be=
ginnen mit einer Verkündigung und Lobpreisung der Größe
Ahuramazdâ's, neben dem keine andere Gottheit genannt
wird. Die Fürsten nennen sich Herrscher „von Ahuramazdâ's

---

[1]) Ammian. Marcell., XXIII, 6; Agath. II, 36.
[2]) Haug, Essay on the pahlavi language, S. 37.

Gnaden"; er verleiht Sieg, Eroberung, Heil, Wohlfahrt und alle
irdischen Güter. Das „Gesetz Ahuramazdâ's" ist die Richt=
schnur des Lebens; sein Schutz ist eine Segnung, welche be=
ständig durch inbrünstige Gebete erfleht wird. Kein Wunder
daher, daß die ersten Perserkönige eine besondere Hinneigung zur
Religion der Juden bekundeten, und daß Cyrus sogar so weit
ging, Jahweh mit seinem eigenen Gott zu identificiren[1]).
Allerdings wird zuweilen auch von anderen, nicht näher bezeich=
neten Göttern gesprochen; und dieses mag vielleicht die Pforte
gewesen sein, durch welche die fremden Einflüsse zersetzend in die
Landesreligion eindrangen. Auch wird Ahuramazdâ nicht
durchgängig „der große Gott" genannt, sondern zuweilen als
„der größte der Götter" bezeichnet und an die Spitze „der an=
deren Götter" oder „der Götter, die das Haus hüten," gestellt.
Aber diese Götter sind ohne Zweifel nur niederen Ranges, d. h.
mächtige, von Ahuramazdâ geschaffene, jedoch von ihm ab=
hängende Geister, welche ebenfalls Ansprüche auf Anbetung von
Seiten der Menschen haben und den Amescha=çpentas und
Yazatas des Zend=Avesta entsprechen. Was endlich Ahu=
ramazdâ's Gegner, den Vertreter des bösen Princips, den
Angrômainyus (Ahriman) der sogenannten zoroasterischen
Bücher betrifft, so ist er „der Feind", der mit Schrecken betrachtet
und mit Verwünschungen überhäuft wird; auch ließen sich die
Könige gewöhnlich als Bekämpfer desselben oder seiner als Un=
geheuer dargestellten Genien abbilden[2]). In den Inschriften
wird Angrômainyus nur einmal und zwar zu Behistun[3])
erwähnt, wo Darius ihn Drauga, „die (personificirte) Lüge"
nennt und zum Urheber aller Empörungen macht.

Herodot und die übrigen klassischen Schriftsteller charakte=
risiren den wahren Geist des Mazdeismus ganz richtig, wenn
sie die Perser als ein Volk darstellen, welches „von Abscheu vor
dem Götzendienst und den fremden Religionen erfüllt war und

---

[1]) Esra, I, 2 u. 3.
[2]) Lajard, Culte de Mithra, Tfl. II. u. XXV; G. Rawlinson,
The five great monarchies, 2. Ausgabe, Bd. III., S. 355.
[3]) Tafel 4, §. 4.

daher auf seinen Kriegszügen alles Heidnische verfolgte, Tempel
verbrannte [1]), Götterbilder zerstörte oder als Kriegsbeute mit
sich fortführte [2]), Priester beschimpfte oder töbtete [3]), die Abhal=
tung heiliger Feste verhinderte [4]), heilige Thiere mit dem Schwerte
erlegte [5]) und in seiner Leidenschaft gegen die Gebräuche fremder
Culte so weit ging, daß es sogar Gräber entweihte [6])." Aber
gleichwohl kennt Herobot, der bestimmte Einzelheiten der Re=
ligion der Perser angeben will, nicht einmal den Namen des
Ahuramazbâ. Er spricht von einem Cultus der Sonne, des
Mondes, des Feuers, der Erbe, des Wassers und der Winde [7]),
mithin von einem Cultus, welcher mit den Vorschriften und dem
Geiste des Zend=Avesta durchaus nichts gemein hat, von einer
ganz naturalistischen Glaubenslehre, welche dem mazbeischen Spi=
ritualismus vollkommen fremd ist und weit eher der Religion der
vedischen Arier oder gar derjenigen unserer akkabischen Zauber=
bücher gleicht. Allerdings sagt er ausdrücklich, daß die Magier
die unerläßlichen Diener dieses Cultus seien; aber dieses beweist
nur, daß er unter dem Namen der persischen Religion vom Ma=
gismus berichtet, den er in Medien kennen gelernt hatte.
Dinon [8]) und Diogenes Laërtius [9]) bezeugen ebenfalls,
daß die Magier die Elemente anbeteten; doch bemerkt ersterer,
daß sie vorzugsweise Wasser und Feuer mit ihrem Cultus ehrten,
also genau dieselben Elemente, welche auch die akkabischen Zau=
berer unmittelbar in ihrer materiellen Wirklichkeit (von welcher
die betreffenden Geister sich nicht deutlich unterscheiden lassen)
anbeteten. Erwägt man endlich den Wortlaut der Stellen, die
wir als die hauptsächlichsten über den Naturbienst der medischen

---

[1]) Herobot, III, 25; VI, 19, 96, 101; VIII, 33 u. 53; Cic., De leg.
II, 10; Strab., XIV, S. 634; Pausan. X, 35, 2.
[2]) Herobot, I, 183; III, 37.
[3]) Herobot, I, 183; III, 27 u. 29.
[4]) Herobot, III, 29.
[5]) Herobot, III, 29.
[6]) Herobot, I, 187; III, 16 u. 37; Diob. Sic., X, 13.
[7]) Herobot, I, 131; cf. III, 16.
[8]) Ap. Clem. Alex., Protrept. I, 5.
[9]) De Vit. philos., prooem., 6.

Magier hervorhoben, so ist der Eindruck, den sie hinterlassen, jedenfalls nur der eines Cultus der Naturgeister, deren Persönlichkeiten aber sehr häufig mit den Gegenständen und Elementen verschmelzen, die sie angeblich beleben und beherrschen.

Die Streitfrage, welche bezüglich der Feueranbetung herrscht, ist bereits früher von mir erwähnt worden. Allein, wie dieselbe auch gelöst werden mag, selbst wenn es, — was allerdings möglich ist, — nachzuweisen gelingt, daß dieser Brauch einen integrirenden Theil des mazdeischen Systems in seiner ursprünglichen Reinheit ausmachte, so existirte er unzweifelhaft auch mit einer Bedeutung ersten Ranges im Magismus, und zwar schon in der Religion der turanischen Meder, bevor noch die Iraner in's Land kamen. Der Beweis hierfür scheint mir endgültig von Henry Rawlinson[1]) und dessen Bruder[2]) geführt zu sein; auch entspricht ja die Thatsache selber vollkommen dem, was wir bei den Akkadern wahrgenommen haben. Die Magier schrieben sich eben die Macht zu, mittelst ihrer zauberhaften Bräuche das Feuer ihrer Altäre vom Himmel herabzuleiten[3]).

Der Sternen-Cultus war im medischen Magismus sehr ausgebildet; er tritt zwar in den Zendbüchern[4]) nur wenig hervor, und dazu noch in einem Theile derselben, welcher keineswegs zu den ältesten gehört, sodaß manche Kritiker der Neuzeit nicht anstanden, diese Lehre als das Resultat einer späteren Einführung, eines fremden Einflusses zu bezeichnen[5]). Gegen das Ende der persischen Herrschaft hatte er aber eine große Bedeutung erlangt; und dasselbe ist in den spätesten zoroastrischen Urkunden der Fall[6]).

Daß dieser von den Magiern herrührende Cultus bei den Medern eine Hauptrolle spielte, bezeugt übrigens auch Herodot[7])

---

[1]) Journal of the Royal Asiatic Society, Bd. XV, S. 254.
[2]) The five great monarchies, 2. Ausgabe, Bd. II, S. 345 ff.
[3]) Dio Chrysost., Orat., XXXVI, S. 149, Ausg. von Reiske; Clem., Recognit., IV, 29; cf. Ammian. Marcell., XXIII, 6.
[4]) Nur im Fargard 21 des Bendidâd-Sâde.
[5]) Spiegel, Avesta, Bd. I, S. 258, 271 ff; Bd. II, S. CXIX u. CXX.
[6]) Ebdt., Bd. I, S. 278. ff.
[7]) I, 98.

in seiner Beschreibung der sieben Mauern Ekbatanas und ihrer Ausschmückung in den heiligen Farben der sieben Planeten: eine Sitte, der wir auch in Ganzakh in Atropatene, dem Gazaca der klassischen Schriftsteller, welches Moses von Khorene [1] „das zweite Ekbatana, die Stadt der sieben Ringmauern" nennt, desgleichen zur Zeit der Sassaniden begegnen, wo sie Nizami, der Dichter des Heft-Peïher, bei Beschreibung des Palastes Bahrâm-Gûrs (Barahrân V.) erwähnt Dieser Brauch war unmittelbar der babylonischen Cultur und Anschauungsweise entlehnt; der berühmte Thurm von Borsippa hatte nach seiner Wiederherstellung durch Nabu-kuburri-ussur ebenfalls sieben Stockwerke, die in den Farben der sieben Planeten [2] prangten; und es verhielt sich auch mit dem Zigurrat, dem heiligen Thurm des Palasts zu Khorsabad, nicht anders [4]. Ursprünglich rührte der Sternen- und Planetendienst, wie Spiegel annimmt, jedenfalls von einem Eindringen babylonischer Lehren her, zumal kuschitisch-semitischer, da er den altakkadischen Anschauungen völlig fremd blieb. Doch ist es auch wahrscheinlich, daß er, gleich dem Anat (Anâhitâ)-Cultus [5], zunächst von den Assyrern zu den medischen Turanern gelangte, und zwar während ihrer anhaltenden Berührung mit der Cultur des Euphrat- und Tigrislandes, dann aber von diesen auf die Magier überging, die ihn endlich wiederum den Persern und übrigen Völkern iranischer Rasse mittheilten.

Der eigenartige, naturalistisch-pantheistische Geist, welchen dieser Cultus der Elemente und Gestirne offenbart und welcher auch mit demjenigen der akkadischen Zauberbücher harmonirt, ist der Gegensatz des spiritualistischen Geistes der reinen mazdeischen

---

[1] II, 89.

[2] Henry Rawlinson, Journal of the Royal Asiatic. Society, Bb. X, S. 127.

[3] H. Rawlinson, Journal of the Royal Asiatic Society, Bb. XVIII, S. 1—34.

[4] Place, Ninive et l'Assyrie, Bb. 36 u. 37. — Vgl. mein Essai de commentaire des fragments cosmogoniques de Bérose, S. 369 ff.

[5] Vgl. mein Essai de commentaire des fragments cosmogoniques de Bérose, S. 157 ff.

Religion der ältesten Urkunden. Die Magier hatten ihn selbst
in die Sphäre der höchsten Personen ihres religiösen Systems
getragen, in welchem sie die Grundideen des Mazdeismus voll=
ständig entstellt hatten, trotz der Beibehaltung der dualistischen
Form, welche die alte protomedische Religion übrigens schon vor
der Berührung mit den Jranern kennen mußte, da wir sie ja
auch bei den Akkadern wiedergefunden haben. Jedenfalls unter=
liegt es keinem Zweifel, daß sie an die Spitze der Stufenleiter
der übernatürlichen Wesen den Cultus der gegenseitigen Be=
kämpfung Ahuramazdâ's und Angrômainyus' stellten.
Der Zeus, welchen Herodot [1]) von den Magiern anbeten läßt,
ist offenbar Niemand anders als Ahuramazdâ; auch schildert
derselbe Schriftsteller [2]) den Kampf, den die Magier, mit dem
Khraçthraghna [3]) bewaffnet, ununterbrochen gegen die
Thiere der schädlichen Schöpfung führten, gegen Reptilien und
Insecten, die sie mit demselben Eifer verfolgten und tödteten, wie
die orthodoxesten Mazdeer. Der Antagonismus zwischen Ahu=
ramazdâ und Angrômainyus war aber im Grunde ge=
nommen für sie nur ein scheinbarer; denn sie betrachteten diese
Vertreter der beiden entgegengesetzten Principien als von gleicher
Substanz, beide an Macht gleich und beide einem einzigen ur=
sprünglichen Principe entflossen. Ich trage überhaupt kein Be=
denken, den Ursprung der Idee, welche an die Stelle des scheinbar
aufrecht erhaltenen zoroasterischen Dualismus den vollständigsten
und in Bezug auf Moral auch gleichgültigsten Pantheismus setzte,
mit einem Worte, die ganze Auffassung des Zrvâna-akarana,
„der unbegrenzten Zeit" und gemeinsamen Quelle Ahuramazdâ's
und Angrômainyus', dem medischen Magismus beizumessen.
Denn diese Person, welche in den nachalexandrinischen Schriften
eine so hervorragende Rolle spielt und deren Annahme noch im
Mittelalter das Hauptdogma einer mazdeischen Secte, der Zar=
vanier, bildete, gehört nicht zum ursprünglichen Bestande der
zoroasterischen Glaubenslehre. Sie ist ihren ältesten Büchern

[1]) I, 97.
[2]) I, 140.
[3]) Yaçna, LVII, 6.

fremd; auch erkennen bie urtheilsfähigſten Gelehrten in ihr ein=
ſtimmig eine von fremden Einflüſſen herrührende Entſtellung der
urſprünglichen Lehre[1]). Eubemius, des Ariſtoteles Lieb=
lingsſchüler, welcher bieſe Perſon, ſowie auch bas ihr entſproſſene
bualiſtiſche Paar ſehr eingehend behandelt, bezeichnet ſie ebenfalls
als eine Schöpfung der Magier[2]). Auch iſt es gewiß von In=
tereſſe, ſich hierbei einer bereits von Beroſus[3]) mitgetheilten
Angabe zu erinnern, wonach berſelbe Name Zrvâna auch der
mythiſchen Perſonification der alten turaniſchen Raſſe, bie in
der chalbäiſch=babyloniſchen Legende vom Urſprunge der Raſſen
in Armenien auftritt, gegeben wurde[4]). In den Bruchſtücken
der affabiſchen Zaubertexte ſind wir aber ebenfalls Anſchauungen
begegnet, welche benen der Auffaſſung bes Zrvâna=afarana
entſprechen; wir haben bort aus Mul=ge ſowohl gehäſſige
Götter wie Namtar, als gnäbige, bie Dämonen bekämpfende
Götter wie Ninbara emaniren, besgleichen aus Ana ſowohl
Dämonen als auch ben Feuergott entſprießen ſehen, welcher boch
ſo augenſcheinlich ben Charakter eines deus averruncus hat.
Man denke endlich, baß in einer Religion, welche nicht genau
bie affabiſche war unb baher auch ihren Vorſtellungen von ben
Geiſtern unb Göttern eine abweichende Form geben mußte, bie
büſtere Seite der Perſon Mulge's ſtärker betont worden wäre,
um ſie bem holben Weſen Ea's gegenüberzuſtellen, unb baß
Ana zugleich einen Theil ſeiner urſprünglichen Eigenſchaft eines
erſten Princips bewahrt hätte, unb man wird gewiß mit nur
unweſentlichen Modificationen ihrer Weſensart die drei Götter,
welche bie Affaber über bie brei Weltzonen ſetzten, barin ſo
gruppirt finden, baß ſie, in's Iraniſche übertragen, ungezwungen

---

[1]) D'Eckſtein, Questions sur les antiquités semitiques, §. XV;
Oppert, Annales de philosophie chrétienne. Januar 1862, S. 61;
Spiegel, Aveſta, Bb. I, S. 271, Bb. II, S. CXIX, 216 ff. — Vgl.
auch mein Manuel d'histoire ancienne de l'Orient, britte Ausgabe, Bb. II.
S. 316.

[2]) Damasc., De princip., 125.

[3]) Moſ. Choren., I, 5.

[4]) Vgl. mein Essai de commentaire des fragments cosmogoniques de
Bérose, S. 422 ff.

das Paar Ahuramazdâ's und Angrômainyus', mit Zrvâna-akarana über ihnen, darstellen werden.

Aus dem medischen Magismus dürfte indessen noch mehr hervorzuheben sein, als die bloße Vorstellung eines gemeinsamen Principes, aus welchem, wie man annahm, Ahuramazdâ und Angrômainyus gleicherweise hervorgingen. Während nämlich im ächten Mazdeismus der Perser Ahuramazdâ allein verehrt, Angrômainyus dagegen mit Verwünschungen überschüttet wurde, errichtete man im Magismus den beiden Principien des Guten und Bösen, Ahuramazdâ und Angrômainyus, gleicherweise Altäre. Plutarch[1] erzählt, daß die Magier dem Angrômainyus (Ἅιδης, Ἀρειμάνιος) Opfer darbrachten, und beschreibt die dabei üblichen Gebräuche, welche hauptsächlich in der Darbringung des Sumpfgrases ὅμωμι — augenscheinlich dasselbe wie haoma — bestanden, das mit dem Blute eines Wolfes benetzt und an einem finsteren Orte bewahrt wurde. Herobot[2] läßt Amestris, Xerxes' Gemahlin, die dem Einfluß der Magier gänzlich ergeben war, „dem Gotte der Finsterniß und der unteren Regionen" sieben Kinder opfern; auch berichtet er von einem ähnlichen Opfer, welches die Perser auf ihrem Zuge nach Griechenland, beim Uebergang über den Strymon, zu Ehren desselben Gottes verrichtet haben sollten. Dieser schreckliche Brauch der Menschenopfer ist aber, ebenso wie die Anbetung des Angrômainyus, den Grundprincipien der zoroastrischen Lehren völlig zuwider; wir finden, daß er sich in der Geschichte der Perser bei keiner anderen Gelegenheit wiederholt, und werden daher nicht fehl treffen, wenn wir mit George Rawlinson[3] hierin lediglich eine Verirrung des Magismus erblicken.

Die völlig gleichmäßige Verehrung und Anbetung des bösen und guten Principes zeigt uns allerdings den medischen Magismus, in sittlicher Hinsicht, auf einer weit tieferen Stufe als die Lehre der akkadischen Magie. Aber man muß hierbei auch

---

[1] De Is. et Osir., ed. Reiske, S. 369.

[2] VII, 114.

[3] The five great monarchies, 2. Auflage, Bd. III, S. 359.

die besonderen Umstände in Betracht ziehen, in welche die Be=
völkerung Mediens durch die iranische Eroberung gerathen war.
In der That lassen sehr gewichtige Anzeichen vermuthen, daß
die Meder noch vor dieser Eroberung einem ihrer Hauptgötter
eine Schlangengestalt zuschrieben [1]). Der Cultus solcher Schlangen=
götter findet sich überhaupt bei vielen der ursprünglichen tura=
nischen Stämme wieder [2]). Die Akkader machten die Schlange
zu einem der hauptsächlichsten Attribute und zu einer besondern
Form des Êa [3]); auch findet sich eine sehr wichtige Anspielung
auf eine mythologische Schlange in den Worten eines akkabischen
Dithyrambus, welcher einem Gotte [4]), vielleicht Êa in den Mund
gelegt war, wie ich bereits vorher, bei Anführung dieses Stückes
bemerkte:

> Wie die gewaltige siebenköpfige Schlange ihre Köpfe heftig schüttelt,
> so schwinge auch ich die siebenköpfige [Waffe].
> Wie die Schlange, die die Wogen des Meeres peitscht, ihren Feind
> von vorn [angreift],
> so führe auch ich die Verheererin im tobenden Schlachtengetümmel, die
> Beherrscherin von Himmel und Erde, die siebenköpfige Waffe [5]).

Bei der Vermischung der iranischen Ueberlieferungen mit
den alten Glaubensmeinungen der protomedischen Religion mußte
natürlich der Schlangengott mit dem Vertreter des finstern und
bösen Princips verschmelzen; denn die Schlange war es in den
mazdeischen Sagen, deren Gestalt Angrômainyus angenommen
hatte, um in den Himmel Ahuramazdâ's zu gelangen [6]).
Auch im Kreise der Heroen gab es eine Personification des bösen

---

[1]) Vgl. meine Lettres assyriologiques, Bd. I, S. 99.
[2]) Vgl. Fergusson, Tree and serpent worship, London 1868.
[3]) George Rawlinson, The five great monarchies, 2. Auflage,
Bd. I, S. 122.
[4]) W. A. I., II, 19.
[5]) Ich habe bereits an anderer Stelle (Premières Civilisations, Bd. II,
S. 136) diese Anspielung mit der brahmanischen Manthanam=Legende
verglichen.
[6]) Lajard, Mémoire sur les bas-reliefs découverts en Transylvanie,
Abth. II u. III, am Ende.

Princips in der Schlange Dahâka¹) oder Aҗhi-Dahâka²), welche von Thraêtaona überwunden wurde³): die iranische Form des vedischen Mythus von Trita, dem Sohn des Aptya⁴). Moses von Khorene⁵) schreibt ausdrücklich der Dynastie der arischen Meder und den Abkömmlingen ihrer nach Armenien verpflanzten Unterthanen die Erhaltung des turanischen Schlangen= cultus, mit welchem er den Namen Astyages⁶) in Verbindung bringt, zu; und so waren also die Abkömmlinge Thraêtaona's, indem sie mit den von ihnen Unterworfenen verschmolzen, dazu gekommen, den Aҗhi-Dahâka zu verehren; und weil die Be= völkerung turanischer Abstammung mehr Neigung hatte, ihren alten Nationalgott als den der iranischen Eroberer zu ehren, so hatte unzweifelhaft im Volkscultus Angrômainyus oder Aҗhi-Dahâka den Vorrang vor Ahuramazdâ. Aus diesem Gesichtspuncte, glaube ich, erblickt Oppert⁷) wohl mit Recht in der seltsamen Religion der Yezidis oder „Teufelsanbeter", welche heute noch in Irâk-Abjemy und im nördlichen Mesopota= mien verbreitet sind, einen Ueberrest des altmedischen Magismus; denn die Religion dieses Volksstammes bekennt in ihren Glau= benssätzen den mazdeischen Dualismus, verehrt aber in ihrem Cultus nur das böse Princip⁸).

Herodot⁹) berichtet, daß die Magier den Cultus ihrer himmlischen Aphrodite, d. h. der Anâhitâ, welche Arta= xerxes Mnemon später durch amtlichen Beschluß in die Reli= gion der Perser einführte¹⁰), den Assyrern entlehnt hätten. Es sei mir hier gestattet, mich selber zu citiren und von Neuem

---

¹) Yaçna, IX, 25.

²) Vendidâd-Sâde I, 69.

³) Burnouf, Journal asiatique, dritte Serie, Bd. XLV, S. 497 ff.

⁴) Vgl. Roth, Die Sage von Feridûn in Indien und Irân, in der Zeitschr. der Deutsch. Morgenl. Gesellsch., Bd. II. S. 216 ff; Spiegel, Avesta, Bd. I, S. 7.

⁵) I, 29.

⁶) Vgl. meine Lettres assyriologiques, Bd. I, S. 97—101.

⁷) Rapport au Ministre de l'instruction publique, Paris 1856.

⁸) Layard, Niniveh and Babylon, S. 41 ff., S. 81—94.

⁹) I, 131.

¹⁰) Berosus, ap. Clement. Alex., Protrept., I, 5.

anzuführen, was ich bereits an anderer Stelle [1]) von dieser Göttin
des medischen Magismus gesagt habe:

„Indem Herodot die Annahme der chaldäisch-assyrischen
Göttin seitens der Magier hervorhebt, fügt er hinzu, daß sie
dieselbe Mithra nannten. Diese Angabe hat zahlreiche Conjecturen, ja sogar ganze mythologische Theorien veranlaßt, welche
indessen nach gründlicher Erforschung der asiatischen Religionen
sich als völlig nichtig erwiesen. Die Ansicht, welche gegenwärtig
am meisten unter den Gelehrten verbreitet ist und zu der uns
das Studium der iranischen Originalquellen führt, geht lediglich
dahin, daß die Angabe des Herodot ganz unzulässig sei und
allein auf einem Irrthum oder einer Verwechselung beruhe, wie
sich deren manche in seinen Schriften nachweisen lassen [2]). Fragen
wir indessen nach der Ursache dieser irrigen Behauptung, so
scheint es fast, als ob man nach derselben bisher noch gar nicht
geforscht habe, daß sie aber nur in der engen Verbindung zu
suchen sei, in welcher sich die beiden Culte der Anâhitâ und
des Mithra im medischen Magismus befanden. Die Auffassung
der Person des Mithra als Erscheinungsform der Sonne gehört schon dem frühesten Bestande der religiösen Ideen der Arier
an; wir finden sie in einem der Adityas der vedischen Mythologie wieder, und es ist unmöglich, daß die Urheber der mazdeischen Reform sie nicht gekannt hätten. Aber es ist augenscheinlich, daß Mithra in ihrem System nicht diejenige Bedeutung hatte, welche er in den neueren Büchern des zoroastrischen
Systems gewinnt; er war eine Persönlichkeit untergeordneten
Ranges, welche vielleicht sogar den Amescha-çpentas nachstand; auch war er kein Gott, der mit Ahuramazdâ fast auf
gleicher Stufe stand, da ja der Mazdeismus in seiner ursprünglichen Form nur diesem den Charakter eines höchsten und vollkommenen Gottes zusprach. George Rawlinson [3]) bemerkt
mit vielem Scharfsinne, daß die Einführung Mithra's in den .

---

[1]) Essai de commentaire des fragments cosmogoniques de Bérose,
S. 157 ff.

[2]) Vgl. Bréal, de Persicis nominibus apud scriptores graecos, S. 5 ff.

[3]) The five great monarchies, 2. Auflage, Bd. III, S. 360 ff.

öffentlichen Cultus gleichzeitig mit der Annahme Anâhitâ's erfolgte, und daß diese beiden Thatsachen einen beachtenswerthen historischen Zusammenhang nachweisen. In der That ist die Inschrift des Artaxerxes Mnemon zu Susa die erste amtliche Urkunde der achämenibischen Könige, welche neben Ahuramazdâ noch andere Götter erwähnt; und diese sind Anâhitâ und Mithra, die mit einander verbunden und als untrennbare Gruppe gedacht werden. Die gesetzliche Einführung ihrer Anbetung als solche oberster Götter mußte daher gleichzeitig erfolgt sein und den nämlichen Urheber gehabt haben. Und dieses würde auch damit übereinstimmen, daß Xenophon[1]), ebenfalls zur Zeit des Artaxerxes, Mithra unter den vornehmsten Nationalgöttern der Perser erwähnt.

Es ist hiernach fast unmöglich, nicht zu dem Schluß zu gelangen, daß Artaxerxes Mnemon bei den Neuerungen, welche unter seiner Herrschaft die zoroastrische Religion so wesentlich modificirten, nicht nur eine neue Gottheit, sondern ein Götterpaar, Mithra und Anâhitâ, in diese Religion einführte, — ein Götterpaar, welches schon die Zugehörigkeit Mithra's als unächten Zweig auf den alten Stamm des Mazdeismus zu pfropfen gestattete, und welches im System des medischen Magismus schon früher darauf gepropft worden war. In diesem letzteren System, soweit man dessen Einrichtung zu begreifen vermag, hatte sich der Sonnen- und Mondcultus, von welchem Herodot schreibt, unter dem Einflusse der chaldäisch-assyrischen Religion dahin ausgebildet, daß man ein Götterpaar verehrte, welches aus einem Sonnengott und einer Mondgöttin, Mithra und Anâhitâ[2]), bestand und unmittelbar auf Ahuramazdâ folgte. Und dieses veranlaßte den Irrthum Herodot's, welcher die beiden Glieder dieses Paares verwechselte. Es könnte aber auch die Möglichkeit in's Auge gefaßt werden, daß man das in Rede stehende Götterpaar zuweilen als „zwiefach gestalteten

---

[1]) Cyrop., VII, 5, 53; Oeconom., IV, 24.
[2]) Während die arischen Meder die Anat der chaldäisch-assyrischen Religion entlehnten, empfing diese wiederum von ihnen den Namen Mithra, als eine Benennung der Sonne: W. A. I., III, 69, 5, Z. 63.

Mithra" bezeichnete, in welchem Falle man natürlich Herobot keinen Irrthum vorwerfen könnte, vielmehr in seiner Behauptung nur eine passende Erklärung für bie so häufig beanstandete Stelle des Yaçna[1]): ahuraêibya Mithraêibya, „bie beiben göttlichen Mithra"[2]), erblicken müßte."

Ich glaube kaum, baß an bieser Darlegung etwas zu ändern wäre; aber unser Stubium ber magischen Urkunden von Akkad setzt uns gegenwärtig in ben Stanb, sie zu vervollstänbigen. Denn wir erkennen nicht allein eine enge Verwandtschaft zwischen ber Mittlerrolle, welche in ber persischen Religion seit Arta= xerxes Mnemon bem Mithra zuertheilt wirb, unb ber= jenigen, welche Silik=mulu=khi im akkabischen System zwischen ben Menschen unb Êa ausübt; wir finden auch, baß ber Name Mithra, ber „Freunb", für ein iranisches Aequivalent, gewisser= maaßen für eine Uebersetzung von Silik=mulu=khi, „ber ben Menschen bas Gute zuwenbet", gelten kann. Jedenfalls scheint Mithra ursprünglich im Magismus bie Stellung unb bie Attri= bute irgenb eines vermittelnben Gottes ber protomebischen Re= ligion gehabt zu haben, eines Gottes, welcher bem Silik=mulu= khi ber Akkaber entsprach unb ohne Zweifel auch einen Namen mit ähnlicher Bebeutung führte; er wurbe aber später, wie ber Specialgott, ber im akkabischen System jebem Menschen zugetheilt ist, in ein göttliches Paar zerlegt unb bie ber chalbäisch=assyrischen Religion entlehnte Anâhitâ ihm zugesellt.

Zur Vervollstänbigung unserer Darstellung bes mebischen Magismus unb zum beutlicheren Nachweise aller seiner Berüh= rungspuncte mit bem akkabischen Religionssystem, müssen wir enblich in Kürze noch bie Art unb Weise hervorheben, wie bie Beschwörungs= unb Zaubergebräuche barin erscheinen. Nach Ansicht aller mazbeischen Religionsbücher wären biese Gebräuche nur ein Werk unb bie Erfindung ber Yâtus, ber Feinbe bes Zoroaster[3]), weshalb sie ausbrücklich untersagt unb auf's

---

[1]) I, 29.
[2]) Vgl. Burnouf, Commentaire sur le Yaçna, S. 351.
[3]) Venbibâb=Sâbe, I, 52—56.

15*

ftrengfte verpönt waren; und es würde demnach das Wort
yátus, deffen fich Darius in der Infchrift zu Nakfch=i=
Ruftam zur Kennzeichnung der Lehre der Magier bedient, fchon
an fich einen nicht zu verkennenden Hinweis auf die wichtige
Rolle enthalten, welche letztere allen zauberifchen Handlungen
und Practiken einräumte. Ueberdies fchildert Dinon[1]) die Be=
fchwörungen, denen fich die Magier unter Anwendung des Zau=
berftabs unterzogen. Sie weiffagten aus dem Wurf mit Stäben
von Tamariskenholz[2]), ein Brauch, welchem die klaffifchen Schrift=
fteller fcythifchen oder turanifchen Urfprung beilegen. Das Ba=
reçma[3]), welches feit einer beftimmten Zeit zu den Hauptin=
fignien der Diener des mazdeifchen Cultus zählte, war im Grunde
nichts anderes als ein Bündel folcher Zauberftäbe, deren An=
wendung in Perfien unter dem Einfluffe der Magier Eingang
gefunden hatte[4]). Und wir werden in unferer Abhandlung über
die Aftrologie und Weiffagekunft der Chaldäer und Babylonier
noch nachweifen, daß das Werfen mit Stäben auch bei diefen
Völkerfchaften bekannt und in Uebung war[5]), daß es fogar die
ältefte Art der Wahrfagung, die der akkadifchen Periode, bildete.

Wir haben bereits früher erwähnt, daß die Magier durch
beftimmte Worte und Handlungen himmlifches Feuer auf ihre
Altäre herabzaubern zu können vorgaben. Auch berichten He=
robot[6]) und Diogenes Laërtius[7]), daß die Magier fich
eine übernatürliche Macht zufchrieben, wobei Letzterer fich befon=
ders auf die Specialfchrift des Hermippus zu ftützen fcheint,

---

[1]) Ap. Schol. ad Nicandr. Theriac., S. 613.

[2]) Ibid.

[3]) Yaçna, II, 1—10 ff.

[4]) Vgl. G. Rawlinfon, The five great monarchies, 2. Aufl., Bd. III,
S. 351.

[5]) Hefek., XXI, 26. — Die Wünfchelruthen oder Loospfeile finden fich
auf mehreren babylonifchen Cylindern in der Hand Marubuk's (Lajard,
Culte de Mithra, XXXII, Nr. 2; LIV, A, Nr. 5) oder Iftar's (Lajard,
XXXVII, Nr. 1), fowie der Planetengottheiten Jupiter und Venus, welche
nach Anficht der Aftrologen den günftigften Einfluß ausübten.

[6]) I, 103 u. 120; VII, 19.

[7]) De Vit. philos., prooem., 6.

welche die Magier vorzugsweise als Thaumaturgen und Zauberer charakterisirte [1]). Endlich verbreitete sich in Griechenland zur Zeit der Perserkriege noch ein Buch, welches angeblich vom Magier Osthanes verfaßt wurde und das fortan den wesentlichsten Ausgangspunct der Magie bildete, die nunmehr bei den Hellenen an die Stelle der rohen und primitiven Gebräuche der Goëten [2]) trat; soviel uns von diesem Buche bekannt ist, lehrte es als höchste Geheimnisse der Magierkaste allerlei Zaubereien und Wahrsagekünste, selbst das Citiren der Verstorbenen und der Höllengeister [3]). Ueberhaupt wurden die magischen Priester, die sich von Medien aus über ganz Persien verbreiteten, im Abendlande als Urtypus aller Beschwörer und Zauberer betrachtet [4]); und daher rührt denn auch wohl die besondere Bedeutung, welche die Bezeichnung Magier bis auf unsere Zeiten bewahrt hat. Daß übrigens sowohl Griechen als Römer zu keiner Zeit einen rechten Unterschied zwischen Chaldäern und Magiern machten [5]), sondern beide immerdar mit einander verwechselten, beruht lediglich darauf, daß die Lehren dieser Zauberpriester allerdings mit der chaldäischen Magie sehr nahe verwandt waren [6]).

Die größere Ausdehnung, die ich meinen vorstehenden Ausführungen gegeben, mag der Leser mit Nachsicht beurtheilen; sie erschien mir jedoch angezeigt, um eben möglichst vollständig den Bestand unserer gegenwärtigen Kenntniß des medischen Magismus

---

[1]) Plin., Hist. nat. XXX, 2.

[2]) Plin., XXX, 1; Euseb., Chronic., I, 48; Praepar. evangel., I, 10; V, 14; Suid., v. Ἀστρονομία; Apul., Apolog., 27.

[3]) Plin., XXX, 5.

[4]) Strabo, I, S. 24; XVI, S. 762; Lucian., de Necromant., S. 11, ed. Lehmann; Ammian. Marcell., XXIII, 6; Origin., Adv. Cels., VI, 80; Minut. Fel., Octavian., 26; Clem. Aleg., Protrept., I, S. 17, ed. Potter; S. Cyprian., de idol. vanit., in den Opp. Bd. I, S. 408.

[5]) Plat., Alcibiad., 37; Justin., I, 1; Diogen. Laërt., I, 8; Plin., Hist. nat., XXX, 2; XXXVII, 49; Apul., Florib., II, 5; Tatian., Orat. ad Graec., I; Suid., v. Μαγική et Ζωροάστρης; Constit. Apostolic., IV, 26; Clem. Aleg., Stromat., V. S. 598, ed. Potter; Arnob., Adv. gent., I, 52.

[6]) Ammian. Marcell., XXIII, 6.

nachzuweisen und insbesondere die Erkenntniß der drei ver=
schiedenen Elemente, deren Vereinigung dieses wesentlich gemischte
System erzeugte, zu erleichtern: das iranische und mazdeische
Element, welches in Folge der Eroberung der eigentlichen Meder
in die früheren Vorstellungen von anderem Ursprunge eindrang;
sodann die Entlehnungen aus der chaldäisch=assyrischen Religion,
welche im Cultus der Gestirne und der Anâhitâ gipfeln; endlich
der alte Bestand der Glaubensmeinungen der turanischen Be=
völkerung, noch vor dem Einfall der Iraner. Und diese Glau=
bensmeinungen zeigen mit den alten Zauberbüchern der Akkader
die engste Verwandtschaft, eine ebensolche Analogie, wie sie
zwischen den Idiomen des vorarischen Mediens und des akka=
dischen Chaldäas besteht.

III.

Noch auffallender ist indessen die Verwandtschaft dieser An=
schauungen mit der alten Mythologie und Magie der Finnen,
deren Gebräuche und Glaubensmeinungen sich fast durchgängig
aus den herrlichen Gesängen der Kalewala entnehmen lassen.
Dieses Heldengedicht, welches unmittelbar den griechischen, in=
dischen und persischen Epopöen angereiht zu werden verdient [1]),
ist nicht allein von Schiefner [2]) vortrefflich in's Deutsche über=

---

[1]) Die Vereinigung der Runen der Kalewala zu einem einzigen zu=
sammenhängenden Epos ist von Lönnrot in ähnlicher Weise hergestellt worden,
wie sie von Seiten des Pisistratus bezüglich der homerischen Rhapsodien
geschehen ist; und sie hat daher ohne Zweifel etwas Neues und Künstliches an
sich. Aber die Wissenschaft hat nichtsdestoweniger das Recht, sich dieser Ge=
sänge vertrauensvoll zu bedienen; denn sie sind völlig authentisch und gehen
bis auf jene Zeiten zurück, da das Volk von Suomi noch heidnisch war und
in einer östlicheren Gegend als Finnland, in Bjarmien wohnte. Sie enthalten
den Wiederhall eines lange entschwundenen Zustandes, der sich in der Volks=
überlieferung forterhielt; auch gehören die in ihnen geschilderten Vorgänge,
wenigstens zum großen Theil, einer viel früheren Zeit an als die Abfassung
selbst der Gesänge.

[2]) Dieser Uebersetzung entlehnen wir auch unsere späteren Citate.

ſetzt, ſondern auch in mehrere andere europäiſche Sprachen über=
tragen worden; es hat aber leider noch immer nicht eine ſolche
Berückſichtigung von Seiten der Gelehrten und Gebildeten er=
fahren, wie ſie einer Urkunde von ſo hoher Bedeutung und poe=
tiſcher Schönheit unbedingt zugeſtanden werden müßte, und wie=
wohl der Gegenſtand ſelber durch eine lange Reihe ſpecieller
Arbeiten, wie die von Ganander[1]), Caſtrén[2]) und anderer
Gelehrten Finnlands[3]), bereits vollſtändig aufgehellt worden iſt.

Die weſentlichſte Grundlage des alten finniſchen Heidenthums
war die nämliche Verehrung der Naturgewalten, die wir noch
heute in ſo urſprünglicher und unentwickelter Form bei den ſibi=
riſchen Stämmen wahrnehmen; daß übrigens letztere mit jener
in directer Verbindung ſteht und ſich geradezu daraus ableitet,
iſt bereits von allen, die darüber ſchrieben, auf's erſichtlichſte nach=
gewieſen worden und braucht daher nicht von Neuem bewieſen zu
werden. Aus dieſem früheſten Ideenbeſtande mußte aber die
Einbildungskraft der Finnen eine reiche Mythologie, eine zahl=
reiche Hierarchie von Göttern und Geiſtern verſchiedener Ord=
nungen zu ſchöpfen, welche alle das Gepräge ihres Urſprungs
bewahren und ſich in den verſchiedenſten Sagen und Ueberliefer=
ungen bewegen. Und es hat ſich daher im Volke von Suomi,
ſowohl während ſeines urſprünglichen Aufenthaltes in der öſtlicher
gelegenen Heimath, deren milderer Himmel manche unauslöſchliche
Erinnerung zurückließ, als auch in den neuen Wohnſitzen, wo es
allmälig bis an das nördliche Ende Europas zurückgedrängt
wurde, die nämliche Thatſache vollzogen wie beim akkadiſchen
Volke an den Ufern des Euphrat und Tigris. Die alten aber=

---

[1]) Mythologia Fennica eller forklaring ofver afgudar, 1789.

[2]) Vorleſungen über die finniſche Mythologie, 2. Ausgabe,
St. Petersburg, 1856. — Vgl. auch die beiden Abhandlungen: Ueber die
Zauberkunſt der Finnen und Allgemeine Ueberſicht der Götter=
lehre und der Magie der Finnen während des Heidenthums
(Schiefner's Kleinere Schriften).

[3]) Es würde zu weit führen, hier alle Arbeiten eines Topelius, Por=
than, Tengſtröm, Gottlund, Lönnrot, Koskinen aufzuzählen; ſie
bilden an ſich eine vollſtändige Literatur, welche gewiß beſſer gekannt zu ſein
verdiente.

gläubischen Vorstellungen, welche die turanische Rasse von der Dämonologie und Magie hegte, haben ein vollständiges Religions=system, eine reiche Mythologie erzeugt; und obwohl die Verschie=denheit von Land und Klima vielen Personificationen beider My=thologien ein ungleiches Gepräge verlieh, sind die Religionen beider Völker dennoch offenbar von demselben Geiste durchdrungen und dem gemeinsamen Ideenkreise einer und derselben Rasse ent=sprossen. Daher die vielen überraschenden Berührungspuncte, die große Zahl von Göttern und Geistern, welche unter ver=schiedenen Namen dieselben bleiben, und die so vollkommene Ueber=einstimmung in gewissen Beschwörungssprüchen, ungeachtet des ungeheueren Abstandes, der räumlich wie zeitlich das heidnische Finnland, das sich erst im Mittelalter dem Christenthum anschloß, von dem rein akkadischen Chaldäa trennt, welches schon funfzehn Jahrhunderte vor unserer Zeit nur noch in der Erinnerung fortbestand.

Die Finnen hatten niemals andere Priester als ihre Zau=berer; ihr Cultus bestand lediglich in häuslichen Opfern, welche die Familienhäupter an bestimmten Tagen vornahmen, und in geheimnißvollen Handlungen, denen übernatürliche Kräfte zuge=schrieben und zu denen die Kenner der Geheimwissenschaften zu Hülfe gezogen wurden. Unter letzteren befanden sich einerseits die Tietajat, „die Gelehrten", die Osaajat, „die Klugen", oder Laulajat, „die Beschwörer", andererseits die Noijat, die eigentlichen Hexenmeister oder Schwarzkünstler. Erstere galten alle für wohlthätige Zauberer, die zur Erforschung der Zukunft und zur Herstellung einer directen Verbindung mit den Geistern nur künstliche Extasen anwandten oder aber sich heiliger Gesänge und feierlicher Gebete bedienten, um den Schutz und Beistand dieser Geister zu erflehen. In einer beachtenswerthen, i. J. 1844 zu Helsingfors vertheidigten Streitschrift erkennt Rein diesen Zauberern einen gewissen priesterlichen Charakter zu, den die Noijat, die wirklichen Schwarzkünstler, nicht hatten. Denn letztere gaben vor, mit den bösen wie mit den guten Geistern in Verbindung zu stehen; sie gebrauchten ihre Wissenschaft und Macht zum Bösen wie zum Guten, je nachdem man ihres Wohl=

wollens theilhaftig war ober nicht. Sie verbanden mit dem Ge=
brauche der Beschwörungen auch den der Zaubertränke und an=
derer seltsamer Mittel; ihr vornehmster Brauch, den die Scan=
dinavier mit dem Worte seidr bezeichnen, bestand im Aussprechen
bestimmter Worte über der Feuerflamme, unter gleichzeitigen Ce=
remonien, deren Kenntniß nur den Eingeweihten zustand; mittelst
des seidr nahm man alle beliebigen Gestalten an, wurde un=
sichtbar und im nämlichen Augenblick auch von einem Orte an
einen anderen versetzt.

Tietajat und Noijat schrieben sich jedoch gleicherweise
die Macht zu, zu heilen oder vielmehr die Krankheiten, die als
persönliche Wesen betrachtet wurden, mittelst ihrer Formeln, ihrer
Gesänge und gewisser Zaubertränke zu vertreiben, zu deren Be=
reitung in der That pharmaceutische Substanzen benutzt wurden;
sie waren endlich die alleinigen Aerzte des Volkes [1]). Zwischen
beiden Zaubererclassen bestand aber im Grunde doch der nämliche
Unterschied, den wir in den akkadischen Texten zwischen dem
Zauberpriester und dem übelthuenden, gottlosen Schwarzkünstler
wahrnehmen. In der Kalewala spielen die Zaubereien eine
wesentliche Rolle; sie werden als ein göttliches Werk betrachtet,
und die Götter selbst nehmen ihre Zuflucht zu ihnen; doch werden
die eigentlichen Schwarzkünstler als schlechte und boshafte Menschen
geschildert, welche diese höchsten Geheimnisse mißbrauchen und
nur zu unlauteren Zwecken verwenden. Mögen daher diese Be=
schwörungen und Zaubergebräuche in guter oder böser Absicht
in's Werk gesetzt sein, — die Finnen schreiben ihnen in beiden
Fällen eine unumschränkte Gewalt über die ganze Natur, die
Elemente und ihre Geister zu. Erde und Luft, sichtbare und
unsichtbare Regionen, Wasser und Feuer gehorchen ihrem Zau=
berbann; sie bewirken die Rückkehr der Todten, die die Lebenden
peinigen; sie üben selbst auf die mächtigsten Götter einen nicht
geringen Einfluß, denn sie lähmen ihre Macht oder legen ihnen
sogar einen gewissen Zwang auf. Ueberhaupt wird die Wirkung

[1]) Vgl. Lönnrot, Abhandlung über die magische Medicin
der Finnen.

der Beschwörungen in den finnischen Dichtungen stets in über=
triebenster Form geschildert, wie auch folgender Passus zeigt:

Selbst der muntre Lemminkäinen

. . . .

wirst dann einen Blick nach innen,
lauert heimlich in die Stube;
voll von Zaubrern war die Stube,
angefüllt von lauter Sängern,
an den Wänden waren Spieler,
Seher an der Thüre Mündung,
Kund'ge saßen auf den Bänken,
böse Zaubrer an dem Ofen,
sangen lauter Lappenlieder,
schrillten lauter Hiisi=Weisen.

. . . .

Selbst der muntre Lemminkäinen,
er, der schöne Kaukomieli[1]),
sing nun selbst an zu beschwören,
stimmte an die Zauberlieder,
Feuer sprüht der Saum des Pelzes,
Flammen glänzten in den Augen
bei dem Sange Lemminkäinen's,
bei dem Sange, bei dem Zauber.
Sang die allerbesten Sänger
zu den allerschlechtsten Sängern,
stopft den Mund ganz voll mit Steinen,
stapelt Felsen auf die Fläche
diesen allerbesten Sängern,
den geschicktesten der Zaubrer.
Bannte drauf die stolzen Männer,
diesen hierhin, jenen dorthin
auf die schößlingsarmen Fluren,
auf die ungepflügten Strecken,
an die Seeen ohne Fische,
wo die Barsche nimmer weilen,
nach dem wilden Rutjafalle,
in den flammenreichen Wirbel,
in die schaumbedeckten Flüsse,
zu des Wasserfalles Steinen,
um als Feuer dort zu brennen,
um als Funken dort zu knistern.
Selbst der muntre Lemminkäinen

---

[1]) Kauko und Kaukomieli sind Beinamen Lemminkäinen's, der
Fernhindenkende; sein Wohnsitz ist auf Kaukoniemi.

> sang die Männer sammt den Schwertern,
> sang die Helden sammt den Waffen,
> sang die Alten, sang die Jungen,
> sang die Mittlern auch in Zauber,
> einen ließ er unbezaubert,
> einen schlechten Heerdenhüter,
> einen Alten ohne Augen [1]).

Wie groß aber auch die Macht dieser der Natur und den überirdischen Wesen, den Göttern und Geistern gebietenden Beschwörungen sei, es giebt doch noch einen mächtigeren Talisman, der ihre Wirkung hemmt und vor ihrem Einfluß zu schützen vermag: der „Himmelsstab", welcher der Wünschelruthe der medischen Magier und dem gis-zida der akkadischen Zauberer entspricht. Die Götter selbst sind nur vermöge dieses Stabes gegen gewisse Beschwörungen geschützt. Als Wäinämöinen von Louhi, des Nordlands Wirthin, bedroht wurde, sprach er die Worte:

> Ein Lappe kann mir nimmer schaden,
> durch seine Zauberworte mich nicht bannen;
> denn nur ich allein, ich halt' des Himmels Stab in Händen,
> nimmer der, der mich beneidet,
> der mir Böses plant, mir Böses stiftet [2]).

Gehen wir nunmehr zur Prüfung der Mythologie, der Hierarchie der Götter und Geister über, so finden wir auf dem höchsten Gipfel der Stufenleiter drei Götter, welche sich in die Herrschaft des Weltalls theilen: Ukko, Wäinämöinen und Ilmarinen. Ukko, „der Alte, der Ehrwürdige", ist „der Himmelsgreis" (vanha taivahinen), „der Gott des Himmels"

---

[1]) Kalewala, Rune 12.

[2]) Rune 21 der alten Kalewala; in der neuen befindet sich dieselbe Stelle in Rune 43. Doch ist hier vom „Himmelsstabe" keine Rede mehr:

> Mich wird nicht ein Lappe bannen,
> nicht ein Turjaländer drängen;
> Gott nur ist der Herr des Wetters,
> bei ihm sind des Schicksals Schlüssel,
> nimmer in dem Arm des Unholds,
> auf des Feindes Fingerspitzen.

Diese Variante rührt offenbar aus einer späteren, mündlichen Ueberlieferung her; sie trägt das Gepräge weit jüngerer Vorstellungen und zeigt schon deutlich den Einfluß christlicher Anschauungen.

(taivahan jumala); in Rücksicht auf die beiden anderen Götter behauptet er einen entschieden höheren Rang und erscheint daher zuweilen auch als erstes Princip, als ylijumala, „der oberste Gott". Wäinämöinen, „der Freund der Wogen", ist der Beherrscher von Luft und Wasser; Ilmarinen endlich, „der ewige Schmied", der Herr der Erdmasse und der Schätze, die in ihrem Schooße ruhen und die er allein zu verwerthen weiß. Die drei höchsten Götter der finnischen Mythologie, welche zusammen „die Thore der Lüfte befestigt, die Gewölbe des Himmels errichtet und die Gestirne im Raume gesäet haben", Ukko, Wäinä= möinen und Ilmarinen, entsprechen also in überraschend genauer Weise den drei obersten Göttern, die im System der akkadischen Zauberbücher über die drei Weltzonen gebieten: Ana, Ea und Mul=ge. Die Aehnlichkeit ist aber am auffälligsten zwischen Ea und Wäinämöinen, dessen Abenteuer den In= halt der Kalewala bilden. Ebenso wie der akkadische, ist auch der finnische Gott nicht nur der König und Gebieter der Ge= wässer und der Atmosphäre, sondern auch der Geist, dem alles Leben entsprießt, der Herr der wohlthätigen Beschwörungen, der Gegner und Ueberwinder aller Personificationen des Bösen, der Born allen Wissens. Er theilt den Menschen das himmlische Feuer mit, er erfindet die Tonkunst und die Beschwörungen. Es giebt überhaupt Niemanden, der seines Schutzes nicht be= dürftig wäre: Krieger, Fischer und Zauberer, sie erfahren alle die Macht seines gnädigen Beistandes; sogar der Schweiß, der von seinem Körper herabträufelt, ist ein Balsam von unbe= schränkter Heilkraft. Und daher ist Wäinämöinen der einzig wirksame Helfer gegen die bösen Zaubereien der Hexenmeister, die äußerste Zuflucht gegen alle Anschläge und Angriffe der bösen Geister.

Wäinämöinen ist aber auch der erste und gründlichste Kenner der „Runen des Wissens", der „höchsten Worte", der „schöpferischen Worte", nach denen er sogar unter der Erde, in der Brust des alten Wipunen[1] forscht; er ist endlich der

---

[1] Rune 17.

Hort jener Worte, die allem Seienden Leben verleihen und deren
Macht die Götter wie die niederen Wesen in Banden schlägt.
Diese Worte sind, wie der „geheimnißvolle Name" der akkadischen
Texte, die Grundformel allen übernatürlichen Wissens, die Be=
schwörung, die alle anderen überholt; sie sind an sich eine Macht
ohne Gleichen und vollkommen unabhängig von der Person, die
sie ausspricht. Als Wäinämöinen, dem das Epos trotz seiner
göttlichen Natur nur die beschränktere Rolle eines Heroen zu=
weist, — als Wäinämöinen mit der Axt Pohjola's, der
Höllenregion, verwundet worden, begab er sich zum Greise von
Suomi, damit er das fließende Blut stille; und dieser sprach
zu ihm:

> Ist schon Größeres gedämmet,
> ist schon Stärkeres bezwungen
> durch drei Worte nur des Schöpfers,
> durch Erzählung von dem Ursprung,
> Bäch' und Seen selbst bezähmet,
> Ströme selbst mit jähem Sturze,
> Buchten an des Landes Spitzen,
> Baien an den schmalsten Zungen[1]).

Wie auch Castrén[2]) bemerkt: „Das Wort ist das Schwert,
womit der finnische Held seine Siege zu gewinnen pflegt. Es
lag nach der Vorstellung der alten Finnen eine wunderbare,
alles besiegende Macht in dem Worte, welches in den Runen so=
wohl den Gesang als die Weisheit, besonders aber den höheren
oder magischen Gesang und die Zauberweisheit bezeichnet. Es
war jedoch keine leichte Sache, in den Besitz dieser Weisheit zu
kommen . . . . . Derjenige aber, der des Wortes mächtig war,
der sich die erforderliche Weisheit erworben hatte, hatte daran
eine weit schärfere Waffe, als an dem geschliffenen Stahl."

Neben den drei obersten Göttern verehrten die Finnen in
zweiter Reihe alle Wesen und Gegenstände der Natur, welche sie
allerorten mit persönlichen, bald von den Gegenständen geson=
derten, bald mit ihnen verbundenen Geistern bevölkerten. Sie

---

[1]) Rune 8.
[2]) Vorlesungen über die finnische Mythologie, S. 275.

erwiesen nicht allein den Bergen, Felsen, Bäumen, Meeren,
Flüssen und Quellen ihre Ehrfurcht; auch das Feuer war für sie
ein göttliches Wesen, das sie besonders in der Flamme des häus=
lichen Heerdes anbeteten, zumal am Julu=Feste, wo ihr die
Hausmutter mit den Worten opferte:

> Erhebe dich immer so hoch, meine Flamme!
> Mögest du aber nimmer größer,
> nimmer glühender, feuriger sein [1])!

Das Julu=Fest fand unmittelbar nach Eintritt der Winter=
Sonnenwende statt, sobald die Tage zuzunehmen begannen; und
es scheint daher diese Anbetung der Flamme wohl anzudeuten,
daß die Finnen das Feuer, das sie in seiner elementaren Wirk=
lichkeit verehrten, mit der Sonne identificirten, — wie ja auch
der akkadische Feuergott im babylonischen Epos als Izdhubar
oder Dhubar zu einer besonderen Erscheinungsform der Sonne
wird. Uebrigens galt den Finnen die Sonne, unter dem Namen
Päiwä[2]), als schützende Gottheit gegen nächtliche Dämonen
und bestimmte Krankheiten, zumal gegen Gebrechen der Verstan=
deskraft; wir haben also auch hier eine analoge Erscheinung wie
bei den Akkadern, die in entsprechenden Fällen gleichfalls die per=
sonificirte Sonne, Utu, zu Hülfe riefen. Neben der Sonne
verehrten sodann die Finnen den männlichen Mondgott Kuu,
welcher genau dem Aku, Eni=zuna oder Itu der Akkader
entspricht; endlich noch einige Gottheiten unter den Gestirnen,
wie Otava, den großen Bär, und Tähti, den Stern über=
haupt.

Jede Oertlichkeit hat bei den Finnen ihren Haltia, Geist
oder Genius, jedes Haus seinen Gnomen oder Tonttu, jedes
Element, jede Naturerscheinung ihren Geist, jede menschliche
Handlung, jeder Lebensumstand seinen besonderen Specialgott.
Es gab Geister, Egres, welche die Fruchtbarkeit der Erde,

---

[1]) H. J. Wille, Beskrivelse over Siliejords Praestegield i ovre
Tellemarken i Norge, S. 243.

[2]) Vielleicht dürfte hiermit auch einer der akkadischen Namen des Sonnen=
gottes, nämlich Bifeba in Verbindung zu bringen sein. — Bei den Lappen
hieß der Sonnengott Bäiwe, bei den alten Esthen Pääw.

zumal der Aecker überwachten und beförderten; desgleichen ge=
flügelte, schwarze und weiße, böse und wohlthätige Kobolde,
Keijuiset, die sich vorzugsweise in Häusern aufhielten, wo ein
Sterbender oder bereits Verstorbener vorhanden war [1]).

Von diesen zahllosen, allerorten verbreiteten Geistern unter=
scheiden sich die nicht minder zahlreichen Götter durch einen all=
gemeineren Charakter und eine umfassendere, höhere Machtbe=
fugniß, indem sie stets ganzen Classen von Wesen, einer Ge=
sammtheit von Erscheinungen, einer ganzen Entwickelungsphase
der Menschen=, Thier= oder Pflanzenwelt vorstehen. Und hierin
weicht die finnische Mythologie gar merklich von der akkadischen
ab; sie nimmt hier eine besondere Physiognomie an und erhält
das Gepräge der localen und klimatischen Verhältnisse, unter
denen sie ihre Ausbildung abschloß. Es liegt aber ganz in der
Natur der Sache, daß dasselbe Princip, welches alle Erscheinungen,
alle Gegenstände und Wesen der belebten Welt personificirte,
unter der glühenden Sonne des Euphrat= und Tigrislandes
nicht die nämlichen göttlichen Erscheinungen und Gestalten er=
zeugen konnte, wie inmitten der düsteren Wälder, der Schneefelder
und gefrorenen Sümpfe Finnlands; und es darf daher nicht
wundern, wenn dieser ganzen Seite der akkadischen Mythologie
bei den Finnen nur abweichende Schöpfungen des Volksaber=
glaubens gegenüberstehen. Die Finnen und Akkader, obgleich
räumlich wie zeitlich in gleichem Maaße von einander getrennt,
hatten zwar eine gleiche Auffassung der übernatürlichen Welt
und ihrer Beziehungen zur Natur; aber sie haben diese gemein=
same Grundlage in unabhängiger und verschiedener Weise weiter
ausgebaut; und sie repräsentiren daher so zu sagen zwei Bäume,
die sich nach Maaßgabe der sie beeinflussenden atmosphärischen
und tellurischen Verhältnisse entwickelten, aber dennoch einer und
derselben Species angehören, sodaß der prüfende Botaniker wohl

---

[1]) In der finnischen Mythologie giebt es zahlreiche Classen solcher Todten=
geister, wie: Manaleiset, Männingäiset, Kööpelit, Peijot oder
Peijakaiset. Bei den Akkadern war Utuq nur zuweilen der Geist eines
Verstorbenen; die übrigen Arten von Gespenstern und Vampyrn, wie: Dimme,
Dimmea, Dimme=Khab u. s. w., waren es jedoch immer.

im Stande ist, ihre specifische Gleichheit und ihren gemeinsamen
Ursprung immer wieder zu erkennen. Daher auch die thatsächliche
Verschiedenheit zwischen der Mythologie der Finnen und der der
akkadischen Zauberbücher gewiß eine viel geringere ist als diejenige
zwischen den Mythologien Griechenlands und Indiens, welche
beide aus den ursprünglichen religiösen Vorstellungen der arischen
Rasse hervorgegangen, also ebenfalls einem und demselben Stamme
entsprossen waren.

Da ich indessen nicht beabsichtige, eine ausführliche Abhandlung über finnische Mythologie zu verfassen, vielmehr nur ihre
bereits von Sayce vermuthete geistige Gemeinschaft sowie ihre
Berührungspuncte mit der alten akkadischen Götterlehre in's
Licht zu stellen, so wird es auch nicht meine Aufgabe sein, alle
jene Götter hier näher zu charakterisiren, die den Finnen nur
vom Anblicke der nördlichen Natur eingegeben wurden und daher
bei den Akkadern keine Analoga besitzen; so z. B. die zahlreichen
Götter der Birken- und Tannenwälder, wie Hittawainen
und Tapio, „der Hüter des Rothwilds" und „der bärtige
Greis des freudevollen Waldes", dem die Kalewala eine hoch-
poetische Anrufung widmet [1]; desgleichen alle Gottheiten zweiten

---

[1] Dieser Passus aus Rune 7 der alten Kalewala verdient hier besonders citirt zu werden. In der neuen Kalewala befindet sich die nämliche
Stelle in Rune 14; doch scheint sie mir hier von ihrem ursprünglichen poe-
tischen Gehalte gar viel verloren zu haben:
> Dunkelbärtger Greis des Waldes,
> goldner König in dem Walde,
> gürte mit dem Schwert die Wälder,
> händ'ge Klingen ein den Hainen.
> Kleid' in Leinwand du die Haine,
> du in Tuchgewand die Wälder,
> kleid' in Wolle du die Espen,
> schmücke du mit Gold die Fichten,
> Föhren du mit Kupfergürteln,
> schmück' mit Silbergürteln Tannen,
> Birken du mit goldnen Schatten.
> Thu', wie du gethan vor Zeiten,
> als du Gaben mir verliehest,
> in den Tagen meiner Beute.
> War ich in den Wald gekommen,

Ranges, die das Gefolge der ersteren bilden und die Wälder sowie das in ihnen lebende Wild sich verbreiten und zunehmen lassen. Die Volksphantasie hat dieselben nach Gutdünken vervielfältigt, und das Epos verleiht ihnen vollständige Genealogien und eine ähnliche Geschichte, wie sie die Menschen besitzen. Nicht minder zahlreich sind auch die Götter, die das Gedeihen der Heerden überwachen und befördern, wie Käitös, Käkri, Suwetar, sowie diejenigen, die den Fischer der Ostsee beschützen und die Fische selber vervielfältigen oder in's Netz leiten, wie Juoletar und seine Gattin Hillerwo, die Göttin der Fischottern, und noch viele andere Gottheiten zweiten Ranges, denen Ahto, der König des Meeres und der Gewässer, gebietet.

Zu Vorstellungen, wie wir sie in den akkadischen Büchern beobachtet haben, Grundvorstellungen, welche die Religionen aller turanischen Völker kennzeichnen, werden wir aber von Neuem durch die Bedeutung der Götter und Geister zurückgeführt, die den im Schooße der Erde verborgenen Schätzen und der Bearbeitung der Metalle vorstehen[1]. Wir gelangen in das Reich des gewaltigen Ilmarinen, des göttlichen Schmiedes, der auf seinem Amboß das Himmelsgewölbe schmiedete; wir begegnen hier Genien der Felsen und Metallgruben, den Wuoren-Wäki, die unter Kamulainen's Aufsicht und Leitung arbeiten. Doch gewahren wir auch hier neben der Analogie eine wichtige Abweichung, die sich aus der verschiedenen Lage der Völker von Akkad und Suomi ergibt. In den akkadischen Büchern bezieht sich diese ganze Seite religiöser Vorstellungen vorzugsweise auf die Bearbeitung des Kupfers; der Gott dieses Metalles ist der hervorragendste und wichtigste unter den metallurgischen Göttern. In den finnischen Dichtungen ist aber nicht vom Kupfer, sondern

---

zu dem Haine ich gelanget,
in das Dickicht ich gerathen,
auf des Berges Höh' gestiegen,
mondgleich glänzten Fichtenzweige,
silbern strahlten Föhrenzweige,
wie die Sonne Tannengipfel,
Espenwipfel schönem Tuch gleich.

[1] Vgl. meine Premières Civilisations, Bd. I, S. 114—126.

vom Eisen die Rede, dessen Specialgott, Rauta=Rekhi, wiederum von zahlreichen Verwandten umgeben ist, die den vornehmsten Operationen der Bearbeitung dieses Metalles entsprechen. Die Mythe von der Geburt des Eisens ist eine der hervorragendsten und originellsten der Kalewala[1]). Aber diese Gruppirung der metallurgischen Legenden um das Eisen ist sicherlich bei den Finnen keine ursprüngliche Erscheinung; sie war eine Folge von Verhältnissen, die ihnen ihr Aufenthalt in einem Lande bereitete, in welches sie zuletzt verdrängt wurden und das ihnen Eisen in Fülle, aber keine weitere Gelegenheit bot, die alten Ueberlieferungen der Kupfer= und Broncebearbeitung, die von ihren Brüdern in Liefland treu bewahrt wurden, noch fernerhin fortzuführen. Die Akkader dagegen, obwohl sie die Bearbeitung des Eisens wohl kannten, befanden sich noch mitten im Bronce=Zeitalter: sie verfertigten aus Bronce ihre sämmtlichen Geräthe und Werkzeuge[2]). Auch bietet hier die Philologie ein genaues Analogon zur Mythologie: denn das Wort, welches im Akkadischen Kupfer (urudu) bezeichnet, ist identisch mit demjenigen, welches bei den Finnen (rauta) und Lappen (rude) das Eisen bezeichnet und von hier aus mit gleicher Bedeutung zu den Slaven und Lithauern (ruda) überging. Ebenso ist in den arischen Sprachen ein Wort, welches ursprünglich „Metall" überhaupt bedeutete, im Sanskrit die Bezeichnung für Eisen (ayas), im Lateinischen für Bronce (aes) geworden.

Nach Ansicht der Finnen birgt jeder Mensch von Geburt an einen göttlichen Geist als unzertrennlichen Gefährten seines Lebens in sich. Dieser Geist verbindet sich um so inniger mit seinem Subjecte, je mehr sich dieses von allem Irdischen lossagt und in das Heiligthum seiner Seele zurückzieht. Und hieraus datirt zum großen Theil die übernatürliche Macht des Zauberers; denn es vermag derselbe durch Anwendung berauschender, narkotischer Stoffe und Essenzen sich in einen so erhabenen ekstatischen Zustand (tulla intoon) zu versetzen, er vermag seine Seele so

---

[1]) Rune 9.
[2]) G. Rawlinson, The five great monarchies, 2. Ausgabe, Bd. I, S. 96—99.

hoch emporzuschwingen (tulla haltioihin), daß er endlich mit dem
Geiste selber, den er in sich birgt, vollständig verschmilzt; und
in dieser Weise gelangt er so weit, daß er selber gewissermaaßen
ein Gott wird und alle Genien und Geister der Natur vor seiner
Macht sich beugen sieht. Diese Lehre, welche Rein sehr eingehend darlegt, behauptet eine Hauptstelle unter den religiösen
Anschauungen und in der Magie der Finnen. Sie entspricht
aber auch vollkommen jener Idee vom Specialgott, den die akkadischen Zaubertexte mit jedem einzelnen Menschen in Verbindung
bringen und in dessen Körper wohlthätig wirken lassen; und wir
müssen daher gerade dieser Ideen- und Glaubensverwandtschaft
eine um so höhere Bedeutung beimessen, da sie keineswegs zu
den natürlichen Anschauungen gezählt werden kann, die bei den
verschiedensten Völkern unabhängig von einander entstanden. Wir
haben nur in Persien in der Lehre der Fravashi's eine analoge Vorstellung gefunden, erkannten aber auch hier, daß sie die
Iraner wohl nur durch Vermittelung der Meder aus akkadischer
Quelle geschöpft hatten.

Eine jede dämonologische Lehre, die zu höherer Entwickelung
und Läuterung gelangt, führt nothwendig zum Dualismus. Denn
da sie Alles von den Naturgewalten, den in der Natur verbreiteten Geistern herleitet, so erklärt sie, so oft sie das Gute
neben dem Bösen, die Vernichtung neben der Wiederherstellung
und dem Leben wahrnimmt, diese Gegensätze stets durch die Einflüsse und den Kampf zweier feindlichen Heere von guten und
bösen Geistern. Wir haben das bei den Akkadern beobachtet und
finden es nun auch bei den Finnen wieder. Diese nehmen ebenfalls zwei einander bekämpfende Welten an: die der guten Götter
und Geister und die der Dämonen, die des Lichtes und die der
Finsterniß, die des Guten und die des Bösen. Für gewöhnlich
verlegen sie aber beide Welten auf die Erde, anstatt der Herrschaft des Bösen ein unterirdisches Reich zuzuweisen. Das glück-
liche Land Kalewa, „der Wohnort der Helden"[1], befindet sich

---

[1] Kalewa, dem türkischen åalep entsprechend, war, wie Castrén nachweist, ursprünglich ein Attributivnomen der Bedeutung „Held", und gehört
der nämlichen Wurzel an wie das akkadische kala (stark, mächtig, muthig).

unmittelbar im Bereiche und unter dem wohlthätigen Einfluß
der Sonnenstrahlen; dagegen wird die unseelige Gegend Poh=
jola, „welche Menschen und Helden verschlingt", in die unbe=
wohnbaren Oeden des Nordpols verlegt und als äußerste Grenze
des Lappenlandes betrachtet. Sie ist der Tummelplatz der bösen
Geister und Hexenmeister, die den Menschen überfallen und plagen;
sie ist auch der Wohnort der Todten, Tuonela, der Sitz des
finsteren Tuoni und seines Dieners Kalma[1]), der genau die
nämlichen Dienste versieht wie Namtar bei Nin=kigal in den
akkadischen Texten. Ueberhaupt sind die starrenden Eisflächen
Lapplands für die Finnen dasselbe, was für die Akkader die
glühenden Sandflächen der arabischen Wüste waren; sie betrachten
sie als Land der Verwünschung, als Schlupfwinkel des Bösen,
wie ja allerorten klimatische und locale Bedingungen die Wahl
zwischen den beiden Vorstellungen einer eisigen oder feurigen
Hölle bestimmten.

Uebrigens scheint die Etymologie des Wortes Pohjola (von
pohja Grund, Boden) doch anzudeuten, daß der Begriff desselben
ursprünglich ein anderer war. Wenigstens steht fest, daß man
das „Land der Todten" anfänglich „unter der Erde" dachte, maan-
ala, weshalb ja auch die Bezeichnungen Manala und Tuonela
sehr häufig mit einander abwechseln und Tuoni die Beinamen
Mana und Manalainen erhält. Bei den Akkadern scheint
ebenfalls eine Verlegung des „Landes der Todten" vom unteren
Abgrunde (ge) an die Oberfläche der Erde stattgefunden zu

Außer diesem kala kennt aber das Akkadische noch ein zweites Wort
kalama, „die Oberfläche der Erde", specieller „die bewohnte Erde, die Erde
der Menschen", wie seine Schreibung mittelst des Ideogramms für „Mensch"
ausdrücklich bekundet: ⊏ⲎⲎ. Da nun aber ma im Akkadischen ein sehr ge=
wöhnliches Localitätssuffixum ist, so ist es gewiß nicht schwer, kalama ety=
mologisch in kala-ma, „das Land der Starken, der Muthigen", zu analy=
siren; und in der That wird dieses Wort nur in offenbar gutem Sinne ge=
braucht. Das akkadische kalama wäre also ein Derivat derselben Wurzel,
wie das finnische Kalewala, ein ebenso gebildetes Derivat von ursprünglich
ähnlicher Bedeutung.

[1]) Eine Personification des Todes.

haben; wenigstens nahmen sie augenscheinlich das Vorhandensein eines Todtenlandes im äußersten Süden, im mer urulu (?), der äußersten Grenze des Horizontes an. Nach dieser Richtung sendet auch das chaldäische Epos Izdhubar oder Dhubar aus, um Khasisatra zu suchen, der auf Befehl der Götter dahin versetzt worden war: ebenso wie Wäinämöinen sich nördlich nach Tuonela begiebt, um Wipunen zu suchen und von ihm die höchste Wissenschaft zu erfahren. Der Held von Erech kann mit Khasisatra nur von einer Seite eines Flusses zur anderen reden; und dieser Fluß ist unzweifelhaft derselbe, der das Land der Lebenden von dem der Todten trennt: der Fluß Da=tilla¹), über welchen das „Schiff der ewigen Ruhe" (mâ=tur=gal) führt, ein Fahrzeug der Göttin Nin=tin=batga, die die Todten in's Leben zurückruft. Uebrigens hat schon Sayce den Fluß Da=tilla mit dem Flusse Tuonela's der finnischen Mythologie verglichen.

Dem finsteren Tuonela entsprossen, verbreiten sich die Dämonen ebenso zahlreich wie die guten Geister über alle Theile des Weltalls, um Unruhe, Verheerung und Umwälzung zu stiften. Eine Rune des finnischen Epos nennt alle Orte, von denen aus die Dämonen die Menschen bedrohen; dieses Ver= zeichniß entspricht ziemlich genau jenen Stellen der akkadischen Beschwörungen, in denen die Wohnorte der bösen Geister näher angegeben werden; nur ist es bei Weitem ausführlicher gehalten:

> Dorther kam zuvor Verletzung,
> dorther kam des Zaubers Unheil,
> aus dem Umkreis mächt'ger Zaubrer,
> aus der Nähe Sangeskund'ger,
> aus dem Sitze böser Geister,
> von der Zeichendeuter Fluren,
> von des Todtengottes Ebnen,
> aus dem Inneren der Erde,
> aus des todten Mannes Wohnung,
> aus dem Hause des Entschwund'nen,
> aus dem aufgeschwollnen Boden,
> aus der oft durchwühlten Erde,

---

¹) W. A. I., II, 62, C. 50, c—d.

aus dem Kiesland voller Wirbel,
aus dem Sandland voller Rauschen,
aus den senkungsreichen Thälern,
aus den moosberaubten Mooren,
aus der Erde reichen Sprudeln,
aus der Quellen leichten Wogen,
aus des Waldes-Hiisi's Höhlen,
aus den Schluchten von fünf Bergen,
von des Kupferberges Seiten,
von dem erzgefüllten Gipfel,
von der Fichte reich an Brausen,
von der Tanne reich an Sausen,
von der hohlen Föhre Wipfel,
aus dem morschen Tannenwalde,
aus dem Jammerloch des Fuchses,
von der Flur der Elennthiere,
aus des Bären Felsenhöhlen,
aus des Breitbeins Steingemächern,
von des Nordlands weiten Gränzen,
aus des Lappenlandes Oeden,
aus den schößlingsarmen Hainen,
von den ungepflügten Feldern,
von den großen Schlachtgefilden,
von der Männer Kampfesstätte,
von dem Grase, welches rauschet,
von dem Blute, welches dampfet,
von des Meeres weiten Buchten,
von den ausgedehnten Ebnen,
von des Bodens schwarzem Schlamme,
aus der Tausendklaftertiefe,
aus den Strömen voller Zischen,
aus den flammenreichen Wirbeln,
aus dem heft'gen Rutjafalle,
aus des Wassers starkem Kreislauf,
von des Himmels hintrer Hälfte[1]),
von dem Rand der großen Wolken,
von dem Pfad der Frühlingswinde,
von der Stürme Ruhestätten.

Die Dämonen, welche hier beschworen werden, sind die näm=
lichen, die dem Volksglauben gemäß die Jagenden täuschen und

---

[1]) Wie wir bereits gesehen, wurden auch die sieben bösen Geister, die
Sprossen des A n a, in den unteren, nicht den oberen Theil des Himmels ver=
setzt. Auch ist in den akkadischen Zauberurkunden mehrmals von Dämonen
die Rede, die „als Regen vom Himmel herabträufeln".

irreleiten, Krankheiten verursachen, die nächtliche Ruhe stören, die Ueberhandnahme von Wölfen und Füchsen sowie alle Leiden des trostlosen und unwirthlichen nordischen Winters herbeiführen. Die finnische Mythologie beschränkt sich aber keineswegs auf die bloße Erfindung von bösen Geistern und Dämonen der verschiedensten Arten von Unglück und menschlichem Leiden; sie bringt dieses Vorwalten böser Einflüsse, welche die Welt bekämpfen und allerorten die Werke der Götter und gnädigen Geister zu zerstören trachten, in kindlichster und menschlichster Form auch im Epos zum Ausdruck. Das böse Princip wird hier in dem Riesen Hiisi verkörpert; sein Weib und seine Kinder, seine Pferde, Hunde, Katzen und Diener werden alle als wild und bösartig geschildert: sie bilden unter ihrem Gebieter und Meister den vollkommensten Hausstand einer Häuptlingsfamilie. Nach allen Seiten erstreckt sich Hiisi's schreckliche Macht; von seinen Dienern beherrschen Hiiden-Heimoläinen die Berge, Wesi-Hiisi die Gewässer; von seinen Hausthieren verbreitet der Vogel Hiiden-Lintu das Böse in den Lüften, während Hiiden-Ruuna oder Hiiden-Hewonen, das Reitpferd des Hiisi, die Ebenen und Wüsten in stürmischem Rennen durchjagt und die schreckenverbreitende Katze Hiiden-Kissa sogar die Räuber in ihrem verbrecherischen Treiben aufstört und somit nicht selten ihre sonst schädliche Thätigkeit in eine wohlthuende verwandelt; als Boten des Hiisi gelten endlich die Hiiden-Wäki, eine Art Furien. Hiisi, welcher auf seinem Pferde über die Ebenen hinwegstürmt, während Hiiden-Lintu in den Lüften voraufeilt, scheint ursprünglich nur eine Personification des eisigen, oft todtbringenden Nordwindes gewesen zu sein. Die Finnen hatten aus ihm einen ihrer schrecklichsten Dämonen gemacht, ebenso wie auch die Akkader einen Geist des Westwindes hatten, welcher in ihrem Lande die größten Verheerungen verursachte und durch seinen glühenden Anhauch alles Leben erstickte. Der Name des Gottes Hiisi findet sich übrigens nicht selten in der Mehrzahl Hiidet; auch wurden von den Finnen ebenso viele verschiedene Hiisi unterschieden, als es Gegenden giebt, in denen der Wind, als böser Geist betrachtet, von verheerender Wirkung

sein kann; es gab einen **Wesi-Hiisi** oder Seesturm, einen
Wuori-Hiisi oder Gebirgssturm, einen **Metsän-Hiisi** oder
Waldsturm.

Die bösen Zauberer oder Schwarzkünstler standen, wie gesagt,
mit Dämonen und guten Geistern in reger Verbindung, und war
es zumeist dieser Verkehr, dem sie ihre unheilvolle Macht dankten.
Die wohlthätigen Zauberpriester widmeten ihre heiligen Ge=
bete und Handlungen nur Göttern und guten Geistern; sie
bannten die Dämonen durch die Kraft ihrer Sprüche und mit
Hülfe der guten Geister; daher sehr viele ihrer Beschwörungen
ausschließlich dazu bestimmt waren, die bösen Geister zu ver=
treiben, die Wirkung teuflischer Zaubereien zu vernichten oder
den Beistand der reinen und guten Geister zu erflehen. Im
Allgemeinen war aber die Magie der Finnen doch vorwiegend
zur Heilung von Krankheiten und Wunden bestimmt, wie dies
Lönnrot in einer Specialabhandlung[1]) ausführlich erörtert
und feststellt.

Der Glaube, daß die Krankheiten persönliche Wesen seien,
die den Betroffenen thatsächlich in Besitz nehmen, diese so charak=
teristische Anschauung einer besonderen Menschenrasse, tritt hier
in deutlichster und ausgeprägtester Form auf. Die Finnen be=
trachteten die Krankheiten als Töchter der **Luhitar** oder **Lo=
viatar**, der alten Herrin von **Pohjola**[2]), ebenso wie sie bei
den Akkadern für Kinder der **Nin-kigal**, der Herrin des
finsteren Abgrundes und des Todtenreiches galten. Das Seiten=
stechen (**Pistos**), die Kolik (**Aehky**), die Gicht (**Luuwalo**),
die Schwindsucht (**Riisi**), die Krätze (**Paiset**), der Krebs
(**Rupi**) und die Pest (**Syöjä**) wurden sämmtlich als körperliche
Wesen gedacht; ihr Sitz war auf **Kipumäki** oder **Kipu-
wuori**, dem Schmerzensberge, welcher nebenbei auch **Kipukiwi**,
der Schmerzensfelsen, genannt und als Insel des Flusses **Tuonela** an jene Stelle verlegt wurde, wo sich letzterer, in nord=
westlicher Richtung, in drei verschiedene Arme theilt. Ein Ana=

[1]) Abhandlung über die magische Medicin der Finnen.
[2]) Kalewala, Rune 45.

logon zum Kipumäki haben wir übrigens auch in den akkadischen Zauberbüchern kennen gelernt, wo der „Berg des Westens"
(ϰarsak gigga [1])) den Ausgangspunct der mächtigsten Dämonen
bildete. Auf dem Gipfel des Kipumäki befindet sich ein von
mehreren Steinblöcken umgebener, weithin sich erstreckender ebener
Felsen; in der Mitte desselben sind neun Löcher, in welche vermöge der Beschwörungen die Krankheiten gestürzt werden. „Daß
die Krankheit von der Erde verschlungen werde, wie die schwellenden
Wasser der Sturmfluth" lautete ebenfalls eine akkadische Be-
schwörungsformel [2]). Endlich herrschte bei den Finnen der Glaube,
daß Kiwutar oder Kipu-tyttö, die Krankheits-Jungfrau
und Tochter des Tuoni, die Krankheiten in einen ehernen
Kessel sammele und über einem magischen Feuerheerd zerkoche
oder aber zwischen zwei Mahlsteinen zermalme [3]).

Die Feststellung einer Krankheit geschah durch den Beschwörer
oder Zauberpriester auf Grund einer besonderen Diagnose, welche
die göttliche, natürlich oder künstlich herbeigeführte Extase vermittelte. War erst die betreffende Krankheit ergründet, dann
wurden alsbald alle Mittel in Anwendung gebracht, die zur Beschwörung oder Bannung des anhaftenden Dämons dienten.
Solcherlei Mittel waren vorzugsweise Zaubertränke, Talismane
und Zauberknoten, vor allen aber die Beschwörungssprüche,
welche das wirksamste Mittel bildeten, sobald der Beschwörer das

---

[1]) Bemerkenswerth ist es jedenfalls, daß dieser Name im akkadischen Idiom
nicht allein „Berg des Westens", sondern auch „Berg der Schmerzen" bedeutet.

[2]) W. A. I., IV, 3, Col. 2.

[3]) Wie sich aus mehreren Stellen ergiebt, scheint zwischen Kipu-tyttö
und Kiwutar, den beiden Namen der „Krankheits-Jungfrau", trotz der
Identität ihrer etymologischen Bildung, ein gewisser Unterschied oder gar ein
Gegensatz bestanden zu haben. Nach Castrén handelt es sich aber nur um
verschiedene Arten der Auffassung einer und derselben Gottheit, welche sowohl
für gut als für bösartig galt. Die Krankheits-Jungfrau sei allerdings eine
Tochter des Höllengottes; doch sei ihre Einwirkung auch eine wohlthätige, da
sie als Königin der Krankheiten diese abzuwehren und von den Menschen fern
zu halten vermochte. Dieser scheinbare Widerspruch darf uns übrigens nicht
Wunder nehmen; wurde doch auch bei den Akkadern die Todtengöttin Nin-
kigal zuweilen als Gattin des Ea dargestellt und in diesem Falle als Göttin
Nin-a-śu gegen die dämonischen Mächte zu Hülfe gerufen.

allerbings nur selten ergründliche Geheimniß der Zauberworte
Wäinämöinen's erfaßt hatte.

Die finnischen Beschwörungen zur Bannung der Krank=
heitsdämonen sind in demselben Geiste und in ähnlicher Weise
verfaßt wie die entsprechenden akkabischen Zaubersprüche. Es
sind dies Formeln einer und derselben Gattung, welche häufig
sogar überraschende Analogien in der Ausdrucksweise bieten; und
es ist dies gewiß um so auffälliger, da wir schon früher zu be=
merken Gelegenheit hatten, wie sehr z. B. die in ihren Grund=
ideen abweichenden ägyptischen Beschwörungen nach Inhalt und
Abfassungsform von den akkabischen abweichen.

Eine solche Beschwörung aus Rune 45. der Kalewala
lautet folgendermaaßen:

Ukko, du, o Gott dort oben,
höchster auf den Wolken oben,
komm herbei, du bist vonnöthen,
eile her, da man dich bittet,
diese Qualen wahrzunehmen,
dieses Unheil abzuwehren,
diese Uebel zu verscheuchen,
dieses Siechthum zu vertreiben!
Bringe mir ein Schwert voll Feuer,
bring' mir eine Feuerklinge,
daß die Bösen ich bezwingen,
ich die garst'gen bannen könne,
auf des Windes Bahn die Schmerzen
auf das weite Feld die Qualen.

. . . .

Schmerzensjungfrau[1]), Tuoni's Tochter,
die im Schmerzensberge sitzet,
an dem Laufe dreier Flüsse,
bei der Theilung dreier Ströme,
die die Schmerzenssteine drehet,
die den Berg der Schmerzen wendet!
Geh' die Schmerzen abzuwenden
in des blauen Steines Rachen,
oder führ' sie in' das Wasser,
senk' sie in des Meeres Tiefe,
welche nie vom Wind berühret,
nie vom Sonnenlicht beschienen!

--- --- ---
[1]) Kipu=tyttö.

Sollte dies genug nicht scheinen,
Schmerzensjungfrau [1]), gute Wirthin,
Qualenjungfrau [2]), Weiberzierde,
komm zugleich, erscheine gleichfalls,
um Gesundheit zu verschaffen,
um uns Ruhe zu bereiten!
Nimm den Schmerzen ihre Wirkung,
laß die Qualen bald verschwinden,
daß der Kranke schlafen könne,
kummerfrei der Schwache ruhe,
daß Besinnung er behalte,
sich der Sieche wenden könne.
Nimm die Schmerzen in das Fäßchen,
in die Kupfertruh' die Qualen,
daß die Schmerzen du entführest,
du die Qualen schleppen mögest
in des Schmerzenberges Mitte,
zu des Schmerzenfelsens Spitze;
dort sollst du die Schmerzen kochen
in dem allerkleinsten Kessel,
von der Größe eines Fingers,
von der Weite eines Daumens.
Mitten ist ein Stein im Berge,
ist ein Loch in seiner Mitte,
ist gebohret mit dem Bohrer,
durchgeschlagen mit dem Eisen,
dahin wirf du alle Schmerzen,
dahin schütt' die bösen Qualen,
dränge du die wilden Wesen,
drücke du die Unheilstage,
daß sie Nachts sich nicht erheben,
nicht bei Tag' in Freiheit kommen.

Welch' überraschende geistige Uebereinstimmung, wie viele
auch äußere Berührungspuncte zwischen dieser finnischen Dichtung
und den akkadischen Beschwörungen unseres ersten Capitels bestehen, wird der Leser bereits selber entnommen haben. Wir
begegnen, wie gesagt, auf beiden Seiten den nämlichen Anschauungen; so auch in folgender finnischen Beschwörung, welche
Ganander mittheilt:

---

[1]) Kiwutar.
[2]) Wammatar, Synonymum von Kiwutar.

Flieh' von dannen, böse Geißel,
flieh' von dannen, böse Pest,
fliehe weit vom nackten Fleische!
Ein hurtig Pferd will ich dir geben,
dich zu tragen, dich zu retten;
einen Renner, dessen Hufe
nimmer gleiten auf dem Eise,
nimmer gleiten auf dem Felsen.
Fliehe nun, wie ich befehle,
auf dem Höllen-Renner,
auf dem wilden Hengst der Berge!
Fliehe hin in Turja's Berge,
fliehe hin zum Fels von Eisen,
fliehe durch der Hölle Wüsten,
stürze in die ew'ge Tiefe,
daß du nimmer wiederkehrst!
Fliehe nun, wie ich befehle,
in den dichten Wald der Lappen,
in das finstere Pohjola!

In den akkadischen Beschwörungen werden die bösen Geister, die den Menschen als Krankheiten befallen, für gewöhnlich in die glühende Sandwüste verwiesen; die finnische Rune dagegen jagt die Pest in die Wälder Lapplands; also wiederum eine Bestätigung unserer früheren Wahrnehmung, daß geographische Verhältnisse immerhin einen wesentlichen Einfluß auf die Anschauungsweise der Völker üben, wenn auch letztere einem gleichen Stamme angehören.

Zur Heilung von Wunden und zur Stillung des fließenden Blutes dienten besondere Beschwörungen, manaus, welche über der Wunde gesprochen wurden; eine solche Beschwörung findet sich in der neunten Rune der Kalewala, wo Wöinämöinen's Heilung beschrieben wird:

Hör', o Blut, nun auf zu fließen,
warmer Strahl, hervorzuquellen,
an die Stirne mir zu spritzen,
an die Brust mir herzubrausen.
Steh', o Blut, gleich einer Mauer,
stehe still, gleich einem Zaune,
stehe, wie ein Schwert im Meere,
wie das Riedgras in dem Moose,
wie ein Felsblock auf dem Felde,

wie ein Stein im Wasserfalle!

. . . .

Stehe still! hör' auf zu fließen,
rothes Blut, hör' auf zu rinnen,
werde still und hemm' dich selber!
Stand ja selbst der Fall von Thriä,
inne hielt der Fluß der Todten,
trocken wurden Meer und Himmel
in dem großen Dürresommer,
in dem Feuerjahr voll Qualen!

War endlich der Blutstrom gestillt, dann wandte sich der Beschwörer an andere Specialgötter, die den Körper des Verwundeten nunmehr einer weiteren Behandlung unterzogen.

Eine solche Specialgottheit war Suonetar, welche Sehnen und Adern spann, auch beschädigte durch neue ersetzte. Man rief ihren Beistand mit den Worten an:

Schlankgewachsne Adergöttin,
Suonetar, du Aderjungfrau,
schöne Spinnerin der Adern,
mit dem schlanken Spindelholze,
mit dem kupferreichen Wertel,
mit dem eisenreichen Rade;
komm herbei, du bist von Nöthen,
komm herbei, du wirst gerufen,
in dem Arm das Aderbündel,
auf dem Schoos das Häutebündel,
um die Adern zu verbinden,
ihre Enden festzuknüpfen,
bei den Wunden, die noch offen,
bei den aufgeriss'nen Löchern [1]!

Solche Beschwörungen, die der Heilung von Wunden und Krankheiten gewidmet waren, nannte man mit speciellerem Namen auch „Synty-Runen" oder „Runen der Wiedergeburt" [2]. Zur gründlichen Wiederherstellung und zur Förderung der Thätigkeit der niederen Gottheiten bedurfte es indessen der Mitwirkung Ukko's, des höchsten Trägers aller göttlichen Macht und Weisheit:

---

[1] Kalewala, Rune 15.
[2] Mit synty bezeichnete man aber auch die übernatürliche Fähigkeit des Heilkünstlers, eine Krankheit sowie die erforderlichen Heilmittel richtig zu bestimmen.

Selbst, o Gott du in den Lüften,
mach' zurecht du deine Füllen,
rüste deine raschen Renner,
fahre her im bunten Schlitten
durch die Knochen, durch die Glieder,
durch das Fleisch, das sich beweget,
durch die Adern, die zerrissen,
bind' das Fleisch fest an die Knochen,
bind' die Adern an die Adern,
senk' du Silber in die Fugen,
Gold du in die Aderspalten!
Wo die Haut entzwei gegangen,
dort laß neue Haut entstehen,
wo die Adern durchgerissen,
binde du sie fest zusammen,
wo das Blut davongeflossen,
dort laß neues Blut du fließen,
wo die Knochen sich zerschlagen,
dort laß neue Knochen wachsen,
wo das Fleisch sich abgelöset,
binde fest das Fleich zusammen,
banne es an seine Stelle,
setze es in seine Lage,
Bein an Bein und Fleisch zum Fleische,
Füge Glieder an die Glieder!

Die Heilung einer Wunde bedingte einen Nachwuchs neuen
Fleisches, also eine partielle Wiedergeburt des beschädigten Kör=
pers; und es war daher natürlich, daß man eine solche Wieder=
herstellung nur mit Hülfe einer höheren Macht, des Schöpfers
selber, bewerkstelligen zu können dachte.

IV.

Bevor wir das Gebiet der Mythologie der turanischen oder
altaischen Völker verlassen, sei jedoch noch erlaubt, hier Einiges
über die Bedeutung des Feuer=Cultus derselben anzuführen. Denn
die enge Verwandtschaft zwischen den ursprünglichen religiösen
Anschauungen der hochasiatischen Völkerschaften, die Berührungs=
puncte, die wir zwischen den Akkadern und vorarischen Medern
nachgewiesen, lassen sich gerade hier am deutlichsten erkennen.

Nach Angabe chinesischer Urkunden, deren Bearbeitung De Guignes unternahm, waren die Hiong-nu's das älteste Volk, das in Hochasien zur Oberherrschaft gelangte und einen gewissen Culturgrad erreichte. Ihr wesentlichster Cultus bestand in der Feueranbetung; doch zollten sie nebenbei auch der Sonne, dem Monde, einem himmlischen und einem irdischen Geiste sowie den Seelen ihrer Vorfahren göttliche Ehre.

Wie die Fragmente des Byzantiners Menander[1]) nach Mittheilungen des Zenarchos, eines Gesandten des Kaisers Justinus, berichten, beteten die Türken oder Tu-kiu's, wie sie chinesische Schriftsteller nennen, noch im siebenten Jahrhundert der christlichen Zeit das Feuer, die Luft, das Wasser, die Erde und den Himmel an; sie betrachteten letzteren speciell als den mächtigsten aller Götter, den Schöpfer aller Dinge, und opferten ihm daher Kameele, Rinder und Schaafe. Ihr Feuercultus wird von dem chinesischen Reisenden Hiuen-thsang ausdrücklich mit den Worten bestätigt: „Die Tu-kiu's sind Feueranbeter; sie bedienen sich keiner hölzernen Sessel, weil sie annehmen, daß Feuer ein Bestandtheil des Holzes sei; sie setzen sich deshalb auch nicht, sondern ziehen vor, auf geflochtenen Matten oder Häuten zu liegen[2])."

Endlich haben noch gut unterrichtete Reisende des Mittelalters, wie Plano Carpini und Marco Polo, einen Theil der Mongolen ihre alte nationale Religion ausüben sehen. Sie berichten nicht allein von einem höchsten Gott Natagai oder richtiger Itoga, einer angeblichen Personification des Himmels, sondern auch von einer directen Anbetung der Sonne, des Feuers und Wassers, welche ebenfalls als mächtige Gottheiten betrachtet wurden; der Cultus der übrigen, untergeordneten Geister ging aber in rohen Fetischismus über.

Ein gleicher Naturdienst, eine gleiche Anbetung der Naturgewalten bildet auch die Grundlage des Schamanismus der Tungusen. Wie Georgi an Ort und Stelle beobachtete, kennen

---

[1]) S. 381 der Bonner Ausgabe.
[2]) Stanislas Julien, Histoire de la vie de Hiouen-thsang, S. 56.

die Tungusen allerdings einen obersten Gott Buga; doch fällt derselbe bei näherer Betrachtung vollkommen mit dem materiellen Himmel zusammen; sie beten Götzen an, welche angeblich von mächtigen Geistern beseelt werden; sie bekleiden auch Sonne, Mond und Sterne, Feuer und Wasser, sowie die Geister der Wälder und Haine mit göttlichem Charakter. Unter den irdischen Elementen ist aber das Feuer das wesentlichste Object ihres Cultus.

In der Mythologie der Finnen spielt der Feuergott Panu eine sehr hervorragende Rolle; daß aber, wie Schiefner hervorhebt, sein Name an das sanskrit'sche bhânu (ein Beiname des Agni) erinnert, dürfte wohl nur dem Zufalle zuzuschreiben sein, um so mehr da panu, das Feuer, in der Kalewala nicht selten als Synonymum des häufigeren tuli gebraucht wird. Panu ist nicht allein der Geist des Feuers, sondern auch das Feuer selber, das in seiner materiellen Wirklichkeit verehrt wird. Er ist vom Himmel herabgestiegen, wie das Feuer der medischen Magier und Bilgi (oder Gibil), Ana's Sohn, in der Mythologie der Akkader. Er ist ein Sohn des Sonnengottes Päiwä, ebenso wie das chaldäische Epos den Feuerhelden Izbhubar oder Dhubar zum Sohn des Samas macht. Wird übrigens Panu vom materiellen Feuer getrennt betrachtet, dann bezieht er letzteres aus dem Himmel, speciell aus der Sonnenscheibe, wie sich aus Rune 26 der alten Kalewala[1]) ergiebt:

> Panu, du, o Sohn der Sonne,
> du, o Sproß des lieben Tages!
> Heb' das Feuer auf zum Himmel,
> in des goldnen Ringes Mitte,
> in des Kupferfelsens Innre,
> trag' es wie ein Kind zur Mutter,
> in den Schooß der lieben Alten.
> Stell' es hin, am Tag zu leuchten,
> in den Nächten auszuruhn,
> laß es jeden Morgen aufgehn,
> jeden Abend niedersinken.

---

[1]) Kalewala, Rune 48, B. 302 ff.

„Diese Stelle," bemerkt Castrén[1]), „giebt übrigens auch darüber Aufschluß, daß die Finnen der Urzeit die Sonne für eine auf eine gewisse Weise eingehegte Feuermasse und das irdische Feuer für eine Emanation aus der Sonne ansahen, oder, mit der Rune zu sprechen, für ein Kind der Sonnenmutter. Da demnach Sonne und Feuer im Grunde ein und derselbe Gegenstand sind, so ist es offenbar, daß die Verehrung des Feuers bei unseren Voreltern mit der Verehrung der Sonne zusammenfallen mußte und daß Panu nicht als eine selbständige Gottheit, sondern nur als ein Sohn der Sonne verehrt werden konnte. Ob das Verhältniß bei andern verwandten Völkern ebenso war, kann ich nicht mit Bestimmtheit ausmachen, gewiß ist es aber, daß sie neben der Sonne auch das Feuer verehrten.

„Noch heut zu Tage bringen viele tungusische, mongolische und türkische Völker dem Feuer Opfer dar, und es giebt unter ihnen einzelne Stämme, welche es nie wagen, Fleisch zu verzehren, ohne zuvor ein Stück auf den Heerd zu werfen. Nach Schmidt[2]) genießt das Feuer noch jetzt eine so große Verehrung bei den Mongolen, daß der Hauswirth demselben stets einen Opfer- und Festtag im Herbste bestimmt und ein jeder Mongole es für eine große Sünde hält, Feuer mit Wasser auszulöschen, in dasselbe zu speien oder es auf irgend eine Weise zu verunreinigen. Georgi[3]) erzählt von den Tungusen, daß nach ihrer Ansicht jedes Opfer, welches dem Feuer dargebracht, von sämmtlichen Göttern so wohl aufgenommen wird, als würde das Opfer ihnen selbst gegolten haben. Sowohl die Mongolen als auch die Türken haben die Sitte, verschiedene Reinigungen mittelst des Feuers anzustellen. Diese Sitte hat schon seit Urzeiten bestanden, denn der Byzantiner Menander erzählt von dem Gesandten Justin's, Zenarchos, daß er von den Türken um eine lodernde Flamme geführt wurde, um durch diese gereinigt

---

[1]) Vorlesungen über die finnische Mythologie, S. 56 ff.
[2]) Forschungen im Gebiete der älteren Bildungsgeschichte der Völker Mittelasiens, S. 147.
[3]) Bemerkungen einer Reise im russischen Reich, Bd. I, S. 276.

zu werden. Eine ähnliche Sitte soll nach Plano Carpini auch von den Mongolen beobachtet worden sein, jedoch mit dem Unterschiede, daß der Gesandte zwischen zwei Feuern hin= und hergeführt wurde. Uebrigens sollen die Mongolen in älteren Zeiten auch die Sitte gehabt haben, durch Feuer die Angehörigen und Hausgenossen der Verstorbenen, sowie alle Personen, die vom Blitz getroffen waren, und die Zeltgenossen derselben zu reinigen. In der gegenwärtigen Zeit werden besonders Weiber in gewissen Verhältnissen diesem Reinigungsproceß unterworfen, der sogar auch unter den Samojeden üblich ist und so bewerk= stelligt wird, daß man ein Büschel Rennthierhaare anzündet und damit den verunreinigten Gegenstand räuchert. Alle so be= schaffenen Ceremonien haben ihren Grund darin, daß man das Feuer mit heiliger Scheu verehrte, und daher kommt wohl auch der bei den Finnen und vielen andern Völkern übliche Gebrauch, an gewissen Festtagen große Feuer anzuzünden, welche in Finn= land unter dem Namen hela-walkiat, kokko-walkiat u. s. w. bekannt sind.“

Capitel VI.

Das akkadische Volk und seine Sprache.

I.

Die vergleichenden Betrachtungen des voraufgehenden Capitels haben uns zur Erkenntniß einer engen Verwandtschaft
zwischen der Magie der chaldäischen und altaischen oder turanischen Völker, vornehmlich der Finnen geführt. Die religiösen
Vorstellungen, welche dieser Magie zu Grunde liegen, bilden ein
vollständiges, in allen seinen Theilen zusammenhängendes mytho-
logisches System, welches eben nichts Anderes ist als die normale
und logische Fortbildung der naturalistischen Anschauungen sowie
der Verehrung der Naturgewalten, denen die in Rede stehende
Völkergruppe huldigte. Und es zeigt dasselbe System überraschende Analogien einerseits mit dem alten voriranischen Elemente, welches im medischen Magismus mit den mazdeischen Vorstellungen verschmilzt, andererseits mit der finnischen Mythologie,
ungeachtet der besonderen Färbung, welche letztere durch ihre
Entwickelung unter den nördlichsten Breitengraden Europas erhalten mußte.

Nachdem unsere Untersuchungen soweit gediehen, ist es unerläßlich eine weitere Thatsache auf's Schärfste in's Auge zu
fassen, daß nämlich in Chaldäa und den übrigen Ländern, die,
wie Assyrien, die chaldäische Lehre annahmen, eine besondere
Sprache für die Magie existirte, und daß diese die nämliche ist,
die wir im Einklange mit den Gelehrten der englischen Schule

17*

die „akkadische" nennen[1]). Die heiligen Zauberbücher, welche
Assurbanhabal im siebenten Jahrhundert zur Belehrung
der Priester seines Landes abschreiben ließ, waren in akkadischer
Sprache verfaßt; man hatte ihnen aber schon frühzeitig eine
semitisch=assyrische Uebersetzung beigegeben, um das Verständniß
ihrer Beschwörungen und Hymnen demjenigen, der sie sprechen
mußte, zu erleichtern. Unzweifelhaft war jedoch der einzige litur=
gische Text, der gesprochen wurde, der akkadische. Dieses ergiebt
sich schon daraus, daß manche Stellen, die schon einmal vorge=
kommen oder deren Sinn leicht verständlich, keine nebenstehende
Uebersetzung aufweisen: also eine analoge Erscheinung, wie sie
heutzutage die koptischen Meßbücher bieten, welche durchweg mit
einer arabischen Uebersetzung zum besseren Verständniß der
rituellen Sprüche, die in koptischer Sprache recitirt werden, ver=
sehen sind. Die auf Stein=Amuleten befindlichen Zaubersprüche,
selbst diejenigen auf Amuleten von unzweifelhaft assyrischer Arbeit
aus den letzten Zeiten der ninivitischen Herrschaft, sind ebenfalls
in weit überwiegender Mehrzahl in akkadischer Sprache verfaßt;
auf mehr denn hundert solcher Amulete, die ich in den verschie=
denen europäischen Sammlungen vorfand, kamen nur drei mit
assyrischer Aufschrift. Ebenso finden sich unter den Bruchstücken
des großen magischen Werkes, dessen Abschrift Assurbanhabal
anfertigen ließ, nur wenige Beschwörungen und Hymnen, deren
Text allein in assyrischer Sprache vorhanden ist; doch ist auch
hier anzunehmen, daß ihr ursprünglicher, schon frühzeitig ver=
loren gegangener Urtext ebenfalls in akkadischer Sprache ver=
faßt war.

Ohne Zweifel existirte also für die Magie in Chaldäa eine
eigene Sprache, welche diesen besonderen Charakter auch bei den
Assyrern behauptete; und diese war die akkadische. Man
glaubte von ihr, daß sie einen großen Einfluß auf die Geister=

---

[1]) Der Streitfrage wegen der Bezeichnungen Sumer und Akkad ist
ohne Zweifel eine größere Bedeutung beigelegt worden, als sie thatsächlich
verdient (vgl. Anhang II). Die Assyrer bezeichneten selber das vorsemitische
Idiom Chaldäas als „Sprache von Akkad"; und wir haben durchaus keine
bringende Veranlassung, von ihnen abzuweichen.

welt, auf die guten und bösen Geister ausübe; ja es scheint sogar, daß diese Vorstellung von ihrer übernatürlichen Macht in gleichem Maaße zunahm, als wie die Sprache selbst aufhörte, Volksidiom zu sein, und für die Priester eine todte, ausschließlich rituelle Sprache, für die Masse des Volkes aber ein völlig unverständlicher, die Sinne berauschender Wortschwall wurde. Diese erklärbare Neigung, geheimnißvollen Worten zugleich eine geheimnißvolle Wirkung beizulegen, bewog übrigens auch die Aegypter, fremde Namen, deren Sinn und Bedeutung dem gemeinen Volke unbekannt war, ja sogar Namen und Wörter, die keiner Sprache angehörten und willkürlich zum Zwecke theurgischer Verrichtungen erfunden waren, in ihren Zaubersprüchen anzuwenden.

Diese innige Verknüpfung der Zaubergebräuche mit einer bestimmten Sprache ist nun aber ein wesentlicher Umstand zur Bestimmung des Ursprungs der chaldäischen Magie. Denn wenn es uns gelingt, die Verwandtschaft der letzteren mit der heiligen Magie und Zauberei der turanischen Völker nachzuweisen, so vermögen wir auch zu schließen, daß ihre Sprache, das Akkadische, entschieden ein Idiom der großen altaischen Völkerfamilie war. Und so würde denn Alles darauf hinweisen, daß es die nämliche Menschenrasse war, welche schon im frühesten Alterthum ihre abergläubischen Vorstellungen der Dämonologie und Magie auch in das Euphrat- und Tigrisland verpflanzte [1]).

---

[1]) Der specielle Zweck sowie die ganze Anlage dieses Buches haben mich veranlaßt, in demselben einen Weg zu nehmen, welcher allerdings der logischen Methode und natürlichen Ordnung, in der die Thatsachen behufs strenger Beweisführung hätten vorgetragen werden müssen, nicht entspricht. Dieser Fehler, den ich schwerlich vermeiden konnte, hat mir denn auch manche Rügen zugezogen, die ich, so wohlwollend sie übrigens sind, nicht mit Stillschweigen übergehen und bis zu einem gewissen Grade wohl zurückweisen darf.

Ich bin mit Wolff von Baudissin vollkommen einverstanden, wenn er (Theologische Literaturzeitung von Schürer, 1876, S. 76) sagt: „Wir glauben, daß sich auf religionsgeschichtlichem Wege nicht, sondern nur durch die vereinte philologische Arbeit der Assyriologen und der Kenner turanischer Sprachen, die ethnologische Stellung der Akkader ermitteln läßt." Daß ich von der Nothwendigkeit einer solchen philologischen Beweisführung vollkommen überzeugt bin, dürfte sich jedenfalls aus einer ganzen Reihe von

Der turanische Charakter der akkadischen Sprachen darf indessen nicht blos behauptet, er muß auch nachgewiesen werden; und der Leser darf mit Recht verlangen, daß es an dieser Stelle geschehe. Ueberdies führt uns die Frage nach den Ursprüngen der chaldäischen Magie zu einer längeren Reihe linguistischer und ethnographischer Probleme, welche für die Geschichte des frühesten Alterthums fortan von größter Bedeutung sein werden. Dieselben betreffen die Elemente, die zur Entwickelung der babylonischen Cultur beitrugen, sowie die früheste turanische Civilisation, die noch vor der Ausbreitung der Semiten und Arier sich über den größten Theil von Vorderasien erstreckte. Und wir müssen daher, wenn wir anders nicht auf unzureichend begründete Be-

Arbeiten ergeben, von denen bisher allerdings nur ein geringer Theil veröffentlicht worden ist, und in denen ich mit dem Fortschreiten meiner Studien einen weit befriedigenderen Grad von Gewißheit zu erreichen hoffe. Aber es scheint mir gleichwohl nicht verwehrt, die Aufhellung des Problems gleichzeitig auch auf anderen Gebieten zu verfolgen. Ohne die linguistische Verwandtschaft zwischen dem Akkadischen und den altaischen Sprachen hätte der Anstoß zu den Untersuchungen und Vergleichungen der vorigen Capitel wohl kaum entstehen können; da aber diese Verwandtschaft thatsächlich besteht, so waren diese Forschungen und Betrachtungen gewiß ein berechtigtes Unternehmen. Hätte ich der akkadischen Frage bisher nur eine einzige Arbeit gewidmet und nähme das vergleichende Studium der Sprache in meinen bezüglichen Schriften einen geringeren Raum ein, dann freilich wäre es richtiger gewesen, mit dem philologischen Capitel zu beginnen, bevor die Vergleichung der Religion in Betracht gezogen wurde. Allein ich besorgte, dadurch Verwirrung und Dunkel in die Darlegung der religionsgeschichtlichen Daten hineinzutragen, die im vorliegenden Falle doch meinen eigentlichen Hauptzweck bildeten.

Auf diese Weise ist es gekommen, daß ich die Thatsachen in einer Reihenfolge vorzutragen mich entschied, welche allerdings nicht ganz regelrecht ist und darum auch der Kritik Vorschub leistet. Es ist geschehen, um mich mehr innerhalb des speciellen Ideenkreises meines Buches halten und die Fragen von fundamentaler Bedeutung darin durchgängig im Vordergrunde lassen zu können; dazu kam endlich noch, daß die gleichzeitige Fortsetzung meiner philologischen Studien mir hinreichend nachzuweisen schien, daß nicht vorgefaßte Theorie mich leitete. Ich vergleiche hier zunächst die religiösen Vorstellungen der Akkader mit denen der altaischen Völker und komme dann erst auf ihre Sprache, um mich ihrer als eines Hülfsmittels für meine Zwecke zu bedienen. Aber ich gestatte mir in Wahrheit derartige Vergleichungen nur, weil ich auf philologischem Wege die Ueberzeugung gewonnen habe, daß die Sprache der Akkader thatsächlich mit denen der altaischen Völker auf's engste verwandt ist.

hauptungen uns beschränken wollen, diese Probleme sämmtlich
bis zu einem gewissen Grade erörtern, wenigstens die hauptsäch=
lichsten Daten, die zu ihrer Lösung führen, angeben.

Nachdem der enge und beständige Zusammenhang nachge=
wiesen, welcher in Chaldäa zwischen der Magie und der akka=
dischen Sprache bestand, wird zunächst die nähere Angabe dessen
erforderlich sein, was diese Sprache entschieden als turanische
kennzeichnet. Nach dem Vorgange von Hincks, Henry Raw=
linson, Oppert, Grivel und Sayce habe ich mich ganz
speciell mit der akkadischen Sprache beschäftigt, auch geglaubt,
einen ersten Entwurf ihrer Grammatik liefern zu können [1]. Es
ist das allerdings eine rein philologische, äußerst schwierige und
verwickelte Arbeit, die nur für ein beschränktes Publicum von
Fachgenossen bestimmt ist; und ich ergreife daher mit Vergnügen
die sich hier bietende Gelegenheit, vor einem größeren Publicum
die Resultate zusammenzufassen, zu denen mich das grammatische
Studium geführt hat; denn wenn dieses auch noch lückenhaft ist,
so glaube ich doch, daß ein Theil der Angaben bereits außer
Zweifel steht und die Probe einer Controle mittelst eines direc=
teren Studiums und einer philologischen Analyse der Texte wohl
bestehen kann. Der Leser möge also verzeihen, wenn dieses
Capitel es ausschließlich mit Linguistik zu thun hat; ein der=
artiges Studium bietet natürlich allen, die sich nicht specieller

---

[1] Im ersten Bande meiner Etudes accadiennes (Heft I, II und III);
auch bin ich in einem anderen Werke La langue primitive de la Chaldée et
les idiomes touraniens (Paris, 1875), welches von Seiten der deutschen
Philologen sehr anerkennend beurtheilt worden, mit vielen neuen Zusätzen und
Verbesserungen darauf zurückgekommen. Man möge mir übrigens verzeihen,
wenn ich die Polemik übergehe, die sich gerade im Verfolge dieses letzteren
Werkes entwickelte. Ich darf eben nur das in's Auge fassen, was einen that=
sächlich wissenschaftlichen Charakter hat und brauche daher auf Einfälle, wie
die Joseph Halévy's, die einzig und allein nur ein merkwürdiges Denkmal
von Unwissenheit bilden, keineswegs weiter einzugehen. Halévy erlaubt sich
vom Akkadischen zu sprechen, ohne selber ein Wort davon zu verstehen; daher
auch alles von ihm Gesagte durchaus keine weitere Berücksichtigung verdient.
Uebrigens ist er mit Meisterhand von Eberhard Schrader im XXIX.
Bande der Zeitschrift der Deutschen morgenländischen Gesell=
schaft abgefertigt worden.

damit beschäftigen, manches Trockene; die Hauptfrage, um die es sich hier handelt, ist aber doch von so hoher Bedeutung, daß man sich einige Seiten hindurch diesen Eindruck der Trockenheit wohl gefallen lassen kann. Denn wenn die Thatsache der Mit=wirkung eines turanischen Volkes an der ursprünglichen Ent=wickelung Chaldäas feststeht, so muß fortan jenem großen Zweige des Menschengeschlechtes in der Culturgeschichte mehr Beachtung zu Theil werden, als es bisher geschehen ist.

II.

Vier Fundamentalsätze sind es, welche die Assyriologen ein=stimmig für unbestreitbar und endgültig erwiesen erachten:

1. Die akkadische oder, wenn man es vorzieht, sumerische Sprache ist wirklich vorhanden und kann nicht hinweggeläugnet werden, ohne die Bahn der Wissenschaft zu verlassen.
2. Sie ist die Sprache der Erfinder der vorarischen Keilschrift, das Idiom einer Bevölkerung, welche im unteren Euphrat= und Tigrislande schon vor der Bevölkerung semitischer Zunge vorherrschte.
3. Sie ist eine agglutinirende Sprache, deren Charakter und Grammatik von den semitischen Idiomen von Grund aus verschieden sind.
4. Sie ist eng verwandt mit den gleichfalls agglutinirenden Sprachidiomen des vorarischen Mediens und Susianas, welche ebenfalls aus In=schriften wieder hergestellt worden sind.

Ueber eine fünfte Frage, die Verwandtschaft des Akkadischen mit den turanischen oder altaischen Sprachen, ist noch keine Einstimmigkeit, kein entscheidendes Resultat erzielt worden. Denn während die Assyriologen der englischen Schule, im Anschluß an ihren berühmten Meister Henry Rawlinson, während Oppert und Karl Eneberg diese Verwandtschaft ebenso entschieden behaupten, wie ich selber es thue, zeigen sich wiederum andere Gelehrte wie Schrader, Friedrich Delitzsch und Gelzer, ohne sie im Princip zu läugnen, zurückhaltender und bis zu einem gewissen Grade noch unentschieden.

Diese Bedenklichkeit kann aber durchaus nicht befremden.

Denn einerseits ist die Kenntniß des Akkadischen noch sehr unvollkommen und es bleibt noch äußerst viel zu thun, um zum
vollständigen Besitze, zur vollständigen Kenntniß dieser Sprache
zu gelangen, vornehmlich ein Wörterbuch derselben festzustellen.
Andrerseits gehörten die altaischen Idiome bisher nur selten zum
gewöhnlichen Studienkreise der Philologen; sie sind nur wenigen
Specialisten bekannt, auch sind die Arbeiten der großen linguistischen Schule, welche Castrén und Schott begründeten und
die noch heute von Gelehrten wie Schiefner, Ahlqvist,
O. Donner, Yrjö Koskinen, Paul Hunfálvy und
Budenz so glänzend vertreten wird, im allgemeinen fast gänzlich
unberücksichtigt geblieben. Endlich scheint es auf den ersten Blick
fast sonderbar und unwissenschaftlich, die Vergleichung einer schon
seit wenigstens dreitausend Jahren todten Sprache mit Idiomen
zu versuchen, welche heut noch gesprochen werden, dabei aber zum
größten Theil nicht ein einziges Schriftdenkmal aus ältester Zeit
besitzen: denn selbst die Finnen, Magyaren, Türken und Mongolen, deren Literatur verhältnißmäßig älter ist, haben nur solche
literarische Documente aufzuweisen, die nicht weit über das
Mittelalter hinausreichen. Um die Möglichkeit eines solchen vergleichenden Studiums zu begreifen, muß man aber diesem ersten
Eindrucke mit einer bestimmten Erwägung entgegentreten und
die Thatsache im Auge behalten, daß unsere Untersuchungen und
Betrachtungen sich hier lediglich auf eine Sprachenfamilie erstrecken, welche, abweichend von allen andern, in besonders auffälliger relativer Unbeweglichkeit verharrte, sodaß sie noch heute
die Merkmale eines weit früheren Zustandes bewahrt, als man
in den ältesten Denkmälern der arischen oder semitischen Sprachen
wahrnimmt; wir haben es mit einer Sprachengruppe zu thun,
deren Idiome in den erhaltenen mittelalterlichen Urkunden, selbst
innerhalb eines Zeitraums von fünf bis sechs Jahrhunderten,
keine schärfer hervortretenden Wandelungen oder Umgestaltungen
erkennen lassen.

Es giebt daher keinen fundamentalen und principiellen Einwurf, keine Einwendung der Unzulässigkeit, die a priori gegen
die Untersuchung einer möglichen, zu erweisenden Verwandtschaft

zwischen dem Akkadischen und den noch lebenden altaischen
Sprachen erhoben werden könnte. So schwierig diese Unter=
suchung auch ist, man darf auf ein Ergebniß derselben wohl
hoffen.

Nach diesen Vorbemerkungen will ich nunmehr die haupt=
sächlichsten Daten anführen, die bezüglich der grammatischen
Analogien und Verschiedenheiten zwischen dem Akkadischen und
den altaischen oder turanischen Idiomen nachgewiesen werden
können; und ich glaube, daß die Aufstellung dieser Bilanz wohl
im Stande sein wird, die Ansichten zu rechtfertigen, die der
Fortgang meiner Studien mir nicht erschüttert, vielmehr täglich
bestätigt.

III.

Ich beginne zunächst mit dem Capitel der augenscheinlichen
Analogien:

I. Die thematische Harmonie der Vocale ist bis auf
wenige Abweichungen als eine vollkommene zu be=
trachten.

Die Harmonie der Vocale ist im Akkadischen ausschließlich
thematisch; sie ist eine dreitheilige, sodaß die Selbstlaute in
folgende Classen zerfallen:

Starke Vocale: â, a, û;
mittlere Vocale: î, i, u;
schwacher Vocal: e.

Ein und derselbe Stamm kann starke und mittlere, oder
mittlere und den schwachen, nicht aber starke und den schwachen
Vocal enthalten; die Mehrzahl der zwei= oder dreisilbigen Stämme
zeigt eine Wiederholung desselben Vocals in allen Silben. Die
Doppellaute au, ia und ua harmoniren mit den starken Vocalen;
der Doppellaut ie scheint als mittlerer Vocal betrachtet worden
zu sein, sodaß er sich in denselben Wörtern finden kann, in denen

starke oder der schwache Vocal auftreten. Diese Gesetze der
Harmonie erleiden im Akkadischen weit weniger Abweichungen,
als es in vielen der altaischen Sprachen der Fall ist [1]).

Dagegen nimmt man im Akkadischen, wie im Ostjakischen,
in den abgeleiteten Wörtern nicht darauf Bedacht, die Vocale der
Ableitungssuffixe mit denen des Stammes in Einklang zu bringen.
Ebensowenig scheint mir zwischen den Vocalen der beiden Ele=
mente eines zusammengesetzten Wortes Uebereinstimmung noth=
wendig zu sein, obwohl dieselbe bisweilen eintritt; dasselbe ist
heute noch im Magyarischen der Fall. Der Umstand daß viele
akkadische Stämme in der Schrift durch Ideogramme ausgedrückt
werden, macht es übrigens sehr schwer, gerade diesen Punct voll=
ständig aufzuklären [2]). Denn das Ideogramm bleibt natürlich
unveränderlich, welche Lautveränderungen der Stamm bei der
Aussprache auch erfahren haben mag; und daher ist es denn
auch unmöglich, diese Veränderungen, wenn sie überhaupt statt=
fanden, in solchen Fällen zu erkennen und nachzuweisen.

Endlich hat das Akkadische, wenngleich es unstreitbar eine
thematische Harmonie besaß, doch niemals eine Harmonie der
Endungen gekannt, wie dies auch bei einigen altaischen Idiomen
der Fall ist.

---

[1]) Ebendieses Thema, sowie überhaupt die gesammte akkadische Lautlehre,
ist erst kürzlich von Sayce in einer werthvollen Abhandlung Accadian pho-
nology behandelt worden; vgl. Proceedings of the Philological Society, 1877.

[2]) Die einzige Stütze bietet sich hiezu in den wenigen Angaben, die sich
bezüglich der Aussprache unter den Glossen der lexicographischen Täfelchen
aus der Bibliothek zu Ninive vorfinden. Aus ihnen erhellt in der That, daß
Vocale sich in Compositis nach Maaßgabe ihres Zusammentreffens mit an=
deren Vocalen verändern, — ein Vorgang der sich indessen aus der Schreibung
nicht ersehen läßt, da der Gebrauch von Ideogrammen zur Bezeichnung der
verschiedenen Bestandtheile des Compositum dies in keiner Weise gestattet.
So entnehmen wir z. B. aus einer bestimmten Glosse, daß das akkadische
Wort für „Wasserbehälter" enigin oder ѐnigin lautete; dasselbe bestand aus
a „Wasser" und nigin „ansammeln", wobei das a unter Einwirkung des
prädominirenden Vocals i sich veränderte. Geschrieben wurde jedoch dieses
Compositum lediglich durch die beiden neben einander gestellten Ideogramme
für a und nigin, sodaß das Auge des Lesers den stattfindenden Umlaut des
a in keiner Weise zu bemerken vermag.

II. Bildung der Mehrzahl der Derivata mit Hülfe von Suffixen.

Die hauptsächlichsten und am zuverlässigsten ermittelten Ab=
leitungssuffixe sind:

-ga, Zugehörigkeit und Abhängigkeit bezeichnend. Es dient zur Bildung
gewisser Substantiva, wie guga „Benennung, Name", von gu
„sprechen, sagen"; kubabbarga „Geldstrafe", von kubabbar „Geld".
Vornehmlich erzeugt es aber Adjectiva, wie kalaga „mächtig", von
kala „mächtig sein"; ziga „lebend", von zi „leben"; sega „glücklich",
von se „Glück".

-ik, bildet Nomina agentis und Ajectiva von activer Bedeutung, wie
xulik „übelthuend", von xul „schlecht"; nirik „Fürst", von nir
„regieren"; uddaik „hervorragend", von uddu „hervortreten, sich
erheben".

-da, individualisirt und specialisirt, wie in muda „namhaft", von mu
„Name"; tarda „Richter", von tar „richten"; ada „Wasserlauf,
Fluß", von a „Wasser"; xirda „Gehege", von xir „binden".

-ma, hat locale Bedeutung und bezeichnet, in Verbindung mit dem Namen
einer Stadt, den District, der sie umgiebt und dessen Hauptstadt
sie ist.

-a, bildet ethnische Bezeichnungen, wie Mulgekia „aus Mulgeki (dem
assyrischen Nipur) gebürtig"; Urunua „aus Ur gebürtig".

III. Gleiche Art der Declination mit Hülfe von Ca= sussuffixen, und Gleichheit der wichtigsten dieser Suffixe.

Von den zwölf Casus der akkadischen Declination werden
eilf durch Anfügung von Suffixen gebildet; den Nominativ stellt
der status absolutus des Wortes dar. Sämmtliche zwölf Casus
zerfallen in drei verschiedene Gruppen; die erste derselben be=
greift die ältesten Suffixe, die dem frühesten Typus der Decli=
nation der altaischen Sprachen angehören, aber auch in anderen
Idiomen der verschiedenen Zweige dieser Sprachengruppe sich
wiederfinden und im Akkadischen selbst schon keine Attributiv=
wurzeln mehr sind. Diese Suffixe sind:

-na, welches die Geltung des Genitivs und eines Instrumentalis=Modalis
hat; die Bildung des Genitivs durch Suffixe wie -na, -n, -nin, -in, -hi
ist allen turanischen oder altaischen Sprachen ohne Ausnahme ge=
mein, sowohl der ugrisch=finnischen als der samojedischen, der türkisch=

tartarifchen, ber mongolifchen, ber tungufifchen unb ber koreo=japa=
nifchen Sprachengruppe.

-ta, brückt den Begriff eines inneren unb äußeren Locativs aus, d. h.
gleichzeitig des Jneffivs „in" und des Elativs*) ober Ablativs
„von, von innen heraus". Der Locativ wird im Magyarifchen
durch -tt, in einigen famojedifchen Dialecten durch -dann unb -tann,
im Türkifchen durch -da, im Burätifchen durch -da, im Mongo=
lifchen durch -dur, im Mandfchurifchen durch -de bezeichnet; des=
gleichen ber Ablativ in den verfchiedenen ugrifch=finnifchen Jbiomen
durch -ta unb -tta, ber Ablativ im Türkifchen durch -dan, im Ja=
tutifchen burch -tan; endlich muß noch das Anzeichen des Dativs
ber famojedifchen Dialecte, -d unb -t, hiermit verglichen werden,
da die mongolifchen unb tungufifchen Sprachen daffelbe Suffix für
ben Locativ unb Dativ gebrauchen.

-ku, Beftimmungszeichen des Jllativs; hiermit laffen fich natürlich die
türkifchen Dative auf -ke, -ga, -ge, vielleicht auch die famojedifchen
Locative auf -kan unb -gan vergleichen.

-as, -es, Zeichen des qualitativen ober abverbialen Cafus, mittelft beffen
man aus Substantiven Adverbia bildet; derfelbe Cafus wird im
Tfcheremiffifchen durch -s unb im Lappländifchen durch -s bezeichnet;
außerdem wird noch eine Anzahl Verbaladverbia im Wotjäkifchen
durch -sa, im Mordwinifchen durch -ź gebildet; endlich könnte
hiermit auch ber Jneffiv auf -ssa ober -s der ugrifch=finnifchen
Jbiome in Vergleich geftellt werden.

-la, Suffix des Adeffivs, welcher in allen ugrifch=finnifchen Sprachen auf
-lla unb -l enbigt.

-li, bezeichnet die Handlung einer Perfon unb fcheint zuweilen auch co=
mitative Bedeutung zu haben; im Jakutifchen finden wir einen
Comitativ auf -lin unb einen abverbialen Cafus auf -li; im Tür=
kifchen wird ber comitative Begriff durch die Poftpofition ilä aus=
gebrückt, welche zuweilen auch ber Verwandlung in ein Suffix auf
-lä fähig ift.

-bi, -b, giebt ben Cafus ber Determination an unb erfeßt daher ben
Gebrauch eines Artikels; urfprünglich war es ein Pronomen ber
britten Perfon, das bem Nomen fuffigirt wurde. Die Accufative
auf -b unb -v des Lappländifchen, auf -m des Tfcheremiffifchen unb
ber famojedifchen Dialecte (wo es zuweilen auch -p lautet), auf -ben
bes Mongolifchen, auf -be des Mandfchurifchen, find hiermit zu
vergleichen; übrigens hat fchon Caftrén in leßteren einen „Ueberreft
eines Pronomen der dritten Perfon" erkannt. Die Philologen des
altaifchen Sprachgebietes geben einftimmig zu, baß die turanifchen
Sprachen anfänglich nur einen fyntactifchen= unb Stellungs=Accu=

*) Der Ueberfeßer glaubte im Intereffe des Lefers zu handeln, wenn
er Bezeichnungen wie Elativ, Delativ, Jllativ, Abeffiv, Supereffiv u. f. w.
unverändert beibehielte.   (Note des Ueberfeßers.)

sativ, wie wir ihn im Akkabischen finden, gehabt haben, daß aber
viele von ihnen zur Ersetzung dieses Casus eine Form adoptirten,
welche ursprünglich einen determinativen Charakter hatte.

-ge, Suffix eines Casus, den ich früher unrichtig als Superessiv quali-
ficirte. Die eigentliche Grundbedeutung desselben ist „von Seiten,
in Beziehung zu“; der Casus, um den es sich hier handelt, ist daher
ein solcher der Beziehung, ein Casus relativus. Das Suffix
-ge entspricht seiner Bedeutung nach fast durchgängig der lateinischen
Präposition de; doch dürfte es in einzelnen Fällen richtig nur durch
zu übersetzt werden können. Jedenfalls ist ein Zusammenhang
zwischen diesem Casussuffix -ge und dem Ableitungssuffix -ga,
welches die Zugehörigkeit und Abhängigkeit bezeichnet, wohl anzunehmen.

Neben diesen ältesten Casussuffixen besitzt das Akkabische
noch eine weitere Gruppe von Nachsilben, die es aus unver-
änderten Attributivstämmen des eigenen Wortschatzes bildete; so:

> das Suffix des Dativs: -ra oder -r, vom Stamme ra „sich be-
> geben nach, auf“;
> das Suffix des Possessivs: -lal, vom Stamme lal „nehmen“ [1]).

Dieses grammatische Verfahren ist wesentlich turanisch und
allen anderen Sprachfamilien fremd. Das Magyarische ist reich
an bezüglichen Beispielen; aus dem Worte bél „Innere“ bildet
es das Suffix seines Illativs -ba oder -be (früher -bele), aus
dem Verbalstamm rajt „er befindet sich oberhalb“ das des Super-
essivs -ra oder -re; desgleichen aus vel „Gefährte“ das Suffix
des Comitativs -val oder -vel, aus kép „Bild“ das des Aequativs -kép, aus kor „Alter, Zeit“ das temporale Suffix -kor.

Endlich sind einige der akkabischen Casussuffixe aus der Vereinigung zweier Stämme entstanden; so z. B. die Suffixe des
Sublativs -gelal und des Delativs -lalge, welche beide nur eine
verschiedene Verbindung der Elemente ge und lal darstellen.

---

[1]) Mit Unrecht habe ich in früheren Arbeiten die Bezeichnungen des
Aequativs dim „wie“ und des Oppositivs gab „gegenüber“ zu den Casussuffixen gerechnet. Diese Wörter sind lediglich Postpositionen, welche auch eine
gleichzeitige Anfügung von Casussuffixen an das vorhergehende bezügliche Wort
gestatteten. Wie alle Postpositionen des Akkabischen und im Allgemeinen der
altaischen Sprachen, lassen sich auch dim und gab auf bestimmte Attributivstämme zurückführen: dim = hervorbringen, wiedererzeugen; gab = davor,
gegenüber befindlich.

Solche Combinationen zur Umbildung zweier primärer Suffixe in secundäre, sind aber ebenfalls nur eine wesentlich turanische Eigenthümlichkeit; die verschiedenen Gruppen dieser Sprachfamilie besitzen alle solche Beispiele, auf welche übrigens schon seit länger von den Grammatikern hingewiesen worden.

IV. Analoge Bildung des Pluralis und Dualis.

Im Akkadischen, wie auch im Mandschurischen und Japanischen, finden sich einzelne Spuren der ältesten turanischen Pluralbildung, welche lediglich in der Verdoppelung des betreffenden Stammes besteht. Der Akkade sagt: ana ana „die Götter", kur kur „die Länder", wie der Mandschure: jalan jalan „die Jahrhunderte", und der Japane: fito fito „die Menschen". Die gebräuchlichsten akkadischen Pluralia werden aber mittelst der Suffixe -mes und -ene gebildet, von denen ersteres bei den verbalen Pluralia sich in -es verkürzt; und hiermit wären also die ebensohäufigen syrjänischen Suffixe auf -jas und die wotjäkischen auf -jos, die des alten türkischen Pluralis auf -z, welcher sich nur in biz „wir" und siz „ihr" erhalten hat, sowie endlich die der burätischen Pluralia auf -s zu vergleichen.

Nach Max Müller wäre die ursprüngliche ugrisch-finnische Form des Pluralis -äs gewesen; diese Frage wird indessen von den Philologen des altaischen Sprachgebietes noch immer so verschiedenartig erörtert, daß es gerathener erscheint, sie hier, wo nur thatsächlich Festhendes erwähnt werden soll, zu übergehen.

Noch bemerkenswerther ist aber, daß einerseits diese akkadischen Suffixe -mes und -ene Attributivstämme der Bedeutung „viel, Vereinigung" sind, andererseits diese früheste Bildung der altaischen Pluralia durch Verwandelung solcher Stämme in Suffixe thatsächlich auch im Mandschurischen angetroffen wird [1]). Im Akkadischen können mes und ene als Suffixe und als besondere Wörter gebraucht werden, je nach der Declination des Nomens, dessen Mehrheit sie angeben; und ebenso finden wir im Mandschurischen sowohl solche Pluralia, die mittelst eines

---

[1]) Vgl. Lucien Adam, Revue de linguistique, Bd. IV, S. 259.

Suffixes -sa gebildet sind, als solche, deren gleichlautende An=
hängesilbe in der Form sei als besonderes, selbständiges Wort
auftritt.

Der Dualis ist nur in wenigen altaischen Sprachen vor=
handen; er wird im Lappländischen auf -g, im Ostjakischen auf
-kan oder -gan, in den samojedischen Dialecten auf -ha', -g und
-k gebildet. Nach Boller wären diese Suffixe nur ein Ueberrest
des Zahlwortes kat „zwei"; und diese Auffassung wird denn
auch vom Akkadischen bestätigt, das seinen Dualis lediglich durch
Suffigirung von kas „zwei" herstellt. Im Uebrigen wird dieser
akkadische Dualis kaum anders als bei Gegenständen gebraucht,
welche an sich schon ein Paar bilden, vorzugsweise bei den paar=
weise vorhandenen Körpertheilen, wie si-kas „die beiden Augen"
und pi-kas „die beiden Ohren".

**V. Die Nichtunterscheidung des männlichen und
weiblichen Geschlechtes**

ist eines der wichtigsten und eigenthümlichsten grammatischen
Merkmale der altaischen Idiome, sobald dieselben mit den arischen
und semitischen verglichen werden. Im Akkadischen tritt diese
Erscheinung ebenfalls sehr deutlich hervor.

**VI. Unverändert bleibt der Stamm vieler Wörter
nur in den obliquen Declinationscasus und den
Verbalformen, in denen der Stamm ein Suffix er=
hält; dieses letztere spielt also gewissermaßen eine
beschützende Rolle, indem es den Auslaut erhält,
den der Stamm in seiner absoluten Form, wie z. B.
im Nominativ, abwirft.**

Der Illativ von χa „Fisch" lautet χanaku, woraus ge=
schlossen werden muß, daß der Stamm eigentlich χana ist und
im status absolutus verkürzt wird. Das Verb „geben" lautet
in der dritten Pers. Sing. des Präteritum insî, in der dritten
Pers. Plur. insîmus; „Gutes thun, erweisen" in der dritten
Pers. Sing. inχi, in der dritten Pers. Plur. inχigies; „beleben"
in der dritten Pers. Sing. inti, in der dritten Pers. Plur.

intiles; „erwähnen, ausſprechen, beſchwören" in der dritten
Perſ. Sing. inpâ, in der dritten Perſ. Plur. inpânes. Die be=
treffenden Stämme ſind daher nicht ſî, χi, ti, pâ, ſondern ſîmu,
χigi, tila, pâni, und es wird die letzte Silbe bei fehlendem Suffix
abgeworfen. Dieſe Erſcheinung tritt ſehr häufig bei Wörtern
ein, in denen die zweite Silbe des urſprünglichen Stammes zum
Conſonanten eine Gutturalis oder Liquida, ein n oder m hatte;
ſie iſt ebenfalls eine weſentlich turaniſche und von den Gramma=
tikern der altaiſchen Sprachen ſchon längſt in den ugriſch=
finniſchen Idiomen nachgewieſen worden.

VII. Identität der Pronomina.

Erſte Perſon:

Akkadiſch:	mu[1])	Magyariſch:	én
Protomediſch:	mi	Samojediſch:	man
	(Genitiv)	Jakutiſch:	min
Finniſch:	mä	Türkiſch:	ben
Eſthniſch:	ma	Mongoliſch:	bi
Lappländiſch:	mon		(Genitiv: mini.)
Tſcheremiſſiſch:	min	Mandſchuriſch:	bi
Mordwiniſch:	mon		(Genitiv: mini.)
Syrjäniſch:	me	Altjapaniſch:	wa.
Oſtjakiſch:	ma		

Zweite Perſon:

Akkadiſch:	zu[2])	Syrjäniſch:	te
Finniſch:	sä	Magyariſch:	te
Eſthniſch:	sa	Samojediſch:	tan
Lappländiſch:	ton	Türkiſch:	sen
Tſcheremiſſiſch:	tin	Mongoliſch:	ſi
Mordwiniſch:	ton	Mandſchuriſch:	ſi.

Dritte Perſon:

Akkadiſch:	na, ni	Eſthniſch:	need
Finniſch:	ne		(Pluralis)
	(Pluralis)	Syrjäniſch:	nja
			(Pluralis)

----

[1]) Dieſe Form iſt die des Suffixum perſonale oder poſſeſſivum. Das
Pronomen der erſten Perſon lautet allein: im Nominativ mae (mä), im Ge=
nitiv mina, im Dativ mara, im Relativ mâge. Das Pronomen allein lautet im
[2]) Suffixum perſonale oder poſſeſſivum. Das Pronomen allein lautet im
Nominativ zae (zä), im Dativ zara, im Relativ zâge.

Magyarisch:	ön („ñch")		Burätisch:	ene
Jakutisch:	kini (Accusat. onu)		Tungusisch:	nuñ
Türkisch:	ol (Genit. onun)		Mandschurisch:	i. (Gen. ini)

Das Pronomen Pluralis der ersten Person ist im Akkabischen me; in den ugrisch=finnischen, samojedischen und tungu=sischen Idiomen wird es durch entsprechenden Vocalwechsel aus dem Pronomen Singularis gebildet:

Finnisch:	me		Syrjänisch:	mi
Esthnisch:	meie		Ostjakisch:	meñ
Lappländisch:	mi		Magyarisch:	mi *
Tscheremissisch:	mä		Samojedisch:	mé, mi
Mordwinisch:	min		Mandschurisch:	be.

Die beiden übrigen Pronomina Pluralis bildet das Akkabische nach besonderem Verfahren: das der dritten Person nene entsteht durch Verdoppelung des Singularis ni; das der zweiten Person zunene durch Hinzufügung des Pronomen nene zum Singularis zu: zu + nene = du + sie (Plur.) = ihr. Die Vergleichungen, die wir oben angestellt, sind daher hier nicht anwendbar. Doch ist es von Interesse, das Tscheremissische in Betracht zu ziehen; dasselbe hat für den Singularis der dritten Person das Pronomen auf n nicht beibehalten, weist aber im Pluralis ein dem akkadischen nene ähnliches Pronomen nina auf, welches gleichfalls durch Verdoppelung des Pronomen auf n entstanden sein dürfte.

Das Akkabische besitzt übrigens noch eine zweite Gruppe Pronomina Singularis:

— Die erste Person du[1]) findet sich, jedoch schon verkürzt, im Possessivsuffix des Protomedischen -ta wieder.
— Die zweite Person mun ist mit dem protomedischen ni, dem ostjakischen neñ, dem jakutischen än und den Verbalendungen der dritten Person auf -n der samojedischen Dialecte zu vergleichen.

---

[1]) Nicht dab, wie ich früher infolge ungenauer Analyse gewisser Verbalbildungen annahm, welche thatsächlich ein bisher von mir unbeachtet gelassenes directes Pronomen dritter Person enthalten. So ist z. B. andabsite „er mißt mir zu" zu zergliedern in: an + da + b + sit + e „er + mir + es + mißt + zu": bsgl. dabkurria in: da + b + kurri + a, u. s. w.

— Die britte Person bi (alleinstehend abba) wird auch als enklitisches Demonstrativ gebraucht; sie entspricht dem Verbalpronomen -pi des Finnischen, -b des Esthnischen, -bo des Tscheremissischen, sowie dem Demonstrativ by des Jakutischen und bu des Türkischen, endlich dem Possessivsuffix -ba des Jenissei-Samojedischen.

VIII. Gleiches Princip in der Bildung der postpositiven Conjugation.

Es giebt im Akkadischen drei Conjugationsarten: eine präpositive, eine postpositive und eine periphrastische.

Die letztere vertritt das Passiv und verwendet als Hülfsverb: men „sein"; sie entspricht auch der periphrastischen Conjugation der altaischen Sprachen, ist indessen eine zu allgemeine grammatische Eigenthümlichkeit, als daß sie ein bestimmtes Element für die Classification der Sprache abgeben könnte.

Die präpositive Conjugation, die in den Texten am häufigsten vorkommt und eines der originellsten Merkmale des Akkadischen bildet, werde ich später besprechen.

Die postpositive Conjugation bietet Formen wie enimu (von eni) = ich bin Herr, wörtlich: bin Herr + ich; gartanin (von gar) = er hat machen lassen, wörtlich: machen + hat lassen + er, u. s. w. Die Bestandtheile dieser Formen sind also: Stamm, + Tempusendung (wenn vorhanden) + Personalsuffix, und bei abgeleiteten Conjugationsformen [1]: Stamm + Formativ der Ableitung + Tempusendung (wenn vorhanden) + Personalsuffix. Und genau ebenso ist auch der Mechanismus des ugrisch-finnischen und türkisch-tartarischen Verbs. Nur sind im Akkabischen (wohl ein Kennzeichen des Alterthums) die suffigirten Pronomina noch nicht so abgeschwächt wie in den neueren Sprachen; sie sind noch unversehrt und noch nicht zu einfachen grammatischen Endungen geworden.

---

[1] Unter „abgeleiteten Conjugationsformen" verstehe ich dasselbe, was man in der ugrisch-finnischen oder türkischen Grammatik „abgeleitete Verba" zu nennen pflegt; ich habe diesen Ausbruck besonders deshalb gewählt, weil es sich hier speciell um akkadische Erscheinungen handelt und er dieselben ganz zutreffend bezeichnet.

IX. Anwendung ein und derselben Partikel zur
Bildung der causativen Verbalform.

Diese nach Maaßgabe der Conjugationsart dem Stamme
prä= oder suffigirte Partikel lautet im Akkadischen tan oder dan;
sie entspricht genau den Ableitungssuffixen gleicher Bedeutung
in den ugrisch=finnischen Verbalbildungen auf ta und den türkisch=
tartarischen auf tar oder dar.

X. Vorhandensein einer negativen, den anderen
Sprachfamilien unbekannten Conjugation.

Handelt es sich darum, das Akkadische einer bestimmten
Sprachengruppe zuzuweisen, so ist diese Conjugationsart ohne
Zweifel für eines der wichtigsten und entscheidendsten Merkmale
zu erachten. Das negative Verb wird im Akkadischen mittelst
einer der Partikeln nu oder me gebildet, welche übrigens auch
Substantiven oder Adjectiven auf -ga präfigirt werden, um Com=
posita mit negativem oder caritivem Sinne herzustellen. Die
Partikel nu ist sicherlich identisch mit den beiden Negationen ani
oder inne des Protomedischen, dem nem des Magyarischen, dem
ent des Ostjakischen und it (Contraction von int) gewisser Modi
der negativen Conjugation des Tscheremissischen; me ist aber
weiter nichts, als die dem Zeitworte einverleibte gleichlautende
Negation der türkisch=tartarischen Sprachgruppe.

XI. Anwendung von Verbalformen an Stelle der
Conjunctionen.

Das akkadische Verb besitzt eine conjunctive Modusform,
welche den Gebrauch des Bindewortes nach einem Zeitwort ver=
tritt; auch ersetzt es durch einen seiner Indicative alle Con=
junctionen der Bedeutung „damit".

XII. Ueber den Gebrauch von Postpositionen, wo
die arischen und semitischen Sprachen sich der Prä=
positionen bedienen,

bedarf es wohl keiner weiteren Erörterung; die bloße Angabe
dieser Erscheinung, welche gleichfalls zu den wichtigsten zählt,
dürfte allein schon zu ihrem richtigen Verständniß genügen.

XIII. Das übereinstimmende Verfahren in der Ab=
leitung der Adverbia von Substantiven und Verben,
sowie das Vorhandensein eines adverbialen Casus
oder Essivs in der Declination

ist schon früher bei Gelegenheit der Declination von mir be=
sprochen worden.

IV.

Aus der Betrachtung der mehr oder minder hervortretenden
und maaßgebenden Verschiedenheiten zwischen der akkabischen
Grammatik und dem gesammten Mechanismus der altaischen
Idiome entnehmen wir Folgendes:

I. Vorhandensein einer geringen Anzahl von Ab=
leitungspräfixen.

Bestimmt lassen sich nur zwei solcher Präfixe nachweisen,
welche ursprünglich Attributivstämme waren: id-, von localer
Bedeutung, und ki-, welches Nomina agentis bildet. Dieses
ganze Ableitungsverfahren ist allerdings bei den altaischen
Sprachen nicht allgemein üblich; doch besitzt das Protomedische,
dessen Zugehörigkeit zu dieser Sprachfamilie nicht bestritten werden
kann, ebenfalls einige Ableitungspräfixe: das Augmentativ far-
und das Localisativ it-, welches offenbar mit dem gleichbedeutenden akkabischen Präfix id- übereinstimmt. Diese auffallende
Erscheinung und unerwartete Abweichung von den gewöhnlichen
Regeln ist also den beiden gleichzeitigen und hinsichtlich ihres
Gebietes benachbarten Sprachen Chaldäas und des vorarischen
Mediens gemein. Auch das Neumagyarische besitzt einige wenige
Präfixe, von denen eines zur Bildung des Superlativs der Adjectiva, die anderen zur Ableitung der Verba dienen. Ihre Ein=
führung wird fremdem Einflusse zugeschrieben, und es ließe sich
in der That kein gegründeter Einwurf dagegen erheben, wenn
man auch den Ursprung der wenigen akkabischen und protome=
dischen Präfixe in gleicher Weise erklären wollte.

Mit dieser Erscheinung läßt sich übrigens noch eine andere
vergleichen, die bisweilen im Akkadischen auftritt: das Vorhan=
densein einer Art von vocalischem Augment, welches in Derivaten
vor die Wurzel tritt. So wird z. B. usar „Ufer" von der
Wurzel sar gebildet; desgleichen enim „das Erheben" von nim;
ugude „das Verkünden" von gude „verkünden", welches an sich
schon ein Compositum war. Auf den ersten Blick könnte diese
Erscheinung für antituranisch gehalten werden; doch finden
sich unbestreitbare Spuren davon in den ugrischen Idiomen.
Denn wenn von einem Stamme tar oder ter das wogulische ätär
„hell, glänzend" und das gleichbedeutende ostjakische eder oder
eter sich ableiten, während das Magyarische därü dafür auf=
weist; wenn wir neben dem magyarischen ēlég¹) „genug" das
finnische līka, das esthnische līg, das lappländische like „zuviel"
vorfinden; wenn endlich „Hund" im Finnischen penu, im Syr=
jänischen pon, im Wotjäkischen punu, im Mordwinischen pinä,
im Wogulischen emp, im Ostjakischen amp, im Magyarischen eb
lautet, so findet sich in all' diesen Idiomen ein wirkliches voca=
lisches Augment, welches dem des Akkadischen entspricht und ver=
wandt ist.

II. Gebräuchlichste Stellung des Adjectivs oder des
Genitivs hinter dem Worte, von dem sie abhängen.

Diese Regel ist fast stehend, jedoch nicht ganz ohne Aus=
nahmen, da die Texte auch Beispiele der umgekehrten Ordnung
aufweisen. Ferner steht fest, daß die Stellung des Adjectivs
oder Genitivs vor dem regierenden Worte, welche die in den
altaischen Sprachen geltende Regel erfordert, in den frühesten
Perioden der Keilschrift bei Weitem gebräuchlicher war als später,
vielleicht ursprünglich sogar die eigentliche Regel bildete. Die
Syllabare und Glossen der lexicalischen Tafeln zeigen in der
That eine ganze Reihe verschlungener ideographischer Gruppen,
welche Composita aus Genitiv + Regens oder Adjectiv + Sub=
stantiv sind, zur Zeit aber, da diese Urkunden gesammelt wurden,

---

¹) lēg als Präformativ des Superlativs.

Composita derselben Elemente in umgekehrter Ordnung, d. h. Regens + Genitiv oder Substantiv + Adjectiv, waren. Es war also ein Wechsel im Sprachgebrauch eingetreten und es hatte nach längerem Schwanken gerade diejenige Ordnung die Oberhand behalten, die der gewöhnlichen Form der altaischen Sprachen entgegengesetzt war, — vielleicht unter Mitwirkung des Semitischen, das mit dem Akkadischen eine andauernde Coexistenz hatte.

Freilich muß bemerkt werden, daß die Regel, wonach in der gegenseitigen Stellung des genitivischen oder adjectivischen Attributs und des regierenden Wortes das Bestimmende dem Bestimmten vorangeht, nicht in allen altaischen Sprachen auf's strengste beobachtet wird. So ist z. B., wenn wir uns auf die ugrisch-finnische Gruppe beschränken, im Tscheremissischen Regel, den syntactischen Genitiv (ohne Suffix) seinem Subjecte vorangehen und den grammatischen (mit einem Suffix versehenen) Genitiv ihm folgen zu lassen; ein Gleiches geschah auch ursprünglich im Protomedischen, wo „Sohn des Cyrus“ Kuras Sakri oder Tar Kurasna hieß. Im Syrjänischen kann in einzelnen Fällen der rein syntactische Genitiv dem regierenden Worte nachfolgen; im Wotjäkischen ist die Stellung des grammatischen und syntactischen Genitivs, sowie die des Adjectivs, unterschiedslos vor oder hinter dem bestimmenden Worte.

Die Stellung, welche im Protomedischen der Genitiv hat, ist soeben bezeichnet worden; das Adjectiv folgt hier immer dem Nomen, zu dem es gehört. Im Susianischen folgt auch der syntactische Genitiv stehend auf das Wort, welches ihn bestimmt; das Adjectiv geht demselben voran.

III. Die gebräuchlichste Verbalconjugation ist präpositiv, nicht postpositiv.

Die Aufeinanderfolge der Bestandtheile in dieser Conjugation ist folgende: Präfigirtes Subjectpronomen + Stamm + Tempusendung (wenn vorhanden) + Numerusendung (wenn vorhanden); dagegen in den abgeleiteten Conjugationsformen: Präfigirtes Subjectpronomen + Formativ der Conjugationsform

+ Stamm + Tempusendung (wenn vorhanden) + Numerusendung (wenn vorhanden). Die präpositive Conjugation gehört
zu den originellsten Eigenheiten des Akkadischen und bildet das
genaue Gegentheil zum Verfahren des ugrisch-finnischen und
türkisch-tartarischen Verbs.

Daß aber dieses letztere als ein wesentliches und fundamen-
tales Merkmal der altaischen Sprachen zu betrachten wäre, ist
meiner Ansicht nach unzulässig.

Zwei der vorzüglichsten Gruppen der altaischen Sprachfamilie, die mongolische und innerhalb der tungusischen Gruppe
das Mandschurische, haben ein völlig abweichendes Verb; dasselbe
nimmt keine Personalsuffixe an, auch stellt es, sobald die Person
ausdrücklich bezeichnet werden soll, das volle Personalpronomen
in seiner absoluten Form dem Stamme voran. Letzteres wird
zwar durchgehend abgesondert, während es im Akkadischen enger
verknüpft scheint, doch liegt darin nur ein orthographischer Brauch,
der das eigentliche grammatische Verfahren sowie die Anordnung
der Satztheile nicht weiter beeinträchtigt.

Autoritäten wie Castrén und Max Müller hatten
keine Bedenken, das mongolische und mandschurische Verb als
den frühesten Typus des altaischen Zeitworts zu bezeichnen, das
sich hier unverändert erhielt, während es in den übrigen Gruppen
sich modificirte, bis endlich eine ganz andere Anordnung in der
Aufeinanderfolge getroffen wurde. In der That steht in allen
Sprachen, die, wie das Alt-Chinesische, im blos rhematischen,
also in dem der Agglutination nothwendig vorhergehenden Zustande verblieben sind, das Pronomen immer vor und nicht hinter
dem Verb; und es war dies auch jedenfalls die natürlichste Aufeinanderfolge, die sich zuerst anempfehlen mußte. Die Richtigkeit
dieser Ansicht wird entschieden dadurch erwiesen, daß man fast
heute noch in einzelnen tungusischen Dialecten den Uebergang
aus dem Zustande, in welchem das Mandschurische erscheint, in
den der Agglutination, die das Bestimmungszeichen der Person
an's Ende stellt, verfolgen kann. Nach Castrén sind die Pro-
nominalsuffixe der verschiedenen Personen des Verbs, welche
allen anderen tungusischen Idiomen, zumal der mandschurischen

Sprache, noch unbekannt sind, erst ganz neuerdings im Dialecte der Stämme von N̄jertschinsk in Sibirien aufgetreten, wie auch kurz vorher in der mongolischen Gruppe bei den Buräten [1]).

Sehr interessant ist der Vergleich des mandschurischen Verbs mit dem akkadischen. In seinem Indicativmodus wird jenes ebenso construirt wie die beiden persönlichen Indicative der ein= fachen Conjugationsform des Akkadischen: Pronomen + Stamm + Tempusendung. Im Präsens entsprechen also bi ara-mbi „ich schreibe", si ara-mbi „du schreibst", ere ara-mbi „er schreibt", genau dem akkadischen mu-śar-ri, iz-śar-ri, in-śar-ri, mit gleicher Bedeutung. Das Personalpronomen fällt im Mandschurischen meist fort, so daß das Verb auf den ersten Blick keine Personen zu haben scheint [2]); und ebenso verhält es sich auch im Akka= bischen mit dem so häufig gebrauchten unpersönlichen Indicativ, welcher keine präfigirten Pronomina aufweist.

Dem Akkadischen ähnlich stellt das Mandschurische in mehreren seiner Modi zwischen Pronomen und Stamm, also vor den letzteren, ein Formativ, welches die Bedeutung eines Stammes hat, der in der Sprache thatsächlich als selbständiges Wort auf= tritt; so z. B. beim ersten Concessiv: Präsens = bi baha-fi ara-mbi „ich kann schreiben", Perfectum = bi baha-fi ara-ha-bi „ich habe schreiben gekonnt". In anderen Fällen tritt nicht eine Tempusendung, vielmehr eine Modusendung hinter den Stamm, wie im akkadischen conjugirten Gerundium und Supinum; so z. B. im ersten Optativ bi ara-ki „daß ich schreiben möge", und im ersten Conjunctiv bi ara-či „daß ich schreiben könne". Letzterer geht sodann durch Einschiebung eines Formativs (einer ursprüng= lichen Conjunction) in den zweiten Conjunctiv bi aika ara-či über. Ich wiederhole, daß die Trennung in mehrere Wörter hier nur ein orthographischer Brauch ist, wie denn auch das Mandschurische die Casussuffixe der Declination beim Schreiben

---

[1]) Außer Castrén wies übrigens auch Schiefner nach, daß die Ein= führung dieses neuen Princips im Burätischen unter dem Einfluß des Jakutischen, einer Sprache der türkisch=tartarischen Gruppe, und im Tungusischen des Ge= bietes von N̄jertschinsk unter dem Einflusse des Burätischen erfolgt ist.

[2]) Lucien Adam, Grammaire de la langue mandchou, S. 51.

abſondert. Das Conſtructionsprincip iſt aber daſſelbe wie im
Akkadiſchen, wenngleich die Verba beider Sprachen in vieler Hin=
ſicht verſchiedene Wege einſchlugen, wie es ja bei einer ſo großen,
räumlichen und zeitlichen Entfernung kaum anders geſchehen konnte.

Bildet demnach die präpoſitive Conjugation des Akkadiſchen
das genaue Gegentheil des Verbalmechanismus der ugriſch=fin=
niſchen und türkiſch = tartariſchen Idiome, — welcher übrigens
wiederum mit der poſtpoſitiven Conjugation harmonirt, — ſo
zeigt ſie doch andererſeits ſehr auffällige Analogien mit den
Grundprincipien des Verbalmechanismus des Mandſchuriſchen,
welches gleichfalls der großen altaiſchen Sprachfamilie angehört.
Und dieſe Analogien, auf welche Sayce zuerſt hinwies, verdienen
ungeachtet der großen Kluft, welche zeitlich und räumlich das Ak=
kadiſche vom Mandſchuriſchen trennt, jedenfalls die größte Be=
achtung.

Ich glaubte ſogar noch weiter gehen und die Conſtruction des
akkadiſchen Verbs mit der des ugriſch=finniſchen negativen Zeit=
worts vergleichen zu dürfen. Die neue Theorie, die ich zur
Bildung des letzteren aufſtellte, wurde von einem Fachmann, dem
Prof. O. Donner in Helſingfors, in manchen Puncten ge=
billigt; ſie erregte aber andererſeits auch lebhaften Widerſpruch.
Eine neue Prüfung und Vertheidigung meiner Methode dürfte
indeſſen hier nicht am Platz ſein; es iſt meine Abſicht, an dieſer
Stelle nur offenbare und nicht zu bezweifelnde ſprachliche Ver=
wandtſchaften an einander zu reihen; daher ich auch obige noch
unzureichend erwieſene Conjectur hier vorläufig gänzlich bei Seite
laſſe.

IV. Die Conjugationsformen, mit Ausnahme der
cauſativen, werden mit Hülfe von Partikeln ge=
bildet, welche ausſchließlich dem Akkadiſchen eigen
ſind.

Es iſt allerdings mißlich, dieſer Thatſache ein beſonderes Ge=
wicht beizumeſſen; denn es laſſen ſich gerade hierbei zwiſchen den
verſchiedenen Idiomen der altaiſchen Sprachfamile viele Abwei=
chungen, bei einigen derſelben ſogar häufig eine ebenſo ausgeprägte

individuelle Orginalität nachweisen, wie etwa die des Akkadischen bezüglich der Partikeln zur Bildung der Conjugationsformen oder abgeleiteten Verben, wenn man dieser letzteren Bezeichnung den Vorzug giebt.

Wir wollen jedoch hervorheben, daß wenn die Bildungs= partikeln der akkadischen Conjugationsformen bisher in den leben= den altaischen Sprachen ohne erhebliche Analogien geblieben sind, eine derselben doch immerhin eine höchst augenfällige und fast bestimmte Verwandtschaft mit dem Protomedischen erkennen läßt, nämlich ra, welche, dem Stamme zugefügt, die reciproken und cooperativen Formen des Zeitworts erzeugt; auch findet sich in der zweiten Redaction der dreisprachigen Achämeniden=Inschriften ein enklitisches, reciprokes Pronomen ir oder irra vor. Dieses Anzeichen thatsächlicher Verwandtschaft zu verkennen, dürfte jeden= falls schwer halten.

V. Gebrauch einiger periphrastischer Construc= tionen, deren freilich nur ungenaue Prüfung zu der irrigen Annahme des Vorhandenseins von Prä= positionen führte.

Die Streitfragen, welche die angeblichen akkadischen Präpo= sitionen veranlaßten, sowie die Schlüsse, die man aus denselben zu ziehen versuchte, veranlassen mich vorzugsweise, auch diesen Punct zu berühren; denn man erblickte hierin nichts weniger als ein Kriterium für den dem Turanischen oder Altaischen wider= sprechenden Charakter des Akkadischen. Gegenwärtig ist man aber auch hierüber völlig im Klaren: es giebt eben im Akkadischen keine Präpositionen, sondern nur periphrastische Constructionen, bei denen in gleicher Weise alle Wörter, die den Begriff einer Situation oder Beziehung zum Ausdruck bringen, verwendet werden können. In Wirklichkeit sind diese Constructionen weit entfernt, einen wesentlichen und organischen Charakterzug der Sprache zu bilden; sie sind lediglich syntactische Erscheinungen von untergeordneter Bedeutung und weit geringerer Eigenthüm= lichkeit, als es anfänglich scheinen mochte; und sie gestatten daher keine maaßgebenden Schlußfolgerungen bezüglich der

Zugehörigkeit des betreffenden Idioms zu irgendeiner bestimmten Sprachengruppe.

· · · – –

V.

Das Endresultat der letzten Ausführungen dürfte wohl keinem gründlicheren und vorurtheilfreien Kritiker zweifelhaft sein: die Summe der grammatischen Aehnlichkeiten zwischen den turanischen oder altaischen Sprachen übertrifft die Summe der Verschiedenheiten selbst dann noch bei Weitem, wenn auch die geringsten dieser letzteren in Rechnung gezogen werden; zudem haben die Analogien unbestreitbar einen weit wesentlicheren und organischeren Charakter als die Verschiedenheiten, die sich übrigens mit den ersteren auch recht wohl vereinbaren lassen. Die That=sachen sind zur Bestreitung gerade dieses Punctes mit unglaub=licher Kühnheit entstellt worden, wobei leider auch Oberflächlich=keit und Unkenntniß in hohem Maaße eine Rolle spielten; in Wirklichkeit wird aber jedesmal, so oft das Akkadische vom ge=wöhnlichen Sprachgebrauch der altaischen Idiome abweicht, ein entsprechender Ausnahmefall sporadisch auch in irgend einer anderen Sprache dieser Gruppe sich nachweisen lassen; und man wird daher keinesweges behaupten können, daß diese Abweich=ungen dem Grundcharakter dieser Sprachfamilie widersprechen, oder gar daß sie derselben überhaupt sonst fremd sind.

Für den Mechanismus der präpositiven Conjugation, — dieser speciellsten Eigenthümlichkeit des Akkadischen, — konnten wir allerdings nur dadurch ein Analogon erzielen, daß wir vom entgegengesetzten Ende des weiten geographischen Gebietes der altaischen Idiome unseren Vergleichungspunct hernahmen. Eine Vergleichung des Mandschurischen war indessen schon dadurch berechtigt, daß selbst die namhaftesten Gelehrten in dieser Sprache ein Denkmal des frühesten Typus der turanischen Verbalconju=gation erkannt hatten.

Unsere Kenntniß des Akkadischen bestätigt die Ansichten

Castrén's vollkommen, wie sie denn überhaupt für die Ent=
wickelung und den ferneren Fortschritt der allgemeinen Philo=
logie der altaischen Sprachen von größtem Nutzen ist. Denn
mit Hülfe derselben erkennen wir schon jetzt, daß die Idiome
dieser Sprachfamilie, hinsichtlich der Verschmelzung des Subject=
pronomens mit dem Zeitworte, drei auf einander folgende ver=
schiedene Stadien durchlaufen mußten:

1, die präpositive Juxtaposition, bei welcher mehr oder minder eine
   Verschmelzung mit dem Verbalstamme stattfand;
2, die einfache postpositive Juxtaposition;
3, die Umwandlung des nachgestellten Pronomens in eine angehängte,
   von der vollen Form eines Pronomens unterschiedene Endung.

Mit Ausnahme der Dialecte des Gebietes von Njertschinsk,
erstarrten die tungusischen Sprachzweige schon in ihren ersten
Anfängen, da das Pronomen sich noch möglichst von dem an
sich unpersönlichen Zeitworte, dem es vorangestellt wurde, abson=
derte. Die ugrisch=finnischen und türkisch=tartarischen Idiome
haben aber sämmtlich die dritte Periode erreicht. Das Akkadische
endlich hat seine Grammatik in der Uebergangszeit zwischen dem
ersten und zweiten Stadium gebildet, da man unterschiedslos das
Pronomen dem Stamme präfigiren oder suffigiren konnte; und
daher kommt es auch, daß es gleichzeitig eine äußerst entwickelte,
am häufigsten angewandte präpositive, und eine seltener ge=
brauchte postpositive Conjugation besitzt, welch' letztere einerseits
gleichviel Conjugationsformen und Modi gehabt zu haben scheint,
andererseits aber weder Objectiv noch Negativ kannte.

Die bewährtesten Kenner der altaischen Sprachen, wie Paul
Hunfalvy in Pest und Donner in Helsingfors, haben ebenso=
wenig wie der Verfasser der vorliegenden Arbeit und die Mehr=
zahl der Assyriologen Bedenken getragen, das Akkadische zur
altaischen Sprachfamilie zu rechnen; die philologische Stellung
desselben ist nach ihrer Aller Ansicht völlig und unbestreitbar
entschieden.

Soll aber das Akkadische unter die turanischen und altaischen
Idiome gerechnet werden, und scheint in der That eine enge Ver=
wandtschaft vornehmlich mit der ugrisch=finnischen und türkisch=

tartarischen Gruppe zu herrschen, so dürfte es mit Rücksicht auf
viele seiner Eigenthümlichkeiten doch gerathener sein, es als den
Typus einer besonderen Gruppe dieser Sprachfamilie zu be=
trachten. Vielleicht wird man mit dem Fortschreiten der bezüg=
lichen Forschungen die älteste Form und den frühesten Typus
einer der noch bestehenden Gruppen darin erkennen; unter den
heutigen Verhältnissen dürfte aber der Versuch eines solchen
Nachweises verfrüht sein, ungeachtet der vielen und unverkenn=
baren Analogien mit den ugrischen Idiomen, welche auch Donner
so sehr überraschten [1]).

In ihren agglutinirenden Verfahrensweisen zeigt die
Grammatik des Akkadischen in der That einen auffallend ur=
sprünglichen Charakter. Possessiv= oder Verbal=Pronomina,
Formativpartikeln der Conjugationsformen, Ableitungs=, Casus=
und Numerus=Suffixe, — kurzum alle Elemente, die den gramma=
tischen Mechanismus bilden, treten hier neben einander auf und
bleiben auch unverändert, ohne sich in ihrer Verknüpfung gegen=
seitig zu beeinträchtigen oder gar zu verstümmeln. Man findet
hier nichts, was dem Stadium der Halbflexion der ugrisch=
finnischen Sprachen gliche, nichts, was an jenes Stadium er=
innerte, das man bereits in den alten Idiomen des vorarischen
Mediens und Susianas erkennt, die sich auf einer späteren Ent=
wickelungsstufe als das Akkadische ausbildeten und fixirten.

Für das grammatische Alter des Akkadischen spricht aber
auch eine andere Thatsache, welche unter allen übrigen altaischen
Sprachen sonst nur das Mandschurische in gleichem Grade auf=
weist: das Vermögen, die Casussuffixe der Declination entbehren
und die Casus selber vermöge der Wortstellung allein ausdrücken
zu können, wobei das Substantiv undeclinirt bleibt; das Akkadische
macht hiervon zumal im epigraphischen Stil, in den Inschriften
auf Denkmälern Gebrauch. Endlich muß noch eine Eigenthüm=
lichkeit gleicher Art, die dem ersten Stadium der Sprache, der
rhematischen Periode nahesteht, in den zahlreichen Wörtern er=

---

[1]) **Akkadiskan (Sumeriskan) och de Altaiska språken, in den** Memoiren
der Finnischen Akademischen Gesellschaft vom Jahre 1875.

kannt werden, bie auf ben bloßen Stamm beſchränkt unb burch
keine Ableitungsſuffixe entwickelt, unterſchiebslos unb ohne äußere
Veränberung als Verba ober Subſtantiva gebraucht werden;
bieſelben fehlen allerbings in keinem ber altaiſchen Jbiome, aber
ſie ſinb boch verhältnißmäßig ſelten, während ſie im Akkabiſchen
einen weſentlichen Theil bes geſammten Wortſchatzes ausmachen.

Neben bieſen Erſcheinungen, bie im Akkabiſchen ein älteres
grammatiſches Stabium als in irgenb einer anberen altaiſchen
Sprache offenbaren, zeigt inbeſſen baſſelbe Jbiom noch weit ori=
ginellere ſyntactiſche Eigenheiten, welche ebenfalls nicht als bem
turaniſchen ober altaiſchen Charakter widerſprechenb, vielmehr
als eine Uebertreibung beſſelben zu betrachten ſinb. Die Neigung
zur Agglutination iſt hier ſo ſtark, baß ſie faſt zu einer Art
von Polyſynthetismus ober holophraſtiſcher Conſtruction führt,
wie ſich's beſonders aus folgenben beſtimmt ermittelten, wichtigen
ſyntactiſchen Regeln ergiebt:

1. Die Caſusſuffixe unb ſuffigirten Poſſeſſivpronomina eines
Subſtantivs, bas einen Genitiv regiert ober von einem Abjectiv
begleitet wird, treten nicht hinter bas Subſtantiv ſelber, ſonbern
hinter ben Genitiv ober bas begleitenbe Abjectiv; ſo z. B. in
kar Kâdingirata „anf bem Auslabeplatze von Babylon",
wörtlich „ber Auslabeplatz — von Babylon — barauf", unb
sam tillabiku „für ſeinen vollen Preis", wörtlich „Preis —
ſein — voller — bafür".

2. Finbet eine Aufzählung von Gegenſtänben, wie lang ſie
auch ſei, in ein unb bemſelben Caſus ſtatt, ſo wird ſelbſt bann,
wenn ein jebes Wort bieſer Aufzählung ein qualitatives Abjectiv
ober einen Genitiv nach ſich hat, bie ganze Reihe als eine einzige
polyſynthetiſche Gruppe betrachtet unb als wirkliches Compoſitum
behanbelt; anſtatt einem jeben Ausbrucke ber Aufzählung ſein
beſonberes Caſusſuffix zu geben, gebraucht man für alle nur
ein Suffix, bas an's Enbe ber Reihe tritt. So z. B. in:
χarśak taq sirgal taq guk taq zakurna „ber Berg aus Ala=
baſter, Lapis unb Marmor", wörtlich „Berg — Stein — bes
ſtrahlenben Lichtes — Stein — blau — Stein — leuchtenb —
barinnen".

Es ist dies also kein ebensolcher Polysynthetismus, wie er in den amerikanischen Sprachen herrscht, wohl aber eine von der Agglutination bewirkte Annäherung an dieses Princip. In den amerikanischen Sprachen, mit denen wir selbstverständlich nur einen theilweisen und keinen eingehenderen Vergleich beabsichtigen können, verschmelzen alle Elemente eines vollständigen Satzes in ein einziges Wort; und diese Verschmelzung ist eine so vollkommene, daß sie auch eine gegenseitige Beeinflussung und Zerreißung der mit einander verflochtenen Wörter herbeiführt. Im Akkadischen dagegen bleiben alle Elemente der polysynthetischen Agglutination unversehrt; sie erfahren keine Veränderung und Verstümmelung, so daß sie selbständig fortbestehen; die Wörter, die durch ein gemeinsames Suffix verbunden werden, verschmelzen nicht zu einem einzigen Worte, sondern bleiben ein Satz oder Satztheil, der aus mehreren besonderen Wörtern besteht, die sich indessen wiederum zu einer Einheit neuer Art, — zwischen dem einzelnen Worte und dem vollständigen Satze die Mitte haltend, — agglutiniren. Die Erscheinung bleibt aber gleichwohl ausschließlich syntactisch und ist keine morphologische oder grammatikalische.

Nicht viel anders verhält es sich endlich mit jenen verwickelten Satzbildungen, die ich als „Einschachtelungen" bezeichne und welche gleichfalls einige Aehnlichkeit mit einer charakteristischen Eigenthümlichkeit der amerikanischen Sprachen aufweisen. In letzteren existirt nämlich nicht allein ein synthetisches Verfahren, welches alle Bestandtheile des verwickeltsten Gedankens zu einem einzigen Worte vereinigt, sondern auch eine Ineinanderschaltung von Wörtern, welche F. Lieber „Einschachtelung" nennt, indem er die Art und Weise der Einreihung der Wörter in einen Satz mit einer Schachtel vergleicht, in der eine andere enthalten ist, die wiederum eine dritte und vierte u. s. w. in sich aufnimmt. Das Akkadische geht indessen in diesem Streben nicht so weit. Die synthetische Agglutination bildet hier, wie wir bereits gesehen haben, aus den verschiedenen vereinigten Elementen nicht ein einzelnes Wort, sondern nur eine homogene Gruppe besonderer Art, in welcher alle Wörter, anstatt sich gegenseitig zu verstümmeln

ober mit einander zu verschmelzen, unversehrt bleiben und inner=
halb gewisser Grenzen auch selbständig fortbestehen, wiewohl sie
eng genug verbunden sind, um in ihrer Gesammtheit declinirt
zu werden; und ebenso reiht auch das Einschachtelungsverfahren
in die gesammte Gruppe nur einen Satztheil ein, welcher für sich
allein einen vollständigen Satz oder eine beschränktere synthetische
Gruppe bildet. Eine eigentliche Ineinanderschaltung holophra=
stischer Wörter findet also nicht statt, wohl aber eine Einschaltung
eines an und für sich vollständigen Satzes, der zuweilen schon
unter seinen Bestandtheilen eine synthetische Vereinigung auf=
weist, zwischen einem Worte und seinem Casussuffix oder aber
im Innern einer Gruppe von Wörtern, welche in ihrer Ge=
sammtheit declinirt werden und durch ein gemeinsames Suffix
verbunden sind. Außerdem ist die Ineinanderschaltung hier bei
Weitem nicht so complicirt, wie in den amerikanischen Sprachen;
im Akkadischen finden sich stets nur einfache, keine doppelte, drei=
oder vierfache Einschachtelungen, wie in jenen Idiomen.

Ein leicht zu analysirendes Beispiel hierzu bietet der Aus=
druck egir sam nutillabiku „infolge seiner Abschlagszahlung“,
wörtlich „Folge — Preises — nicht — vollständigen — seines
— in“, wo sam nutillabi zwischen egir „Folge“ und seinem
Casussuffixe ku (egirku = infolge) eingeschaltet ist.

VI.

Wenn auch unsere Kenntniß des Akkadischen im Allgemeinen
noch voller Mängel und Lücken ist, so ist doch immerhin das
Capitel der grammatischen Formen im Wesentlichen so weit er=
forscht und erhellt, daß man gegenwärtig wohl im Stande ist,
die gemachten Erfahrungen zum Behufe linguistischer Vergleiche
zu verwerthen; und man kann daher auch, wie es in Obigem
geschehen, bereits eine bestimmtere Bilanz der Aehnlichkeiten und
Verwandtschaften des Akkadischen mit den altaischen Sprachen
aufstellen. Dagegen ist für die wissenschaftliche Erörterung der

phonetiſchen unb lexicaliſchen Erſcheinungen bisher ſo verſchwindenb wenig geſchehen, baß man von bem Grabe ber Verwanbtſchaft bes Akkabiſchen mit ben lebenben turaniſchen ober altaiſchen Sprachzweigen in lexicaliſcher Hinſicht vorläufig nur mit größter Vorſicht unb Zurüchaltung wirb ſprechen können.

Nichtsbeſtoweniger werben ſchon jetzt ſehr erhebliche Ana= logien zwiſchen vielen akkabiſchen unb ben ihnen entſprechenben Wörtern ber ugriſch=finniſchen ober türkiſch=tartariſchen Ibiome wahrgenommen.

Die Zahlwörter bis ſ i e b e n entſprechen ſich z. B. wie folgt:

	1.	2.	3.	5.	6.	7.
Akkabiſch:	id[1]	kas[2]	is, es	bara	as	siesna
Finniſch:	yksi (yhden)	kaksi	kol-me	viisi	kuusi	seicemän
Eſthniſch:	üks	kaks	kol-m	viis	kuus	seice
Lappländiſch:	akt	kvek-te	kol-m	vit	kot	čeð
Tſcheremiſſiſch:	ik	kok	ku-m	vis	kut	sim
Morbwiniſch:	väike	kavto	kol-mo	väte	koto	sisem
Syrjäniſch:	ötik	kyk	kuj-im	vit	kvait	sizim
Woguliſch:	äkvä	kit	kor-om	ät	ket	siu
Oſtjakiſch:	it	kat	čud-em	vet	čut	tabet
Magyariſch:	egy	kettö	har-om[3]	öt[4]	hat[5]	hét[6]).

Desgleichen folgenbe Bezeichnungen:

1) verwanbtſchaftlicher Beziehungen:

	Vater			Mutter		Kinb
Akkabiſch:	ad, adda	ai	abba	umu, umma	nene	tur
Finniſch:	isä	äijä[7]	—	emä	—	tär[8])
Eſthniſch:	issa	—	—	ömma		

---

[1]) Contraction von ikd.

[2]) Contraction von kaks.

[3]) Jakutiſch: üs, Jugoriſch: üč, Tſchuwaſchiſch: visse, Osmanli=Türk.: uð.

[4]) Jakutiſch: biäs, Jugoriſch: biš, Tſchuwaſchiſch: pil-ik, Osmanli=T.: beš.

[5]) Jakutiſch: al-ta, Jugoriſch: al-tj, Tſchuwaſchiſch: ol-ta, Osmanli=T.: al-ti.

[6]) Die Zahl „vier" laſſe ich in bieſem Verzeichniſſe außer Betracht, ba bas akkabiſche sana ober san (vier) nur bieſer Sprache eigen geweſen zu ſein ſcheint.

[7]) Greis, Großvater.

[8]) Nur noch in ber verboppelten Form tytär „Tochter" gebräuchlich; bas einfache tär wirb in vielen mythologiſchen Namen angetroffen.

	Vater		Mutter		Kind
Lappländisch:	attje	aija	—	—	—
Tscheremissisch:	ätjä	—	—	evä	—
Mordwinisch:	—	—	—	—	t'ora
Syrjänisch:	—	aj	—	—	—
Wogulisch:	—	jaj	—	—	—
Ostjakisch:	ata	—	—	an'a, an'e	—
Magyarisch:	atja	—	—	anja	dér[1]
Ost-Türkisch:	ata	—	baba	ana	tura[2]
Osmanli-Türk.:	ata	—	baba	ana	—

2) menschlicher und thierischer Körpertheile u. s. w.:

	Hand		Fuß.	Mund.	Auge.	Blut.
Akkadisch:	qat	id	arik	du	si, silim	us[7]
Finnisch:	käte	—	jalk-a	sü	silmä	ver-i
Esthnisch:	käsi	—	jalg	sü	silm	verr-i
Lappländisch:	kät, kiet	—	juolk-e	čo-d[5]	calm	var
Tscheremissisch:	ket, kid	—	jal, jol	šü[6]	sinzä	ver
Mordwinisch:	ked', käd	—	—	—	sel'me	ver
Syrjänisch:	ki	—	—	—	sin	vir
Wogulisch:	kât	—	—	tu-s	sem	vujr
Ostjakisch:	kêt	-	—	tu-t	siem	ver
Magyarisch:	kêz	—	gjalog[4]	sä-j	szem	vér
Ost-Türkisch:	—	il	ajaq	—	—	—
Osmanli-Türk.:	—	él[3]	ajaq	—	—	—

	Knochen.	Haut.	Fell, Haar.	Schwanz.	Urin.	Samen.
Akkadisch:	lum	śu	śik	kun	kas, ki⁴i	kul
Finnisch:	luu	—	—	—	kusi	kull-i[9]
Esthnisch:	—	—	—	—	kusi	kol-i[10]
Lappländisch:	—	—	—	—	koj	kuol[10]
Tscheremissisch:	lu	—	—	—	kuž-vüt[8]	—
Mordwinisch:	—	—	—	—	—	—
Syrjänisch:	ly	—	—	—	—	—

---

[1] „Tochter"; ein älteres, nur in mythologischen Namen erhaltenes Wort.

[2] „Königsgeschlecht, Oberhaupt"; das akkadische tur bedeutet ebenfalls „Oberhaupt".

[3] Ostjakisch-Samojedisch: ude; Juratisch: uda.

[4] „Fußgänger".

[5] „Kehle".

[6] „Oeffnung".

[7] Contraction von vus.

[8] Wörtlich: „Urin-Wasser".

[9] „Männliches Glied".

[10] „Hode".

	Knochen.	Haut.	Fell, Haar.	Schwanz.	Urin.	Samen.
Wogulisch:	lu	—	—	—	kuš	—
Ostjakisch:	ly	—	—	—	χos-em [3]	kila [4]
Magyarisch:	—	—	—	—	hūd	—
Ost-Türkisch:	—	soi-maq [1]	sač	kin [2]	—	—
Osmanli-Türk.:	—	soi-maq	sač	—	—	—

3) lebende Wesen:

	Mensch.		Rind	Fisch
Akkadisch:	gum, kū	mulu	χar	χana, χa
Finnisch:	—	—	här-kä	kala
Esthnisch:	—	—	här'-g	kala
Lappländisch:	—	—	här-gge [6]	kuele, guolle
Tscheremissisch:		maar-a	—	kol
Mordwinisch:	—	mor-d-va	—	kal
Syrjänisch:	kom-i	mor-t	kör	—
Wogulisch:	kum, χum	—	—	kul, χul
Ostjakisch:	χu-i	—	kär, χār	χut'
Magyarisch:	hūn [5]	—	ö-kör	hal [7]
Ost-Türkisch:	—	—	ö-küz	—
Osmanli-Türk.:	—	—	ö-küz	—

4) von Baum- oder Pflanzentheilen:

	Stamm, Zweig.	Wurzel.	Blatt. [8]	Frucht, Samen.
Akkadisch:	gis	ur	dub	kalumma (kaluvva)
Finnisch:	oks-a	jur-i	leht-i	külvü [9]
Esthnisch:	oks	jūr	lehhed	kulv-a-n [10]
Lappländisch:	äks-e	—	—	gilv [11]
Tscheremissisch:	ukš	—	—	—
Mordwinisch:	—	jor	lop-a	—
Syrjänisch:	—	—	—	—
Wogulisch:	—	—	lop-t	—
Ostjakisch:	—	jor	lip-et	kir-em [10]

---

[1] „Die Haut abziehen, abhäuten, entblößen".

[2] „Der hintere Theil, — was nachfolgt".

[3] „Uriniren".

[4] „Männliches Glied".

[5] „Männlich".

[6] „Rennthier".

[7] Mongolisch: kal.

[8] Auch „Bogen, Schreibtafel".

[9] Küh-än = säen.

[10] „Säen".

[11] Gilvv-it = säen.

	Stamm, Zweig.	Wurzel.	Blatt.	Frucht, Samen.
Magyarisch:	ág[1])	—	lev-él[2])	—
Ost-Türkisch:	—	—	—	—
Osmanli-Türk.:	—	—	—	—

5) von Himmel und Erde, Himmelskörpern, atmosphärischen und tellurischen Erscheinungen u. s. w.:

	Himmel (Gott).	Himmel, Gewitter[4]).	Sonne.	Tages-Anbruch.	Tag, Tagesdämmerung.
Akkadisch:	ana	imi	utu[8])	kun	tam
Finnisch:	—	jymj[5])	—	—	—
Esthnisch:	—	—	—	—	—
Lappländisch:	—	—	—	—	—
Tscheremissisch:	—	juma[6])	—	—	—
Mordwinisch:	—	jom[6])	—	—	—
Syrjänisch:	jen[3])	jym[7])	—	—	—
Wogulisch:	—	—	—	—	—
Ostjakisch:	—	—	—	—	—
Magyarisch:	—	—	—	—	—
Ost-Türkisch:	—	—	udun[9])	gun[10])	taṅ
Osmanli-Türk.:	—	—	—	gun	—

	Licht.	Monb.		Nacht.
Akkadisch:	sir[11])	idu[14])	ai	gig, gie
Finnisch:	sar-a-stan[12])	kûta-ma[15])	—	—
Esthnisch:	sor-a-n[13])	kû	—	—

---

[1]) Der Stamm-Vocal ist also einer Verschiebung unterworfen; im Akkabischen befindet er sich in der Mitte, in den ugro-finnischen Idiomen am Anfang des Wortes.

[2]) Im Lappländischen: „Bogen, Seite".

[3]) „Gott". — Wotjäkisch: in = Himmel.

[4]) Im Allgemeinen jede Art meteorologischer Erscheinungen.

[5]) „Donner".

[6]) „Himmel".

[7]) „Donner". — Juma ist der Stamm des bekannten juma-la, juma-l, welches in der Mehrzahl der ugro-finnischen Sprachen die Gottheit bezeichnet.

[8]) Vgl. ud, Tag.

[9]) „Tag". — Mongolisch: ud „Sonne"; ed-ür „Tag".

[10]) „Tag". — Mongolisch: kün.

[11]) Vgl. ser-zi „Strahl; ser-ka „Glanz, Pracht".

[12]) „Sich aufklären"; sir-khu „klar".

[13]) „Leuchten"; sor-a „Strahl".

[14]) Vgl. Hesych. Ἀϊδῶ (od. ἀϊδής) ἡ σελήνη παρὰ Χαλδαίοις.

[15]) Häufiger ist die Form kû, Contraction von kûta.

	Licht.	Mond.		Nacht.
Lappländisch:	šarr-a¹)	—	—	—
Tscheremissisch:	sar²)	—	—	—
Mordwinisch:	—	kov	—	—
Syrjänisch:	—	—	—	—
Wogulisch:	sar-ni³)	kölitä³)	—	—
Ostjakisch:	—	χoda-j⁵)	—	—
Magyarisch:	šār²)	hold	—	—
Ost-Türkisch:	sari²)	—	ai	gijé
Osmanli-Türk.:	sari⁴)	—	ai	gijé

	Erbe, Land.	Berg, Gebirge.	Feld.	Stein.	Wasser.
Akkadisch:	ma, ma-da	kur	sa	taq	a
Finnisch:	maa, mu-ta	kor-k-o⁷)	sia¹⁰)	—	—
Esthnisch:	moi-sa⁶)	kör-g-e⁸)	sia¹¹)	—	—
Lappländisch:	—	kar-as⁹)	—	—	—
Tscheremissisch:	mj-landa	kor-ok	—	—	—
Mordwinisch:	mo-da	—	—	—	—
Syrjänisch:	mu	—	—	—	ju¹²)
Wogulisch:	ma, ma-g	—	—	—	ja, je¹²)
Ostjakisch:	me-g	ker-eš	—	—	—
Magyarisch:	me-zö⁶)	—	—	—	jó¹³)
Ost-Türkisch:	—	—	—	taš	—
Osmanli-Türk.:	—	—	—	taš	—

¹) „Klar".

²) „Gelblich".

³) „Weiß".

⁴) Der Stamm sar, ser, sir „leuchten, klar sein, blenden", ist in allen altaischen Sprachen vertreten; vgl. Schott, Ueber das altaische Sprachengeschlecht, Bd. I, S. 136; O. Donner, Wörterbuch der Finnisch-Ugrischen Sprachen, S. 190 ff.

⁵) „Morgen".

⁶) „Feld".

⁷) Es wird allgemein angenommen, daß das kork der ugro-finnischen Sprachen nur eine Ableitung vom ursprünglichen Stamm kor sei. — Kor-k-o bedeutet eigentlich „Erhöhung".

⁸) „Hoch".

⁹) „Groß"; vgl. das akkabische gur-us „erhaben, mächtig". Im Wotjäkischen lautet „Berg": gur-ez, mit entsprechendem Ableitungssuffix.

¹⁰) „Ort, Platz".

¹¹) „Hier".

¹²) „Wasserlauf".

¹³) Nur in einzelnen Götternamen erhalten.

Sehr leicht zu ersehen sind auch folgende Analogien zwischen mehreren der wesentlichsten Zeitwörter:

	Sein.	Vollendet, voll= ständig sein.	Setzen, stellen, legen.	Vollenden, ver= vollständigen[5]).
Akkadisch:	men (ven)	til	ku	kak
Finnisch:	ol-en[1])	täj-si[3])	—	kok-o[6])
Esthnisch:	olle-ma	täi-s[3])	—	kokk[7])
Lappländisch:	—	täva-s[3])	—	čok-e[8])
Tscheremissisch:	yl-em	—	—	kog-o[9])
Mordwinisch:	ul-ems	—	—	—
Syrjänisch:	völ-nj[2])	tjr[3])	—	—
Wogulisch:	—	—	—	—
Ostjakisch:	ud-ém	tet[3])	—	—
Magyarisch:	(Wurzel: val, van)	tele[3])	—	—
Ost=Türkisch:	ol-maq	tol-maq[4])	qo-maq	—
Osmanli=Türk.:	ol-maq	tol-maq[4])	qo-maq	—

	Zurechtlegen, setzen, hinzufügen.	Schneiden.	In Reihe stellen, an einander reihen.	Binden.
Akkadisch:	tab	χas	sar[13])	χir
Finnisch:	tap-a-n[10])	.....[11])	sar-ja[14])	—
Esthnisch:	tab-an[10])	—	sör-an[15])	—
Lappländisch:	tap-a-tet[10])	—	—	kar-et
Tscheremissisch:	—	kiz-e[12])	šur[16])	—
Mordwinisch:	—	—	—	—

[1]) Selbstverständlich können hier nur die eigentlichen Stammformen, nicht auch die Verbalendungen verglichen werden, da dieselben sich je nach der Sprache verändern.

[2]) Wotjätisch: vań.

[3]) „Voll".

[4]) „Voll sein".

[5]) Substantivisch „Alles".

[6]) „Haufen; alles"; kokō-n „versammeln, anhäufen".

[7]) „Haufen"; kokk-u-ma „versammeln, anhäufen".

[8]) „Haufen".

[9]) „Vollständig".

[10]) „Erreichen, einholen, hinzukommen, treffen, erfassen".

[11]) Vielleicht dürfte hier veic-i „Messer" einzuschalten sein, welches öfter mit obigen Worten verglichen wird.

[12]) „Messer".

[13]) Substantivisch „Linie, Zeile, Reihe".

[14]) „Verlängerung, Länge, Ausdehnung"; sor-e-a „gerade, ausgestreckt".

[15]) „Ordnen, regeln"; sör-a „gerade, richtig".

[16]) „Stange, Balken".

	Zurechtlegen, setzen, hinzufügen.	Schneiden.	In Reihe stellen, an einander reihen.	Binden.
Syrjänisch:	—	—	zor [5])	kör-to
Wogulisch:	—	käs-äi [3])	sir [6])	—
Ostjakisch:	—	këž [3])	—	—
Magyarisch:	tap-ni [1])	këš [3])	šor [7]) sär [8])	kö-t-ni
Ost-Türkisch:	tab-maq [2])	qaz-maq [4])	—	—
Osmanli-Türk.:	—	qaz-maq [4])	—	—

	Schreien.	Essen.	Brechen.	Liegen, ruhen.	Ein Ende nehmen, sterben.
Akkabisch:	χir	ku	aχtu	gud	bat
Finnisch:	kir-ju-n	sjö-n	okse-nn-an	—	—
Esthnisch:	kir-u-n	sö-n	—	—	—
Lappländisch:	—	—	—	—	—
Tscheremissisch:	—	—	—	—	—
Mordwinisch:	—	sev-en	—	—	—
Syrjänisch:	—	ǯjuj-a	—	kuil-a	—
Wogulisch:	—	te-m	—	kol-em [11])	—
Ostjakisch:	—	tevem	aχt-em	kud-em, χod-em [11])	—
Magyarisch:	hir [9])	en-ni (ev-ni)	okád-ni	hálni [12])	—
Ost-Türkisch:	—	je-mék [10])	—	—	bat-maq [13]), bit-mék [14]).
Osmanli-Türk.:	—	je-mék	—	—	bat-maq [13]), bit-mék [14]).

Die Zahl dieser Beispiele ließe sich mit Leichtigkeit steigern. sie reicht aber auch so schon völlig hin, um dem Leser einen Begriff von den Aehnlichkeiten zu verschaffen, die zwischen den bereits bekannten Wörtern des Akkabischen und denen des Wörter=

---

[1]) „Berühren".

[2]) „Finden, erreichen"; tab-la-maq „schlagen, stampfen, ebnen".

[3]) „Messer".

[4]) „Aushöhlen, einschneiden".

[5]) „Stange, Balken".

[6]) „Reihe, Ordnung, die einen od. etwas trifft".

[7]) „Reihenfolge, Reihe".

[8]) „Rang, Ordnung".

[9]) „Schrei".

[10]) Jakutisch: si; tschuwaschisch: še.

[11]) „Die Nacht zubringen".

[12]) „Schlafen".

[13]) „Niedersteigen, versinken".

[14]) „Zu Ende sein, fertig sein, enden".

buchs der altaischen Sprachen, zumal der ugrisch=finnischen und türkisch=tartarischen Gruppe, sich erkennen lassen. Zwar muß man auf dem Gebiete der Linguistik manche Analogien zwischen Wörtern, welche ganz verschiedenen Sprachen angehören, nur mit Vorsicht betrachten, da sie sich häufig als trügerisch erweisen; auch erkenne ich vollkommen an, daß alle lexicalischen Vergleiche und Zusammenstellungen, welche gegenwärtig zwischen dem Akka= dischen und den altaischen Idiomen versucht werden, mit dem Fortschritt der Studien auf's Sorgfältigste revibirt werden müssen, und daß vielleicht nur ein Theil davon sich ständig wird behaupten lassen können. Aber es muß immerhin bemerkt werden, daß eine ziemliche Anzahl gerade derjenigen Zusammenstellungen, die ich soeben als Beispiele citirte, bereits jetzt alle Bedingungen erfüllt, die die strengste wissenschaftliche Methode nur erheischen kann; desgleichen, daß sie sich nur auf den Stamm und nicht auch auf das ganze Wort beziehen, endlich daß sie ein Ergebniß der kritischen Analyse und, so zu sagen, der Zergliederung der betreffenden Wörter sind.

Ganz besondere Beachtung verdienen übrigens von dem= selben Gesichtspuncte aus auch die vielen akkadischen Wortstämme, die sich äußerlich stets gleich bleiben und keinerlei Aenderung erfahren, gleichviel ob sie als Verba oder Nomina gebraucht werden. Es sind dies uralte Wörter, die in zugleich absoluter und lebender Form, als Verbal= oder Nominalstämme von der Sprache gebraucht und von der philologischen Analyse aus den Derivaten der noch heute bestehenden ugrisch=finnischen Idiome herausgelesen werden. Als Beispiele mögen hierzu folgende Zu= sammenstellungen dienen:

Ugrisch=finnisch:	Akkadisch:
kat, kit, brechen, zerbrechen.	gut, schneiden, abschneiden.
kar, kor, kur, kir, wiederhallen, mur= meln, sprechen.	kir, Wort, Gemurmel.
kor, ker, verlangen, suchen, sammeln.	kur, erwerben, erobern.
kan, kon, kun, ken, kin, starr, gerade, stark, fest sein.	gan, sich aufrecht halten, fest sein, existiren.
	gin, gen, sich aufrecht halten, fest sein, existiren.

Ugrisch-finnisch: Akkadisch:

kam, kom, kum, kim, gekrümmt, rund   gam, krumm sein.
sein.

tar, tor, tur, ter, tir, zerbrechen, zer- tar, schneiden, trennen, entscheiden.
theilen, zerschneiden.

kar, kor, ker, kir, gekrümmt, kreis-   xar, Kreis, Halsband, Eingeweide.
förmig, rund sein.

sak, sok, suk, sik, spitz zulaufen, nach   śak, Kopf, Gipfel, Spitze, Oberhaupt.
vorwärts drängen, vorwärts treiben.

sar, sor, sur, sir, wachsen, sich aus-   sar, vorwärts treiben, anwachsen.
breiten, vorwärts treiben, lang, aus-
gedehnt sein.   sur, treiben, heraustreiben.

VII.

Bei all' solchen Vergleichungen und Zusammenstellungen auf
lexicalischem Gebiete gewahrt man übrigens unerwarteter Weise,
daß die akkadischen Wortstämme ihrer Form nach weit enger mit
den ugrischen als mit den finnischen verwandt scheinen; denn sie
sind nicht nur weniger voll und entwickelt als letztere, sondern
zeigen auch wie die ugrischen bereits eine häufige Apokope der
vocalischen Endung, sowie eine gewisse abschleifende Contraction,
welche zwei zusammentreffende Consonanten durchweg in einen
einzigen verschmilzt [1]).

In der That wird diese letztere Erscheinung auch von denen
anerkannt, welche die akkadischen Formen eher mit den finnischen
übereinstimmen lassen und nur unter dieser Bedingung den altaischen Charakter des Akkadischen zugestehen möchten. Doch dürften
dieselben wohl nur nach einer vorgefaßten Meinung verfahren,
wenn sie in den betreffenden Erscheinungen, welche die ugrischen
Wortstämme in der Form von den finnischen unterscheiden, nur

---

[1]) Allerdings noch keine innere Contraction, die eine Silbe in der Mitte
eines Wortes unterdrückt. Im Akkadischen findet sich kein Beispiel hiervon,
während solche Contractionen in den alten Dialecten Susianas sehr häufig sind.

Ergebnisse neuerer Sprachveränderungen erkennen. In Wirklichkeit
wird diese Ansicht durch Nichts gerechtfertigt, wie allgemein sie
auch unter den Gelehrten des altaischen Sprachgebiets verbreitet
sein mag. Die in Rede stehenden Erscheinungen sind jedenfalls
nicht an ein bestimmtes Datum gebunden; sie könnten auch eher,
als man annimmt, hervorgetreten sein und bereits in frühester
Zeit die individuelle Eigenthümlichkeit der ugrischen Idiome, so
gut wie des Akkadischen, im Unterschiede von den eigentlich
finnischen gebildet haben: eine Schlußfolgerung, die mir nothwendig aus dem Studium des Akkadischen hervorzugehen scheint.

Die größte Aufmerksamkeit muß indessen ohne Zweifel den
phonetischen Erscheinungen gewidmet werden, die sich bei vollkommen
abgesonderter Betrachtung des Akkadischen und abgesehen von
jeder äußeren Vergleichung desselben mit anderen Sprachen erkennen lassen; denn wir gewahren hierbei in der That auf's ersichtlichste einen merkwürdigen Contrast, dessen tiefere Erforschung
sich unwillkürlich aufdrängt. Das Akkadische erscheint einerseits
als Sprache, die sich schon frühzeitig ausbildete und bereits in
der ältesten Agglutinationsperiode fixirte, so daß die Grammatik
viele Formen aufweist, die das ursprünglichste Gepräge tragen
und von diesem Gesichtspunkte aus sich nur mit dem Mandschurischen vergleichen lassen; andererseits erscheint es in den erhaltenen Denkmälern wiederum als Sprache, die bereits Jahrhunderte hindurch gesprochen wurde und deren Wörter sich durch
den langen Gebrauch wieder abnutzten, wobei sie hinsichtlich der
Lautveränderung allem Anschein nach zahlreichen Einflüssen ausgesetzt waren. Und diese Einflüsse, die wir vornehmlich in der
Aenderung der Stämme wahrnehmen, lassen sich lediglich auf
zwei Ursachen zurückführen: auf die Neigung zur Apokope der
vocalischen Auslaute und das Trachten nach einer Milderung in
der Aussprache.

Das Akkadische besitzt eine ausgesprochene Neigung zur Apokope. Wir finden von manchen Wörtern zwei Formen, mit und
ohne Endvocal, gleichzeitig neben einander; so z. B. dara und
dar „Rasse", utu und ut „Sonne", eni und en „Herr". Der
Einfluß dieser Neigung zur Apokope erstreckt sich sogar auf Wörter,

deren Bildung mittelst vocalisch ausgehender Suffixe sich erkennen
läßt. So bildet ma „Land" mittelst des individualisirenden Suffixes da: mada, und hieraus wird wiederum durch Apokope mad;
turi „hindurchgehen, überschreiten, eintreten" ist ohne Zweifel
mittelst eines Suffixes ri, von dem sich anderweitige Spuren nachweisen lassen, aus der einfacheren Wurzel tu „anfallen, angreifen,
einbringen" abgeleitet, und hieraus wird wiederum tur. Alle
Casussuffixe, deren Endvocal nicht von Natur aus ein starker
ist, sind einer Apokope dieses Vocals fähig; wir finden ungalmur
„meinem Könige" statt ungalmura, ennunak „zur Bewachung"
statt ennuneku, desgleichen xilib „der Glänzende, Prächtige"
für xilibi u. s. w.

Die Neigung zur Milderung in der Aussprache erzeugt dagegen hauptsächlich drei Thatsachen, die sich aus ebenso zahlreichen
wie zweifellosen Beispielen feststellen lassen:

1. Die Aenderung, der die Stammesendung ausgesetzt ist,
beschränkt sich nicht auf die Apokope, welche anstatt des Vocals
einen Consonanten am Ende stehen läßt; ist dieser Consonant
ein m oder n, eine Liquida oder Gutturalis, so wird er abgeworfen, wie uns vielfach gleichzeitig vorhandene Formen, wie z. B.
erim und eri „Diener" oder gig und gie „Nacht" u. a. beweisen.
Und hieraus erklärt sich denn auch eine Erscheinung, die ebenfalls im Finnischen, Magharischen, überhaupt in allen ugrisch-
finnischen Sprachen bekannt ist: von manchen Wörtern ist die
entwickelte und unverkürzte Form des Stammes nur dann vorhanden, wenn ein Declinations- oder Conjugationssuffix hinzutritt; bleibt dagegen dieser Stamm isolirt, so wird er durch den
soeben näher bezeichneten Einfluß verkürzt. Als Beispiele mögen
hier „geben" und „erfüllen" dienen; im Infinitiv und im Singularis
des Präteritums, wo diese Verba kein Suffix annehmen, lauten
sie śi und śi; sobald aber ein Numerus- oder Tempussuffix im
Plural des Präsens hinzutritt, so wird daraus śimus und śimu
statt śimu-e, desgleichen śigies und śigi statt śigi-e, da der
Stamm in Wirklichkeit śimu und śigi lautet und die Zufügung
des Suffixes (welches abweichend von den flectirenden Sprachen
gleich einem erhaltenden Elemente wirkt) ihn unversehrt erhält

unb bie Verkürzung hindert, welche andererseits bie alleinstehende Endung erfährt, sobald sie bieses Schutzes entbehrt [1]).

2. In ihrem Streben nach Abmilberung hatte bie akkabische Aussprache eine beutlich erkennbare Abneigung gegen das Zusammentreffen zweier Consonanten. Unter ben mehrsilbigen, ideographisch bezeichneten Wortstämmen, beren Lesung bie Syllabare angeben, sowie unter benjenigen Stämmen, welche bie akkabischen Texte phonetisch schreiben, giebt es kaum fünfundzwanzig, in benen ein solches Zusammentreffen stattfindet. Diese auffallende Erscheinung erklärt sich aber lediglich baraus, baß man ben harten Klang socher Anhäufungen von Consonanten zu vermeiden unb burch Verschmelzung ber zusammentreffenden Mitlaute zu einem einzigen abzumilbern suchte. Es ergiebt sich bies aus folgendem Vorgange. Während zwei zusammenstoßende Consonanten in ben für uns unauflösbaren Stämmen äußerst selten sind, finden sich bieselben sehr häufig in ben zusammengesetzten Wörtern, an benen bas Akkabische so reich ist. Nun stehen uns aber glücklicher Weise in ben Fällen, wo bie Keilschrift in ihrer eigenthümlichen Verbindung von Ideogrammen bie eintretenden Lautveränderungen nicht erkennen läßt, bie bie Aussprache betreffenden Glossen ber lexicalischen Tafeln belehrend zur Seite [2]); unb aus ihnen ersehen wir, baß fast burchgängig eine Assimilation bes ersten Consonanten mit bem zweiten stattfanb.

---

[1]) Erscheinungen bieser Art muß ohne Zweifel bie größte Aufmerksamkeit gewidmet werden; denn sie können bie Vorstellungen, bie man von manchen Wörtern ursprünglich sich zu bilden geneigt war, von Grund aus verändern. Ein Beispiel hiezu ist folgendes:

Es giebt zwei, durch verschiedene Ideogramme ausgebrückte Formen bes akkabischen Wortes für „Fisch", nämlich χa unb χan. Ich habe basselbe mit bem finnischen kala unb ungarischen hal verglichen, benen χan in phonetischer Beziehung in ber That vollkommen entspricht. Auch glaubte ich bisher ber Form χa ein höheres Alter beimessen unb in ihr einen Beweis gegen bie Ansicht Donner's erkennen zu sollen, baß kala = hal auf einen Stamm kal zurückzuführen sei. Doch hatte ich hierin Unrecht; denn χa ist nur eine Verkürzung von χan unb sogar von χana, wie ber bereits früher von mir angeführte Illativ χanaku (nicht χaku) bezeugt, in welchem ber Stamm, behufs Annahme bes Suffixes, seine volle Form wiedergewinnt.

[2]) Vgl. meine Arbeit: La langue primitive de la Chaldée, S. 47 ff.

Handelte es sich z. B. um die Stämme ut und sû, ideo=
graphisch *X* und *Y* bezeichnet, so schrieb man, wenn sie ein Com=
positum bildeten: *X-Y*; und dieses Compositum lautete nicht utsû,
sondern mit Assimilation ussû. Man ging auch noch weiter in
der Milderung der Aussprache. Die vorerwähnten Glossen be=
lehren uns durch zahlreiche übereinstimmende Beispiele, daß man
in der Aussprache alle doppelten Buchstaben nicht als solche
hören, vielmehr gleich einfachen Buchstaben klingen ließ: ein Vor=
gang, der sich an den verschiedenen Formen des Compositums
ut-sû [1]), nämlich utsû, ussû und usû, auf's genaueste ver=
folgen läßt, wie ja auch babar „weiß", substantivisch „Tages=
dämmerung", eine ganz ähnliche Formenreihe: barbar, babbar
und babar bietet. Es mag endlich genügen, wenn ich hier noch
einmal an die verschiedenen phonetisch bezeichneten Formen der
Keilschriften erinnere, deren Ursprung sich ebenfalls in dieser
Weise erklärt, wie z. B. gagarra für gargarra, nanam für nam=
nam, ganamga für garnamga u. a. m.

3. Während einerseits die Neigung vorliegt, die Gutturalis
am Ende eines apokopirten Stammes wegfallen zu lassen, wird
sie andererseits am Anfang eines solchen durch Einwirkung ver=
schiedener Umstände sehr leicht in eine Aspirata verwandelt, wo=
bei k oder g in χ übergehen; ebendiese Aspirata wird aber
wiederum gemildert und fast gänzlich dem h assimilirt, welches
durchgängig dem Anfangsvocal inhärirt. So weist z. B. die
präformative Partikel des Präcativs der Verba folgende Reihe
von Verwandelungen auf: gan, ga, χa, a (ha); desgleichen ein
Stamm der Bedeutung, „Glanz, Tag", welcher mit dem finnischen
koi zu vergleichen, eine ähnliche Progression: ku, χu, u (hu).

Soviel über die wesentlichsten Erscheinungen der Lautver=
änderung, welche sich mit Leichtigkeit im Akkadischen beobachten
lassen. Dieselben sind übrigens, im Grunde genommen, nur eine
natürliche Folge der Richtung, welche es bewirkte, daß die Formen
der akkadischen Wortstämme weit mehr den ugrischen als den finni=
schen sich assimilirten, welch' letztere viel vollere Formen bewahrten,

---

[1]) Wörtl. „Sonne — sich niederlegen".

— wenigstens in der Mehrzahl der Fälle, da sich ja auch hier manche Ausnahmen finden. So ist z. B. das akkadische idu (hidu) „Mond", wenn die Gutturalis am Anfang aspirirt ist, bei weitem weniger contrahirt als das finnische knu, das dem wepsischen kudai näher steht; die ursprünglichste Form scheint hier indessen dem wogulischen kolita (vgl. das magyarische hold) sehr nahe gestanden zu haben, zumal die Grundwurzel kal, kul, kil lautet, wie auch Donner gezeigt hat.

Es liegt auf der Hand, daß bei jedem streng wissenschaftlichen linguistischen Vergleiche des Akkadischen mit den ugrisch-finnischen Idiomen alle diese Lautveränderungen auf's sorgfältigste zu berücksichtigen sein werden. Die Regeln, die sich hierbei aufstellen lassen, werden vorzugsweise bei den lexicalischen Zusammenstellungen in Betracht zu ziehen sein, wie wir es bereits bei der Darlegung der soeben angeführten bezüglichen Beispiele gethan haben.

Und es werden hierbei auch noch gewisse andere Gesetze der Uebereinstimmung in der Lautveränderung zwischen dem Akkadischen und den ugrisch-finnischen Idiomen in's Auge zu fassen sein, zumal wir jetzt schon im Stande sind, sie mit aller Sicherheit und wissenschaftlichen Strenge, und unabhängig von den soeben besprochenen Lautveränderungen festzustellen. Diese Gesetze sind kurz gefaßt folgende:

1. Die akkadischen sanften Explosiven b, g und d entsprechen den finnischen starken p, k und t; sie finden sich jedoch im Allgemeinen nur dann, wenn einzelne ugrisch-finnische Sprachen (vom Lappländischen abgesehen) in demselben Worte auch die entsprechende sanfte Explosive zulassen.

2. Wo die ugrischen Idiome an die Stelle des finnischen k ein χ oder h setzen, hat das Akkadische ebenfalls ein χ; handelt es sich hierbei um den Anfangsbuchstaben, so setzt dafür das Akkadische zuweilen nur den bloßen Vocal, dem die Aspiration h inhärirt. Von dieser Regel finden sich nur wenige Ausnahmen.

3. Wo im Magyarischen dem finnischen p ein f entspricht, behält das Akkadische ein p, läßt jedoch nicht die sanfte Explosive b dafür eintreten.

4. Tritt in den verschiedenen Formen eines und desselben Stammes bei einzelnen ugrisch-finnischen Idiomen eine Dentalis, bei anderen dagegen ein Zischlaut ein, so zieht das Akkadische die Dentalis, und zwar für gewöhnlich d, seltener t vor.

5. Auch im Akkadischen geht in vielen Fällen das l in eine Dentalis, und zwar in d über; doch tritt dieser Uebergang bei Weitem nicht so häufig ein wie etwa im ostjakischen Idiom.

6. Die Stelle des l der ugrisch-finnischen Sprachen vertritt im Akkadischen zuweilen ein n; diese Veränderung geht indessen nur mit dem Auslaut der Wurzel vor sich.

7. Vor einer Gutturalis hingegen läßt das Akkadische mitunter ein l an die Stelle des n treten.

8. Wo das Protomedische ein r und die ugrisch-finnischen Idiome ein l haben, setzt auch das Akkadische den letzteren Buchstaben.

9. Schließt in den ugrisch-finnischen Sprachen das Wort mit einem Zischlaut, so setzt das Akkadische an Stelle des letzteren ein r und umgekehrt.

10. Das akkadische k oder g entspricht in manchen Fällen einem weichen Zischlaut oder flüsternden Buchstaben der ugrisch-finnischen und türkisch-tartarischen Idiome.

11. Alle Wörter, die in den ugrisch-finnischen Sprachen mit ja, jo, ju, je und ji anfangen, beginnen im Akkadischen mit a, o, u, e und i; das Anfangs-j existirt hier nicht oder verschmilzt wenigstens mit dem dem Vocal inhärirenden h.

Daß diese Lautgesetze in der Hauptsache mit denen der ugrischen Idiome, besonders, wie schon Donner hervorhob, mit denen des Ostjakischen übereinstimmen, wird gewiß Jeder erkennen, der auch nur einigermaßen mit dem Wesen der altaischen Sprachen bekannt ist. Wir stehen also hier wiederum sehr gewichtigen Argumenten gegenüber, welche gleichzeitig erwogen mit der Neigung zur Apokope, dem Widerstreben gegen das Zusammentreffen zweier Consonanten, dem Mangel an Einklang der Suffixe mit der Wurzel in den Derivaten und anderen grammatischen Erscheinungen sämmtlich darauf hinweisen, daß zwischen dem Akkadischen und den ugrischen Idiomen, speciell dem Ostjakischen, thatsächlich

größere Analogien bestehen als mit den finnischen Sprachen im
engeren Sinne. Auch entnehmen wir daraus, daß das Akkadische
die meisten Lautveränderungen und bezüglichen Neigungen, welche
die ugrischen Idiome charakterisiren, bereits dreißig Jahrhunderte
vor der christlichen Zeit in seinem Wortschatze aufwies: jedenfalls
ein deutlicher Beweis, daß diese Erscheinungen nicht neueren
Datums sind, wenn auch das Finnische in Folge seiner vorherrschenden Neigung zur Selbständigkeit, worin es unter den
arischen Sprachen besonders dem Lithauischen gleicht, bis in die
neueste Zeit gegen die Annahme vieler solcher Lautveränderungen
den entschiedensten Widerstand zeigte. Die Analogien, die wir
soeben zwischen dem Akkadischen und Ugrischen wahrgenommen,
dürften vielleicht sogar gewichtig und schlagend genug sein, um
dereinst das Akkadische als den frühesten Typus der ugrischen
Sprachen erkennen und es thatsächlich zu dieser speciellen Gruppe
der turanischen oder altaischen Sprachfamilie rechnen zu lassen.

Wie dem aber auch sein mag und wie unvollkommen unsere
Kenntnisse des Akkadischen gegenwärtig noch sein mögen, — soviel läßt sich schon jetzt mit aller Bestimmtheit behaupten, daß
sowohl vom Standpuncte der Lexicographie als von demjenigen
der grammatikalischen Morphologie alle Merkmale für die Annahme der Verwandtschaft des Akkadischen mit den altaischen
Sprachen vorhanden sind. Die Forschungen, die in dieser Hinsicht noch bevorstehen, werden dieses wichtige Factum ohne Zweifel
von Neuem bestätigen. und bei zunehmender Bereicherung unserer
Kenntnisse uns auch in den Stand setzen, den Grad der Verwandtschaft zu bestimmen, welche die alte turanische Sprache Chaldäas
mit der einen oder anderen der heut noch vertretenen Gruppen
derselben Sprachfamilie verbindet.

Capitel VII.

Die ethnischen Elemente der Bevölkerung von Babylonien.

I.

Die bunte Zusammenwürfelung der verschiedensten Rassen und Sprachen in Babylonien und Chaldäa hat bereits im frühen Alterthum befremdet. Zur Zeit des letzten chaldäischen Reiches sprach man in Babylon selbst so verschiedene Sprachen, daß man häufig die des einen Stadtviertels im benachbarten kaum noch verstand[1]). Aeschylus[2]) nennt die Einwohner von Babylon πάμμικτος ὄχλος, eine buntgemischte Menge, und dem entsprechend läßt auch das Buch Daniel[3]) alle Erlasse der babylonischen Könige mit den Worten: „Man thut euch kund, ihr Völker, Stämme, Zungen u. s. w." beginnen. Die große Ausdehnung des babylonischen Handels zu Wasser und zu Lande, die Verpflanzungen zahlreicher Kriegsgefangenen, welche Eroberer wie Nabukuburussur wiederholt vornahmen, sowie die von den kriegerischen Ereignissen so häufig veranlaßten Ansiedelungen fremder Elemente, wie z. B. der Juden, die sich mit ihrer Religion, ihren Gesetzen und ihrer eigenen Sprache in den unteren Provinzen des Tigris- und Euphratlandes, neben der Urbevölkerung und den schon im achten Jahrhundert v. u. Z. so hochcultivirten aramäischen Stämmen niederließen, — dies Alles trug gewiß nicht wenig dazu bei, die an sich schon so große Verschie-

---

[1]) Quatremère, Mémoire géographique sur la Babylonie, S. 21.
[2]) Pers., 51.
[3]) III, 4; V, 19; VI, 25; VII, 14.

benheit im Blute und in der Sprache der Landesbevölkerung zu
befördern. Aber doch war die Bevölkerung von Babylonien und
Chaldäa schon seit den frühesten Zeiten eine vielfach gemischte
und auf's bunteste zusammengesetzte.

Die Ergebnisse der Assyriologie, welche leider ebenso wie das
Vorhandensein der akkadischen Sprache zur Zielscheibe der seltsamsten und unbegründetsten Zweifel gemacht wurden, weisen
unwiderleglich darauf hin, daß die ethnische Dualität in der Bevölkerung von Babylonien und Chaldäa bereits zu der Zeit bestand, mit deren Eintritt sich die eigentliche Geschichte zu erschließen beginnt. Und aus diesem Dualismus der Rassen ergiebt sich als unmittelbare Folge auch ein Dualismus der Sprachen,
so daß wir z. B. in den unteren Tigris= und Euphratgebieten
zwei Idiome von gänzlich verschiedener Abstammung neben einander gebrauchen sehen: das Akkadische, für dessen turanischen
oder altaischen Charakter ich eben eingetreten bin, und die Sprache
der semitischen Völkergruppe, welche man assyrische genannt
hat, obwohl sie gleicherweise in Assyrien wie in Babylonien und
Chaldäa gebräuchlich war. Diese Bezeichnung ist indessen allgemein sanctionirt worden und so wollen auch wir dieselbe beibehalten, wenngleich sie im Grunde genommen nur wenig zutrifft,
auch viel zu beschränkt ist und vor Allem das Unpassende hat,
das Idiom mit dem Namen gerade des jüngsten aller Völker zu
benennen, die sich seiner bedienten. Ein Versuch, diese Bezeichnung
zu ändern und durch eine genauere zu ersetzen, würde aber freilich
manche mißliche Folge haben und vielleicht nur dazu beitragen,
eine an sich schon verwickelte Frage durch Anwendung neuer Ausdrücke noch mehr zu verwickeln. Ich werde daher, wie gesagt,
diese überkommene Bezeichnung auch ferner gebrauchen, muß aber
noch einmal bemerken, daß man in Babylonien und einem Theile
Chaldäas schon viele Jahrhunderte assyrisch sprach, ehe noch
von einem Volke der Assyrer überhaupt die Rede war. Und
hieraus folgt, daß das Volk von Assur erst später die semitische
Sprache Babyloniens angenommen haben muß. Die ältesten
Könige von Ur, von denen uns epigraphische Texte berichten,
Könige, die den Erbauern der Pyramiden Aegyptens an Alter

20*

nicht nachstehen, wie z. B. Dungi, ließen in der That ihre
amtlichen Inschriften ebenso gut semitisch und akkadisch wie assy=
risch abfassen, obwohl ihre Eigennamen von ihrem akkadischen
Ursprunge zeugen. Als dann lange Zeit später, um das Jahr
2000 v. u. Z., Sargon I. die Zusammenstellung des großen
astrologischen Werkes veranlaßte, mit dem wir uns in einer spä=
teren Arbeit eingehend beschäftigen werden, wußte man von den
Assyrern als einer Nation noch nichts. Die Verfasser jener
Sammlung kannten von ihnen nur ungeordnete Stämme, gu=
tuim [1]), die goim der Genesis [2]), aus deren Mitte sich als ursprüng=
licher Heerd der Civilisation, welche allmälich alle diese Stämme
und Gruppen zu einem Ganzen vereinigen sollte, die Stadt
Assur (heut Kalah=Scherghât) mit ihrem Gotte Ausar [3]),
dem späteren Assur, erhob; und diese Stadt hatte damals
durchaus den Charakter einer babylonischen Colonie [4]).

Wie dem aber auch sein mag, der sprachliche Dualismus ist
unbestreitbar vorhanden, und ist daher auch ein ethnischer Dua=
lismus anzunehmen. Nur dürfte es schwer halten, wenn nicht

---

[1]) Daß die assyrischen Stämme sehr lange Nomaden blieben, ergiebt sich
u. a. auch daraus, daß alu „Stadt", welches ein specifisch assyrisches Wort
zu sein scheint, seiner Wurzel und Etymologie nach vollkommen mit dem
hebräischen אֹהֶל „Zelt" identisch ist. In Babylon scheint man sich des Wortes
êr bedient zu haben, welches mit gleicher Bedeutung auch in's Hebräische
überging. Sayce leitet letzteres vom akkadischen uru „Stadt" her; doch
dürfte diese Ableitung immerhin noch zweifelhaft sein.

[2]) XIV, 1.

[3]) W. A. I., I, 6, 1; IV, 18, 2. Den Namen Ausar scheint übrigens
die Stadt schon früher gehabt zu haben als der Gott, den man vielleicht nur
deshalb Ausar, später Assur nannte, um den Namen des alten Sar der
Akkader, dessen ideographische Schreibung die gebräuchlichste für den Namen
des Gottes Assur geworden war, auf künstliche Weise von einer semitischen
Wurzel (assf. אשׁר, hebr. אשׁר) herleiten zu können. Die Schriftzeichen, die
man gewöhnlich zur Wiedergabe von Ausar als Stadtnamen anwandte, sind
jedenfalls der Art, daß man für denselben mit Sayce eine akkadische Ety=
mologie a-usar „Ufer des Wassers" annehmen könnte, zumal dieselbe mit der
besonderen Lage der Stadt sehr gut zu vereinbaren ist.

[4]) Vergl. Smith, Notes on the early history of Assyria and Babylonia, S. 6. — Hierbei möchte ich beiläufig bemerken, wie wichtige Gründe
diese Thatsachen dafür liefern, daß Genesis X, 11 zu übersetzen sei: „Von
diesem Lande ging er (Nimrod) aus gen Assyrien" u. s. w.

gänzlich unmöglich sein, den Zeitpunct genauer zu bestimmen, wo die Gebiete beider Bevölkerungstheile und Sprachen noch streng von einander geschieden waren. Denn seit den ältesten Zeiten, aus denen wir zuverlässige Denkmäler besitzen, sehen wir von den Grenzen Assyriens bis zum Meere beide Rassen gemischt und eng mit einander vereint, wenn auch beide im unabhängigen Vollbesitze ihrer eigenen Sprachen und sonstigen Gewohnheiten. Nur scheint man im Norden, im eigentlichen Lande Sennaar, mehr das semitische als das turanische Idiom, im Süden hingegen, im Lande Akkad, welches später gegen Ausgang des neunten Jahrhunderts Kalbi genannt wurde, das letztere mehr als das erstere gesprochen zu haben. Dieser Umstand dürfte indessen nur bei einer Frage nach dem gegenseitigen Verhältniß der Sprachen von Wichtigkeit sein; im Uebrigen beweist er eben nichts, als daß beide Elemente im Lande vertreten waren.

II.

Die chaldäisch-babylonischen kosmogonischen Ueberlieferungen scheinen die ursprüngliche Erschaffung zweier Menschenrassen, einer braunen und einer anderen von hellerer Hautfarbe[1]), angenommen zu haben. Doch sind die Angaben hierüber noch viel zu vereinzelt und unvollständig, als daß man schon jetzt den engeren Zusammenhang feststellen könnte, in welchem diese Ueberlieferungen einerseits mit den beiden ursprünglichen Rassen jener Gegenden, wo sie entstanden waren, andererseits mit der räthselhaften Erzählung stehen, die wir im sechsten Capitel der Genesis von den „Söhnen Gottes" (בני־אלהים) und den „Töchtern der Menschen" (בנות האדם) erhalten finden. Die Beantwortung dieser Frage muß vorläufig noch unerledigt bleiben, bis unsere Forschungen und Kenntnisse der betreffenden Ueberlieferungen gründlicher und ausgebreiteter sein werden.

---

[1]) Vgl. Smith, Chaldean account of Genesis, S. 86.

Auf weit lichterem Boden befinden wir uns in jener allbe=
kannten Stelle des Hellanicus[1]), nach welcher der ursprüng=
liche Dualismus in der Bevölkerung von Chaldäa und Baby=
lonien auch den Griechen bekannt war, welche Babylonier und
Kephener besonders unterschieden. An diese Namen knüpft sich
beim genannten Logographen, wie bei anderen Griechen, ein
ganzer Kreis von Ueberlieferungen, von denen die einen einen
wirklich historischen Charakter zu haben scheinen, die anderen
aber, in denen Perseus[2]) die Hauptrolle spielt, eher Mythen
zu nennen sind. Doch auch diese letzteren fallen seit der Wieder=
auffindung der Fragmente des babylonischen Epos Izdhubar's
oder vielmehr Dhubar's schwerer in's Gewicht, da eine der
wesentlichsten Episoden der Perseussage, die Befreiung der
Andromeda, Zug für Zug eine Episode des bezeichneten Epos
wiedergiebt[3]).

Was nun zunächst die Kephener betrifft, so fällt der Name
derselben bei den Griechen vollkommen mit dem der Aethiopen
zusammen. Jene Mittheilung des Hellanicus nennt also als
Bestandtheil der Bevölkerung am unteren Euphrat und Tigris
die sagenberühmten Aethiopen oder Kuschiten Babyloniens, welche
uns in so manchen Stellen der alten Klassiker und des alten
Testamentes[4]) begegnen. An das Andenken dieser Kuschiten
knüpft sich auch der Name des biblischen Nimrod[5]), welcher
zur Bezeichnung eines Heroen und eines Volkes zugleich diente,

---

[1]) Steph. Byz., s. Χαλδαιοι.

[2]) Arrian., ap. Eustath. ad Dionys. Perieg., 1005; Apollodor.,
II, 4, 5; Chronic. pasch., I, S. 74 ed. Dindorf; vergl. Herodot, VI,
54 und VII, 61; Lucan., Phars. VI, 449.
Der Name Perseus muß hier die hellenisirte Form eines noch unbe=
kannten babylonischen Namens sein. Vielleicht ist es derselbe, der beim
Ktesias die Quelle des Parsondas bezeichnet.

[3]) Vgl. meine Premières civilisations, Bd. II, S. 23 ff.

[4]) Ch. Lenormant, Introduction à l'histoire de l'Asie occidentale,
S. 240 f.; Movers, Die Phönicier, Bd. II, erster Theil, S. 269, 276,
284 ff; zweiter Theil, S. 104, 105 und 388; Knobel, Die Völkertafel
der Genesis, S. 251, 339 ff., b'Eckstein, Athénaeum français, 22. April,
22. Mai und 19. August 1854.

[5]) Genes. X, 8—12.

gleich den übrigen Namen, die an derselben Stelle der Genesis [1]) genannt werden. Die spätere semitische Legende gab allerdings dem Namen Nimrod die Bedeutung „Empörer" (von der Wurzel מרד), entsprechend dem Charakter, den die Gestalt desselben immer mehr und mehr annahm; doch liegt dem gewiß eine spätere Etymologie zu Grunde. Die Arbeiten von Grivel [2]) und Sayce [3]) lassen kaum noch bezweifeln, daß Nimrod der zu einem Heroen gewordene Marubuk von Babylon sei; und man kann wohl annehmen, daß נמרד von einer akkadischen Form des Namens dieses Gottes, nämlich von ana Amarutu [4]) hergeleitet ward. Jedenfalls aber ist hier der Gott zu einer Personification des Volkes seiner Stadt geworden.

Die Chaldäer, die den zweiten Bestandtheil des in Rede stehenden ethnischen Dualismus bilden, werden von Diodorus Siculus [5]), der ihre Lehren und Ideen mit überraschender Genauigkeit behandelt, als „die ältesten der Babylonier" bezeichnet; und dem entsprechend berichtet auch Hellanicus [6]), daß es schon vor dem Könige Kepheus, also vor den Kephenern Chaldäer gab, „die sich jenseits von Babylon bis nach Chocha (d. h. bis an die Stelle des späteren Seleucia) ausbreiteten." Nach Berosus sind die Könige, welche unmittelbar auf die Fluth folgen, sämmtlich Chaldäer. Die Bibel nimmt sogar das Vorhandensein dieser Bevölkerung, welche älter als die von ihr erwähnte kuschitische war, ohne ausdrücklich davon zu sprechen, implicite an, indem sie als „Anfang des Reichs" des Nimrod, des Sohnes des Kusch, vier Städte bezeichnet, die schon vor demselben vorhanden waren [7]). Auch kennt sie bereits seit ältester Zeit den Namen der Chaldäer unter der Form Chasdim. Zur

---

[1]) Oppert, Comptes-rendus de la Société française de numismatique et d'archéologie, Bd. I.

[2]) Comptes-rendus de l'Académie des Inscriptions, 1874, S. 37 und 46; Transactions of the Society of Biblical Archaeology, Bd. III, S. 136 ff.

[3]) Transact. of the Soc. of Bibl. Archaeol., Bd. II, S. 243 ff.

[4]) Vgl. meine Langue primitive de la Chaldée, S. 369.

[5]) II, 29.

[6]) Nach Stephanus v. Byzanz.

[7]) Genes. X, 10.

Zeit Abraham's nennt sie die große Stadt Ur, heut Mugheir, „Ur in Chaldäa"[1]); und sie bezeichnet auch früher schon den semitischen Stamm, aus welchem die Hebräer hervorgehen sollten, mit Arphachsad oder besser Arphachasd, also „Nachbar des Chaldäers"[2]).

Dieser Umstand aber, daß Ur in den ältesten Erinnerungen der Terachiten für die Stadt κατ' ἐξοχήν der Chaldäer gilt, während Letztere wiederum an gleicher Stelle in keinerlei Beziehung zu Babel erwähnt werden, ist für die Bestimmung des wirklichen ethnographischen Charakters des chaldäischen Volkes von außerordentlichem Werthe. Denn thatsächlich erscheint Ur in seinen zahlreichen alten epigraphischen Denkmälern überall als die am ausschließlichsten turanische Stadt; hier ist Alles akkadisch, selbst unter der Herrschaft der Könige mit semitischen Namen aus den Dynastien von Karrak und Larsam, während sich die Spuren vom Gebrauche der assyrisch-semitischen Sprache erst viel später erkennen lassen.

In den Keilinschriften ist Kalbu oder Kalbi anfänglich nur ein wenig bekannter Stamm der Akkader[3]), welcher aber im neunten Jahrhundert v. u. Z.[4]) einen beträchtlichen Aufschwung zu nehmen beginnt. Unter Assurnazirhabal, Salmanassar III und Samsi-Bin ist er schon Herr des ganzen Küstengebietes, welches damals Kalbu hieß und in mehrere kleine von Häuptlingen regierte Fürstenthümer zerfiel. Ausgangs des achten Jahrhunderts besaß sodann der Stamm der Kalbi schon so sehr das Uebergewicht, daß er Babylon Könige gab[5]); und von dieser Zeit an waren es die Chaldäer im eigentlichen Sinne, welche im Süden des Euphrat- und Tigrislandes als mächtige Gegner der assyrischen Herrschaft auftraten, bis sie mit der Dynastie des Nabopolassar endlich Ninive selbst zerstörten und dem letzten chaldäisch-babylonischen Reiche ein Ende machten.

---

[1]) Genes. XI, 28 und 31; XV, 7.
[2]) Genes. X, 22 und 24; XI, 10—13.
[3]) Stele des Samsi-Bin, Col. 4, Zeile 38 (W. A. I., I, 34).
[4]) Vgl. meine Premières civilisations, Bd. II, S. 218.
[5]) Ebend., Bd. II, S. 221.

In der Ueberlieferung des Hellanicus und der anderen
griechischen Schriftsteller vertritt also der Name der Chaldäer
denjenigen von Akkad und, wie wir später noch sehen werden[1]),
vielleicht auch die doppelte Bezeichnung von „Sumer und Akkad"
der einheimischen Ueberlieferungen.

Hierbei entsteht aber eine äußerst wichtige Frage. Wir
haben die Identität der Sprache zwischen den Assyrern und dem
nichtturanischen Theil der Bewohner Babyloniens und Chaldäas
festgestellt. Nichtsdestoweniger macht die Bibel zwischen diesen
beiden Ländern einen Rassenunterschied; sie reiht Assur in die
Nachkommenschaft des Sem ein und läßt zu Babylon Kuschiten,
also Hamiten wohnen. An sich würde diese Schwierigkeit aller=
dings keine größeren Bedenken erregen, wenn in Betracht gezogen
wird, daß die Civilisation der babylonischen Colonie des Assur
auch die assyrischen Stämme beeinflußte und es demnach natür=
lich erscheint, daß letzteren dieserart auch die Sprache der ersteren
mitgetheilt wurde, die mit dem ursprünglichen Idiom der assyrischen
Stämme immerhin eine gewisse Verwandtschaft haben mußte.
Erwägt man aber wiederum, daß die in Rede stehende Sprache,
welche unpassend die assyrische genannt wird, in Wahrheit aber
die babylonische heißen müßte, speciell der Gruppe angehört,
welche man gewöhnlich als die semitische bezeichnet, und daß
weder die heiligen Bücher noch irgend eine ältere Ueberlieferung
von einer semitischen Ansiedelung in Babylon und den benach=
barten Provinzen berichten, dann freilich wird die Streitfrage

---

[1]) Ueber die Streitfrage wegen Sumer und Akkad vgl. Anhang II.

[2]) Ich schließe mich der Ansicht Schrader's vollkommen an, daß die
semitischen Völkerschaften des Nordens und Westens, welche aus Arabien, der
gemeinsamen Wiege des Menschengeschlechtes, kamen, vor ihrer letzten Wan=
derung, die sie in ihre festen Wohnsitze führte, sämmtlich einer Berührung und
einem Einflusse des akkadischen Babylonien unterworfen waren, welcher sie
tief durchdrang und ihre Eigenthümlichkeit in gewissem Maaße modificirte.
Aber es scheint mir deshalb nicht erforderlich, auch anzunehmen, daß sie einen
Theil ihrer Wanderschaft in Babylonien selbst zubrachten. Die Berührung
kann in einem benachbarten Lande, in den Ebenen des rechten Euphratufers
stattgefunden haben, wo die alten Stämme dieser Völkerschaften, wenn sie aus
dem Inneren Arabiens kamen, natürlicher Weise veranlaßt wurden, sich aus=
zubreiten, bevor sie ihren Weg nach Norden verfolgten.

bedeutend verwickelter; denn neben den eigentlichen Chaldäern werden wohl Aethiopen, Kephener oder Kuschiten genannt, welch' letztere die erste größere politische Macht begründen; von einer semitischen Einwanderung, welche ebendiese verdrängt hätte, ist aber nirgend die Rede. Die wenigen semitischen Stämme, welche zwischen den Städten der Kuschiten auf den unbebauten Theilen des Landes als Nomaden umherzogen (wie z. B. die Aramäer und noch vor denselben die Teraschiten, welche schließlich — ohne Zweifel infolge zunehmender Uebervölkerung — wieder auswanderten), unterschieden sich immer streng von den beiden wirklich eingeborenen Elementen. Man wird daher bei dem Dualismus der Sprachen, welcher dem Dualismus der Rassen der Urcinwohner entspricht, nothwendig zu dem Schlusse bewogen, daß das Idiom, welches das assyrische genannt wird, obwohl es der sogenannten semitischen Sprachfamilie angehört, in der That das Idiom des kephenischen oder kuschitischen Elementes ist. Und diese Annahme wird auch dadurch bestärkt, daß im kephenischen Sagenkreise der Ursprung der Teraschiten selbst an das äthiopische Element geknüpft wurde: Aethiopum proles, quos rege Cepheo metus atque odium mutare sedes perpulerit [1].

Diese Thatsache steht übrigens nicht vereinzelt da. Das Unpassende der Bezeichnung „semitische Sprachen" ist bereits wiederholt von Gelehrten geltend gemacht worden, deren Meinung die hervorragendste Autorität beigemessen werden muß. Thatsächlich gehören diese Sprachen einem beträchtlichen Theile, wenn nicht der Mehrzahl der Völker an, welche die Bibel unter der Nachkommenschaft des H a m nennt, vornehmlich denjenigen der kuschitischen Nebenlinie [2]. Das Hebräische hatte keinen anderen Ursprung als das Idiom der Kanaaniter, welche ihrer Eigenart nach ein von Grund aus hamitisches Volk waren; und selbst J e s a i a s nannte das Hebräische „die Sprache von Kanaan". Die Familie des A b r a h a m hatte dasselbe während ihres langen

---

[1] Tacit., Hist., V, 11.

[2] Vgl. O p p e r t, Athénaeum français, 21. October 1854; de Rougé, Revue ethnographique, 1859, S. 109—111; dsgl. mein Manuel d'histoire ancienne de l'Orient, 3. Aufl., Bd. I, S. 122 ff.

Aufenthaltes unter den Kanaanitern angenommen, im Tausche gegen ihre frühere Sprache, welche wegen der ursprünglichen Verwandtschaft der Stämme Heber's und Jaketan's aller Wahrscheinlichkeit nach dem Arabischen sich näherte. Die Geez=Sprache gehörte ebenfalls einem Volke an, dessen Grundlage vorwiegend kuschitisch blieb; doch vermischte sich dieselbe mit den wenigen semitischen Elementen, die vom Yemen her eindrangen und schließlich die Oberhand gewannen; und diese letzteren sollen mit der Schrift aus Südarabien auch das Himyaritische mitgebracht haben, wenn diese Sprache überhaupt von dieser Seite her kam. Das Himyaritische oder Sabäische endlich ist das Idiom eines Landes, in dem die Kuschiten den Stämmen aus der Nachkommenschaft des Jaketan vorangingen und stets ein beträchtliches Element der Bevölkerung bildeten. Wenn nun aber die Jaketaniden von Südarabien zur Zeit ihrer Civilisirung eine Sprache hatten, welche von derjenigen der Stämme gleichen Ursprunges, die sich auf dem übrigen Theile der Halbinsel angesiedelt hatten, verschieden war, — liegt dann nicht der Gedanke sehr nahe, daß sie dieselbe dem Einflusse der vorangehenden Rasse verdankten, die sich mit ihnen vermischt hatte? Eine Schlußfolgerung, wie wir sie beim Assyrischen ziehen mußten, läßt sich also auch hier und zumal beim Hebräischen machen. Wir haben hier ebenfalls eine angeblich semitische Sprache, die einem Volke gehörte, welches durch die Ethnographie der Genesis zur Familie des Ham gerechnet wird; und dieses Volk hat dieselbe dann kraft seiner höheren Civilisation bei den rein semitischen Stämmen eingeführt und zur Herrschaft gebracht, während diese noch Nomaden und Hirten waren.

In sprachlicher und gewissermaaßen auch geschichtlicher Hinsicht würde dies allerdings die Ansicht derer unterstützen, die in den Kuschiten und Kanaanitern „den ältesten Zweig jener Völkerfamilie erblicken, welche sich über ganz Vorderasien von den Quellen des Euphrat und Tigris bis in das Innere von Arabien, vom Gestade des persischen Meerbusens bis zum Mittelmeer und zu beiden Seiten des arabischen Meerbusens, in Afrika und Asien ausgebreitet hatte". Denn, wie die Anhänger dieser Ansicht behaupten, „dieser alte Zweig der semitischen Familie verließ die gemeinsame Wiege zuerst; er wurde auch zuerst von diesen zahlreichen, lange nomabisirenden Horden ansässig und erreichte dann in Chaldäa, Aethiopien, Aegypten und Palästina eine hohe Culturstufe, so daß er endlich für seine Angehörigen, welche Hirten geblieben waren, ein Gegenstand des Neides und des Abscheues zugleich wurde. Und daher datirt jene Spaltung zwischen den Kindern des S e m und des H a m, von denen letztere im Süden und Westen, erstere im Osten und Norden sich niedergelassen hatten. Aber sie waren doch sämmtlich Abzweige ein und desselben Urstammes; sie hatten ein und dieselbe, nur in zahlreiche Mundarten getheilte Sprache, und bekannten sich bei verschiedenen Glaubensbekenntnissen doch nur zu derselben Religion. Man ist also wohl berechtigt, sie — in ihrer Gesammtheit und im Gegensatz zur inbo-persischen ober inbo-germanischen Familie — die syrisch-arabische ober syrisch-äthiopische, eine zweite große Abtheilung der weißen Rasse, zu nennen [1]." Und diese Ansicht würde sich auch mit der ungewöhnlichen Leichtigkeit vereinigen lassen, welche die Kuschiten überall zeigten, wo es galt, sich mit reinen Semiten derart zu vermischen, daß man die beiden Elemente, aus benen die Vereinigung entstanden, nicht mehr zu unterscheiden vermag, wie z. B. in Südarabien und vielleicht auch in Assyrien.

Von einer anderen, der anthropologischen Seite aber scheint, nach den erhaltenen bildlichen Darstellungen und den Erfahrungen der Schädellehre zu urtheilen, zwischen den Semiten und Hamiten doch ein Unterschied bestanden zu haben, den die Sprache nicht aufweist; und dieser Unterschied entspricht vollkommen der Unterscheidung, welche die biblische Ueberlieferung trifft. Zudem haben die Hamiten, neben vielen gemeinsamen Fähigkeiten, einen ausgeprägteren materialistischen und industriellen Charakter als die reinen Semiten. Und wenn schließlich auch ein beträchtlicher Theil der Hamiten entschieden semitische Sprachen redet, so besitzen doch andere derselben, wie die Aegypter, Idiome, welche

---

[1] G u i g n i a u t, Religions de l'antiquité, Bd. II, dritter Theil, S. 822.

zwar unzweifelhaft mit der semitischen Familie verwandt sind, aber doch so viel Originalität besitzen, daß man aus ihnen eine besondere Gruppe bilden muß. Vielleicht ist es möglich, diese Widersprüche in Einklang zu bringen und einigermaaßen zu er= klären, wenn man hierbei die Erfahrungen und Aufschlüsse der Anthropologie in Betracht zieht. Man würde etwa annehmen müssen, daß der erste Zweig, der sich vom gemeinsamen Stamm trennte, also die Hamiten, sich mit einer dunkelfarbigen Rasse (vielleicht schwarz, mit glattem Haar, wie die indischen Ghondas) vermischte, welche er in den Ländern, über die er sich zunächst ausbreitete, schon ansässig fand, während die zurückgebliebenen Semiten das Blut der weißen Rasse in seiner Reinheit erhielten. Diese Mischung würde sodann genügt haben, um nach Verlauf einer gewissen Frist aus den Hamiten eine von den Semiten thatsächlich sich unterscheidende Rasse zu machen, ohne jedoch zugleich die ursprüngliche Verwandtschaft, namentlich die der Sprache zu tilgen. Auch wäre anzunehmen, daß diese Mischung mit fremdem Blute, die das Unterscheidungsmerkmal der Hamiten bildet, sich nicht überall in gleichem Verhältniß, sondern auf der einen Stelle in größerem, auf der anderen in geringerem Maaße vollzogen hätte, so daß die Völkerschaften, welche die Bibel unter die Nach= kommenschaft des H a m rechnet, — und zwar von denen an, die sich nur schwer von den reinen Semiten unterscheiden lassen, wie die Kuschiten von Babylon oder die Kanaaniter Phöniciens, bis zu denen von entschieden abweichender Physiognomie, wie die Aegypter, — in Wirklichkeit eine Scala von mehr oder minder ausgeprägten Mischungen darstellen würden. Von diesem Ge= sichtspuncte betrachtet, nimmt man übrigens auch thatsächlich wahr, daß das Mehr oder Minder in der Verwandtschaft der Idiome der hamitischen Völker auch mit dem Mehr oder Minder ihrer Aehnlichkeit mit dem anthropologischen Typus der reinen Semiten zusammenfällt. Und hierin liegt ein unbestreitbares Kennzeichen eines mehr oder weniger starken Verhältnisses der Mischung mit einem fremden, von dem der weißen Rasse ver= schiedenen Blute.

Für Chaldäa und Babylonien erscheint die Annahme einer

Mischung mit einer dunkeln, mehr oder minder reinen Rasse, welche das Vorhandensein des Bevölkerungselementes semitischer Zunge unter den Kuschiten bewirkte, immerhin sehr wahrscheinlich. Jedenfalls wurde ein Theil der weiten Marschen am persischen Meerbusen von jeher von fast schwarzen[1] Stämmen bewohnt, welche ununterbrochen in wildem Zustande blieben und von der Cultur der benachbarten großen Städte fast gar nicht beeinflußt wurden. Es sind dies die heutigen Lemluns, über die wir dem französischen Reisenden Texier sehr werthvolle Nachrichten verdanken, eine Völkerschaft, welche ihrem anthropologischen Typus nach mit den Bischarris des benachbarten Aegyptens sehr nahe verwandt ist. Sie befindet sich nach wie vor in den nämlichen Marschländern, auf denen die Bildwerke Sanherib's und Assurbanhabal's sie uns bereits mit anderen Stämmen von mehr mongolischem Typus vermischt zeigen; ihre Mundart war allem Anschein nach die sogenannte „Sprache der Fischer", welche einige assyrische Denkmäler als abweichend vom Akkadischen und der Sprache von Assur bezeichnen.

Ich erachte daher für unzweifelhaft, daß diese vorwiegend äthiopischen Elemente für das erste Substrat der historischen Kuschiten Babyloniens gehalten werden müssen. Denn sie sind die Ueberreste der ältesten Bevölkerung dieses Landes, welche selbst älter ist als die Niederlassung der Turaner, von denen sie schon vor Beginn der historischen Zeit unterjocht wurde. Diese ersten Kuschiten konnten sich eben nur im Schutze der unzugänglichen Sümpfe, in deren Gebiet sie sich zurückgezogen, rein erhalten; im übrigen Lande hatte aber ihre Mischung mit einer ursprünglichen Schicht von Stämmen semitischer Zunge, welche den eigentlichen Semiten vorangingen, die zweiten Kuschiten, die des Nimrod und des Königs Kepheus entstehen lassen. Und diese allein gehören der Geschichte an; ihr Idiom war die sogenannte assyrische Sprache; aber sie wurden von den reinen

---

[1] Nach den assyrischen Basreliefs zu urtheilen gab es in Susiana u. a. auch schwarze Stämme mit vollkommen ausgeprägtem Negertypus; vgl. hierüber G. Rawlinson, The five great monarchies, zweite Aufl., Bd. II, S. 500.

Semiten, wie den Hebräern, trotz der bestehenden Sprachver=
wandtschaft ebenso wenig wie die Kanaaniter als zu ihrer Rasse
gehörig anerkannt.

Auf die Richtigkeit dieser Betrachtungen und Muthmaaßungen
kann allerdings nicht unbedingt bestanden werden, da ihre Er=
gründung auch eine eingehendere Erörterung erfordern würde;
so viel steht aber fest, daß es sich hier um zwei verschiedene Be=
völkerungselemente handelt, von denen das eine der kuschitisch=
semitischen, das andere der turanischen oder altaischen Rasse an=
gehört. Sie sind beide eng vermischt über dem Boden von Ba=
bylon und Chaldäa verbreitet, so weit auch immer die erhaltenen
Denkmäler zurückführen; doch überwiegt das eine Element im
Norden, das andere im Süden. Und dem entsprechend hat auch
Hamy, einer unserer bedeutendsten Anthropologen, auf den
alten babylonischen Bildwerken zwei durchaus verschiedene ethno=
logische Typen in den Bildnissen der Könige und anderer Lan=
desbewohner erkannt [1]). Es finden sich unter ihnen schlanke und
untersetztere Gestalten; die einen sind auffallend dolichocephal, die
anderen zeigen einen gewölbteren Schädelbau; die einen haben
endlich das charakteristische Profil der syrisch=arabischen oder
eigentlich semitischen Bevölkerung, mit scharf gebogener Adler=
nase, während die anderen sich durch stark hervortretende Backen=
knochen und breit gedrückte Nasenflügel auszeichnen. Nach Hamy
unterscheidet sich „der zweite babylonische oder assyrische Typus
von dem syrisch=arabischen ebenso sehr, wie etwa die Bauern
unserer Centralhochebene sich gegenwärtig von den Juden und
Arabern unterscheiden.“ Und ebendieser zweite Typus nähert
sich am meisten dem der ugrisch=finnischen und sibirischen Völker=
schaften, welche mitunter auch Mongoloïden genannt werden [2]).

Dem Dualismus der Völker entsprach also genau der Dua=
lismus der Sprachen, zwischen dem Assyrischen der semitischen
Sprachfamilie und dem Akkadischen, welches unter den altaischen

---

[1]) Eine ähnliche Beobachtung machte auch Rawlinson (The five great
monarchies, 2. Aufl., Bd. II, S. 499) an den bildlichen Darstellungen aus
dem babylonischen Kriege des Assurbanhabal.

[2]) Vgl. meine Langue primitive de la Chaldée, S. 382—386.

Sprachen eine gesonderte Gruppe bildet, sich aber dem ugrisch-
finnischen Idiom nähert. Und es ist nicht unwahrscheinlich, daß
gerade diese uralte Vermischung der beiden durchaus verschiedenen Sprachen, welche auf ein und demselben Boden gesprochen
wurden, schon in frühester Zeit dazu beitrug, die Ueberlieferung der Sprachenverwirrung in Babylon zu localisiren.
Die genaueren Untersuchungen zur vorliegenden Arbeit haben
uns aber auch einen dritten Dualismus, nämlich den der Religionen erkennen lassen. Neben der semitischen und turanischen
Sprache haben wir in der That in Chaldäa auf der einen Seite
eine Religion gefunden, welche mit derjenigen Syriens und
Palästinas eng verwandt ist, zu derselben Gruppe gehört und
auf den nämlichen Vorstellungen basirt, auf der anderen Seite
aber eine Magie kennen gelernt, welche mit ihren Göttern und
Geistern aus ganz anderen Ideen hervorgegangen ist, sich mehr
an die Magie der Finnen und aller altaischen Völker anlehnt
und an ein vollständiges, in den magischen Büchern dargestelltes
Religionssystem sich anschließt, welches seinerseits wiederum nur
die normale Entwickelung des dämonologischen Naturalismus der
turanischen Völkerschaften ist.

Alle diese Thatsachen stehen mit einander in auffallender
Verbindung; der Grundunterschied, der ursprüngliche Gegensatz
der beiden wesentlichsten Bevölkerungselemente von Chaldäa und
Babylonien in ältester Zeit, offenbart sich also gleicherweise in
Religion und Sprache; und wir haben es hier mit zwei Menschenrassen zu thun, deren jede wir mit all' ihren Eigenheiten, Be-
fähigungen und besonderen Sprachen bis zum Ursprung zurück-
verfolgen können.

III.

Der Bericht des Berosus, dessen Fragmente wir besitzen,
beginnt folgendermaßen: „Es gab (ursprünglich) in Babylon
eine Menge Menschen fremder Rasse (ἀλλοεθνεῖς), welche Chaldäa

bewohnten; und diese lebten ohne Gesetz, nach Art der Thiere."
Der Ausdruck ἀλλοεϑνεῖς dürfte sich kaum anders übersetzen lassen;
er hat im Griechischen nur diese eine Bedeutung und ist mit
ἀλλόφυλος synonym. Er ist weit bezeichnender als ξένος, welches
nur „ein Fremder" bedeutet, während unter ἀλλοεϑνής ein
Individuum von ganz anderer Nation oder Rasse zu verstehen
ist [1]). Dem Berosus galten also die ersten Bewohner von
Babylonien, welche der Gott Oannes (Êa) in eigener Person
zu veredeln kam und deren Wohnsitz ursprünglich Chaldäa war,
als Fremde und Zugehörige einer anderen Rasse, ἀλλοεϑνεῖς.
Aber wem gegenüber waren sie Fremde und Zugehörige einer
anderen Rasse? Jedenfalls kann Berosus hierbei nur die Baby=
lonier seiner Zeit gemeint haben, d. h. die Bevölkerung semitischer
Zunge, der er selber angehörte. Den Worten dieses Schrift=
stellers eine andere Bedeutung beizumessen ist völlig unzulässig;
wird doch auch in der Septuaginta der Ausdruck ἀλλόφυλοι ohne
Weiteres für die Philister angewandt, um sie im Gegensatz zu
den Israeliten als Menschen von anderer Rasse zu bezeichnen.

Wir dürfen daher schließen, daß für den chaldäischen Priester,
der die einheimischen Geschichtsbücher unter den ersten Seleuciden
in's Griechische übertrug, das nichtsemitische, d. h. das akkadische
oder turanische Element als dasjenige galt, welches das Land
zuerst inne hatte. Diese Ansicht fußte auf der nationalen Ueber=
lieferung; in wieweit sie aber begründet war, vermögen wir nicht
zu bestimmen; wir sind, wie bereits angedeutet, nur zu der An=
nahme berechtigt, daß dieses Element, welches schon verhältniß=
mäßig civilisirt in Babylonien eindrang, dort eine völlig bar=
barische, fast schwarze Urbevölkerung vorfand, deren Repräsen=
tanten noch heut die Lemluns sind. Jedenfalls steht fest, —
und diese Thatsache wird auch von allen genauer unterrichteten
Assyriologen anerkannt, — daß das akkadische oder turanische
Element die erste civilisirte Bevölkerung in den Ebenen des un=
teren Euphrat= und Tigrislandes bildete und ihm daher, in dieser
Hinsicht, unstreitig der Vorrang vor dem semitischen oder kuschi=

---

[1]) Vgl. meine Langue primitive de la Chaldée, S. 327.

tisch=semitischen Elemente gebührt. Und diesen Vorrang be=
hauptete es, zumal in den südlicheren Landestheilen, in politischer
und sprachlicher Hinsicht noch lange Jahrhunderte hindurch, —
ja sogar dann noch, als sich der Dualismus in der Bevölkerung
schon so weit ausgebildet hatte, daß die Civilisation beider Be=
völkerungselemente sich nicht mehr als ausschließliches Werk einer
einzigen Rasse erkennen ließ.

Dieser zeitliche Vorrang der Akkader oder Turaner vor den
Semiten oder Kuschito=Semiten wird aber auch durch geogra=
phische Bezeichnungen in Babylonien und Chaldäa bewiesen,
welche die Bevölkerung semitischer Zunge annahm, obwohl sie
ihrem Idiom nicht angehörten, und da sie außerdem auch etymo=
logisch aus demselben nicht erklärt werden können, offenbar der
akkadischen Sprache entlehnt sein müssen. Hierher gehören be=
sonders die Namen des Euphrat und Tigris, desgleichen die einer
Reihe der wichtigsten Städte wie Ur (uru „die Stadt" κατ'
ἐξοχήν), Uruk (das Erech der Bibel; uru-uku „die ewige Stadt"),
Kalneh (kul-unu), Larsam, Agane, Surippak, Eridhu, Nipur
und Borsippa, welche unzweifelhaft nichtsemitisch sind. Die Zahl
dieser Beispiele geographischer Nomenclatur ist allerdings be=
schränkt, aber darum nicht weniger entscheidend. Denn in den
meisten Fällen haben die Städte Babyloniens und Chaldäas
einen doppelten Namen, wie z. B. die ungarischen und diejenigen
vieler anderer Länder, in denen zwei Bevölkerungselemente ver=
schiedener Sprache nebeneinander bestehen, ohne daß die eine die
andere verdrängt hätte. So heißt z. B. eine der wichtigsten
Städte Babyloniens im Assyrischen Kute, im Akkadischen Tig=
gaba. Die Bibel nennt dieselbe Stadt Kutha, folgt also der
assyrischen Bezeichnung; dagegen adoptiren die klassischen Geo=
graphen die akkadische Form: Plinius schreibt Digba, Ptole=
mäus Digua und die Peutinger'sche Karte verzeichnet Digubis,
alles Formen, welche von Tiggaba herstammen, das sich also in
der Ueberlieferung bis in die römische Zeit erhalten haben mußte.
In allen diesen Fällen von doppelter Benennung läßt sich aber,
so oft wir die eigentliche Bedeutung der akkadischen Namen kennen,
auch nachweisen, daß die entsprechenden assyrischen Bezeichnungen

dem Sinne nach völlig gleichbedeutend, also offenbar eine Ueber=
setzung der ersteren waren; so giebt es z. B. für Babylon einen
akkadischen Namen Kâ=bingira und einen semitischen Bab=
ilu, welche beide „Thor Gottes" bedeuten. Aber der einen wie
der anderen dieser synonymen Benennungen ging ein älterer
akkadischer Name Tin=tir voran, den man niemals in's Semi=
tische übertragen zu haben scheint. Südlich der assyrischen Grenze
findet sich übrigens keine einzige alte Stadt mit ausschließlich
semitischem Namen. Der assyrischen Sprache entlehnte Benen=
nungen, wie Dur=Sarkin, Dur Ummubanit, Kar=ra=
mani u. s. w., begegnen wir erst später in historischer Zeit,
unter den Dynastien, welche jünger sind als die Könige von Ur
(bis jetzt die ersten auf Denkmälern genannten Fürsten), sowie
unter den Dynastien, deren semitischer Ursprung sich aus den
Eigennamen ergiebt. Sie gehörten also neueren Gründungen
dieser Könige an.

In einem der vorhergehenden Capitel war bereits von Götter=
namen die Rede, welche der akkadischen Sprache und Mythologie
entlehnt und von der Bevölkerung semitischer Zunge aufgenommen
wurden, bei der sie sich bis an die letzten Tage von Babylon
und Assyrien erhielten, da sie auch auf die Assyrer übergingen,
welche in Bezug auf Literatur doch nur Schüler der chaldäisch=
babylonischen Civilisation waren. Noch bezeichnender aber ist,
daß alle in der epischen und kosmogonischen Legende der Urzeit
bis nach der Fluth und dem Thurmbau vorkommenden Namen,
deren ursprüngliche Form wir aus den gegenwärtig wieder auf=
gefundenen Fragmenten erfahren, rein akkadisch sind. Und fügen
wir dem noch hinzu, daß sie fast unverändert in den Auszügen
des Berosus enthalten sind, so darf gewiß angenommen werden,
daß ihre alte akkadische Form sich noch unter den Seleuciden in
der Ueberlieferung der Priesterschulen erhalten hatte, ohne daß
sie durch semitische Benennungen ersetzt worden wären [1].

---

[1] Die Namen, deren ursprüngliche Form wir kennen, sowie die Formen,
welche Berosus dafür angiebt, sind folgende:

Ἄλωρος (in Ἄδωρος zu verbessern) = Adi-Uru.

Ἀμεγάλαρος, Μεγάλαρος (z. verb. in Μελάργαλος) = Mulu-urugal.

Der zeitliche Vorrang, welchen das turanische oder akka=
dische Element vor dem semitischen oder kuschitisch=semitischen
durch seine verhältnißmäßig hohe Culturstufe, seine Regierungs=
form, seinen Ackerbau und Gewerbefleiß behauptet, wird nicht
nur durch zahlreiche darauf bezügliche Worte, die der assyrische
Sprachschatz aus dem Akkadischen entlehnte, sondern auch durch
amtliche Titel bezeugt, die sich aus dem Semitischen nicht er=
klären oder ableiten, wohl aber im Akkadischen[1]) nachweisen
lassen. Solche Titel sind z. B. turtanu „Oberanführer der
Heere“ (akkad. tur-dan „mächtiger Befehlshaber“), sak „Offi=
zier, Beamte“ (vergl. das hybridische rab-sak), dubsâr „Schreiber“
(in der Bibel ספר), patési „Vicekönig, Statthalter“, aba „ge=
richtliche Behörde“, emga, eine priesterliche Würde, (ursprünglich
„ruhmreich, erhaben“), aus der sodann die chaldäischen „Magier“
hervorgingen.

Lange Zeit war ich mit Oppert und fast sämmtlichen Assy=
riologen der Ansicht, daß der ethnische Dualismus in der Be=
völkerung von Chaldäa und Babylonien durch die häufig ange=
wandte Bezeichnung Sumeriv u Akkadiv, „Sumerer und
Akkader“, ausgedrückt worden sei. Ich erblickte in diesen beiden
Namen die Bezeichnung zweier Rassen, wobei ich den der Akkader
auf die Turaner, den der Sumerer auf die Semiten oder Kuschito=
Semiten bezog. Diese Ansicht hegte ich noch in der ersten fran=
zösischen Ausgabe des vorliegenden Werkes; aber ich muß ge=
stehen, daß Prof. Schrader's bezügliche Einwendungen meine
bisherigen Anschauungen gar schwankend gemacht haben. Denn
wenn es feststeht, daß die Assyrer selbst „Sprache von Akkad“
im Gegensatz zu „Sprache von Assur“ sagten, um das
nichtsemitische Idiom zu bezeichnen, und wenn wir in Folge

Ὀυιάρτης (z. verb. in *Ὀβάρτης*) = Ubara-Tutu.

Ξίσουθρος, Σίσιθρος = Khasis-adra oder Adra-khasis (beide Formen
kommen gleichzeitig vor).

Τιτάν — Etana.

Die Persönlichkeiten, denen diese Namen gehören, bezeichnet Berosus
ausdrücklich als Chaldäer.

[1]) Vergl. meine Langue primitive de la Chaldée, S. 363 ff.

deſſen genöthigt ſind, gleich jenen den Namen „Akkader“ als eine
allgemeine Bezeichnung für das ethniſche Element zu gebrauchen,
welches wir mit den altaiſchen Völkern zuſammenſtellen, ſo iſt
es gewiß nicht erwieſen, daß der Name „Sumerer“ eine
andere Raſſe bezeichne. Es iſt vielmehr möglich, ja ſogar wahr-
ſcheinlich, daß, wie Ménant und Schrader meinen, die beiden
Namen „Sumerer und Akkader“ älter ſind als die Einwanderung des Elementes ſemitiſcher Zunge und daher urſprünglich
zwei geographiſche Abtheilungen ein und deſſelben Volkes und
einer Raſſe, nämlich die Bewohner der nördlichen und ſüdlichen
Provinzen, des eigentlichen Babylonien und Chaldäa bezeichneten[1]).
Wenn dem ſo wäre, und man die beiden Worte im geographiſchen
Sinne gebrauchte, ſo würde die Dualität „Sumer und Akkad“
mit der ethniſchen Dualität, welche man im Lande Sumer und
im Lande Akkad beobachten kann, nichts zu thun haben. Die
Sumerer und Akkader der Urzeit gehörten dann beide der nicht-
ſemitiſchen Raſſe an.

IV.

Die weſentlichſte Urſache der hohen Geſittung Chaldäas und
Babyloniens, welche ganz Vorderaſien beeinflußte und umge-
ſtaltete, war alſo die Vermiſchung des Charakters und der Sitten
der beiden Völker verſchiedenen Urſprungs, die im unteren
Euphrat- und Tigristhale mit einander verſchmolzen. Denn die
chaldäiſch-babyloniſche Civiliſation war im Grunde nur ein Miſchproduct, das Ergebniß der Vereinigung verſchiedener Elemente;
und gerade hierauf beruhte ihre Vielſeitigkeit, ihr Reichthum und
ihre Macht, da die beſten Fähigkeiten und Anlagen zweier großen
Raſſen ſich zu ihrer Bildung vereinigt hatten.

Was aber zu dieſer Miſchbildung, die ſich als vollendete

---

[1]) Im Anhang II werde ich übrigens auf dieſe überaus ſchwierige Frage
zurückkommen und dabei auch die neueſten hierauf bezüglichen Urkunden in
Betracht ziehen.

Thatsache erweist, von den Turanern und was von den Kuschiten beigetragen wurde, vermögen wir gegenwärtig noch nicht bestimmt und bis in's Einzelne nachzuweisen, — ja wir werden dies vielleicht nimmer nachzuweisen vermögen. Nach dem gegenwärtigen Stande der Wissenschaft läßt sich nur der Ursprung einer Reihe der wichtigsten Thatsachen auf die eine oder andere der Urquellen zurückführen.

So haben z. B. Oppert's gründliche Forschungen bestimmt nachgewiesen, daß die Keilschrift vom turanischen Bevölkerungselemente in Babylonien und Chaldäa eingeführt wurde [1]). Die Zeichen, aus denen diese Schrift besteht, haben eine ideographische oder syllabische Bedeutung; doch können sie, je nach der Stelle, wo sie gebraucht werden, auch in beiderlei Weisen verwandt werden. Ursprünglich [2]) waren sie rohe Darstellungen oder symbolische, später sehr veränderte Bilder des concreten Gegenstandes oder der abstracten Idee, welche nicht im Assyrischen, wohl aber im Akkadischen, d. h. im Idiom der Turaner Chaldäas, durch den Laut ausgedrückt wurde, der ihrem phonetischen Werthe entsprach. So wird die Vorstellung „Gott" im Assyrischen durch das Wort „ilu" wiedergegeben; aber das Schriftzeichen, welches diesen Begriff ideographisch darstellt und ursprünglich die Gestalt eines Sternes hatte, wird als syllabisches Zeichen an ausgesprochen, weil „Gott" in dem betreffenden Idiom anna hieß. Desgleichen entspricht dem Zeichen für „Vater" (assyrisch abu) das phonetische at oder ad, da „Vater" im Akkabischen ad (erweitert adda) hieß. Ein anderes Zeichen vertritt zweierlei Bedeutungen, die des Zeitwortes „gehen" (assyrisch alak) und die der Sylbe du, welche im Akkadischen gleich lautet. Ebenso verhält es sich auch mit den Bedeutungen der zusammengesetzten

---

[1]) Rapport au ministre de l'Instruction publique, Paris 1858; Expédition en Mésopotamie. Bd. II, S. 77—86. — Vergl. auch Schrader, Ist das Akkabische der Keilinschriften eine Sprache oder eine Schrift, im 29. Bde. der Zeitschrift der deutschen morgenl. Gesellschaft.

[2]) Oppert, Expédition en Mésopotamie, Bd. II, S. 63—68; Ménant, Syllabaire assyrien, Bd. I, S. 8—13.

Sylben. Es giebt für den Laut tur und den Begriff „Sohn"
nur ein Zeichen, da „Sohn" im Akkadischen tur (assyrisch ablu
und maru) heißt; ebenso für den Laut gal und den Begriff
„groß" (assyrisch rabu), da gal im Akkadischen „groß" bedeutet.
Ein drittes Zeichen endlich steht für den Begriff „Herrscher,
Fürst" und für den zusammengesetzten Laut nir, entsprechend
dem akkadischen Worte nir „Fürst". Selbst dann, wenn ein und
dasselbe Zeichen verschiedene phonetische Werthe hat, und zwar
unabhängig von der Lesung, welche im Assyrischen der ideographischen Bedeutung desselben entspricht, erklärt sich ein jeder
dieser Werthe aus den verschiedenen Worten, die im Akkadischen
die einzelnen ideographischen Bedeutungen angeben.

Die Begriffe „Sonne" (assyr. samsu) und „Tag" (assyr.
yumu) werden z. B. durch ein und dasselbe Schriftzeichen ausgedrückt; und ebendieses dient auch als Lautzeichen zur Darstellung
der einfachen Sylbe ut oder ud und der zusammengesetzten Sylbe
par, da im Akkadischen utu „Sonne" und par (erweitert parra)
„Tag" bedeutet. Ein anderes Schriftzeichen giebt die Bedeutung
des Substantivs „Kleinvieh" (assyr. sinu) und des Zeitwortes
„nehmen" (assyr. sabat) an; erstere wurde aber im Akkadischen
durch lu, letztere durch dib wiedergegeben; und daher hat dieses
Schriftzeichen gleichzeitig auch die phonetischen Werthe lu und dib.

Es liegen jedoch auch andere gewichtige Thatsachen bezüglich
der Lautlehre vor, welche unwiderleglich darauf hinweisen, daß
die Keilschrift nimmermehr von Semiten erfunden sein kann, vielmehr das Werk eines Volkes war, dessen Mundart sich nur unvollkommen für die Ausdrucksweise der semitischen Sprachen eignete.

So fehlt z. B. jedes besondere Zeichen für die Articulationen
א, ה, ע und ט, welche doch so charakteristisch für das semitische
Organ sind; die Buchstaben m und v werden mit einander verwechselt; desgleichen die Zischlaute ז, צ und ס nur unvollkommen
unterschieden, indem für za und sa nur ein einziges Schriftzeichen
besteht, wie auch für az, as, aṣ oder iz, iṣ, iś oder genauer zib,
sib, śib u. s. w.; es fehlt jedes Unterscheidungsmerkmal für ב
und פ oder ג, כ und ק als Finalis, indem ein und dasselbe
Zeichen für ap und ab, oder genauer ag, ak und aq u. s. w.

gilt; endlich ist kein besonderes Schriftzeichen für כ und ק vor dem Vocal i, ג und ב vor dem Vocal u vorhanden, so daß es nicht möglich ist, qi oder pu zu schreiben, sondern ki und bu dafür eintreten müssen [1].

Das Studium der bekannten einhundert und achtzig elementaren Keilschriftzeichen, welche sich unter einander zusammensetzen lassen und daher die Bestandtheile auch vieler anderen Schriftzeichen bilden, hat ebenfalls sehr wichtige Ergebnisse gehabt [2]. Man hat diese Schriftzeichen vielfach geprüft und hierbei auch die materiellen Gegenstände in Betracht gezogen, die sie ursprünglich darstellten. Und man ist in dieser Weise zu der Ansicht gelangt, daß gerade die Natur dieser Gegenstände darauf hinweist, daß die Keilschrift nicht aus Chaldäa, vielmehr aus einer nördlicheren Gegend mit anderer Flora und Fauna hervorging [3], aus einem Lande, wo es beispielsweise keine Löwen noch andere größere Raubthiere der Katzengattung, wohl aber Bären und Wölfe in Menge gab, wo die Palme und Rebe [4] unbekannt, dagegen die Koniferen in vielen Arten vertreten waren. Auch ist noch besonders hervorzuheben, daß die Akkader sämmtliche Kameelarten, die arabische einbegriffen, mit einem Namen bezeichneten, welcher etymologisch allein auf die charakteristische Beschaffenheit des Dromedars Hochasiens bezogen werden könnte. Diese Thatsachen, auf welche Oppert bereits hinwies, verdienten jedenfalls in einer Specialarbeit näher erörtert und ausgeführt zu werden, und es wird dieses ohne Zweifel noch geschehen. Denn im Grunde genommen wären dieselben wohl im Stande vermuthen zu lassen, daß wenn auch die Keilschrift ihre letzte Ausbildung

---

[1] Der Versuch, ki von qi, bu von pu zu unterscheiden, trat erst in späterer Zeit, gegen Ende des 8. Jahrh. v. Chr. ein, gelangte jedoch niemals zur vollen Geltung.

[2] Smith, The phonetic values of the cuneiform characters, S. 4; vgl. auch meine Etudes accadiennes, Bd. I, Hft. I, S. 45 ff.

[3] Oppert, Comptes-rendus de la Société française de numismatique et d'archéologie, Bd. I, S. 74.

[4] Das Schriftzeichen, welches zur Bezeichnung der Rebe und daher auch des Weines diente, ist nach Maaßgabe des Compositum ges-tin, all. „Baum des Lebens", zusammengesetzt.

in Chaldäa selbst erhielt, nachdem die Akkaber sich im Euphrat=
und Tigrislande niedergelassen, diese letzteren die Anfangsgründe
derselben dennoch von einem anderen Aufenthaltsorte, einer
früheren Etappe ihrer Wanderungsroute mitgebracht hatten.

Die Akkaber haben sich thatsächlich niemals Aboriginer ge=
nannt, sondern nur als die Ersten bezeichnet, die den chaldäischen
Boden in Besitz nahmen; sie wußten, daß ihre Vorfahren ein=
gewandert waren, und sie behielten auch in den weiten Ebenen,
auf denen sie sich seit Jahrhunderten niedergelassen, den Namen
Akkabi, eigentlich „Bergvolk" bei [1]). „Sumerer und Akkaber"
bedeutete ursprünglich im Akkadischen lediglich „die Völker der
Ebene und des Gebirges"; und dem entsprechend besagt auch der
alte Herrschertitel, welcher dem „König der Sumerer und Akkaber"
gebührte, nämlich ungal kiengi ki akkad, weiter nichts als
„König der Ebene und des Gebirges". Wenn daher die Namen
Sumerer und Akkaber in historischer Zeit die Bezeichnung der
Bewohner des Nordens und Südens von Babylonien waren,
so geschah dieses ungeachtet der stattgehabten Verschiebung der
Völkerschaften, wodurch die Stellungen sich geändert, welche ur=
sprünglich von den Namen angegeben worden waren; diese
letzteren waren gleichsam als Erinnerung an jene Zeiten ge=
blieben, da die beiden Abtheilungen des turanischen Volkes noch
nicht die Völkerschaften waren, die im Norden Babylonien nnd
im Süden Chaldäa bewohnten, sondern Sumerer, als solche,
die sich bereits auf der Tigris= und Euphratebene ausgebreitet
hatten, und Akkaber, als solche, die noch in den Bergen des
Osten und Nordosten, dem gemeinsamen Ausgangspuncte oder
genauer der letzten Etappe vor ihrer Einwanderung in das
Tigris= und Euphratland, sich aufhielten.

Die auffallende Uebereinstimmung zwischen dieser Thatsache
und dem Umstande, daß die klassischen Schriftsteller eine Reihe
von Völkerschaften, wie die Χαλδαῖοι, Κάρδακες, Καρδοῦχοι, Κορ-

---

[1]) Vgl. meine Etudes accadiennes, Bd. I, Heft 3, S. 72 ff; desgl. den
Anhang II dieses Bandes.

διαῖοι, Γορδυηνοί, Κύρτιοι, Gorbiani, Karbu [1]) u. f. w. nach
Armenien verfeßen, habe ich bereits an anderer Stelle [2]) hervor=
gehoben. Es ift mir in der That unmöglich, hierin nur einen be=
deutungslofen Zufall zu erbliden, wie dies mehrere Gelehrte zu
thun pflegen. Berofus bemerkt ausdrücklich, daß das Schiff
des Xifuthrus nach der Fluth auf den Gordhäifchen Bergen fich
feftfeßte; und diefe Berge entfprechen, wie fich z. B. aus Affur=
nazirhabal's Kriegsbericht [3]) ergiebt, ihrer Lage nach auf's
genauefte dem Gebirge von Nifir, welches auch der einheimifche
Keilfchriftbericht als Schauplaß deffelben Vorgangs erwähnt.

Dies Gebirgsland, welches noch in klaffifcher Zeit von
Völkerfchaften bewohnt wurde, deren Namen eine große Analogie
mit dem der Chaldäer aufweifen, war alfo das nämliche, welches
die Babhlonier und Chaldäer als Ausgangspunct der nachfint=
fluthlichen Menfchheit bezeichnen, kurzum das nämliche, welches die
Akkader als früheren Aufenthaltsort ihrer Vorfahren angeben.
Die Bewohner deffelben, die heutigen Kurden, wurden allerdings
im Verlauf der Jahrhunderte durch ftete Einwanderung arifirt
und fie fcheinen dies bereits zur Zeit des Xenophon gewefen
zu fein; doch war ihr Land, wie fich aus den Keilinfchriften er=
weift, bis zur Zeit der leßten Eroberungen der affyrifchen Könige
ausfchließlich von turanifchen Stämmen bewohnt, welche mit der

---

[1]) Laffen, Die altperfifchen Keilinfchriften von Perfepolis,
S. 81-86; vgl. auch Laffen's und Weftergaard's Auffäße in der
Zeitfchrift für die Kunde des Morgenlandes, Bd. VI, S. 49—50
und 370 ff; dsgl. Jacquet, Journal asiatique, Juni 1838, S. 593 ff;
Ritter, Erdkunde (Afien), Bd. II, S. 788—796, Bd. VIII, S. 90 ff und
Bd. IX, S. 680; Gefenius, Thesaur., vgl. כשדים; Rödiger u. Pott,
Zeitfchrift für die Kunde des Morgenlandes, Bd. III, S. 6 ff;
Ewald, Gefchichte des Volkes Ifrael, Bd. I, S. 333; Kunik,
Mélanges asiatiques de l'Académie de St. Pétersbourg, Bd. I, S. 531 ff;
Hißig, Urgefchichte der Philiftäer, S. 46; vgl. Pott's Auffaß
„Indogermanifcher Sprachftamm" in Erfch u. Gruber's Ency=
clopädie, S. 59; Lengerke, Kanaan, S. 220; Renan, Histoire des
langues sémitiques, erfte Aufl., S. 60.
[2]) Commentaire des fragments cosmogoniques de Bérose, S. 51 ff;
Etudes accadiennes, Bd. I, Heft 3, S. 71—75.
[3]) W. A. I., I, 20, Z. 83 ff.

älteſten Bevölkerung Mediens und daher auch mit den Turanern
Chaldäas auf's engſte verwandt waren [1]).

Die urſprüngliche Wanderungsroute der Akkader ließe ſich
übrigens auf Grund ihrer eigenen Ueberlieferungen auch noch
weiter zurück verfolgen, und es würde ſich hierbei eine ziemliche
Analogie mit der Wanderung der Erbauer des Thurmes zu
Babel herausſtellen, welch' Letztere die Geneſis „von Oſten her"
in das Sennaarland ziehn läßt. Ja man könnte ſogar bis an
jenes öſtliche Gebirge zurückgelangen, welches in den chaldäiſchen
Traditionen als Wiege des Menſchengeſchlechts und als Ver-
ſammlungsſtätte der Götter eine ſo hervorragende Rolle ſpielt [2]).
Aber es würde dies Alles nur den Leſer ermüden, andererſeits
auch vom eigentlichen Thema dieſes Abſchnittes zu ſehr ablenken.
Es genügt vielmehr, alle näheren Umſtände erwähnt zu haben,
welche die Annahme unterſtützen können, daß, wenn es in der
That der turaniſche Theil der Bevölkerung war, welcher die
Keilſchrift in Chaldäa einführte, letztere bereits im Beſitze der
Turaner ſein mußte, bevor dieſelben als Endziel ihrer Wanderung
die Ufer des Euphrat und Tigris erreicht hatten. Und in ähnlicher Weiſe ereignete es ſich auch auf der entgegengeſetzten Seite
von Aſien, daß die Vorfahren der „hundert Familien" die Ur-
elemente der chineſiſchen Schrift entdeckten, noch ehe ſie eine
höhere Culturſtufe erſtiegen und an den Ufern des Hoangho ſich
niedergelaſſen hatten.

In der That befanden ſich auch die Akkader zur Zeit, da ſie
ſich der urſprünglichen Keilſchriftzeichen zum Ausdrucke ihrer Gedanken bedienten, keineswegs auf einer höheren Bildungsſtufe;
aber ſie waren ſchon im vollen Beſitze einer entwickelten Metallurgie, während ſich die Vorfahren der Chineſen noch mit Stein-
waffen behalfen; auch waren ihre Schriftzeichen, welche dazumal
noch ſtark an Hieroglyphen erinnerten, ſchon ſo weit ausgebildet,
daß man ſich ihrer zur Bezeichnung der edlen Metalle, wie des
Goldes und Silbers, bedienen konnte.

---

[1]) Vgl. meine Lettres assyriologiques, erſte Series, Bd. I, S. 19 ff.
[2]) Vgl. meinen Commentaire des fragments cosmogoniques de Bérose,
S. 371 u. 393; bzgl. meine Etudes accadiennes, Bd. I, Heft 3, S. 73 ff.

Die Turaner hatten jedenfalls einen sehr wesentlichen Antheil an der Entwickelung der chaldäisch-babylonischen Cultur.
Denn diese verdankte ihnen nicht allein die Einführung der
Metallbearbeitung, die sich in Chaldäa und Babylonien bereits
seit ältester Zeit eines guten Rufes erfreute[1]); es ist vielmehr
anzunehmen, daß mit der Keilschrift auch die Magie mitsammt
ihren zahlreichen abergläubischen Lehren und Gebräuchen sich
ausbreitete: eine Thatsache, die sich sehr leicht aus den neuesten
Forschungen und meiner bezüglichen Ausführung entnehmen läßt.
Auch ließe sich aus Schrift und Sprache nachweisen, daß es ebenfalls der ursprüngliche turanische Bestandtheil der Akkader oder
vielmehr der Sumerer und Akkader war, welcher die besondere
Art der Landesbebauung durch Canalisation und Bewässerung
einführte.

Dagegen steht fest, daß sowohl die Sterndeuterei als die
Sternenkunde das ausschließliche Werk des kuschitisch-semitischen
Bevölkerungselementes waren, wie denn überhaupt die Völkerschaften dieser strebsamen Gruppe als die wesentlichsten Beför-
derer und Verbreiter aller astronomischen und mathematischen
Kenntnisse, sowie gewisser Specialzweige der Industrie zu erachten sind[2]). Und dem entsprechend sind auch sämmtliche auf
die Magie bezügliche Urkunden in akkadischer, dagegen alle astronomischen und astrologischen Documente[3]) in assyrischer Sprache
verfaßt. Selbst die ältesten dieser letzteren, wie z. B. das umfangreiche, aus 70 Thontafeln bestehende Sammelwerk, in welchem
Sargon I. und dessen Sohn Naram-Sin alle Ueberlieferungen und Wahrsage-Anleitungen der früheren astrologischen
Schulen hatten zusammenstellen lassen, sind in einer Mundart
redigirt, die man ungeachtet der zahlreichen Ideogramme und

---

[1]) Vgl. meine Premières civilisations, Bd. I, S. 118 ff.
[2]) Böckh, Metrologische Untersuchungen, Berlin 1838; Ber-
theau, Zur Geschichte der Israeliten. S. 99 ff.
[3]) Die interessantesten dieser Documente sind bereits von H. Rawlinson
und Norris im dritten Bande der Cuneiform inscriptions of Western Asia
mitgetheilt worden; doch ist der weitaus größere Theil derselben noch unveröffentlicht.

Allophonien in ihrer archaischen Schreibung sofort als die assy=
rische wiedererkennt. Es gab also nicht allein eine Sprache,
welche ausschließlich der Magie geheiligt war, sondern auch eine
solche, welche den Zwecken der Astrologie diente: die Sprache
der kuschitisch=semitischen Bevölkerung [1]). Und hierin liegt ein

---

[1]) Ich habe dieses letzte Alinea hier unverändert wiedergegeben, wie es
ursprünglich in der französischen Ausgabe dieses Buches verfaßt war; denn
ich hege auch heute noch die Ueberzeugung, daß der Ursprung der Astronomie
und Astrologie im Wesentlichen dem kuschitisch=semitischen Bevölkerungselemente
zuzuschreiben sei. Doch halte ich gleichwohl einige Angaben desselben für zu
behauptend; und auf diese möchte ich hier noch einmal zurückkommen.

Die Angabe, daß wir nur assyrische und keine akkadischen Texte über
Astronomie und Astrologie besitzen, ist jedenfalls zu beschränken. In der
Glosse zu W. A. L., III, 55, 2 dürfte allem Anschein nach eine astronomische
Tafel zu vermuthen sein, welche auf Grund einer Zusammenstellung von Do=
cumenten in der „Sprache von Assur" und der „Sprache von Sumer und
Akkad" entstanden war. Es gab im Akkadischen eine vollständige wissen=
schaftliche Nomenclatur für Astronomie und Astrologie, deren Ausdrücke häufig
unabhängig von den entsprechenden assyrischen gebildet sind. Auch finden sich
in dem großen Sammelwerke Sargon's I. und Naram Sin's an Stelle
der phonetisch geschriebenen assyrischen Bezeichnungen nicht nur complexe ideo=
graphische Ausdrücke, welche ebensogut von einem semitisch=, als von einem
akkadischsprechenden Volke erfunden sein können, sondern auch wirkliche Fremd=
wörter, d. h. phonetisch geschriebene und sobann mißbräuchlich gleich unzer=
trennbaren ideographischen Gruppen gebrauchte akkadische Wörter, welche durch
die entsprechenden assyrischen Werthe gelesen wurden; und dieses Letztere gilt
besonders von Fundamentalausdrücken, wie z. B. „Zusammentreffen" (zweier
Planeten in dem nämlichen Puncte eines Zeichens) akkadisch ribana, assyrisch
qasritu. Hieraus ergiebt sich ohne Zweifel, daß die akkabische Sprache sich
schon frühzeitig und in eingehender Weise mit der Sternenkunde beschäftigte,
die sie keineswegs als ausschließliches Monopol der Gelehrten assyrischer
Sprache und Herkunft betrachtete. Aber ich kann gleichwohl nicht der Ansicht
sein, daß die Erfindung dieser Wissenschaft ein Werk der Akkader sei, wie u. A.
auch Sayce glaubt. Denn wenn auch beide Völkerschaften lange Jahre hin=
durch neben einander bestanden und ungeachtet ihrer gleichen Regierungsform
und gemeinsamen Cultur hartnäckig ihre eigenen Sprachen bewahrten, so dürfte
doch immerhin nicht daraus hervorgehen, daß Alles, was akkadisch geschrieben
ward oder in dieser Sprache seinen Ausdruck fand, auch nothwendiger Weise
als specielles Eigenthum des akkadischen Volkes zu betrachten sei.

Dagegen scheint es mir keinem Zweifel mehr zu unterliegen, daß das
Sexagesimalsystem, welches dem ganzen chaldäischen Rechnungswesen zu Grunde
liegt, einzig und allein den Akkadern zugeschrieben werden muß. Die Uiguren,
Mongolen und Mandschuren haben einen doppelten Cyclus von 60 und 600

nicht zu verkennender Hinweis auf den Ursprung und die Her=
kunft dieser Wissenschaft, — ein Hinweis, welcher vielleicht noch
größere Bedeutung erlangt, wenn man den engen Zusammenhang
zwischen der Astrologie und dem Sternencultus erwägt, den wir
den chaldäisch=babylonischen nannten.

V.

In der Blüthezeit der Cultur von Babylonien und Chaldäa
hatten in der That Religion und Sprache der Kuschitosemiten
die Oberhand.

Die Religion der Kuschiten, die mit der syrischen und phö=
nicischen verwandt war, hatte eine Anzahl akkadischer Elemente
in sich aufgenommen; sie war dann zur chaldäisch=babylonischen
Staatsreligion erhoben worden, und als solche duldete sie die
akkadische Magie nur in untergeordneter Stellung, wie wir be=
reits in den voraufgehenden Abschnitten erfahren haben. Die
assyrische Sprache hatte aber das akkadische Idiom vollständig
verdrängt. Es ist allerdings noch nicht möglich, den Zeitpunct
selbst zu bestimmen, da sich diese Wandelung vollzog oder bereits

---

Jahren, welcher genau den Sossen und Neren der Chaldäer entspricht; und
dem entsprechend besitzen auch die Chinesen seit den ältesten historischen Zeiten
den sechzigjährigen Cyclus Hoang=ti's, welcher wiederum mit anderen Perioden
von 60 Tagen und Monaten in Verbindung steht und jedenfalls, wie die ge=
sammte Cultur der „Hundert Familien", vom Gebiet des Kuen=lün herstammte.
Endlich finden sich solche Sexagesimal=Perioden sogar in Indien, wo sie sich
gewiß schwerlich durch eine babylonische Einführung erklären ließen; so z. B.
die Perioden von 60 Jahren des Parâsara, von 3600 Jahren des Vâtpati,
von 216,000 Jahren des Pradjâpati und 432,000 Jahren des Kalijuga. Da=
gegen haben die Semiten, dsgl. die Hamiten, wie die Aegypter, nichts Aehnliches
aufzuweisen. Die überraschende Uebereinstimmung aller dieser Zeitrechnungen
sowohl unter sich als mit dem chaldäischen Rechnungssystem, ist bereits wieder=
holt von Fréret, Ideler, Bunsen und Lepsius hervorgehoben worden;
aber es war bisher nicht gelungen diesen Zusammenhang in befriedigender
Weise zu erklären. Gegenwärtig, wo die turanische oder altaische Abstammung
der Akkader constatirt ist, kann es freilich keinem Zweifel mehr unterliegen,
daß durch ebendiese die Sexagesimalrechnung in Chaldäa eingeführt worden ist.

vollzogen hatte; denn der ganze Vorgang mußte sich naturgemäß
erst allmälich abwickeln. Aber schon zwölf Jahrhunderte vor der
christlichen Zeit lebte der Name der Akkaber, wiewohl er noch
immer zur Bezeichnung Chaldäas diente, nur als Erinnerung
fort. Das alte turanische Volk, welches vor der Niederlassung
der Kuschiten bestanden hatte, hatte sich mit diesen vermischt und
deren Sprache adoptirt; und es hatte gleichzeitig auch die Misch=
cultur übernommen, welche aus der Verschmelzung seiner eigenen
Institutionen mit denen der neu Hinzugekommenen entstanden
war. Später, als die Kalbi ihre weltgeschichtliche Rolle zu
spielen begannen, — also die eigentlichen Chaldäer[1]), die sich
für die reinsten Abkömmlinge der „ältesten Babylonier" und
daher für edler als die Kuschiten und Kephener erachteten, —
da trugen die Häupter dieses Stammes, wie Yakin und Mero=
bachbalaban, bereits ausschließlich assyrische Namen, wie auch
die Herrscher des letzten babylonischen Reichs, deren Dynastie
sich dem Ursprunge nach ebenfalls für chaldäisch im engsten Sinne
des Wortes ausgab[2]).

Das Akkabische war also schon seit geraumer Zeit eine todte
Sprache; ja es ist sogar zweifelhaft, ob es noch im dreizehnten
oder vierzehnten Jahrhundert v. Chr., unter den letzten babylo=
nischen Königen der cissischen Dynastie, gesprochen wurde, also

---

[1]) Der Widerspruch, welcher bezüglich der Chaldäer zwischen den Angaben
des Diodorus Siculus und denen der Propheten Israel's zu bestehen
scheint, ist immerhin erklärlich. Denn als Zugehörige des akkadischen Volkes
hatten die Chaldäer wohl ein Recht, sich, wie Diodorus berichtet, für die
ältesten Babylonier zu halten; andererseits konnten sie auch überhaupt als
neue Völkerschaft aufgefaßt werden, wenn man sie speciell als den Stamm der
Kalbi betrachtete, dessen Uebergewicht sich über das ganze Land, bis auf Ba=
bylon erstreckte. Beide Auffassungen sind daher trotz ihrer Verschiedenheit
richtig, je nach dem Standpunct des Beurtheilenden; und aus diesem Grunde
kann ich mich auch der Correctur von כשדים in כְּבַשְׂדִּים (Jes. XXIII, 13),
welche von Ewald vorgeschlagen und von Schrader gebilligt wird, nicht
unbedingt anschließen, so scharfsinnig sie auch sein mag.

[2]) Jener altbabylonische König mit mongolischem Typus, dessen Bildniß
das britische Museum besitzt und auf Tafel I meiner Langue primitive de
la Chaldée wiedergegeben ist, hatte ebenfalls einen assyrischen Namen: Ma=
rubut=ibin=akhe.

etwa zur Zeit Burnaburyas' und Durrigalzu's, welche
allerdings noch einzelne Inschriften in akkadischer Sprache ab=
fassen ließen [1]). Das Akkadische scheint seitdem nur noch als ge=
lehrte, vornehmlich gottesdienstliche Sprache fortbestanden zu
haben; wenigstens wurden die alten liturgischen Hymnen und
magischen Sprüche, die bei der Ausbildung der Priester als
Richtschnur dienten, noch im siebenten Jahrhundert, als Assurbanhabal die Abschrift der heiligen Bücher von Akkad für seine
Schule zu Ninive anfertigen ließ, bei vielen Feierlichkeiten und
gottesdienstlichen Handlungen gesprochen oder gesungen. Aber
es deuten gleichzeitig manche Anzeichen darauf hin, daß man den
Inhalt dieser Bücher nur noch mit Hülfe der zugehörigen, eben=
falls alten assyrischen Uebersetzungen verstand und daß man selbst
in Babylon keine akkadischen Inschriften zu verfassen mehr im
Stande war, wie dies etwa fünf oder sechs Jahrhunderte zuvor
noch der Fall gewesen. Assurbanhabal selbst war auf's eifrigste
bemüht, das Studium dieser heiligen Sprache zu fördern, was
nach seiner eigenen Angabe keiner seiner Vorgänger bis dahin
gethan hatte; er ließ zu diesem Zwecke nicht allein, wie erwähnt,
die heiligen Bücher von Akkad, sondern gleichzeitig auch alle

---

[1]) Ich habe bereits an anderer Stelle (Etudes accadiennes, Bd. 1,
Heft 3, S. 79) nachgewiesen, daß der Gebrauch des Akkadischen bereits von
dem Augenblicke an abzunehmen begann, als Sargon I., König von Agane,
das ganze Land bis zum persischen Meerbusen einer Dynastie aus den nörd=
lichen Provinzen unterworfen und dadurch das politische Uebergewicht des
kuschitisch=semitischen Elementes herbeigeführt hatte. Seitdem wurden alle
Privatverträge in assyrischer Sprache verfaßt, so oft der eine der Contrahenten
einen semitischen Namen führte, also derselben Dynastie angehörte wie die
herrschende Dynastie. Unter den Königen cissischer Abkunft, deren erster
Hammuragas war, also zur Zeit, da Babylon endgültig zur Hauptstadt
erhoben wurde, nahm der Gebrauch der akkadischen Sprache immer mehr und
mehr ab; und wahrscheinlich geschah es unter ebendiesen Königen, welche
mehrere Jahrhunderte ihren Thron behaupteten, daß das Akkadische gänzlich
aufhörte, eine lebende Sprache zu sein. Jedenfalls ist anzunehmen, daß auch
die besondere Sprache der Kaffi oder Cissier sehr viel zur Verdrängung des
Akkadischen beitrug, um so mehr, da sie mit demselben einigermaßen ver=
wandt war. Das Assyrische hatte dagegen keine ähnliche Concurrenz zu be=
fürchten; und so gelangte es, besonders in den mittleren Reichsgebieten, zur un=
umschränkten Herrschaft.

grammatischen und lexikalischen Werke abschreiben, die in Uruk oder sonstwo noch aufzufinden waren; und diese Bemühungen hatten in der That einen günstigen Erfolg, insofern seine eigenen Abschreiber, wie Smith[1] nachgewiesen, wirklich in den Stand gesetzt wurden, einzelne Schriftstücke selbständig in akkadischer Sprache zu verfassen: eine Thatsache, die sich vom zwölften bis zum sechsten Jahrhundert nicht wiederholt hat[2].

---

[1] History of Assurbanipal, S. 325.

[2] Ein solches Document ist erst neuerdings (W. A. I., IV, 18, 2) veröffentlicht worden; doch scheint mir nicht annehmbar, daß dasselbe unter Assurbanhabal verfaßt sei. Ich glaube vielmehr einen älteren Hymnus darin erblicken zu müssen, in dessen Schlußgebet für den König der Abschreiber nur den Namen dieses Fürsten in akkadisirter Form (Aufar-ban-ibila) eingerückt hat. Dieses Schlußgebet war allem Anschein nach nur eine Art Formular, welches immer wieder benutzt und mit dem Namen des gerade regierenden Monarchen versehen wurde.

Viel wichtiger ist dagegen die Thatsache, daß der letzte babylonische König auch einen akkadischen Namen führte. Wörtlich bedeutet der Name dieses Fürsten „Nebo (ist) würdevoll, ruhmreich"; und wir besitzen hievon zwei verschiedene Formen, eine rein assyrische Nabu-na'bu, und eine akkadische Nabu-nîtuq. Dieser letztere Name kann keinesfalls als Allophonie von Nabu-na'bu betrachtet werden, da der Canon des Ptolemäus, sowie Alexander Polyhistor (beide nach Berosus) diesen König Ναβονάδιος oder Ναβοννήδος = Nabu-na'bu nennen, während Abydenus ihn mit dem Namen Ναβαννίδοχος = Nabu-nîtuq bezeichnet. Dieser König, den die Chaldäer aus ihrer Kaste erwählt hatten (Berosus, Fragm. 14. ed. C. Müller; Abydenus, Fragm. 8. ed. C. Müller) und der sich selber in seinen Inschriften als „Haupt der Magier" (rubu emga, W. A. I., I, 68, 2, 3 und 4; רב־מג, Jerem. XXXIX, 3) betitelt, hatte also gleichzeitig zwei Namen, einen assyrischen Nabu-na'bu, und einen akkadischen Nabu-nîtuq, welche beide sowohl von ihm selbst in seinen amtlichen Inschriften, als von den griechischen Verfassern der babylonischen Geschichte ohne Unterschied gebraucht wurden. Hieraus erhellt nicht allein, daß das Akkadische zur Zeit des letzten babylonischen Reiches als gelehrte und heilige Sprache noch einmal wiedererwachte, sondern auch daß es thatsächlich jene „Sprache der Chaldäer" war, welche das Buch Daniel als wesentlichsten Gegenstand der Unterrichtung aller angehenden Gelehrten nennt.

VI.

Der siegreiche Aufschwung der kuschitisch-semitischen Religion hatte schon vor der Verdrängung der akkadischen Sprache durch die assyrische stattgefunden. Das alte Religionssystem der Akkader, — in seiner dem Geiste und Wesen dieses Volkes entsprechenden Form, und wie es durch seine enge Verwandtschaft mit den religiösen Anschauungen der Finnen und anderen Turaner charakterisirt wird, — findet sich nur in den magischen Sprüchen und Hymnen, welche langehin durch mündliche Ueberlieferung erhalten und endlich zu einem Ganzen gesammelt worden waren. Und wenn die Verwandtschaft der officiellen chaldäisch-babylonischen Religion mit derjenigen der syrischen, kanaanitischen und arabischen Völker beweist, daß dieselbe Religion ursprünglich auch die der Kuschiten Babyloniens sein mußte, so ist sie die nämliche, zu der sich schon die alten Könige von Ur bekannten, ungeachtet ihrer rein akkadischen Namen. Die akkadischen Inschriften von Königen wie Likbabi[1]) und Dungi sind sämmtlich Göttern gewidmet, die bis zum letzten Tage von Babylon den Gegenstand der öffentlichen Verehrung bildeten und durch die umfassende Reform von Seiten der Priesterschaft auf die höchste Stufe der himmlischen Hierarchie erhoben worden waren; jene Gottheiten, die den magischen Büchern insbesondere angehörten, werden aber in ihnen an keiner Stelle mehr erwähnt.

Ebenso sind die ältesten liturgischen Documente, die wir über die chaldäisch-babylonische Religion besitzen, — jener Cyclus von Hymnen, den ich bereits an anderer Stelle[2]) unter dem Titel eines „chaldäischen Veda" zu übersetzen versuchte, — sämmtlich in akkadischer Sprache verfaßt, wiewohl sie im Allgemeinen nicht an die ursprünglichen akkadischen, vielmehr an jene Götter gerichtet sind, welche später von den Kuschiten verehrt wurden. Diese Hymnen scheinen bereits im siebenten Jahrhundert für die Priesterschaft von Babylon und Chaldäa, eben-

---

[1]) Likbabi oder Likbagas; die Lesung dieses Namens ist zweifelhaft.
[2]) Im zweiten Bande meiner Premières civilisations.

so gut wie für uns, die ältesten und am reinsten erhaltenen
Denkmäler ihrer Religion gewesen zu sein. Und so geschah es
denn, daß das Akkadische die „heilige Sprache" κατ' ἐξοχήν, die
Sprache des Gebetes [1]) und der Geisterbeschwörung geworden
war, — Dank dem gleichzeitigen Bestehen der liturgischen und
der magischen Sammlungen, welche gleichsam einen doppelten Veda
bildeten. Nur bestand, abweichend vom analogen Verhältniß in
Indien, die Sammlung, die in Chaldäa dem Atharva=Veda ent=
sprach, aus weit älteren und der ursprünglichen religiösen Lehre
der Akkader conformeren Theilen als die zweite Sammlung, die
dem Rig=Veda gegenüberstand.

Auch trug noch ein weiterer Umstand dazu bei, dem Akka=
dischen sogar für die Religion, welche ursprünglich nicht die akka=
dische gewesen war, den Charakter einer heiligen Sprache zu
verleihen. Die Keilschrift war eine Erfindung des turanischen
Bevölkerungselementes, welches dieses Schriftsystem der ganzen
Eigenart und den speciellen Bedürfnissen seiner Sprache angepaßt
hatte. Man schrieb daher schon lange vorher akkadisch, ehe man
assyrisch zu schreiben begann; und es gab mithin auch für die
Namen, die man im Akkadischen den Gottheiten tuschitisch=semi=
tischen Ursprunges gegeben hatte, schon früher eine Schreibung,
bevor man diese Namen assyrisch schrieb. Als endlich dieselbe
Schrift für die semitische Sprache gebraucht wurde, da zog man
die akkadischen Namen in ihrer alten, durch den langjährigen
Gebrauch geheiligten ideographischen Schreibung den entsprechenden
phonetisch geschriebenen assyrischen vor; und daher schrieben selbst
später noch die chaldäischen Priester die Götternamen stets in

---

[1]) Die merkwürdigen Gebete in W. A. I., IV, 46, welche im Monat
Nisan von dem die alljährlichen Ueberschwemmungen des Euphrat über=
wachenden Priester an den Gott Bel gerichtet wurden, sind zum Theil in
akkadischer, zum Theil in assyrischer Sprache verfaßt, auch ist ersteren eine
assyrische Uebersetzung beigegeben. Es ist jedoch schwer zu bestimmen, ob bei
dieser gottesdienstlichen Handlung beide Sprachen abwechselnd gebraucht wurden,
oder ob hier eine ähnliche Einrichtung bestand wie in unseren heutigen Meß=
büchern, die nur einen Theil der Liturgie (den für den celebrirenden Geistlichen
selbst bestimmten) in lateinischer Sprache enthalten, alles Uebrige aber durch
Gebete in der üblichen Landessprache ersetzen lassen.

akkadischer Sprache, selbst wenn sie dieselben in ihrer semitischen Form lasen; das Akkadische war also vorzugsweise die Sprache des religiösen Symbolismus geworden [1]).

Die Verbreitung der kuschitisch-semitischen Religion im akkadischen Volke dürfte sich demnach schon frühzeitig vollzogen haben, obgleich letzteres seine eigene Physiognomie und Sprache noch langehin beibehielt. Sie geschah fast zur nämlichen Zeit, da die beiden Rassen noch Chaldäa und Babylonien bewohnten; auch dürfte sie durch die Eroberungen des Nimrod, die sich nach Angabe der Genesis auf Erech und Akkad wie auf Babel erstreckten, nicht unwesentlich unterstützt worden sein. Jedenfalls muß die Grenze der positiv historischen Zeiten und der erhaltenen Originaldenkmäler weit überschritten werden, wenn wir den Kern [2]) des Volkes von Sumer und Akkad noch allein und unvermischt im südlichen Euphrat- und Tigristhal antreffen wollen, da es noch dem Cultus der Natur und der Geister ergeben war, — den alle übrigen turanischen Völker auch weiterhin beibehielten, — und da es noch keine andere Priester als Zauberer hatte, keinen anderen Gottesdienst als magische Handlungen und Geisterbeschwörungen kannte.

Die Einführung der chaldäisch-babylonischen Religion im eigentlichen „Lande Akkad", d. h. in den südlichen Landestheilen, in denen die turanische Sprache sich länger als anderswo erhielt und wo der geringere Theil der Kuschiten sich mit dem größeren Theil der Turaner vermischte, dürfte aber immerhin nicht so

---

[1]) Hieraus erklärt sich auch die auffällige Erscheinung, daß selbst in den in bürgerlicher und politischer Hinsicht am frühesten und durchgreifendsten semitisirten Städten alle Tempel rein akkadische Namen hatten. Wir kennen für die akkadischen Bezeichnungen der heiligen Pyramiden zu Babylon und Borsippa, Ê saggal und Ê zida, sowie für den Haupttempel zu Agane, Ê ulbar, keine semitisch-assyrische Gegenwerthe. Dagegen findet sich wiederum in Assyrien kein Tempel mit akkadischem Namen, mit Ausnahme vielleicht von Assur, das eine alte babylonische Niederlassung war.

Ebenso gehören alle bekannten priesterlichen Titulaturen in Babylon und Chaldäa, wie emga und urugal, sämmtlich der akkadischen Sprache an.

[2]) Ein geringerer Theil derselben Rasse bewohnte das Gebirgsland im Osten.

frühzeitig stattgefunden haben, wie man vielleicht anfänglich an=
nehmen möchte. Die ältesten epigraphischen Denkmäler, die sich
in dieser Gegend erhalten haben, stammen alle aus der Zeit der
alten Könige von Ur; und es ist wohl anzunehmen, daß gerade
unter diesen der fragliche Wechsel eintrat. Jedenfalls ist be=
achtenswerth, daß die Ziegel der Tempelbauten zu Ur, Uruk,
Nipur, Larsam, kurzum aller Pyramidentempel des eigentlichen
Chaldäa, jenen Königsnamen tragen, den ich vorläufig Likbabi
entziffere. „In ganz Chaldäa," sagt G. Rawlinson[1]), „so=
weit es durch Ausgrabungen erforscht worden, findet sich kein
Heiligthum, welches in begründeter Weise einem früheren Zeit=
alter als dem dieses Fürsten sich zuschreiben ließe." Likbabi
ist also der älteste König, von welchem wir Inschriften besitzen;
aber er lebte doch schon in völlig historischer Zeit, auch liegen
keine Gründe vor, mit ihm den Beginn dieser Periode zu er=
öffnen, wie es z. B. in Aegypten mit Menes geschieht. Die
sogenannten Pyramidentempel waren in Chaldäa durchaus nicht
so alt wie im Lande Sennaar oder Sumer, wo die Tradi=
tion, übereinstimmend mit der Bibel, den Beginn dieser Bauten
mit der Sprachenverwirrung in Verbindung brachte, und wo
man nimmer gewagt hätte, die Pyramiden von Babylon und
Borsippa einem Könige der historischen Dynastien zuzuschreiben.
Sie wurden hier einzig und allein als das Werk eines „uralten"
oder vielleicht genauer „des ältesten, des ersten Königs" be=
trachtet[2]). Im Lande Akkad dagegen gehörte die Einrichtung

---

[1]) The five great monarchies, zweite Auflage, Bd. I, S. 156 ff.,
S. 176 ff.

[2]) Vgl. meinen Commentaire des fragments cosmogoniques de Bérose, S. 355. — Im vierten Bande der Transactions of the Society of
biblical archaeology, S. 167—170, veröffentlichte Boscaven die Fragmente
einer bilinguen Urkunde, welche nach Maaßgabe einer unter Assurbanhabal
gefertigten Abschrift über Bauarbeiten berichtet, welche unter einem alten, in
den erhaltenen Bruchstücken nicht genannten Könige an der Pyramide zu Ba=
bylon ausgeführt wurden. Die ganze Fassung dieses Documentes scheint mir
indessen darauf schließen zu lassen, daß es sich hier mehr um eine Wiederher=
stellung oder einen Ausbau, als um die Stiftung und Errichtung selbst des
genannten Tempels handelt.

solcher Bauten keineswegs zu den ältesten, nationalen Landes=
gebräuchen; sie war hier lediglich die Nachahmung einer babylo=
nischen Institution, eine Nachahmung, welche in bereits völlig
historischer Zeit und in allen Städten durch ein und denselben
Landesfürsten eingeführt und durchgeführt worden war. Eben=
diese Pyramidentempel sind nun aber der greifbare Ausdruck,
die materielle Verkörperung der chaldäisch=babylonischen Lehre;
sie sind Heiligthum und Sternwarte zugleich, wie denn überhaupt
dieses Religionssystem mit dem Sternencultus auf's engste ver=
bunden war [1]). Der König Likbabi, welcher diese bis zu seiner
Zeit unbekannten Tempelbauten allerorten in Chaldäa errichtete,
erscheint daher gleichsam als der gekrönte Sendbote der chaldäisch=
babylonischen Religion; er huldigte vorzugsweise dem Gotte
Sin, dem Specialgott von Ur, ehrte aber gleicherweise auch
Anu und Nana in Uruk, Samas in Larsam und Bel in
Nipur, kurzum jede Gottheit, unter deren Schutz sich die einzelnen
Städte fortan befanden; auch zeugen seine Tempelbauten in
hohem Maaße von der Thätigkeit und Rührigkeit seiner Propa=
ganda für die neue Lehre, durch die er bestrebt war, die alte
magische Religion der Akkader zu ersetzen, deren Heiligthümer
und regelmäßige Ausübung er aufhob.

Daß die scheinbare Einheit in der Sprache und Cultur von
Babylon und Assyrien ursprünglich, da man sich mit diesem
Gegenstand zu beschäftigen anfing, viele Aeußerungen von Ueber=
raschung und Staunen erregte, ist gewiß erklärbar. „Ein Wechsel,"
sagte man damals, „läßt sich allein im langen Verzeichniß der
chaldäisch=assyrischen Könige erkennen; und dieser beruht lediglich
in den Schwankungen, denen der Schwerpunct ihrer Macht unter=
worfen war. Dieser Schwerpunct befand sich abwechselnd im
Süden, von wo er ausging, oder im Norden; und dem entsprechend
wird das semitische Reich Mesopotamiens entweder das chal=
däische oder das assyrische genannt. Religion, Sitten und

---

[1]) Ueber die Einrichtung und den Zweck dieser chaldäischen Pyramiden=
tempel, ihren kuschitischen Ursprung und ihre Analogien mit den Pyramiden
Aegyptens, werde ich im dritten Anhang ausführlicher berichten.

Sprache, sowie die Ausdehnung beider Reiche, bleiben aber un=
verändert dieselben [1]." Mit dem Fortschreiten und der Bereicherung
unserer Kenntnisse mittelst der wiederaufgefundenen Denkmäler
und der Entzifferung der Keilschrifttexte gelangte man indessen,
wie in allen Gebieten der Wissenschaft, wo man ursprünglich
nur Gleichmäßigkeit zu erkennen geglaubt hatte, doch zur Fest=
stellung mancher Abweichungen und Unterschiede innerhalb der
Grenzen der scheinbaren allgemeinen Uebereinstimmung. Und
dieserart kam man endlich zur Einsicht, daß, ungeachtet der An=
nahme der chaldäisch=babylonischen Gesittung durch das Volk von
Assur, die Assyrer und Babylonier dennoch zwei wohl von ein=
ander unterschiedene Nationen waren, welche in vielen Dingen
eine eigene Physiognomie, auch eigene Sitten und Gewohnheiten
und entgegengesetzte geistige Anlagen hatten, so daß sie sich gegen=
seitig fast in gleichem Maaße wie die Römer von den Griechen
unterschieden. Was beiden Völkern gemein war und was sie
beide von einander trennt, die initiatorische Rolle der Babylonier
und die theilweise Originalität, welche die Assyrer trotzdem zu
bewahren wußten, ließen sich vielleicht am besten mit dem gegen=
seitigen Verhältniß zwischen China und Japan vergleichen. Neben=
dies bestätigen viele Denkmäler sowie die Assyrer selbst, daß
Babylon bis zum achten Jahrhundert vor unserer Zeit fast völlig
unabhängig von Assyrien blieb und ununterbrochen seine eigene
Geschichte hatte [2]).

Gegenwärtig muß aber noch weiter gegangen und für das
früheste Alterthum auch ein Unterschied zwischen dem vorwiegend
kuschitischen Babylonien und dem noch langehin akkadischen oder
turanischen Chaldäa gemacht werden. Ohne Zweifel gab es ur=
sprünglich ein nichtsemitisches oder vorkuschitisches Babylon [3]),
desgleichen ein ebensolches Agane und Sippara, welche man wahr=
scheinlich als sumerisch bezeichnen muß. Aber diese ganze nörd=

---

[1]) Oppert, Histoire des empires de Chaldée et d'Assyrie, S. 6.

[2]) Vgl. besonders Smith, Early history of Babylonia, im ersten
Bande der Transactions of the Society of biblical archaeology.

[3]) Selbstverständlich kann hier die Benennung Babylon nur proleptisch
gelten, da man streng genommen den Namen Tin=tir gebrauchen müßte.

liche Gegend verlor ihren turanischen Charakter weit eher als die
Städte im Süden. Babylonien und Chaldäa waren nur kurze
Zeit, während des kuschitischen Einfalles, unter dem sagenhaften
Reiche des Nimrod vereint; sie waren jedoch gleich darauf wieder
selbständig und entwickelten sich unabhängig von einander während
mehrerer Jahrhunderte, ein jedes im Geiste der präbominirenden
Bevölkerungselemente; und während ebendieser Zeit trat der Be-
ginn der positiven Geschichte beider Länder ein. Von diesem
Augenblicke an, — zumal unter den mächtigen Königen von Ur,
welche beide Länder unter ihrem Scepter vereinigten und anscheinend auch einen Theil des späterhin assyrischen Bodens besaßen, — prägte sich der Unterschied zwischen den beiden in Babylonien und Chaldäa vorherrschenden Rassen vorzugsweise in den
Sprachen aus, welche im einen und anderen Lande gewöhnlich in
Gebrauch waren. Dies erhellt auf's deutlichste aus den amtlichen
Inschriften der Statthalter, welche die Könige von Ur in den
hauptsächlichsten Städten eingesetzt hatten [1]).

In den südlichen Städten, wie Sirgilla, Isbaggi-Ea und
Eribhu, hatten diese Statthalter gewöhnlich akkadische Namen;
zur Abfassung ihrer Inschriften bedienten sie sich aber stets der
akkadischen Sprache, selbst wenn sie semitische Namen hatten, wie
z. B. Idabu zu Eribhu; desgleichen waren alle Urkunden der
Könige des südlichen Landes, von Nipur bis zum persischen
Meerbusen, in akkadischer Sprache verfaßt. Dagegen waren zu
Diru, dem ursprünglichen akkadischen Bat-ana, in der Nähe
von Babylon, wie in Assur selbst, die Namen der Vice-Könige
durchweg semitisch und ihre Inschriften sämmtlich in assyrischer
Sprache redigirt [2]); und dasselbe war auch im Norden der Fall,

---

[1]) Diese Statthalter oder Vice-Könige hatten, je nach ihren Sitzen, zwei
verschiedene Titel, deren Unterschied wir leider nicht näher zu bestimmen vermögen:

    1) akkadisch: patesi oder nues = assyrisch: nisakku.
    2)   „   nir-nita   =   „   sakkanakku.

[2]) Vgl. meine Choix de textes cunéiformes, Nr. 5; diese Inschrift rührt
übrigens nicht, wie ich ursprünglich annahm, von einem Könige von Babylon
selbst, sondern von Ilu-mutabil, einem Statthalter von Diru, her; mein
Irrthum war lediglich durch unrichtige Auffassung der archaischen Form der
ideographischen Initiale des Stadtnamens entstanden.

wo die Könige von Ur, wie Dungi, ihre amtlichen Inschriften
durchgehend affyrisch verfaßten. Ebenso waren die Namen der
besonderen Könige, die nicht von Agane abhingen, alle kuschitisch=
semitischen Ursprungs, wobei zu beachten, daß einzelne dieser
Fürsten, wie Ḫabub, nach den Angaben ihrer Nachfolger, be=
reits einem sehr hohen Alterthum angehörten. Das Uebergewicht
der semitischen Sprache und des semitischen Bevölkerungselementes
war seitdem in Babylon so bedeutend, daß es selbst von der
späteren elamitischen Eroberung und der langjährigen Herrschaft
der Cissier völlig unberührt blieb. Zwar versuchten mehrere
Könige dieser Dynastie in ihren Inschriften die Bezeichnung
Kassi u Akkadi an Stelle des alten Sumeri u Akkadi ein=
zuführen; aber es gelang ihnen nie, ihre eigene Sprache zur
Geltung zu bringen, wiewohl dieselbe nicht aufhörte, die königs=
lichen Namen und Titel zu liefern. Die Inschriften, welche diese
Fürsten als Könige von Babylon erließen, waren in akkadischer
oder affyrischer Sprache verfaßt; doch hatte hierbei das Affyrische
den Vorzug vor dem Akkadischen, offenbar in Folge des über=
wiegenden Einflusses von Babylon, welches zur Hauptstadt er=
hoben worden war.

Die Geschichte der nördlichen und südlichen Provinzen, von
Babylonien und Chaldäa, von Sumer und Akkad, nahm erst
kurz vor dem Einfall der Kaffi oder Cissier um das zwanzigste
Jahrhundert v. Chr. eine einheitliche Form an, als Sargon I.
von Agane beide Länder unter seinem Scepter vereint und zu
einem einzigen Reiche verschmolzen hatte. Auch fand zu dieser
Zeit nicht allein jene umfassende Reform und Systematisirung der
Religion, sowie die endgültige Feststellung der heiligen magischen
und astrologischen Bücher statt, sondern es war das Bestreben
der Priesterschaft allgemein darauf gerichtet, alle Institutionen
der verschiedenen Bevölkerungselemente Babyloniens nnd Chal=
däas, welche bis dahin eines Zusammenhanges entbehrt und in
einzelnen Puncten sogar im Gegensatz zu einander gestanden
hatten, auf Grund der neuen religiösen Ideen zu einem einheit=
lichen Ganzen umzugestalten.

Erst damals war die chaldäisch=babylonische Cultur, die sich

nunmehr über das ganze Land von Aſſyrien bis zur Meeresküſte
ausdehnte, endgültig begründet; ſie war ein Miſchproduct, welches
ſowohl turaniſche als kuſchitiſch-ſemitiſche Zuthaten enthielt; aber
ebendieſe verſchiedenen Beſtandtheile waren ſo eng mit einander
verſchmolzen, daß man ſie kaum bei genaueſter Betrachtung von
einander zu ſcheiden vermochte. Die bilinguen lexicographiſchen
Tafeln, welche zu dieſer Zeit entſtanden, bieten in ihren reichhaltigen, ſyſtematiſch geordneten Verzeichniſſen von Thieren,
Pflanzen und Mineralien, Lebensmitteln, Krankheiten, natürlichen und künſtlichen Gegenſtänden, baulichen Einrichtungen,
Waffen, Werkzeugen und landwirthſchaftlichen oder induſtriellen
Geräthſchaften, Verkehrsmitteln zu Land und zu Waſſer, Ge-
werben und Ständen u. ſ. w. ein umfaſſendes Bild der damaligen
geſellſchaftlichen Verhältniſſe und der Kenntniſſe, auf denen dieſe
Cultur meiſt beruhte. Und ſie blieb noch langehin faſt unverändert, in Babylon, welches ſie bis zum Verluſte ſeiner Unabhängigkeit bewahrte, wie in Aſſyrien, über welches ſie ſich erſt
allmälich ausbreitete.

Die chaldäiſch-babyloniſche Cultur befand ſich ohne Zweifel
auf einer höheren Entwickelungsſtufe als die alte Geſittung der
Könige von Ur, welche G. Rawlinſon nach den Ergebniſſen
der Ausgrabungen zu Mugheir und Warkah in ſo feſſelnder Weiſe
ſchildert[1]). Aber ſie war, wie bereits geſagt, im Weſentlichen
ein Miſchproduct und, ſo zu ſagen, eine Cultur zweier Sprachen.
Es liegt auf der Hand, daß, wenn von den beiden betheiligten
Völkern das eine die Cultur in allen Stücken erſchaffen, das
andere aber dieſelbe einfach entlehnt hätte, das erſtere Volk folge-
richtig eine ſelbſtändige, alle Gebiete der Cultur umfaſſende vollſtändige Nomenclatur beſitzen müßte, während das zweite ſein
Wörterbuch lediglich durch Ueberſetzung hergeſtellt, auch alle
ſonſtigen Bezeichnungen von Gegenſtänden, die ihm vorher unbekannt waren, ohne Weiteres der Sprache des erſteren Volkes
entnommen haben würde. Das thatſächliche Verhältniß iſt aber
doch ein weſentlich anderes; die Bezeichnungen der gebräuchlichſten

---

[1]) Im erſten Bande der Five ancient monarchies.

Gegenstände und wichtigsten Erfindungen sind durchweg gegen=
seitig entlehnt und es sind daher fast ebenso viel akkadische Aus=
drücke in's Assyrische, als assyrische in's Akkadische übergegangen.
Auch giebt es viele Geräthschaften, Werkzeuge und Einrichtungen,
welche ursprünglich nur dem semitischen Elemente bekannt waren
und daher in der Sprache desselben specielle Benennungen haben,
während das Akkadische sie durch sorgfältige Umschreibungen oder
künstliche Composita bezeichnet, so oft es nicht geradezu das be=
treffende assyrische Wort dafür annimmt. Eine gründliche Prüfung
der vorerwähnten biliguen Wörterverzeichnisse würde demnach
von nicht geringem Werthe sein; man würde auf diesem Wege
ohne Zweifel den Entwickelungsgang der chaldäisch=babylonischen
Cultur verfolgen können, vielleicht auch erkennen, welche Er=
findungen und Einführungen einerseits von den Kuschito=Semiten,
andererseits von den Turanern herrühren.

Endlich erwähne ich noch, daß die Gestaltung der politischen
Verhältnisse während der großen, mit der Entwickelung der chal=
däisch=babylonischen Cultur Hand in Hand gehenden religiösen,
wissenschaftlichen und socialen Reform weit mehr von den nördlichen,
dazumal schon fast gänzlich semitischen Provinzen geleitet wurde,
zumal dieselben unter Sargon und dessen Sohn thatsächlich die
Suprematie in allen Stücken besaßen; auch mögen die Priester=
schulen im Norden, zu Sippara, Babylon und Borsippa, an
dieser Reformbewegung einen größeren Antheil gehabt haben als
die im Süden, zu Uruk und Ur. Wenigstens steht fest, daß die
Einrichtung dieser Schulen, zumal im Norden, sich hauptsächlich
an die Religion kuschitisch = semitischen Ursprunges anlehnte,
wiewohl ihre Mitglieder, besonders zur Zeit Nabukuburussur's
und der Achämeniden, sich mit Vorliebe Chaldäer nannten, eine
Bezeichnung, welche indessen nur bei einzelnen Unterabtheilungen
ihrer gesammten Kaste, wie z. B. bei den magischen Priestern,
dem richtigen Verhältnisse entsprochen haben mag.

Capitel VIII.

Die Turaner in Chaldäa und Vorderasien.

I.

Welchen Standpunct ich auf Grund der Aufschlüsse der Originalquellen, insbesondere der Bruchstücke der akkadischen Texte dem schwierigen Problem der chaldäisch-babylonischen Urgeschichte gegenüber einnehme, habe ich vorstehend in aller Kürze, doch mit genügender Beachtung alles Thatsächlichen dargelegt. Ich habe mich hierbei bemüht, die Rolle des turanischen Volks der Akkader möglichst genau zu präcisiren und auf bestimmte Grenzen, welche ich für die richtigen halte, zurückzuführen; und ich hoffe in dieser Weise dazu beigetragen zu haben, die Bedenken zu beseitigen, welche einer meinen Ansichten entsprechenden Lösung der schwebenden Frage noch immer entgegenstehen.

„Daß in Babylonien vor Ankunft der Semiten und Arier eine völlig entwickelte Gesittung geherrscht hat," sagt Renan in einem seiner letzten Jahresberichte an die Pariser asiatische Gesellschaft [1], „und daß diese Gesittung die sogenannte Keilschrift besessen, vielleicht auch erfunden hat, bezweifelt heut Niemand. Wird das Wort ‚turanisch' als gleichbedeutend mit dem aufgefaßt, was weder semitisch noch arisch ist, so ist der Ausdruck in diesem Falle allerdings zutreffend; allein es scheint uns doch wenig damit gewonnen. Eine Eintheilung der Thiere in Fische,

---

[1] Journal asiatique, Series VII, Bd. II, S. 12.

Säugethiere, und was weder Fisch noch Säugethier ist, wäre von keinem Nutzen für die Wissenschaft. Nimmt man aber ‚turanisch‘ im engeren Sinne und bringt man diese alte Grundlage der gelehrten Bildung Babyloniens mit den türkischen, finnischen, ungarischen, kurzum mit Völkern in Verbindung, welche immer nur zerstörend auftraten, niemals eine eigene Cultur schufen, so müssen wir gestehen, daß uns das in Erstaunen setzt.

„Auch das Richtige kann zuweilen unwahrscheinlich sein; beweist man uns deshalb, daß Türken, Finnen, Ungarn die einflußreichste und einsichtsvollste der vorsemitischen und vorarischen Gesittungen geschaffen haben, so wollen wir uns fügen; denn alle Vernunftsgründe müssen sich thatsächlichen Beweisgründen unterordnen. Freilich muß aber die Kraft dieser Beweisgründe um so gewichtiger sein, je unwahrscheinlicher das zu Beweisende selbst ist.“

Unbeschadet der Ehrerbietung, die seinem Namen und seiner großen Gelehrsamkeit gebührt, möge uns indessen Hr. Renan eine kurze Erörterung seiner Bedenken gestatten, zumal, wie mir scheint, die von ihm selbst in seinem angezogenen Berichte erwähnten Thatsachen zum Theil schon im Voraus seine hauptsächlichsten Einwürfe entkräften.

Zunächst finde ich, daß Hr. Renan zu streng über die turanische Rasse urtheilt; ja es scheint fast, als ob er die Thätigkeit dieser weitverzweigten Völkerfamilie ausschließlich in den wilden Verheerungen, eines Dschingis und Timur suche. Eine Rasse aber, welche dem christlichen Europa eines seiner größten und gebildetsten, ritterlichsten und beredtesten Völker — die Ungarn — gab und im äußersten Norden des europäischen Festlandes ein so bedeutendes episches Werk wie die Kalewala der Finnen schuf, welch' Letztere schon vor Ankunft der Skandinavier völlig civilisirt waren und noch jüngst von einem reisenden Beobachter für fähiger gehalten wurden, jeden Fortschritt der modernen Cultur sich anzueignen, als die eigentlichen Russen, — eine solche Rasse darf gewiß nicht als eine „nur zerstörende“ betrachtet werden. Und ebensowenig spielt das türkische Element, wiewohl es stets zäher und schwerfälliger war als das geschmei-

digere ungarische und finnische, eine ausschließlich zerstörende
Rolle in der Geschichte des Islam; es hat eine ganze Reihe be=
deutender Männer und viele ruhmvolle Thaten aufzuweisen, auch
im Regieren eine Gewandtheit bewiesen, welche die Araber nie=
mals besaßen.

Es ist allerdings richtig, daß die Ungarn und Türken erst
auftraten, da sie bereits mit dem Christenthum und Islam, deren
Verfechter sie wurden, die ganze Erbschaft der unter den Au=
spicien dieser Religionen an anderer Stelle entstandenen Cultur
angetreten hatten. Türken und Ungarn haben also mit keiner
ihrer Rasse eigenen Civilisation eine geschichtliche Rolle gespielt;
aber gilt dies von ihnen allein? Die Leichtigkeit, mit welcher
die Ungarn die christliche Cultur des Abendlandes, die Türken
mit dem musulmanischen Glauben die arabische Cultur annahmen,
läßt wohl vermuthen, daß sie nicht zu den fortgeschrittenen tura=
nischen Völkern zählten, oder wenigstens daß ihre frühere natio=
nale Cultur derjenigen, gegen welche sie sie austauschten, weit
nachstand. Allein darin liegt kein entscheidender Grund, daß
bei anderen Völkern gleichen Ursprungs nicht auch eine alte tu=
ranische Gesittung bestanden habe, welche ihre eigene Physio=
gnomie, ihren besonderen Charakter hatte und ein Ergebniß der
Entwickelung gewisser individueller Anlagen war, deren Keim
man sogar bei den zurückgebliebensten ugrisch=finnischen Stämmen
Sibiriens antrifft.

Es ist hier übrigens erforderlich, die den Akkadern zuzu=
schreibende Rolle näher zu begrenzen und zu bestimmen; denn
ich glaube, daß die Gelehrten der englischen Schule, unter An=
deren Sayce[1]), hierin zu weit gehen, indem sie in den Akkadern
die Begründer der gesammten semitischen Civilisation erblicken;
ich selbst bin zwar in meinen früheren Arbeiten nicht so weit ge=
gangen, habe mich aber wohl auch nicht in den richtigen Grenzen
gehalten. Meiner Ansicht nach liegen nur Beweisgründe dafür
vor, daß die ersten civilisirten Bewohner des babylonischen und

---

[1]) The origin of semitic civilisation, im ersten Bande der Transactions
of the Society of biblical archaeology.

chaldäischen Gebietes, vor den Kuschiten Nimrod's, ein Volk turanischer Raffe waren, welches den Ugro-Finnen näher stand als den Tartaren. Dieses Volk hatte schon vor seiner Ankunft an den Ufern des Euphrat und Tigris auf den früheren Stationen seiner Wanderung die erften Elemente der Hieroglyphenschrift erfunden, welche fortschreitend das Keilschriftsystem erzeugte; es kannte damals die Bearbeitung der Metalle, auch betrieb es sonst noch einige wichtigere Zweige der Industrie. In den fruchtbaren Ebenen, auf denen es sich niedergelaffen, wurde es sodann feß= haft und lag dem Ackerbau ob; es gründete Städte, bebaute das Land, sorgte für Bewäfferungsanlagen und betrieb alle sonstigen Gewerbe, welche seine Existenz erheischte. Es erlangte also that= sächlich eine Civilisation, die ihm völlig eigen und in seinem Schooße selbständig entstanden war, ohne daß kuschitischer, semi= tischer oder arischer Einfluß irgendwie dabei mitwirkte. Aber diese Civilisation mußte nothwendiger Weise unvollständig sein, nach der Armuth des Wortschatzes der akkadischen Sprache und dem Zwange zu urtheilen, welcher sie zur Bildung künftlicher Composita trieb, so oft sie sich den Anforderungen einer fortge= schritteneren Cultur anzupassen hatte. Auch läßt sich nicht nach= weisen, daß die Civilisation der Akkader Chaldäas, von dem Besitze der Schrift abgesehen [1]), gelehrter und vollkommener war, als die der heidnischen Finnen, welche uns die Kalewala schildert und bei denen wir in religiöser Hinsicht eine so enge Verwandt= schaft mit den Akkadern gefunden haben. Ueberhaupt glaube ich, daß die früheste turanische Cultur, deren Spuren sich in anderen Gegenden vielleicht noch verfolgen laffen, in mancher Beziehung zwar entwickelt, im Allgemeinen aber doch unvoll= kommen und schon frühzeitig stehen geblieben war, ebenso wie die turanischen Idiome nur eine beschränkte Entwickelungsperiode hatten. Sie war, mit anderen Worten, eine fortgeschrittene Civilisation im Vergleich zu dem Zustande der Barbarei, in welchem die meisten anderen Raffen noch verharrten, als sie ihren Ur=

---

[1]) Das Beispiel der Chinesen lehrt, daß die Schrift auch bei Völkern entstehen kann, welche faft noch in völliger Barbarei sich befinden.

sprung nahm; aber sie wurde dann auch ihrerseits eine Barbare
den vollkommeneren Civilisationen gegenüber, welche sich später
bei den anderen Rassen entwickelten, wie bei den Kuschiten, die
in Babylonien und Chaldäa über die Turaner die Oberhand
gewannen und bereits zur Zeit der Begründer von Ur, den
Königen Likbabi und Dungi, jenen Theil der Akkader mit
fortrissen, welcher noch ein nationales Leben führte und seine
alte Sprache bewahrt hatte ¹).

---

¹) Der Standpunct, auf dem ich mich hier befinde, ist mit geringen Ab=
weichungen derselbe, den auch Schrader in seinen vom gelehrten Europa
mit Recht so hoch geschätzten Arbeiten, besonders in seiner trefflichen Abhand=
lung über „Semitismus und Babylonismus" in den Jahrbüchern für
protestantische Theologie behauptet. Darin, daß der Babylonismus,
wie Schrader ihn nennt, etwas ganz Anderes ist als der reine und ur=
sprüngliche Semitismus, den die Araber darstellen, sowie darin, daß die Se=
miten des Nordens, in Folge einer dauernden, der letzten Niederlassung ihrer
Völker vorhergehenden Berührung, sehr wesentlich von der ältesten babylo=
nischen Civilisation beeinflußt wurden und durch diese alle religiösen, socialen
und wissenschaftlichen Ideen, Einrichtungen und Traditionen erhielten, welche
Arabien fremd und in Babylonien einheimisch waren, — in diesen Puncten
bin ich vollständig mit Schrader einverstanden, und sind diese Angaben
unbedingt als solche zu erachten, welche endgültig für die Wissenschaft ge=
wonnen sind.

Dagegen faßt Schrader die alte babylonische Civilisation als ein ho=
mogenes Ganzes auf und sucht sie in ihrer Gesammtheit dem ersten Be=
völkerungselement nichtsemitischer Zunge zuzuschreiben, während ich in das
Dunkel der vorhistorischen Zeiten des Tigris= und Euphratlandes tiefer ein=
zudringen suche: ich betrachte diese Civilisation nicht als das Werk einer ein=
zigen Rasse, sondern als ein Mischproduct, zu welchem zwei Völker verschie=
denen Ursprungs beisteuerten, und bemühe mich demnach, mit mehr oder we=
niger Erfolg diese Civilisation zu analysiren, und festzustellen, was einem
jeden der beiden Factoren zukommt. Vielleicht wird Schrader zu sehr von
dem Gedanken geleitet, daß Semiten in Babylonien anwesend waren, so daß
er Alles, was hier nicht direct zum reinen Semitismus gehört, als ihnen
fremd betrachtet. Meiner Ansicht nach besteht aber die semitisch redende Be=
völkerung in Babylonien und Chaldäa nicht aus eigentlichen Semiten, sondern
aus Kuschiten, d. h. aus Elementen, welche einem benachbarten Völkerzweige
angehörten, der mit besonderen Fähigkeiten ausgerüstet war und dessen Cha=
rakter bis auf einen gewissen Grad sich demjenigen der Aegypter näherte.
Auch reicht nach meinem Dafürhalten der bloße Vergleich mit dem ursprüng=
lichen, reinen Semitismus nicht hin, um das Problem der chaldäisch=babylo=
nischen Anfänge aufzuhellen; ein Vergleich mit dem Aegypten der ältesten
Dynastien und mit alledem, was sich vom Charakter und den Einrichtungen

Es liegt mir also durchaus fern, den frühesten Turanern Chaldäas den ganzen „Unterbau der gelehrten Cultur von Babylon" zuzuschreiben; ich erkenne in ihnen nur den einen der Factoren dieser Cultur. Als früheste Ansiedler am unteren Lauf des Euphrat und Tigris, vermachten sie den späteren Jahrhunderten einen Theil der Bausteine, welche zur Errichtung der chaldäisch-babylonischen Gesittung dienten: das Verfahren, welches sie in Ackerbau und Industrie beobachteten, die Gebräuche und Formeln ihrer Magie und vornehmlich ihre Schrift, welche allerdings dem Wesen des semitischen Assyrisch nur wenig entsprach, aber durch die Macht der Tradition und Gewohnheit doch viele Jahrhunderte forterhalten wurde. Der eblere Theil jener entwickelten und gelehrten Cultur entstammt dagegen dem kuschitisch-semitischen Element, dessen Nationalsprache das Assyrische war; dieses Element lieferte einen Theil der Wissenschaften sowie die Religion, durch welche seine Sprache im Laufe der Zeit zur Oberherrschaft gelangte und das Akkadische sogar bei den eigentlichen Chaldäern verdrängt wurde, — den Abkömmlingen derjenigen Akkader, deren Blut völlig rein und unvermischt geblieben war. Babylon insbesondere war schon frühzeitig eine vorzugsweise kuschitische Stadt; und daher konnte es auch einen so großen und entscheidenden Einfluß auf die kanaanitischen und semitischen Völker ausüben; Rasse- und Sprachverwandtschaft begünstigte diesen Einfluß, sodaß die babylonische Civilisation — bei fruchtbaren Bereicherungen aus anderer Quelle — eine zum Theil gelehrtere und vollkommnere Entfaltung der natürlichen Anlagen der Völker herbeiführte, auf welche sie durch Lehre und Beispiel einwirkte.

der Kuschiten in anderen Gegenden, z. B. in Jemen, erkennen läßt, wird hier ebenfalls erforderlich sein, bevor den turanischen Akkadern alles das zugeschrieben wird, was in der Civilisation von Babylon nicht gerade semitisch ist.

II.

Daß es vor den Kuschito-Semiten in Babylonien und Chal=
däa eine im engeren Sinne turanische oder wenn man es vor=
zieht altaische Bevölkerung gab, und daß dieselbe eine ziemlich
entwickelte eigene Cultur besaß, welche derjenigen anderer un=
streitig turanischer Völker gleichartig ist, läßt sich also durch=
aus nicht bezweifeln. Renan verlangt aber hiefür einen Be=
weis, der auf haltbaren und überzeugenden Gründen basirt; und
diesen glaube ich nunmehr in der vorliegenden Arbeit, welche
neben dem alten noch manches neue Material beibringt, hinläng=
lich geliefert zu haben.

Hr. Renan bemerkt ganz richtig: „Fünf Dinge bilden, vom
Standpunct der historischen Wissenschaft betrachtet, das unerläß=
liche Erforderniß zu einer Rasse und geben ein Recht, von ihr
als von einer Besonderheit im Menschengeschlechte zu sprechen:
eine eigene Sprache, eine Literatur von besonderem Gepräge,
eine Religion, eine Geschichte, eine Gesetzgebung [1]". Wir wollen
daher genauer prüfen, ob die Akkader in der That diese Be=
dingungen genügend erfüllen, um mit dem turanischen Stamme,
speciell den ugrisch=finnischen Völkern in Verbindung gebracht
werden zu können.

Was zunächst die Sprache betrifft, so haben wir ihrem that=
sächlichen Vorhandensein bereits ein volles Capitel gewidmet;
wir haben darin nicht allein die Ergebnisse unserer bezüglichen
philologischen Studien zusammengestellt, sondern auch die orga=
nischen, unserer Ansicht nach völlig entscheidenden Merkmale an=
gegeben, welche die linguistische Stellung des Akkadischen be=
stimmen.

Eine Literatur, deren Erzeugnisse nicht selten von hoch=
poetischem Geiste belebt sind und durchweg ein streng individuelles
Gepräge tragen, hatten die Akkader ebenfalls; die Fragmente der
liturgischen Sammlung sowie die Beschwörungen und Hymnen

---

[1] Revue des Deux-Mondes vom 1. September 1873, S. 140.

des großen magischen Werkes liefern hiefür einen nicht zu verkennenden Beweis [1]). Die Finnen, welche das entgegengesetzte
Ende des Gebiets der turanischen Völker bewohnten, hatten desgleichen eine herrliche, poesiereiche Literatur. Wir haben uns
speciell darauf beschränkt, die akkadischen und finnischen Beschwörungen mit einander zu vergleichen und haben hierbei in
Hinsicht auf Inhalt, Form und Ausdruck im Allgemeinen eine
auffallende Verwandtschaft nachgewiesen. Verglichе man indessen
wissenschaftlich den Geist, dem die Kalewala der Finnen entfloß,
mit demjenigen der religiösen und magischen Lyrik der Akkader,
so würde man in diesen beiden zeitlich wie räumlich so weit von
einander getrennten Völkern, — ungeachtet der verschiedenen
Färbung, welche ihre Poesie durch den Anblick zweier so entgegengesetzten Naturen wie die des persischen Meerbusens und der
Waldungen Finnlands nothwendig erhalten mußte, — auch eine
Uebereinstimmung der Anlagen und Denkart gewahren, wie sie
nur innerhalb einer und derselben Rasse zu bestehen pflegt.

Zur Ergründung der Religion der Akkader haben wir uns
sodann einer Reihe von Urkunden bedient, die zum ersten Mal
zu Rathe gezogen wurden. Eine eingehende Prüfung derselben
hat uns erkennen lassen, daß die Akkader thatsächlich ein ursprüngliches und ihnen eigenes Religionssystem hatten, bevor sie den
Cultus der allen Religionen der euphratisch-syrischen Völkergruppe
gemeinsamen Götter annahmen; und dieser Umstand veranlaßte
uns von Neuem, die ethnographische Stellung der Akkader in's
Auge zu fassen. Wir haben die Grundlagen des akkadischen
Religionssystems mit dem voriranischen Antheil des medischen Magismus sowie mit der finnischen Mythologie verglichen und haben
dieserart das Vorhandensein einer besonderen Gruppe von Religionen nachgewiesen, welche die turanische genannt werden muß.
Diese Religionen kennen keinen anderen Cultus als die Magie;

---

[1]) Die Einführung des parallelismus membrorum, welcher die Grundlage der hebräischen Poesie bildet, während er den Arabern völlig unbekannt
blieb, wäre nach Schrader's scharfsinniger Beobachtung bei einem Theil
der Semiten aller Wahrscheinlichkeit nach nur dem Beispiel und Einfluß der
Akkader zuzuschreiben.

denn sie sind lediglich aus dem alten dämonologischen Naturalis=
mus der sibirischen, also derjenigen turanischen Stämme hervor=
gegangen, die seit ältester Zeit unter Verhältnissen lebten, die
sie in der Cultur am weitesten zurückbleiben ließen.

Somit wären drei der wesentlichsten Bedingungen erfüllt,
welche die Anerkennung der Existenz und Individualität einer
Rasse erfordert und aus denen sich die Verwandtschaft der Akkader
mit turanischen Mustervölkern, wie den Finnen, trotz der Kluft
die sie räumlich und zeitlich trennt, klar herausstellt. Die älteste
Geschichte der verschiedenen turanischen Völkergruppen, ihrer Zer=
streuung und ersten Civilisationsversuche, wird indessen wohl
niemals sich nachweisen lassen; man wird sich vielmehr mit dem
bloßen Nachweise der linguistischen, ethnographischen und religiösen
Verwandtschaften, die den gemeinsamen Ursprung dieser Völker be=
kunden, begnügen müssen. Doch bleibt gleichwohl die Möglichkeit
nicht unbedingt ausgeschlossen, speciell für die Akkader, — durch
Induction und mit Hülfe ihrer eigenen Ueberlieferungen, — die
wesentlichsten Züge ihrer frühesten Geschichte, von ihrer Nieder=
lassung in Chaldäa bis zu der Zeit aus der wir Inschriften be=
sitzen, wieder aufzufinden und den Lauf ihrer vorhistorischen
Wanderung bis zu jenem nordöstlichen Gebirge, welches ihr Aus=
gangspunct war, zurück zu verfolgen.

Was endlich die Gesetzgebung oder sociale Verfassung der
Akkader betrifft, so fehlt es in dieser Hinsicht allerdings noch an
genügenden Urkunden; doch steht zu erwarten, daß auch diese Lücke
durch spätere Entdeckungen noch ausgefüllt werden wird. Gegen=
wärtig besitzen wir nur ein kleineres Fragment der alten akkadischen
Gesetze, welche anscheinend gleichzeitig mit den Religionsbüchern
niedergeschrieben und in's Assyrische übersetzt wurden. Dieses
Fragment[1], welches von den Banden und Pflichten der Familie

---

[1] W. A. I., II, 10; vollständiger in meinem Choix de textes cunéiformes, Nr. 15; mit einigen Berichtigungen in Friedrich Delitzsch's
Assyrischen Studien, S. 37 ff. — Uebersetzungen, die nur nebensächlich
von der meinigen abweichen, veröffentlichte Oppert, im Journal asiatique,
Series VII, Bd. I, S. 371 ff., und ausführlicher in den mit Ménant
publicirten Documents juridiques de l'Assyrie et de la Chaldée, Paris,

handelt, ist mit dem interessanten Schlußvermerk versehen: „Mit nebenstehender assyrischer Uebersetzung, gemäß den alten Originalen geschrieben und aufgezeichnet"; deutsch lautet es wie folgt:

In Zukunft, für alle Fälle.

I. Rechtsspruch. Hat ein Sohn zu seinem Vater
„du bist nicht mein Vater"
gesagt,
und hat er (zur Bestätigung) seinen Nagel beigedrückt [1]),
so soll er ihm öffentlich Abbitte thun,
ihm auch eine Entschädigung zahlen.

II. Rechtsspruch. Hat ein Sohn zu seiner Mutter
„du bist nicht meine Mutter" gesagt,
und hat er zur Bestätigung sein Siegel beigedrückt,
so soll er in der Stadt ausgeschlossen sein von Erbe und Wasser [2]),
auch soll er aus dem Hause gejagt werden.

III. Rechtsspruch.
Hat ein Vater zu seinem Sohn
„du bist nicht mein Sohn"
gesagt,
so soll er [3]) im Hause und dessen untersten Räumen
eingekerkert werden.

IV. Rechtsspruch.
Hat eine Mutter zu ihrem Sohn
„du bist nicht mein Sohn"
gesagt,
so soll er im Hause, in einem finstern Raum,
eingekerkert werden.

V. Rechtsspruch.
Hat eine Frau ihren Ehemann
beleidigt,

1877; dsgl. Sayce in seinen Records of the past, Bd. III, S. 23 ff. — Obige Uebersetzung ist in manchen Puncten correcter als die der französischen Ausgabe dieses Werkes.

[1]) D. h. wenn er seine Schmähung durch Ausstellung einer schriftlichen Urkunde bekräftigt hat, der man gewöhnlich seinen Nagel als Unterschrift beidrückte.

[2]) Assyrische Version: in der Stadt schließt man ihn aus; wörtlich: sondert man ihn ab.

[3]) Wahrscheinlich ist es hier, wie im folgenden Rechtsspruch, das nicht-anerkannte Kind, welches auf Grund des Familienrechts eingekerkert wird.

hat sie „du bist nicht mehr mein Mann"
zu ihm gesagt,
so soll sie in den Fluß geworfen werden.

VI. Rechtsspruch.
Hat ein Mann zu seiner Ehefrau
„du bist nicht mehr meine Frau"
gesagt,
so soll er eine halbe Silbermine zahlen.

VII. Rechtsspruch.
Der Aufseher [1]),
— wenn der Sclave [2])
stirbt, zu Grunde gerichtet,
verwundet ist,
aus dem Gute entflieht
oder krank wird, —
soll eigenhändig tagtäglich
ein halbes Maaß Getreide
(zur Entschädigung) abmessen.

Außer diesen Rechtssprüchen enthält die betreffende Tafel,
welche als eine der letzten einer besonderen Sammlung [3]) bilinguer
Texte verschiedenen Inhalts angehört, noch eine Reihe von Gesetzen, von denen jedoch viele ihrer mangelhaften Erhaltung und
Unverständlichkeit wegen nicht übersetzt werden können.

Von besonderem Interesse sind zunächst die verschiedenen
Arten der möglichen Rechtsentscheidungen; es gab sowohl „vollkommene" als „unvollkommene" Rechtsurtheile, d. h. Entscheidungen,
welche bezw. eine volle oder nur theilweise Erledigung des schwebenden
Rechtsstreites zur Folge hatten, desgleichen Urtheile „mit und ohne

---

[1]) Wörtlich im Akkadischen: Oberhaupt, im Assyrischen: Mann; doch
dürfte sich's hier nicht, wie Sayce glaubt, um den Sclavenbesitzer selbst, vielmehr um den Aufseher handeln, der für jeden ihm anvertrauten Sclaven ver-
antwortlich ist.

[2]) Assyrische Version: wenn der Sclave flüchtet.

[3]) Bezeichnet wird dieselbe nach den Eingangsworten der ersten Tafel:
kî kankalbiku = ana ittisu; von den zugehörigen Tafeln sind erhalten: die
erste, betr. die Abwandelung der Zeitwörter; die sechste, betr. Ackerbau, Baum-
zucht und landwirthschaftliche Anlagen; die siebente, enthaltend Rechtssprüche;
sodann noch zwei Tafeln, welche vermuthlich auf die zweite folgten und den
Abschluß von Kaufverträgen, Wechselangelegenheiten u. s. w., sowie die Kind-
schaft und Kindererziehung betreffen.

Rechtskraft", endlich „abweichende Urtheile". Den Schluß dieser Erläuterungen bildet der Grundsatz:

> Demjenigen gegenüber, der sich dem richterlichen Spruche nicht fügt, ist der Richter zur Schlichtung seines Rechtsstreits nicht verpflichtet.

Jedoch scheint aus den folgenden Rechtssprüchen wiederum die Zulässigkeit der Berufung auf den Landesfürsten als höchste gerichtliche Instanz hervorzugehen:

> Er ist vorgeladen worden, zur Berufung, vor den Landesfürsten.
> Er hat Berufung eingelegt beim Landesfürsten,
> und der Landesfürst hat ihm willig sein Ohr geliehen.

Endlich behandelt noch eine längere Reihe von Rechts=sprüchen die Ehe, sowie die Verstoßung der Ehefrau; letztere trat in Folge nicht näher zu bezeichnender Vergehen ein und geschah in entehrendster Form:

1. Ihre Verstoßung hat er auf dem passur
   ausgesprochen,
   und zu ihrem Vater
   hat er sie zurückkehren lassen.

2. . . . .
   . . . .

3. Er hat ihr seine Verstoßungsurkunde übergeben,
   er hat dieselbe an ihren Rücken geheftet,
   und hat sie sodann aus dem Hause gejagt.

4. In allen Fällen wird der Ehemann sein Kind
   bei sich überwachen dürfen,
   doch darf er jene nicht weiter belästigen.

5. Hierauf, da sie zur Hure geworden,
   wird man sie auf der Straße aufgreifen und mit sich fortführen
   können.

6. Wo es am besten ihr passen wird,
   darf sie ihr Hurengewerbe betreiben.

7. Als Hure, wird sie der Sohn der Straße
   zu sich nehmen können.

8. Ihre Brust . . . . . .

. . . .[1])

9. Ihr Vater und ihre Mutter sie nicht [wieder anerkennen sollen.

10. Hat (ein Mann) ein Weib geehelicht[2])
und hat er sich ihr nicht genähert[3]),
so kann er eine andere wählen[4]).

11. Vorstehendes Gesetz soll veröffentlicht werden.

Diese gesetzlichen Bestimmungen tragen sämmtlich das Ge=
präge hohen Alterthums und der frühesten, noch unvollkommenen
socialen Verfassung an sich; aber nichtsbestoweniger gewahrt
man in ihnen eine verhältnißmäßig schon hohe Beachtung der
Hausfrau. Dieselbe ist allerdings mit ihrem Manne nicht gleich=
berechtigt; denn es steht diesem frei, seine Frau gegen Entrichtung
einer Geldbuße zu verstoßen, während letztere hinwiederum bei
Todesstrafe keine Ehescheidung beantragen darf. Auch scheint,
nach manchen Stellen der magischen Texte zu urtheilen, der
Hausherr berechtigt, seine Sclavinnen zu mißbrauchen; und es
gilt sogar ebensosehr für ein Unglück, wenn eine Sclavin
(akkadisch: kiel oder kiel-lillal, 'assyrisch: ardatuv) die Gunst
ihres Herrn nicht erwirbt, als wenn ein freies Mädchen (akka=
bisch: gurus-lillal, assyrisch: idlituv) ohne Ehemann bleibt. Wir
entnehmen dies nicht allein aus der längeren, bereits im ersten
Capitel mitgetheilten Beschwörung, sondern auch aus einem an=
beren Fragment[5]), dessen Inhalt ich in möglichst wortgetreuer
Uebersetzung hier wiedergebe:

      Die Sclavin, welche zum Weibe
      kein Mann erkor;

---

[1]) Lücke.

[2]) Wörtlich: genannt, bestimmt.

[3]) Wörtlich: subigendo eam non compressit.

[4]) Es ist hier allerdings von etwas Anderem die Rede, als vom Ver=
stoßungsrecht nach vollzogener Ehe; die gebrauchten Ausdrücke scheinen vielmehr
darauf hinzuweisen, daß man nur mit einer einzigen Frau eine gesetzliche
Verbindung eingehen konnte. Auch wird hier offenbar die Gültigkeit einer
Ehe an deren Vollzug geknüpft.

[5]) W. A. I., II, 35, 4.

die Sclavin, welche die Umarmungen ihres Gebieters
durch ihren Reiz
nicht erwarb;
die Sclavin, die in den Umarmungen
ihres Gebieters den Schleier nicht verlor;
die Sclavin, welcher der Gebieter, in seinen Gunstbezeugungen,
die letzte Hülle nicht abnahm[1]);
die Sclavin, deren Brust
keine Milch erzeugt . . . . . .

Aber gleichwohl ist die freie akkadische Frau doch kein Ge=
genstand, über welchen der Mann völlig nach Belieben verfügen
kann; sie hat ihre besonderen Rechte, ihr eigenes Paraphernalgut;
sie darf persönliches Eigenthum haben, auch solches in der Ge=
walt ihres Mannes erwerben. Letzteres ergiebt sich besonders
aus dem Rechtsspruche[2]): „Von allem was die Ehefrau wird
haben einzäunen lassen, soll sie Besitzerin sein", — eine Be=
stimmung, welche augenscheinlich in die Zeiten zurückreicht, da
der Boden großentheils noch herrenlos war und daher als res
nullius durch bloße Besitzergreifung erworben werden konnte.

Erkennt die freie und legitime Frau (akkadisch: dam, assy=
risch: assatuv) das Kind, das ihr zugeschrieben wird, nicht an,
so befindet sie sich in gleicher Lage mit dem Vater, der die Vater=
schaft abweist. Die Stellung, welche die Mutter ihren Kindern
gegenüber einnimmt, ist sogar eine höhere als die des Vaters:
das Kind, welches seinen Vater verleugnet, trifft lediglich eine
Geldstrafe; dem Kinde, welches seine Mutter verleugnet, soll
Erde und Wasser entzogen werden.

Bekanntlich hatte aber auch bei den heidnischen Finnen die
Hausmutter bei Abhaltung des Hausgottesdienstes den Vorrang
vor dem Hausvater. Die mitgetheilten akkadischen Rechtsfrag=
mente lassen also ebenfalls einen Berührungspunct zwischen den
Lebensgewohnheiten zweier Völker turanischer Rasse erkennen, —
einen Berührungspunct, der um so beachtenswerther erscheint, da
sich einerseits in der semitischen Welt kein entsprechendes Ana=
logon nachweisen läßt, andererseits die in Rede stehende höchst

---

[1]) Zonam non solvit.
[2]) W. A. I., II, 10, Z. 20 und 21, c—b.

charakteristische Erscheinung in förmlichem Widerspruch mit ge=
wissen späteren babylonischen Einrichtungen steht, welche ebenso=
sehr der Sittlichkeit Hohn sprachen, als die Frau herabwürdigen
mußten. Denn diese Einrichtungen, welche die Religion sanctio=
nirt hatte und denen ich kuschitischen Ursprung beimesse, unter=
warfen nicht allein alle Frauen, selbst die freien, wenigstens ein
Mal im Leben, der geheiligten Prostitution, sondern ließen auch
die Verheirathung der Mädchen in Form einer öffentlichen Ver=
steigerung, eines Mancipationsactes stattfinden, welcher die Frau
ohne Weiteres zum willenlosen Eigenthum des Mannes machte ¹).

Kann nun aber in Anbetracht der Beweisgründe, welche
die vielen nachgewiesenen Berührungspuncte zwischen den Akka=
bern und anderen Völkern von unzweifelhaft altaischer National=
ität enthalten, in der That noch bezweifelt werden, ob es auch
wirklich ein turanisches Volk war, welches zuerst Chaldäa
bewohnte und der chaldäisch=babylonischen Civilisation ein dem
Geiste seiner Sprache angepaßtes Schriftsystem hinterließ?

III.

In seinem Auszuge aus dem verlorenen Geschichtswerke des
Trogus Pompejus sagt Justinus²) u. a., daß das ge=
sammte Vorderasien ursprünglich funfzehn Jahrhunderte hindurch
ausschließlich im Besitze der Scythen gewesen sei; auch erfahren
wir an gleicher Stelle, daß diese asiatischen Scythen noch älter
als die Aegypter, überhaupt das älteste Volk der Erde waren.
In der klassischen Literatur des Alterthums steht diese Angabe
allerdings vereinzelt da³); erwägt man indessen, daß Trogus

---

¹) Herodot's Mittheilungen über diese alljährlichen Versteigerungen
von jungen Mädchen in Babylon sind bekanntlich durch inschriftliche Urkunden
wörtlich bestätigt worden; vgl. meine Premières civilisations, Bd. II, S. 229,
in der deutschen Uebersetzung, Bd. II, S. 166.
²) II, 3; vgl. I, 1.
³) Maspéro, Histoire ancienne des peuples de l'Orient, S. 133, er=

Pompejus dieselbe ohne Zweifel asiatischen Ueberlieferungen entnommen hatte, und daß unter den asiatischen Scythen stets die Turaner zu verstehen sind, — während die Entscheidung der specielleren Frage nach der Nationalität der europäischen Scythen vorbehalten bleibt, — so beweist die erwähnte Angabe immerhin, daß die Erinnerung an ein turanisches Asien, welches noch vor den Einwanderungen Sem's und Japhet's bestand und, während die Arier und Semiten noch ein Hirtenleben führten, bereits einen gewissen Culturgrad erreicht hatte, nicht gänzlich geschwunden war.

Dieser ursprünglichen Bevölkerungsschicht eines großen Theiles von Asien gehörten auch die Akkader an. Ihr Aufenthalt in Chaldäa kann durchaus nicht als eine sporadische Erscheinung betrachtet werden; denn eine solche ließe sich gerade hier, weitab von jenen nördlichen Gegenden, wo wir heute die turanischen Völker noch im Vollbesitze ihrer Individualität wiederfinden, nur schwerlich erklären. Die Akkader gehörten zur Zahl jener Völker= schaften, welche, nach den Kriegsberichten der assyrischen Könige zu urtheilen, noch im neunten und achten Jahrhundert v. Chr. eine besondere Gruppe bildeten.

Des Justinus Zeugniß wird also durch Thatsachen aus dem frühesten Alterthum bestätigt; und dieses muß unstreitig als eines der bedeutendsten Ergebnisse der assyriologischen Studien betrachtet werden. Denn wenn auch die Geschichte der Zerstreuung der turanischen Stämme sich nie mit Bestimmtheit wird ermitteln lassen, — da dies Ereigniß in eine Zeit fällt, wo die Geschichte noch nicht regelmäßig aufgezeichnet wurde, — so vermögen wir doch schon zum Theil den allgemeinen Verlauf dieser Zerstreuung zu erkennen, soweit die Spuren derselben durch weitere Wande= rungen und Zwischenfälle nicht völlig verwischt sind. Es läßt sich sogar mit ziemlicher Bestimmtheit annehmen, daß einzelne Zweige der turanischen Rasse sich gleich Anfangs in nördlicher

innert indessen daran, daß die christlichen Chronographen, unzweifelhaft nach älteren Quellen, eine ganze Periode der allgemeinen Culturentwickelung mit Σκυθισμός bezeichneten.

Richtung ausbreiteten und im Altai, an den Ufern des Aralsee's und den Thälern des Uralgebirges sich niederließen, während andere nicht minder zahlreiche Stämme ihren Weg nach Süden nahmen und noch vor den Kuschiten auf dem Boden Vorder= asiens, einestheils in der Richtung bis zum persischen Meerbusen, anderentheils fast bis zum mittelländischen Meere sich ansiedelten.

Diese Thatsache ist ohne Zweifel von höchster Bedeutung; denn sie ist mehr denn jede andere geeignet, bezüglich der Akkader oder Turaner Chaldäas den richtigen Sachverhalt nachzuweisen und alle in dieser Beziehung noch geltend gemachten Zweifel zu entkräften oder gar vollends zu beseitigen. Ich schließe daher dieses Capitel mit einem Gesammtblick auf alle turanischen Völ= kerschaften, welche nach Angabe der Inschriften der assyrischen Eroberer in einem großen Theile Vorderasiens vom zwölften bis zum achten Jahrhundert bestanden; und wir werden in dieser Weise noch einmal Gelegenheit haben, den Akkadern ihre richtige historische und ethnographische Stellung anzuweisen.

In einem der voraufgehenden Abschnitte habe ich bereits ausführlich und unter Bezugnahme auf die Arbeiten von Wester= gaard, Saulcy, Norris, Oppert und Mordtmann sowohl die Sprache des vorarischen Mediens als auch den An= theil besprochen, den die alten religiösen Vorstellungen dieses Landes, mit mazdeischen Lehren sich vermischend, an der Bildung und Entwickelung des Magismus der iranischen Meder hatten. Diese Letzteren scheinen die frühere Bevölkerung erst gegen das achte Jahrhundert unterjocht zu haben, bis zu welcher Zeit das eigentliche Medien ein völlig turanisches Land war; doch hatte die iranische Rasse die Gegend von Rhagä nicht überschritten, wie sich aus dem ersten Fargârd des Vendidâd=Sâde ergiebt[1]). Die turanischen Protomeder hatten der Civilisation des Euphrat= und Tigrislandes die Keilschrift entlehnt, und sie bedienten sich derselben noch unter den Achämeniden: dieses Schriftsystem hatte sich hier so eingebürgert, daß es sogar einen eigenen paläo= graphischen Charakter annahm, der es leicht von den Schriftarten

---

[1]) Vgl. den ersten Theil meiner Lettres assyriologiques, Serie I, Bd. I.

Babylons und Ninives unterscheiden läßt, obgleich es unzweifel=
haft aus der nämlichen Quelle hervorgegangen [1]). Das Proto=
medische der zweiten Redactionsperiode der trilinguen Inschriften
der Perserkönige ist im Vergleich zu den heutigen Sprachen tu=
ranischer Abkunft vornehmlich mit den türkisch=tartarischen ver=
wandt, während das Akkadische sich eher an die ugrisch=finnischen
anlehnt; beide Sprachen stehen ungefähr in gleichem Verhältniß
zu den neueren Idiomen, wenn auch eine Jede zu Idiomen einer
besonderen Gruppe [2]). Die alten, bereits seit vielen Jahrhunderten

---

[1]) Die protomedische Schrift der Achämenidendenkmäler ging aus der
susianischen hervor; diese letztere zeigt indessen einen doppelten Typus: einen
veralteten, der nur wenig vom altbabylonischen abweicht, und einen neueren,
der die Quelle der medischen Schrift war.

Das Verwandtschaftsverhältniß der verschiedenen Keilschriftarten ist unge=
fähr folgendes:

	Hieratische Schrift	
Altbabylonische Schrift	Altninivitische Schrift	Altsusianische Schrift
Neubabylonische „	Neuninivitische „	Neususianische „
	Armenische oder alarodische Schrift	Medische Schrift · Persische Schrift.

[2]) In grammatischer Beziehung ist das Protomedische allerdings zu ver=
schieden vom Akkadischen, als daß es nicht zu einer anderen Gruppe, wenn
auch der nämlichen Sprachfamilie, gerechnet werden müßte.

Am deutlichsten treten diese Verschiedenheiten am Zeitwort hervor; denn
während die akkadische Verbalbildung im Wesentlichen mit der tungusischen
übereinstimmt, entspricht dagegen das protomedische Verb in seinen Grund=
formen eher demjenigen der türkisch=tartarischen und ugrisch=finnischen Idiome.
Auf den ersten Blick ließe sich sodann auch in der Pronominalbildung eine
gewisse Verschiedenheit annehmen: doch entfernen sich diese Abweichungen nicht
von der Scala der Schwankungen, welche Castrén in seiner bekannten Schrift
über die Pronominalaffixe der altaischen Sprachen festgestellt hat; auch lassen
sich sogar viele der betreffenden Formen auf ein und denselben Ursprung zu=
rückführen.

Neben diesen stärker hervortretenden Verschiedenheiten bestehen aber zwischen
dem Protomedischen und Akkadischen, außer der Gemeinschaft der Agglutina=
tion, selbst in grammatischer Beziehung viele engere Verwandtschaften:

1. Die Organverwandtschaft, welche aus m einen besonderen, zwischen m
und v die Mitte haltenden labial=dentalen Laut macht.

2. Die Identität einiger Casussuffixe. Das Suffix na, als Zeichen des
Genitivs, ist im Protomedischen und Akkadischen vorhanden. Die Postposition

erloschenen Südturaner zerfielen also in mehrere Gruppen; und
diese entsprechen genau den verschiedenen Zweigen der Nord=
turaner, die sich allein bis auf heute erhalten haben.

ikka oder ikki, welche im Protomedischen beziehungsweise Ruhe oder Bewegung
ausdrückt, ist mit dem Suffix des akkadischen Bewegungscasus ku. zu ver=
gleichen. Die protomedische Dativpartikel be ist allerdings verschieden von
der entsprechenden akkadischen Casuspartikel. Auch wird der Locativ im Akka=
dischen mit ta, im Protomedischen und Mordwinischen mit va bezeichnet; doch
scheint sich der Ursprung dieser letzteren Postposition durch das akkadische ma
„Gegend" erklären zu lassen, welches nicht selten als Formativpartikel mit
localem Sinne nachgestellt wird. Die zusammengesetzte protomedische Post=
position ativa „innerhalb" scheint aus va und einer dem akkadischen Locativ
ta entsprechenden Partikel entstanden zu sein.

3. Während das Protomedische einerseits den Pluralis ganz anders als
das Akkadische bildet, und zwar auf ib nach einem Vocal, auf be nach einem
Consonanten, so erscheint doch andererseits die Partikel mes, welche, ohne
gleichzeitige Agglutination an das Nomen, als Postposition nicht selten Plu=
ralia im Akkadischen abschließt, mit mas oder immas identisch, dessen Apposi=
tion im Protomedischen Collectiva wie tippimas, die Gesammtheit einer mehr=
theiligen Inschrift wie die von Behistun (tippi = Tafel, Inschrift), und
dassunumas, die Gesammtheit eines Volkes (dassunu = Volk), oder aber in
ausgedehnterem Sinne Abstracta wie unanmas „Königthum" (unan „König")
und titkimmas „Falschheit, Lüge" (titki „das Falsche, Unrichtige") erzeugt.

4. Eine gewisse Verwandtschaft zwischen dem Formativ ka der protome=
dischen Passivparticipia und dem Formativ ga der akkadischen Adjectiva ist
immerhin annehmbar.

5. Das Affix ir, mit der Geltung eines reciproken Pronomens im Pro=
tomedischen, ist ohne Zweifel mit der Partikel ra verwandt, die in den Ver=
balagglutinationen des Akkadischen die reciproken und cooperativen Formen
hervorbringt.

6. Obgleich die Agglutination im Protomedischen fast ausschließlich derart
geschieht, daß alle Elemente dem Wurzelwort nachgestellt werden, so giebt es
doch einzelne seltene Formativpartikeln, die, dem Akkadischen entsprechend, dem
Wurzelwort vorangehen. So z. B. das Augmentativ pir (pirsatanika „sehr
geräumig", von satanika „ausgedehnt") und das Localisativ it (itkat „Ort",
vom gleichbedeutenden kata); dieses letztere findet sich auch im Akkadischen, in
der Form id, wieder.

7. Dem gewöhnlichen Sprachgebrauch der heutigen türkisch=tartarischen
und ugrisch=finnischen Idiome widersprechend folgt im Protomedischen, wie im
Akkadischen, das Adjectiv stets dem Substantiv, auf welches es sich bezieht.

8. Der Genitiv kann im Protomedischen, wie im Akkadischen, ohne Decli=
nationspartikel durch die bloße Stellung bezeichnet werden; in diesem Falle
geht er aber dem Beziehungssubstantiv voran, während er sonst, wenn er mit
einer Postposition versehen ist, demselben nachsteht; im Akkadischen tritt er

Südlicher gab es sodann andere Turaner, deren speciellere Stammesangehörigkeit sich indessen noch nicht genauer bestimmen läßt; nur soviel steht fest, daß sie einen wesentlichen Bestandtheil

---

meist hinter das betreffende Substantiv. So heißt im Protomedischen „Sohn des Cyrus" = Kuras sakri und tar Kurasna, wie auch im Tscheremissischen „Sohn Davids" unterschiedslos durch David erga oder erga Daviden ausgedrückt wird. —

Ebenso zahlreich als augenscheinlich sind endlich die lexicalischen Verwandtschaften. Die nachstehend angeführten scheinen mir keinem Zweifel zu unterliegen:

Protomedisch:	Akkadisch:
hadi, adda, Vater	ad, adda, Vater
anna-p, Gott	ana, Gott (im beterminirten Casus anab)
ani inne } nein	nu, nein
as, Gesang, Hymnus	as, Verwünschung, Bezauberung
bala, jenseits	bal, überschreiten, durchschreiten
bat-in, Bezirk .	bat, Umkreis, Festung
beb, sich abtrennen, empören	bab, entgegengesetzt sein, anders
böl-ki, Zeit, Jahr	bal, Zeit, Jahr
böt, Kampf, Gemetzel	bat, töbten, sterben
dar, voll	til, vollständig
dippi, Tafel, Inschrift	dubba, beschriebene Tafel
duv-a, werden, erreichen	du, gehen
e-mid-u, wegnehmen	mad, nehmen, erobern
eari-t, Ufer	usar, Ufer
ev-a, Säulenhalle, Palast	ê-a, Haus
kutta, ebenso, gleicherweise	kita, mit
lab-a, dienen, unterworfen sein	lab, Sclave, Diener
ir-maul, Wohnort	mal, bewohnen
mass-i, abschneiden, unterbrechen	mas, abschneiden, theilen
pirru (in pirru-irsarra), Versammlung, Ansammlung von Menschen, bezw. Kriegern	bir, Mensch, Krieger
ruh, Mensch	rum, Mensch
sat-a-ni-ka, ausgedehnt	sud, ausdehnen
sini, geben	sîmu, geben
siy-a, sehen	si, sehen
tar-tu, strafende bezw. belohnende Gerechtigkeit	tar, feststellen, entscheiden, regeln.
tir-i, sagen, rufen	dil, ausrufen, ankündigen
tur, Sohn	tur, Sohn, klein.

ber Bevölkerung von Susiana bildeten, welche der babylonischen entsprechend civilisirt und bereits dreiundzwanzig Jahrhunderte vor unserer Zeit mächtig genug war, um größere Kriegs- und Eroberungszüge zu unternehmen. Ueberhaupt war Susiana eines der interessantesten Länder, auf dessen Boden in historischer Zeit fast alle westasiatischen Völker zusammenkamen. Man traf hier zu gleicher Zeit Semiten [1]) und zahlreiche turanische Völker an, welche in der Bibel sowie den klassischen Geographen als Susianer [2]), Apharsäer oder Amarder [3]) und Uxier [4]) bekannt sind, endlich die Cissier oder Kossäer, die durch Kusch [5]) vom Ham

Protomedisch:	Akkadisch:
turi, seit	turi, durchschreiten, überschreiten
unan, König	enana, Oberherr, Fürst
vuru-n, Erbe, Land	uru, Stadt
zauvi-n, Schatten, Schutz	izmi (izvi), Schatten, Schutz.

Die Vertauschung von r und l, die ich hier stellenweise eintreten lasse, ist im Akkadischen durchaus häufig. —

Obige Zusammenstellung dürfte übrigens in Kurzem noch manche Berichtigung und Ergänzung erfahren. Die grammatische Arbeit, welche Oppert demnächst über die Sprache der zweiten Redaction der Achämenideninschriften zu veröffentlichen beabsichtigt, wird unsere Kenntniß des Protomedischen zweifelsohne bedeutend erweitern und daher auch zu Vergleichen zwischen dem Idiom der nichtarischen Meder und der akkabischen Sprache viele neue Anhaltepuncte liefern. In sofern sehen auch wir dieser neuen Publication unseres gelehrten Mitgliedes des Collège de France mit großer Spannung entgegen.

[1]) Die Elamiter der Genesis (X, 22).

[2]) Susinak, wie sie selber sich nennen.

[3]) Hapirti, wie die protomedischen Inschriften auch ganz Susiana bezeichnen; vgl. Norris, Journal of the Royal Asiatic Society, Bd. XV, S. 4 und 164. — In den ninivitischen Wörterverzeichnissen lautet ihr Name Khubur; die Inschriften von Mal-Amir, welche speciell dem amardischen Dialect angehören, verzeichnen dagegen Aipir, mit fast vollständiger Tilgung der Gutturalis zu Anfang; vgl. meine Etude sur quelques parties du syllabaires cunéiformes, S. 71 ff.

[4]) Uvaja „die Autochtonen", wie die persischen Inschriften auch die Gegend selber nennen. Das arabische Khuz leitet sich ebenfalls davon ab.

[5]) Der äthiopische oder kephenische, also kuschitische Sagenkreis erstreckt sich auf Susiana wie auf Babylonien; vgl. Th. Lenormant, Introduction à l'histoire de l'Asie occidentale, S. 240 ff. — Knobel, Die Völkertafel der Genesis, S. 249.

abstammen und auf den ninivitischen Basreliefs fast als Neger
dargestellt werden [1]). Die Arier allein scheinen von Susiana
abwesend gewesen zu sein, als die assyrischen Könige der letzten
Dynastie, wie Sinakheirib und Assurbanhabal, die Eroberung des Landes unternahmen; sie betraten dasselbe erst unter
den Achämeniden, als diese, durch die vorzügliche Lage von Susa
bewogen, diese Stadt zu einer ihrer Hauptstädte machten.
Sämmtliche Völker die ich hier genannt habe, scheinen bis nach
dem Sturz der persischen Herrschaft ihre besondere Nationalität
bewahrt zu haben; sie bestanden zwar neben einander, wie etwa
die verschiedenen Völkerschaften im heutigen Ungarn, gingen aber
nicht völlig in einander auf. Ihr anthropologischer Typus läßt
sich am deutlichsten in den Gestalten der susianischen Gefangenen
erkennen, welche die Kriegsbilder der assyrischen Paläste darstellen [2]). Seit den ältesten Zeiten besaß jedoch das turanische
Element die politische Suprematie; und es bewahrte dieselbe, bis
es unter den Achämeniden vom iranischen Element überboten
wurde. Die turanische Bevölkerung hatte allen übrigen ihre
Sprache, wenigstens im amtlichen Verkehr und als gemeinsames
Idiom auferlegt; selbst die Könige der Kassi oder Cissier, welche
unter Hammuragas Babylonien eroberten und daselbst mehrere Jahrhunderte hindurch ihre Herrschaft behaupteten, führten
Namen, welche dieser Sprache entlehnt waren [3]). Das Idiom

Der berühmte Memnon von Susa, der in diesen Sagen eine hervorragende Rolle spielt, ist wahrscheinlich kein anderer als der große susianische
Gott Umman oder Amman, auch Ammankasibar genannt (vgl. Smith,
History of Assurbanipal, S. 228), dessen Benennung, mit Königsnamen
verbunden, die Zusammensetzungen Umman-minan, Te-Umman, Um-
man-aldas, Umma-nigas (statt Umman-nigas), Umman-appa,
Umman-amni u. a. ergab.

[1]) Die Abkömmlinge der alten Kossäer werden von einigen musulmanischen
Geographen, wie Istakhri, auch Dilemiten „die ganz Schwarzen“ genannt, eine Bezeichnung, welche vom Arabischen herstammt.

[2]) G. Rawlinson, The five great monarchies, zweite Aufl., Bd. II,
S. 500.

[3]) Nach den Eigennamen cissischer Könige und anderer Individuen gleicher
Abkunft, welche mit assyrischer Uebersetzung auf einer Tafel des britischen
Museum (W. A. I., II, 65, 2) verzeichnet sind, scheint zwischen der Sprache

ihrer Keilinschriften, welche bis in die späteste Zeit ein alterthümliches Gepräge bewahrten, ist offenbar turanisch oder altaisch;

---

der Kassi und derjenigen der eigentlichen Susianer eine ähnliche bialectische Verschiedenheit bestanden zu haben wie zwischen dem eigentlichen Susianischen und dem Amarbischen der Inschriften von Mal-Amir. So hieß z. B. „Anbetung" im Cissischen kadar (häufig in kara contrahirt), während die Susianer kudhur sagten; desgl. „beschützen" im Cissischen nimgi, im Susianischen niga oder nagi.

Die Götter der Kassi, deren Benennungen einen Bestandtheil der obenerwähnten Eigennamen bilden, unterscheiden sich aber ganz besonders von denjenigen der Susianer. Es sind dies: Kit, welcher dem chaldäisch-assyrischen Samas entspricht und auch den Amardern von Mal-Amir bekannt ist; Khali — Gula; Murbus oder Murus — Bel; Sibarru, in der assyrischen Uebersetzung Simalia, wie er wahrscheinlich im Specialcultus einiger babylonischen Bezirke hieß; endlich Dunyas, Buryas und Sumu, anscheinend eine Contraction von Sukmu oder Sukamu, da dieser Gott bisweilen auch Sukamuna genannt wird. — Bei den Susianern findet sich nicht einer dieser Namen vor. Unter den Göttern, welche die Landesinschriften oder die Kriegsberichte Assurbanhabal's in Susiana nennen, begegnen wir zuvörderst Susinka, dem Nationalgott von Susa, dessen eigentlicher Name wahrscheinlich Armannu war (vgl. W. A. I., II, 60, 8. 9); sodann Nakhthunte, deren Bildniß in einem heiligen Hain zu Susa bewahrt, aber nur Eingeweihten zugänglich war. Diese Göttin scheint übrigens die nämliche zu sein, die nach der Entführung des berühmten Standbildes aus Uruk mit der chaldäischen Nana identificirt und sodann von den Griechen Artemis Nanäa genannt wurde (W. A. I., III, 23, 8. 9—14; 35, 1 und 2; 36, 2; 38, 1. — S. Melit. ap. Spicileg. Solesm., II, S. XLIII; Renan, Mém. de l'Acad. des Inscriptions, neue Folge, Bd. XXIII, zw. Theil, S. 322 ff; vgl. auch meinen Commentaire des fragments cosmogoniques de Bérose, S. 100, und meine Abhandlung über die Artemis Nanäa in der Gazette archéologique, 1876, S. 10—18, 58—68.). Auf Susinka und Nakhthunte folgen sodann sechs Götter, welche Assurbanhabal als solche „ersten Ranges" bezeichnet; dieselben waren anscheinend zu einer doppelten Trias gruppirt, wahrscheinlich entsprechend der obersten Doppeltrias der chaldäisch-babylonischen Religion: Sumudu, Lagamar oder Lagamal (dessen Cultus sich in Surripak einbürgerte) und Partikira einerseits, andererseits Umman oder Amman, wahrscheinlich ein Sonnengott, Sapak und Uburan, anscheinend eine Personification des Mondes, da der erste Bestandtheil dieses Namens, udu, das susianische Analogon zum akkadischen idu oder itu gewesen zu sein scheint. Endlich erwähnen Assurbanhabal's Annalen noch zwölf Götter und Göttinnen niederen Ranges, deren Bildnisse ebenfalls bei der Plünderung Susa's erbeutet wurden: Ragiba, Sungursara, Karsa und Kirsamas (welche anscheinend ein Ehepaar bildeten), Subunu, Aipaksina (der erste Bestandtheil dieses Namens, es nähert sich einerseits dem Protomedischen, andererseits dem Akkadischen, ist aber doch wohl mit ersterem enger verwandt [1]).

---

aipak, entspricht dem protomedischen hupak „Haupt, Fürst"), Bilala, Pa = nitimri, Silagara, Napsa, Nabirtu und Kindakarbu. Hiezu kommt noch Laguda, dessen Cultus zu Kisik in Chaldäa herrschte, sowie ein Gott, dessen Name in den assyrischen Transcriptionen Khumba, in den susianischen Originalurkunden aber Khumbukhume und Khumbume lautet. Taki oder tagu, dessen Ideogramm die Schriftzeichen für „Gott" und „groß" in sich vereinigt, war jedenfalls nur ein Wort der Sprache, kein Göttername.

Der susianische Khumba oder Khumbume ist wahrscheinlich identisch mit dem cissischen Khammu, dessen Name im Compositum Khammu = ragas enthalten ist. Auch scheint der Göttername, den der erste Bestandtheil des cissischen Eigennamens Ammi = bitaga repräsentirt, mit dem Umman oder Amman von Susa verwandt zu sein. Endlich verrathen mehrere Personennamen der Kassi die Existenz eines Gottes Sipak, welcher vielleicht dem susianischen Sapak entsprechen dürfte. Diese drei Berührungspuncte zwischen den Götterkreisen der Cissier und Susianer sind übrigens die einzigen, die ich bisher aufzufinden vermochte.

Bei den Amardern, denen wir die Inschriften von Mal-Amir verdanken, finden wir endlich außer Kit, dem Sonnengott, den sie mit den Susianern gemein haben, noch zwei andere Götter, Dipti und Tirutur, deren Attribute nicht näher bekannt sind. Doch ließe sich vielleicht Tirutur mit Teru, dem großen Gott der Na'iri-Stämme, zusammenstellen, wofern dieser Name, wie einige Anzeichen vermuthen lassen, nicht durch Contraction aus Tegru oder Temru, dem akkadischen dingira = dimer entsprechend, entstanden ist.

[1]) Aus den susianischen Urtexten, die ich im zweiten Heft meines Choix de textes cunéiformes veröffentlichte, ergiebt sich die Unmöglichkeit, die protomedische Sprache als „elamitische" zu bezeichnen, auf's ersichtlichste. Auch lassen sich daraus folgende grammatische und lexicalische Erscheinungen der susianischen Sprache feststellen:

1. Es giebt zwei Arten der Pluralbildung, die eine auf mes, wie im Akkadischen, die andere auf ib, wie im Protomedischen: sunki „Herrschaft", Plur. sunkib.

2. Die Declinationscasus werden mittelst Postpositionen gebildet; unter diesen bezeichnet na den Genitiv.

3. Der Genitiv kann, wie im Akkadischen, ohne Casusendung durch die bloße Stellung bezeichnet werden: sunkik Anzan „Herrscher von Anzan".

4. Der Genitiv folgt, wie im Akkadischen, dem Substantiv, welches ihn regiert.

5. Das Adjectiv tritt dagegen vor das Substantiv: gik sunkik „mächtiger Herrscher".

6. Nomina agentis bildet das Susianische, dem Akkadischen entsprechend, durch Beifügung einer Postposition ik: sunki „Herrschaft", sunkik „Herrscher".

7. Adjectiva werden auf ak gebildet, welches an das akkadische Formativ

Werfen wir endlich noch einen Blick auf die Gebirgsmasse, der die beiden großen Ströme Mesopotamiens entspringen, so finden wir, daß die Turaner hier bis zum neunten und achten

ga oder die Passivparticipia des Protomedischen erinnert: Susinak „Susianer"; libak „stark, muthig", von der Wurzel liba.

8. Die Verbalconjugation stimmt anscheinend häufig mit der Protomedischen überein. —

9. Unter den wenigen Wörtern, deren Bedeutung sich mit Sicherheit feststellen läßt, ist eine erhebliche Anzahl mit akkadischen eng verwandt:

an, Gott	akkabisch: ana
annap, Gott	„ anab
anin, König	„ enana
ua, Haus	„ êa
gik, mächtig	„ gig (heftig sein)
kit, Sonne	„ kittu (untergehende Sonne)
khal, groß	„ gal
libak, stark, muthig	„ lab
meli, Mensch	„ mulu
raga, ragas, schaffen, erzeugen	„ rak (weibl. Scham, weiblich).

10. Andere Wörter, die kein Analogon im Akkadischen haben, besitzen ihre nicht minder augenscheinlichen Parallelwörter im Protomedischen:

aak, und, auch	protomedisch: aak
niga, nagi, schützen	„ nisgi
śunki, Herrschaft }	
śunkik, Herrscher }	„ śunkuk
sak, Sohn	„ sakri.

11. Endlich bleiben noch einige Wörter sui juris, die bis jetzt keine Vergleichung gestatten; so z. B.:

burna, Gesetz
kudhur, Anbetung, Dienst
nazi, Herr, erhaben
ulam, Abkömmling.

(Nachschr. von 1878.) Obige Note habe ich im Wesentlichen unverändert gelassen, da sie ein besonderes Datum hat und die ersten Untersuchungen über das Idiom der susianischen Inschriften zusammenfaßt.

Das Studium dieser Sprache hat indessen seitdem große Fortschritte gemacht, die wir einerseits Sayce's gelehrter Arbeit The languages of the cuneiform inscriptions of Elam and Media (in den Transactions of the Society of Biblical Archaeology, Bd. III, S. 465—485), andererseits der werthvollen Abhandlung verdanken, welche Oppert über die Inschriften von Susa und Mal-Amir im zweiten Bande des Compte rendu du Congrès

Jahrhundert als ausschließliche Herren ansässig waren. Die Verwandtschaft der geographischen und Personennamen, welche die assyrischen Inschriften in großer Anzahl enthalten, weist eine lange Kette von Bevölkerungen nach, welche mit den Akkabern und ersten Bewohnern von Medien stammesverwandt waren und von diesem letzteren Lande in westlicher Richtung bis in die Mitte von Kleinasien sich hinzogen. Wir begegnen hier zunächst den alten turanischen Stämmen von Atropatene, welche später von den iranischen Medern in die Gebirge am Kaspischen Meer zurückgedrängt und in dieser Abgeschiedenheit bis auf die klassischen Zeiten als Nichtarier (Anariacae) bezeichnet wurden; sodann jenen zahlreichen Völkerschaften, welche das Gebirgsland Nahiri inne hatten [1]), auf welchem der Tigris entspringt und wo noch heute ihre allmälig gänzlich arisirten Abkömmlinge den Namen Kurden [2]) bewahren. Noch westlicher gelangen wir endlich zu den Völkern von Mesech und Tubal, welche anscheinend ebenfalls mit derselben Völkergruppe in Verbindung stehen; sie waren zur Zeit des Assyrers Sargon, Ende des achten Jahrhunderts, schon geschwächt und von Völkern anderer Abkunft zum Theil überfluthet; doch beherrschten sie im zwölften Jahrhundert, zur Zeit ihrer großen Kriege mit Teglathphalasar I., fast ganz Kleinasien; sie waren dazumal noch nicht auf kleinere Districte in Paphlagonien und Pontus beschränkt,

---

international des Orientalistes (Pariser Sitzung) veröffentlicht hat. Eine Prüfung der ausgezeichneten Uebersetzungen, welche Oppert vermöge seines Scharfsinnes von diesen Inschriften zu geben vermochte, desgl. eine Untersuchung der mir noch zweifelhaften Stellen, sowie eine Rechtfertigung einzelner Aenderungen und endlich ein Nachweis der Fortschritte überhaupt, welche die Wissenschaft insbesondere auf diesem Gebiet dem genannten hochverdienten Gelehrten zu verdanken hat, — dies Alles kann jedoch hier keine Stelle finden; es wird das vielmehr die Aufgabe einer specielleren Arbeit sein, welche ich demnächst unternehmen zu können hoffe.

[1]) Im Süden von Armenien, wo noch nicht die Armenier arischer Abkunft, sondern die mit den heutigen Georgiern eng verwandten Alarodier wohnten. Vgl. meine Lettres assyriologiques, Ser. I, Bd. I.

[2]) Dieser Name zeugt ebensosehr von ihrer ursprünglichen Verwandtschaft mit den Chaldäern turanischer Rasse, wie der Name Akkad, den die Assyrer zuweilen für das Land Nahiri wie für das südliche Chaldäa gebrauchten.

sondern hatten außer diesen beiden Provinzen noch die ganze
Tauruskette mit Kappadocien ¹) inne, welches die klassischen
Schriftsteller als ihren ursprünglichen Wohnsitz bezeichnen, aus
dem sie erst später durch die arischen Phrygier und semitischen
Leukosyrer verdrängt wurden ²).

Die verschiedenen Völkerschaften, die von Finnland bis an
die Ufer des Amur noch heute den Norden Europas und Asiens
bewohnen, die Finnen und Tschuden, Türken und Tartaren,
Mongolen und Tungusen, deren linguistische Einheit R a s k ,
C a s t r é n und M a x M ü l l e r festgestellt, sind also die Reste
einer großen Rasse, welche vormals eine weite Länderstrecke in
Vorderasien inne hatte und, wie die Anthropologen bestätigen,
auch im vorhistorischen Europa, vor der Niederlassung der Arier,
durch einzelne Stämme vertreten war. Daß ebendiese Völker die
Bearbeitung der Erze erfanden und vor allen anderen aus-
übten, habe ich bereits in einer früheren Arbeit ³) nachzuweisen
versucht, deren Ausführungen übrigens auch b' E c k s t e i n und
M a u r y beitreten. Jedenfalls aber erstarrte ihre Sprache, wie
M a x M ü l l e r und v o n B u n s e n nachgewiesen, bereits in
ihren frühesten Anfängen; denn sie gelangte nicht über jenes
Stadium der Entwickelung, welches der Bildung der flectirenden
Idiome, wie der semitischen und arischen, voraufging. Die in
Rede stehende Völkerfamilie, deren anthropologischer Typus eine
in den verschiedenen Stämmen abwechselnd mehr oder minder
ausgeprägte Mischung der weißen und gelben Rasse verräth,
dürfte sich daher früher als alle übrigen vom gemeinsamen Stamme

---

¹) Der Stadtname Mazaka läßt ebenfalls darauf schließen.
²) Vgl. G. R a w l i n s o n , On the ethnic affinities of the nations of
Western Asia, im ersten Bande seiner Herodot-Uebersetzung; dsgl. meine
Lettres assyriologiques, Ser. I, Bd. I.
Obige Darstellung habe ich unverändert wiedergegeben, wie sie in der
ersten französischen Ausgabe dieses Buches enthalten ist. Denn wenn auch
S a y c e neuerdings die turanische Abstammung der Völker von Mesech und
Tubal bestreitet, so dürfte diese Ansicht, ungeachtet der gewichtigen Gründe die
sie unterstützen, doch erst einer eingehenderen Prüfung bedürfen.
³) In meinen Premières Civilisations, Bd. I, S. 108—138; in der
deutschen Uebersetzung, Bd. I, S. 65—94.

der geschichtlichen Völker abgesondert haben; und sie löste sich dann in einzelne Stämme auf, die sich weithin ausbreiteten und bereits im frühesten Alterthum eine besondere ethnische Existenz hatten.

Der Gelehrte von Bunsen, der zuerst zu dieser Ansicht gelangte, hatte also in der That mit überraschendem Scharfsinn ein geschichtliches Factum geahnt, welches nunmehr durch die Enthüllungen der Keilschrifttexte zum Theil schon bestätigt ist und mit den weiteren Fortschritten der Wissenschaft jedenfalls noch vollends bestätigt werden dürfte: ein Ergebniß, welches für die Urgeschichte der Menschheit und die Geschichte der frühesten Völkerwanderungen unzweifelhaft von größter Bedeutung sein wird.

Handelt es sich endlich noch darum, den in Rede stehenden Völkercomplex mit einem passenden Gesammtnamen zu bezeichnen, so glaube ich die Benennung turanische Völker vorziehen zu müssen, ungeachtet der Ausdehnung, die ihr Max Müller verlieh, indem er sogar die dravidischen Stämme miteinschloß, deren turanische Verwandtschaft doch gewiß mehr als zweifelhaft ist. Die Bezeichnung Allophylen, welche englische Gelehrte vorschlugen, ist dagegen zu allgemein und daher nicht zutreffend genug, während andererseits die Bezeichnungen ural-altaische oder altaische Völker bezw. Sprachen wiederum zu beschränkt sind und richtig wohl nur für die gegenwärtig vorhandenen Völker, nicht aber auch für die Akkader Chalbäas und die ersten Bewohner Mediens gebraucht werden könnten.

Ende des ersten Theils.

Anhang.

I.

Oannes = Êa.

Die Identität des Gottes Oannes des Berofus mit dem akkadifchen Ana und affyrifchen Anu wurde bisher faft allgemein als Thatfache anerkannt; gegenwärtig fehe ich mich indeffen veranlaßt, anderer Anficht zu fein. Die Gestalt des Oannes hat fich allerdings genau fo, wie fie in den Fragmenten des chaldäifchen Historiographen befchrieben ift, auf Bildwerken[1] und Cylindern[2] wiedergefunden; doch ließ fich bisher keine Stelle in den keilfchriftlichen Urkunden nachweifen, welche Anu, dem Oannes des Berofus entfprechend, als Fifchgott und Gott der Weisheit und Gefetzgebung zugleich charakterifirte. Dagegen paffen, denfelben Texten zufolge, Phyfiognomie und Rolle des Oannes genau auf Êa.

Hellabius[3] berichtet faft übereinftimmend mit Berofus, daß „ein gewiffer Oës, der einen Fifchleib, jedoch Kopf, Füße und Arme eines Menfchen hatte, aus dem Erythräifchen Meere auftauchte und Literatur und Sternenkunde lehrte; es fei jedoch auch abweichend behauptet worden, daß diefer Oës aus dem erften Ei (woher fein Name) hervorgegangen und nur anfcheinend

---

[1] Layard, Monuments of Nineveh, neue Folge, Taf. VI.
[2] Lajard, Culte de Mithra, Tfl. XVI, Nr. 7; Tfl. XVII, Nr. 1, 3, 5 und 8.
[3] Ap. Phot., Biblioth. cod. 279, S. 1598.

fischgestaltig gewesen sei, da er sich mit einer Wallfischhaut be=
kleidete." — Der Name Ὠής ist nun jedenfalls ebenso nahe mit
Êa verwandt, als der Name Ἀός, den Damascius dem frag=
lichen Fischgotte giebt. Es bleibt daher nur noch festzustellen,
in wiefern der Name Ὠάννης auf Êa zurückzuführen sei.

In den Fabeln des Hyginus[1]) findet sich u. a. auch fol=
gender Satz: Euahanes, qui in Chaldaea de mari exiisse dicitur,
astrologiam interpretatus est; und hierin glaube ich den Schlüssel
zur Lösung der Frage finden zu sollen. Denn Euahanes ist
offenbar nur eine vollere und genauere Form als Oannes,
welcher das akkadische Êa χan „Êa der Fisch" zweifelsohne zu
Grunde liegt.

Ein anderes Fragment[2]) des Berosus nennt den Gott
Oannes: τὸν Μυσαρὸν Ὠάννην, τὸν Ἀννήδοτον. Ich schlug s. Z.
vor, μυστιχόν an Stelle von μυσαρόν zu lesen, während C. Müller
δεύτερον dafür annahm. Diese Aenderungen waren indessen
ganz unnöthig, ja unrichtig. Denn Μυσαρός ist lediglich die Ueber=
setzung eines assyrischen Beinamens des in Rede stehenden Gottes,
d. h. von musiru (Particip des Aphel von רשא) „der das Recht,
die Gerechtigkeit handhabt"; und als solcher entspricht Êa auch
genau dem phönicischen Μισώρ des Sanchuniathon. Was
endlich Ἀννήδοτος betrifft, so erkenne ich darin einen Beinamen
akkadischen Ursprungs, dessen Bedeutung noch zweifelhaft ist, der
aber im Verzeichniß der Namen des Êa[3]) erwähnt wird und,
wie viele andere, bei den Assyrern seine alte Form, Nin=butur,
unverändert bewahrte.

Ein drittes Fragment[4]) des Berosus erwähnt noch fünf
weitere Theophanien des Oannes, die auf Annebotos folgen
und in die Zeit zwischen der Schöpfung und der Sintfluth fallen.
Auch hier erkennt man leicht in allen Beinamen, die Berosus
dem Oannes giebt, nur unwesentlich veränderte Ueberschrei=
bungen akkadischer Beinamen Êa's:

---

[1]) Fab. 264.
[2]) Nr. 10 meiner Ausgabe.
[3]) W. A. I, II, 58, 3. 63, a—b.
[4]) Nr. 11 meiner Ausgabe.

Εὐέδακος, Εὔδακος (Εὔδωγκος?) = Dunga[1] und U=dunga[2];
Ἐνεύγαμος (Νεύγαμος?) — Nukimmut[3] oder Nakimmut[4];
Ἐνεύβουλος (Ἐνεύβουβος?) = Eni=bubu[5] oder Rin=bubu[6];
Ἀνήμεντος — ana Amman[7];
Ἀναίδαρος = ?

Es dürfte hiernach wohl kaum noch zu bezweifeln sein, daß der Dannes des Berosus in der That Ea, nicht Anu sei.

---

[1]) W. A. I., II, 58, 8. 60 a.
[2]) Unedirtes Fragment.
[3]) W. A. I., I, 35, 2, 8. 2; II, 58, 8. 54, a—b; Layard, Monuments of Nineveh, 33, 8. 6.
[4]) W. A. I., II, 58, 8. 55, a—b.
[5]) Unedirtes Fragment.
[6]) W. A. I., II, 58, 8. 62, a—b.
[7]) W. A. I., II, 58, 8. 52, a—b.

II.

Sumer und Akkad.

Hinsichtlich der beiden Namen Sumer und Akkad befinde ich mich mit meinem gelehrten Freunde und Lehrer Oppert in sofern in einer Meinungsverschiedenheit, als ich mich den Gründen, die er für seine bezüglichen Ansichten geltend macht, nicht anzuschließen vermag. Die ganze akkadisch-sumerische Streitfrage ist indessen von nur untergeordneter Bedeutung; und wenn ich hier darauf zurückkomme, so geschieht dies lediglich deshalb, weil ich sie in dieser Arbeit füglich nicht umgehen kann, andererseits da es mir selber erwünscht ist, meine gegenwärtige Stellung zu dieser Frage in wenigen Worten hier anzugeben [1]). Ich beabsichtige also keineswegs eine Polemik, zumal da angesichts der vielen in Betracht kommenden, noch ungelösten Nebenfragen, selbst die gründlichste Darlegung des Sachverhalts zu einem förmlichen und definitiven Schlusse nicht führen würde; meine Absicht ist vielmehr lediglich die, kurz anzudeuten, was in dieser Angelegenheit bisher thatsächlich festgestellt worden ist und in wiefern diese partiellen Resultate auch durch die neuesten Forschungen bestätigt werden.

Der Grund, weshalb Oppert und ich, trotz aller Erörterungen, zu keinem richtigen Endresultate gelangten, scheint mir allein darin zu liegen, daß wir Beide von der ebenso ungenauen als unzulässigen Voraussetzung eines ethnischen Gegensatzes

---

[1]) Vgl. meine Etudes accadiennes, Bd. I, Heft 3.

zwischen Sumer und Akkad ausgingen. Denn es bestätigt sich gegenwärtig immer mehr und mehr, daß die Sumerer und Akkader beide gleicher Rasse waren und ihre Unterscheidung mithin nur eine rein geographische sein kann; und es kommt daher, im Grunde, nur wenig darauf an, ob die vorsemitische, turanische Sprache Chaldäas sumerisch oder akkadisch genannt wird, zumal beide Bezeichnungen gleiche Ansprüche und Mängel haben. Nur dürfte vielleicht die Bezeichnung „akkadische Sprache" in sofern vorzuziehen sein, da sie einerseits allgemein in die Wissenschaft eingeführt und nicht unbedingt falsch ist, andererseits da sie auch von den Assyrern gebraucht wurde.

I. Entschieden festgestellt ist, daß die Assyrer selbst sich der beiden Namen Assur und Akkad als Gegensätze bedienten, um den linguistischen Dualismus des semitischen und des turanischen Idioms zum Ausdruck zu bringen.

Bekanntlich lautet die Unterschrift eines zweispaltigen Wörterverzeichnisses:

kî pî duppi u telmedi labiruti
GAB.RI Assur u Akkad

d. h.: gemäß den alten Tafeln und Ueberlieferungen GAB.RI von Assur und Akkad. Das Wort GAB.RI allein ist also zweifelhaft. Oppert, dessen Ansicht ich ursprünglich theilte, hält es für den Plural des semitischen gabru (גברו) und übersetzt demnach GAB.RI Assur u Akkad „die Herren (maîtres) von Assur und Akkad". Aber selbst wenn man von dieser Uebersetzung ausgeht und sie als richtig gelten läßt, ist die aus der angeführten Unterschrift zu ziehende Folgerung klar und unbestreitbar. Denn es geht daraus nicht, wie Oppert behauptet, eine Assimilation der Sprachkundigen von Assur und Akkad hervor, sondern vielmehr eine ausdrückliche Entgegenstellung, die dem Gegensatze der beiden in der betreffenden Urkunde einander gegenübergestellten Sprachen entspricht. Zudem ist Oppert's Uebersetzung von GAB.RI durch „maîtres" ganz unzutreffend. Schrader hat zuerst darauf hingewiesen[1] und Friedrich Delitzsch

---

[1] Jenaer Literaturzeitung, 1874, S. 200.

demnächst mit überreichlichen Beweisgründen vollends dargethan [1]), daß GAB.RI kein semitisches, phonetisch geschriebenes Wort, vielmehr ein Fremdwort sei, dessen assyrisches Aequivalent maḫiru (in der vorerwähnten Unterschrift im Plural maḫiruti) lautet. Das akkadische gab-ri ist ein zusammengesetztes Verbum, dessen erste etymologische Bedeutung „sich gegenüber erheben" ist; es entspricht daher genau den assyrischen Worten maḫar und sanan, welche beide den Begriff der Gegenüberstellung, der Rivalität, des Vergleiches enthalten. Das Particip gabria, apokopirt gabri, bedeutet also substantivisch „Rival, Widerpart" und adjectivisch mit anderer Sinneswendung „verglichen, in Parallele gestellt", wie dies auch die astronomische Bedeutung des akkadischen gab-ri bestätigt; denn es bezeichnet dasselbe in Urkunden dieser Gattung einen Stern, der sich am Horizont dem Beobachter gegenüber befindet; und davon ist, indem gab-ri in's Assyrische überging, gabratuv, „die Erscheinung" des Gestirns am Horizont, abge-leitet. In W. A. I., III, 63, verso, Z. 33, schließt die Be-schreibung der Phasen des Venussterns, welche den Monaten des Jahres entsprechend in zwölf Abschnitte zerfällt, mit der Unter-schrift: sanesrit kisruta gabratuv sa AN.NIN.ŚI.AN.NA GAB.RI Babili, d. h. „zwölf Abschnitte, betreffend die Erschei-nung des Planeten Venus am Horizont von Babylon." Ebenso lesen wir am Schluß einer anderen astronomischen Tafel (W. A. I., III, 64, verso, Z. 32): kî pî IZ.LI.ḤU.ŚI.UM GAB.RI Ba-bili „übereinstimmend mit den schriftlichen Urkunden betreffend die Himmelserscheinungen am Horizont von Babylon."

Ist nun diese Bedeutung von GAB.RI = maḫiru einmal festgestellt und keine Verwechselung mit einem semitischen gabri mehr zulässig, so ist die einzig genaue Uebersetzung von duppi labiruti maḫiruti diejenige Schrader's, d. h. „die alten in Parallelcolumnen getheilten Tafeln", was ja auch der Einrichtung der Urkunden, die eine solche Unterschrift tragen, genau ent-spricht [2]). Es wird dies auch dadurch bestätigt, daß die bilingue

---

[1]) Assyrische Studien, S. 3 Anm.; S. 120 ff.

[2]) Die Ansicht, daß die Bezeichnung „assyrisch-akkadische Wörterverzeich-nisse" mit der Einrichtung selbst der Syllabare in Widerspruch stehe, widerlegt

Gesetztafel W. A. I., II, 10 die einfache Unterschrift GAB.RI
Assur aufweist. Liest man mit Oppert „die Herren Assyriens", dann entbehrt dieser Vermerk jeden Sinnes; übersetzt man
dagegen „das Assyrische gegenüberstehend", so ist Alles klar und
verständlich, zumal diese Tafel zu den wenigen zählt, welche die
assyrische Ueberseßung des akkadischen Urtextes in einer gegenüber befindlichen Columne aufweisen, anstatt der üblicheren
zwischenzeiligen Beifügung, die wir sonst auf Urkunden gleicher
Gattung vorfinden.

Nur könnte man noch vorschlagen, duppi maḫiruti durch
„unter einander verglichene Tafeln" anstatt „Tafeln mit Parallelcolumnen" zu übersetzen. Wenigstens scheint mir dieser Sinn in
der Unterschrift von W. A. I., III, 55, 2: ki pi duppi u
IZ.LI.ḪU.ŚI labiruti (maḫiruti) Assur Sumer u Akkad vor-
zuliegen; denn hier bildet nicht Akkad allein, sondern Sumer

Friedrich Deliţsch (Assyrische Studien, S. 120) mit folgenden
Worten: „Man hat an der Bezeichnung der assyrischen Syllabare als gabri
Assur u Akkad Anstoß genommen, diese Bezeichnung sogar als einen Haupt-
beweis für die Unrichtigkeit des Namens „akkadisch" (anstatt „sumerisch") hin-
gestellt, indem man, wenn jenes vorsemitische Volk den Namen „akkadisch" geführt hätte, dann vielmehr die Bezeichnung gabri Akkad u Assur erwarten
sollte, da ja das Akkadische in der ersten, das Assyrische in der zweiten Columne behandelt wird. Allein ganz abgesehen davon, daß es sich unschwer
erklären ließe, warum die Assyrer als die Herren des Landes und noch dazu
als die Verfasser der Syllabare den Namen ihrer Sprache der des unterworfenen akkadischen Volkes vorausgesetzt haben, so ist ja der Zweck jener
Syllabare, dem assyrischen Volke das Verständniß der akkadischen Sprache
zu erleichtern, nicht umgekehrt. An der Hand des Assyrischen wird der
grammatische Bau und der Wortschatz des Akkadischen entwickelt, wie sich schon
daran zeigt, daß bei weitaus der größten Mehrzahl der Syllabare die Wurzel-
verwandtschaft oder der Gleichklang der assyrischen Wörter das Anordnungs-
princip bildet. Es wäre sicherlich einem assyrischen Gelehrten niemals einge-
fallen, die akkadischen Wörter NAM „Geschid", SI.GA „glücklich" und GIM
„wenn, wie" neben einander zu stellen, wenn nicht im Assyrischen „Geschid"
und „glücklich" und „wenn" simtuv und simu und summa hießen. Die Sprache
aber, nach deren Wörtern die sei es alphabetische, sei es sonstwie beschaffene
Anordnung und Eintheilung des Sprachstoffes getroffen ist, wird naturgemäß
auch in der Ueberschrift an erster Stelle genannt. Daß es die Assyrer zweck-
mäßig fanden, das Akkadische in die erste Columne zu stellen, ist für diese
Frage ganz gleichgültig."

und Akkad den Gegensatz zu Assur. Jedoch dürfte dieser Gegensatz nur ein rein geographischer sein und Babylonien Assyrien
gegenüber bezeichnen; ich glaube daher nicht mit Schrader[1]
daraus schließen zu müssen, daß die Assyrer unterschiedslos
„Sprache von Sumer und Akkad" oder nur „Sprache von Akkad"
sagten, um das alte nichtsemitische Idiom zu bezeichnen. Denn
die Urkunde, in welcher die letzterwähnte Unterschrift zu lesen,
ist nicht zweisprachig, sondern ausschließlich assyrisch; es ist eine
astronomische Tafel, die ohne Zweifel auf Grund einer Vergleichung assyrischer und akkadischer Urkunden entworfen war;
doch trägt sie kein ausdrückliches Merkmal an sich, welches uns
berechtigte, ihrer Unterschrift die Bedeutung einer linguistischen
Angabe beizulegen.

Ich kehre nun zur ersterwähnten Unterschrift der lexicalischen
Tafel zurück. Mag man übersetzen „übereinstimmend mit den
alten, unter einander verglichenen Tafeln und Ueberlieferungen
von Assur und Akkad", oder „übereinstimmend mit den alten Tafeln und Ueberlieferungen in Parallelcolumnen von Assur und
Akkad", — die Schlußfolge wird dieselbe sein müssen, wie sie sich
aus Oppert's Uebersetzung ergiebt, daß die Unterschrift eine Gegenüberstellung von Ländern enthält, welche der Gegenüberstellung
der Sprachen, in denen die Urkunden selbst verfaßt sind, entsprechen muß. Entweder handelt es sich um assyrische und akkadische Parallelcolumnen, oder aber man mußte, um ein Wörterverzeichniß beider Sprachen zu entwerfen, die Urkunden von
Assur und Akkad mit einander vergleichen. In beiden Fällen
haben die Assyrer sich des Namens Akkad bedient, um das
Idiom, welches nicht das assyrische war, zu bezeichnen; und wir
verfahren daher dementsprechend, wenn wir diese Sprache die
„akkadische" nennen.

II. Ist die Dualität von Sumer und Akkad eine ethnische
oder nur rein geographische?

---

[1] Ist das Akkadische der Keilinschriften eine Sprache oder
Schrift? S. 46 (Bd. XXIX der Zeitschrift der Deutschen Morgenländischen Gesellschaft, 1875.)

Daß diese beiden Namen in geographischem Sinne zur Be=
zeichnung des Nordens und Südens von Babylonien gebraucht
wurden, halte ich für unbedingt zweifellos; jedenfalls ist der geo=
graphische Charakter des Namens Akkad unbestreitbar.

Im weiteren Sinne ist Akkad eine allgemeine Bezeichnung
für das ganze, Babylonien und Chaldäa umfassende Landgebiet,
d. h. für die Gesammtheit der südlichen, vom Euphrat und Tigris
bewässerten Provinzen, von der Grenze Assyriens bis zum Per=
sischen Meerbusen. Und in diesem Falle steht Akkad stets Assur
als zweites Glied des Parallelismus gegenüber[1]); denn es findet
dann eine Gegenüberstellung von Babylonien und Assyrien statt,
— beide Länder im weitesten Sinne genommen.

In engerer Bedeutung dient Akkad, wie es im Ausdruck
„Sumer und Akkad" der Fall ist, nur zur Bezeichnung eines
bestimmten Theiles dieses weiten geographischen Ländercomplexes.
Wenn Assurbanhabal von der Beute „des Landes der Su=
merer, des Landes der Akkader und Gan=Dunhas'[2])" spricht,
so leuchtet ein, daß er die beiden ersten Bezeichnungen, wie wir,
von Provinzen gebraucht, da Gan=Dunhas, wie zahlreiche
Beispiele bekunden, eine besondere Bezeichnung für den Special=
district von Babylon war, welches unter den cissischen Königs=
geschlechtern sogar schlechtweg „die Stadt Kar Dunhas" hieß.
Die Genesis[3]) localisirt den Namen Akkad sogar noch mehr, da
sie anscheinend eine Stadt daraus macht, in welchem Sinne ihn
jedoch die keilschriftlichen Urkunden nicht erwähnen.

Die Lage Akkads, im Sinne einer einzelnen Provinz, wird
genau in dem Prisma des Sinakheirib[4]) bestimmt, welches
den Marsch der elamitischen, dem babylonischen Empörer Suzub
zu Hülfe eilenden Truppen schildert. „Sie schlugen", heißt es
dort, „den Weg nach Akkad ein und gelangten in der Richtung
auf Babylon zum Chaldäer Suzub, dem Könige von Babylon"
(uruḫ Akkad iṣbatunuvva ana Babilu tebuni adi Suzubi

---

[1]) Vgl. u. a. das Prisma Assarhaddon's, Col. 4, Z. 45.
[2]) Smith, History of Assurbanipal, S. 225.
[3]) X, 10.
[4]) Col. 5, Z. 39—41.

kalduai sar Babili). Die Provinz Akkad lag also auf der
Marschroute eines Heeres, welches von Elam nach Babylon zog,
im Süden dieser Stadt und Babyloniens; und wir müssen daher
Chaldäa, den untersten Theil Mesopotamiens, darunter ver=
stehen. Dieser Schluß ergiebt sich übrigens auch aus einer Stelle
jener Tafel, welche speciell die alten politischen Beziehungen
zwischen Assyrien und Babylonien betrifft und von den englischen
Gelehrten den Namen Synchronous history erhielt. Diese Ur=
kunde nennt den Persischen Meerbusen „das Meer oberhalb
Akkad" (marriti sa êlis Akkad[1]) und berichtet[2], daß während
ein Fürst den Thron von Kar=Dunyas (Babylon) bestieg,
sein aufrührerischer Bruder sich gleichzeitig im Lande Akkad ver=
schanzte. Ich glaube daher annehmen zu dürfen, daß Akkad, so
oft nicht ganz Babylonien, sondern nur eine Provinz dieses
Landes damit bezeichnet wird, stets gleichbedeutend mit der Be=
zeichnung Kalbu ist, welche ungefähr vom neunten Jahrhundert
v. u. Z. ab[3] den Namen Akkad in gleichem Maaße verdrängte,
als wie der Stamm Kalbu in der Gegend, der er zuletzt aus=
schließlich seinen Namen gab, vorherrschend wurde. Denn zur
Zeit, da dieses Uebergewicht unter den Sargoniden seinen Höhe=
punct erreicht hatte, wurde der in Rede stehende geographische
Gegensatz nicht mehr durch die Namen Sumer und Akkad,
sondern in einer neuen, den nunmehrigen Verhältnissen ent=
sprechenderen Weise, d. h. durch Gegenüberstellung von Babilu
und Kalbu, Babylonien und Chaldäa, zum Ausdruck gebracht[4].

Steht es nun aber fest, daß Akkad, — geographisch und im
engeren Sinne, — den Süden von Babylonien bezeichnet, so er=
giebt sich's von selbst, daß Sumer der übrige Theil des Landes,

---

[1] Transactions of the Society of Biblical Archaeology, Bd. II,
S. 130, Z. 17.

[2] Ebd., S. 137, Z. 20—21.

[3] Wie ich bereits früher erwähnt, wird in den Inschriften Salma=
nassar's III. das Gebiet von Kalbu als ein Theil des Landes Akkad be=
zeichnet; auf der Stele des Samsi=Bin werden indessen beide Namen iden=
tificirt.

[4] Vgl. Finzi, Ricerche per lo studio dell' antichità assira, S. 164.

also der Norden von Babylonien sein muß [1]); und dieser Schluß führt uns endlich zur Identität von Sumer mit dem biblischen Schincar, eine Thatsache, die ich schon wiederholt nachdrücklich hervorgehoben habe, — trotz allen Wiederspruches von Seiten Oppert's. Denn שנער ist sicherlich kein semitischer, vielmehr ein akkadischer, in hebräischer Form wiedergegebener Name, in welchem das נ an die Stelle eines ursprünglichen g getreten ist, entsprechend dem Gottnamen Lagamar, aus welchem לעמר wurde. שנער verhält sich also zu Sumer genau so, wie sich die Parallelformen dingir und dimer für „Gott", Gingir und Gimir für einen Beinamen der Istar, zu einander verhalten; es sind dies lediglich Formen eines und desselben Namens, deren Verschiedenheit allein auf der Vertauschung von ng mit m beruht, welche im Akkadischen durchaus nicht ungewöhnlich war [2]). Auch

---

[1]) Neuerdings suchte Smith die entgegengesetzte Ansicht zu vertreten, indem er die im nördlichen Babylonien gelegene Stadt Agane mit der biblischen Stadt Akkad identificirte und demnach Akkad zum Norden, Sumer zum Süden von Babylonien machte. Aber wenn auch das letzte Schriftzeichen des Namens Agane in seiner Polyphonie eine Dentalis darstellen kann, so würde dieselbe doch immer nur ein t (im Akkadischen ein ḍ), nie aber ein d sein; und man müßte daher, um Agate (אגטי oder אגטו) mit Akkad (אכד) in Uebereinstimmung zu bringen, eine willkürliche Lautvertauschung annehmen, welche weder im Akkadischen noch im Assyrischen gebräuchlich ist. Ich kann mich daher, ebensowenig wie Sayce, dieser Identificirung von Agane mit Akkad anschließen.

Uebrigens scheint mir die Lesung Agane, welche den gebrauchten Schriftzeichen ihren normalen und gewöhnlichen Werth beläßt, auch durch ihre Uebereinstimmung mit dem Ἀγαμνα des Ptolemäus (V, 18, 7), welches ich ebenfalls in dem אגמא des babylonischen Talmud (Baba mecia, 86 a; Baba bathra, 129 a) wiederzufinden glaube, vollkommen gerechtfertigt zu sein. Denn dieses Agma oder Agama wird als Nachbarort von Pom-Beditha bezeichnet (Neubauer, Géographie du Talmud, S. 368) und daher den Agamna des Ptolemäus entsprechend in den Norden von Babylonien und an den Euphrat verlegt: eine Lage, die mit derjenigen des Agane der Keilschrifttexte auf's genaueste übereinstimmt.

[2]) Am deutlichsten ergiebt sich dieses aus W. A. I., II, 40, 8. 77, a—b, wo ingadate ausdrücklich als Variante der Verbalform immadate verzeichnet wird. Würde übrigens diese grammatische Thatsache nicht zugestanden, so gäbe es in den babylonischen und assyrischen Texten überhaupt kein Parallelwort zum biblischen שנער; und das wäre doch zum Mindesten befremdend.

hatte sich die Tradition dieses Sachverhaltes sogar bei den Syrern erhalten, da wir noch bei Abu-l-Farabj [1]) lesen: „Schinaar, welches Samarrah ist." Im eilften Capitel der Genesis be= zeichnet Schinear ausdrücklich die Ebene um Babylon; dasselbe ist bei Jesaias [2]) und Sacharja [3]) der Fall, welche diesen Namen, ohne Zweifel in archaistischem Sinne, zur Bezeichnung des eigentlichen Babylonien gebrauchen; und ebenso wurde Schinear auch von der Synagoge zur Zeit der Entstehung der Septuaginta, welche Βαβυλωνία und γῆ Βαβυλῶνος übersetzt, so= wie zur Zeit der Abfassung der Thargumim aufgefaßt, welche בארץ שנער mit במדינת בבל wiedergeben. Es besteht also nicht allein eine Uebereinstimmung der geographischen Lage, sondern auch eine philologische Verwandtschaft zwischen Sumer und Schinear, welche ebenfalls die vorgeschlagene Identificirung recht= fertigt. Im zehnten Capitel der Genesis, Vers 10, ist „im Lande Schinear" jedenfalls ausschließlich auf Kalneh zu beziehen, welches der Talmud [4]) mit vollem Recht mit der babylonischen und nicht chaldäischen Stadt Nipur identificirt. Lesen wir nun neben einander „Akkad und Kalneh im Lande Schinear", so giebt diese Bibelstelle getreulich den Gegensatz wieder, den die keilschriftlichen Urtexte in „Akkad und Sumer" zum Ausdruck bringen. Diese Uebereinstimmung ist sogar so vollkommen, daß man sich fragen muß, ob Akkad auch ursprünglich an dieser Stelle wirklich ein Städtename war, oder ob hier nicht eine Verstüm= melung des Textes eingetreten sei, da die Tradition dieser alten Länderkunde in Vergessenheit zu gerathen anfing. Jedenfalls ist nicht ausgeschlossen, daß der ursprüngliche Text etwa lautete:

---

[1]) Hist. dynast., S. 18, Ausg. von Pococe.

Die Mythe vom dreiäugigen, doppelt gehörnten Samirus, welche der= selbe Abu-l-Farabj an gleicher Stelle mittheilt, ist in sofern von thatsäch= lichem Interesse, als sie die einzige Spur ist, welche die alten Sumerer im orientalischen Sagenkreise zurückließen. Samirus war danach der erste ba= bylonische König nach Nimrod, zugleich der Erfinder der Maaße und Ge= wichte, sowie der Seidenwirkerei.

[2]) XI, 11.

[3]) V, 11.

[4]) Joma, 10 a.

ותהי ראשית ממלכתו בבל וארך
ו[אור (?) בארץ] אכד (¹ וכלנה בארץ שנער

b. h. „ber Anfang feines Reiches war Babel, Erech, Ur (?) im
Lande Affab und Kalneh im Lande Schincar."

Sumer ist also baffelbe was Schincar bezeichnet, b. h.
bie Ebene des eigentlichen Babyloniens, während Affab —
im engeren Sinne — eine füblichere Provinz, Chalbäa ist. Doch
barf hierüber nicht hinaus gegangen werden. Denn baß Sumer
ber ursprüngliche Name von Assyrien gewesen sei, wie ich früher
mit Oppert annahm, — ohne indeffen bieselben Schlüffe ba=
raus zu ziehen, — ist völlig irrig; biefe Annahme beruhte lebig=
lich auf einer unrichtigen Lesung, bie nunmehr von Smith und
Friedrich Delitzsch berichtigt worden ist. Die betreffende
Stelle der lexicalischen Tafel ²) lautet im Original Surippa=
fituv, nicht Sumerituv, und ist baher bas affabische MÂ.ZU
burchaus nicht mit LIB.ZU, einer ibeographischen Bezeichnung
ber Stabt Affur, in Verbindung zu bringen.

III. Die gegenseitige geographische Lage von Sumer und
Affab scheint mir bemnach beutlich bestimmt.

Im Grunde aber sind biefe Namen nicht Provinzen=, sondern
Volksnamen; sie finden sich, so oft sie phonetisch geschrieben sind,
meist nur in ihrer Pluralform Sumeri u Akkadi, welche ba=
rüber keinen Zweifel läßt. Auch in der ältesten semitischen Ur=
funde, bie sie nennt, — in ber affyrischen Inschrift des Ham=
muragas, — lesen wir: nisi Sumeriv u Akkadiv, b. h. „bie

---

¹) Ober auch: ושרסך בארץ אכד. — Die überraschende Aehnlichkeit
ber biblischen Tetrapolis bes Nimrob mit ber bes Izbhubar ober Dhubar
im babylonischen Epos habe ich bereits an anderer Stelle hervorgehoben.
Diefelbe besteht aus Babilu, Uruf, Surippat und Nipur, so baß hier Surippat
bem Affab der Genesis entspricht. Aber ich glaube trotzbem, baß bie Ergänzung
von אור vorzuziehen sei (oder aber, baß unter Affab bie Stabt Ur zu ver=
stehen sei, falls man eine Verstümmelung bes Textes nicht zugeben will), zumal
mit Rücksicht auf W. A. I., III, 70, Z. 154 (uri = Ibeogr. von Affab =
akkadu), wo ber Name Affab vollends localifirt und auf den Süben beschränkt
wirb, b. h. auf bie Provinz, beren Hauptstabt Ur war.

²) W. A. I., II, 46, Z. 1, c—b.

sumerischen und akkadischen Leute"; und es erscheint daher ange=
zeigt, ihren Ursprung und ihre etymologische Bedeutung in Be=
tracht zu ziehen, um gleichzeitig feststellen zu können, ob sie ur=
sprünglich eine Rasseverschiedenheit oder nur eine Verschiedenheit
der örtlichen Lage begriffen.

Zunächst scheint mir klar, daß keiner von beiden Namen
semitisch und auf eine Wurzel des assyrischen Idioms zurückzu=
führen ist; sie gehören vielmehr beide der früheren, nichtsemiti=
schen und turanischen Sprache an. Ursprünglich, da man den
Namen Akkad nur aus der Bibel kannte, brachte man denselben
mit der Wurzel אכד oder נכד in Verbindung; doch ist die Unzu=
lässigkeit dieser Ableitung gegenwärtig auf's bestimmteste nachge=
wiesen. Akkad bedeutet im Akkabischen „Berg"; fügen wir das
Suffix a, welches Ethnika bildet, hinzu, so erhalten wir akkada
„Bergbewohner", welches in der Form akkadu, Plur. akkadi,
in's Semitisch=Assyrische übergegangen ist. In einem zweisprachigen
Wörterverzeichniß wird akkad mit matuv elituv „erhabenes Land"
übersetzt, und es ist daher augenscheinlich mit der Verbalwurzel
aka „erheben, aufhäufen" verwandt. Das Ideogramm für
akkad besteht lediglich in einer Verdoppelung des Schriftzeichens
für bur „erheben, anschwellen, aufbauschen" und schließt den Be=
griff „Berg" so völlig in sich, daß es zuweilen sogar zur Be=
zeichnung des Ararat biente [1]); in diesem Falle scheint jedoch die
akkabische Lesung tilla gelautet zu haben [2]).

Die ursprüngliche Bedeutung von Sumeri ist dagegen schwie=
riger zu bestimmen; und wir werden daher zunächst jenen Aus=
druck in Betracht ziehen müssen, den die ältesten akkabischen In=
schriften fast beständig für „Sumer und Akkab" eintreten lassen.
In meinen Etudes accadiennes habe ich die Uebereinstimmung
dieses Ausbrucks kiengi ki akkad mit dem assyrischen Sumeri
u Akkadi mit Unrecht bestritten; denn sie ist nunmehr unzweifel=
haft durch ein neues, von Friedrich Delitzsch [3]) veröffent=

---

[1]) Inschrift zu Khorsabad, Z. 31; H. Rawlinson im vierten Bande
der englischen Herodot=Ausgabe von G. Rawlinson, S. 250—254.

[2]) W. A. I., II, 48, Z. 13, c—b.

[3]) Assyrische Lesestücke, S. 39.

lichtes Wörterverzeichniß erwiesen. Der amtliche Titel der Könige
des alten chaldäischen Reiches ungal kiengi kî akkad entspricht
in der That dem assyrischen sar mat Sumeri u mat Akkadi;
er bildet den höchsten aller Ehrentitel dieser Monarchen und
schließt den Begriff eines vollständigen Besitzes von Chaldäa und
Babylonien in ihrer Gesammtheit in sich, weshalb auch die Könige,
welche nur über eine einzelne Stadt herrschten, wie die von Uruk,
sich nicht damit schmückten. Schrader[1] behauptet mit vollem
Recht, daß man „König von Kiengi mit Akkad", d. h. „von
Kiengi und Akkad", übersetzen müsse; denn kî oder kîta „mit",
welche im Grunde Postpositionen sind, werden im Akkadischen
zuweilen auch als Conjunctionen gebraucht, wie das türkische ileh.
In diesem Falle also bedeutet kiengi so viel wie „Land Sumer."

Im Uebrigen ist kiengi (oder kingi) ein ganz bekanntes
Substantiv der akkadischen Sprache, welches in den Wörterverzeichnissen assyrisch matuv „Land" übersetzt wird[2]). Es ist eine
bereits veränderte und apokopirte Form[3]) von kingina, welches
wir an anderen Stellen mit irsituv „Erde" übersetzt finden; auch
ist kingina selbst ein Compositum aus kî „Erde, Land, Ort"
und gina „bestehend, thatsächlich, gerade", in welchem das erste
n keinen Wurzelwerth hat; denn das ng, welches im Akkadischen
einen einzigen Laut bildet, ist hier lediglich als eine Abmilderung
des zwischen zwei gleichen Vocalen stehenden g zu betrachten:
eine Erscheinung, die wir auch in der Ableitung des akkadischen
nanga aus dem assyrischen nagû „District", oder des Wortes
kankal aus kî-kala wahrnehmen[4]).

Bezeichnet aber kiengi oder kingi, dessen substantivische Bedeutung unzweifelhaft ist, thatsächlich das Land Sumer, das eigentliche Babylonien, als „Land" κατ' ἐξοχήν? Es ließe sich
dieses mit Schrader wohl annehmen. Doch scheint mir die

---

[1]) Ist das Akkadische eine Sprache oder Schrift, S. 39.

[2]) W. A. I., II, 39, Z. 9, c—b; vgl. auch IV, 27, 4, Z. 63.

[3]) Ueber die im Akkadischen nicht ungewöhnliche Abstoßung der Finalis
vgl. meine Etude sur quelques parties du Syllabaire cunéiformes, S. 72 ff.;
S. 102 ff.

[4]) Ebd. S. 177.

Gegenüberstellung von kiengi und akkad, „Land" und „Berg", im erfteren Worte vielmehr die Bedeutung „Ebene" vorausſetzen zu laſſen; wenigſtens bedeutet das aſſyriſche matu „Land" auch „Ebene", ſo oft ihm sadu „Berg" gegenüberſteht; letzteres iſt auch in einer anderen, dem Akkadiſchen verwandten Sprache der Fall, wo ein Diſtrict von Na'iri kiengi Iſtilenzakhar „die Ebene Iſtilenzakhar" genannt wird[1]). Endlich ſcheint die Bedeutung „Ebene" ſich auch aus dem Vorhandenſein des Beſtandtheils gina im Compoſitum kingina (woraus kingi) zu ergeben; wenig= ſtens iſt anzunehmen, daß die Verbindung von kî „Land" mit gina „gerade, flach" dem Worte kiengi oder kingi dieſe Bedeutung verleihen mußte.

Sumeri bezeichnet alſo die Bewohner des auch kiengi ge= nannten Landes, ebenſo wie Akkadi die Bewohner des akkad „Berg" genannten Landes bezeichnet; und wir müſſen daher auf eine Identität der Bedeutung von sumer = שנער und kiengi ſchließen. Augenſcheinlich iſt sumer ein mit einem Ableitungs= ſuffix auf r gebildetes Wort, wie ſich deren manche im Akkadiſchen vorfinden. Aber es bleibt immerhin unentſchieden, ob sumer oder sungir als die urſprüngliche Form zu betrachten, folglich auch ob sum oder suk die zu Grunde liegende Wurzel iſt. Jeden= falls ſind beide Annahmen zuläſſig, zumal beide Bedeutungen, die ſich beziehungsweiſe annehmen laſſen, d. h. „unteres Land" und „bewäſſertes Land", in Bezug auf sumer zu der nämlichen Vorſtellung führen, die wir in kiengi, als Gegenſatz zu akkad, ſoeben nachgewieſen haben; wir werden, mit anderen Worten, in beiden Fällen auf jene weite, vom Euphrat und Tigris bewäſſerte Ebene hinverwieſen, im Gegenſatze zu den Bergen, die dieſelbe begrenzen und im Oſten beherrſchen. Und es wird dieſes auch durch die ſpätere geographiſche Nomenclatur beſtätigt, welche wiederholt darauf ſchließen läßt, daß Sumer = שנער urſprüng= lich das ganze Euphrat= und Tigristhal, von den Bergen Armeniens bis zur Mündung dieſer Ströme in den Perſiſchen Meerbuſen bezeichnete. In dieſer weiten, ſcharf abgegrenzten Landſtrecke

---

[1]) Stele des Samſi=Bin, Col. 3, Z. 53.

finden wir nicht nur das biblische Schinear, die Ebene κατ᾽
ἐξοχήν, in unmittelbarer Nähe von Babylon, sondern auch in
nördlicher Richtung — zwischen dem Tigris und Chaboras —
— die Ebene Singara der klassischen Schriftsteller [1]), das
Sindjar der arabischen Geographen [2]), sowie jene vom Ptole-
maeus [3]) mit dem Namen Σιγγάρος ὄρος bezeichnete Höhen-
kette [4]), die sich bis zum Tigris erstreckt und das ganze westliche
Assyrien durchzieht. Endlich erwähnen noch die aegyptischen
Denkmäler der achtzehnten Dynastie [5]) ein Land Senker als
Nachbarland von Assur, während sie Akati (Akkab) in südlicher
Richtung von Ninive liegen lassen [6]).

IV. Die Namen Sumeri und Akkabi bedeuteten also
ursprünglich „die Bewohner der Ebene" und „die Bewohner des
Gebirgslandes"; sie versetzten uns daher in die ältesten Zeiten
zurück, da die Sumerer und Akkader noch die Ebenen am Euphrat
und Tigris und die östlich gelegenen Berge bewohnten, in denen
sich noch lange nachher vereinzelte Stämme, die man schlechtweg
chaldäische nannte, behaupteten. Aber auch später, da die
in Rede stehenden Völker nach einer noch wenig aufgeklärten
Wanderung ihre Wohnsitze und ihre gegenseitige Stellung geändert hatten, wurden die Namen Sumeri und Akkabi in
Folge der Tradition und Gewohnheit noch beibehalten. Es hatte
sich an ihnen dieselbe Wandelung vollzogen, die wir auch an
vielen anderen Völkernamen wahrnehmen, welche ursprünglich
von einer bestimmten geographischen Lage erzeugt waren, aber

---

[1]) Ptol., V, 18, 19; Dio Cass., LXVIII, 22; Ammian. Marc.,
XVIII, 5 und 20; Eckhel, Doctrina num. vet., Bd. III, S. 519; Ritter,
Erdkunde, Bd. X, S. 118, 158, 247, 696 und 718; Layard, Nineveh
and Babylon, S. 249.

[2]) Maraçid, 3w. Th., S. 57; Abulfeda, S. 445; Qazwîni, 3w. Th.,
S. 262.

[3]) V, 18, 2.

[4]) Das heutige Sindjar=Gebirge.

[5]) Chabas, Voyage d'un Egyptien, S. 225.

[6]) Maspéro, De Charchemis oppidi situ, S. 26; J. de Rougé, Mélanges d'archéologie égyptienne, Bd. I, S. 46.

auch späterhin fortbestanden, da die betreffenden Völker ihre Wohnsitze gewechselt hatten und daher auch die etymologische Bedeutung ihrer Namen den neugestalteten Verhältnissen in keiner Weise mehr entsprach.

Die Sumerer und Akkader waren beide Bewohner der Ebenen am Euphrat und Tigris geworden: die Sumerer bevölkerten den nördlichen Theil, Babylonien, die Akkader den südlichen, Chaldäa. Letztere, welche ehedem „Bergbewohner" gewesen, hatten also nunmehr ein Land inne, in welchem keine Berge vorhanden waren, welche die Beibehaltung der alten Benennung Akkadi noch fernerhin hätten rechtfertigen können. Und es war daher offenbar dieser Mangel an Uebereinstimmung zwischen der Bedeutung der fraglichen Namen und der natürlichen Beschaffenheit der neuen Wohnsitze, welche vorzugsweise dazu beitragen mußte, den ausschließlichen Gebrauch der Pluralform Sumeri und Akkadi herbeizuführen. Die Erinnerung an die eigentliche und ursprüngliche Bedeutung von sumer und akkad hatte sich so lebhaft erhalten, daß man stets mat Sumeri u mat Akkadi „das Land der Sumerer und das Land der Akkader" sagte, so oft man von Babylonien und Chaldäa sprach, — niemals aber Sumer u Akkad; denn letzteres hätte lediglich „die Ebene und das Gebirgsland" bedeutet, mithin eine offenbare Ungereimtheit involvirt, während man sich andererseits, mit Bezugnahme auf den ursprünglichen Aufenthaltsort und Ausgangspunct der Sumerer und Akkader, sehr wohl der Bezeichnung mat Sumeri u mat Akkadi „das Land der Bewohner der Ebene und das Land der Bergbewohner" bedienen konnte. Als Ländernamen, nicht als Volksnamen, scheinen Akkadu und Akkad, im Singular, nur in der späteren assyrischen Periode gebraucht zu sein, da das Akkadische bereits eine todte Sprache geworden und daher auch die Grundbedeutung des Wortes schon in Vergessenheit gerathen war. Der Königstitel, den die Sargoniden führten, so oft sie im Besitze des Scepters von Babylon waren, lautete stets sar Sumeri u Akkadi „König der Sumerer und Akkader", nicht König von Sumer und Akkad."

Daß eine ethnische Verschiedenheit zwischen den Sumerern

und Akkadern geherrscht habe, erscheint demnach völlig unzulässig. Die Namen dieser Völkerschaften gehören beide der akkadischen Sprache an; auch wird es, allen Anzeichen nach, immer wahrscheinlicher, daß sie schon vor dem Eindringen des semitischen Elementes bestanden, sowie daß beide Völkerschaften der nicht-semitischen, turanischen Rasse angehörten, deren Sprache ihre Namen entnommen sind. Und als die Sumerer und Akkader die Bewohner von Babylonien und Chaldäa geworden, wurden ihre Namen sogar dann noch beibehalten, als in beiden Provinzen eine Vermischung mit dem neuen, semitischen Elemente bereits stattgefunden hatte und dieserart in der That ein ethnischer Dualismus in der Landesbevölkerung entstanden war. Die Baby-lonier, welcher Abstammung sie auch sein mochten, galten lediglich für Sumerer, die Chaldäer für Akkader.

Ließe sich, wie Schrader bemerkt, in Wirklichkeit ein Beispiel nachweisen, in welchem die Assyrer die nichtsemitische Sprache Chaldäas ausdrücklich als Sprache der Sumerer und Akkader bezeichnet hätten, so wäre die schwebende Streitfrage definitiv gelöst und demnach in beiden Namen keine Rasseunterscheidung zu suchen. Leider aber gebricht es noch, wie wir bereits gesehen, an diesem positiven Beweisstück, wiewohl es immerhin möglich ist, mit Hülfe eines anderen, nicht unwesentlichen Beweisgrundes zu einem entsprechenden Schluß zu gelangen.

Es steht nämlich fest, daß der Titel der alten Könige von Ur, deren akkadischer oder sumerisch-akkadischer Ursprung durch ihre Eigennamen bezeugt wird, ungal kiengi ki akkad, ein Aequivalent von „König der Sumerer und Akkader" ist; diese Könige gaben also, wie Oppert richtig bemerkt, in ihrem Titel dem Aequivalent von Sumer den Vortritt vor Akkad; und es gehörten mithin die Sumerer zu ihrer Rasse, da ein König sich nicht zunächst nach einer fremden Rasse betitelt, vielmehr seiner eigenen den Vorrang läßt. Wir können aber hieraus nicht mit Oppert schließen, daß die Akkader das Element semitischer Zunge gewesen seien; denn auch die Assyrer stellen Akkad Assur gegen-über, wenn sie das nichtsemitische Idiom dem semitischen gegenüberstellen wollen. Die einzig mögliche Schlußfolgerung ist daher, daß Sumer und Akkad ein und derselben Rasse angehörten, d. h. von Theilen gleicher Rasse bevölkert wurden; desgleichen daß nicht eine ethnische Unterscheidung der Grund ist, weshalb in dem erwähnten Königstitel die Sumerer an erster Stelle genannt werden, sondern lediglich der heilige Charakter ihres Landes, die hohe Bedeutung, welche die Ebene Schinear und Babylon, die heilige Stadt κατ' ἐξοχήν, in den religiösen Ueberlieferungen hatten.

V. Wir wenden uns endlich zur Besprechung einer anderen Frage, deren Lösung ebenfalls für die Feststelluug des gegenseitigen Charakters der Sumerer und Akkader von wesentlichem Interesse sein würde, jedoch, in Anbetracht der Schwierigkeit und Vielseitigkeit des streitigen Gegenstandes, gegenwärtig wohl kaum zu erzielen sein dürfte.

In den Inschriften der assyrischen Periode wird der phonetische Ausdruck des Namens der Sumerer, sowie das Allophonon, welches das akkadische kiengi bildet, häufig durch eine verschlungene ideographische Gruppe ersetzt, von welcher sich bisher kein entsprechendes älteres Beispiel auffinden ließ: ⟨𒂊𒂠𒂠⟩. Diese Gruppe, sagt Oppert, bedeutet so viel als „Sprache der Anbetung" und beweist eben, daß es die Sumerer waren, denen ausschließlich das nichtsemitische Idiom angehörte, welches sowohl die Assyrer als die Babylonier als heilige Sprache erachteten.

Diese Folgerung ist indessen nichts weniger als unanfechtbar; es lassen sich dagegen besonders zwei Einwürfe erheben, deren Erhärtung sie völlig widerlegen würde.

Es liegt zunächst auf der Hand, daß eine jede Erklärung und Analyse zusammengesetzter Ideogramme zum Mindesten zweifelhaft bleiben muß, so lange wir nicht durch bestimmte Angaben der assyrischen Grammatiker darüber belehrt werden, in welchem Sinne die betreffenden Schriftzeichen verwandt wurden. Die Phantasie hat zumal auf diesem Gebiete einen unbegrenzten Spielraum; und man wird daher, in Anbetracht der zahlreichen möglichen Irrthümer, dergleichen Erklärungen nur in den seltensten Fällen zum Ausgangspunct einer begründeten Erörterung

machen können. Im vorliegenden Falle kann zwar über die Bedeutung „Sprache" des ersten Schriftzeichens kein Zweifel bestehen;
aber die ideographischen Werthe des zweiten Bestandtheiles sind
doch so mannigfaltig, daß man hinsichtlich der Bedeutung der
Gesammtgruppe zwischen drei wenigstens gleich wahrscheinlichen
Erklärungen schwanken muß. Die Uebersetzung „Sprache der Anbetung" ist möglich; aber ich halte sie doch für eine der un-
wahrscheinlicheren, zumal die Bedeutung „Anbetung", welche
Oppert dem zweiten Schriftzeichen beilegt, durchaus keine unmittelbare ist, vielmehr nur durch Erweiterung der ursprünglicheren Bedeutung „Dienst" sich gewinnen läßt.

Zweitens dürfte es, selbst wenn die Bedeutung „Sprache
der Anbetung" richtig und das betreffende Ideogramm von den
Assyrern erfunden wäre, immerhin zweifelhaft sein, ob dasselbe
thatsächlich auf die turanische Sprache — die wir die akkadische
nennen — bezogen werden müsse. Denn nichts ist weniger erwiesen, als daß sich die Assyrer dieses Idioms als „Sprache der
Anbetung", d. h. als liturgische Sprache bedienten. Das Akkadische hatte sicherlich diesen Charakter in Babylon bewahrt; doch
dürfte es fraglich sein, ob dasselbe jemals in Assyrien der Fall
war. Die Assyrer beschäftigten sich allerdings vielfach mit den
alten akkadischen Büchern, die sie sogar abschreiben ließen, da sie
sie für heilig und zur Ausbildung ihrer Priesterschaft für unent-
behrlich erachteten; aber es geht hieraus noch immer nicht hervor,
daß die Sprache ihrer Liturgie die akkadische war. Die akkadischen
Hymnen, die wir kennen, stehen ohne Ausnahme in directer Beziehung zu den Culten der Haupttheiligthümer Babyloniens oder
Chaldäas; sie haben aber keinen Bezug auf die Tempel Assyriens.
Dagegen besitzen wir schon jetzt eine genügende Anzahl liturgischer Texte der eigentlichen Assyrer, Hymnen und Gebete,
welche sämmtlich in assyrischer Sprache verfaßt sind und in keiner
Weise darauf schließen lassen, daß in diesem Lande die „Sprache
der Anbetung", die liturgische Sprache, das Akkadische gewesen
wäre, — ungeachtet der hohen Bedeutung, die man hier den
akkadischen Religionsbüchern thatsächlich zuerkannte.

In meinen Etudes accadiennes gelangte ich f. Z. bei Be-

sprechung des streitigen Jbeogrammes zu einer Schlußfolgerung,
welche derjenigen Oppert's gerade entgegengesetzt ist. Ich be=
merkte, was noch jetzt meine Ansicht ist, daß, nach Maaßgabe
der ursprünglicheren und gewöhnlicheren Bedeutung des zweiten
Schriftzeichens dieser Gruppe, die Uebersetzung „gebräuchliche
Sprache," lingua familiaris, lingua domestica, wohl berechtigter
und wahrscheinlicher sei als „Sprache der Anbetung"; und ich
schloß daraus, daß die Assyrer diese Gruppe vielleicht zu dem
Zwecke erfunden hätten, um die Sumerer als dasjenige Volk zu
bezeichnen, welches, im Unterschiede von den Akkadern, die näm=
liche Sprache redete wie sie selbst. Diese Auffassung widerspräche
auch keineswegs meiner heutigen Ansicht, wonach die Namen
Sumerer und Akkader ursprünglich zwei Theile desselben
nichtsemitischen Volkes bezeichneten. Denn die Benennung Su =
merer ist in der Folge ohne Zweifel für die Bewohner Baby=
loniens, im Gegensatze zu denen Chaldäas, gebraucht worden,
ohne aber daß man irgendwelchen bestimmten ethnischen Begriff
damit verbunden hätte. Auch haben wir bereits im siebenten
Capitel dieses Buches erfahren, daß das turanische Akkadische,
da es von dem semitischen Assyrischen allmälig verdrängt wurde,
das Uebergewicht verlor und im Norden weit eher als im Süden,
in Babylonien früher als in Chaldäa außer Gebrauch kam. Zur
Zeit, da ihre nationale Existenz begann und ihre Macht nach
außenhin zunahm, wären daher die Assyrer wohl berechtigt ge=
wesen, die Sumerer, d. h. die Bewohner Babyloniens, als eine
Bevölkerung zu betrachten, welche eine und dieselbe Sprache mit
ihnen redete; aber man dürfte daraus keinen Schluß auf die
ursprüngliche ethnische Bedeutung dieses Namens ziehen können,
— wie es auch unstatthaft wäre, aus dem Gebrauche des neu=
lateinischen Ausdrucks lingua Gallica zur Bezeichnung des Fran=
zösischen, etwaige Schlüsse auf die Sprache der alten Gallier zu
ziehen [1]). Es wäre sogar natürlich, wenn man meinte, daß die

---

[1]) So viel steht wenigstens fest, daß in Folge der ethnischen Veränderungen,
deren Schauplatz Babylonien war, der Name des Volkes dieser Gegend, der
Sumerer, schon frühzeitig die bestimmte und individuelle Bedeutung verlor,
welche der Name der Akkader weit länger bewahrte; der Name Sumerer

Affyrer aus gleichen Gründen die nichtfemitiſche Sprache, welche die der urſprünglichen Sumerer ebenſowohl als der Affaber war, als „Sprache von Affab" bezeichneten; denn im Lande Affab — im engeren Sinne — hatte ſich dieſe Sprache am längſten behauptet, ſo daß die Aſſyrer ſelbſt hier Gelegenheit hatten, ſie noch als lebende Sprache fennen zu lernen.

Indeſſen bin ich auch heute noch weit entfernt, dieſe Auffaſſung als unumſtößlich hinzuſtellen [1]); ich halte ſie nur für **wenigſtens ebenſo zuläſſig**, wenn nicht für zuläſſiger als diejenige **Oppert's**; auch habe ich ſie hier nur deshalb von

---

erhielt einen viel unbeſtimmteren Charafter und repräſentirte eben nur noch eine Erinnerung an die Vergangenheit, die man ſelbſt dann in den Königs= titulaturen forterhielt, da dieſelben, ihrer eigentlichen Bedeutung nach, den thatſächlichen Verhältniſſen feinesmegs mehr entſprachen.

Daß die aſſyriſchen Könige, als Herren von Babylon, den Titel **ſar Sumeri u Akkadi** führten, geſchah lediglich aus einer gewiſſen Sucht nach Ar= chaismen und Erneuerung der alten Titulatur, die ihrer Herrſcherwürde ein erlauchteres Gepräge zu verleihen ſchien. Doch iſt wohl zu bemerfen, daß ſie ihn erſt nach einer längeren Periode anſcheinender Vergeſſenheit, zur Zeit der cifſiſchen Dynaſtie, wieder annahmen. Die Könige dieſer Geſchlechter führen in ihren affadiſchen Inſchriften noch den alten Titel **ungal kiengi ki akkad**, deſſen Bedeutung eine rein geographiſche iſt, außer den Titeln **ungal kâ-dingira** oder **ungal karu-Dunyas** „König von Babylon" und **ungal kaſſu** „König der Kaſſi"; ja ſie gebrauchen ihn ſogar als Allophonon in einigen ihrer aſſyriſchen Inſchriften (W. A. L., IV, 41, Col. 1, Z. 30). Erſetzen ſie dagegen an gleicher Stelle den allophonen Ausdruck dieſes Titels durch einen phonetiſchen, ſo ſchreiben ſie nicht **ſar Sumeri u Akkadi**, ſondern **ſar Kaſſi u Akkadi** (vgl. die Inſchrift W. A. L., II, 38, 2, vollſtändiger in den Trans= actions of the Society of Biblical Archaeology, Bd. IV, S. 138—166; außerdem ſind mir noch zwei andere, entſprechende Beiſpiele befannt). Sie erſetzen alſo **Sumeri** durch **Kaſſi**, und bezeichnen hiemit die Bewohner Ba= byloniens, weil thatſächlich ein Theil des Volfes der elamitiſchen Kaſſi, denen die Könige ſelber angehörten, ſich als Eroberer in Babylonien niedergelaſſen hatte. Die ſchon einmal erwähnte ſogenannte Synchronous history erwähnt ihrer ebenfalls bei Gelegenheit der Ereigniſſe, die unter den letzten cifſiſchen Königen und noch unter den erſten Fürſten der aſſyriſchen Dynaſtie ſich ab= wicfelten. Die Kaſſi ſcheinen damals in Babylonien eine erobernde und herrſchende Bevölferung gebildet zu haben, welche den alten Eingeborenen über= legen war, aber ihnen ihre Sprache nicht aufzuerlegen vermochte: eine ähnliche Erſcheinung wie bei den heutigen Türfen, der Mehrzahl ihrer europäiſchen Provinzen gegenüber.

[1]) Vgl. meine Etudes accadiennes, Bd. I, 3, S. 91.

Neuem erwähnt, um eben nachzuweisen, ein wie unbestimmtes und unzuverlässiges Element ein ideographischer Ausdruck, dessen zweifelhafter Sinn mehrere gleichberechtigte Erklärungen zuläßt, in Wirklichkeit für die Entscheidung der sumerisch=akkadischen Streit= frage bildet und wie gewagt es daher ist, auf dieser gebrechlichen und schwankenden Basis eine bestimmte Theorie über den eth= nischen Charakter der in Rede stehenden Völker zu begründen. Und dieses um so mehr, da die verschiedenartigen Werthe des zweiten Schriftzeichens der fraglichen Gruppe sogar noch eine dritte, nicht minder berechtigte und begründete Erklärung zu= ließen, nämlich „Sprache der Seßhaften" [1]), offenbar im Gegensatz zu „Sprache der Nomaden", was uns wiederum in einen ganz anderen Ideenkreis versetzen würde.

Ueberdies bleibt noch immer die Frage offen, ob das Ideo= gramm ▸▭ ▣ in der That eine Erfindung der Assyrer war, oder ob es nicht vielmehr einer früheren Periode angehört. Ließe sich letzteres durch Auffindung eines noch unbekannten älteren Beispiels nachweisen, — was ja immerhin möglich ist, — dann würde natürlich der Gegensatz, den das Ideogramm anscheinend zwischen den Sprachen der Sumerer und Akkader bestehen läßt, nur ein rein dialectischer und kein absoluter sein, wie er zwischen einer semitischen und turanischen Sprache besteht. Denn es un= terliegt keinem Zweifel, daß eine gewisse Mannigfaltigkeit von Dialecten innerhalb des vorsemitischen Idiomes des unteren Euphrat= und Tigrislandes herrschte. Die lexicalischen Tafeln verzeichnen nicht selten solche Wörter, die sich durch besondere phonetische Eigenthümlichkeiten von den eigentlichen akkadischen unterscheiden. Die Neigung dieser Wörter, ein m an die Stelle des b treten zu lassen, ist deutlich erkennbar [2]); auch werden sie zudem stets durch Beifügung eines Ideogrammes unterschieden,

---

[1]) Die Bedeutung „setzen, stellen", intransitiv „sich setzen, sich niederlassen, wohnen", hat das Ideogramm ▣ wenigstens ebenso häufig als „dienen" und jedenfalls regelrechter als „Anbetung, Cultus".

[2]) Beispiele: W. A. I., II, 40, Z. 76, a—b; IV, 10 recto, Z. 1, verso, 50; 28, 1, Z. 31.

daß sie als solche eines besonderen Dialectes kennzeichnet: ⟨Keilschrift⟩.
Es hat faſt den Anſchein, als ob dieſe Gruppe „Sprache der
Frauen" bedeute; ſie könnte aber freilich ebenſo gut auch einen
anderen Sinn bergen, da wir vorläufig nur die Bedeutung des
erſten Schriftzeichens „Sprache" beſtimmt kennen; jedenfalls aber
bleibt die große Aehnlichkeit der Geſammtgruppe mit derjenigen,
welche in den aſſyriſchen Texten die Sumerer bezeichnet, immerhin
ſehr auffällig.

Endlich erwähnt noch eine Inſchrift des Sinalherib[1]),
neben dem „Lande der Sumerer", welches ideographiſch
⟨Keilschrift⟩ bezeichnet wird, nicht etwa das „Land der Akkader"
oder wenigſtens einen der gewöhnlichen bezüglichen Ausdrücke, ſondern
ein Land, deſſen ideographiſche Bezeichnung ⟨Keilschrift⟩
offenbar ein Gegenſtück zur erſteren Gruppe bildet und ebenfalls
den Begriff „Sprache" miteinſchließt. Oppert überſetzt dieſen
Ausdruck „Pays de la langue des esclaves"; doch ſind mir
ſeine Gründe hiefür unerfindlich. Ich kann vielmehr in dieſer
Gruppe nur einen Beweis mehr für die Schwierigkeiten finden,
welche mit der Erklärung ſolcher Angaben über die verſchiedenen
Sprachen Babyloniens und Chaldäas verbunden ſind, ſowie für
die Gefahr, die man läuft, wenn man nur eine einzelne dieſer
Angaben herausgreift und Schlüſſe daraus zieht, die ſich nicht
unbedingt ziehen laſſen.

Und ich wiederhole daher noch einmal, daß ſich eine Ent=
ſcheidung der ganzen ſumeriſch=akkadiſchen Streitfrage nicht er=
zielen laſſen wird, ſo lange wir allein auf zweifelhafte ideogra=
phiſche Ausdrücke angewieſen ſind, die ſich verſchiedenartig, ja
ſogar in entgegengeſetzter Weiſe erklären laſſen. Wir werden
beim gegenwärtigen Stande der Wiſſenſchaft nur dadurch einiger=
maßen das Richtige treffen können, daß wir auch andere That=
ſachen in den Kreis der Betrachtung ziehen, wie ich dies im
Vorſtehenden wiederholt zu thun mir geſtattet habe; eine defini=
tive Löſung der ſchwebenden Frage wird aber allein durch die

---

[1]) W. A. I., III, 4, 4.

Aufschlüsse eventueller neuer epigraphischer Funde herbeigeführt werden können.

An Wahrscheinlichkeit haben seither nur zwei Puncte gewonnen: erstens, die Zulässigkeit der Bezeichnung akkabische Sprache, da auch die Assyrer sich derselben bedienten; zweitens, daß in den Namen Sumerer und Akkaber nicht etwa eine Gegenüberstellung der semitischen oder kuschitisch=semitischen und der turanischen oder altaischen Rassen zu suchen sei. Und dieser letztere Punct macht thatsächlich alle Erörterungen über die zwischen den Bezeichnungen sumerisch oder akkabisch zu treffende Wahl überflüssig; denn es handelt sich hier lediglich um eine Sprache, welche sowohl die der Sumerer als die der Akkaber war.

———

III.

Die Pyramiden Chaldäas und Aegyptens.

Die religiösen Bauwerke des alten chaldäischen und babylo=
nischen Reiches hatten unveränderlich dieselbe Gestalt einer Py=
ramide mit Absätzen oder Stockwerken, welche aus einer Anzahl
hoher, viereckiger oder länglicher, übereinander geschichteter Stufen
bestanden; die einzelnen Absätze traten auf allen Seiten gleich=
mäßig zurück, so daß sie nach unten den größten Flächeninhalt
hatten, während sie nach oben zu allmälich kleiner wurden [1]).
Die Ecken des Gebäudes waren, von einer sogleich zu erwäh=
nennenden Ausnahme abgesehen, genau den vier Himmelsrichtungen
zugewandt [2]). Die Zahl der Absätze oder Stockwerke war jedoch
nicht bestimmt; sie wechselte zwischen drei, wie beim großen Tempel
zu Ur [3]), fünf, wie an der Pyramide auf einem Basrelief zu
Kopyundjik [4]), und sieben, wie am Thurm zu Borsippa, den Na=
bukuduruffur wiederherstellen ließ. Die Zahlen drei, fünf
und sieben hatten aber eine symbolische und astronomische Be=
deutung; sie entsprechen der Tiras der Götter des Mondes, der

[1]) G. Rawlinson, The five great monarchies, zweite Aufl., Bd. I,
S. 74—82; H. Cavaniol, Les monuments de la Babylonie et l'Assyrie,
S. 73 ff; vgl. auch mein Manuel d'histoire ancienne de l'Orient, dritte
Aufl., Bd. II, S. 33 ff.

[2]) Loftus, Travels in Chaldaea and Susiana, S. 128.

[3]) Loftus, ebb. S. 128 ff; Taylor, Journal of the Royal Asiatic
Society, Bd. XV, S. 261 ff; G. Rawlinson, The five great monarchies,
Bd. I, S. 76 ff.

[4]) G. Rawlinson, ebb. S. 314.

Sonne und der Luft (Sin, Samas und Bin), den fünf
Planeten und den sieben großen Himmelskörpern, die als Wandel=
sterne bezeichnet werden. Auch übertünchte man, so oft die Py=
ramiden sieben Stockwerke zählten, ein jedes derselben — wie zu
Borsippa — mit den symbolischen Farben der letzterwähnten
sieben Himmelskörper [1]). Auf der obersten Fläche dieser Bau=
werke erhob sich endlich eine kleine steinerne Capelle, die im Inneren
reich geschmückt war und das Bildniß der Gottheit des betreffenden
Heiligthums beherbergte [2]).

Die Einrichtung dieser Tempelbauten (assyrisch zikurat oder
ziggurat, Bergkegel) entspricht im Wesentlichen dem astronomischen
Charakter der chaldäisch=babylonischen Religion. Man glaubte
durch dieselben den Himmelskörpern, die den Gegenstand des
öffentlichen Cultus bildeten, näher zu kommen und schuf daher
wirkliche Observatorien, um ihren Lauf zu beobachten; Diodorus
Siculus [3]) bemerkt dies ausdrücklich von der Pyramide der
Königsstadt Babylon. Der Pyramidentempel der Chaldäer und
Babylonier war gleichsam eine künstliche Nachahmung des my=
thischen „Berges der Zusammenkunft der Götter und Gestirne",
des har-môad des Jesaias [4]) und xarsak kurra der akkadischen
Texte [5]), den die religiösen Ueberlieferungen in den Nordosten
verlegten und sogar noch die heiligen Bücher der Ssabier oder
Mendäer, der letzten Repräsentanten des alten Heidenthums am
unteren Euphrat, erwähnen [6]). Und dementsprechend hatte auch
die Etagenpyramide zu Assur (Kalah-Scherghât) von den baby=
lonischen Begründern dieser Stadt den akkadischen Namen xarsak
kalama „Berg der Erde" erhalten.

---

[1]) Vgl. meinen Commentaire de Bérose, S. 369 ff.
[2]) Vgl. Taylor's Beschreibung der Ruinen des Pyramidentempels zu
Abu=Schahreïn, dem alten Eridhu, im Journ. of the R. Asiat. Soc., Bd. XV,
S. 405—408.
[3]) II, 9.
[4]) XIV, 14—20.
[5]) Bereits im vierten Capitel besprochen.
[6]) Norberg, Codex nasaraeus, Bd. I, S. 4 und 6; Muhammed ebu-
Ischâq en-Nedîm, in Chwolson, Die Ssabier und der Ssabismus,
Bd. II, S. 1 ff.

Der bekannten Vision Jakob's[1]) liegt, wie mein Vater bereits vor längerer Zeit nachgewiesen[2]), die nämliche Vorstellung zu Grunde. Der zukünftige Nationalgott erscheint hier dem Patriarchen im Traum; letzterer erblickt eine bis in den Himmel ragende Leiter oder Treppe (םלס), an welcher die Engel auf- und niedersteigen und auf deren Gipfel Jahveh selbst sich befindet. „Um uns eine richtige Idee von dieser Himmelsleiter zu machen, müssen wir uns darunter eine freistehende, kegelförmige Masse mit allmälich zurücktretenden Stufen, kurzum eine Stufenpyramide wie die babylonischen denken. Die ägyptischen Denkmäler, u. a. ein Basrelief des Tempels zu Denderah[3]), zeigen uns die in den Geheimlehren des Heidenthums so berühmte Leiter in ebensolcher Form." Auch Celsus[4]) bediente sich in seiner Beschreibung der Mithrasmysterien des Ausdrucks κλῖμαξ „Leiter" in entsprechender Weise; in der von ihm erwähnten mystischen Leiter mit sieben den Planeten geheiligten Pforten, die von einer achten überragt werden, können wir in der That nur eine Nachbildung der alten chaldäischen Pyramiden mit ihren den verschiedenen Himmelskörpern geweihten Stockwerken und der das Ganze krönenden Capelle erkennen.

Die biblische Schilderung der Vision Jakob's trägt übrigens unverkennbare Spuren eines gewissen Einflusses der Religionen jener Völker, unter denen der patriarchalische Stamm, aus dem später die Israeliten hervorgingen, damals lebte. „Gegen Sonnenuntergang gelangt Jakob an einen mit Steinen übersäeten Ort. Solche Oerter waren im Morgenlande der Gegenstand abergläubiger Verehrung; sie wurden sogar noch im sechsten Jahrhundert u. Z. von den wenigen noch vorhandenen frommen Heiden besucht[5]). Jakob, ein unwissender oder gegen den

---

[1]) Genesis, XXVIII, 11—22.
[2]) Nouvelle galerie mythologique, S. 51.
[3]) Antiquités, Bd. IV, Tf. XIII.
[4]) Origen., adv. Cels., VI, S. 646.
[5]) Vgl. Damasc. ap. Phot. Biblioth. cod. 242, S. 1048 und 1064; Münter, Vergl. der vom Himmel gefallenen Steine mit den Bätylien; Ch. Lenormant, Nouv. Ann. de l'Inst. Arch., Bd. I, S. 234;

Aberglauben seiner Nachbaren gleichgültiger Hirt, schläft an
diesem Orte ein, ohne gewahr zu werden, daß auch Götter daselbst
ihren Aufenthalt haben; er bedient sich sogar eines heiligen Steines
als Stütze für sein Haupt, und die Berührung desselben bewirkt
eine göttliche Vision . . . . . Als Jakob wieder erwacht war,
richtete er zur Erinnerung an die Leiter, die ihm im Traum er=
schienen war, den Stein auf, der ihm als Stütze gedient hatte;
auch benannte er den Ort der Erscheinung בית־אל, d. h. Wohn=
statt Gottes. Im Geiste des Patriarchen hatte also offenbar
eine Berähnlichung zwischen der Form der mystischen Leiter und
der des Steines, den er zur Erinnerung an dieselbe errichtete,
stattgefunden. Jedenfalls dürfte die einfache Aufrichtung eines
einzelnen, vielleicht konischen Steines wohl als die ursprünglichste
Form jenes orientalischen Brauches zu betrachten sein, dessen
weitere Entwickelung zur Errichtung von Pyramiden, Grabhügeln
und margemah „Steinhaufen" führte, welch' letztere übrigens
in Griechenland fast ebenso häufig sind, wie im Orient." Wir
fügen dem noch hinzu, daß die Bezeichnung der Pyramide in
Uruk als „Tempel der sieben schwarzen Steine" [1]) auch in Chaldäa
einen gewissen Zusammenhang zwischen den Pyramiden und dem
vorerwähnten Cultus der Götzensteine vermuthen läßt.

Der geheimnißvolle Name בית־אל, welchen Jakob der
Stätte seiner Vision beilegte, wird von der Bibel nicht weiter
erläutert; und es erscheint dies auch völlig naturgemäß, da sie
selbstverständlich jede Erörterung des ursprünglichen Zusammen=
hanges der Religion der Hebräer mit den asiatischen Culten ver=
meiden mußte. Aber das Heidenthum selbst erklärt sich in be=
stimmtester Weise über den Charakter der Götzensteine. Man
erachtete dieselben nicht. allein für eine Wohnstätte der Gottheit,
sondern identificirte sie sogar mit der letzteren; und hieraus er=
giebt sich, daß Jakob durch die Aufrichtung und Heiligung des

---

dsgl. meinen Aufsatz „Baetylia" im Dictionnaire des antiquités grecques
et romaines (Hachette).

[1]) W. A. I., II, 50, 8. 20, a—b. — Auch Uruk selbst wurde zuweilen
die „Stadt der sieben schwarzen Steine" genannt, vgl. W. A. I., II, 50,
8. 57, a—b.

Steines, auf dem er geruht hatte, nicht nur einen Gedenkact vollzog, sondern thatsächlich bis zu einem gewissen Grade auch den Glauben an die Anwesenheit der Gottheit in dem Steine theilte, zumal die Genesis ausdrücklich berichtet, daß der Patriarch den von ihm aufgerichteten Stein auch mit Oel salbte. Dieser Brauch bestand noch in den ersten Jahrhunderten u. 3. bei den frommsten Heiden[1]); die Steine, die dieselben verehrten, waren nicht allein eine Wohnstatt Gottes, בית-אל, sondern auch der Gott selbst, der ehrwürdige Vater, Ababbir, אב אדיר[2])."

Die Einrichtung der zikurat oder ziggurat übertrug sich, wie so manches Andere, aus der Architectur der Chaldäer und Babylonier auch auf die der Assyrer[3]). Die imposantesten Ruinen solcher Bauten bilden einen Theil der Königsschlösser zu Khor-sabab (Dur-Sarrukin) und Nimrud (Kalakh); der Pyramiden-tempel, dessen Ueberreste wir in Kalah-Scherghât (Assur) be-wundern, war indessen ein Werk der Babylonischen Ansiedler und dürfte daher wohl das älteste Muster dieser Bauten im Lande Assur gewesen sein. Die bekannte Inschrift des Sinal-heirib erwähnt ebenfalls einen ziggurat in nächster Nähe des großen Königspalastes zu Ninive. Die Pyramide zu Nimrud scheint, nach Layard's Untersuchungen, fünf[4]), die zu Khor-sabab, nach Place und Thomas, sieben Stockwerke gehabt zu haben[5]). Der assyrische zikurat bot im Allgemeinen ein ge-treues Abbild der alten chaldäischen Pyramidentempel; nur war der Flächeninhalt seiner Basis geringer, auch traten die einzelnen Absätze desselben weniger schroff von einander zurück; er ähnelte

---

[1]) Damasc. ap. Phot. Biblioth. cod. 242, S. 1048 und 1064; Theo-phrast., Charact., 16; Lucian., Alex., 30; Minut. Fel., Octav., S. 20, Ausg. des Gronovius; Arnob., Adv. gent., I, 39.

[2]) Priscian., V, S. 647, Ausg. von Putsch; Augustin., Epist. XVII ad Maxim. Madaur.

[3]) G. Rawlinson, The five great monarchies, zweite Aufl., Bd. I, S. 314—319; vgl. mein Manuel d'histoire ancienne de l'Orient, dritte Aufl., Bd. II, S. 199—201.

[4]) Layard, Nineveh and Babylon, Tfl. zu S. 123; G. Rawlinson, op. cit., Bd. I, S. 315.

[5]) Place, Ninive et l'Assyrie, Tfl. 36 und 37.

also mehr einem Thurm als einer Pyramide, auch war seine
Höhe sehr beträchtlich; der Thurm zu Khorsabad war 43 Meter,
der zu Nimrud fast 200 englische Fuß hoch. Den speciellen
religiösen Charakter, den diese Bauwerke ursprünglich in Chaldäa
hatten und noch fernerhin in Babylon bis zum Untergange dieser
Stadt bewahrten, hatten aber die assyrischen Thurmbauten nicht.
Die steinerne Capelle, welche die chaldäischen Pyramidentempel
krönte, war auf dem zikurat der assyrischen Paläste nicht vorhanden; letzterer war nur ein einfaches Observatorium („das
Auge des Königsschlosses"), auf dem die Sterndeuter, die Schüler
der Chaldäer, den Lauf der Himmelskörper beobachteten und die
Zukunft zu erforschen suchten. Die eigentlichen Tempel der Assyrer
hatten ein ganz anderes Aussehen; ihr Baustil harmonirte weit
mehr mit dem der Paläste. Leider ist noch keiner der großen
assyrischen Tempel, die an Pracht ohne Zweifel mit den aegyptischen wetteifern konnten, ausgegraben werden; doch dürfte die
Einrichtung der bisher wieder aufgedeckten kleineren Tempel zu
Nimrud, Khorsabad und Kojundjik im Wesentlichen wohl die
nämliche gewesen sein. Letztere waren ebenfalls auf's sorgfältigste
geschmückt, auch gehörten sie sämmtlich zu den betreffenden Königs-
palästen; der Tempel zu Khorsabad befindet sich an der West-
ecke des obersten Schloßföllers, und zwar hinter dem Serail;
die beiden Tempel zu Nimrud ähneln mehr den Zikurats.

Gehen wir nunmehr zur Betrachtung der ägyptischen
Pyramiden über, so ist zunächst von besonderem Interesse, daß
die älteste derselben, — die zu Saqqarah, — ebenfalls aus
Backsteinen erbaut ist und, den chaldäischen entsprechend, aus
mehreren Stockwerken besteht. Ihre Bauart weicht daher wesentlich von derjenigen der übrigen ägyptischen Pyramiden ab[1]);
auch dürfte sie nicht, wie die anderen, ein einfaches Königsgrab
gewesen sein, vielmehr als Begräbnißstätte der Apis des alten

---

[1]) Mit Ausnahme der beiden kleinen, in dem Werke von Perring und
Vyse mit Nr. 4 und 5 bezeichneten Pyramiden der südlichen Gruppe von
Gizeh, und derjenigen von Meydum, welche sämmtlich etagenförmig, jedoch aus
Steinquadern, nicht aus Backsteinen erbaut sind, haben alle übrigen ägyp-
tischen Pyramidenbauten die regelmäßige Form der geometrischen Pyramide.

Reiches, einen heiligeren Charakter gehabt haben[1]). Sie war,
wie gesagt, die älteste Pyramide des Nilthals; Manetho,
schreibt sie ausdrücklich Benephes, dem vierten Könige der
ersten Dynastie, zu; desgleichen berichten die Auszüge aus Euse=
bius und Julius Africanus, daß dieser König die Pyramide
zu Κωχώμη erbaute, ein Name, welcher offenbar dem Aequivalent
von Saqqarah in den Hieroglyphentexten (ka kam „der schwarze
Stier") entspricht. Mariette schreibt diese Stufenpyramide eben=
falls der ersten Dynastie zu, jedoch ohne Angabe von Gründen[2]).

Ein weiterer Umstand, der nicht minder für die Analogie
der Form und Einrichtung der chaldäischen Pyramidentempel und
der großen ägyptischen Pyramide zu Saqqarah spricht, ist so=
dann folgender. Die dreißig Todtengrotten der Pyramide, an
deren Fuß später das Serapeum von Memphis erbaut ward,
unterscheiden sich in ihrer baulichen Einrichtung nicht unwesent=
lich von den Todtenkammern der übrigen Pyramiden, die nur
Grabstätten für Könige waren; zudem ist die Inschrift[3]) über
einem der Eingänge zu diesen Grotten nichts Anderes als der
Titel, der dem göttlichen Apis auf mehreren Säulen des Sera=
peum beigelegt wird[4]); daher sich mit Mariette wohl annehmen
läßt, daß die in Rede stehende Pyramide die Begräbnißstätte
der ältesten Apis, kurzum ein Göttergrab war. Die Einrichtung
von Götterkenotaphien bestand aber auch in den Culten des
Euphratlandes, Syriens und Phöniciens, und zwar in engster
Verbindung mit der dortigen Auffassung der Licht= und Sonnen=
götter, die mit dem Wechsel der Jahreszeiten starben und wieder
auferstanden; die Vermuthung, daß dieser specielle Charakter
wenigstens einem Theil der heiligen Pyramidentempel oder zikurat
Chaldäas und Assyriens ebenfalls anhaftete, ist daher nicht ganz
ausgeschlossen. Diese Bauwerke waren eben Göttergräber und
Observatorien zugleich, auf denen die Priester nicht allein den
Lauf der Himmelskörper beobachteten, sondern auch den Sternen=

---

[1]) Mariette, Bulletin archéol. de l'Athénaeum français, 1856, S. 61 ff.
[2]) Aperçu de l'histoire d'Egypte, Pariser Ausg., S. 76.
[3]) Lepsius, Auswahl, Tfl. VII; Denkmäler, Bd. II, Tfl. II, Nr. 1.
[4]) Mariette, Bulletin archéologique, 1855, S. 61.

cultus versahen. Strabo[1]), Ktesias[2]) und Aelian[3]) bezeugen, daß die Pyramide der Königsstadt Babylon das Grab des Bel-Marubuk enthielt; und es wird dieses auch durch die Inschriften des Nabukuburussur bestätigt[4]). Diodorus Siculus[5]), Amyntas[6]) und Ovid[7]) bezeichnen ebenfalls den zikurat des Königsschlosses zu Ninive, — ohne Zweifel auf Grund einer religiösen Locallegende, — als „Grab des Ninus", d. h. als Grab jener Erscheinungsform des Gottes Abar, welche speciell über Ninive waltete[8]). Auch hat Layard, im Verlaufe seiner Nachgrabungen zu Nimrud, im Innern des dortigen Etagenthurmes eine geräumige Grabkammer entdeckt[9]), welche der sogenannten „Wohnstatt der Ruhe (bit papaḫa) des Bel-Marubuk" in der Pyramide zu Babylon genau entsprochen zu haben scheint. Endlich gedenken wir noch jener merkwürdigen, aus Asien stammenden Mythe, nach welcher die Töchter des Cinyras nach dem Tode ihres Bruders Abonis in Stufen verwandelt wurden[10]), — offenbar die Stufen der Pyramide, welche dem verblichenen Gotte als Grabstätte diente[11]).

Der Umstand, daß die Pyramide zu Babylon und der Etagenthurm zu Nimrud ihre Seitenflächen und nicht — wie die übrigen Denkmäler dieser Art — ihre Ecken den vier

---

[1]) XVI, S. 738.
[2]) Persic., 21, Ausg. von Bähr.
[3]) Var. hist., XIV, 3.
[4]) Inscr. de la Compagnie des Indes, Col. 2, Z. 43, 44; Col. 3, Z. 24, 25. — Baril de Philipps, Col. 1, Z. 30. — Inscr. de Borsippa, Col. 1, Z. 17; vgl. Oppert, Etudes assyriennes, S. 63—66.
[5]) II, 7.
[6]) Ap. Athen., XII, 4, 11.
[7]) Metam., IV, 88.
[8]) Vgl. meine Légende de Sémiramis, S. 41.
[9]) Layard, Nineveh and Babylon, S. 128.
[10]) Ovid, Metam., VI, 98 ff.
[11]) Auf einer bemalten Vase zu Neapel (Millingen, Peintures de vases, Tfl. XXXIX; Museo Borbonico, Bd. IV, Tfl. 20: Ch. Lenormant et De Witte, Etudes des mon. céramogr., Bd. IV, Tfl. LXXXVIII) wird das Grab des Abonis, neben dem Aphrodite in Trauer sitzt, ebenfalls zur Erinnerung an diese Metamorphose, von einem terrassenförmigen Untergestell getragen.

Himmelsrichtungen zuwenden, läßt übrigens vermuthen, daß die
zikurat, welche speciell für Göttergräber galten, durch diese be=
sondere Lage und Ausrichtung ihrer Grundfläche kenntlich ge=
macht waren. Jedenfalls ist es sehr bemerkenswerth, daß wir
auch an den ägyptischen Grabpyramiden dieselbe Erscheinung
constatiren, wiewohl anzunehmen ist, daß vielleicht auch gewisse
astronomische Ideen hiebei maaßgebend gewesen sein mögen. „Daß
die ägyptischen Pyramiden vorzugsweise Grabmäler waren,“
sagt E. de Rougé[1]), „ist nicht zu bezweifeln; die genaue Aus=
richtung ihrer Seitenflächen nach den Himmelsrichtungen läßt
aber bennoch vermuthen, daß Form und Lage dieser Bauwerke
nicht ganz außer aller Beziehung zum Sonnencultus standen;
die kleinen Votivpyramiden unserer Museen scheinen in ihren
bildlichen Darstellungen und Inschriften, denen eine Verflechtung
liturgischer Todtengebete und feierlicher Lobpreisungen der Sonne
zu Grunde liegt, ebenfalls darauf hinzuweisen.“ Die große
Pyramide des Königs Khufu hieß bekanntlich auch khu-t „der
nach den Himmelsrichtungen gewandte Horizont“[2]). Endlich
gedenken wir noch jener drei Sonnentempel in der Umgegend
von Memphis, welche anscheinend beim Einfall der Hirten zer=
stört wurden; die Inschriften der ersten Dynastien erwähnen
ihrer wiederholt unter den Namen Ra=sep, Ra=schepu=het
und Ra=as=het; sie hatten die Form von abgestumpften Pyra=
miden, deren oberste Fläche einen Obelisk als Sonnenzeiger trug[3]).

Nach Maaßgabe der Gebräuche und Vorstellungen des alten
ägyptischen Reiches waren die Pyramiden nicht allgemeine Grab=
stätten, sondern gebührten allein den Königen, welche zuweilen
auch ihre Kinder in denselben beisetzen ließen. Diese besondere
Bestattungsart der Könige stand aber in engster Beziehung zu
ihrer Vergötterung, welche in der Religion jener Zeiten eine so
hervorragende Rolle spielte. Als irdische Erscheinung des Sonnen=

---

[1]) Notice des monuments égyptiens du Louvre, zweite Aufl., S. 118;
Mariette, Notice du Musée de Boulaq, zweite Aufl., Nr. 727, 983.

[2]) De Rougé, Mém. de l'Acad. des Inscr., neue Folge, Bd. XXXV,
zweiter Theil, S. 261.

[3]) Op. cit., S. 289, 296.

gottes wurden die ägyptischen Könige schon bei Lebzeiten verehrt; und sie wurden daher auch nach ihrem Tode als Götter bestattet, unter der Sonnenpyramide, welche gleichzeitig Tempel und Grab war.

Es bestand also offenbar eine gewisse Uebereinstimmung in der ältesten Form und Auffassung der ägyptischen und chaldäischen Pyramiden: eine Thatsache, die als einer der wenigen ursprünglichen Berührungspuncte der Gesittungen beider Länder gewiß beachtet zu werden verdient. Die religösen Anschauungen beider Völker beeinflußten aber in der Folge diese Auffassung, und daher kam es, daß die Pyramiden, welche ursprünglich zugleich Göttergrab und Tempel des Sternendienstes gewesen waren, zuletzt an den Ufern des Nil vorzugsweise Grabmäler, am Euphrat und Tigris dagegen Stätten des Cultus wurden.

IV.

Hymnus an den akkadischen Aku und assyrischen Sin.

Uebersetzungen des Hymnus[1]) an den Mondgott Aku oder Sin habe ich bereits früher in meinen Premières Civilisations[2]), sowie in den Etudes accadiennes[3]) mitgetheilt; gegenwärtig bin ich in der Lage, diese Uebertragungen in manchen Puncten zu berichtigen und zu vervollkommnen, indem ich mich hierbei besonders auf Friedrich Delitzsch's[4]) neueste Uebersetzung dieser Ur-kunde stütze:

Gebieter, Fürst der Götter, der im Himmel und auf Erden allein erhaben,
Vater, Uru-ki[5]), Herr, erzeugender Gott, Fürst der Götter,
Vater, Uru-ki, Herr, großer Gott, Fürst der Götter,
Vater, Uru-ki, Herr, Gebieter der Zunahme[6]), Fürst der Götter,
Vater, Uru-ki, Herr von Ur, Fürst der Götter,
Vater, Uru-ki, Herr von E-sir-gal[7]), Fürst der Götter,
Vater, Uru-ki, Herr der Kronen, Schöpfer, Fürst der Götter,
Vater, Uru-ki, der die Herrschaft majestätisch vollführt[8]), Fürst der Götter,

---

[1]) W. A. I., IV, 9.
[2]) Bd. II, S. 159 ff.
[3]) Bd. II, S. 131—148.
[4]) George Smith's Chaldäische Genesis, S. 281—283.
[5]) In der assyrischen Version durchgehend Nannar, wiewohl die wört-liche Bedeutung der Namen Uru-ki und Nannar nicht ein und dieselbe ist.
[6]) Eni-zuna, Anspielung auf die verschiedenen Phasen der Zunahme des Mondes; in der assyrischen Version einfach Sin.
[7]) „Der Wohnsitz des großen Lichtes", ein Tempel des Mondgottes zu Babylon.
[8]) Assyrische Version: der das Königthum zur vollen Entwickelung führt.

Vater, Uru=ki, der im Gewande der Majestät dahinschreitet, Fürst der Götter,

Gewaltiger Lichtspender, mit kraftvollen Hörnern, vollkommenen Gliedern, funkelnd niederwallendem Bart, leuchtend, wenn du in vollem Glanze prangest,

Frucht, die sich selbst erzeugt ....[1]), die in segensreichem Walten die Traufen der Fülle[2]) nicht unterbricht,

Erbarmer, Keim alles Seienden[3]), der inmitten der lebenden Wesen einen erhabenen Wohnsitz errichtet[4]),

Vater, Erbarmer und Wiederhersteller, dessen Hand das Leben der Gesammtheit der Länder erhält.

Herr, in deiner Gottheit, gleich den fernen Himmeln und dem weiten Meere, gebietest du tiefe Ehrfurcht[5]).

Beherrscher des Landes, Beschützer der Tempel, Verkünder ihres Ruhmes,

Vater, Erzeuger der Götter und Menschen, der du erhöhst deine Wohnung und begründest alles, was gut ist,

der du zur Herrschaft beruffst, das Scepter verleihst, bis in ferne Tage das Schicksal bestimmst,

unwandelbarer Hort, dessen Herz weit ist und eines Jeden gedenkt,

.... dessen Kniee nicht ermatten, der da öffnet den Weg den Göttern, seinen Brüdern,

.... der aus dem tiefsten Grunde bis zur höchsten Höhe der Himmel leuchtend durchbringt, der das Himmelsthor öffnet, und schafft ....

Vater, Erzeuger aller lebenden Wesen ....

Herr, Verkünder der Entscheidung über Himmel und Erde, dessen Gebot niemand [umstößt],

der dem Himmel die Jahreszeiten(?) entnimmt sowie die Gewässer, der Ueberfluß spendet den lebenden Wesen, — kein Gott erreicht deine Fülle.

Im Himmel wer ist erhaben? Du, du allein bist erhaben.

Auf Erden wer ist erhaben? Du, du allein bist erhaben.

---

[1]) Dieselbe Vorstellung findet sich auch in der Religion der Aegypter.

[2]) Vgl. Hiob, XXXVIII, 25; der Regen floß in Gestalt ununter=brochener Fäden durch die im Himmelsgewölbe befindlichen Traufen herab.

[3]) Die Auffassung des Mondes als Niederlage allen Urstoffes war, nach der Ueberlieferung griechischer Schriftsteller, fast allgemein in den Heiligthümern des Orients vertreten (Lyd., De mens, II, 6; III, 4; IV, 53. — De ostent., 16); sie bestand aber auch bei den Aegyptern, wie Plutarch be=richtet, und in ähnlicher Weise in Indien, wie wir aus A. Weber's In=dischen Studien, Bd. I, S. 194 entnehmen.

[4]) Assyrische Version: hellstrahlend.

[5]) Assyrische Version: du erfüllest mit Schrecken.

Deinen Befehl verkündest du im Himmel, und die Erzengel des
    Himmels werfen nieder ihr Antlitz.

Deinen Befehl verkündest du auf Erden, und die Erzengel der Erde
    küssen den Boden.

Dein Befehl erschallet droben wie ein Sturmwind in der Finsterniß,
    er machet sprießen die Erde.

Dein Befehl ist kaum ergangen auf Erden, so wächset das Gras.

Dein Befehl erstrecket sich über die Lagerstätte und Höhe, er ver=
    mehret die lebenden Wesen.

Dein Befehl läßt Wahrheit und Recht bestehen, er beschwöret die
    Menschen mit Wahrheit,

dein Befehl beglücket die fernen Himmel und die weite Erde, ge=
    denket eines Jeden,

dein Befehl, — wer kann ihn erfassen, wer kann ihm gleichkommen?

Herr, im Himmel ist deine Herrschaft, auf Erden deine Leitung;
    unter den Göttern, deinen Brüdern, hast du nicht deines Gleichen.

König der Könige, der keinen Richter über sich hat, dessen Gottheit
    kein Gott übertrifft,

den Ort deiner Herrschaft . . . . . .

den Ort deines wohlthätigen Waltens . . . . . .

. . . . Himmel und Erde . . . . . .

Deinem Tempel sei gnädig!

Der Stadt Ur sei gnädig!

Die Gattin . . . . freudvoll, Herr der Ruhe, gestatte ihr
    dich anzurufen.

Der Freie . . . . , Herr der Ruhe, gestatte ihm dich anzu=
    rufen.

Die Erzengel des Himmels . . . . . .

Die Erzengel der Erde . . . . . .

Von den fünf übrigen Versen sind nur die Anfänge der
einzelnen Zeilen erhalten.

V.

Hymnus an Iſtar, als Göttin des Venuſterns.

Den Urtext des Iſtar-Hymnus, nebſt zwiſchenzeiliger aſſy=
riſcher Verſion, veröffentlichte zunächſt Friedrich Delitzſch in
ſeinen Aſſyriſchen Leſeſtücken[1]); Ueberſetzungen, welche
nur unweſentlich von der nachſtehenden abweichen, lieferten ſo=
bann Sayce und Oppert; auch war es Letzterer, der zuerſt
die Alternation der Strophen erkannte.

Der Anbetende: Spenderin des Himmelslichtes, wie eine Flamme er=
hebeſt du dich über die Erde.
Du befruchteſt, wenn du dich über die Erde erhebſt,
du biſt's, die einer Wandrerin gleich die Erde durch=
ſchreitet.
Dich feſſelt ein gerechtes Gebot,
wenn du bei deinem Niedergang dich dem Wohnſitz
der Menſchen näherſt.
Leopard[2]), der beuteſuchend umherſtreift,
Löwe[3]), der im Kreiſe umherſpürt.
Den Tag der Beiſchläferin[4]), o Himmel, laſſet ihn
anbrechen!
(Den Tag) der Beiſchläferin Śutus (Iſtar), o Himmel,
laſſet ihn anbrechen!
Die alles Seiende erzeugt, o Himmel, laſſ't ſie empor=
ſteigen!
Die bei ihrem Aufgang den Tag verkündet[5]), o Himmel,
laſſ't ſie emporſteigen!

---

[1]) S. 34 ff.
[2]) Aſſyriſche Verſion: Du biſt ein Leopard.
[3]) Aſſyriſche Verſion: Du biſt ein Löwe.
[4]) Wörtlich: die Sclavin.
[5]) Aſſyriſche Verſion: Die Genoſſin der Sonne.

Die Göttin: Für die Wiederkehr der Jahreszeiten setze ich fest (die Dinge), zur Reise lasse ich gelangen (die Dinge).

Für meinen Vater, den Herrn der Zunahme[1]), setze ich fest den periodischen Wechsel der Jahreszeiten, setze ich fest (die Dinge), ein jegliches zu seiner Zeit.

Für meinen Bruder, die Sonne, setze ich fest die periodische Wiederkehr der Jahreszeiten, setze ich fest (die Dinge), ein jegliches zu seiner Zeit.

Mich hat mein Vater, der Lichtspender[2]), festgesetzt: ich setze fest die periodische Wiederkehr der Jahreszeiten.

In den erneueten Himmeln setze ich fest die periodische Wiederkehr der Jahreszeiten, setze ich fest (die Dinge), ein jegliches zu seiner Zeit.

Heilig ist meine Herrlichkeit[3]), erhaben meine Pracht; als Fruchtspenderin in der Höhe, steige ich empor.

Herrin des Himmels, bin ich die Göttin der Abenddämmerung;

Herrin des Himmels, bin ich die Göttin der Morgendämmerung.

Herrin des Himmels, die da öffnet die leuchtenden Riegel des Himmels[4]), — meine Herrlichkeit ist's.

Der Himmel ist erhaben, die Erde breitet sich aus in der Tiefe, — meine Herrlichkeit ist's;

die den Himmel erhebt, die die Erde ausbreitet in der Tiefe, — meine Herrlichkeit ist's;

die sich im unteren Theile des Himmels erhebt, die ihren Ruf über die Länder verbreitet[5]), — meine Herrlichkeit ist's.

Schrecken des Himmels, den man anruft in der Höhe und Tiefe, — meine Herrlichkeit ist's;

die für sich selber allein die Gebirge erschüttert, — meine Herrlichkeit ist's;

ihre gewaltigen Böschungen, — ich bin es; ihre gewaltigen Grundlagen, — ich bin es, meine Herrlichkeit ist's.

Der Anbetende: Möge dein Herz sich besänftigen, möge dein Zorn schwinden!

---

[1]) Assyrische Version: Sin.

[2]) Der assyrische Beiname Nannarû entspricht hier seiner wörtlichen Bedeutung nach vollkommen dem entsprechenden akkadischen.

[3]) Assyrische Version: In der Höhe ist meine Herrlichkeit.

[4]) Assyrische Version: die Riegel des leuchtenden Himmels.

[5]) Assyrische Version: unter den Menschen.

Beim Herren Ana[1]), dem Großen, möge dein Herz
sich besänftigen!

Beim Herren kur-gal Mul-ge[2]), möge dein Zorn
schwinden!

Fruchtspenderin, Herrin des Himmels, möge dein Herz
sich besänftigen!

Gebieterin, Herrin des Himmels, möge dein Zorn
schwinden!

Gebieterin, Herrin des himmlischen Tempels[3]), möge
dein Herz sich besänftigen!

Gebieterin, Herrin des Bodens von Uruk, möge dein
Zorn schwinden!

Gebieterin, Herrin der Ebene von Uruk, möge dein
Herz sich besänftigen!

Gebieterin, Herrin des Gebirges der Länder, möge dein
Zorn schwinden!

Gebieterin, Herrin des Mittagskreises der Länder, möge
dein Herz sich besänftigen!

Gebieterin, Herrin von Tin-tir[4]), möge dein Zorn
schwinden!

Herrin, die den Namen Nana besitzet, möge dein Herz
sich besänftigen!

Herrin des Hauses, Gebieterin der Götter, möge dein
Zorn schwinden!

Klagelied an Śukuš (Iſtar),
geschrieben und aufgezeichnet gemäß einem
alten Original.

Eine gleiche alternirende Stropheneintheilung dürfte übrigens
wohl auch für das Liederfragment W. A. I., IV, 19, 3[5]) anzunehmen sein; der Hymnus, dem dieses Bruchstück angehörte, war
ebenfalls an eine Göttin gerichtet, welche gleichzeitig mit der Nana
von Erech und Anunit von Sippara identificirt wird:

Der Anbetende: Wie lange noch, Herrin . . . .
In der Hauptstadt Uruk ist die Fastenzeit eingehalten
worden,

---

[1]) Aſſyriſche Verſion: Anu.

[2]) Aſſyriſche Verſion: Sabû-rabû Bel. — Der Berg des Mul-ge,
von dem bereits früher die Rede war, scheint hier mit dem Gotte selbst identificirt zu sein.

[3]) E-ana, der Haupttempel von Erech.

[4]) Babylon.

[5]) Ueberſetzungen dieſes Fragmentes veröffentlichte ich bereits früher in
meinen Premières Civilisations, ſowie in den Etudes accadiennes.

im Tempel Ulbar[1]), der Stätte deines Orakels, habe ich das Blut (der Opferthiere) strömen lassen wie Wasser,

in der Gesammtheit der dir gehörenden Länder hat sich die Flamme brennend erhoben, und sie hat sich verbreitet in Windungen, gleich denen der Eingeweide.

Die Göttin: Ich, Herrin, bin mächtig überlegen dem Bösen[2]), den gewaltigsten Aufrührer, — ich biege ihn wie ein Schilfrohr.

Der Anbetende: Ich maaße mir die Gewalt nicht an, ich rühme mich nicht;

wie eine Blume welke ich hin, bei Tag und bei Nacht;

ich bin dein Knecht, ich preise dich;

möge dein Herz sich besänftigen, möge dein Zorn schwinden!

---

[1]) Einer der hauptsächlichsten Tempel von Sippara.

[2]) Assyrische Version: Ueber die Feindseligkeit gebiete ich mächtig.

Zweiter Theil.

Die Wahrsagerei und Weissagekunst der Chaldäer.

Capitel I.

Die Grundlehren der chaldäischen Weissagekunst.

Vom Urzeitalter der Akkaber wenden wir uns nunmehr zu
näher liegenden Zeiten, die sich dem Forscher bereits im vollsten
historischen Lichte zeigen. Die Gebräuche, Anschauungen und
Glaubenssätze, die wir besprechen werden, gehören der entwickelten
chaldäisch-babylonischen Cultur an, mithin jener mehr denn sechs-
zehn Jahrhunderte umfassenden Periode, die von Sargon I.,
König von Agane, bis zu den Eroberungszügen Alexander's
des Großen reicht. Die Religion war damals, unter Mitwirkung der großen, in Assyrien, Babylonien und Chaldäa gleich
einflußreichen Priesterschulen, nach einem bestimmten philosophischen
System geregelt; ihre Lehren, bie ein zusammenhängendes Ganze
bildeten, wurden in heiligen Büchern überliefert und in den
Tempeln zur Anschauung gebracht. Die alte Magie der Akkaber
war ebenfalls in den Bestand der priesterlichen Wissenschaften
aufgenommen worden; aber sie behauptete unter ihnen keine hervorragende Rolle und wurde nur noch von Schriftgelehrten niederen Ranges gepflegt. Die Ideen, welche die herrschende Religion belebten und den forschenden Geist des Priesterthums und
der Schulen in Anspruch nahmen, waren eben ganz anderer Art.
Die Astrologie war die Hauptbeschäftigung der Chaldäer geworden, und sie bildete auch den Hauptruhm derselben unter allen
Völkern des Alterthums. Freilich verstehen wir hier die Bezeichnung Chaldäer nicht mehr in ethnischem Sinne, sondern

so wie die Griechen und zuweilen auch die Bibel dieselbe an=
wandten; wir verstehen darunter jene zahlreiche Priesterkaste,
welche seit der großen Reform des zwanzigsten Jahrhunderts
sich über Babylonien und Chaldäa verbreitet hatte und mit ihrem
alles umfassenden Wissen auch die Assyrer der Civilisation zu=
führte.

„Die Chaldäer,“ sagt der jüdische Philosoph Philon[1]),
„scheinen die Sternkunde und Wahrsagerei vor allen anderen
Völkern gepflegt und gefördert zu haben. Sie brachten die
irdischen Dinge mit den himmlischen, mit anderen Worten den
Himmel mit der Erde in Verbindung, und suchten dann aus den
wechselseitigen Beziehungen dieser nur räumlich, nicht wesentlich
geschiedenen Theile des Weltalls auch den harmonischen Einklang
derselben nachzuweisen. Sie stellten die Vermuthung auf, daß
die sinnliche Welt — an sich, oder doch wenigstens durch die sie
belebende Kraft — Gott sei, und riefen, indem sie diese Kraft
unter dem Namen Verhängniß oder Nothwendigkeit
vergöttlichten, den reinen Atheismus hervor; denn sie erweckten
den Glauben, daß alle Naturerscheinungen nur eine sichtbare
Ursache hätten und daß von der Sonne, dem Mond und dem
Lauf der Gestirne das Glück oder Unglück eines jeden Menschen
abhänge.“ Es dürfte nun freilich schwer sein, den Kern der
chaldäischen Lehre, sowie die Anziehungspuncte und Grundfehler
derselben, zutreffender zu charakterisiren. Aber wir müssen gleich=
wohl den Atheismus, von welchem Philon berichtet, und den
daraus folgenden unverhüllten und rohen Materialismus ebenso
wenig wörtlich nehmen als den nur scheinbar abweichenden
Passus des Diodorus Siculus[2]): „Die Chaldäer behaupten,
daß die Welt ihrem Wesen nach ewig sei, daß sie keinen Anfang
gehabt habe und kein Ende haben werde. Die Schönheit und
Ordnung des Weltalls schreiben sie einer göttlichen Vorse=
hung zu, und behaupten demnach, daß auf Erden keine Erschei=

---

[1]) De migr. Abr., 32. — Quis rer. divin. her. sit, 20; De Abraham., 15.
[2]) II, 30.

nung, kein Vorkommniß zufällig oder spontan, sondern schon im
Voraus von den Göttern bestimmt sei." Die Vorsehung, um die
sich's hier handelt, ist nicht die schaffende, vielmehr die ordnende
Urkraft, welche einerseits mit der Ewigkeit der Welt Hand in
Hand geht, andererseits nach einem höheren Willen oder Gesetz
den beständigen Lauf der Gestirne leitet und regelt. Dieses
Gesetz, dieser Wille sind im Grunde nichts Anderes als das
Verhängniß oder die Nothwendigkeit des Philon, das
Gesetz und die Harmonie, welche Sanchuniathon personificirt, — mit anderen Worten die Thuro=Chusarthis
der phönicischen Theologie [1]), das Sinnbild der Einheit, der unwandelbaren Ordnung und wunderbaren Harmonie des Weltalls [2]).
Der Ausdruck Atheismus aber ist unzutreffend, in sofern die
Chaldäer ein göttliches Urwesen, eine allgemeine Weltseele, welcher
alle niederen Gottheiten entstammen, wohl zugestanden; nur
leiteten sie dieses göttliche Urwesen aus der ewigen Materie ab,
welche sie niemals völlig von ihm getrennt dachten; und daher
war ihr Gott weder rein geistig noch ein Wesen an sich; auch
war er keineswegs unumschränkt. Obwohl Ordner der Welt
und leitende Vorsehung, war er doch selbst gebunden durch das
beständige Gesetz der Nothwendigkeit, nach dessen Bestimmungen
er durch eine seiner Emanationen das Werk der Weltenschöpfung
hatte vollbringen lassen. An dieser Klippe eines jeden Pantheismus waren eben auch die Chaldäer gescheitert.

Die Neigung zur Astrologie erwuchs den Chaldäo=Babylo-
niern schon frühzeitig aus der Eigenart der religiösen Anschauungen, welche ihnen und den anderen kuschitischen und semitischen
Völkern gemein, oder richtiger von den Semiten des Nordens
ihnen entlehnt worden waren. Indem sie den Himmel sowie die
wunderbare Harmonie der Gestirne und die Mitwirkung der
Sonnenkraft an der Entwickelung der Vegetation genau beobachteten, waren sie schließlich dahin gelangt, alle Erscheinungen in
der Natur mit den Gestirnen, zumal mit dem glänzendsten unter

[1]) Sanchuniathon, 42, ed. Orelli.
[2]) Guigniaut, Religions de l'antiquité, Bd. II, dritter Theil, S. 906.

ihnen, in Verbindung zu bringen, — mit anderen Worten,
sie gaben sich völlig dem Sternendienst hin, welchen Gott durch
sein ausdrückliches Verbot jeder genaueren Beobachtung der
Himmelskörper von den Hebräern hatte fernhalten wollen. Die
Chaldäer verehrten die Gestirne nicht allein als die glänzendste
Offenbarung der göttlichen Macht, sondern beteten sie sogar als
die Gottheit selbst an. Auch führten sie systematische Beobach=
tungen ein, wie sie zum Behufe der regelmäßigen Zeiteintheilung
und zum Innehalten der religiösen Feste erforderlich waren; und
da sie, wie gesagt, eine geheimnißvolle Einwirkung der Constella=
tion auf die Erscheinungen der Natur und die Geschicke der
Menschheit voraussetzten, glaubten sie auch die Gesetze dieser Be=
ziehungen der Himmelsbewegungen zu den Vorgängen auf der
Erde thatsächlich erfassen zu können. Man vermerkte die Coin=
cidenzen der Stellungen und Erscheinungsphasen der Gestirne
mit den Ereignissen auf der Erde, und glaubte dieserart den
Schlüssel zur Ergründung der Zukunft gefunden zu haben. Die
beständige Regelmäßigkeit in den Bewegungen der Himmelskörper
und deren Einfluß auf den Wechsel der Jahreszeiten rief die
Vorstellung vom Walten eines ewigen und unveränderlichen Ge=
setzes hervor, welches durch ein festes, solidarisches Verhältniß
alle Erscheinungen und Ereignisse verbinde und die irdischen
Dinge von den himmlischen abhängig mache. Und daraufhin
wurde angenommen, daß alle beobachteten Coincidenzen sich mit
nothwendiger Gleichmäßigkeit wiederholen müßten.

Die Astrologie nahm allmälich eine immer bestimmtere Form
an; ja sie machte sogar auf wissenschaftliche Genauigkeit An=
spruch, da sie mittelst der fortgesetzten, alltäglichen Beobachtungen
eine Reihe astronomischer Wahrnehmungen erhärtet hatte. Die
menschlichen Geschicke und geschichtlichen Begebenheiten wurden
lediglich in die Kategorie der gewöhnlichen Naturerscheinungen
gerechnet, und daher suchte man denn auch das Geheimniß der=
selben in den complicirten und doch so regelmäßigen Bewegungen
der Himmelskörper, sowie in den wechselnden Stellungen der=
selben, sowohl unter einander als in Beziehung auf Sonne und
Mond, zu ergründen. Die Gestirne waren nicht allein die

Lenker des Weltalls, die bestimmende Ursache aller Vorkommnisse
und Begebenheiten, sondern auch die Verkünder der letzteren.
Denn ihre Stellungen und Erscheinungsphasen hatten sämmtlich
eine bestimmte Bedeutung; und wie die ersteren die Ereignisse
bestimmten, so waren die letzteren auch sichere Vorzeichen derselben[1]). Man reihte deshalb alle wahrgenommenen Coincidenzen
der verschiedensten Begebenheiten mit den Erscheinungen der Sonne,
des Mondes, der Planeten und Fixsterne in ein bestimmtes
System ein, — unterließ aber gleichzeitig nicht, aus den allge-

---

[1]) „Ist der Mond am Ersten des Monats sichtbar, so wird das Land
gedeihen und das Herz desselben frohlocken." — „Ist der Mond von einem
Hof umgeben, so wird der König den Vorrang gewinnen." — „Ist die rechte
Seite der Mondsichel lang, die linke dagegen kurz, dann wird die Hand des
Beherrschers eines anderen Landes Berühmtheit erlangen." — „Erscheint der
Mond auffällig groß, so wird eine Finsterniß eintreten." — „Erscheint er
dagegen sehr klein, so wird die Ernte des Landes gesegnet sein." W. A. I.,
III, 51, 6.
„Zeigt der Mond am 1. und 28. des Monats dasselbe Aussehen, so ist
dies ein verhängnißvolles Zeichen für Syrien." — „Ist der Mond am 30.
sichtbar, so ist dies ein gutes Zeichen für das Land Akkad, ein böses für Sy-
rien." W. A. I., III, 51, 2.
„Zeigt der Mond am 1. und 27. des Monats dasselbe Aussehen, so ist
dies ein verhängnißvolles Zeichen für Elam." W. A. I., 54, 7, 8. 57.
„Ist die Sonne bei ihrem Untergang doppelt so groß als gewöhnlich und
mit drei bläulichen Kreisen umzogen, so wird der König des Landes zu Grunde
gehen." W. A. I., III, 59, 15.
„Ist im Monat Ulul der Mars leicht sichtbar, so wird die Ernte des
Landes gut sein und das Herz desselben frohlocken." W. A. I., III, 59, 1.
„Jupiter gehet auf und sein Licht ist hell wie der Tag; in seinem Glanze
bildet er hinter sich einen Schweif, ähnlich dem Stachel der Scorpione. Es
ist dies ein günstiges Vorzeichen, welches Glück verkündet dem Herrn des
Hauses und dem ganzen ihm unterthänigen Lande; das Böse ist zwiespältig,
die Gerechtigkeit erhebet ihr Haupt, es regieret ein kräftiger Arm; . . . . der
Herr des Hauses und der König erstarken in ihren Rechten, Gehorsam und
Friede walten im Lande." W. A. I., III, 57, 1.
„Leuchtet im Monat Duz der Stern Entenamaslum (Albebaran?) bei
seinem Aufgang sehr hell, so wird die Ernte des Landes sehr gut und der
Ertrag ein reichlicher sein." — „Ist dagegen dieser Stern bei seinem Aufgang
verhüllt, so wird die Ernte des Landes mißrathen." W. A. I., III, 57, 1.
„Ist der große Hundsstern verhüllt, so wird das Herz des Landes be-
kümmert sein." — „Ist der Stern des Königs verhüllt, so wird der Gebieter
des Palastes verscheiden." W. A. I., III, 59, 13.

meinen Beziehungen der wechselnden Erscheinungen zur Atmo=
sphäre, neben den politischen oder historischen Prophezeiungen
auch manche sich nicht selten als richtig erweisende Vermuthungen
über das Wetter abzuleiten [1]). Endlich wurden sämmtliche Beo=
bachtungen und Erfahrungen tabellarisch verzeichnet, um eben in
allen vorkommenden Fällen befragt und als Richtschnur benutzt
zu werden.

Natürlich übte diese alles beherrschende und überragende
Beschäftigung auch auf ihre ursprüngliche Quelle, die Religion,
einen mächtigen, tiefgehenden Einfluß. Guigniaut bemerkt
ganz richtig, daß „durch die Astrologie, jenen wunderbaren Zu=
sammenhang, den die Chaldäer zwischen den tellurischen und at=
mosphärischen Erscheinungen zu erkennen glaubten, ihre Religion
immer mehr und mehr der Astronomie, mithin Theorien und
Anschauungen untergeordnet wurde, wie sie eben nur aus einer
zu gleichen Theilen aus Wahrheit und Selbsttäuschung bestehenden
Wissenschaft erwachsen konnten [2]).“ Die Weissagungen der Stern=
deuter beeinflußten die gesammte Lebensthätigkeit, alle öffentlichen
und privaten Unternehmungen der Chaldäo=Babylonier und
Assyrer, und zwar in einem Maaße, wie dies bei keinem anderen
Volke der Fall war. Die erhaltenen bezüglichen Urtexte lassen
in der That keinen Zweifel darüber, in welche grenzenlose geistige
Knechtschaft diese Völker, Dank ihrem Aberglauben, gerathen
waren.

Die Chaldäer waren, wie gesagt, der festen Ueberzeugung,
daß die Geschicke der Menschen von einem beständigen, unwandel=
baren Gesetze geleitet würden, welches letztere die regelmäßigen,
der Beobachtung zugänglichen Naturerscheinungen offenbarten;
und es war daher ganz natürlich, daß sie es für möglich erach=
teten, in den Besitz einer systematisch geregelten Wissenschaft zu

---

[1]) „Wird der Mond von dichtem Gewölk verhüllt, so stehen Ueberschwem=
mungen bevor.“ — „Trinkt der Mond in den Wolken, so wird es regnen.“
W. A. I., III, 58, 7.

[2]) Nach Sayce (Transactions of the Society of Biblical Archaeology,
Bd. III, S. 175 ff.) hätte indessen die Verbindung der sieben Planeten mit
bestimmten Gottheiten viel später stattgefunden, als bisher angenommen wurde.

gelangen, mit deren Hülfe sie schon im Voraus die Aufeinander=
folge der Ereignisse und die Geheimnisse der Zukunft hätten er=
gründen können. Ihr ganzes Sinnen und Trachten zielte dem=
nach lediglich darauf hin, alle Erscheinungen zu erfassen, die das
Herannahen der durch himmlische Einflüsse bedingten Ereignisse
ankünbeten, um dieserart sogar die geringfügigsten Unterneh=
mungen im verhältnißmäßig günstigsten Augenblicke zu beginnen
und jedes drohende Unglück zu vermeiden. Und wie sie in den
Bewegungen der Himmelskörper zugleich die bestimmende Ursache
und die bündigste Offenbarung aller bevorstehenden Ereignisse
zu sehen glaubten, so suchten sie auch auf der Erde, in ihrer
nächsten Umgebung nach ähnlichen Anzeichen und Vorbedeu=
tungen, die ihnen gleicherweise hätten zweckdienlich sein können.

Die Urvölker, — um uns nur auf diese zu beschränken und
nicht die Fortdauer derselben Erscheinung bis auf unsere Zeit zu
verfolgen, — haben sämmtlich, vermöge der natürlichen Anlage
des menschlichen Geistes, ihre Aufmerksamkeit mit einer gewissen
Unruhe auf die Wunder und außergewöhnlichen Erscheinungen
der Natur gerichtet, in denen sie Warnungen oder Vorboten des
Zornes jener geheimnißvollen Macht erblickten, welche die Welt
regiert und deren Wesen und Eigenschaften der Mensch nur un=
vollständig begreift. Und hieraus entstand allmälich jene mehr
oder minder entwickelte Weissagekunst, deren Depositare allerorten
zu finden waren. Bei den Chaldäern hatten aber dieselben illu=
sorischen Grundideen, auf denen auch die Astrologie basirte, eine
weit höhere Bedeutung erlangt; die Weissagekunst hatte hier eine
systematischere Entwickelung erfahren, so daß sie in der That mehr
als anderswo den Namen einer Wissenschaft beanspruchen konnte.
Der Glaube, daß alle lebenden Wesen, überhaupt das gesammte
Weltall, der Macht der Nothwendigkeit unterworfen sei, und daß
letztere wiederum durch das ewige Gesetz der Himmelsbewegungen
geregelt werde, desgleichen daß alle Erscheinungen und Ereignisse
sich im engsten Zusammenhange befänden, — dieser Glaube führte
nothwendiger Weise zu der Ansicht, daß Nichts in der Natur
unabhängig sei, daß kein Zufall, kein freies Wesen existire. Jede
seltsame Erscheinung, jede Abweichung von der Regelmäßigkeit

der normalen Phänomene, kurzum jeden wahrnehmbaren und auffallenden Wechsel in der äußeren Erscheinung und Lage der Wesen und Dinge betrachtete man als das Resultat irgend eines Einflusses des Himmels. Auch glaubte man, daß die Wirkung dieses Einflusses nicht etwa auf den Gegenstand, an dem man das Wunder beobachtete, beschränkt sei, sondern daß sie sich nach allen Richtungen hin, sowohl auf die Geschicke der Menschen als auf die privaten und Staats-Angelegenheiten ausdehne. Und daher hatte denn auch jedes Ereigniß, jede Begebenheit eine ge= wisse Vorbedeutung; ja man vermochte sogar aus den unbedeu= tendsten und dunkelsten Vorkommnissen Andeutungen zu ent= nehmen, die unter Umständen von größter Wichtigkeit sein konnten. Denn da sowohl die unscheinbarsten Dinge als auch das uner= meßliche Weltall gleich abhängig waren von dem Gesetze der Nothwendigkeit, so konnte natürlich auch der geringste und un= wesentlichste Umstand nur vermöge der allgemein herrschenden Wechselwirkungen eintreffen; und man brauchte daher nur die Coincidenzen der historischen Begebenheiten oder menschlichen Ge= schicke mit den Naturerscheinungen jeglicher Art, welche als Vor= zeichen galten, zu verzeichnen, um dieserart in den Besitz der gründlichsten Regeln zur Erforschung der Zukunft zu gelangen. Die Chaldäer hatten dies mit vieler Consequenz durchgeführt; und sie hatten sich in dieser Weise neben ihrer berühmten Stern= deuterei auch eine Weissagekunst geschaffen, die nicht minder com= plicirt als von anspruchsvoller Pedanterie erfüllt war.

Von diesem letzteren Zweige der chaldäischen Geheimwissen= schaften werde ich nunmehr, mit Hülfe der erhaltenen Urtexte, ein Bild zu entwerfen suchen, während ich mir eine Besprechung der Astrologie, welche umfangreichere und eingehendere Unter= suchungen erfordert, für eine spätere Arbeit vorbehalte. Die Ge= schichte der Astrologie der Chaldäer bildet in der That eines der wichtigsten Capitel der Entwickelungsgeschichte des menschlichen Wissens; denn abgesehen von den seltsamen abergläubischen An= schauungen, die mit dieser Astrologie verbunden waren, ist im= merhin zu erwägen, daß mit ihr auch die ursprünglichste Astro= nomie Hand in Hand ging, zu deren Schülern nicht allein be=

deutende Griechen, wie **Hipparch** und **Eudoxus**, sondern auch wir noch in vielen Puncten gehören. **Sayce's** ausgezeichneter Abhandlung über diesen Gegenstand [1]) wird allerdings nur wenig Neues beigefügt werden können, zumal die Mehrzahl der bisher bekannt gewesenen, veröffentlichten Urkunden darin berücksichtigt und auf's treffendste erklärt worden ist; aber wir werden gleichwohl bemüht sein, auch die neuesten bezüglichen Funde zu verwerthen, und dieserart versuchen, alle noch vorhandenen Zweifel und Lücken nach Möglichkeit zu beseitigen.

---

[1]) The astronomy and astrology of the Babylonians, im dritten Bande der Transactions of the Society of Biblical Archaeology.

Capitel II.

Die Wahrsagerei mit Pfeilen und Loosen.

Neben der systematisch betriebenen Beobachtung der tellu=
rischen Erscheinungen und Vorzeichen hatten die Chaldäer auch
das einfachste und unentwickeltste Verfahren der Wahrsagerei,
die Anwendung der Loose beibehalten, — ein Verfahren, welches
übrigens als das ursprünglichste bei allen Völkern sich nachweisen
läßt [1]. Aber sie bedienten sich hiebei nicht der Würfel, wie die
Griechen [2] bei den delphischen Thrien [3] oder in den Orakeln
der Athene=Sciras bei Athen [4] und des Hercules zu
Bura [5], und die Italioten im Orakel des Geryon zu Padua [6].

Das eigenthümliche Verfahren der Chaldäer ist uns aus
einer interessanten Stelle des Propheten Hesekiel [7] bekannt,

---

[1] H. Wislemann, De variis oraculorum generibus apud Graecos,
S. 19; Maury, Histoire des religions de la Grèce, Bd. II, S. 441.

[2] Schol. ad Pindar. Pyth. IV, 337, ed. Boeckh. — Die Erfindung
dieser Orakel wurde der Minerva zugeschrieben: Zenob., Cent. V, 75;
Steph. Byz. v. Θρία.

[3] Zenob., l. c.; Steph. Byz., l. c.; Hesych. v. Θρία; Suid. v.
Πυθώ; Lexic. rhetor. ap. Becker, Anecd. graec., S. 365; Lobeck,
Aglaopham., S. 814 ff.

[4] Pollux, IX, 96; Eustath. ad Hom. Od., A, 107; Phot. Lex. v.
Σκιραφια; Etym. magn. v. Σκιρά. — Vgl. Roulez, Vases peints du
musée de Leyde, S. 9, und meine Monographie de la Voie Sacrée Eleu-
sinienne, Bd. I, S. 185 ff.

[5] Pausan., VI, 25, 6.

[6] Sueton., Tiber. XIV, 4; de Witte, Nouv. Ann. de l'Inst. Arch.,
Bd. II, S. 138, 297.

[7] XXI, 26.

wo derselbe vom Nabukuburussur, welcher im Zweifel ist, welchen Ort er bei einem Eroberungszuge zunächst angreifen soll, die Worte spricht:

„Der König von Babel wird sich an die Wegscheide stellen, vorne an den zween Wegen, daß er sich wahrsagen lasse, mit den Pfeilen um das Loos schieße, seinen Abgott frage u. s. w."

Der h. Hieronymus sagt in seinem bezüglichen Commentar: „Er wird am Scheidewege Halt machen und, dem Brauche seines Volkes gemäß, das Orakel befragen; er wird Pfeile, die mit den Namen seiner Gegner bezeichnet sind, in einem Köcher durcheinander schütteln und an dem zunächst herausspringenden den Namen der Stadt erkennen, die er zuerst angreifen soll." Die Belomantie war aber auch den Arabern bekannt, und blühte bis zur Zeit des Mohammed besonders zu Mekka. Die mohammedanischen Schriftsteller überliefern genaue Details über diesen Brauch ihrer heidnischen Vorfahren. Sieben Pfeile, ohne Spitzen und Federn und mit bedeutungsvollen Worten beschrieben, wurden in der Kaabah von einem besonderen Beamten verwahrt. Zum Zwecke der Weissagung mengte man sie in einem Beutel zu Füßen des Standbildes des Hobal, der Hauptgottheit des Heiligthums, und nahm dann das Loosen vor, nach Verrichtung des Gebetes: „O Gott, das Verlangen, dies oder jenes zu erfahren, geleitet uns vor dein Angesicht; offenbare die Wahrheit [1])!" Ein Orakel gleicher Art existirte auch vier Tagereisen von Mekka, an der Grenze von Yemen, im Tempel des Gottes Dhu-l-koloçah. Man looste dort mit drei Pfeilen, welche die Devisen: Befehl, Verbot, Erwartung trugen. Als Amru-l-Qais auszog, um den Tod seines Vaters an den Beni-Asad zu rächen, soll er zuvor am Tempel des Dhu-l-koloçah gehalten haben, um die mantischen Pfeile zu befragen; da er aber dreimal hintereinander den „verbietenden" gezogen, zerbrach er dieselben und schleuderte sie der Bildsäule an den Kopf, mit

---

[1]) Pocode, Specimen historiae Arabum, S. 316 ff.; Caussin de Perceval, Histoire des Arabes avant l'islamisme, Bb. I, S. 265.

den Worten: „Elender! wäre dein Vater getödtet, du würdest gewiß nicht verbieten ihn zu rächen [1])!"

Das Verfahren der chaldäischen und arabischen Belomantie entsprach vollständig der Wahrsagerei mit Loosen, wie sie in Präneste, Cäre [2]) und anderen italischen Städten [3]) gebräuchlich war. Nach Cicero's [4]) ausführlichem Berichte bestanden die pränestinischen Loose aus eichenen, mit uralten Schriftzügen verzierten Stäben, welche von einem gewissen Numerius Suffucius, den die Götter im Traum davon unterrichtet hatten, im Innern eines Steines gefunden wurden. Man verwahrte diese Stäbe im Tempel der Fortuna; sie wurden bei Befragungen in einem Gefäße durcheinander geschüttelt, worauf man von einem Kinde das Loos ziehen ließ [5]).

In den erhaltenen Keilschrifttexten findet sich allerdings kein Beleg zu der vorerwähnten Stelle des Hesekiel; jedoch füllen die plastischen Denkmäler die Lücke der schriftlichen Urkunden aus. Die babylonischen und assyrischen Cylinder stellen häufig solche Loospfeile dar, — gewöhnlich acht an der Zahl, — in der Hand des Marubuk [6]) und der Istar [7]), der Gottheiten der Planeten Jupiter und Venus, welche die arabischen Astrologen noch heutzutage großes und kleines Glück nennen [8]). Diese Loospfeile zeigen die nämliche Form und Ausstattung wie diejenigen, die im Ritus der heidnischen Kaabah zur Verwendung kamen; das Standbild des Hobal zu Mekka, welches bis zur

---

[1]) Dozy, Histoire des musulmans d'Espagne, Bd. I, S. 22.
[2]) Tit. Liv., XXI, 62.
[3]) Marquardt, Handb. der Röm. Alterth., Bd. IV, S. 108 ff.
[4]) De divinat., II, 41, 85; vgl. I, 18, 34.
[5]) Preller, Röm. Mythologie, S. 561.
[6]) Lajard, Culte de Mithra, Tfl. XXXII, Nr. 2; LIX, A., Nr. 5.
[7]) Ebb., Tfl. XXXVII, Nr. 1.
[8]) Die Beobachtungen der chaldäischen Astrologen waren, nächst dem Monde, insbesondere auf die Planeten Jupiter und Venus gerichtet. Vgl. hiezu W. A. I., III, 52, 1; 53, 2; 57, 4; 59, 11; 63; an letzterer Stelle findet sich ein ausführliches Verzeichniß der Bewegungen des Planeten Venus, sowie der Bedeutungen seiner Stellungen und Erscheinungen während eines Jahres. — Vgl. Sayce, Transactions of the Society of Biblical Archaeology, Bd. III, S. 193—200.

Entstehung des Islam dieselbe Berühmtheit und Verehrung wie
der „schwarze Stein" genoß, war ebenfalls mit sieben mantischen
Pfeilen versehen [1]).

Die stumpfen, federlosen Loospfeile der Chaldäer und Araber
entsprechen aber auch den Tamariskenstäben, deren sich, nach
Dinon [2]), die medischen Magier zu gleichem Zwecke bedienten.
Ueberhaupt bildete die Wahrsagerei bei den Letzteren einen so
wesentlichen Bestandtheil des Cultus, daß das Stabbündel ba-
reçma, das barsom der heutigen Parsen, als typisches Abzeichen [3])
der Magier sogar dann noch beibehalten wurde, da die Lehren
des medischen Magismus sich mit mazdeischen Anschauungen vermischt hatten [4]), — also ungeachtet der Abneigung des ursprünglichen Geistes der Zoroasterischen Lehre gegen jegliche Ausübung
von Wahrsagekünsten. Bei den Gebern oder Parsen, die der
Religion ihrer Vorfahren treu geblieben, besteht das barsom aus
drei, fünf, sieben oder neun Stäben [5]), also immer aus einer
ungeraden Anzahl; auch bildet dieses Bündel noch heute, wie es
zur Zeit der Sassaniden und vielleicht schon am Ende der Achämenidenherrschaft der Fall war, ein amtliches Attribut ihrer
Priesterschaft.

Dafür übrigens, daß die medische Wahrsagerei mit Stäben
sicherlich nicht aus der alten mazdeischen Lehre stammt [6]), vielmehr eine Ueberlieferung der alten, den Iraniern vorausgegangenen
turanischen Bevölkerung war, liegen viele urkundliche Zeugnisse
vor [7]). Wir wissen bestimmt, daß dieser Brauch allen Stämmen
der asiatischen Scythen [8]), d. h. der Turaner, die Nomaden

---

[1]) Pocode, Spec. hist. Arab., S. 8; vgl. auch meine Lettres assyriologiques, Bd. II, S. 290.

[2]) Ap. Schol. ad Nicandr. Theriac., 613.

[3]) Strabo, XV, 3, 14 und 15.

[4]) Vendidad-Sâde, XVIII, 1—6.

[5]) Yaçna, LVII, 6.

[6]) Weber in den Gâthas, noch im Yaçna hapthanaiti, noch in
irgend einem der ältesten Theile des Vendidad wird von jenem bareçmà
in solcher Bedeutung gesprochen.

[7]) G. Rawlinson, The five great monarchies, zweite Aufl., Bd. II,
S. 350.

[8]) Schol. ad Nicandr., l. c.

blieben, bekannt war; und er übertrug sich sogar auf China, wo
er noch heute in gleicher Art besteht, wie er sonst bei den vorislamitischen Arabern üblich gewesen. Wie also der alte turanische Cyclus von 60 Jahren sich gleichmäßig in China und Babylonien wiederfindet, während er den Ariern und Semiten fremd
blieb, so verhält es sich auch mit der Wahrsagekunst. In Chaldäa
endlich lassen zahlreiche Anzeichen darauf schließen, daß der Ursprung dieses besonderen Wahrsageverfahrens bei den Akkadern
zu suchen sei; wenigstens hatten dieselben in ihrer Mantik ebenfalls einen Looswurf, der in seiner Art große Aehnlichkeit mit
der in Rede stehenden Belomantie haben mußte. Freilich ist
immerhin einzuwenden, daß ein so einfaches und unentwickeltes
Verfahren nicht als charakteristisches Merkmal einer bestimmten
Völkerschaft betrachtet werden könne. Denn nach Herodot[1])
war dasselbe auch bei den europäischen, also arischen Scythen
vertreten, ebenso wie es nach Tacitus[2]) den Germanen, nach
Ammianus Marcellinus[3]) den Alanen, und, wie wir bereits früher erfahren, auch im alten Italien bekannt war.

Die Anwendung der Loospfeile trat ein, so oft es sich um
Entscheidung einer bestimmten Frage oder Sache, oder aber um
die Wahl zwischen zwei verschiedenen Entscheidungen handelte.
Wir ersehen dieses deutlich aus der vorerwähnten Stelle des
Hesekiel. Das Pfeilorakel hatte dem Nabukuburussur
nicht etwa den Sieg versprochen, noch war Letzterer im Vertrauen auf dessen Wahrspruch im möglichst günstigen Augenblicke
aufgebrochen. Es waren dies Puncte, über die sich Nabukuburussur jedenfalls schon vorher von seinen Sterndeutern Auskunft verschafft hatte. Von den mantischen Pfeilen aber verlangte er lediglich die Bestimmung des Gegenstandes für seinen
ersten Angriff, mit anderen Worten die Bestimmung der Stadt,
gegen die er zunächst seine Heeresmacht führen sollte. Die Belomantie hatte also nur eine beschränkte Bedeutung, in sofern

---

[1]) IV, 67.
[2]) Germania, 10.
[3]) XXXI, 2.

ihre Orakel weder die Wichtigkeit noch die divinatorische Kraft hatten, welche man der regelrechten, systematischen Beobachtung der Erscheinungen und Vorzeichen der Außenwelt zuschrieb.

Endlich dürfen die Loospfeile oder Loosstäbe nicht mit jenem Zauberstabe verwechselt werden, dessen angeblich spontane Bewegungen in der Hand der Zauberer und Wahrsager als sicherste Anleitung zum Heben verborgener Schätze oder zum Weissagen betrachtet wurden. Dieser Aberglaube, welcher eher in gewissen Ideen der Magie als in der Wahrsagekunst und vermeintlichen Auguralwissenschaft wurzelte, erhielt sich unter allen Nationen und Ständen fast bis in das neunzehnte Jahrhundert hinein; aus den Schriften, die ihm allein seit Erfindung der Buchdruckerkunst gewidmet wurden, ließe sich in der That ohne Mühe eine umfangreiche Bibliothek zusammenstellen!

Ebendieser Stab war, nach Nicander¹), auch den Griechen bekannt; desgleichen ist Jamblichus²) von der Macht desselben fest überzeugt. In einer lexikalischen Urkunde³) finden wir dafür die akkadischen Bezeichnungen gi namekirru „Rohr des Schicksals", assyrisch kilkilluv (von der Wurzel לללל), qan mamiti „Rohr des Schicksals" und qan pasari „Rohr der Offenbarung, der Enthüllung". Daß übrigens dieser Zauberstab in der That den Chaldäern bekannt war, geht unzweifelhaft auch daraus hervor, daß er sich bei den Völkern Palästinas zu einer Zeit vorfindet, wo die gesammte Magie und Augural-Wissenschaft derselben sich unmittelbar auf die chaldäisch-babylonische Urquelle zurückführen läßt. So ruft der Prophet Hosea⁴) im Namen Jahveh's:

„Mein Volk fragt sein Holz, und sein Stab soll ihm predigen; denn der Hurerei Geist verführet sie, daß sie wider ihren Gott Hurerei treiben."

Eine andere Anspielung, welche zugleich erkennen läßt, in welcher Bewegung dieses Zauberstabes man eines der unglück-

---

¹) Theriac., 613.
²) De myster. Aegypt., III, 17.
³) W. A. I., II, 24, 1, recto, Z. 2—4.
⁴) IV, 12.

lichften Vorzeichen erblickte, findet fich in dem Verfe des Hes=
fekiel[1]):

„Und er fprach zu mir: Menfchenkind, fieheft du das? Ift es dem Haufe
Juda zu wenig, daß fie alle folche Greuel hier thun? So fie doch fonft im
ganzen Lande eitel Gewalt und Greuel treiben, und fahren zu und reizen mich
auch: und fiehe, fie halten die Weinreben an die Nafen.“

Der Zauberftab der pharaonifchen Magier, die Zauberruthe,
die in den homerifchen Gefängen wiederholt erwähnt wird[2]), die
virgula divina des Cicero[3]), von welcher auch Proclus in
feiner Abhandlung über Magie fpricht, fowie endlich der Zauberftab
gis-zida, der in den Befchwörungsgebräuchen der Akkader eine
fo hervorragende Rolle fpielt[4]), find lediglich Abarten des foeben
befprochenen und wurden ausfchließlich zu divinatorifchen Zwecken
verwandt.

Neben der vom Hefekiel befchriebenen Belomantie kannten
übrigens die Chaldäer noch ein anderes, damit verwandtes Ver=
fahren, welches in einem befonderen Capitel eines Werkes
aus der Bibliothek zu Ninive befprochen wird[5]). Es wurden
wirkliche Pfeile nach einer beftimmten Richtung hin abgefchoffen
und fodann aus der größeren oder geringeren Entfernung der=
felben vom Schützen, fowie aus der Art ihres Niederfallens,
Schlüffe über die Zukunft gezogen. Nach Mohammed=ben=
Ifchâq En=Nedîm[6]) feierten die Sabäer von Harrân, die
zum großen Theil die Gebräuche des alten chaldäifch=affyrifchen
Heidenthums übernommen hatten, im Monat Khaziran ein Feft,
bei welchem ein Priefter auf's Gerathewohl zwölf mit brennendem
Werg umwickelte Pfeile abfchoß, um je nach der Art ihres Nie=
derfallens die Zukunft im Voraus zu beftimmen. Im Kitâb=
al=fihrift[7]) werden mehrere hierauf bezügliche Abhandlungen

---

[1]) VIII, 17.
[2]) Odyffee, K. 238, 293, 318, 389; II. 172.
[3]) Epist. ad Attic., I, 44.
[4]) Vgl. Cap. I des erften Theiles.
[5]) W. A. I, III, 52, 3.
[6]) Chwolfohn, Die Ssabier und der Ssabismus, Bd. II, S. 26.
[7]) S. 268 und 314 der Ausg. von Flügel.

erwähnt, von denen eine ausdrücklich dem Ptolemäus zuge=
schrieben wird [1]). Auch die Juden kannten diese Wahrsagerei
und wandten sie an. In den Midraschim [2]) wollte man sogar
jene Stelle des Hesekiel über Nabukuburussur darauf
zurückführen, was indessen ganz unzulässig ist. Dagegen haben
einige Commentatoren, offenbar mit Recht, eine Beziehung zwischen
dieser Mantik und jener Bibelstelle angenommen, wonach drei
Pfeilschüsse des Jonathan schon im Voraus das Schicksal
verkündeten, welches David im Palaste des Saul traf [3]).

Die Erzählung [4]) von dem Besuche des Königs Joas beim
sterbenden Elisa, ist bekannt:

„Elisa aber war krank, daran er starb. Und Joas, der König Israels,
kam zu ihm hinab und weinete vor ihm und sprach: mein Vater, mein Vater,
Wagen Israels und seine Reuter!

Elisa aber sprach zu ihm: Nimm den Bogen und Pfeile. Und da er
den Bogen und die Pfeile nahm,

Sprach er zum König Israels: Spanne mit deiner Hand den Bogen,
und er spannte mit seiner Hand. Und Elisa legte seine Hand auf des
Königs Hand.

Und sprach: Thue das Fenster auf gegen Morgen; und er that es auf.
Und Elisa sprach: Schieße; und er schoß. Er aber sprach: Ein Pfeil des
Heils vom Herrn, ein Pfeil des Heils wider die Syrer, und du wirst die
Syrer schlagen zu Aphek, bis sie aufgerieben sind.

Und er sprach: Nimm die Pfeile. Und da er sie nahm, sprach er zum
Könige Israels: Schlage die Erde und er schlug dreimal und stand stille.

Da ward der Mann Gottes zornig auf ihn und sprach: Hättest du fünf=
oder sechsmal geschlagen, so würdest du die Syrer geschlagen haben, bis sie
aufgerieben wären; nun aber wirst du sie dreimal schlagen.“

Auf einem lexikalischen Täfelchen [5]) finden wir endlich eine
„Loos=Urne“, akkadisch duk (oder lut) namtar [6]), sowie eine

---

[1]) Wenrich, De auctor. graecor. version., S. 233.

[2]) Ekah=Rabbtah, §. 54; Qoheleth, §. 116.

[3]) I. Sam., XX, 19—40.

[4]) II. Könige, XIII, 14—19.

[5]) Vgl. mein Choix de textes cunéiformes, Nr. 82, recto, Col. 2,
Z. 25, 27.

[6]) W. A. I., II, 22, 1, verso, Z. 17, ist das akkadische duk namta
assyrisch mit sirhu (von der Wurzel שׂרח) übersetzt; die Loose der betr. Urne
wurden daher vielleicht ebenfalls in irgend einer bestimmten Art geworfen.

„Segens=Urne", akkadisch duk amas, erwähnt; doch dürften diese
Angaben wohl kaum genügen zur Feststellung, ob hierin eine
besondere Weissagemethode oder ein mehr dem Loosorakel zu
Präneste entsprechendes Verfahren zu suchen sei.

———————

Capitel III.

Die Augural-Literatur der Chaldäer.

Die Weissagekunst der Chaldäer ging im Allgemeinen Hand in Hand mit der Astrologie; die Regeln und Grundsätze beider Wissenszweige, in exaktester Form redigirt, waren in einer langen Reihe von Werken niedergelegt, welche die babylonischen und chaldäischen, sowie die später errichteten assyrischen Bibliotheken der Priesterschaft zum großen Theil ausfüllten.

Wir besitzen das Inhaltsverzeichniß [1]) eines solchen Werkes aus der Bibliothek des Statthalters von Ninive, welches 25 Tafeln mit ebensovielen Capiteln umfaßte, von denen vierzehn über günstige und ungünstige tellurische Erscheinungen, cilf über Astrologie handelten. Der Text selbst dieses Buches ist indessen verloren gegangen, und es hält daher schwer, den Inhalt der einzelnen Abschnitte näher zu präcisiren, zumal dieselben kurzweg nach ihren Anfangsworten betitelt sind [2]):

1. Also: Die Prophezeiungen von Glück, und ihr Gegentheil, — die Anzeichen von Freude oder Trübsal für das Menschenherz.
2. Also: Der Herr des Geldes, der Erklärer der Regengüsse, der Erklärer der Regengüsse ......

Offenbar handelte sich's hier um Vorbedeutungen, die man dem Regen entnahm; die sog. Brechomantic, die Wahrsagerei

---

[1]) W. A. I., III, 52, 8.
[2]) Dieses Verfahren wurde übrigens auch von den Juden befolgt, welche z. B. die Genesis kurzweg Berefchith nannten.

aus den Erscheinungen der Regengüsse spielt übrigens noch heute
an manchen Orten der Türkei eine Rolle.

3. Die Sternwarte der Stadt.

Jede chaldäische Stadt hatte eine oder mehrere Sternwarten,
die zur Beobachtung der Gestirne und sonstigen atmosphärischen
Erscheinungen dienten. In Chaldäa und Babylonien wurde die
Sternwarte zugleich als Tempel benutzt; nach dem Vorbilde des
vielgenannten χarsak kurra „Berg des Ostens“ oder „Berg der
Länder“ (assyrisch: sadu matati), der als Göttersitz und Wiege
der Menschheit betrachtet oder aber als Stütze des Himmels ge=
dacht wurde, war sie stets in Gestalt einer Stufenpyramide, zi=
kurat oder ziggurat, wörtlich Bergkegel, erbaut. In Assyrien
dagegen gehörten diese mehrstöckigen Thürme zu den Nebenge=
bäuden der eigentlichen Tempel und scheinen daher ausschließlich
Observatorien gewesen zu sein[1]).

Ob das dritte Capitel des in Rede stehenden Werkes speciell
die Regeln der Erbauung und Einrichtung solcher Sternwarten
enthielt, läßt sich leider nicht genauer bestimmen.

Nach der langen, schwer verständlichen Ueberschrift des vierten
Capitels zu urtheilen, betraf dasselbe die Deutung des Gesanges
oder Geschreis, des Erscheinens und Fluges der „Vögel des
Himmels, der Gewässer und der Erde“. Von besonderer Wich=
tigkeit scheinen die bezüglichen Beobachtungen zumal dann ge=
wesen zu sein, wenn sie „in der Stadt und den Straßen der=
selben“ gemacht waren.

Das fünfte Capitel handelte zunächst ebenfalls von den „Vö=
geln der Erde und des Himmels“ und der Beobachtung ihrer
Stimmen, sodann aber auch von den „Fischen der Teiche“.

6. Zinnober ist über der Flamme verbrannt.
7. Wird das Aussehen eines Hauses alterthümlich, so ist dies für die Be=
wohner ein verhängnißvolles Anzeichen.

Die sog. Oekoskopie war auch den Griechen bekannt; nach
Nonnus'[2]) Versicherung schrieb ein gewisser Xenokrates

---

[1]) Vgl. Anhang III des Ersten Theils.
[2]) Synagog. histor., 61.

sogar ein besonderes Werk über diesen Gegenstand; doch spricht davon auch der h. Basilius in seinen Schriften[1]).

8. Thontafeln sind inmitten der Stadt deponirt worden.

9. Die gute Stadt des Landes, — Krieger richten daselbst ihr Antlitz auf einander, in Erwartung des Kampfes.

10. In großen Festungen läßt der Landesfürst sein Geld bewachen.

Ueber den Inhalt dieser drei Abschnitte läßt sich allerdings nichts Genaueres angeben; doch liegt gleichwohl die Vermuthung nahe, daß die Ereignisse, die in ihnen im Voraus verkündet wurden, eher politischer Natur waren.

11. Das lockende Weibchen des Vogels ......[2]), man sieht und hört es in der Stadt und den Straßen.

12. In der Stadt und den Straßen sind Geschosse weit in's Land geschleudert worden.

Die Verfahrensweisen der Belomantie habe ich bereits im voraufgehenden Abschnitt erörtert.

13. Ein Traum von hellem Schein, das Land in Feuer, — ein Traum von hellem Schein, die Stadt in Flammen.

Auf die sog. Oneiromantie oder Oneirokritik werde ich später insbesondere zurückkommen.

14. Ein Seedrache[3]) mit den Vögeln des Himmels ......

Im Ganzen vierzehn Tafeln, betreffend tellurische Erscheinungen, entsprechend den Ueberschriften, nebst Angabe der günstigen und ungünstigen Vorbedeutungen.

In unmittelbarem Anschluß hieran werden die Erscheinungen und Vorzeichen am Himmel verzeichnet:

1. Der beständige Gott erscheinet zum Heil.

2. Die Sonne nimmt zu an Ausdehnung und der Stern izru (der Hüter) ......

---

[1]) Vgl. Casaubonus, Lection. Theocrit., Cap. V.

[2]) Der betr. Gattungsname läßt sich vorläufig nicht näher bestimmen.

[3]) Die Uebersetzung „Seedrache“ beruht allerdings nur auf Muthmaßung; doch handelt es sich hier bestimmt um ein ungewöhnlich großes Thier, da der Text ausdrücklich „großer umamu“ sagt, wie man im Allgemeinen die größten Land- und Seethiere zu bezeichnen pflegte.

3. Der Venusstern erhebt sich bei Tagesanbruch . . . . . .
4. Der Marsstern mit sieben Namen[1]), in . . . . . .
5. Das gleichmäßige Aussehen von Sonne und Mond.
6. Der gleichzeitige Anblick von Sonne und Mond.

Die beiden letztgenannten Himmelserscheinungen werden auch an anderen Orten wiederholt und in ausführlichster Weise behandelt; sie scheinen demnach von besonderer Wichtigkeit gewesen zu sein, entsprechend den Erscheinungen der Comete, denen die Chaldäer die sorgfältigste Beobachtung widmeten[2]).

7. Vom 1. zum 5. des Monats, der Mond . . . . . .
8. Der Stern, welcher vorn einen Kern und hinten einen Schweif hat.
9. Der Gott Bin (Gott der Luft) schafft, und seine Hand . . . . . .
10. Der Stern ikû[3]) . . . . . .
11. Der Polarstern, der am Scheitelpunct (des Himmels) sich um sich selbst dreht[4]).

Eilf Tafeln, betreffend Himmelserscheinungen, unter ihnen der Stern, der vorn einen Kern und hinten einen Schweif hat, — die Himmelserscheinungen . . . . . . — die Erscheinungen auf Erden und am Himmel . . . . . . — Himmel und Erde.

Die Schlußzeilen der Vorderseite dieser Tafel sind nur fragmentarisch erhalten und gestatten daher keine zusammenhängende Uebersetzung. Sie betreffen eine Himmelserscheinung, deren ver-

---

[1]) Die sieben Namen des Planeten Mars sind folgende: das Licht, welches den Stern des Schakal beherrscht; das wechselnde Licht; das unstäte Licht; das feindselige Licht; das Licht des Fuchses; das Licht des Wolfes; das Licht Ribeanu. Letztere Benennung war die gebräuchlichste. Vgl. W. A. I., III, 57, 6.

[2]) Diodor. Sic., II, 30.

[3]) Der Stern, den die Akkader dil-gan (Vorbote des Lichtes), die Assyrer ikû nannten, war derselbe, mit dessen Erscheinen in der Frühlingsnachtgleiche das Jahr begann. Er ist daher offenbar mit dem a Arietis identisch. Vgl. W. A. I., III, 52, 3, verso ß. 39.

[4]) Ueber die äußerst wichtige Feststellung dieses Sternes vgl. Sayce, Transactions of the Society of Biblical Archaeology, Bd. III, S. 206. — Sein akkadischer Name Tir-ana bedeutet „Zapfen des Himmels"; gehören indessen die bezüglichen Angaben der alten astrologischen Schriften der Chaldäer in das zweite Jahrtausend v. Chr., dann würde dieser Polarstern nicht mit dem heutigen, vielmehr mit a Serpentis identisch sein.

hängnißvolle Vorbedeutung in den Anfangszeilen der Rückseite angegeben wird:

> Diese Erscheinung lehrt, daß die Stadt des Landesfürsten, sammt ihren Einwohnern, in die Gewalt des Feindes gerathen wird; Sterblichkeit und Hungersnoth . . . . — . . . . auf der Tafel, die Zahl welche du genannt, dir verkünden wird, und wie . . . . . .
>
> Diese Sammlung von 25 Tafeln betrifft die Erscheinungen am Himmel und auf Erden, sowie ihre günstigen und ungünstigen Vorbedeutungen . . . . — alle Erscheinungen am Himmel und auf Erden . . . . — hierin ist ihre Deutung verzeichnet.

Die nächstfolgenden dreizehn Zeilen enthalten sodann astro-nomisch-astrologische Angaben, die ich an anderer Stelle einge-hender zu erörtern beabsichtige. Das Jahr war danach in zwölf Monate getheilt, welche zusammen 360 Tage umfaßten.

Endlich befinden sich auf der nämlichen Tafel noch zwei merkwürdige tabellarische Verzeichnisse, deren wörtliche Ueber-setzung ich umstehend mittheile; sie betreffen den günstigen oder ungünstigen Charakter der Monate, bezw. der Nachtwachen (akkadisch: ennun, assyrisch: maṣartu), und zwar in beiden Fällen vom militärischen Standpunct betrachtet. Die Nachtwachen währten je zwei babylonische Stunden, d. h. je vier Stunden unserer heutigen Zeiteintheilung.

Von den vielen fragmentarisch erhaltenen Texten über tellu-rische Erscheinungen und Vorzeichen läßt sich indessen nicht ein einziges mit vorstehend besprochenem Inhaltsverzeichniß in Zu-sammenhang bringen; dieselben scheinen vielmehr sämmtlich einem anderen, umfangreicheren Werke anzugehören, welches wahr-scheinlich das Grundbuch der Auguralwissenschaft bildete und als solches mit besonders heiligem Charakter ausgestattet war.

Nach den zum Theil noch vorhandenen Seitenzahlen zu ur-theilen, umfaßte dieses Werk an hundert Tafeln, welche sämmtlich methodisch geordnete Aufzeichnungen von Erscheinungen und Wundern nebst deren Deutungen enthalten. Bis jetzt sind nur wenige der zugehörigen Fragmente veröffentlicht worden, und zwar drei im dritten Bande der Cuneiform inscriptions of Western Asia und acht im dritten Bande meines Choix de textes cunéiformes inédits; das britische Museum besitzt aber

Rtjan	Zut	Eban	Duj	Ab	Ulul	Taörti	Arafh Zomma	Afhib	Teöti	Sabat	Abör	Nähere Angaben.
Günstig	Ungünstig	Günstig	Günstig	Ungünstig	Günstig	?	Günstig	Ungünstig	Günstig	Ungünstig	Günstig	Soldaten in's Feld rücken zu lassen.
Ungünstig	Günstig	Günstig	Ungünstig	Günstig	?	Günstig	Günstig	Günstig	Günstig	?	Günstig	Soldaten zum Kampf gegen feindliche Städte und Länder zu führen.
Günstig	Ungünstig	Ungünstig	Ungünstig	Günstig	?	?	Günstig	Ungünstig	Günstig	Ungünstig	Günstig	Städte zu befestigen. Befestigte Städte zu nehmen unter ungünstigen Einfluß am Anfang und Ende des Monats.
	Erste Nachtwache.			Mitternachtswache.					Morgenwache.			Aus diesen Wachen befiehlt die Nachtzeit.
	Ungünstig			Günstig					Ungünstig			Soldaten in Marsch zu setzen.
	Günstig			Ungünstig					Günstig			Eine Stadt zu erstürmen. Für den Marsch der Soldaten sowie zur Erstürmung einer Stadt empfiehlt sich der Tag, passend zu überhalten . . . . . .

Abschrift, gefertigt durch Rabu=tar=zitumu, Sohn des Munamme, Interpret des großen Landes.

deren noch eine sehr beträchtliche Anzahl, die ich zum Theil ein=
zusehen Gelegenheit hatte. G. Smith[1]), durch dessen Hände
diese Fragmente sämmtlich gegangen sind, theilt interessante De=
tails über ihren Inhalt mit.

Daß übrigens der Name des alten Sargon in diesen
Bruchstücken sehr häufig und in bezeichnender Weise genannt
wird[2]), erklärt sich leicht daraus, daß dieser König, — wohl der
bedeutendste des alten chaldäischen Reiches, — ein äußerst thätiger
Förderer der Sacerdotalwissenschaften sowie der Beschützer jener
großen Reform war, welche die chaldäisch=babylonische Religion
endgültig systematisirte. Sargon veranlaßte auch die Zusammen=
stellung eines großen, zum Theil erhaltenen Werkes von 70 Ta=
feln, auf denen alle Resultate der Astrologie bis auf seine Zeit
verzeichnet wurden; und dieses Werk, welches wahrscheinlich erst
unter der Regierung seines Sohnes Naram=Sin abgeschlossen
ward, blieb fortan das Hauptbuch der chaldäischen Astrologen,
ungeachtet der Fortschritte, welche die Astronomie auch später noch
machte[3]). Wir besitzen eine ganze Reihe von Tafeln, aus denen
thatsächlich hervorgeht, daß die amtlichen Astrologen meist alle
an sie gerichteten Fragen durch wörtliche Auszüge aus dem Werke
des Königs Sargon beantworteten; und hierin dürfte denn
auch die Erklärung jenes sonderbaren Widerspruches liegen, daß
Diodorus Siculus[4]) den chaldäischen Astronomen die ge=
nauesten Kenntnisse über den Mond, den Ursprung seines Lichtes

---

[1]) North-British review, Januar 1870, S. 311.

[2]) Eine formelle Erwähnung dieser Tafeln als „Buch Sargon's" findet
sich in Nr. 92 meines Choix de textes cunéiformes inédits, verso Z. 31.

[3]) Die eigentlichen Ursachen, sowie die Berechnungstheorie der Mond=
finsternisse waren zur Abfassungszeit des in Rede stehenden Werkes noch so gut
wie unbekannt. Man suchte das Eintreffen der Mondfinsternisse zunächst ledig=
lich nach den Phasen des Mondes festzustellen (W. A. I., III, 51; VI, Z. 7
und 8), führte aber dann auch Berechnungen ein, die sich indessen meist unzu=
treffend erwiesen (W. A. I., III, 51; VII, 55, 1, Z. 16). Endlich suchte
man auch die Conjunctionen von Sonne und Mond im Voraus zu bestimmen,
jedoch ebenfalls mit nur partiellem Erfolge; vgl. Sayce, Transactions of
the Soc. of Bibl. Archaeol., Bd. III, S. 216. — Vgl. auch Diod. Sic.,
II, 31; Gemin., Elem. astronom. 15; Suid., Σάροι.

[4]) II, 31.

und die Ursache seiner Verfinsterungen zuschreibt, während Vi=
truvius[1]), Plutarch[2]) und Stobäus[3]) ihre bezüglichen,
höchst mangelhaften Angaben aus den Schriften des Berosus
entnommen zu haben vorgeben[4]). Nach Ansicht der Letzteren
wäre der Mond, den sie in Gestalt eines sphärischen Körpers
dachten, auf der einen Seite finster, auf der anderen leuchtend;
die Phasen des Mondes wären die sichtbaren Wirkungen gewisser
Vorgänge, die sich auf diesem Himmelskörper vollziehen; die
Mondfinsternisse endlich entständen dadurch, daß der Mond, in
Folge plötzlicher Wendungen, anstatt der leuchtenden seine finstere
Seite der Erde zukehre. Die bisherige Annahme, daß solche
Lehren nur von einem unwissenden Astronomen herrühren könnten,
der nie mit Chaldäa in Verbindung stand und seine Schriften
fälschlich mit dem Namen des Berosus schmückte, — diese An=
nahme war daher nicht ganz unberechtigt. Gegenwärtig sind
wir aber im Stande zu constatiren, daß diese mangelhaften Vor=
stellungen genau mit denen übereinstimmen, die wir in dem großen
astrologischen Werke des Sargon entwickelt finden; die Angaben
des Vitruvius, Plutarch und Stobäus waren also in
der That den Schriften des Berosus entlehnt; und wir können
hieraus nur ersehen, daß letzterer, als Berichterstatter über die
Anschauungen seines Volkes, ebenso gewissenhaft in der Astrologie
als in der Kosmogonie und Geschichte war. Ja, ich glaube sogar
vermuthen zu dürfen, daß Berosus das in Rede stehende Werk
des Sargon in's Griechische übertragen oder doch wenigstens
einen genauen Auszug aus demselben verfaßt hatte; die Worte
des Seneca[5]): Berosus qui Belum interpretatus est, scheinen
offenbar darauf hinzuweisen, da wir aus den erhaltenen Ueber=
schriften mehrerer Tafeln dieses Werkes thatsächlich erfahren, daß
dasselbe den Gesammttitel Namar Bel „Erleuchtung des Bel"

---

[1]) IX, 1, 4.
[2]) De placit. philosoph., II, 29.
[3]) Eclog. phys., S. 552, 556 (Ausg. von Heer).
[4]) Joseph., Contr. Apion., I, 19; Seneca, Nat. quaest., III, 29;
Plin., Hist. nat. VII, 87.
[5]) Nat. quaest., III, 29.

trug. [1]) Der Widerspruch, der sich in den Berichten der griechischen
Schriftsteller über die chaldäische Wissenschaft erkennen läßt, war
aber wirklich vorhanden, — wenigstens seit der Zeit der Sargo=
nibenherrschaft in Assyrien; denn neben der wirklichen, gelehrten
Astronomie, welche auf Beobachtung und Berechnung basirte und
schon zu großen Entdeckungen geführt hatte, bestanden auch die
Lehren der alten astrologischen Bücher fort, deren Prophezeiungen
den Sterndeutern fortgesetzt als Richtschnur dienten [2]). Die
chaldäischen Astronomen und ihre assyrischen Schüler kannten
nicht allein die wahren Ursachen der Mondfinsternisse, deren
Wiederkehr sie genau berechneten, sondern sie versuchten sich auch
in der Berechnung von Sonnenfinsternissen, wiewohl nicht immer
mit Glück [3]). Gleichzeitig aber ertheilten sie sowohl Privaten
als Fürsten, die sich von ihnen weissagen ließen, ihre Antworten
noch immer nach Maaßgabe der alten astrologischen Bücher, ob=
wohl die Theorien derselben durch die thatsächlichen Erfahrungen
und Kenntnisse schon weit überholt waren.

Werfen wir nach dieser Abschweifung noch einen Blick auf
das ersterwähnte Buch über die tellurischen Erscheinungen und
Vorzeichen, so finden wir, daß dasselbe ein genaues Nebenstück
zu dem astrologischen Werke des Königs Sargon bildet. Beide
Urkunden stimmen in Entwurf, Abfassungsform, Sprache und

[1]) W. A. I., III, 52, 2 finden wir sogar die einfache Bezeichnung „Tafel
LVII des Bel".

[2]) In der Abhandlung, die ich über die Astrologie der Chaldäer zu ver=
fassen beabsichtige, werde ich reichliche Belege hiezu liefern.

[3]) W. A. I., III, 51, 9 findet sich ein Bericht des amtlichen Astrologen
Mar=Istar an den Landesfürsten, betr. eine erwartete, aber nicht einge=
troffene Sonnenfinsterniß. — Die Chaldäer suchten auch aus früheren Mond=
finsternissen das Eintreffen von Sonnenfinsternissen zu berechnen; vgl. Airy,
Proceedings of the Royal Astronomical Society, Bd. XVIII, S. 148. —
Die Sonnenfinsterniß, welche Thales voraussagte, war offenbar nach chal=
däischer Methode berechnet (Vgl. Herodot, I, 74; Eudem., ap. Clem.
Alex. Stromat., I, 354; Cic., De divinat., I, 49; Plin., Hist. nat., II,
12). Und ebenso mag es sich wohl auch mit jener Prophezeiung einer unge=
wöhnlichen Olivenernte verhalten haben, welche derselbe Philosoph nach dem
Stande der Gestirne machte (Aristot., Polit., I, 5). In dem großen astro=
logischen Werke des Sargon nehmen übrigens derartige Ernteprophezeiungen
ebenfalls einen beträchtlichen Raum ein.

Schreibung überein; auch sind die geographischen Angaben beider
Werke gleich mangelhaft, so wie die Unkenntniß der thatsächlichen
ethnischen und politischen Verhältnisse Assyriens an beiden Stellen
gleich groß ist. Endlich tritt in dem Werke über die tellurischen
Erscheinungen die Anwendung von Ideogrammen und Allopho=
nien [1]) in Haupt= und Zeitwörtern so häufig ein, daß eben nur
noch die rein grammatischen Elemente nach ihrem wirklichen Laute
assyrisch geschrieben sind [2]). Rechnen wir hiezu noch die häufige
Erwähnung des Namens Sargon, so liegt nicht allein die Ver=
muthung nahe, daß beide Werke ein und demselben Zeitalter an=
gehören, sondern daß auch das Buch über die tellurischen Er=
scheinungen auf Befehl des Sargon verfaßt sei, etwa zweitausend
Jahre v. u. Z., da dieser Fürst Babylonien und Chaldäa unter
seinem Scepter vereinigt hatte [3]).

Jedenfalls ersehen wir aus der Gesammtanlage dieser Ur=
kunden, daß die beiden Hauptzweige der chaldäischen Weissage=
kunst ihre eigenen grundlegenden Werke hatten und so vollständig
ausgebildet waren, daß ein jeder von ihnen besondere Fachgelehrte
beanspruchen mußte; und dieses würde denn auch mit den Nach=
richten des Buches Daniel übereinstimmen, welches die chal=
däischen Wahrsager in zwei besondere Classen (chasdim und gazrim)
theilt, — ebenso wie es drei besondere Kategorien von Zauber=
priestern nennt, welche, wie wir bereits früher erfahren, der drei=
theiligen Einrichtung der erhaltenen magischen Bücher entsprechen.

---

[1]) Unter Allophonien verstehen wir akkadische, ursprünglich phonetische
Worte, welche in Form complexer Ideogramme in die assyrischen Texte ein=
geführt, dann aber — ohne Rücksicht auf ihre eigentliche Aussprache — wie
die entsprechenden assyrischen Werthe gelesen wurden. Dieselbe Erscheinung
findet sich bei den Japanern, die sich nicht selten in gewissen Schriftstücken
chinesischer Worte bedienen, die sie jedoch nach den entsprechenden japanischen lesen.

[2]) Vgl. hierüber meine Abhandlung La langue primitive de la Chaldée
et les idiomes touraniens, S. 67 ff.

[3]) Die Fragmente dieses Werkes, die das britische Museum besitzt, rühren
aus der Bibliothek zu Ninive her und gehören einer Abschrift aus dem eilften
Regierungsjahre des Assyrers Sargon II. (711 v. Chr.) an. Dieselbe war
nach einem Exemplar aus dem zwölften Jahrhundert angefertigt, welches viel=
leicht ebenfalls nur eine Abschrift war, und hatte im Laufe der Zeit bedeutend
gelitten, wie wir aus den zahlreichen Lücken und dem häufigen Vermerk ḥibi
„verwischt" ersehen.

Capitel IV.

Die Auguren, Vogel= und Opferschauer.

„Die Chaldäer", berichtet Diodorus Siculus [1]), „sind erfahren in der Deutung des Vogelfluges und in der Auslegung von Träumen und Wunderzeichen; auch hält man sie für geschickte Opferschauer, welche genau das Richtige treffen." Die gesammte Auguralwissenschaft der Chaldäer war also, wie sich auch aus den erhaltenen Keilschrifttexten ergiebt, — auf Grund ihres weit ausgedehnten, regelrecht betriebenen Studiums in vier besondere Hauptfächer getheilt, d. h. in die Beobachtung der Vögel, die Wahrsagerei aus den Eingeweiden der Opferthiere, die Auslegung aller Arten Naturerscheinungen (τέρατα) und die Deutung der Träume

Daß die Chaldäer der Beobachtung der Vögel und den daraus entnommenen Prophezeiungen besondere Wichtigkeit beilegten, beweist an sich schon der Umstand, daß von den vierzehn Capiteln des vorher besprochenen Werkes über tellurische Erscheinungen und Vorzeichen nicht weniger denn drei diesem Gegenstande gewidmet waren. Leider sind wir beim gänzlichen Mangel an bezüglichen ausführlichen Texten nicht in der Lage, über die Entstehung und Geschichte dieses Aberglaubens Näheres zu berichten; auch fehlen alle Anhaltepuncte, die betreffenden Anschauungen und Gebräuche der babylonischen Wahrsager mit dem zu vergleichen, was die klassischen Schriftsteller über die Auguren an-

---

[1]) II, 29.

derer Völker des Alterthums und deren Wahrsagerei berichten. Doch läßt sich immerhin aus den bereits mitgetheilten Ueber=schriften jenes Werkes über tellurische Erscheinungen ersehen, daß die Chaldäer dem Fluge sowie dem Ruf und Geschrei mehrerer Arten von Vögeln prophetische Bedeutung beilegten, wie dies auch bei den Griechen und Römern, oder richtiger Etruskern, der Fall war.

In Italien theilte man, nach Festus, die Wahrsagevögel in zwei besondere Classen, alites und oscines, je nachdem man in ihrem Fluge oder in ihrem Ruf divinatorische Vorzeichen fand; doch legte man ohne Unterschied beiden Arten von Offenbarung gleiche Wichtigkeit bei, zumal ursprünglich, da die Beobachtungen der Auguren insbesondere darauf gerichtet waren, aus dem ganzen Verhalten der Vögel auf die Gunst oder Ungunst der zukünftigen Witterungsverhältnisse zu schließen. Innerhalb dieser Grenzen hätte die Beobachtung der Vögel vielleicht zu einer nützlichen, thatsächlichen Wissenschaft ausgebildet werden können; aber man legte den betreffenden Erscheinungen allmälich auch andere, völlig imaginäre Bedeutungen bei, sodaß schließlich auch diese Art von Wahrsagerei in maaßlosen Aberglauben ausartete.

Bei den Griechen war die Kunst der οἰωνοπόλοι schon von Alters her in Gebrauch. Wir finden sie in den homerischen Ge=sängen [1] bereits vollständig ausgebildet; doch ist es allerdings fraglich, ob sie nicht durch fremden Einfluß nach Griechenland gelangt sei. Nach Angabe einiger Schriftsteller [2] wäre sie eine Erfindung des Telegonus, des Sohnes des Odysseus und der Circe; Andere [3] dagegen halten sie nicht für einheimisch, sondern aus Asien, speciell aus Phrygien herstammend. Cicero [4] bezeichnet ausdrücklich Phrygien, Cilicien, Pisidien und Pamphy=lien als die Gegenden, in denen diese Wahrsagerei besonders in Blüthe stand; wir wissen aber auch, daß Kleinasien bereits seit

---

[1] Ilias, B. 858; Odyssee, A. 200, B. 158; vgl. Pabst, De diis Graecorum fatidicis, S. 31.

[2] Nonn., Synagog. histor., 61; Suid., v. Τηλέγονος.

[3] Clem. Alex., Stromat., I, S. 361, Ausg. von Potter.

[4] De divinat., I, 1, 41 und 42; II, 88.

ältester Zeit die Civilisation der Euphratländer angenommen und sodann zum großen Theil den Griechen übermittelt hatte. Desgleichen mag die Auguralwissenschaft der Araber, welche, nach Cicero[1] und Appian[2], sogar in hohem Maaße entwickelt war, ebenfalls nur auf Babylonien zurückzuführen sein; Spuren dieser Weissagekunst finden sich übrigens noch bei Maçubi[3]. — Endlich wird auch im Prediger Salomonis[4] gesagt, daß die Vögel im Stande seien, durch ihren Flug und Ruf Verborgenes zu enthüllen.

Gehen wir nunmehr zur Besprechung der Weissagerei aus den Eingeweiden über, so wird dieselbe zunächst von Hesekiel[5] erwähnt, an einer Stelle, wo er Nabukuburussur das Orakel der mantischen Pfeile befragen und zugleich aus der Leber von Opferthieren sich weissagen läßt. Unter den Keilschrifttexten des großen auguralwissenschaftlichen Werkes des Königs Sargon I. finden sich vier Fragmente, aus denen deutlich hervorgeht, daß die Chaldäer in den Eingeweiden der verschiedensten Thiere vorbedeutende Wahrzeichen suchten. Zwei dieser Fragmente sind bereits veröffentlicht; das erste[6] handelt von einem, leider nicht näher angegebenen Anzeichen, welches man in dem Herzen junger Hunde, Füchse, wilder und zahmer Schaafe, Widder, Pferde, Esel, Rinder, Löwen, Bären, Fische[7], Schlangen u. a. Thiere beobachten könne; jedoch hatte die betreffende Erscheinung bei einem jeden dieser Thiere eine besondere Vorbedeutung. Das zweite Fragment[8] bezieht sich auf Wahrzeichen, die man aus der Färbung und äußeren Erscheinung der Eingeweide von Opferthieren,

---

[1] De divinat., I, 41.

[2] Vgl. Revue archéologique, neue Folge, Bd. XIX, S. 102 ff.

[3] Les prairies d'or, Uebers. von Barbier de Meynard, Bd. III, S. 341.

[4] X, 20.

[5] XXI, 26.

[6] Vgl. Nr. 87 meines Choix de textes cunéiformes inédits.

[7] Daß die Babylonier ihren Göttern auch Fische opferten, wiesen bereits de Longpérier und de Witte aus der Darstellung eines Cylinders nach; vgl. Bullet. archéol. de l'Athénaeum français, 1855, S. 101, 1856, S. 36 ff. — Vgl. auch Lajard, Culte de Mithra, Tfl. XVII, Nr. 4 und 10.

[8] Lajard, Culte de Mithra, Tfl. XVII, Nr. 88.

29*

speciell des Esels oder Maulthiers, entnehmen kann. „Sind die Eingeweide des Esels auf der rechten Seite schwarz, — auf der rechten Seite bläulich, desgl. ihre Windungen, — auf der linken Seite bläulich, desgl. ihre Windungen, — auf der rechten Seite dunkelfarben, — auf der linken Seite dunkelfarben, — auf der rechten Seite kupferfarben, — auf der linken Seite kupferfarben," so sind diese Erscheinungen ebensoviele Vorbedeutungen für die Jahreszeiten und das Schicksal des Landes und des Landesfürsten. Die betreffenden Deutungen sind zum Theil erhalten, im Allgemeinen aber schwer verständlich, zumal wegen ihrer vorzugsweise ideographischen Schreibung:

Finden sich in den Eingeweiden eines Esels (oder Saumthieres überhaupt) auf der rechten Seite Eindrücke, so erfolgt Ueberschwemmung.

Sind die Eingeweide eines Esels auf der rechten Seite gewunden und schwarz, so wird der Gott im Lande des Herren Wachsthum erzeugen.

Sind die Eingeweide eines Esels auf der linken Seite gewunden und schwarz, so wird der Gott im Lande des Herren nicht Wachsthum erzeugen.

Sind die Eingeweide eines Esels auf der rechten Seite gewunden und . . . . . ., so wird Bin (der Gott der Luft und des Regens) das Land des Herren benetzen.

Sind die Eingeweide eines Esels auf der linken Seite gewunden und . . . . . ., so wird Bin das Land nicht benetzen.

Sind die Eingeweide eines Esels auf der rechten Seite gewunden und bläulich, so wird Trauer einkehren in das Land des Herren.

Sind die Eingeweide eines Esels auf der linken Seite gewunden und bläulich, so wird nicht Trauer einkehren in das Land des Herren.

Dieselben Erscheinungen, die auf der rechten Seite günstig waren, waren also ungünstig auf der linken, und ebenso umgekehrt; daß aber die Erscheinungen auf einer bestimmten Seite beständig ungünstig gewesen wären, ist nicht der Fall, wiewohl die Erscheinungen der linken Seite im Allgemeinen seltener günstig gewesen zu sein scheinen [1].

Andere Vorbedeutungen entnahm man sodann dem Inneren der Eingeweide, welche offenbar nach stattgehabter äußerlicher Prüfung geöffnet wurden:

---

[1] „Rechte Hand" oder „rechte Seite", akkadisch id zida, bedeutete überhaupt so viel wie „günstige Seite"; vgl. meine Etude sur quelques parties des Syllabires cunéiformes, S. 98.

Zeigen sich im Innern der Eingeweide auf der linken Seite Risse, so tritt Hader und Zwietracht ein.

Zeigen sich im Innern der Eingeweide auf der linken und rechten Seite Risse, so tritt ebenfalls Hader und Zwietracht ein.

Ist das Innere der Eingeweide auf der rechten und linken Seite schwarz, so tritt Finsterniß ein.

Von den beiden übrigen, noch unveröffentlichten Fragmenten bezieht sich das eine auf die Leberschau [1]), die sog. Hepatoscopie, welche bei den Chalbäern, wie auch später in klaffischer Zeit [2]), eine sehr wesentliche Rolle spielte. Das betreffende Bruchstück ist leider sehr klein und verstümmelt; es enthält nur die Aufzählung der Fälle, die mit der größeren oder geringeren Entwickelung des einen oder anderen Flügels der Leber, oder beider zugleich, sodann mit dem völligen Absterben des rechten oder linken Flügels [3]), oder aber mit der schwarzen, bläulichen, kupfernen oder rothen Färbung des einen oder beider Flügel zusammenhängen, worauf endlich die Vorbedeutungen aus dem Aussehen und der Entwickelung der Gallenblasen folgen. Aus dem vierten Fragment läßt sich nur so viel ersehen, daß die betreffende Tafel, zu der es gehörte, die Untersuchung der Lunge (raihu) von Pferden, Eseln, Rindern, Hammeln, Hunden und Löwen betraf.

Die Kunst, aus den Eingeweiden der Opferthiere zu weissagen, verbreitete sich unzweifelhaft von Babylonien aus über alle benachbarten Länder, im Norden über Armenien und Kommagene [4]), im Westen über Phönicien bis Karthago [5]), und zwar über Paläftina [6]), wo ihre Ausübung den Hebräern ausdrücklich verboten war [7]). In Kleinasien, wo sie vorzugsweise betrieben wurde [8]),

---

[1]) Ideogr. BIS, welches mit kabadtuv erklärt wird, W. A. I., II, 36, Z. 53.

[2]) Artemidor., Oneirocrit., II, 74; Cicero, de divinat., II, 13; Sueton., August., 95; Senec., Oedip., v. 360.

[3]) Anzeichen dieser Art kündigten u. a. auch den Tod Alexander's und Hephaestion's an, vgl. Arrian., Anab., VII, 18.

[4]) Juven., VI, v. 549.

[5]) Cicero, De divinat., II, 12.

[6]) Tacit., Hist., II, 78.

[7]) Deuteron., XVIII, 11.

[8]) Athen., IV, 174; Pausan., VI, 2, 2; Tacit., Hist., II, 3.

waren besonders die Einwohner von Telmessos wegen ihrer großen
Gewandtheit in dieser Wahrsagerei, sowie in der Deutung von
Wunderzeichen überhaupt [1]), berühmt; ja sie wurden sogar von
Manchen für die eigentlichen Erfinder derselben gehalten [2]). Bei
den Griechen, welche die Opferdeutung ebenfalls schon frühzeitig
und in großem Maaßstabe betrieben [3]), waren besonders die Familien der Jamiden und Klytiaden wegen ihrer bezüglichen
Kenntnisse bekannt [4]). Nach Angabe ihrer Ueberlieferungen wäre
Delphos, der Sohn des Apollo, der Erfinder ihrer Kunst
gewesen [5]); doch dürfte diese Nachricht wohl nur darauf hinweisen,
daß die Opferschau zuerst in Delphi zu größerer Bedeutung gelangte, zumal es immerhin wahrscheinlich ist, daß dieselbe ursprünglich aus Kleinasien nach Griechenland überführt worden
war. In Italien endlich war diese Art von Wahrsagerei besonders in Etrurien gebräuchlich; doch erlangte sie in Rom selbst
niemals den officiellen Charakter, den die Beobachtung der Au-
spicien und sonstigen Naturerscheinungen behauptete. Zur Zeit,
da der Senat die haruspices befragte [6]), wurden dieselben eigends
aus Etrurien herbeigerufen, und sie bildeten sodann ein besonderes Collegium, welchem gesetzliche Anerkennung zu Theil ward [7]).
Die libri haruspicini waren ebenso wie die libri fulgurales und
tonitruales [8]) etruskische Bücher, deren Vorschriften und Lehren
man für Offenbarungen des Tages hielt [9]).

---

[1]) Herodot, I, 187.

[2]) Cicero, De divinat., I, 41 und 42.

[3]) Aeschyl., Prometh., v. 493; Euripid., Electr., v. 432 ff;
Xenoph., Hellenic., III, 4, 15; Plutarch., Cim., 18; Aleg., 73;
Dio Cass., LXXVIII, 7.

[4]) Cicero, De divinat., I, 41; II, 12.

[5]) Plin., Hist. nat., VII, 56; Ronn., Synagog. hist., 61.

[6]) Cicero, De divinat., I, 43; II, 35; Tit. Liv., XXVII, 37.

[7]) Cicero, De divinat., I, 41.

[8]) Cicero, De divinat., I, 33; Servius, ad Virg. Aen., VIII, v.
398; Macrob., Saturn., III, 7.

[9]) Cicero, De divinat,, II, 23; Fest., v. Tages; Censorin., De
die nat., 4; Isidor., Orig., VIII, 9. — Ueber die Wahrsagerei der
Etrusker vgl. O. Müller, Die Etrusker, Bd. II, S. 178 ff.

Capitel V.

Die Vorbedeutungen der atmosphärischen Erscheinungen, Prophezeiungen aus Feuer, Waffer und Edelsteinen.

Die vorbedeutenden Anzeichen, welche die Mantik der Chaldäer allerorten und in den verschiedensten Dingen zu finden
glaubte, laſſen ſich in beſondere Claſſen eintheilen, je nachdem
ſie atmosphäriſchen Erſcheinungen, lebloſen Dingen, Thieren
(außer Vögeln), menſchlichen Körpertheilen, zufälligen und unab-
ſichtlichen Wahrnehmungen, oder aber ſolchen Ereigniſſen entnommen wurden, wie ſie bisweilen unerwartet bei Gegenſtänden
eintreten, die von Menſchenhand gefertigt ſind.

Die Auslegung der atmosphäriſchen Erſcheinungen gehörte
indeſſen in das Gebiet der Wahrſagerei aus den telluriſchen Vorzeichen; daher denn auch der zweite Theil des mehrerwähnten
auguralwiſſenſchaftlichen Werkes des Königs Sargon den Vorbedeutungen der Regengüſſe, der ſog. Brechomantie, gewidmet
geweſen zu ſein ſcheint. Desgleichen wurden die Tageswolken,
in ihren Haupterſcheinungen nach Geſtalt und Färbung, von den
Wahrſagern aufmerkſam beobachtet und ausgelegt, während andererſeits die Feſtſtellung der Beziehung und Einwirkung der
Nachtwolken auf die Geſtirne und deren Ausſehen den Aſtrologen
überlaſſen war.

Auf einem kleinen, vereinzelten Fragment leſen wir folgende
Antwort, welche ein amtlicher Wahrſager auf eine an ihn gerichtete Frage ertheilte:

Steigt bläulich=schwarzes Gewölk am Himmel auf, — so wird im Verlaufe des Tages Wind wehen.

Ausgefertigt durch Nabu=akhe=irib[1]).

Die Prophezeiungen, die man aus der Wolkenbildung ab=leitete, bezogen sich also anscheinend lediglich auf bevorstehenden oder erwarteten Witterungswechsel, und waren daher von äußerst kindlicher Einfachheit. Die chaldäische Wahrsagekunst hatte selbst zur Zeit, da sie am anspruchsvollsten auftrat und die Geheimnisse der Zukunft zu besitzen glaubte, die Spuren ihrer frühesten Ver=fassung bewahrt. Ursprünglich bestand sie aus einer beschränkten Anzahl leicht faßlicher, thatsächlicher Beobachtungen über Witte=rungs= und Jahreszeitenwechsel, so daß sie eben nur bei einem der Civilisation kaum erschlossenen Volke für eine Kunst gelten konnte; und dieses war mit geringen Unterschieden auch in der Folge der Fall.

Mehrere Jahrhunderte später, zur Zeit des byzantinischen Kaisers Leo I., war übrigens ebenfalls eine Art Wahrsagerei aus den Wolken gebräuchlich, welche angeblich von einer gewissen Anthusa erfunden war[2]); doch hatte sie mit der betreffenden chaldäischen Weissagekunst nichts gemein; auch dürfte kaum an=zunehmen sein, daß letztere sich so lange erhalten hätte.

Nach Aben Esra[3]) und anderen jüdischen Commentatoren wären die Meonenim, welche die Bibel[4]) wiederholt erwähnt, ebenfalls Beobachter der Wolkengebilde gewesen. Vom philolo=gischen Standpunct betrachtet, wäre diese Interpretation aller=dings nicht unzulässig[5]); indessen übersetzt der h. Hieronymus denselben Ausdruck mit observantes somnia, während die Sep=tuaginta κληδονιζόμενοι, also Deuter des Ohrenklingens und an=

---

[1]) W. A. I., III, 59, 8.

[2]) Phot., Bibl. cod. 242, Ausg. von Becker; Justin., Quaest. 31 ad orthod.; Du Cange, Glossar. infim. graecit., unter περιστεριῶται und νε-φοδιῶκται.

[3]) Im Commentar zum Leviticus.

[4]) Deuteron., XVIII, 10 und 14; II Könige, XXI, 6; Jesaia, II, 6 und LVII, 3; Micha, V, 11.

[5]) מעננן, vgl. ענן „Wolke", von der Wurzel ענן „bedecken".

deren zufälligen Geräusches, darunter versteht; wir bemerken hiezu noch, daß der Leviticus ¹) den Hebräern offenbar die Beobachtung der Wolken zum Behufe der Wahrsagung verbot, desgleichen auch Jeremia ²) vor jeglicher Beschäftigung mit den Erscheinungen der Atmosphäre und am Himmel (διοσήμιαι) warnte.

Wie Michael Psellos ³) nach älteren Ueberlieferungen berichtet, hätten die Assyrer auch aus den Winden Prophezeiungen abgeleitet; wir besitzen indessen nur ein einziges, noch unedirtes, leider sehr verstümmeltes Fragment, welches hierauf Bezug zu haben scheint, und sind daher nicht im Stande, uns irgendwelches Bild von den Verfahrensweisen und Zielen dieser Aëromantie zu verschaffen. Die erhaltenen Zeilenanfänge dieses Urtextes lauten wie folgt:

Weht Wind . . . . — Weht Westwind . . . . — . . . . Weht Süd=
wind bei Tage . . . . — Weht Südwind bei Nacht . . . .

Bei weitem wichtiger sind dagegen, trotz ihrer Verstümmelung, zwei andere, im vierten Bande meines Choix de textes cunéiformes enthaltene Fragmente, welche auf Wahrsagerei aus den Erscheinungen des Blitzes Bezug haben. Das eine derselben lautet folgendermaßen:

Der Blitz . . . .
der Blitz der Sterne . . . .
der Blitz des Gottes Bin . . . . .
der Blitz der Erde . . . . . .
der Blitz des Wassers . . . . .
der Blitz der Nacht, welcher leuchtet . . . . .
der Blitz des Gestirnes Manma . . . . .
der Blitz des Gestirnes Baluv . . . . .
der Blitz des Gestirnes . . . .
der Blitz . . . .

Nach Angabe der klassischen Schriftsteller unterschieden die Chaldäer im Allgemeinen zwei Arten von Blitzen, d. h. solche, die die Wolken durchzuckend zur Erde herabfallen, und solche, die

---

¹) XIX, 26.
²) X, 2.
³) De operat. daemon., S. 42, Ausg. von Boissonade.

allein im Bereiche der Wolken leuchten. Erstere kämen aus den Planeten Saturn, Jupiter und Mars[1]), und lieferten, wie Plinius versichert[2]), reichlichen Stoff zu Wahrsagungen; letztere, die fulgura fortuita desselben Schriftstellers, „verkündeten durch ihren Donner die Stimme der atmosphärischen Mächte, deren Pfade sie mittelst ihrer Leuchtkraft bezeichneten[3]).“ Vergleichen wir nun aber diese Angaben mit dem mitgetheilten Textfragment, so finden wir, daß diese beiden Blitzarten der Chaldäer genau zusammenfallen mit dem „Blitz der Gestirne“ und dem „Blitze des Gottes Bin“. Denn Letzterer war der Gott der Luft und der Atmosphäre, insbesondere der Urheber des Donners, wie seine speciellen Bezeichnungen Rammân „der Donner“ (woraus der syrische Rimmon entstand[4])) und Barqu[5]) „der Blitz“ bekunden; auch wurde Bin, auf Denkmälern, mit dem Blitzstrahl bewaffnet dargestellt[6]) oder einfach durch den Donnerkeil symbolisirt[7]).

Die Blitze der Gestirne Manma und Baluv waren besonders berühmt wegen ihrer zündenden Kraft[8]), und gehörten beide dem Planeten Mars in seinen verschiedenen Erscheinungsphasen an[9]); der akkadische Name mul numea, assyrisch kakkab baluv, wörtlich „der nicht vorhandene Stern“, diente speciell dann zur Bezeichnung des Mars, wenn derselbe am weitesten von der Erde entfernt, also am schwersten zu beobachten ist. Ueberhaupt scheinen die Chaldäer den Blitzen des Mars eine besondere Bedeutung beigemessen zu haben; wenigstens spricht

[1]) Plin., Hist. nat., II, 70, 81.

[2]) II, 20, 18; 43; 52, 53.

[3]) Johan. Lyd., De ostent., 21, S. 86, Ausg. von Hase.

[4]) Schrader, Jahrb. für protest. Theol., 1875, S. 128.

[5]) Vgl. meine Lettres assyriologiques, Bd. II, S. 182.

[6]) Layard, Monuments of Nineveh, Tfl. 65; desgl. neue Folge, Tfl. 5; Cullimore, Oriental cylinders, Nr. 96, 107 und 119; Layard, Culte de Mithra, Tfl. XXVIII, Nr. 9, XXX, Nr. 1, XXXVI, Nr. 8, XXXVII, Nr. 6, LIV B, Nr. 1; vgl. mein Essai de commentaire de Bérose, S. 93.

[7]) Cullimore, Nr. 54, 58, 60, 70 und 106.

[8]) Plin., Hist. nat., II, 52, 53.

[9]) Sayce, Transact. of the Soc. of Bibl. Archaeol., Bd. III, S. 171 und 201.

hiefür der Umstand, daß sie verschiedene Arten derselben unter=
schieden, welche jedenfalls, nach Maaßgabe der Stellung des
Planeten auf seiner Bahn, sich verschiedenartig in ihren Wir=
kungen äußerten und besondere augurale Bedeutungen hatten.
Und wir dürften daher wohl nicht etwa nur einen rein meta=
phorischen Sinn, vielmehr eine wirklich beabsichtigte Anspielung
auf diese Erscheinungen und deren Auffassung in dem Titel
„Donner" zu suchen haben, der dem Nergal, dem Gotte des
Planeten Mars, in einem zweisprachigen Hymnus beigelegt wird:

> Heros, mächtiger Donner, der du das aufrührerische Land vernichtest,
> Heros, gewaltiger Riese, der du das aufrührerische Land vernichtest,
> . . . .
> Donner, der du mit Macht triffst, und nicht deines Gleichen hast [1]).

Die anderen Blitzarten unseres Fragmentes werden in den
bezüglichen dürftigen Nachrichten griechischer und lateinischer
Autoren nicht erwähnt. Doch waren sie unzweifelhaft den Etrus=
kern bekannt [2]), welche ebenfalls Blitze aus den großen Planeten
herrühren ließen [3]), gleichzeitig aber auch eine besondere Art von
Blitzen kannten, welche, vom Gott Saturnus erzeugt, von der
Erde ausgingen und zum Himmel emporstiegen [4]); und hierin
glaube ich den sog. „Blitz der Erde" wiedererkennen zu sollen,
den ich übrigens unbedenklich mit dem „Blitze des Bel" (oder
Mul=ge) der magischen Texte identificire; letzterer war besonders
verhängnißvoll und trauerverkündend, zumal der alte akkadische
Mul=ge in den betreffenden Urkunden seinen ursprünglichen
Charakter eines finstern und schreckengebietenden Gottes auf's
reinste bewahrt hatte. Endlich kannten die Etrusker ebenfalls
eine besondere Art von „Blitzen der Nacht", die der Gott Sum=
manus erzeugen sollte, während die Römer die verwickelte etrus=
kische Fulgurallehre wesentlich vereinfachten und nur „Blitze des

---

[1]) Vgl. meine Premières civilisations, Bd. II, S. 187.
[2]) Vgl. hierüber O. Müller, Die Etrusker, Bd. II, S. 162—178;
Th. H. Martin, La foudre, l'électricité et le magnétisme dans l'antiquité, S. 366—380.
[3]) Plin., Hist. nat., II, 52, 53.
[4]) Plin., a. a. O.; Senec., Nat. quaest., II, 49.

Tages" und „Blitze der Nacht" kannten, die sie Jupiter, bezw.
Summanus zuschrieben [1]).

Dagegen finden wir in den Berichten über die Lehre der
etruskischen fulguratores nichts, was sich mit dem räthselhaften
„Blitze des Wassers" oder „Wasserblitze" des mitgetheilten Fragmentes identificiren ließe; auch erscheint es kaum zulässig, diese
Art Blitze mit dem fulmen humidum des Plinius [2]) oder dem
κεραυνός ψολόεις der Griechen [3]) zu vergleichen. Wir werden
vielmehr Wasserwirbel darunter verstehen müssen, da die Alten
bekanntlich Wasser= und Windwirbel als Abarten des Blitzes
betrachteten und ebenfalls in verschiedene Classen, wie prester
und turbo (τυφῶν), eintheilten [4]). Ueberhaupt galt der Blitz im
Alterthum nur für entzündeten Wind; und diese Ansicht scheinen
auch die Chaldäer gehegt zu haben, da das Wort abubu, die
Gesammterscheinung des Blitzes (im Unterschiede von rammanu
„Rollen des Donners" und barqu „Leuchten des Blitzes"), nach
Praetorius' trefflicher Auseinandersetzung [5]), etymologisch le-
biglich „Wirbelwind" bedeutet; jedoch glaube ich, daß sich abubu
wohl auch geradezu durch „Blitz" übersetzen ließe, gleichviel ob
es phonetisch geschrieben oder durch das akkadische Synonymum
amâtu ersetzt war, welches letztere in den verschiedensten Texten
als Allophonom gebraucht wird. Im Heldengedichte Izdhubar's
oder Dhubar's wird unter abubu sogar die Sintfluth verstanden, so daß also offenbar „Blitz", als „Gesammtbezeichnung"
auch auf Hydrometeore, kurzum auf eine ganze Reihe verschieden-
artiger Naturerscheinungen bezogen wurde [6]).

Wie dem aber auch sei, — es bestand in Betreff der verschiedenen Blitzarten unzweifelhaft eine enge Verwandtschaft

---

[1]) Plin., a, a. O.; Fest., s. Provorsum; Paul. Diac., s. Dium.
[2]) A. a. O.
[3]) Aristot., Meteorol., III, 1, 10; De mund., 4; Joh. Lyd., De
mens., III, 52, IV, 96; De ostent., 44.
[4]) Vgl. Th. H. Martin, a. a. O., S. 277—281.
[5]) Zeitschr. der Deutschen Morgenl. Gesellsch., Bb. XXVIII,
S. 89.
[6]) Vgl. hierüber die lehrreiche Abhandlung Th. H. Martin's: La
foudre, l'électricité et le magnétisme dans l'antiquité, S. 277—281.

zwischen den Anschauungen der chaldäisch-babylonischen Gelehrten und der etruskischen Fulgurallehre, — eine Thatsache, deren Bedeutung gewiß nicht unterschätzt werden darf; wir werden später darauf zurückkommen, bei Besprechung anderer, gleichartiger Erscheinungen, und dabei nicht verfehlen, zum mindesten die wahrscheinlichsten Consequenzen daraus abzuleiten.

Das zweite der vorerwähnten Fragmente gehörte zu einem Calender, in welchem, für jeden Tag des Jahres, die Bedeutungen des Donners verzeichnet waren. Erhalten sind indessen nur die Ausgänge einiger Zeilen der ersten, sowie die Anfänge der zweiten Columne:

. . . . . . [die Ernte des Landes wird] gedeihen, der Ertrag ein reichlicher sein.	Wenn am 27. Tage . . . . . .
. . . . . . beständig, so wird das Herz des Landes frohlocken.	Wenn am 28. Tage . . . . . .
. . . . . . wird die Ernte des Landes mißrathen.	Wenn am 29. Tage . . . . . .
. . . . . . [das Herz des Landes] wird trauern, es wird Sterblichkeit herrschen.	Wenn am 30. Tage der Donner . .
. . . . . . [es werden Regengüsse herabfallen] vom Himmel, und Wassermassen werden fließen in den Straßen.	Wenn am [1.] Tage des 5. Monats .
. . . . . . Gehorsam und Frieden im Lande.	Aufruhr und Zwietracht im [Lande] .
. . . . . . [es werden herniederfallen] Regengüsse vom Himmel und Wasserfluthen sich über das Land wälzen.	Wenn am 2. Tage der Donner erschallt.
. . . . . . [der König] wird sterben, sein Land wird getheilt werden.	Das Herz des Landes wird frohlocken, die Götter . . . .
. . . . . . es werden Krankheiten und Sterblichkeit herrschen.	Wenn am 3. Tage der Donner. . .
. . . . . . wird verschlingen; es wird ein Erdbeben stattfinden.	Wenn am 4. Tage . . . .
. . . .	Hungersnoth im Lande.

Johannes Lydus[1] theilt nach P. Nigidius Figulus, der wiederum den etruskischen Büchern des Tages folgte, eben-

---

[1] De ostent., 27—28. — Die ähnlichen, jedoch minder einfachen Verzeichnisse, welche Johannes Lydus nach Fonteius und Labeo mittheilt, sind offenbar jüngeren Datums.

falls ein solches Verzeichniß von Prophezeiungen mit, welches allerdings mit demjenigen unseres chaldäischen Fragmentes viel Aehnlichkeit hat. Letzteres betraf ursprünglich offenbar nur die gewöhnlichen, atmosphärischen Blitze, die sog. „Blitze des Gottes Bin", während die „Blitze der Gestirne", die als höhere Offenbarung der göttlichen Macht die bedeutensten Ereignisse ankündigten, wahrscheinlich besonders behandelt waren. Und ebenso hatte das Verzeichniß des Johannes Lydus allein Bezug auf die Donner, welche „unterhalb der Region des Mondes erschallen", mithin ebenfalls auf die gewöhnlichen Blitze, welche Jupiter als Ankündigung seiner selbst schleudert, ohne des Einverständnisses der dii involuti oder dii consentes zu bedürfen.

Nach Diodorus Siculus[1]) versuchten die Chaldäer, wie aus allen atmosphärischen Erscheinungen, auch aus Erdbeben Prophezeiungen herzuleiten. Ob indessen dieser Nebenzweig der Weissagekunst in das Gebiet der Astrologie gehörte, oder aber zur Mantik zu rechnen sei, läßt sich aus den betreffenden Mittheilungen nicht genauer ersehen. Auch kennen wir augenblicklich nicht ein einziges Textfragment, in welchem irgendwie von Erdbeben die Rede wäre. Daher wir denn auch nicht beurtheilen können, in wiefern die Erklärungen des Johannes Lydus[2]) über die prophetische Bedeutung der Erdbeben auf chaldäische Ueberlieferungen zurückzuführen seien.

Desgleichen wissen wir vorläufig nichts Näheres über die chaldäische Pyromantie oder Kapnomantie, eine Art Wahrsagerei ans dem Aussehen der Flamme und der Entwickelung des Rauches auf Opferaltären. Bei den Griechen war die Pyromantie, deren Erfindung man Amphiaraos zuschrieb[3]), fast in allen Tempeln gebräuchlich[4]), zumal in Apollonia (Epirus), wo die heiligen Feuer durch natürliche Kohlenwasserstoffgase genährt wurden. Man warf daselbst, unter gleichzeitiger Verrichtung von Gebeten an die Localgötter, Weihrauch in die Flamme und beobachtete,

---

[1]) II, 30.
[2]) De ostent., 55—58.
[3]) Plin., Hist. nat., VII, 56.
[4]) Vgl. Maury, Histoire des religions de la Grèce, Bd. II, S. 444 ff.

ob derselbe verzehrt oder zerstreut wurde, woraus die Wahrsager die verschiedensten Schlüsse bezüglich der Erfüllung oder Nicht-erfüllung der ausgesprochenen Bitten und Wünsche zogen [1]). In Chaldäa scheint, nach dem Wortlaute der Ueberschrift eines Ca-pitels des besprochenen auguralwissenschaftlichen Werkes: „Zinnober ist über der Flamme verbrannt", ein ähnliches Verfahren geherrscht zu haben. Doch dürften die Akkaber, in Anbetracht der Bedeu-tung, die sie in ihrer Magie dem Feuergott als Bekämpfer der schädlichen Einwirkungen böser Zauberer beilegten, wohl auch dem verschiedenartigen Aussehen der Feuerflamme prophetische Eigen-schaften beigemessen haben.

Nach Smith wird in einigen noch unedirten Bruchstücken des auguralwissenschaftlichen Werkes des Königs Sargon auch Quellen und Flüssen prophetische Bedeutung beigelegt, desgleichen aus dem Aussehen, der Menge und der mehr oder minder reißenden Strömung ihrer Gewässer geweissagt. Bei den Griechen gab es zwar ebenfalls gewisse Arten von Wahrsagerei aus dem Wasser, — Pegomantie und Hydromantie, — doch stehen dieselben in keinerlei Beziehung zur chaldäischen Mantik. Die Hydromantie der Griechen bestand lediglich darin, daß man beliebige Gegenstände in's Wasser warf und einerseits nachsah, ob dieselben versanken oder auf der Wasserfläche forttrieben, andererseits die entstandenen Wellen-kreise beobachtete.

Die Kyatho= oder Lekanomantie war übrigens ebenfalls eine Art von Hydromantie, bei der man mit einem Becher oder einer mit beliebiger Flüssigkeit gefüllten Schale operirte, auf deren Spiegelfläche man Erscheinungen auftauchen sah [2]), — wie in dem bekannten „Tintenspiegel" der heutigen Araber [3]). Diese an Zauberei grenzende und daher wohl richtiger zur Magie zu rechnende Wahrsagerei war nicht allein den Griechen und Römern,

---

[1]) Dio Cass., XLI, 45.

[2]) Vgl. die interessanten Bemerkungen Perrot's, welcher auf einem Gemälde, im sog. Hause der Livia auf dem Palatin, die Darstellung einer solchen Wahrsagescene erkannte; Mémoire d'archéologie, S. 127 ff.

[3]) Lane, Modern Egyptians, Bd. II, S. 362. — Ich selbst hatte in Alep Gelegenheit, einem solchen Falle beizuwohnen.

sondern auch den semitischen Völkern bekannt, da bereits Joseph
sich ihrer wiederholt bediente, um seine Brüder desto leichter
wiederzuerkennen [1]). In Rom schrieb man die Einführung der
Lekanomantie ausdrücklich dem Numa zu; doch wurde sie im
Allgemeinen auf persischen Ursprung zurückgeführt [2]), zumal sie
speciell bei den Iranern sehr entwickelt gewesen zu sein scheint [3]).

In den magischen und mythologischen Urkunden Babylons
und Chaldäas ist zuweilen von Zauberschalen die Rede, die ihren
Besitzern besondere Macht und Eigenschaft verleihen sollen; doch
sind die betreffenden Angaben zu allgemein, als daß man feststellen könnte, ob diese Gefäße in irgendwelcher Beziehung zur
Lekanomantie standen. Der byzantinische Schriftsteller Michael
Psellos [4]), welcher die alten, auf Wahrsagerei bezüglichen Urkunden sorgfältig geprüft zu haben scheint, versichert allerdings,
daß die Lekanomantie von den Assyrern erfunden und zu höchster
Vollkommenheit gebracht worden sei; unter den aus Ninive
stammenden Textfragmenten des großen auguralwissenschaftlichen
Werkes hat sich indessen noch keines gefunden, welches diese Nach-
richt bestätigte. Die Angaben des Psellos lauten übrigens im
Zusammenhange wie folgt:

„Die Lekanomantie wird mittelst einer Schale ausgeübt, welche man mit
prophetischem Wasser anfüllt und vor sich zu stehen hat . . . . . . Dieses
Wasser unterscheidet sich äußerlich nicht von gewöhnlichem Wasser; aber die
Handlungen und Beschwörungen, welche über dem Gefäße vollzogen werden,
begaben es mit prophetischer Kraft, die dem Schooße der Erde entspringt und
sich eigenartig äußert. Denn während sie sich dem Wasser mittheilt, ruft sie
ein unbestimmtes Rauschen hervor, dem die Umstehenden zunächst keinen rechten
Sinn beizulegen vermögen; hat sie sich aber in der Flüssigkeit nach allen Seiten
hin gleichmäßig ausgebreitet, so vernimmt man gewisse seltsame Töne, aus
denen man Prophezeiungen für die Zukunft herleitet. Diese der materiellen
Wirklichkeit angehörenden Klänge haben aber stets etwas Räthselhaftes und
Geheimnißvolles an sich; daher denn auch die Wahrsager, welche diesen Umstand möglichst ausbeuten, niemals eines Betruges überführt werden können.“

---

[1]) Genesis, XLIV, 5.

[2]) Varr. ap. Augustin., De civ. Dei, VII, 35.

[3]) Strabo, XVI, 762. — Die Schale des Djemschid im Schah-
Namech ist ebenfalls eine Wahrsageschale.

[4]) De operat. daemon., S. 42, Ausg. von Boissonade.

Auf einigen Tafeln aus der Bibliothek zu Ninive wird übrigens auch dem stärkeren oder schwächeren Glanze gewisser Edelsteine divinatorische Kraft beigemessen; an einer Stelle, wo es sich um Weissagungen über Gelingen oder Fehlschlagen eines bevorstehenden feindlichen Angriffs handelt, werden speciell die funkelnden Strahlen geprüft, die „der Diamant am Finger" nach rechts oder links, nach oben oder unten wirft. Ob indessen dieser Edelstein, dessen Leuchtkraft so wesentliche Aufschlüsse zu liefern vermochte, einem beliebigen Ringe — oder was näher liegt — dem Ringe eines Königs oder Götterstandbildes angehörte, läßt sich bei der mangelhaften Erhaltung des betreffenden Textfrag= mentes[1]) nicht näher feststellen.

Jedenfalls aber ist die Erwähnung dieses Wahrsageverfahrens von besonderem Werth für die richtige Auffassung des hebräischen Orakels des Urim und Thummim. Diese verschiedenartig er= klärten Gegenstände[2]), welche mit „Licht" und „Wahrheit" be= zeichnet wurden, befanden sich in einer Art Tasche im Innern des Brustschildes des hohen Priesters[3]), und müssen daher von nicht unbedeutender Größe gewesen sein. Bei wichtigen Ereig= nissen prüfte sie der hohe Priester, um die Zukunft zu erfahren oder eine Offenbarung Jahveh's zu erzielen. Indessen ist in der Bibel, so oft es sich um die Befragung dieses Orakels han= delt, meist nur vom Urim die Rede[4]), — ein Umstand, der vielleicht doch darauf hinweisen dürfte, daß „Licht" und „Glanz" eine wesentliche Rolle dabei spielten. Josephus behauptet nun zwar[5]), daß das Orakel des Urim und Thummim lediglich in dem größeren oder geringeren Glanze von zwölf Steinen be= standen habe, welche das Brustschild des hohen Priesters äußerlich schmückten; und diese Auffassung wird in der That auch von

---

[1]) Vgl. Nr. 91 meines Choix de textes cunéiformes.
[2]) Vgl. Winer, Biblisches Realwörterbuch, Bd. II, S. 747 ff.
[3]) Exod., XXVIII, 30; Levit., VIII, 8.
[4]) Num., XXVII, 21; I. Sam., XXVIII, 6. — Von der Befragung des Thummim ist nur ein einziges Mal die Rede, und zwar I. Sam., XIV, 41. — Ueber die Anwendung des Wortes Thummim im Sinne von „Amulet", vgl. Ewald, Gesch. des Volkes Israel, zw. Aufl., Bd. I, S. 338.
[5]) Ant. Jud., III, 8, 9.

vielen Gelehrten der Neuzeit getheilt, wiewohl sie in directem
Widerspruch mit dem Pentateuch steht, wonach Urim und
Thummim Gegenstände waren, die mit jenen zwölf Steinen
durchaus nichts gemein hatten. Da nun aber doch vorauszusetzen,
daß Josephus thatsächlich nach älteren Traditionen berichtet, so
bleibt eben nur noch die Annahme, daß er letztere mißverstanden
hätte. Denn wir finden die nämliche Ueberlieferung in der sa=
maritanischen Chronik [1]) in weit annehmbarerer Form vor. Danach
bewahrte der hohe Priester im Inneren seines Brustschildes einen
oder zwei kostbare Steine, deren wechselvolles Leuchten und
Funkeln die Prophezeiungen des Urim und Thummim ergab.
Wir hätten hier also ein genaues Analogon zu dem besprochenen
Diamantringe der chaldäischen Texte. Zudem erwähnen wir noch,
daß, nach Philon[2]), die in Rede stehenden Steine in Form
von Teraphim[3]) geschnitten waren, d. h. Bildnisse darstellten,
wie z. B. dasjenige der Göttin Ma (aus Saphir), welches der
ägyptische Oberrichter am Halse trug[4]).

---

[1]) XVIII und XXXVIII.
[2]) Vit. Mos., 3, S. 152, Ausg. von Mangey.
[3]) Vgl. Richt., XVII, 4; Hos., III, 4.
[4]) Diod. Sic., I, 48 und 75; Aelian., Var. hist., XIV, 34.

Capitel VI.

Die Prophezeiungen aus Pflanzen, Thieren und zufälligen Begebenheiten.

Die Wahrsagerei aus dem Rauschen und den Bewegungen von Bäumen und Sträuchern war bei allen Völkern des Alter= thums gebräuchlich. Sie spielte, nach Smith's Angaben, im Hauptbuche der chaldäischen Mantik eine nicht unwesentliche Rolle; und dieses würde auch mit Michael Psellos'[1] Nachrichten über die Phyllomantic der Assyrer übereinstimmen. In Griechen= land gab es „redende Eichen" (προσήγοροι δρύες) zu Dodona[2]), der ältesten Orakelstätte der Pelasger, desgleichen weissagende Lorbeerbäume zu Delos[3]) und Delphi[4]). Die Etrusker unter= schieden „günstige" und „ungünstige" Bäume, je nach der Art der Prophezeiungen, die sie denselben entnahmen[5]). In Pa= lästina, wo der chaldäische Einfluß am thätigsten war, finden wir die bekannte „Zaubereiche" bei Sichem[6]), die Maulbeer= bäume, aus deren Rauschen David prophezeite[7]), sowie endlich die Palme, unter welcher Deborah wahrsagte[8]). Heilige Palmen

---

[1]) De operat daemon., S. 42, Ausg. von Boissonade.
[2]) Aeschyl., Prometh., .v. 830; vgl. Homer, Ilias, II, 233 Odyss., S, 327.
[3]) Virg., Aen., III, v. 73 ff.
[4]) Homer., Hymn. in Apoll., v. 393.
[5]) Macrob., Saturn., II, 16.
[6]) Richt., IX, 37.
[7]) II. Sam., V, 24.
[8]) Richt., IV, 5.

gab es aber auch in Arabien[1]), außer dem samurah (spina aegyptiaca), dessen Dornen die vorislamitischen Araber als Talismane verwandten[2]); die Beni-Ghatafân verehrten sogar ein Exemplar dieses Baumes als Bildniß der Göttin El-Uzzâ[3]). Ueberhaupt glaubten die Araber aus allen Arten borniger Sträuche, gharqad, prophetische Laute zu vernehmen[4]); und in ebendiesen Ideenkreis dürfte wohl auch die Erscheinung Jahveh's im feurigen Busche auf Sinaï[5]) zu verweisen sein[6]). Endlich hielten die Nabatäer den Samurahbaum ebenfalls für heilig[7]).

Die Gewohnheiten und Geberden, sowie das ganze Verhalten verschiedener Thierarten, bildeten desgleichen eine der ergiebigsten Quellen für Prophezeiungen. Von der Vogelschau, die bei allen Völkern des Alterthums mehr oder minder üblich war und ihrer zahlreichen, so verschiedenartigen Beobachtungen halber sogar eine besondere Wahrsagerclasse beschäftigte, habe ich bereits früher gesprochen; ich werde daher nur noch Einiges über andere Gattungen von Thieren berichten, welche die chaldäischen Wahrsager ebenfalls zum Gegenstande ihrer Beobachtung machten.

Zunächst war es vorzugsweise die Schlange, die man allgemein[8])

---

[1]) Osiander, Zeitschr. der deutsch. morgenl. Gesellsch., Bd. VII, S. 481; vgl. meine Lettres assyriologiques, Bd. II, S. 103 ff. — Die Palme galt auch in einem Theile von Chaldäa als heiliger Baum; vgl. meinen Commentaire des fragments de Bérose, S. 330 ff.

[2]) Nowaïri, vgl. Rasmussen, Additam., S. 71.

[3]) Vgl. Osiander, a. a. O., S. 486.

[4]) Aghânî, Ausg. von Kosegarten, Bd. I, S. 21.

[5]) Exod., III.

[6]) Ich würde es allerdings bedauern, wenn ich durch diese Auffassung das religiöse Gefühl des Einen oder Anderen verletzen sollte, zumal mir durchaus fern liegt, die Realität oder den wunderbaren Charakter der Erscheinung irgendwie in Frage zu stellen. Ich bin eben nur der Ansicht, daß die göttlichen Offenbarungen, die den Menschen zu Theil werden, stets diejenige äußerliche Fassung haben, die den an Ort und Stelle herrschenden Ideen am meisten sich anpaßt. Daher denn auch die Visionen Joseph's, in plastischer Beziehung, rein aegyptische, die der Propheten, zumal des Hesekiel, rein assyrische Formen zeigen.

[7]) Vgl. Levy, Zeitschr. der deutsch. morgenl. Gesellschaft, Bd. XIV, S. 432.

[8]) Maury, Histoire des religions de la Grèce, Bd. II, S. 463.

als prophetifches Thier κατ' ἐξοχήν betrachtete ¹). Spätere Philo=
fophen fuchten diefes hauptfächlich damit zu erflären, daß die
Schlange, als Reptil, unter allen Thieren am meiften mit der
Erde, der Urquelle jeder Infpiration, in Verbindung ftehe ²); ob
und in wieweit indeffen diefe Anficht auch urfprünglich bei den
verfchiedenen Völfern vertreten war, mag dahingeftellt bleiben;
nur hebe ich mit Borchert) als befonders bemerfenswerth
hervor, daß bei den Semiten „Schlange" und „wahrfagen" that=
fächlich einerlei Wurzel (nahafch) entftammen.

Die Schlange galt überhaupt als Symbol allen übernatür=
lichen Wiffens. Die Genefis ⁴) hält fie für „liftiger denn alle
Thiere auf Erden, die Jahveh erfchaffen;" und dem entfprechend
war die Schlange auch bei den Chaldäo=Babyloniern und deren
Schülern, den Affyrern, ein Sinnbild des Êa, der höchften Ein=
ficht, des Trägers aller Weisheit ⁵). Die alten Araber waren
der Anficht, daß man durch den Genuß eines Schlangenherzens
oder einer Schlangenleber zum Verftändniß der Sprache der
Thiere gelangen fönne ⁶); auch haben wir bereits früher erfahren,
daß die Chaldäer aus der Betrachtung des Herzens von Schlangen
weiffagten. Ja es fcheint fogar, daß man in einigen babylo=
nifchen Tempeln Schlangen züchtete, welche fodann als Mittler
und Boten der Götter, furzum als Orafel betrachtet wurden ⁷).

---

¹) Aelian., Hist. anim., II, 2.
²) Schol. ad Pind. Pyth., VIII, v. 64.
³) Hierozoïcon, Bd. I, S. 20, Londoner Ausgabe.
⁴) III, 1.
⁵) G. Rawlinfon, The five great monarchies, zw. Aufl., Bd. 1,
S. 122.
⁶) Philoftrat., Vit. Apollon. Tyan., I, 14.
⁷) Die Gefchichte vom Bel's=Drachen, welche die Vulgata den Prophe=
zeiungen Daniel's anreiht, ift allerdings ein unbedeutendes Bruchftück aus
jüngerer Zeit; doch ließe fich immerhin ein gewiffer Zufammenhang derfelben
mit der erwähnten Schlangenzüchtung in den babylonifchen Tempeln annehmen.
In einem Artifel des Correspondant (vom 10. Juli 1874) erflärte ich
u. a., daß man bei einer wiffenfchaftlichen Discuffion über die Entftehungs=
zeit und Bedeutung des Buches Daniel zunächft das Capitel vom Bel's=
Drachen, fowie die Gefchichte der Sufanna ausfcheiden müffe, als
Schriften, die aus fpäterer Zeit herrührten und des Gepräges der übrigen
Theile des Buches Daniel entbehrten. Damit fetzte ich mich aber den hef=

Wenigstens dürfte das dem Buche Baruch beigegebene Send=
schreiben Jeremiä, welches hinsichtlich des babylonischen Cultus
die genauesten Kenntnisse verräth [1]), an einer Stelle darauf hin=
weisen, wo es u. a. von Götterbildern heißt: „Man erzählt,
daß der Erde entsprossene Schlangen ihnen das Herz belecken,"
— eine Vorstellung, welche übrigens auch jenen allbekannten

tigsten Angriffen von Seiten der Redacteure gewisser religiöser Zeitschriften
aus; ich wurde fast excommunicirt und unter die gefährlichsten Freidenker ge=
rechnet. Und doch hätten diese übereifrigen Anhänger der Orthodoxie wohl
wissen sollen, daß ich in meinen Ausführungen lediglich den Ansichten folgte,
die der h. Hieronymus in der Vorrede seines Commentars zum Buche
Daniel mit den Worten ausspricht: „Sed et hoc nosse debemus inter
coetera, Porphyrium de Danielis libro nobis objicere, idcirco illam ap-
parere confictum, nec haberi apud Hebraeos, sed graeci sermonis esse
commentum, quia in Susannae fabula contineatur, dicente Daniele ad
presbyteros ἀπὸ τοῦ σχίνου σχίσαι καὶ ἀπὸ τοῦ πρίνου πρίσαι, quam ety-
mologiam magis graeco sermoni convenire, quam hebraeo. Cui et Eusebius et Apollinarius pari sententia responderunt: Susannae Belisque
ac draconis fabulas non contineri in hebraïco; sed partem esse prophe-
tiae Abacuc filii Jesu le tribu Levi: sicut juxta LXX interpretes in
titulo ejusdem Belis fabulae ponitur: Homo quidam erat sacerdos, no-
mine Daniel, filius Abda, conviva regis Babylonis, quum Danielem et
tres pueros de tribu Juda fuisse sancta Scriptura testetur. Unde et nos
ante annos plurimos quum verteremus Danielem, has visiones obelo
praenotavimus, significantes eas in habraico non haberi. Et miror quos-
dam μεμψιμοίρους indignari mihi, quasi ego decurtaverim librum: quum
et Origenes et Eusebius et Apollinarius aliique ecclesiastici viri et doc-
tores Graeciae, has, ut dixi, visiones non haberi apud Hebraeos fate-
antur; nec se debere respondere Porphyrio pro his quae nullam Scrip-
turae sanctae auctoritatem praebeant."
    Zudem hatte früher schon Julius Africanus, dessen Geistesschärfe
gewiß nicht zu bezweifeln, sich unverhohlen gegen die Echtheit der in Rede
stehenden Schriftstücke ausgesprochen und auch seinen Freund Origenes für
seine Ansichten zu gewinnen gesucht.
    [1]) Dieses Sendschreiben Jeremiä, dessen griechischer Text offenbar der
ursprüngliche war, dürfte jedenfalls in Babylon selbst, um das erste Jahr=
hundert v. Chr., verfaßt sein. Die Echtheit desselben wird sogar vom h. Hie=
ronymus bestritten; wie dem aber auch sein mag, so glaube ich doch, daß
in der ganzen Bibel kein Abschnitt zu finden, dessen Verfasser das chaldäisch=
babylonische Heidenthum genauer gekannt hätte. Der Inhalt des Schreibens
Jeremiä bietet überhaupt den reichlichsten Stoff zu interessanten Unter=
suchungen, namentlich zu Vergleichen mit den babylonischen Denkmälern, zumal
den plastischen, — eine Arbeit, die ich vielleicht später noch unternehmen werde.

Mythen von der Kassandra und vom Melampus zu Grunde
liegt. Wir besitzen indessen keine keilschriftlichen Urkunden, welche
hierüber irgendwelche nähere Auskunft ertheilten.

In den erhaltenen Textfragmenten spielt besonders die Wahr=
sagerei aus dem Verhalten der Hunde eine hervorragende Rolle.
Die Folgen des Eintrittes eines Hundes in den Königspalast
oder Tempel werden beispielsweise mit folgenden Worten ge=
schildert [1]):

[Betritt ein grauer Hund den Palast, so wird letzterer] in Flammen
aufgehen.

Betritt ein gelblicher Hund den Palast, so wird letzterer ein ge=
waltsames Ende nehmen (bei einer Katastrophe zu Grunde gehen).

Betritt ein röthlicher Hund den Palast, so wird letzterer Frieden mit
dem Feinde schließen.

Betritt ein Hund den Palast, und wird er hiebei nicht getödtet, so
wird die Ruhe des Palastes gestört werden.

Betritt ein Hund den Palast, und verbirgt er sich unter dem Ruhe=
bett, so wird niemand mehr in diesem Palaste die Gewalt in die
Hände bekommen.

Betritt ein Hund den Palast, und verbirgt er sich unter dem Thron,
so wird der Palast durch Feuersbrunst vernichtet werden.

Betritt ein Hund den Palast, und verbirgt er sich unter dem Trag=
sessel des Königs, so wird der Palast Frieden schließen mit dem
Feinde.

Betritt ein Hund den Tempel, so werden die Götter kein Mitleid
haben mit dem Lande.

Betritt ein weißer Hund den Tempel, so werden die Fundamente
des letzteren feststehen.

Betritt ein schwarzer Hund den Tempel, so werden die Fundamente
des letzteren in Schwanken gerathen.

Betritt ein grauer Hund den Tempel, so wird letzterer seiner Be=
sitzungen verlustig sein.

Betritt ein gelblicher Hund den Tempel, so wird letzterer seiner Be=
sitzungen verlustig sein.

Betritt ein röthlicher Hund den Tempel, so werden die Götter diesen
letzteren lieb gewinnen.

Versammeln sich die Hunde zu Haufen und betreten sie den Tempel,
so wird niemand mehr in Ansehen stehen.

---

[1]) Nr. 89 meines Choix de textes cunéiformes; vgl. den Abdruck des
Textes, nebst Transscription und zwischenzeiliger Uebersetzung, im Journal
Asiatique, Aug.—Sept. 1877, S. 149—156. — Obige Uebersetzung ist bei
Weitem genauer als die der französischen Ausgabe dieses Werkes; auch sind
darin die Aenderungen berücksichtigt, welche Sayce in seinen Records of the
past, Bd. V, S. 169, an meiner ersten Uebersetzung vornahm.

War es indessen zur Verhütung von Unglück geboten, die Eingänge der Paläste und Tempel auf's sorgfältigste zu bewachen, so konnten sich solche Vorsichtsmaaßregeln doch wohl nur auf die Abwehr fremder Hunde beziehen. Denn wir wissen bestimmt, daß die assyrischen Monarchen in ihren Schlössern zahlreiche Haus= und Jagdhunde beherbergten; auch ist es nicht minder bekannt, daß Assurbanhabal sogar Namen und Bildniß eines seiner Hunde der Nachwelt erhalten wollte! Der Aberglaube, der mit dem Eintritt von Hunden in Wohnhäuser verknüpft war, herrschte übrigens auch in Griechenland, wie die Verse des Te= renz bezeugen [1]):

> Es haben schlimme Zeichen hinterher
> mir bang gemacht: ein fremder schwarzer Hund
> lief mir in's Haus; 'ne Schlange fiel vom Dach
> herunter in den Hof; 'ne Henne krähte;
> ein Seher widerrieth; ein Opferschauer
> verbot mir, vor dem kürz'sten Tag was Neues
> zu unternehmen . . . . .

Ein ähnliches, noch unedirtes Fragment erklärt folgender= maßen die prophetischen Anzeichen, die gewissen Unschicklichkeiten von Hunden in Wohnhäusern, im Königspalast oder Tempel zu Grunde liegen:

> Erbricht sich ein Hund im Hause, so wird der Herr des Hauses verscheiden.
> . . . .
> Benäßt ein Hund im Palaste den Thron, so wird der König ver= scheiden und die Feinde sich in sein Land theilen.
> . . . .
> Läßt ein Hund im Tempel sein Wasser, so wird Regen vom Himmel strömen, Ueberschwemmung in den Straßen, Hungersnoth und Sterblichkeit herrschen.
> Leert ein Hund im Tempel sich aus, so wird ein Erdbeben statt= finden, Nergal, der die Leichname verschlingt, wird mit seiner Waffe die Menschen vernichten.

Die Angabe eines anderen, leider sehr lückenhaften Frag= mentes, daß auch Fliegen (zumbi) zum Wahrsagen benutzt wurden,

---

[1]) Phormio, Act IV, Scene 4; Ueberf. von Herbst, Heft IV, S. 66.

trägt nicht unwesentlich zur Aufhellung eines Punctes der semi=
tischen Mythologie bei. Der große Gott von Akkaron[1]) hieß
nämlich bei den Philistern Baal=zebub „Baal=Fliege" oder
„Herr der Fliege", in der Septuaginta Βαὰλ μυῖα, beim Jo=
sephus Θεὸς μυῖα, woraus die Juden späterhin einen „Obersten
der Teufel" machten. Derselbe Baal=zebub besaß aber ein
berühmtes Orakel, welches selbst der Israelitenkönig Achasja
über den Ausgang seiner Krankheit befragen ließ, — wodurch er
freilich den Zorn des Elia erregte. Erwägen wir daher die
Rolle, die den Fliegen in der chaldäischen Mantik zugetheilt war,
so ist die Annahme gewiß zulässig, daß zwischen dem Namen des
Gottes von Akkaron und der Art und Weise, wie in seinem
Tempel die Zukunft offenbart wurde, ein gewisser Zusammenhang
herrschen, — mit anderen Worten, daß auch bei den Semiten,
wie bei den Chaldäern, diese Wahrsagerei mit Fliegen bestehen
mußte. Indessen scheinen auch andere Völker den Insecten pro=
phetische Gaben beigemessen zu haben; wenigstens dürfte die
Rolle, die den Bienen in der allbekannten Erzählung aus der
Kindheit des Plato, sowie den Ameisen in der phrygischen
Midas=Legende zugeschrieben wird[3]), unzweifelhaft darauf
schließen lassen.

Wie Jamblichus[4]) berichtet, weissagten die Babylonier
sogar aus dem Verhalten der Ratten, desgleichen aus der Beo=
bachtung von Schlangen, Löwen, Heuschreckenschwärmen und Ha=
gelschlägen, — alles Wahrsagearten, die zu den bereits früher
besprochenen zu zählen sind.

Endlich wurden, nach Angabe des mitgetheilten Inhaltsver=
zeichnisses des auguralwissenschaftlichen Werkes der Bibliothek zu
Ninive, auch die „Fische der Teiche" zu den Thieren gerechnet,
deren sich die chaldäische Mantik bediente. Offenbar dürften aber
heilige Fische darunter zu verstehen sein, die man speciell zum

---

[1]) Die Form „Akkaron" der Septuaginta ziehe ich deshalb der hebräischen
„Ekron" vor, da sie genauer mit der assyrischen „Amgarruna" übereinstimmt.
[2]) II Könige, I, 2, 3, 6 und 16.
[3]) Bal Maxim., I, 6, ext. 2.
[4]) Ap. Phot. Bibl. cod. 94, S. 75, Ausg. von Becker.

Behufe der Wahrsagerei züchtete. In Lycien gab es heilige Fische, die durch Flötenspiel an den Wasserspiegel gelockt und sodann um zukünftige Dinge befragt wurden [1]); und dasselbe scheint, nach Varro, auch in Lydien der Fall gewesen zu sein [2]). Desgleichen dürften die Fische, die in einem Teiche beim Tempel des Zeus Labrandeus zu Mylasa in Karien gezüchtet wurden und Ohrgehänge an den Kiemen trugen, einen besonderen mantischen Charakter gehabt haben [3]), — sowie auch jene, die man der Göttin Atargatis oder Derceto zu Ehren in Askalon züchtete [4]), wo bekanntlich ein dem babylonischen und assyrischen eng verwandter Cultus herrschte. Daß übrigens vorzugsweise in Chaldäa die Neigung vorwalten mußte, den Fischen prophetische Eigenschaften beizulegen, lag ganz in der Natur der Verhältnisse. Denn Ea, der Gott der Vergangenheit, Gegenwart und Zukunft, der Gott der Einsicht, der die Gabe der Prophezeiung verlieh, wurde gleichzeitig als Fischgott gedacht. Der chaldäische Symbolismus hatte diese beiden Auffassungen des Gottes bereits zur Zeit der alten Akkader so eng mit einander verknüpft, daß selbst in der Schriftsprache das Ideogramm für „Fisch" ⵗⵗ⵰, dessen ursprüngliche hieroglyphische Form das einfache Bild dieses Thieres darstellte, gleichzeitig auch „Weissagung" bedeutete.

In die Kategorie der soeben besprochenen Prophezeiungen gehören nun allerdings zum großen Theil auch diejenigen, die man aus zufälligen Wahrnehmungen und Begebenheiten (ἐνόδια οἰωνίσματα, ἐνόδιοι σύμβολοι [5])) ableitete [6]). Doch scheinen die Chaldäer aus diesen letzteren eine besondere Classe gemacht zu haben, in sofern sie dieselben genau von denen unterschieden, zu deren Kenntniß sie mittelst regelmäßiger, absichtlicher Beobachtungen gelangten. Wir entnehmen dies besonders aus einem

---

[1]) Polycharm. ap. Athen. VIII, 333; Plin., Hist. nat., XXXII, 2, 8.
[2]) Varro, De re rust., III, 17, 4.
[3]) Aelian., Hist. anim., XII, 30; vgl. Plin., Hist. nat., XXXII, 2, 7.
[4]) Diod. Sic., II, 4; vgl. meine Légende de Sémiramis, S. 24.
[5]) Aeschyl., Prometh., 487.
[6]) Ronn., Synagog. histor., 61.

kleinen Fragment [1]) aus Kopunbjik, in welchem verschiedene Vor=
zeichen genannt werden, die einem Krieger auf seinem Pfade be=
gegnen können: „Unternimmt der Krieger Etwas an einem un=
günstigen Tage,..... bemerkt er eine Wolke (von bestimmtem
Aussehen),..... bemerkt er drei Vögel.....“ u. s. w.; die Be=
deutungen, welche diesen Wahrnehmungen beigelegt wurden, lassen
sich indessen nicht näher feststellen.

Ueberhaupt war die chaldäische Wahrsagekunst bemüht, jedem
zufälligen Geräusch, jeder zufälligen oder spontanen Bewegung
von Gegenständen [2]), sowie auch dem Knacken oder Knistern von
Hausgeräthen, Möbeln, Täfelwerk u. s. w. prophetische Vorbe=
deutung zuzuschreiben. Wir besitzen u. a. ein Fragment [3]), welches
eine Reihe von hölzernen Möbeln und Theilen eines Wohnhauses
aufzählt, in denen sich prophetische Stimmen oder Laute (assaput,
ausgedrückt durch das allophone ku-a) offenbaren; auch erfahren
wir daraus, daß einzelne dieser vorbedeutenden Anzeichen wohl
im Stande sind, „das Menschenherz freudig zu stimmen“; die
speciellen Auslegungen derselben sind indessen sämmtlich verloren
gegangen.

Endlich gehört in denselben Ideenkreis die bei allen Völkern
des Alterthums [4]), zumal bei den Aegyptern [5]) herrschende Nei=
gung, zufällig ausgesprochenen oder vernommenen Worten pro=
phetische Bedeutung beizumessen. Die Bibel liefert ebenfalls in=
teressante Belege hiezu [6]); auch wissen wir, daß bei den Juden
der späteren Zeiten solche Wortorakel, bath-qol, eine gewisse
Rolle spielten [7]). Unter den erhaltenen Fragmenten der chal=
däischen Auguralliteratur hat sich indessen nichts vorgefunden,
was mit diesem Wahrsageverfahren in Zusammenhang gebracht
werden könnte.

---

[1]) Nr. 90 meines Choix de textes cunéiformes.
[2]) Vgl. Maury, Histoire des religions de la Grèce, Bd. II, S. 442.
[3]) Nr. 92 meines Choix de textes cunéiformes.
[4]) Herodot, II, 90; Virg., Aen., VII, 116, und an vielen anderen
Orten.
[5]) Plutarch, De Is. et Osir., 14; Clem. Alex., Stromat., I, S. 304.
[6]) Genesis, XXIV, 14; I. Sam., XIV, 9; II. Könige, XX, 33.
[7]) Vgl. Lightfoot's Abhandlung über Matth. III, 13.

Dagegen glaube ich aus dem Inhalte einiger Urtexte ent=
nehmen zu sollen, daß die Chaldäer aus der Beobachtung ge=
wisser Eigenheiten an Lanzen= und Pfeilspitzen Prophezeiungen
ableiteten, entsprechend den auspicia ex acuminibus [1]), jener rein
militärischen Wahrsagerei, von der sich, nach Cicero's Zeugniß,
bei den Römern zuerst Marcellus lossagte. Die Verfahrens=
weisen und eigentlichen Ziele dieser Mantik bilden zwar immer
noch den Gegenstand der verschiedenartigsten Ansichten und Er=
örterungen; doch vermuthe ich gleichwohl auf Grund der in Rede
stehenden Texte, daß die Erklärung, welche Turnebus [2]) davon
giebt, wohl die richtigste sein dürfte.

Im besprochenen auguralwissenschaftlichen Werke des Königs
Sargon war endlich ein besonderes Capitel auch der Deko=
scopie, d. h. der Wahrsagung aus den zufälligen Begebenheiten
gewidmet, die sich in oder auf einem Hause beobachten lassen.
Dagegen ließ sich auf keinem der erhaltenen Fragmente irgend=
welche Spur von Chiromantie oder Deutung der Handlinien,
Onychomantie oder Deutung der Nägelflecken und Kranioscopie
oder Schädelbetrachtung auffinden, wiewohl diese Wahrsagearten
bei vielen Völkern des Alterthums gebräuchlich waren. Sollten
nun aber die chaldäischen und babylonischen Gelehrten, welche
alle anderen Arten der Wahrsagekunst betrieben und sogar deren
Erfinder gewesen zu sein scheinen, gerade diese Arten von Wahr=
sagerei aus bestimmten, nicht näher bekannten Gründen systema=
tisch vernachlässigt haben? Wenigstens scheint es kaum zulässig,
diese Lücke der Urtexte lediglich dem Zufalle zuzuschreiben, zumal
in einem Verse des Buches Hiob [3]) eine kaum zu verkennende
Anspielung auf den Glauben liegt, daß das Schicksal des Menschen
in der Hand „verschlossen“, mit anderen Worten, daß an den
Zügen und Linien der Handfläche die Zukunft eines jeden Sterb=
lichen zu erkennen sei.

---

[1]) Cicero, De nat. deor., II, 36; De divinat., II, 36.
[2]) Adversar., XXIII, 12.
[3]) XXXVII, 7.

Capitel VII.

Die Wahrsagerei aus Mißgeburten.

Die Prophezeiungen, welche die Chaldäer aus den verschie=
denartigen Erscheinungen menschlicher und thierischer Mißgeburten
herleiteten, verdienen schon deshalb besonders betrachtet zu werden,
da wir gerade über dieses Gebiet ihrer Wahrsagekunst wohl am
gründlichsten unterrichtet sind. Die Aufmerksamkeit, welche die
chaldäischen Astrologen der Bestimmung der Nativitätsstellung
widmeten, führte dieselben schon frühzeitig dahin, allen Arten
von Mißgeburten die größte Wichtigkeit beizulegen. Die Chaldäer
behaupteten, daß eine Erfahrung von 470,000 Jahren [1] stets
übereinstimmender Beobachtungen ihr System rechtfertige, und
daß nirgends die Einwirkung der Gestirne sich deutlicher offenbare
als gerade in dem Gesetze, dem das Schicksal eines jeden Menschen
nach Maaßgabe der Constellation im Augenblicke seiner Geburt
unterworfen sei. Und da die Gebrechen und Mißgestaltungen
der Neugeborenen ebenfalls nur als unvermeidliche und unab=
wendbare Folge dieser allgewaltigen Einwirkung zu betrachten

---

[1] Obige Angabe des Cicero (De divinat., I, 19; II, 46) stimmt bei=
nahe mit der des Diodorus Siculus (II, 31), 473,000 Jahre, und mit
derjenigen überein, welche Plinius (Hist. nat., XII, 57) nach Berosus
und Critodemus angiebt (480,000 Jahre). Ziehen wir indessen die chrono=
logischen Daten in Betracht, die Berosus in den erhaltenen Auszügen seiner
Schriften giebt, so scheint derselbe den Zeitraum zwischen dem ersten Auftreten
des Menschen und seinem eigenen Zeitalter eher auf 468,000 Jahre ange=
schlagen zu haben.

feien [1]), fo ließe fich an denfelben die Zukunft mit ebenfo großer Sicherheit erkennen, wie an den Geftirnen felbft. — Daher benn auch die außerordentliche Wichtigkeit, welche diefer Art von vorbebeutenden Anzeichen beigelegt, und die ausführliche Behandlung, die denfelben in den Fragmenten des großen, fchon früher befprochenen auguralwiffenfchaftlichen Werkes der Chaldäer zu Theil wird.

Das Verdienft, welches Oppert durch feine erfte Ueberfetzung [2]) jenes bekannten Verzeichniffes [3]) von 72 verfchiedenen Fällen von Mißgeburten fich erwarb, ift unftreitig ein großes. Denn feine Arbeit trug nicht allein wefentlich dazu bei, das Verftändniß diefer nach Inhalt, Schreibung und Abfaffungsform fo überaus fchwierigen und verwickelten auguralen Keilfchriftdocumente überhaupt zu erleichtern, fondern fie gab ihrem gelehrten Verfaffer auch reichlich Gelegenheit, feine außerordentliche Gewandtheit in der Entzifferung fowie feine umfaffenden Sprachkenntniffe in fruchtbarfter Weife zu verwerthen. Oppert's Ueberfetzung bedarf in der That nur in feltenen Fällen einiger geringfügigen Abänderungen [4]) und darf daher bei Anfertigung ähnlicher Uebertragungen unbedingt als maaßgebende Richtfchnur betrachtet werden.

Welcher Art die Bedeutungen waren, die den verfchiedenartigen Erfcheinungen von Mißgeburten beigelegt wurden, wird der Lefer wohl am beften an folgenden, auszüglich mitgetheilten Texten erkennen, deren Ueberfetzung fich am genaueften herftellen ließ:

> Gebiert eine Frau ein Kind:
> mit Löwenohren, fo wird ein mächtiger König im Lande gebieten;
> dem das rechte Ohr fehlt, fo werden die Tage des Herrn [5]) das Greifenalter (erreichen);

---

[1]) Vgl. Cicero, De divinat., II, 46.
[2]) Journal asiatique, fechfte Folge, Bd. XVIII, S. 449 ff.
[3]) W. A. I., III, 65, 1.
[4]) Sayce's Ueberfetzung deffelben Urtextes (Records of the past, Bd. V, S. 171—176) unterfcheidet fich nur unwefentlich von derjenigen Oppert's.
[5]) „Herr" bedeutet hier durchgängig fo viel wie „Landesfürft, König".

dem beide Ohren fehlen, so wird eine Gewaltherrschaft über das Land
kommen und letzteres verkleinert werden;

dessen rechtes Ohr klein ist, so wird das Haus des Mannes[1]) zerstört werden;

dessen Ohren beide klein sind, so wird das Haus des Mannes nieder-
gerissen werden;

. . . .

dem das rechte Ohr hinten und tiefer[2]) sitzt, so werden der Sohn
und das Haus des Mannes zu Grunde gehen;

mit zwei Ohren zur Rechten und keinem Ohr zur Linken, so werden
die Götter eine beständige Regierung einsetzen, das Land wird
blühen und eine Stätte des Friedens sein;

. . . .

mit einem Vogelschnabel, so wird das Land friedlich sein;

ohne Mund, so wird die Herrin des Hauses verscheiden;

. . . .

ohne Nasenlöcher, so wird eine Gewaltherrschaft über das Land
kommen und das Haus des Mannes zerstört werden;

ohne Kinnbacken, so werden die Tage des Fürsten das Greisenalter
(erreichen), aber das Haus (die Geburtsstätte des Kindes) zerstört
werden;

dem die untere Kinnbacke fehlt, so wird das Land, ein volles Jahr
lang, keine Frucht tragen;

. . . .

ohne Nase, so wird eine Gewaltherrschaft sich des Landes bemächtigen
und der Herr des Hauses verscheiden;

ohne Nase und Anzeichen seiner Männlichkeit, so werden die Waffen
des Königs stark sein; Friede wird im Lande walten, die Einwohner werden dem Könige Ehrfurcht zollen, auch wird Lilith[3])
denselben nichts anhaben.

dessen obere Lippe die untere deckt, — Waffenglück für die Truppen;

ohne Lippen, so wird eine Gewaltherrschaft sich des Landes bemächtigen und das Haus des Mannes zerstört werden;

. . . .

ohne rechte Hand, so wird das Land dem Verfalle entgegengehen;

ohne Hände, so werden in der Stadt keine Geburten mehr stattfinden,
das Land wird veröden und zu Grunde gehen;

ohne Finger an der Rechten, so wird der Fürst von seinen Feinden
gedemüthigt werden;

. . . .

mit sechs Zehen am rechten Fuß, — Niederlage für die Truppen;

dessen Herz offen liegt und nicht von der Haut verhüllt wird, so
wird Hungersnoth im Lande herrschen;

---

[1]) Dem das Wunderkind geboren ward.

[2]) Im Nacken.

[3]) Vgl. Cap. I des ersten Theiles, S. 34.

ohne männliches Glied, so wird der Herr des Hauses reich werden (?)
durch die Einkünfte seines Feldes;

ohne Nabel und männliches Glied, so wird das Land Feindschaft
erdulden, die Weiber werden mit frecher Geberde einhergehn, die
Männer Knechte des Palastes sein;

ohne Mutterscheibe, so werden Hungersnoth und (fremde) Gewalt=
herrschaft über das Land kommen; der Herr des Hauses wird
Unglück erleiden;

mit öffnungslosem After, so wird Hungersnoth im Lande sein;

dem die rechte Hode fehlt, so wird das Land des Fürsten dem Ver=
falle entgegengehen;

dem der rechte Fuß fehlt, so wird das Haus zu Grunde gehen, im
Nachbarhause Ueberfluß herrschen;

ohne Füße, so werden die Bewässerungsanlagen des Landes unter=
brochen und das Haus zerstört werden;

. . . .

mit Händen und Füßen gleich Flossen eines Fisches, so wird der
König gestürzt, sein Land einverleibt werden;

. . . .

mit drei Füßen, davon zwei an ihrer richtigen Stelle, der dritte da=
zwischen, so wird großer Wohlstand im Lande herrschen;

. . . .

dem der rechte Ellbogen fehlt, so wird das Land des Fürsten zu
Grunde gehen.

Desgleichen erfahren wir, daß die Geburt eines Kindes mit
weißen Haaren dem Landesfürsten hohes Alter verspricht; auch
werden andere, günstige und verhängnißvolle Vorbedeutungen ge=
wissen äußerlichen Abnormitäten Neugeborener entnommen, deren
genauere Präcisirung sich allerdings nur mit Hülfe medicinischer
Fachgelehrter bewirken ließe. Beispiele dieser Art lauten folgen=
dermaaßen:

Gebiert eine Frau ein Kind:

dessen Haupt eine Haube bedeckt, so wird beim Anblick desselben ein
günstiges Vorzeichen im Hause walten;

voll Flecken, so schwebet Unglück über ihm und der König der Stadt
wird sterben;

. . . .

voll hängender Fleischauswüchse, so wird das Land Feindschaft zu
erdulden haben;

voll Fleischlappen, so wird das Land Feindschaft erdulden und das
Haus zu Grunde gehen;

mit ausgewachsenen Fingern, so werden die Tage des Fürsten zahl=
reich sein, seine Herrschaft wird lange währen;

. . . .
mit ausgewachsenen Zähnen, so werden die Tage des Fürsten das
Greisenalter (erreichen), das Land wird gebieten über andere
Länder, aber das Haus (die Geburtsstätte des Kindes) wird
zerstört werden;
mit sprossendem Bart, so wird reichlicher Regen fallen;
mit offenem Munde und deutlicher Sprache, so wird großer Wohl=
stand im Lande sein, der Gott Bin wird die Ernte benetzen und
Ueberfluß im Lande herrschen.

Die Prophezeiungen, welche die Chaldäer aus Mißgeburten
herleiteten, waren also zum Theil von allgemeinem Interesse,
zum Theil aber auch nur auf die Zukunft des Hauses und der
Familie beschränkt, in deren Mitte sich das Wunder gezeigt hatte.

Die Mißgeburten fürstlicher Wöchnerinnen hatten indessen
eine höhere Bedeutung als diejenigen gewöhnlicher Sterblicher,
und wurden daher besonders verzeichnet [1]):

Gebiert eine Königin:
einen männlichen . . . . . , so geräth die Königswürde in Verfall;
einen Zwitter, so wird die Königswürde vernichtet werden;
ein Kind mit ausgewachsenen Zähnen, so werden die Tage des Herrn
verlängert werden;
. . . .
männliche Zwillinge . . . . . , so ist dies ein günstiges Vorzeichen
für den König;
einen Sohn und eine Tochter zugleich, ... so wird das Land
sich vergrößern;
zwei Töchter zugleich . . . . .
eine Schlange, so wird [der König] mächtig sein;
ein Kind mit Löwenantlitz, so wird der König keinen Nebenbuhler
haben;
ein Kind mit sechs Fingern an der Rechten, so wird [der Feind]
siegen;
ein Kind mit sechs Fingern an der Linken, so wird [der Feind]
siegen;
ein Kind mit sechs Zehen am rechten Fuß, so wird [der Feind]
siegen;
ein Kind mit sechs Zehen am linken Fuß, so . . . . . wird ein=
treten . . . . .
ein Kind mit sechs Zehen an beiden [Füßen], am rechten und linken,
so wird der Herr über das feindliche Land gebieten.

---

[1]) Vgl. Nr. 87 meines Choix de textes.

Die augurale Bedeutung, die den menschlichen Mißgeburten
und Mißgestaltungen anhaftete, theilten aber auch alle ent=
sprechenden Erscheinungen der Thierwelt. Beide Arten von Miß=
geburten wurden gleichmäßig beobachtet und ausgelegt; auch war
man in beiden Fällen gleicherweise bemüht, die betreffenden
Wahrnehmungen und Erfahrungen mit möglichster Treue der
Nachwelt zu überliefern. Wir besitzen u. a. ein Täfelchen [1]), auf
welchem siebenzehn Fälle thierischer Mißgeburten, speciell von
Stuten gedeutet werden; dieselben sind, mit Ausnahme eines
einzigen, sämmtlich von allgemeinem Interesse für die Wohlfahrt
des Staates; und es scheint daher fast, als ob diese besondere
Classe von Mißgeburten wichtigere divinatorische Anzeichen lieferte
als die entsprechenden Erscheinungen im Schooße der Menschheit,
— wenigstens im Kreise gewöhnlicher Sterblicher. Der Wortlaut
dieses Urtextes ist im Auszuge folgender:

> Wirft eine Stute ein Füllen:
> welches einäugig ist, so wird der Feind das Land Akkad verheeren;
> mit Löwenmähne, so wird der Herr des Landes seine Feinde ver=
> nichten;
> mit Hundspfoten, so wird das Land verkleinert werden;
> mit Löwentatzen, so wird das Land erweitert werden;
> mit Hundskopf, so wird der Lebenswandel des Weibes ein schlechter
> sein, das Land wird verkleinert werden;
> mit Löwenkopf, so wird der Gebieter erstarken;
> . . . .
> ohne Kopf, so wird dessen Herr mächtig sein;
> ohne Augen, so wird der Gott Bel einen Zeitraum erneuern;
> ohne Füße, so wird der König sein Heer verdoppeln und ein Blutbad
> anrichten;
> ohne Ohren, so werden die Götter, drei Jahre lang, ohnmächtig sein;
> ohne Schweif, so wird der Priesterkönig [2]) verscheiden.

Ein anderes Fragment [3]), welches Mißgeburten von Hün=
dinnen betraf, lautet folgendermaßen:

---

[1]) W. A. I., III, 65, 2, verso.

[2]) Das Wort sakkanakku „Vertreter" übersetze ich deshalb „Priesterkönig",
da es speciell in Babylon die Bedeutung der volleren Form sakkanakku ilani
„Vertreter der Götter" hatte. Uebrigens gab es auch sakkanakki „Vice=
könige", also ebenfalls „Vertreter" in Bezug auf den Landesfürsten.

[3]) Nr. 89 meines Choix de textes.

Werfen Hündinnen nur ein einziges Junge, so wird die Stadt zerstört werden;

. . . .

werfen Hündinnen Junge], die von Anfang an bissig sind, so wird
Hungersnoth in der Stadt herrschen.

Von allen Fällen thierischer Mißgeburten galten jedoch diejenigen für die absonderlichsten und bedeutsamsten, in denen das
neugeborene Junge einer anderen Thiergattung angehörte als
die eigene Mutter:

Wirft ein Schaaf einen Löwen, so werden die Waffen thätig sein,
der König wird keinen Nebenbuhler haben[1]).

Wirft eine Stute einen Löwen, so wird der König mächtig gebieten;
wirft eine Stute einen Hund, ... so wird Unglück, Hungersnoth
eintreten[2]).

Werfen Hündinnen menschliche Wesen, so wird die Stadt . . . . .[3])

Es ist in der That zu verwundern, daß die Chaldäer, deren
Weisheit im Alterthum so hochgepriesen war, solchen Ideen mit
Beharrlichkeit nachgehen konnten. Ein Volk, nach dessen Ansicht
die Geburt eines mißgestalteten Kindes, eines einäugigen Füllens,
oder gar gewisse Unschicklichkeiten eines Hundes den Sturz eines
Reiches verkündeten[3]), müßte folgerecht zum mindesten für über-
spannt, wenn nicht schwachsinnig gelten. Der Aberglaube, der
allen absonderlichen oder überraschenden Erscheinungen prophe-

---

[1]) W. A. I., III, 65, 1, verso, ß. 28.

[2]) W. A. I., III, 65, 2, verso, ß. 58, 59.

[3]) Nr. 89, ß. 18 meines Choix de textes cunéiformes inédits.

[4]) Nach Plutarch's Versicherung (Alex., Cap. 57), wurde zur Zeit,
da Alexander im Begriffe stand nach Indien zu ziehen, von einem Schaafe
ein Lamm geworfen, welches um den Kopf herum die Figur und Farbe einer
Tiara und auf jeder Seite ein Paar Ringe hatte. Entsetzt über dieses bedeutungsvolle Zeichen ließ sich der macedonische Feldherr allerdings durch die Babylonier sühnen, welche er der Sitte gemäß bei solchen Veranlassungen zuzu-
ziehen pflegte; er sprach jedoch darüber mit seinen Freunden, er sei nicht seinet-
selbst, sondern ihretwegen in Unruhe, die Vorsehung möchte nach seinem Hin-
scheiden die Gewalt an einen Menschen von unedler Abkunft und ohne Kraft
gelangen lassen.

tische Bedeutung zuwies, — dieser fast unbegreifliche Wahn, dessen Ausrottung dem aufklärenden Geiste der Wissenschaft nur mit Mühe gelang, spielte aber langehin und nicht allein bei den gelehrten Chaldäern eine Rolle. Er gelangte hier nur zu bestimmterer Form, in sofern die Chaldäer und Babylonier ihre Wahrsagekunst zu systematisiren und gewissermaaßen zu einer thatsächlichen Wissenschaft zu erheben bestrebt waren; auch hatte die vorzugsweise speculative Richtung der Priesterschaft sich hauptsächlich desselben bemächtigt, um in ihn ihre philosophischen Lehren über die ewig waltenden Gesetze des Weltalls und die Solidarität aller Naturerscheinungen einerseits, des Menschen und der Außenwelt andererseits, hinein zu verflechten. Daher denn auch die außerordentlich hohe Entwickelungsstufe, zu der dieser Aberglaube sich auf chaldäischem Boden emporschwingen konnte.

Die Römer waren ebenfalls und kaum minder von solchen Vorstellungen befangen. So oft ein sogenanntes portentum sich zeigte, wurde dasselbe unverzüglich den Auguren und Pontifices gemeldet, und falls diese es für verhängnißvoll hielten, ohne Weiteres auch öffentliche Reinigungsacte und Sühnopfer verordnet. Mit großem Ernste verzeichnet Livius, nach älteren Annalen, alle Wunderzeichen, die in den Zeitraum seiner Geschichtsbücher fallen. Bald waren es Bildsäulen, die ihre Augen bewegten, ihre Häupter schüttelten oder gar Blut schwitzten; bald waren es Naturerscheinungen, deren Zusammenhang man nicht kannte und die man daher als Wunderzeichen auffaßte. Die sog. Steinregen, die von vulkanischen Ausbrüchen herrührten oder durch zahlreich fallende Aerolithe bewirkt wurden, die Erscheinungen von dunkelrothen Flecken in der Sonnenscheibe, von menschlichen und thierischen Mißgeburten, von plötzlichem Farbenwechsel des Wassers u. s. w. gehörten nicht allein in die Kategorie der portenta; man rechnete zu diesen auch allerhand andere Vorfälle, deren wunderbarer Charakter die Gemüther in Aufregung versetzte: die „Thatsache", daß z. B. ein Bulle die Treppen eines Hauses erstiegen und sich sodann aus einem Fenster des dritten Stockwerkes gestürzt hatte, war nicht allein überraschend an sich, — sie hatte auch eine tiefere Bedeutung und wurde daher sorgfältig aufgezeichnet, zur Belehrung und Warnung aller kommenden Geschlechter!

Die verschiedenartigen Wunderzeichen, welche Livius er= wähnt, wurden zum Theil von Julius Obsequens, einem späteren Schriftsteller, ausgezogen und nebst den Ereignissen, die mit ihnen zusammenfielen, verzeichnet. Wir entnehmen daraus folgende Fälle von Mißgeburten, die sich allein im Verlaufe von fünfundzwanzig Jahren ereigneten:

Zur Zeit der Consuln M. Marcellus und P. Sulpi= cius (587), wurde zu Teanum Sidicinum ein Kind mit vier Händen und Füßen geboren; Reinigungsacte, die in Rom voll= zogen wurden, bewirkten indessen, daß Friede im In= und Aus= lande erhalten wurde.

Zur Zeit der Consuln T. Gracchus und M. Juventius (590) wurden in Terracina von einer Stute drei Füllen zugleich geworfen . . . . . In Pivernum wurde ein Mädchen geboren, welches nur eine Hand hatte . . . . . In Caere kam ein Ferkel mit menschlichen Händen und Füßen zur Welt; desgleichen wurden im selbigen Jahre Kinder mit vier Händen und Füßen geboren.

Zur Zeit der Consuln P. Scipio Nasica und Cn. Martius (591) hat zu Frusino ein Bulle gesprochen; zu Reate wurde ein dreifüßiges Maulthier geboren; Cn. Octavius, Legat in Syrien, wurde in der Ringschule vom Lysias, dem Hofmeister des jungen Antiochus, meuchlerisch umgebracht.

Zur Zeit der Consuln P. Africanus und Laelius (606) kam in Amiternum ein Kind mit drei Füßen und nur einer Hand zur Welt . . . . . Während der Belagerung von Carthago beging Hasdrubal die größten Grausamkeiten gegen römische Kriegsgefangene; bald darauf wurde Carthago vom Scipio Aemilianus zerstört.

Zur Zeit der Consuln Appius Claudius und P. Metellus (610) wurde in Amiternum ein dreifüßiges Kind

geboren . . . . . Und da die Salaſſier den Römern eine Nieder=
lage beigebracht, erklärten die decemviri sacrorum, daß nach
Angabe der Sibyllinischen Bücher jeder Feldzug gegen die Gallier
durch Darbringung eines Opfers auf ihrem Grund und Boden
eingeleitet werden müſſe.

Zur Zeit der Conſuln L. Metellus und Q. Fabius
Maximus (611) verordneten die Decemvirn, der Hungersnoth
und Seuche wegen, ein Bittgebet. In Luni wurde ein Zwitter
geboren und auf Geheiß der Haruſpices in's Meer geworfen.
Die Seuche war ſo verheerend in Luni, daß es an Kräften ge=
brach zur Beerdigung der Leichen, die allerorten unbeſtattet um=
herlagen. In Macedonien erlitt das römiſche Heer eine Nieder=
lage; auch blieb der Ausgang der dem Viriatus gelieferten
Treffen unentſchieden.

Die Feſtſtellung und Deutung ſolcher Wunderzeichen wurde
im Allgemeinen mehr von amtlichen römiſchen Auguren als von
etruskiſchen Haruſpices, und zwar offenbar nach beſtimmten,
ſchriftlich oder mündlich überlieferten Regeln vollzogen [1]). Jedoch
dürfte der Urſprung dieſer Deutungskunſt immerhin auf die
Etrusker zurückzuführen ſein, von denen bekanntlich auch die
jungen Patricier ſich in dieſem Fache ausbilden ließen. Wir
wiſſen nicht allein, daß die Reinigungsacte oder Sühnopfer zur
Abwendung drohender Gefahren nach etruskiſcher Methode vor=
genommen wurden, ſondern auch daß in vielen Fällen ſogar die
etruskiſchen Haruſpices ſelbſt, und zwar von Amtswegen, mit der
Deutung und Sühnung gewiſſer Wunderzeichen beauftragt
wurden [2]), wie z. B. bei der Geburt jenes Zwitters, den ſie bei
Anbeginn des marſiſchen Krieges lebendig verbrennen ließen [3]).
Cicero [4]) hebt ebenfalls hervor, daß „die Etrusker ſich ganz
beſonders auf die Deutung aller vorkommenden unnatürlichen

---

[1]) Cicero, De legibus, II, 9.
[2]) Val. Maxim., I, 1, 1.
[3]) Diod. Sic. ap. Phot. Bibl. cod. 244, S. 379, Ausg. von Beder.
[4]) De divinat., I, 41.

Erscheinungen und Vorzeichen verständen"; desgleichen bemerkt
O. Müller [1]), daß die Mehrzahl der von Titus Livius und
Julius Obsequens verzeichneten Prodigien in etruskischen
Städten wie Tarquinii, Volsinii und Caere beobachtet wurden.

Daß zumal die ältesten Kunstwerke der Etrusker viele Spuren
directen und gewichtigen asiatischen Einflusses aufweisen, war
nun allerdings schon von jeher bekannt, wie ja auch schon Herodot
einen Theil dieses Volkes den Lydiern entstammen läßt. Gegen=
wärtig aber sind wir im Stande, eine solche Uebereinstimmung
zwischen der Haruspicin der Etrusker und der chaldäischen Wahr=
sagerei nachzuweisen, daß über den innigen und nicht etwa zu=
fälligen Connex beider Disciplinen wohl kaum noch ein Zweifel
bestehen kann. Die Conformität beider Lehren erstreckt sich in
der That nicht allein auf die Gesammtheit der Mantik beider
Völker überhaupt, sondern speciell auch auf solche Nebenzweige
der Divination, die von den älteren Schriftstellern als vorzugs=
weise etruskische bezeichnet werden. Wir finden auf beiden Seiten
eine entsprechende Beobachtung und Auslegung aller abnormen
Erscheinungen, eine übereinstimmende Fulgurallehre und Opfer=
schau, eine gleiche Deutung des Vogelfluges und der Vogel=
stimmen, eine ähnliche Auslegung der Mißgeburten und anderer
Prodigien, eine gleiche Eintheilung der Bäume in günstige und
ungünstige [2]), ja sogar eine gleiche Neigung, mitunter sehr wich=
tige [3]) Prophezeiungen aus dem Verhalten der Pferde abzu=
leiten [4]) u. s. w. Und wir werden daher nicht fehl treffen, wenn
wir die Etrusker geradezu für Schüler und directe Erben der
chaldäischen und babylonischen Deuter und Wahrsager erachten, —
eine Schlußfolgerung, welche bei Aufhellung der etruskischen Ur=
geschichte allerdings nicht unberücksichtigt bleiben dürfte.

Auch ist hiebei nicht außer Acht zu lassen, einerseits daß die
älteste griechische Mantik und Auguralkunst ebenso beschränkt wie

---

[1]) Die Etrusker, Bd. II, S. 191.

[2]) Macrob., Sat., II, 16.

[3]) Serv. ad Virg. Aen. III, 537.

[4]) Vgl. hiezu O. Müller, Die Etrusker, Bd. II, S. 178—193.

einförmig war, andererseits daß die wenigen Verfahrensweisen derselben, die sich vielleicht mit chaldäischen vergleichen ließen, sämmtlich jener späteren Periode angehören, da die superstitiösen Vorstellungen der Orientalen bereits allerorten in die griechische Welt eingedrungen waren, und da die Stoiker, durch Verflech= tung derselben mit ihren fatalistischen Lehren, nicht allein das niedere Volk, sondern auch aufgeklärte Geister für diesen gewisser= maaßen philosophisch begründeten Aberglauben gewonnen hatten. Der erste Stoiker, der sich mit Aufstellung dieser Theorie be= faßte, war Chrysippus; er schrieb zwei besondere Bücher über Orakel und Träume, welche beide an Quintus Cicero einen Vertheidiger fanden. Nach Chrysippus verfaßte aber dessen Schüler Diogenes ein ausführlicheres auguralwissenschaftliches Werk, welches anscheinend nicht allein die alten, rein griechischen Wahrsagebräuche [1]), sondern auch alle Wahrsagemethoden der übrigen Völker behandelte [2]). Cicero erklärt dieses Werk geradezu für unübertrefflich, — ein Urtheil, welches übrigens schon deshalb gerechtfertigt erscheint, da Diogenes selbst in Seleucia geboren war und daher wohl mehr als alle anderen Griechen eine gründlichere Kenntniß der Principien der chaldäischen Wahrsagekunst besitzen mußte. Unter den Seleuciden war über= haupt die Scheidewand zwischen der babylonischen Bevölkerung und den griechischen Ansiedlern fast völlig geschwunden, wie wir ja auch aus den bekannten keilschriftlichen Verträgen von Orchoë [3]) entnehmen, in denen mehrfach Griechen mit rein babylonischen Namen auftreten [4]). Zwischen beiden Völkern hatte allmälich ein lebhafter Ideenaustausch stattgefunden; auch hatte eine An= zahl Griechen die Lehren der chaldäischen Schulen zum großen Theil angenommen, — etwa in ähnlicher Weise wie die baby=

---

[1]) Wie dies ehedem im älteren Werke des Philochorus geschehen war; vgl. Clem. Alex., Stromat., I, S. 384, Ausg. von Sylburg; Athen., XIV, S. 648.

[2]) Cicer., De divinat., I, 3; II, 43.

[3]) Im Besitze des britischen Museum: vgl. Photographs from the British museum, by S. Thompson, assyrian series, Nr. 564 und 565.

[4]) Z. B. Anu=akh=ibbin, Sohn des Antipater, u. a. m.

lonischen Juden von diesen Schulen beeinflußt worden waren.
Und daraus war denn endlich jene griechisch=babylonische Literatur
hervorgegangen, zu deren Vertretern zunächst Chaldäer wie
Berosus, Cidenas, Naburianus und Subinas[1]), so=
dann vermeintliche Parther wie der Inpsaba oder Inpsanda
des Plinius[2]), der Janbuschab der „Nabatäischen Land=
wirthschaft"[3]), endlich Griechen wie Teukros von Babylon[4])
(der Tenkeluscha desselben Werkes) und Seleucus von
Seleucia[5]) zählten. Leider ist die Geschichte dieser allerdings
nur stückweise erhaltenen Literatur gegenwärtig noch unge=
schrieben; ihre Abfassung würde aber unzweifelhaft manch'
neue Gesichtspuncte eröffnen, zumal zur Beurtheilung der Be=
rührungen des Hellenismus mit den Civilisationen des Orients;
auch würde sie genauer erkennen lassen, in welchem Maaße die
griechischen Schriftsteller thatsächlich von den Anschauungen der
griechisch=babylonischen Schule beeinflußt worden waren.

Wenden wir uns indessen noch einmal zu den Chaldäern
zurück, so dürften dieselben ihre Auguralwissenschaft jedenfalls
erst dann in ein bestimmtes System gebracht haben, nachdem sie
schon lange zuvor bezügliche Beobachtungen angestellt und zu=
fällige Coincidenzen der verzeichneten Prodigien mit thatsächlichen
Ereignissen constatirt hatten[6]). Denn offenbar bestanden ur=
sprünglich nur einfache tabellarische Zusammenstellungen, — etwa
wie die des Julius Obsequens, — welche aber auch später,
nach Abfassung der theoretischen Hauptbücher, wie z. B. des
ninivitischen Auguralwerkes, in Gebrauch blieben, — ebenso wie

---

[1]) Strabo, XVI, 739.

[2]) Hist. nat., VI, 27, 31.

[3]) Vgl. mein Essai sur la propagation de l'alphabet phénicien, Bd.
II, S. 91.

[4]) Saumaise, De annis climactericis et antiqua astrologia, praef.;
Renan, Mém. de l'Académie des inscriptions, neue Folge, Bd. XXIV,
erster Theil, S. 186 ff.

[5]) Strabo, XVI, 739.

[6]) Vgl. Sayce, Transactions of the Society of biblical archaeology,
Bd. III, S. 146 ff.

man ja auch in der Astrologie die älteren chronologischen Tafeln, welche Jahr für Jahr alle hervorragenden Begebenheiten nebst ben sie verkündenden Anzeichen aufführten[1]), neben den größeren theoretischen Werken fortbestehen ließ, welch' letztere alle durch Berechnung vorhergesehenen Himmelserscheinungen und Stellungen der Gestirne, methodisch geordnet, schon im Voraus beuteten und daher nach Maaßgabe der sich zeigenden Phänomene zu Rathe gezogen wurden.

Nur fragt es sich aber, ob man bei Aufstellung dieser ur= sprünglichen Tabellen nicht auch den Versuch machte, etwaige Lücken in den Beobachtungen geradezu durch Erfindung und Einschaltung nichterwiesener Fälle, die nach Analogie oder vor= gefaßten Ideen gedeutet wurden, auszufüllen: eine Frage, die sich allerdings nur mit Hülfe der Naturforscher wird beantworten lassen, da zunächst eine sorgfältige Prüfung der Möglichkeit oder Unmöglichkeit, der Wahrscheinlichkeit oder Unwahrscheinlichkeit mancher aufgezeichneten Prodigien, desgleichen eine genauere Untersuchung stattfinden müßte, ob nicht etwa auch einfache, thatsächliche Erscheinungen durch nachträgliche, absichtliche und willkürliche Zuthaten entstellt und dieserart in wunderbare bivi= natorische Anzeichen verwandelt wurden.

Endlich dürften die mythologischen Legenden nicht minder zur Bereicherung gewisser Auguraltafeln, wie z. B. jener Ur= kunde über die ungewöhnlichen Entbindungen von Königinnen, beigesteuert haben; die Angabe, daß eine Fürstin eine Schlange gebären könne, scheint mir wenigstens unzweifelhaft solchen Quellen entflossen zu sein. Zudem gab es förmliche Verzeichnisse atmo= sphärischer und wohl auch tellurischer Wunderzeichen aus der Zeit der mythischen, vor= und nachsintfluthlichen Regierungen. So hat z. B. Smith[2]) mehrere Bruchstücke eines Urtextes aufgefunden, welcher die Prodigien aus der Regierungszeit

---

[1]) W. A. I., IV, 34 werden z. B. alle divinatorischen Vorzeichen genannt, die den hervorragendsten Begebenheiten unter Sargon I. und dessen Sohn Naram=Sin voraufgingen.

[2]) Transactions of the Society of biblical Archaeology, Bd. III, S. 364.

Izdhubar's oder Dhubar's, des Helden der großen zwölf=
theiligen Epopöe, betrifft; und hieraus erklärt sich denn, mit
welchem Rechte die chaldäischen Astrologen und Wahrsager sich
rühmen konnten, daß ihre Beobachtungen und Erfahrungen
bis in's höchste Alterthum hinaufreichten.

Capitel VIII.

Die Träume und deren Deutung.

Nach Diodorus Siculus' Angaben faßten die Chaldäer
die Träume als prophetische Wunderzeichen auf; sie rechneten
dieselben zu den tellurischen Vorzeichen und deuteten sie demgemäß
nach bestimmten Vorschriften jenes auguralwissenschaftlichen Werkes,
dessen Abschrift Assurbanhabal der Bibliothek zu Ninive
einverleibt hatte. Wir besitzen mehrere bezügliche Täfelchen, mit
langen Verzeichnissen mehr oder minder seltsamer Träume, nebst
deren Auslegungen; doch ist nur ein einziges Fragment[1] dieser
Art bisher veröffentlicht worden; im Auszuge lautet dasselbe wie
folgt:

Sieht Einer im Traum:
einen männlichen . . . . .
die Gestalt eines Hundes . . . . .
die Gestalt eines Bären mit Füßen eines anderen Thieres[2] . . . . .
den Vordertheil (?) eines Bären mit Füßen eines anderen Thieres[3] . . .
die Gestalt eines Hundes mit Füßen eines anderen Thieres[4] . . . . .
. . . .
einen todten Hund und . . . . .
den Gott Nin-kistu[5] todtschlagen . . . . .
Leichen großer Thiere . . . . .
ein Licht . . . . .
einen Mann auf sich harnen . . . . .

---

[1] W. A. I., III, 56, 2.
[2] Der betr. Thiername ist leider nicht erhalten.
[3] Dsgl.
[4] Dsgl.
[5] Anscheinend ein Beiname des Nergal.

Die Einbildungskraft der chaldäischen Traumdeuter war also
ebenso lebhaft wie frei von ästhetischen Rücksichten; denn wie wir
gleich aus den folgenden Zeilen desselben Fragmentes erfahren,
war es eben nicht allein ein Mann, der den Träumenden in
letztbezeichneter Weise belästigen konnte, sondern auch ein Weib,
dsgl. ein Hund, ein Bär u. s. w. — Wir wissen indessen, daß
Herodot[1]) und Nikolaus von Damascus[2]) ebenfalls über
einen ähnlichen Traum des Astyages berichten, welcher seine
Tochter Mandane sogar Asien überschwemmen sah, — ein
Gesicht, welches offenbar die zukünftigen Eroberungen des Cyrus
verkündete.

Die Bedeutungen, die den erwähnten Träumen beigelegt
wurden, sind leider nicht erhalten; doch dürften sie wohl sämmtlich
verhängnißvoll gewesen sein, da das Verzeichniß mit einem förmlichen Gebet schließt, in welchem die Sonne, als mächtiger Widerpart aller bösen Erscheinungen, um gnädige Hülfe ersucht wird.
Auch ließen sich hier viele merkwürdige Vergleiche mit ähnlichen
abergläubischen Vorstellungen anderer Völker und Zeiten anstellen.
In einem Theile von Frankreich glauben z. B. noch heute die
Landleute, daß in den Nächten von Weihnachten bis Epiphanias
der Jagdzug des Königs Herodes die Lüfte durchziehe; nähere
sich aber hiebei ein Hund der Meute irgend einem zufällig Vor-
übergehenden, und zwar mit ähnlichen Absichten wie sie unser
keilschriftlicher Urtext angiebt, so sei dies ein untrügliches Anzeichen, daß dieser Betroffene binnen Jahresfrist sterben werde!

Unter den vierzehn Capiteln des auguralwissenschaftlichen
Werkes der Bibliothek zu Ninive scheint besonders jenes von
Träumen und Traumbeutung gehandelt zu haben, dessen An-
fangsworte lauteten:

> Ein Traum von hellem Schein, das Land in Feuer, — ein Traum
> von hellem Schein, die Stadt in Flammen.

Ob indessen auch das darauf folgende Capitel:

> Ein Seedrache mit den Vögeln des Himmels . . . . .

---

[1]) I, 107.
[2]) Vgl. C. Müller, Fragm. histor. graec., Bd. III, S. 399.

auf Traumgesichte Bezug hatte, läßt sich leider nicht fest=
stellen.

Nach Jamblichus[1]) begaben sich in Babylon die Frauen
absichtlich in den Tempel der Zirpanit, oder Aphrodite,
um divinatorische Träume zu erhalten, die sie sodann unverzüglich
von Deutern sich auslegen ließen. Auch war dieser Brauch, den
man Incubation, *ἐγκοίμησις*, nannte, in vielen griechischen und
ägyptischen Tempeln vertreten[2]).

In Assyrien, und wahrscheinlich auch in Chaldäa, — da die
Assyrer in all' diesen Dingen doch nur Schüler und Nachahmer
der Chaldäer waren, — gab es nach Angabe der Texte Seher
(sabru), denen die Götter vorzugsweise prophetische Träume zu
Theil werden ließen. Unzweifelhaft aber dürften diese Träume,
wie es auch bei vielen anderen, selbst wilden Völkerschaften der
Fall war, im Allgemeinen nur durch künstliche Mittel, narkotische
Getränke und betäubende Dämpfe herbeigeführt worden sein[3]).

Im Heldengedichte tritt Izdhubar, oder richtiger Dhubar,
beständig in Begleitung eines Sehers Ea=ibni auf, der, mit
allen Dingen vertraut, sogar die Sprache der Bäume versteht[4]).
Vormals lebte Ea=ibni einsam in den Bergen, beständig
grübelnd, wie ein indischer Büßer. Der Held von Uruk hatte
indessen einen wundersamen Traum, in dem er die Sterne vom
Himmel zur Erde herabfallen sah, bis er endlich einen schreck=
lichen Riesen mit Löwentatzen vor sich erblickte; und da er behufs
Deutung dieses Traumes den Ea=ibni zu sehen wünschte, ge=
lang es zwei Weibern, denselben aus der Einsamkeit an das
Hoflager des Dhubar zu verlocken, dessen unzertrennlicher Ge=
fährte er in all' seinen Abenteuern wurde[5]). Ea=ibni legte
fortan alle Träume des Dhubar aus, die der Dichter mit be=

---

[1]) Babylon. ap. Phot. Biblioth. cod. 94, S. 75, Ausg. von Becker.

[2]) Vgl. Maury, Histoire des religions de la Grèce, Bd. II, S. 452—
460; vgl. La Magie et l'Astrologie, S. 231—241.

[3]) Vgl. Maury, La Magie et l'Astrologie, S. 423—429.

[4]) G. Smith, Chaldean account of Genesis, S. 246; in der deutschen
Uebersetzung von Fr. Delitzsch, S. 209.

[5]) Vgl. das ganze zwölfte Capitel desselben Werkes; in der deutschen
Uebers., S. 168—178.

sonderem Wohlgefallen ausspinnt; doch hatte er auch selber oft Träume, die er ebenfalls im Verlaufe der Handlung des Helden= gedichtes erzählt und erklärt; der sechste Gesang [1]) schließt z. B. mit den Worten:

> Die Helden schlafen Nachts auf ihren Ruhebetten;
> im Schlaf hat Êa=ibni einen Traum.
> Da aber Êa=ibni erwachte, deutete er seinen Traum,
> und sprach . . . . .

Die Auslegung dieses Traumes ist indessen mit dem Anfang des siebenten Täfelchens verloren gegangen. — Êa=ibni starb endlich eines gewaltsamen Todes, viel beweint und betrauert vom untröstlichen Dhubar; die Götter sandten jedoch Letzterem einen neuen Traum, worauf Dhubar sich zu Khasis=atra, dem Xisuthrus des Berosus, begab, um über die Mittel zur Heilung seiner Krankheit Gewißheit zu erlangen [2]).

Seher oder Seherinnen dieser Art scheint es übrigens in manchen Tempeln beständig gegeben zu haben; so berichtet z. B. Herodot [3]) über den Thurm zu Borsippa:

„Im obersten Thurm ist ein geräumiger Tempel: in demselben befindet sich eine große, wohlgebettete Lagerstätte, und daneben steht ein goldener Tisch: ein Götterbild ist aber dorten nicht aufgerichtet, auch verweilt kein Mensch darin des Nachts, außer ein Weib, eine von den eingeborenen, welche der Gott sich aus allen erwählt hat, wie die Chaldäer versichern, welche Priester dieses Gottes sind.

Ebendieselben behaupten auch, wovon sie jedoch mich nicht überzeugt haben, daß der Gott selbst in den Tempel komme und auf dem Lager ruhe, gerade wie in dem ägyptischen Theben auf dieselbe Weise, nach Angabe der Aegypter: denn auch dort schläft im Tempel des thebanischen Zeus ein Weib: diese beiden pflegen, wie man sagt, mit keinem Manne Umgang: ebenso auch verhält es sich in dem lykischen Patara mit der Priesterin des Gottes, zur Zeit der Ora= kelung: denn es findet diese nicht immer daselbst statt; wenn sie aber stattfindet, so wird sie dann die Nächte hindurch mit dem Gott in den Tempel einge= schlossen."

---

[1]) W. A. I., IV, 49.

[2]) G. Smith, Chaldean account of Genesis, S. 247; in der deutschen Uebersetzung, S. 210.

[3]) I, 181; in der deutschen Uebersetzung von Bähr, Bändchen I, S. 137—138.

Wie mein Vater bereits vor längerer Zeit nachwies, werden diese Angaben des Herobot von der bildlichen Darstellung auf einem Cylinder des Cabinet de France in allen Puncten bestätigt. Wir erblicken hier „einen Gott, auf einem Thalamus sitzend, dem eine Stufenpyramide als Untersatz dient. In ehrerbietiger Haltung nähert sich dem Gotte ein Weib, ein jüngeres Mädchen mit entblößtem Haupt und Busen ihm zuführend, welch' letzterer Person der Gott eine Blume überreicht [1]." Solche Darstellungen finden sich indessen auch auf anderen Cylindern [2]; doch dürfte es nicht unbedingt erforderlich sein, sie sämmtlich mit dem Heiligthum zu Borsippa in Verbindung zu bringen. Denn ähnliche Bräuche bestanden jedenfalls in mehreren Tempeln Chaldäas, und zwar von Alters her, da wir die nämliche Scenerie bereits auf dem uralten, vor Ker-Porter [3] edirten Cylinder des Königs Likbabi dargestellt finden.

Der Eingang zur obersten Capelle des Thurms zu Borsippa war dem Gotte Nebo (wörtl. Prophet) geweiht und hieß bab assaput „Thor des Orakels" [4]; jedenfalls war also die Capelle selbst eine Orakelstätte, an der man, wie bereits Maury ganz richtig erkannte, die gewünschten Orakelsprüche den divinatorischen Träumen entnahm, welche der daselbst eingesetzten Seherin bei ihrem nächtlichen Verkehr mit dem Gotte des Heiligthums zu Theil wurden. Daher denn auch Herobot diese Hierodule mit der Seherin von Patara vergleicht, welche ebenfalls — im Namen Apollo's — Orakel ertheilte.

Ein ähnliches Orakelgemach, bit assaput, bestand sodann, nach inschriftlichen Angaben, in der Pyramide des königlichen Stadtviertels von Babylon [5]; ob indessen die Art und Weise,

---

[1] Chabouillet, Catalogue général des camées et pierres gravées de la Bibliothèque Impériale, S. 118, Nr. 374.

[2] Cullimore, Oriental cylinders, Nr. 71, 76, 109; Lajard, Culte de Mithra, Tfl. XXVII, Nr. 18, Tfl. LIV, Nr. 4.

[3] Travels in Georgia, Persia, etc., Bd. II, Tfl. 79, Nr. 6.

[4] Inscr. de la Compagnie des Indes, Col. 3, Z. 46: W. A. L., I, 54.

[5] Ebb., Col. 2, Z. 43; Col. 3, Z. 24: W. A. I., I, 54. — Inscr. de Borsippa, Col. 1, Z. 17: W. A. I., I, 51, 1.

wie die Orakelsprüche an dieser Stelle erlangt wurden, die näm=
liche war wie im Borsippa'er Thurm, ist aus den betreffenden
Urquellen nicht ersichtlich. Wir wissen nur, daß dieses Orakel=
gemach auch als Grabkammer des Bel=Marubuk betrachtet
wurde [1]); und dieses führt uns allerdings zu der Vermuthung,
daß daselbst eine Art Incubation statthatte, da man ja häufig
Grabstätten aufsuchte, um in ihnen durch Träume in den Besitz
prophetischer Aufschlüsse zu gelangen [2]). Auch ist es bekannt,
daß das Orakel des Belus oder Bel=Marubuk in der Ge=
schichte Alexander's des Großen eine Rolle spielte, in so=
fern die Chaldäer im Namen dieses Heiligthums den macedonischen
Heerführer zu bestimmen suchten, von Babylon fern zu bleiben [3]), —
ein Bemühen, welches freilich erfolglos blieb, da Alexander
in den Rathschlägen der chaldäischen Priester egoistische Neben=
absichten vermuthen zu müssen glaubte [4]).

Das Gebet, welches anscheinend die Incubationsbräuche im
Grabgemach des Bel=Marubuk in der Pyramide Ê=saggal
zu Babylon einleitete, ist zum Theil auf einem semitisch=assyrischen
Textfragment [5]) erhalten und lautete wie folgt:

. . . .
Herr, mögen meine Klagen verstummen . . . . .
Herr, Wiederhersteller und Erbarmer . . . . .
Ununterbrochen irrte ich den Tag umher, auf dem Pfade des
    Todes.
O mein Gott, befiehl . . . . .
O meine Göttin, nimm mich auf in Gnaden, weise meine Klagen
    nicht von dir!
Mögen meine Sünden, mein Trotz, meine Missethat vergessen sein!

---

[1]) Strabo, XVI, 738; Ktesias, Persic., 2, Ausg. von Bähr;
Aelian., Var. hist., XIV, 3; vgl. Oppert, Etudes assyriennes, S. 68—66.
[2]) Jesaia, LXV, 4.
[3]) Arrian., Anabas., VII, 16, 5 und 22, 1; Plutarch, Alex., 73.
[4]) Arrian., a. a. O., 17, 1. — W. A. I., IV, 19, 3 wird Uruk als
„Stadt des Orakels" der Göttin Nana bezeichnet. Wir heben diese Stelle
besonders hervor, da sie zu den seltenen Angaben über die Existenz von Orakeln
in den Tempeln Babyloniens und Chaldäas zählt; welcher Art aber dieses
Orakel zu Uruk war, läßt sich nicht näher bestimmen.
[5]) W. A. I., IV, 66, 2.

Möge das Vergehen verziehen sein, möge dem verborgenen Fehl=
tritte Gnade widerfahren!

Mögen die sieben Winde meine Klagen verwehen!

Möge die Sünde getilgt sein, möge der Vogel sie in den Himmel
entführen!

Möge das Fischernetz sie auffangen, möge das strömende Flußwasser
sie wegschwemmen!

. . . .

Und lasse mich leuchten wie eine goldene Bildsäule!

. . . .

Möge die Flamme die Sünde verbrennen!

Möge mir gestattet sein, die Umzäunung deiner Stätte zu durch=
schreiten, deinen . . . . .

Gewähre mir den Durchgang, trotz meiner Sünde, und dulde mich
in deiner Nähe!

Gewähre mir den Eintritt, auf daß mir ein Glückstraum zu Theil
werde!

Der Traum, den ich träumen werde, — daß er günstig sei!

Der Traum, den ich träumen werde, — daß er wahrhaft sei!

Den Traum, den ich träumen werde, — laß ihn ausfallen zu meinen
Gunsten!

Makhir, der Traumgott, möge walten über meinem Haupte!

Gewähre mir den Eintritt in den E=saggal, das Götterschloß,
den Wohnsitz des Herren,

auf daß ich mich nähere Maruduk, dem Erbarmer, dem Glück=
spender, und den gesegneten Händen seiner Allmacht!

Möge ich rühmen können deine Größe, lobpreisen deine Gottheit!

Mögen die Bewohner meiner Stadt rühmen können deine Werke!

. . . .

Die Assyrer waren von dem divinatorischen Charakter der
Träume so fest überzeugt, daß sie dieselben nicht allein für un=
trügliche Anzeichen hielten, sondern auch neben den geschichtlichen
Ereignissen verzeichneten, die sie durch dieselben für angekündigt
erachteten. Die Annalen Assurbanhabal's, von denen sich
mehrere Theile auf Thonprismen in seinem Schlosse zu Ninive
vorfanden, enthalten manche interessante Belege hierzu. Wir
besitzen u. a. eine Inschrift historischen Inhalts, welche ebenfalls
über einen Traum berichtet, und zwar in äußerst schwungvoller
Form, wie dies bei amtlichen Urkunden sonst kaum der Fall ist.
Zunächst wird darin erzählt, wie der Elamiterkönig Te Umman
die Auslieferung einer Anzahl mit ihm verwandter, nach Assyrien
geflüchteter und angeblich am ninivitischen Hofe gegen ihn con=

spirirender Fürsten durchzusetzen sucht. Assurbanhabal sieht sich indessen nicht veranlaßt, diesem Ansinnen zu entsprechen, worauf endlich Te Umman ihm ungeachtet einer großen Sonnen=finsterniß den Krieg erklärt:

Im Monat Ab, dem Monat des leuchtenden Sternenbildes der Bogen=schützin [1]), zum Feste der verehrten Königin, der Tochter des Bel, war ich in Arbela, der bevorzugten Stadt ihres Herzens, der Stätte der großen Feierlich=keiten ihres Cultus. Da (geschah) der Einfall der elamitischen Männer, die gegen den Willen der Götter marschirten; und sie wiederholten diese Rede:

„Te=Umman hat ein Wort der Herausforderung gegen Istar ge=schleudert!"

Sie wiederholten den Inhalt seiner Worte: „Ich werde nicht eher ruhen, bis ich ihr nicht ein Treffen geliefert."

Auf Grund dieser Drohung des Te=Umman wandte ich mich an die erhabene Istar; ich trat vor ihr Angesicht, ich warf mich bittflehend nieder und rief ihre Gottheit an, zu Hülfe zu eilen und mich zu erretten, mit den Worten:

„Herrin von Arbela, ich bin Assurbanhabal, der König von Assyrien, den beine und deines Vaters, deines Erzeugers, Hände geschaffen haben zum Behufe der Wiederaufrichtung der Tempel Assyriens und zur Vollendung des Glanzes der heiligen Städte von Akkad. Ich habe deine Heiligthümer wieder=hergestellt, und ich schreite einher dich lobpreisend. Er aber, Te=Umman, der Elamiterkönig, ohne je die Götter geachtet zu haben, [zieht] gegen dich [zu Felde].

„O Königin der Königinnen, Schrecken des Schlachtengetümmels, Herrin der Kämpfe, Königin der Götter, die du in Gegenwart Assur's, des Vaters der dich erschaffen, immerbar zu meinen Gunsten sprachst, die du gnädig mir stimmtest das Herz Assur's und edelmüthig mir die Geneigtheit erwarbst des Marubuk [2])! Siehe, der Elamiterkönig Te=Umman, der da gesündigt wider Assur, [den König der Götter,] den Vater der dich erschaffen, und die Gottheit [verachtet] des Marubuk, deines erhabenen Bruders, während ich, Assurbanhabal, [bestrebt war] Freude zu bereiten den Herzen Assur's und Marubuk's, — ebendieser Te=Umman hat seine Heere versammelt und zur Schlacht geordnet, er hat seine Waffen in Bewegung gesetzt wider Assyrien. O Bogenträgerin der Götter, falle mit ganzer Kraft über ihn her, inmitten der Schlacht, und vernichte ihn! . . . . ."

---

[1]) Istar, als Bogenträgerin und Kriegsgöttin, war die Jungfrau des chaldäisch=babylonischen Thierkreises; vgl. meine Premières Civilisations, Bd. II, S. 78, in der deutschen Uebersetzung, Bd. II, S. 62.

[2]) Marubuk und Assur werden hier als specielle Schutzgötter von Assyrien und Babylonien in Parallele gestellt, ebenso wie die Bibel (z. B. Micha, V, 5) „Land Assur's" und „Land Nimrod's" neben einander erwähnt.

Iſtar erhörte mein Flehen. „Fürchte dich nicht“, ſprach ſie, und ſie erfüllte mein Herz mit freudigem Muth. „Entſprechend dem Gebete, das du an
mich gerichtet, wirſt du Augenzeuge meines Strafgerichts ſein. Sei meiner
Gnade gewiß!“

In ſelbiger Nacht, da ich ſie angerufen, hatte ein Seher einen mantiſchen
Traum. Inmitten der Nacht erſchien ihm Iſtar, und er erſtattete mir folgenden Bericht:

„Iſtar, die Arbela bewohnt, iſt vor mein Antlitz getreten. Zur Rechten
und Linken war ſie mit flammendem Schein umgoſſen; ſie trug einen Bogen
in ihrer Hand und fuhr auf ihrem Wagen, als zöge ſie in den Kampf. Du
aber ſtandſt bei ihr; ſie war freundlich zu dir, wie eine Mutter zu ihrem
Kinde; ſie lächelte dir zu, ſie, Iſtar, die holdeſte unter den Göttern, und ſie
gab dir ihre Beſchlüſſe kund, mit den Worten:

„Ziehe hin, um Beute zu machen; der Weg ſteht offen vor dir, ich will
ebenfalls mitziehn!“

„Du ſpracheſt zu ihr: „Königin der Königinnen, wohin du auch gehſt,
könnte ich mit dir nur gehn!“

„Sie entgegnete dir: „Ich will dich beſchirmen. Bleib’ auf der Stätte,
die Nebo geheiligt; genieße (in Frieden) deine Speiſen, trink’ Wein, laß’
fröhliche Weiſen erſchallen und rühme meine Gottheit, bis daß ich komme und
meine Weiſſagung eintrifft. Ich werde den Wunſch deines Herzens erfüllen.
Dein Antlitz ſoll nicht erblaſſen, deine Füße ſollen nicht wanken, du wirſt
deinen Ruhm behaupten, inmitten der Schlacht.“

„In der Gnade ihres Wohlwollens ſchützet ſie dich; ſie iſt voll Zornes
gegen Alle, ſo dir nicht unterthan ſind. Vor ihr breitet ein ſchreckliches Feuer
ſich aus, deine Feinde zu beſiegen [und nieder zu ſtürzen] den Einen auf den
Andern. Sie wendet ſich gegen Te-Umman, den Elamiterkönig, der ihren
Augen ein Greuel iſt.“

Im Monat Ulul[1], am Feſte Aſſur’s, des Höchſten, im Monat Sin’s,
des Erleuchters von Himmel und Erde, vertraute ich mich der Macht des
Lichtſpenders Sin und dem Willen der Iſtar, meiner unwandelbaren Herrin,
an; ich verſammelte meine Kriegsleute, die Tapfern, die ſich zur Schlacht

---

[1] Wie wir bereits früher aus dem (S. 444) mitgetheilten militäriſchen
Calender entnommen, galt der Monat Ab für ungünſtig, dagegen der Monat
Ulul für günſtig „Soldaten in’s Feld rücken zu laſſen“. Aſſurbanhabal
richtete ſich alſo genau nach den Vorſchriften dieſer Urkunde. Doch ſcheinen
letztere in der Folge manche Abänderungen erfahren zu haben; wenigſtens
eröffneten Aſſurnaſirhabal und deſſen Sohn Salmanaſſar ihre Feld-
züge nicht allein in den Monaten Sivan, Duz und Tasrit, welche für günſtig,
bezw. zweifelhaft galten, ſondern auch in den Monaten Air und Ab, welche
ausdrücklich als ungünſtig bezeichnet werden. Unter Aſſurbanhabal traten
ſolche Ausnahmefälle nie ein, wiewohl Sargon ſelbſt einen Feldzug im
Monat Air begonnen hatte. — Daß übrigens bei allen politiſchen Unternehmungen gewiſſe Zeitbeſtimmungen eine Rolle ſpielten, ergiebt ſich u. a. auch
aus Hiob, III, 6 und Jeſaia, XLVII, 13.

orbnen, unter Affur's, Sin's und Iftar's Befehlen. Ich brach auf gegen Te=Umman, den Elamiterkönig, und leitete den Marfch [1]).

In der That war das Traumgeficht, welches Affurban= habal zum Kriege bewog, wohl würdig in feinen Annalen ver= herrlicht zu werden; denn der Sieg, den er erfocht, war unzwei= felhaft einer der glänzendften, der je einem Affyrerkönig zu Theil ward. Das Heer der Elamiter wurde an den Ufern des Ulaï, des Eulaeus der klaffischen Geographen, in einen Wald gedrängt und völlig vernichtet, Te Umman felbft gefangen und auf dem Plaze enthauptet.

Affurbanhabal's Annalen berichten aber auch über andere Traumgefichte, wie z. B. über jenes, welches den Lydier= könig Gyges zur freiwilligen Anerkennung der affyrischen Ober= herrschaft bewog [2]):

Gyges (Gugu), dem Könige von Lydien, — einer Provinz am Geftade des Meeres, einer fernen Gegend, deren Könige meine Vorgänger und Väter kaum je hatten nennen hören, — offenbarte der Gott Affur, der mich er= fchaffen, im Traum meine glorreiche Herrfchergewalt, mit den Worten: „Nimm auf dich das Joch des Affurbanhabal, des affyrischen Königs, des Auserwählten Affur's, des Königs der Götter, des Herren des Weltalls; entbiete Ehrfurcht feinem Königthum und unterwirf dich feiner Obergewalt. Richte an ihn deine Worte, erkläre dich für feinen Diener und überreiche ihm Tribut." Noch am felbigen Tage, da er diefen Traum gehabt, entfandte er feinen Boten zu mir, meine Freundschaft zu erflehen. Gleichzeitig ließ er durch Lezteren nach Ninive, der Stadt meiner Herrfchaft, nebft zahlreichen und be= trächtlichen Gefchenken auch eine Anzahl Kimmerier (Gimmiraï), Verwüfter feines Landes, die er lebend im Kampfe gefangen hatte, gelangen, auch meine Füße küffen.

Ueber die Vifion des Gyges und die Entfendung einer lydifchen Gefandtfchaft an das ninivitifche Hoflager, berichten übrigens mehrere gleichzeitig verfaßte amtliche Urkunden [3]). Nach Angabe derfelben wäre der Traum des Lydierkönigs nur dadurch zur Kenntniß der Affyrer gelangt, daß der Abgefandte des Gyges

---

[1]) W. A. I., III, 32, Z. 16—83. — Smith, History of Assurbanipal, S. 119—137.

[2]) Smith, History of Assurbanipal, S. 73—75.

[3]) W. A. I., III, 30, Z. 89—97. — Smith, a. a. O. S. 71.

ausdrücklich mit der Berichterstattung über den Traum seines Gebieters an den assyrischen Monarchen beauftragt war [1]); auch erfahren wir u. a., daß bei Ankunft der lydischen Gesandtschaft in Ninive kein des Lydischen kundiger Dolmetscher zur Hand war, — ein Zwischenfall, der die Umgebung Assurbanhabal's natürlich in die peinlichste Verlegenheit brachte [2])!

Im Anschlusse an den Bericht über die Empörung seines Bruders, des babylonischen Vasallenfürsten Samulsumhukin, erzählt sodann Assurbanhabal noch folgenden Traum:

Dazumal hatte ein Seher, im nächtlichen Schlaf, einen Traum. „Sieh' her, was der Gott Sin all' denen bereitet, die Böses im Schilde führen gegen Assurbanhabal, den König von Assyrien: die Schlacht steht bevor, es wartet ihrer ein böser Tod; mit der Spitze des Schwertes, mit der Flamme des Feuers, dem Hunger und dem Strafgerichte des Nergal (Gott des Krieges und der Zerstörung) werde ich ihr Leben vernichten." Ich vernahm diese Worte und vertraute mich dem Willen des Gottes Sin, meines Herren, an [3]).

Endlich, im Verlaufe seines Berichtes über den zweiten Feldzug gegen den Elamiterkönig Ummanalbas:

Mein Kriegsheer sah den Fluß Itite vor sich, zur Zeit seines höchsten Wasserstandes; und es fürchtete sich vor dem Uebergange. Aber Istar, die Arbela bewohnt, sandte inmitten der Nacht meinem Heer einen Traum, und sprach zu demselben die Worte: „Ich schreite selber einher vor Assurbanhabal, dem Könige, den meine Hände erschaffen." Da aber freute sich mein Heer, ob dieses Traumes, und es überschritt den Itite, ruhigen Herzens [4]).

Der Glaube an die prophetische Vorbedeutung der Träume war unzweifelhaft bei allen Völkern vorhanden. Doch bleibt es immerhin merkwürdig, daß die älteste urkundliche Erwähnung dieses Aberglaubens sich speciell auf Mesopotamien bezieht, wo der Einfluß der chaldäisch-babylonischen Civilisation am directesten einwirkte. Zu Anfang des zwölften Jahrhunderts lernte nämlich der thebanische König Ramses XII. auf einer Reise durch Mesopotamien eine Tochter des Fürsten von Bakhten kennen, die

---

[1]) W. A. I., III, 3. 5—23; Smith, a. a. O., S. 64—66.
[2]) Smith, a. a. O., S. 77.
[3]) Ebd., S. 156 ff.
[4]) Ebd., S. 222 ff.

er sodann als Gattin heimführte. Wenige Jahre später wurde
ihm aber durch einen Boten seines Schwiegervaters das Ansuchen
übermittelt, er möge einen erfahrenen Arzt nach Bakhten senden,
der die Prinzessin Bint=Reschid, eine Schwester der nun=
mehrigen Königin von Aegypten, die von einem unbekannten
Leiden befallen sei, wiederherstellen könnte. In der That schickte
Ramses bald darauf einen bewährten aegyptischen Arzt mit
dem Boten nach Bakhten; die Heilmittel, die derselbe anwandte,
blieben aber ohne Erfolg, sodaß der Heilkünstler unverrichteter
Sache nach Theben zurückkehren mußte. Nach Ansicht des
Fürsten von Bakhten konnte nunmehr nur das unmittelbare
Eingreifen eines aegyptischen Gottes die ersehnte Heilung der
Prinzessin bewerkstelligen; und er wandte sich daher von Neuem
an seinen Schwiegersohn, mit der Bitte, ihm die heilige Arche
des Gottes Khons auf einige Zeit zu überlassen. Ramses
entsprach auch diesem Wunsche, worauf die Prinzessin Bint=
Reschid ohne Weiteres ihre Gesundheit wiedererlangte. Der
Besitz eines so wunderthätigen Gottes mochte indessen ihrem
Vater sehr wünschenswerth erscheinen; denn er beschloß die heilige
Arche nicht nach Theben zurückzusenden, vielmehr in seinem Schlosse
zurückzuhalten. Nach drei und dreiviertel Jahren hatte aber der
asiatische Fürst einen wunderbaren Traum. Der gefangene Gott
Khons schien ihm in Gestalt eines goldenen Sperbers nach
Aegypten zu entfliehen, und gleichzeitig befiel ihn urplötzlich eine
schwere Krankheit. Er nahm daher diesen Traum für eine War=
nung des Himmels und befahl sofort, den zurückgehaltenen Gott
wieder heim zu senden, sodaß dieser im dreiunddreißigsten Re=
gierungsjahre des Ramses seinen ursprünglichen Platz in einem
Tempel zu Theben wieder einnehmen konnte.

Nicht minder interessant ist ferner die Thatsache, daß dieser
Aberglaube besonders in der Zeit vom achten zum sechsten Jahr=
hundert v. Chr. zur höchsten Entwickelung gelangte. In Vorder=
asien und Aegypten beeinflußte er dazumal alle politischen Er=
eignisse in einer Weise, die man kaum für möglich halten sollte,
wenn sie nicht ausdrücklich durch gleichzeitige amtliche Urkunden,
nicht etwa von späteren Legenden bestätigt würde. Durch einen

siegverheißenden Traum wurde Assurbanhabal zum Kriege gegen Te=Umman ermuntert; auch waren es Träume, die wiederholt seine Heerschaaren zur Ausdauer ermuthigten. Ein Traum bewog Gyges zur freiwilligen Anerkennung der assyrischen Obergewalt; desgleichen waren es Träume, die Krösus den Tod seines Sohnes Atys[1]), Astyages die einstige Macht seines Enkels[2]), und Cyrus die zukünftige Herrschaft des Darius Hystaspes im Voraus verkündeten[3]). Ein Traum führte den Aegypterkönig Sabako zu dem Entschluß, die Regierung frei= willig niederzulegen[4]); auch war es ein Traumgesicht, welches dem tanitischen König Seti die endliche Vernichtung des assyrischen Heeres unter Sinakheirib zusicherte und ihn dieserart zu ausharrender Gegenwehr ermunterte[5]). Endlich erzählt der äthiopische Fürst Ta=nuat=Amen, der auf Taharqa fol= gende Antagonist des Assurbanhabal, auf einer Stele des Museum zu Bulaq[6]) einen Traum, der ihm seine zukünftige Macht offenbarte und ihn zur Eroberung von Aegypten bewog:

Im Jahre seiner Erhebung zur Würde eines allergnädigsten Fürsten, sah der König in nächtlichem Traum zwei Schlangen[7]), die eine zu seiner Linken, die andere zu seiner Rechten. Bei seinem Erwachen aber waren beide ver= schwunden. Er rief: „Man deute mir dieses sofort!" Und man entgegnete ihm mit den Worten: „Du besitzest das Land des Südens, — unterjoche das Land des Nordens: mögen die Königskronen beider Länder dein Haupt schmücken, auf daß du besitzest das ganze Land, in seiner Länge und Breite . . . . . bei dir."

---

1) Herodot, I, 34.
2) Ebd., I, 107, 108.
3) Ebd., I, 209.
4) Ebd., II, 139; Diod. Sic., I, 65. — Die griechischen Schriftsteller bringen diesen Vorfall sämmtlich mit Sabako, dem Aethiopier, in Verbin= dung; doch ist es immerhin wahrscheinlich, daß nicht Sabako, sondern Ta= harqa der betreffende Fürst war; vgl. Maspéro, Histoire ancienne des peuples de l'Orient, S. 429, in der deutschen Uebersetzung von Dr. Pietsch= mann, S. 421.
5) Herodot, II, 141.
6) Mariette, Revue archéologique, neue Folge, Bd. XII, S. 169; Catalogue du Musée de Boulaq, Nr. 918; Maspéro, Revue archéolo= gique, neue Folge, Bd. XVII, S. 329—339.
7) Die Schlange Uraeus war das Sinnbild des Königthums.

Im selbigen Jahre offenbarten sich Seine Majestät, da Sie den Thron des Horus bestiegen hatten, an Ort und Stelle, wie sich Horus im unteren Lande offenbart..... Seine Majestät sprachen: „Diesem Traum liegt Wahrheit zu Grunde." Der König zog nach Napata, ohne daß Jemand sich seinem Marsch widersetzte. Er trat in den Tempel des Ammon von Napata, der auf dem heiligen Berge residirt, und sein Herz erfüllte sich mit Freude, da er seinen Vater Ammon-Ra, den Gebieter der Throne beider Welten, der auf dem heiligen Berge residirt, gesehen hatte und da man ihm die Blumen ankh dieses Gottes überreicht hatte. Und da der König den Ammon von Napata gepriesen, siehe! da brachte er ihm große Geschenke dar, und er weihete ihm siebenunddreißig Stiere, dazu vierzig Gefäße voll hak und asch, und hundert Straußenfedern.

Auf seinem Zuge nach den nördlichen Ländern verehrte der König vor allen übrigen Göttern insbesondere denjenigen, dessen Name verborgen ist. Und da er sich Elephantine näherte, überschritt er den Nil, um Elephantine zu erreichen. Angelangt im Tempel des Num, des Herren von Kebht, verharrte er in ehrerbietiger Haltung vor diesem Gotte; er weihete ihm reiche Geschenke, auch spendete er den Göttern der Katarakte Brod und hak, desgleichen brachte er Gaben dem Nil, in seinem Falle, dar.

Und da sich der König nach Khefthinebs in Thebaïs, die Stadt Ammon's, begeben hatte, gelangte er nach Theben. Bei seinem Eintritt in den Tempel des Ammon-Ra, des Gebieters des Thrones beider Welten, kam ihm Sent-ur der Prophet [1], mit vier anderen dienſthabenden Prieſtern des Tempels Ammon-Ra's, des Gebieters des Thrones beider Welten, entgegen; und sie überreichten ihm die Blumen ankh des Gottes, dessen Name verborgen ist. Das Herz Seiner Majestät schwoll an von Freuden, da Sie diesen Tempel in Augenschein genommen. Und Sie verordneten große Lobpreisungen im ganzen Lande, da Sie Selbst Ammon-Ra, den Gebieter des Thrones beider Welten, gepriesen hatten. Als aber der König nach den nördlichen Ländern weiterreiste, erscholl große Freude in Osten und Westen; sie riefen: „Ziehe hin in Frieden; deine Seele beglücke der Friede; deine Seele belebe beide Welten. Ziehe hin, auf daß du wieder aufrichteſt die Tempel, die in Trümmern liegen; auf daß du wieder einsetzeſt die göttlichen Sperber und ihre Abzeichen; auf daß du göttliche Opfer spendest den Göttern und Göttinnen, sowie Todtenopfer den Seelen der Abgeschiedenen; auf daß du endlich reinigeſt einen Jeden in seiner Wohnstätte, und vollziehest alle Bräuche zu Ehren des Götterkreises." Die Gefühle der Feindseligkeit, die ihre Herzen erfüllten, wichen Gefühlen der Freude [2].

Gleichzeitig aber sprach Jesaia [3] im Namen Jahveh's:

---

[1] Titel der ägyptischen Priester.

[2] Obige Uebersetzung, die ich Maspéro entlehne, bietet übrigens in vielen Hinsichten Gelegenheit zu vergleichen zwischen den assyrischen und ägyptischen Urtexten; vom literarischen Standpunct betrachtet, scheinen mir erstere unbedenklich den Vorzug zu verdienen.

[3] XIX, 3 und 4.

Und ich will die Aegypter an einander hetzen, daß ein Bruder wider den andern, ein Freund wider den andern, eine Stadt wider die andere, ein Reich wider das andere streiten wird.

Und der Muth soll den Aegyptern unter ihnen vergehen, und will ihre Anschläge zu nichte machen. Da werden sie dann fragen ihre Götzen und Pfaffen, und Wahrsager und Zeichendeuter.

Auch warf der Verfasser der letzten, demselben Propheten zugeschriebenen Capitel [1]) den Juden die Gewohnheit vor, in der nächsten Umgebung von Gräbern nach divinatorischen Träumen zu trachten [2]).

Desgleichen Jeremia [3]) im Namen Gottes:

Darum so gehorchet nicht eueren Propheten, Weissagern, Traumdeutern, Tagewählern (Wolkendeutern) und Zauberern, die euch sagen: Ihr werdet nicht dienen müssen dem Könige zu Babel.

Denn sie weissagen euch falsch, auf daß sie euch ferne aus euerem Lande bringen und ich euch ausstoße, und ihr umkommet.

Und an anderer Stelle [4]):

Siehe, ich will an die, so falsche Träume [5]) weissagen, spricht der Herr, und predigen dieselben, und verführen mein Volk mit ihren Lügen und losen Theidingen; so ich sie doch nicht gesandt und ihnen nichts befohlen habe, und sie auch diesem Volk nichts nütze sind, spricht der Herr.

Etwas später auch Sacharia [6]):

Denn die Götzen (Teraphim) reden eitel Mühe, und die Wahrsager sehen eitel Lüge, und reden verderbliche Träume, und ihr Trösten ist nichts; darum gehen sie in der Irre, wie eine Heerde, und sind verschmachtet, weil kein Hirte da ist.

---

[1]) LXV, 4.

[2]) Herodot (IV, 172) und Pomponius Mela (I, 8, 50) berichten über einen ähnlichen Brauch der Nasamonier an der libyschen Küste.

[3]) XXVII, 9 und 10.

[4]) XXIII, 32.

[5]) Prophetische, von Jahveh selbst gesandte Träume, werden erwähnt: Num., XII, 6; I. Sam., XXVIII, 6; I. Kön., III, 5; Hiob, IV, 13; VII, 14; XXXIII, 15; Joel, II, 28.

Dagegen waren alle Träume oder Traumgesichte, die im Namen fremder Gottheiten herbeigeführt wurden, auf's strengste verpönt; die Deuter solcher Träume sollten gesteinigt werden; vgl. Deuteron., XIII, 2—12.

[6]) X, 2.

Die außerordentliche Ausdehnung, welche diese Art epidemischer
Sinnenverwirrung im Verlaufe dreier voller Jahrhunderte ge=
wann, die Art und Weise, wie dieselbe die Geschicke der Fürsten
und Völker von den Ufern des Euphrat bis zu denen des Nil
oder bis zur äußersten Westgrenze Kleinasiens beeinflußte, ist in
der That eine phänomenale Erscheinung, die selbst den unbe=
fangensten Beobachter befremden muß. Wir wissen indessen, daß
innerhalb desselben Zeitraums auch die großen assyrischen und
babylonischen Eroberungen stattfanden, und daß daher gerade
damals, Dank diesen Vorgängen, die Civilisation, die Ideen,
Künste und religiösen Anschauungen der Assyrer sich am un=
widerstehlichsten über Vorderasien, ja sogar über Aegypten aus=
breiten mußten; und wir werden mithin kaum fehl treffen, wenn
wir die wesentlichsten Ursachen jenes vom achten bis zum sechsten
Jahrhundert so unumschränkt herrschenden Aberglaubens lediglich
in der gleichzeitigen Uebermacht jener Lehren der chaldäischen
Wahrsagekunst suchen werden, deren nächste Erben die Assyrer
gewesen waren.

Capitel IX.

Die Pythonen und die Nekyomantie.

Die zwölfte und letzte Tafel der Izdhubar = oder Dhubar = Epopöe[1]) bietet nicht uninteressante Aufschlüsse über die Vorstellungen der Chaldäo=Babylonier hinsichtlich des Lebens im Jenseits.

Éa=ibni, der Seher und beständige Gefährte des Helden, war verstorben, bevor noch derselbe seine Reise zum Khasisatra unternahm, um Heilung und Unsterblichkeit zu erlangen. Nach Uruk zurückgekehrt, erhob aber Dhubar von Neuem Trauerklagen um seinen verlorenen Freund:

„Deine Keule schwingest du nimmer über die Erde;
„die du mit deiner Keule trafst, sie umringen dich nun.
„In deinen Händen führest du nimmer den (Zauber=)Stab,
„die Dämonen . . . . . . sie fluchen dir nun.

. . . .

„Nimmer küssest du dein Weib, an dem du Wohlgefallen hattest;
„nimmer schlägst du dein Weib, das du zornerfüllt haßtest.
„Nimmer küssest du dein Kind, an dem du Wohlgefallen hattest;
„nimmer schlägst du dein Kind, das du zornerfüllt haßtest.
„Der Erde Umarmung hat dich gebannt.
„O Finsterniß, Finsterniß, Mutter Nin=a=zu's[2]), o Finsterniß!

. . . .

---

[1]) Uebersetzt in G. Smith's Chaldean account of Genesis, S. 278—283; in H. Delitzsch's Uebersetzung dieses Werkes, S. 239—243; den Urtext, nebst zwischenzeiliger Uebersetzung, veröffentlichte Boscawen im vierten Bande der Transactions of the Society of Biblical archaeology, S. 272—286.

[2]) Nin=a=zu hieß im Akkadischen Éa als Todtengott.

„Die Pest entführte ihn nicht, nicht raffte ihn Fieber hinweg, — die
    Erde war's, die ihn hinnahm.

„Nicht war es die Schlinge des Nergal, des Unbesiegten, die ihn
    wegfing, — die Erde war's, die ihn hinnahm.

„Nicht wurde er niedergestreckt auf dem Kampfplatz der Helden, —
    die Erde war's, die ihn hinnahm."

Alsdann . . . . . [1]), Sohn der Belit[2]), weinte um seinen Diener
    Êa=ibni,

in . . . . . den Tempel des Bel trat er ein, verlassen.

Auch hier wiederholt Dhubar seine Wehklage, indem er
gleichzeitig zu erlangen sucht, daß Êa=ibni nicht im Hades, dem
finstern Wohnort der Todten, gelassen, vielmehr in den Himmel,
den Bereich der Glückseligkeit, versetzt werden möge. Bel ist
indessen nicht im Stande, dieser Bitte zu entsprechen, — ebenso=
wenig wie Sin, an den sich Dhubar ebenfalls wendet; denn
Êa allein besitzt die Macht und den Willen, solche Wünsche zu
erfüllen: er beauftragt Marubuk, den Vollstrecker seines Willens,
den Dämon (utukku) Êa=ibni's aus der Unterwelt in den
Himmel zu führen:

Seinem Vater
gehorchte] Marubuk, der edle Held;
. . . . . er öffnete die Erde und
der Dämon Êa=ibni's [stieg], einem Gefangenen gleich, aus der
    Erde empor.

Marubuk vertritt also hier die Rolle des akkadischen Mittlers
Silik=mulu=khi, dem er assimilirt worden war; letzteren
nennt ein Hymnus der magischen Sammlung den „Erbarmer
unter den Göttern, den Erbarmer, der die Todten in's Leben
zurückführt[3])."

---

[1]) Der Name des Helden war an dieser Stelle ausnahmsweise phonetisch
geschrieben, und ist daher diese Lücke um so mehr zu beklagen. Der erhaltene
Auslaut des Namens . . . . ni genügt indessen vollkommen zum Nachweise, daß
die Lesung Izdhubar oder Dhubar nur vorläufig gelten kann, so lange
sich nicht ein unversehrt erhaltenes Beispiel der phonetischen Schreibung des
Namens wiederauffinden läßt.

[2]) An dieser Stelle mit ihrem alten akkadischen Beinamen Nin=sun
bezeichnet.

[3]) W. A. I., IV, 29, 1.

Hieraus, sowie aus anderen, bereits früher[1]) besprochenen und mitgetheilten Urtexten, lassen sich nun folgende Schlüsse ziehen:

Nach Ansicht der Chaldäo-Babylonier ist jedem Sterblichen, von Geburt an, ein besonderer Geist beigesellt, der ihn schützt, in ihm lebt und sein geistiges Urbild ist, — entsprechend den Fravashi's der mazdeischen Vorstellungen; nach dem Tode seines Schützlings wird aber aus diesem Geiste ein Dämon oder utukku (vom akkadischen utuq). — Das Loos der Verstorbenen war ein günstiges oder ungünstiges, und zwar nach Maaßgabe der Gunst und Geneigtheit der Götter. Bevorzugte Seelen fanden Eingang in den Himmel, sie wurden Genossen der Götter und bewohnten fortan:

> das Land mit Silberhimmel,
> wo Segensgüter
> sind zu ihrer Nahrung
> und süße Lust
> sie zu beseligen,
> wo ist Einhalt
> des Kummers und des Jammers[2]).

Dieses günstige Geschick wurde u. a. auch Khasisatra zu Theil; im Allgemeinen traf es aber nur wenige Helden und fromme Fürsten. Denn das Loos, das der großen Mehrzahl der Sterblichen im Jenseits harrte, war bei weitem trostloser, in sofern der utukku[3]) des Abgeschiedenen in das „Land ohne Heimkehr" (akkadisch kur-nu-ga, assyrisch mat la tayarti) hinabstieg, — jene finstere Todtenbehausung, die wir bereits im vierten Capitel des ersten Theiles nach textlichen Angaben zu schildern versuchten.

> Dort wohnen die Führer und die des Glückes entbehren,
> wohnen die Geringen und Großen,
> wohnen die Ungeheuer des Abgrundes der großen Götter,
> wohnt Etana, wohnt Nir[4]) . . . . .

---

[1]) S. 203 ff.
[2]) W. A. I., III, 66, verso, Col. 3, Z. 29—36.
[3]) Vgl. Cap. I. des ersten Theiles.
[4]) Nir und Etana, der Titan des Berosus, waren Heroen der frühesten Zeitalter.

wie sich auch die Izdhubar-Epopöe, kurz vor der Erzählung von Istar's Höllenfahrt, ausdrückt [1]).

Im „Lande ohne Heimkehr" lebte die Seele zwar fort, wie im scheôl der Hebräer; doch war sie der Empfindung und Willenskraft beraubt und allerorten von Finsterniß umgeben. Ihr Zustand war weder völlige Vernichtung noch Unsterblichkeit, sondern eher eine Art von Erstarrung und Schlummer. — Gleichwohl befand sich im Hintergrunde dieses Landes, im ewigen Heiligthum (hekal kinu), eine „Quelle der Lebenswasser", deren Sprudel die Höllenmächte mit gespanntester Wachsamkeit und äußerster Eifersucht hüteten; den Zugang zu ihr konnte freilich nur ein Gebot der himmlischen Götter, vornehmlich Ea's, erschließen; wer aber daraus getrunken, kehrte lebend an's Tageslicht zurück, wie Istar am Ende ihrer Gefangenschaft. — Ob übrigens diese Quelle auch bei der endlichen Wiederauferstehung, — an welche die Chaldäer, nach Diogenes Laërtius' Versicherung [2]), glaubten, — irgend welche Rolle spielte, läßt sich aus den erhaltenen Texten ebenso wenig feststellen wie die Richtigkeit überhaupt der Angaben dieses Schriftstellers.

Die Seelen der Abgeschiedenen konnten indessen nicht nur durch Ea's Machtspruch der Unterwelt entrückt werden, um wie Ea-ibni in den Himmel einzugehen; sie konnten auch als Vamphre aus ihren Gräbern zurückkehren, um die Lebenden zu quälen und zu ängstigen. Daher Istar dem Schließer des Höllenreiches mit den Worten droht:

> Hüter, öffne dein Thor;
> öffne dein Thor, daß ich eintreten kann.
> Oeffnest du aber das Thor nicht, und kann ich nicht eintreten,
> dann stürm' ich das Thor und sprenge sein Schloß,
> stürme die schließenden Riegel, durchschreite das Thor.
> Dann werd' ich die Todten erwecken, zu verschlingen die Lebenden;
> ich werde die (dem Tageslicht wieder zugeführten) Todten zahlreicher
> machen denn Alles, was lebt [3]).

---

[1]) Vgl. Boscawen, Transactions of the Society of Biblical Archaeology, Bd. IV, S. 295; G. Smith, Chaldean account of Genesis, S. 228; in H. Delitzsch's Uebersetzung, S. 197.

[2]) De vit. philosoph., prooem.

[3]) Vgl. mein Choix de textes, Nr. 30, recto, 3. 15—20.

Der Glaube, daß außer den sog. Schattenbildern (akkabisch dimme, assyrisch lamastuv) und Gespenstern (akkabisch dimmea, assyrisch labaṣu) auch die Seelen der Verstorbenen als thatsächlich angreifende Vampyre (akkabisch dimme χab, assyrisch aḫḫaru) aus der Unterwelt hervorgingen, war überhaupt in Chaldäa und Babylonien ein ganz allgemeiner [1]); und er beherrschte die späteren Chaldäo-Babylonier noch ebenso sehr wie die alten Akkader, die sich durch zahlreiche Beschwörungen dieser Unholde zu erwehren suchten.

Allein, nicht nur der Zorn einer Gottheit vermag die Seelen der Todten als Vampyre an's Tageslicht zurückzuführen, — auch der Mensch ist im Stande, durch bestimmte Handlungen und Zaubersprüche Verstorbene zu citiren. Die Schwarzkünstler standen zumal im Rufe, den Gegenstand ihres Zornes oder Hasses durch Vampyre und ähnliche Schreckgeister zu verfolgen und zu peinigen.

Und da man nun einmal glaubte, daß es überhaupt möglich sei, die Geister der Verstorbenen nach Willkür erscheinen zu lassen, so war man natürlich auch versucht, durch Befragung derselben die Zukunft zu erfahren. Die Nekromantie, die sich mit logischer Consequenz aus diesen Vorstellungen entwickelte, war unter allen Völkern des Alterthums verbreitet. Sie wird bereits in der Odyssee erwähnt [2]); auch wissen wir, daß sie in Form regelmäßiger Orakel an vielen Orten Griechenlands gepflegt wurde [3]); desgleichen war sie den Thraciern [4]) bekannt und von den Etruskern [5]) zu den Römern [6]) gelangt, bei denen sie vorzugsweise

---

[1]) Vgl. S. 39 des ersten Theiles.

[2]) *N*, 29 ff; vgl. Apollon., Argonaut., III, 1030 ff; Ovid, Metam., VII, 240 ff.

[3]) Fréret, Mém. de l'Acad. des inscriptions, Bd. XXIII, S. 174; Wüstemann, De variis oraculorum generibus apud Graecos, S. 54; Maury, Histoire des religions de la Grèce, Bd. I, S. 195, Bd. II, S. 466 ff.

[4]) Herodot, IV, 94 ff.

[5]) Clem. Alex., Protrept., I, 11; Theodoret., Gr. affect. cur., 10, in den Opp. Bd. IV, S. 950 und 964.

[6]) Die Nekromantie übten u. a. aus: Appius Claudius Pulcher (Cicero, Tusculan., I, 8 und 16; De divinat., I, 58), Vatinius

von ambulanten Wahrsagern betrieben wurde [1]); endlich war sie auch in Babylon gebräuchlich, wie unzweifelhafte Zeugnisse bekunden [2]).

Die Bauchredekunst, für uns ein Gegenstand erheiternder Unterhaltung auf Jahrmärkten, flößte den Alten nicht minder Schrecken als Bewunderung ein. Man war eben außer Stande, ihren Zusammenhang zu erklären, und erachtete sie daher für etwas Uebernatürliches. Der Bauchredner galt den Alten nicht etwa für einen Gaukler, der nach Gutdünken ein natürliches Vermögen zu seinem Nutzen ausbeutete, sondern lediglich für einen Besessenen, in dessen Bauchhöhle der Geist eines Verstorbenen hauste [3]), welcher unabhängig vom Willen des Besessenen aus diesem sicheren Versteck seine Stimme vernehmen ließ. In späterer Zeit erkannten die Griechen allerdings den natürlichen Zusammenhang der Bauchredekunst; aber auch dazumal war diese Einsicht nur auf die aufgeklärteren Geister beschränkt. Die größere Masse des Volkes blieb ununterbrochen ihrem alten Aberglauben treu; sie betrachtete die Bauchredner immerfort als Besessene, δαιμονόληπτοι, desgleichen die Laute, die dieselben vernehmen ließen, als prophetische Worte des Geistes, der denselben innewohnte. Die sogenannten ἐγγαστρίμυθοι bildeten sogar eine besondere Wahrsagerclasse, deren sich, nach Ansicht des Volkes, die Geister bedienten, so oft sie auf die Außenwelt einwirken wollten [4]). In Athen wurden diese Künstler Eurykliden [5]), ihre Kunst „Mantik des Eurykles" genannt [6]), da die Localtradition eine Person dieses Namens als die erste bezeichnete, in deren

---

(Cicero, Contr. Vatin., 6), Libonius Drusus (Tacitus, Ann., II, 28), Nero (Suetonius, Nero, 34; Plinius, Hist. nat., XXX, 5) und Caracalla (Dio Cassius, LXXVII).

[1]) Pseudo-Clem., Recognit., I, S. 494, Ausg. von Cotelier.

[2]) Jamblich. ap. Phot. Biblioth. cod. 94, S. 75, Ausg. von Becker.

[3]) Aristoph., Vesp., 1017; Schol. ad h. l.; Hesych., v. ἐγγαστρίμυθοι.

[4]) Philochor. ap. Suid. v. ἐγγαστρίμυθος; vgl. Eusèbe Saverte, Des sciences occultes, Bd. I, S. 185; A. Maury, La Magie et l'Astrologie, S. 60.

[5]) Schol. ad Aristoph. l. c.; Jamblichus, a. a. O.

[6]) Aristophan., a. a. O.

Körper ein Geist gehaust und gesprochen hatte (Aristophanes: εἰς ἀλλοτρίους γαστέρας ἐνδύς). Allgemeiner hießen sie jedoch Pythonen, πύθωνες, — ein Name, welcher anscheinend ursprünglich nur dem innewohnenden Geist oder „Belehrer" zukam, später aber metonymisch auch auf den Bauchredner selbst übertragen wurde [1]).

Die Septuaginta sowie der h. Hieronymus bedienen sich durchgängig der Ausdrücke „Pythonen" und „Pythonengeister" zur Bezeichnung der oboth des hebräischen Bibeltextes, welch' letztere genau den Pythonen der Griechen entsprechen. Der biblische ob ist ein unsauberer Geist, ein Todtengeist [2]), der dem Körper eines Mannes oder einer Frau innewohnt [3]) und von hier aus die Zukunft offenbart [4]), — entsprechend dem jidoni, dem „Wissenden" oder „Belehrenden", welcher fast immer mit Ersterem zugleich genannt wird. Endlich wurden die Benennungen oboth und jidonim auch zur Bezeichnung der besessenen Wahrsager gebraucht [5]), welche eben stets Bauchredner waren; wir entnehmen dieses Letztere nicht allein aus Josephus' Besprechung der berühmten Pythonissin zu En-Dor [6]), sondern auch daraus, daß die Septuaginta wiederholt oboth durch ἐγγαστρίμυθοι übersetzt, sowie überhaupt aus den charakteristischen Ausdrücken, deren sich die Propheten zur Schilderung der Stimme der oboth bedienen:

> Wenn sie aber zu euch sagen: Ihr müsset die oboth und jidonim fragen, die da schwatzen und disputiren: [so sprecht:] Soll nicht ein Volk seinen Gott fragen? Oder soll man die Todten für die Lebendigen fragen [7])?

Und an anderer Stelle:

---

[1]) Plutarch., De defect. orac., 9; Euseb., Comment. in Is., 45; Hesych. v. πύθων; Apostelgeschichte, XVI, 16.
[2]) Deuteron., XVIII, 10; Jesaia, VIII, 19.
[3]) Levit., XX, 27; I. Sam., XXVIII, 7.
[4]) Deuteron., XVIII, 10; I. Sam., XXVIII, 8.
[5]) Levit., XX, 6; I. Sam., XXVIII, 3 und 9; Jesaia, XIX, 3.
[6]) Ant. Jud., VI, 14, 2.
[7]) Jesaia, VIII, 19. — Vgl. auch Hom., Ilias, Ψ, 101.

Alsdann sollst du geniedriget werden, und aus der Erde reden, und aus dem Staube mit deiner Rede mummeln, daß deine Stimme sei, wie eines ob, und deine Rede aus dem Staube wispele [1]).

Die allbekannte Schilderung, die das 28. Capitel des ersten Buchs Samuelis' vom Zusammentreffen Saul's mit der Pythonissin zu En=Dor entwirft, beweist übrigens, daß die oboth mit ihrer Bauchredekunst auch Geisterbeschwörungen verbanden, kraft deren sie die Seelen Verstorbener citirten. Auf eine nähere Erörterung der vielfach von den Kirchenvätern aufge=worfenen Frage, ob diese Vorgänge lediglich auf Täuschung be=ruhten, oder ob auch thatsächlich dämonische Einflüsse dabei eine Rolle spielten [2]), brauchen wir indessen wohl nicht weiter einzu=gehen. —

Unter den verschiedenartigen schwarzkünstlerischen Hand=lungen, zu deren Bekämpfung die Sprüche des bereits früher be=sprochenen magischen Sammelwerkes dienten, wird ein specieller Zauberact durch das Ideogramm ⟨⊐⟩ bezeichnet [3]), welches nach Angabe der Syllabare akkadisch ubi gelesen wurde und dem assyrischen abutuv oder ubutuv entsprach. Erwägen wir nun aber, daß es sich hier unzweifelhaft um eine Verrichtung der Magie handelt, so liegt die Vermuthung gewiß nahe, daß da=runter die „Befragung" oder „Beschwörung des ob" zu ver=stehen sei, zumal dieses Ideogramm, in verbalem Sinne gefaßt, dem assyrischen naklu „arglistig handeln, strafwürdigen Künsten obliegen" entspricht, desgleichen in bilinguen Urkunden häufig zur Wiedergabe des akkadischen Verbalstammes lil „sich erheben, hinaufsteigen [4])" dient. Ebendiese letztere Bedeutung dürfte offenbar die ursprünglichste des fraglichen Schriftzeichens gewesen sein, welches sodann auch auf die Verrichtungen und Practiken des

---

[1]) Jesaia, XXIX, 4.

[2]) S. Joh. Chrysost. ad I. Corinth. XII; Tertull., Adv. Marc., IV, 25; De anim., 57; S. Augustin., De doctrin. Christ., 33.

[3]) Im Smith'schen Verzeichniß Nr. 200; in meinen Etudes accadiennes Nr. 287; in Sayce's Elementargrammatik Nr. 270.

[4]) Daher denn auch dasselbe Ideogramm zur Bezeichnung eines Aus=druckes diente, der dem Begriff „König" sehr nahe stand.

bauchrednerischen Schwarzkünstlers bezogen wurde, — da derselbe mittelst seiner Beschwörungen die Geister der Abgeschiedenen
zwingt, ihre unterirdische Behausung zu verlassen, und dahin
emporzusteigen, wo man ihrer begehrt. Desgleichen scheint mir
die Mißbilligung solcher Bräuche veranlaßt zu haben, daß man
dem betreffenden Ideogramm auch die Bedeutung des assyrischen
naklu beilegte. Es sind dies eben Erscheinungen, die sich in
allen Schriftarten wiederholen, in denen Ideographismus vorherrscht; die Bedeutungen eines Ideogrammes können die nämlichen Erweiterungen erfahren, wie die eines Wortes der lebenden
Sprache, und vermöge derselben Analogien; auch geschieht es in
Folge der ursprünglichen Unabhängigkeit der Schrift- von der
lebenden Sprache nicht selten, daß ein und dasselbe Zeichen Begriffe in den Kreis seiner Bedeutungen aufnimmt, zu deren Ausdruck sich die mündliche Sprache ganz verschiedener Worte bedient [1]).

Ziehen wir nun aber auch Jamblichus' ausdrückliche Angabe [2]) in Betracht, daß die Babylonier thatsächlich Nekromantie
trieben und mittelst ihrer Bauchredner [3]) die Geister der Todten
nach zukünftigen Dingen befragten, — und erwägen wir endlich,
daß selbst der Name ob kein semitischer ist, vielmehr unzweifelhaft
dem akkadischen ubi entstammt [4]), so dürfte es offenbar auf der
Hand liegen, daß der Glaube an die oboth, sowie die Gebräuche
ihrer Befragung, aus der chaldäischen Magie hervorgingen und
aus Chaldäa nach Syrien und Palästina gelangten.

[1]) Vgl. mein Essai sur la propagation de l'alphabet phénicien. Bd. I,
S. 62.

[2]) Ap. Phot. Biblioth. cod. 94, S. 75, Ausg. von Becker.

[3]) Σαγχουρας, offenbar eine Ableitung vom syrischen zakuro „Zauberer,
Beschwörer, Wahrsager", da zu Jamblichus' Zeiten das Assyrische schon
lange vom Aramäischen verdrängt worden war.

[4]) Bisher identificirte man dieses Wort mit dem gleichlautenden hebräischen
ob „Schlauch", und nahm an, daß der Bauchredner deshalb so genannt wurde,
weil man ihn für ebenso willenlos hielt wie einen irgendbeliebigen Schlauch,
den ein Geist zum Aufenthalt wählt. Diese Erklärung, mit der man in Ermangelung einer besseren sich begnügen mußte, war aber schon aus dem Grunde
unzulässig, da ob anfänglich nicht den Wahrsager, sondern den Geist selber
bezeichnete, auf den die Benennung „Schlauch" sich in keiner Weise beziehen läßt.

Die Nekromantie, sowie die Befragung der Pythonengeister, galt jedenfalls in Chaldäa und Babylonien für gottlos und straf= würdig, und gehörte daher wohl weniger in das Gebiet der Mantik als zur Schwarzkunst und verpönten Zauberei, zumal sie niemals in den Rahmen der erlaubten, regelrechten und wissen= schaftlich betriebenen Wahrsagung aufgenommen ward. Aus diesem Gesichtspunct hätten wir sie nun allerdings von der vor= liegenden Untersuchung ausschließen müssen; allein es schien mir einerseits doch wünschenswerth, wenn überhaupt alle Mittel und Wege angegeben würden, deren sich die Chaldäer zur Erforschung der Zukunft bedienten, andererseits wollte ich die gebotene Ge= legenheit nicht unbenutzt lassen, um zugleich meine früheren Mit= theilungen über die Magie an dieser Stelle nach Kräften zu vervollständigen.

Capitel X.

Die Vorbedeutungen geometrischer Figuren.

Wie die Schriftsteller des Alterthums einmüthig bezeugen, waren die Chaldäo-Babylonier bereits frühzeitig in allen Ge= bieten der Mathematik wohlbewandert. Die Richtigkeit dieser Aussage läßt sich nun allerdings nicht mit Hülfe von Urtexten mathematischen Inhalts bestätigen, da sich dergleichen leider noch nicht auffinden ließen; daß aber die Chaldäer thatsächlich eine wissenschaftliche Geometrie haben mußten, erscheint gleichwohl um so glaubhafter, einerseits da ihre vorwiegende Neigung zur Astro= nomie immerhin einen gewissen Bestand positiver mathematischer Kenntnisse voraussetzen läßt, andererseits da wir auch daraus einen ungefähren Begriff von ihrer Rechenkunst und verhältniß= mäßig großen Gewandtheit im Lösen sogar verwickelter arithme= tischer Aufgaben uns machen können, wenn wir u. a. das sinn= reiche System ihrer Sexagesimalrechnung, sowie eine Reihe astro= nomischer Berechnungen, die ihnen ausdrücklich zugeschrieben werden, endlich jene allbekannten Tafeln der Quadrat= und Cubik= wurzeln [1] in Betracht ziehen, welche zur Zeit des alten chaldäischen Reiches verfaßt und zu Senkereh wieder an's Tageslicht gefördert wurden.

Nicht minder zeugt für die mathematischen Kenntnisse der

---

[1] Veröffentlicht in meinem Choix de textes cunéiformes, Nr. 84 und 85; dsgl. W. A. I., IV, 40. Uebersetzt von Sayce im vierten Bande der Transactions of the Society of Biblical Archaeology, S. 311—14.

Chaldäo=Babylonier ihr ebenso durchdachtes wie in sich zusammen=
hängendes Maaß= und Gewichtssystem. Im Verfolge der Ab=
handlung Oppert's „L'étalon des mesures assyriennes"
(richtiger wohl babyloniennes) wies Prof. Cantor in Heidel=
berg sogar nach, daß die Formel $\pi = 3$ unzweifelhaft den Chal=
däern bekannt gewesen und ebendiesen vom babylonischen Talmud
entlehnt sein müsse. Erwägen wir jedoch, daß diese Formel sich
ebenso wie der sechszigjährige Cyclus in China wiederfindet, so
liegt die Vermuthung gewiß nahe, daß ihr eigentlicher Ursprung
vielleicht schon bei den alten Akkadern zu suchen sei. Die Un=
fähigkeit der Semiten, ein selbständiges, rationelles Zahlensystem
zu erfinnen, bildet also auch hier einen deutlichen Contrast zu
alledem, was in Chaldäa und Babylon geleistet ward. —

Die Anfänge der Wissenschaft waren indessen stets und aller=
orten mit seltsamen, abergläubischen Ideen vermischt, welche
freilich die ursprünglichste Triebfeder aller menschlichen Wißbe=
gierde waren, im Grunde genommen aber oft völlig entstellend
einwirkten. Die Astronomie ging anfänglich Hand in Hand mit
der Astrologie; desgleichen entwickelte sich die wissenschaftliche
Chemie erst allmälich aus den abenteuerlichen Bestrebungen der
Alchemisten; und ebenso war denn auch die beständigste Gefährtin
der ältesten Geometrie die sog. Grammamantie oder Weissagung
aus den Linien und Winkeln, — eine Afterwissenschaft, die noch
heutigen Tages nicht allein bei den Chinesen, die den acht Tetra=
grammen des Fohi [1]) untrügliche divinatorische Kräfte zuschreiben,
sondern auch an vielen Orten Europa's sich erhalten hat, wo
die geheimnißvollen Eigenschaften des Fünfecks fort und fort eine
Rolle spielen.

Bei den Griechen waren ähnliche Ideen nicht minder ver=
treten. Philolaos und die Pythagoräer behaupteten, daß die
Erde vom Cubus, das Feuer von der Pyramide, die Luft vom
Oktaeder, das Wasser vom Ikosaeder und das Weltall vom Dode=
kaeder hervorgebracht seien [2]), — alles Vorstellungen, welche

---

[1]) Vgl. Mémoires sur les Chinois, Bd. II, S. 153 und 191.
[2]) Stob., Ecl., I, 10; vgl. Plut., De placit. philos., II, 6. — Der

offenbar mit den Elementen der Geometrie und Rechnenkunst aus der Civilisation des Euphratlandes und durch Vermittelung Kleinasiens nach Griechenland gelangten, wie u. a. auch die Bezeichnung μνᾶ, Mine, assyrisch mana, unwiderleglich bezeugt.

Endlich finden sich ähnliche Anschauungen auch bei den Mystikern des alexandrinischen Judaismus. Philon[1]), oder wer immer der Verfasser jener Abhandlung „vom beschaulichen Leben" war, berichtet, daß die Therapeuten ihr „großes Fest" beständig den funfzigsten Tag feierten, „da funfzig die heiligste und natürlichste Zahl sei, die sich aus dem Quadrat des rechtwinkligen Dreiecks, — der Urquelle der Entstehung und Einrichtung des Weltalls, — ergebe."

In wieweit nun aber diese Speculationen einzeln von der babylonischen Civilisation beeinflußt oder gar erzeugt wurden, läßt sich freilich nicht näher bestimmen; soviel steht nur fest, daß das allgemeine Grundprincip derselben in den Lehren wurzelte, die in den Priesterschulen des unteren Euphrat- und Tigrislandes zur Anschauung gebracht wurden. Auch ist es nicht minder erwiesen, daß die Chaldäer nicht allein solch' hohe, zugleich religiöse und mathematische Theorien pflegten, sondern nebenbei auch mit nicht geringerem Eifer eine Art Grammamantie betrieben, mittelst deren sie aus gradlinigen oder winkligen Figuren die Geheimnisse der Zukunft zu ergründen suchten.

Ein Fragment, welches ich bereits früher veröffentlichte[2]), giebt die Vorbedeutungen einer ganzen Anzahl Figuren an, die sich „zur Rechten des Beobachters" zeigen; leider sind nur vier dieser mantischen Bilder erhalten:

Ausdruck τετράγωνος ἀνήρ, ein vierkantiger, d. h. tugendhafter Mensch, dürfte wohl ebenfalls diesem Ideenkreise entsprungen sein; vgl. Aristot., Eth. Nicomach., I, 10, 11.

[1]) De vit. contempl., S. 481, Ausg. v. Mangey.

[2]) Nr. 94 meines Choix de textes cunéiformes; vgl. Sayce, Transactions of the Society of Biblical archaeology, Bd. IV, S. 304.

Auch sind die bezüglichen Erklärungen so lückenhaft, daß aus ihnen nichts Zusammenhängendes gefolgert werden kann; mit einiger Gewißheit läßt sich vielleicht nur ersehen, daß die Vorbedeutung der dritten Figur die „Gründung" oder „Dauer einer Stadt" betraf.

Ein ähnliches, besser erhaltenes Fragment ist sodann von Sayce übersetzt und veröffentlicht worden [1]). Der Text desselben ist in zwei Columnen getheilt, deren erste zwölf Zeilen unabhängig von einander fortlaufen. In der linken Columne lesen wir:

Der Schutzgott des Landes [2])
schlägt
feindselig nieder
seine Gegner.

Der Wohlstand
gewährt ihm [3]),
sichert ihm
Sprossen.

Günstiges Anzeichen.

Die nächstfolgende Figur ist fast identisch mit dem alten hieratischen Schriftzeichen ⟪⟫, welches soviel wie „gehen, marschiren" bedeutet:

Zur Sicherung dieser Identificirung ist im Innern der Figur das betreffende Schriftzeichen selbst wiederholt. Die augurale Bedeutung dieses Bildes bezog sich daher anscheinend auf die Gunst oder Ungunst beabsichtigter Reisen.

---

¹) Ebd., S. 305—310.
²) Marubuf, unter seinem akkadischen Beinamen Silik-ma.
³) Demjenigen, der das Loos befragt.

Von der dreizehnten Zeile ab erstrecken sich die mantischen Figuren nebst ihren Deutungen über beide Columnen, sodaß der Sinn des Ganzen nur unter gleichzeitiger Betrachtung beider Theile zu errathen ist:

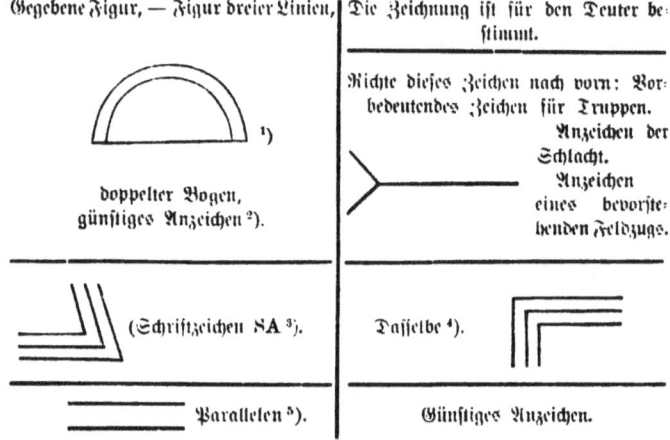

Gegebene Figur. — Figur dreier Linien, | Die Zeichnung ist für den Deuter bestimmt.

doppelter Bogen, günstiges Anzeichen [2]). | Richte dieses Zeichen nach vorn: Vorbedeutendes Zeichen für Truppen. Anzeichen der Schlacht. Anzeichen eines bevorstehenden Feldzugs.

(Schriftzeichen SA [3]). | Dasselbe [4]).

Parallelen [5]). | Günstiges Anzeichen.

Die übrigen Deutungen sind leider sehr mangelhaft erhalten und lassen sich daher nicht zusammenhängend übersetzen; sie beziehen sich auf das einfach und doppelt gegebene Zeichen ✕ für die Eintheilung des Kreises in Grade, sodann auf Parallelen, zwischen denen das Schriftzeichen ⊠ zu lesen, endlich auf die Figur:

in deren Innerem das Ideogramm „Schöpfung, Erzeugung" (Schriftzeichen ⊠) sich befindet.

[1]) Das Schriftzeichen ►≣Ⅱ im Innern dieses Doppelbogens bedeutet als Ideogramm „sehr groß."

[2]) Die wörtliche Erklärung ist hier in akkadischer Sprache verfaßt, während die nächstfolgenden assyrisch gegeben sind.

[3]) Die Figur selbst ist ein hieratisches Schriftzeichen gleicher Bedeutung.

[4]) Dsgl.

[5]) Diese Erklärung ist ebenfalls in akkadischer Sprache gegeben.

Sayce nimmt an, daß einzelne unter den Figuren, denen man augurale Bedeutung beimaß, sich anscheinend auf die Eintheilung des Himmels in Kreise und Felder oder Flächen, welche die Astrologen zur Anstellung ihrer Beobachtungen machten, bezogen haben könnten. Zur Begründung dieser Ansicht beruft er sich speciell darauf, daß unmittelbar hinter den beiden Parallelen das Zeichen folgt, welches zur Eintheilung des Kreises in Grade diente, und zwar einfach und doppelt, sowie mit dem ausdrücklichen Vermerk „im Bogen", — gleichsam zur Anspielung darauf, daß im gegebenen Falle zwei besondere Grade eines bestimmten Himmelskreises oder Bogens von diesen Parallelen durchschnitten wurden. Auch fügt der Genannte hinzu, daß auf einem Astrolabium [1]), dessen Fragmente Smith entdeckte, eine einzelne Figur sich befinde, die denjenigen der vorher besprochenen Fragmente sehr ähnele:

Diese Figur werde ausdrücklich von Angaben über gewisse Vorgänge begleitet, welche die Phasen verschiedener Gestirne im Voraus verkündeten. Gleichwohl räumt Sayce ein, daß die größere Mehrzahl der Figuren, die ich dem Leser soeben vorgeführt, wohl kaum diesen specielleren Charakter haben dürften.

Meines Erachtens sind indessen die auguralen Bilder und Zeichen der beiden bisher veröffentlichten Bruchstücke nichts Anderes als lediglich Typen geomantischer Figuren, wie sie zumal später bei den Byzantinern und überhaupt im abendländischen Mittelalter eine nicht unbedeutende Rolle spielten. Man warf bei diesem Wahrsageverfahren, dessen Erfindung man bis auf den Patriarchen Noah zurückführte, gewöhnlich eine Handvoll Sand auf einen Tisch oder zur Erde und deutete sodann die entstandenen, mehr oder minder ausgeprägten Figuren nach Maaßgabe ihres Aussehens [2]). Die Zigeuner weissagen ja heute noch aus

---

[1]) S. 162 im britischen Museum.

[2]) Corn. Agrippa, De vanitate scientiarum, c. 36; J. A. Schmidt, Dissertatio de geomantia, Jena, 1695; Kircher, Oedipus, Bd. II, zweiter Theil, S. 193 ff.

den Formen, welche geschmolzenes, in's Wasser gegossenes Blei
annimmt; auch habe ich selbst in der Normandie wiederholt sog.
Zauberer beobachtet, die in ähnlicher Weise Krankheiten festzustellen suchten, indem sie eine Handvoll Holzstäbchen auf ein aus-
gespanntes Tuch fallen ließen und die wirren Figuren, die dadurch entstanden, nach gewissen Regeln und Erfahrungen zu
deuten suchten. Es sind dies lediglich Abarten der Befragung
von Loosstäben, und möchte ich daher wohl annehmen, daß unsere
Fragmente über die chaldäisch-babylonische Wahrsagerei aus den
Zügen und Linien gewisser Figuren ebenfalls nur zu ähnlichen
Zwecken dienten. Wenigstens glaube ich einigen wörtlichen Angaben des von mir veröffentlichten Fragmentes entnehmen zu
sollen, daß z. B. das augurale Vorzeichen, welches die „Gründung" bezw. „Dauer einer Stadt" betraf, speciell dadurch gewonnen wurde, daß sechs (wahrscheinlich bei Opfern) zur Erde
fallende Blutstropfen die angegebene (dritte) Figur bildeten.

Die Chinesen, bei denen ebenfalls eine Art Geomantie gebräuchlich, halten im Allgemeinen gerade Linien für unheilver-
kündend, krumme dagegen für günstig; desgleichen werden auch
in den besprochenen Fragmenten alle Figuren, in denen krumme
Linien vorherrschen, als glückverheißend betrachtet. Ferner scheinen
die Chaldäer vorzugsweise solche Figuren beobachtet zu haben,
die sich am meisten der ursprünglichen Form der Schriftzeichen
näherten und nach Maaßgabe der ideographischen Bedeutung der
letzteren erklären ließen; es bestand also auch hier ein gewisser
Zusammenhang zwischen den Schriftzügen und der Mantik, der
lebhaft an die Beobachtungen erinnert, welche bezüglich der Runen
der germanischen und skandinavischen Völker gemacht wurden.

Anhang.

Die sechs ersten Capitel des Buches Daniel.

I.

Nach den mannigfachen Ausführungen der voraufgehenden Abschnitte erscheint es unerläßlich, zum Schlusse noch einmal auf das Buch Daniel zurückzukommen, wiewohl die Echtheit gerade dieses Bestandtheils der Bibel so lebhaft und nachdrücklich bestritten wird. Denn wie sollte nicht die unverkennbare Uebereinstimmung zwischen den überlieferten Visionen der assyrischen Könige und den Traumgesichten Nabukuburussur's auffallen, wenn man einerseits die Art und Weise in Betracht zieht, wie erstere, den amtlichen Annalen zufolge, sogar die wichtigsten Regierungsacte beeinflußten, — andererseits die hohe Bedeutung, die der letztgenannte Herrscher seinen Träumen beilegte, desgleichen den Eifer, mit dem er seine Wahrsager befragte, endlich die Ehren in's Auge faßt, mit denen er den jungen, unter die Zahl der chaldäischen Gelehrten aufgenommenen Hebräer überhäufte, da derselbe an Scharfsinn und Beredsamkeit seine Gefährten überragte? Dieses Alles verleiht dem Buche Daniel, wenigstens den sechs ersten Capiteln desselben, unstreitbar eine echt babylonische Färbung und eine solche Uebereinstimmung mit dem historischen Charakter der Zeit, die seinen Werth ganz wesentlich erhöhen müssen.

Gleichwohl ist, wie gesagt, von der rationalistischen Exegese, selbst von der gemäßigten, keine alttestamentliche Schrift ein-

stimmiger verurtheilt worden, als das Buch Daniel. Die Kri=
tiker dieser Richtung sprechen ihm einmüthig einen älteren Ur=
sprung ab und erblicken darin lediglich eine apokalyptische Schrift,
die zur Zeit des Antiochus Epiphanes und seiner Religions=
verfolgungen verfaßt ward; einige gehen sogar so weit, daß sie
die Abfassung derselben auf ein bestimmtes Jahr, — 167 v. Chr. —
ansetzen. Auch muß ich gestehen, daß die Vertheidigung von
Seiten der orthodoxen Schriftsteller bisher äußerst schwach war:
wenigstens dürfte ein Theil der von Corrobi, Eichhorn,
Berthold, Jahn, Gesenius, de Wette, Lengerke,
Ewald und Hitzig beigebrachten Beweisgründe noch lange nicht
widerlegt sein. Ich selbst trat der Ansicht der Letzteren bei, und
habe dieselbe sogar wiederholt in meinen Schriften vertreten, so=
weit sich dieses mit meinen persönlichen christlichen Ueberzeugungen
vereinbaren ließ. Denn einerseits schien mir das Urtheil der
rationalistischen Exegeten Alles unberührt zu lassen, was für den
christlichen Glauben im Allgemeinen als wesentlich zu betrachten
ist; andererseits war ich auch der Ansicht, daß der religiöse Werth
der alttestamentlichen Bücher durchaus nicht von Fragen über oft
zweifelhafte Verfassernamen und noch zweifelhaftere Daten ab=
hängig sei. Die messianische Prophetie der 70 Jahrwochen bleibt
in einer Schrift aus der Zeit des Antiochus Epiphanes
ebenso wunderbar, und nach menschlichen Begriffen ebenso un=
erklärlich, wie in einer Schrift aus der Zeit kurz nach Nabu=
kuburussur; und um ihren Werth zu vernichten, hätte eben
zum mindesten nachgewiesen werden müssen, daß die Prophe=
zeiungen Daniel's das Werk eines Christen seien, — ein
Nachweis, den Niemand auch nur zu führen versucht hat.

Die Gründe, die mich gegenwärtig veranlassen, meine bis=
herigen Ansichten über das Buch Daniel zu ändern und vor=
zugsweise den talmudischen Angaben[1]) über die Abfassungszeit
dieser Schrift beizutreten, sind lediglich wissenschaftlicher Art und
insbesondere durch das Studium der Keilschrifttexte hervorgerufen
worden; denn letztere bieten nicht allein die wichtigsten Elemente

---

[1]) Bava bathra, Fol. 146.

zur richtigen Beurtheilung des fraglichen Buches an sich, — sie gestatten zugleich eine endgültige Entscheidung über die Haltbar= keit oder Unzulässigkeit der bezüglichen exegetischen Ansichten.

Wenn ich mich übrigens nachstehend allein mit den mehr erzählenden Capiteln I bis VI beschäftige und dagegen die pro= phetischen und apokalyptischen Visionen der Capitel VII bis XII übergehe, so geschieht dies allein deshalb, da diese beiden Theile des Buches D a n i e l thatsächlich ihrer ganzen Eigenart und An= lage nach von einander geschieden sind und erst später zu einem Ganzen verbunden wurden, ohne daß gleichzeitig eine völlige Uebereinstimmung derselben herbeigeführt worden wäre[1]). In letzterer Hinsicht trete ich eben ganz der Ansicht E i c h h o r n ' s und B e r t h o l d t ' s bei; denn daß beide Theile eine derartige Einheit zeigten, die einen gemeinsamen Verfasser für das Ganze voraussetzen ließe, erscheint mir durchaus nicht so unzweifelhaft, wie d e W e t t e und H i t z i g vermeinen. Ich finde zwischen den bezeichneten Theilen des Buches D a n i e l nur eine g e i s t i g e Gemeinschaft und glaube, daß zur Abfassungszeit des zweiten Theiles wohl auch schon der erste bestand und bekannt war, des= gleichen daß bei Vereinigung beider Theile vielleicht auch schwache Versuche zur Herbeiführung einer allgemeinen Uebereinstimmung und Gleichförmigkeit des Ganzen gemacht wurden.

Ich beschränke mithin meine Betrachtungen nur auf einen bestimmten Theil des Buches, nicht etwa zur Erleichterung meiner Aufgabe, oder weil ich die Visionen der letzten Capitel so zu sagen über Bord werfen will, sondern lediglich deshalb, weil der Charakter der beiden Theile mir nicht gestattet, dieselben gleich= zeitig und aus ein und demselben Gesichtspuncte zu prüfen. Die Frage nach dem Alter der sechs ersten Capitel gehört allein der Wissenschaft und der historischen Kritik an und kann daher ohne Rücksicht auf den religiösen, sei·es apologetischen oder geg= nerischen Standpunct entschieden werden. Eine Erörterung der Visionen der sechs letzten Capitel würde mich dagegen in die heikelsten Fragen aus dem Gebiete der Philosophie und des

---

[1]) Vgl. z. B. I, 21 mit X, 1.

Glaubens verwickeln, zumal eine Aeußerung darüber bedingen, ob überhaupt ein vom göttlichen Geiste inspirirter Prophet die Zukunft vorhersagen könne oder nicht; und ich würde daher wohl kaum vermeiden können, daß meine bezüglichen Ausführungen und Ansichten nicht den Wiederschein meiner individuellen religiösen Ueberzeugungen zeigten.

II.

Beachten wir zunächst; daß von allen alttestamentlichen
Schriften wohl keine in mangelhafterem Zustande auf uns gelangte, als das Buch Daniel. Eine Prüfung der bezüglichen
Ueberſetzung der Septuaginta ergiebt auf den erſten Blick, daß
die alexandriniſchen Ueberſetzer zur Zeit der Ptolemäer einen
Text vor Augen hatten, der vielfach von demjenigen abwich, den
wir gegenwärtig in den hebräiſchen Bibeln beſitzen, desgleichen
daß letzterer lediglich durch Verflechtung von Theilen verſchiedener
Texte entſtanden iſt. Die Capitel I und VIII bis XII, welche
offenbar vom Originaltext herrühren, ſind in aramaiſirendem
Hebräiſch verfaßt, welches ſtark an die Zeiten der letzten Propheten
und unmittelbar nach der Gefangenſchaft erinnert, — eine Erſcheinung, die ſich immerhin „bei einem älteren, unter Aramäern
lebenden Schriftſteller erklären ließe [1]." Dagegen ſind die verlorenen Capitel II bis VII aus einer rein aramäiſchen Ueberſetzung ergänzt, deren Sprache allerdings auf die Zeit nach
Alexander verweiſt, da ſie ſich auch griechiſcher Wörter wie
κίθαρις, σαμβύκη, ψαλτήριον, συμφωνία bedient [2].

---

[1] Th. Nöldeke, Die alttestamentliche Literatur, Leipzig 1868,
S. 227.

[2] III, 5 und 15.
Die Anwendung griechiſcher Wörter ließe ſich zwar gewiſſermaaßen erklären, wenn man die keilſchriftlichen ſowie anderſeitigen Angaben über die
Beziehungen der Hellenen zu Aſſyrien oder Babylonien im achten und ſiebenten
Jahrhundert in Betracht zieht. Sargon nennt die Gewäſſer um Cypern
„das Meer von Javan" oder der Jonier. Sinakheirib, der in Cilicien
mit den Griechen zuſammenſtieß, errichtete daſelbſt ein Denkmal zur Erinnerung

Merx nimmt an, daß der Verfasser absichtlich die ara=
mäische Sprache, als die des Volkes, für diejenigen Theile seines
Buches gewählt, die er auch für's Volk geschrieben habe, während
die nur für höher Gebildete bestimmten apokalyptischen Stücke
absichtlich hebräisch, d. h. in der Gelehrtensprache verfaßt seien.
Dem widerspricht jedoch durchaus, daß gerade das für's Ver=
ständniß des Ganzen unentbehrliche und ganz populäre erste
Capitel hebräisch, dagegen das ganz apokalyptische-siebente ara=
mäisch ist. Und da es nun auch geradezu undenkbar, daß der
Verfasser sich darin habe gefallen können, ohne Grund und aus
reiner Willkür urplötzlich die Sprache zu wechseln, ja sogar in=
mitten eines Verses vom Hebräischen zum Aramäischen überzu=
gehen, so kann dieser Sprachwechsel allein nur dadurch erklärt

---

an seinen dortigen Sieg (Berosus in Euseb. Chron. Armen., Ausgabe
von Mai, S. 20). Assarhaddon und Assurbanhabal erwähnen
unter ihren Tributpflichtigen mehrere griechische Könige der Insel Cypern; auch
war es anscheinend einer dieser Könige, Namens Pythagoras, welcher
schon unter Sinatheirib eine Abtheilung griechischer Söldlinge des nini=
tischen Herrschers befehligte und später mit dem Philosophen gleichen Namens
verwechselt wurde (Berosus, Fragm. XII, Ausgabe von C. Müller;
Abydenus, Fragm. VII, Ausg. von C. Müller). Der Bruder des
Dichters Alcäus hatte sich zur Zeit Nabukuburussur's oder seiner un=
mittelbaren Nachfolger „an den fernsten Grenzen der Erde, da er den Baby=
loniern Hülfe brachte", ausgezeichnet (Alc., Fragm. XXXIII, Ausg. von
Bergk). Eine aus Kleinasien herrührende Camee von griechischer Arbeit, die
im Berliner Museum bewahrt wird (vgl. Schenkel, Bibellexicon, Bd.
III, S. 511), ist mit einer keilschriftlichen Widmung versehen, wonach sie von
einem Könige Nabukuburussur dem Gotte Marduk geweiht wurde;
der künstlerischen Ausführung nach, dürfte indessen eher der Mitbewerber des
Darius Hystaspes, als der Besieger Jerusalem's darunter zu verstehen sein.
    Gleichwohl scheinen mir diese Beziehungen nicht bedeutend und anhaltend
genug gewesen zu sein, um in Babylon die Einführung griechischer Wörter zu
veranlassen. In den Keilschrifttexten finden sich griechische Wörter, wie z. B.
στατήρ, erst unter den Seleuciden, und zwar in Privatverträgen, welche Daten
aus der Zeit dieser Könige tragen. —
    Uebrigens dürfte sich allein aus dem Vorhandensein griechischer Wörter,
die sich zur Noth auf Interpolationen zurückführen ließen, wohl kaum auf ein
verhältnißmäßig jüngeres Alter der uns gegenwärtig vorliegenden aramäischen
Theile des Buches Daniel, die ich lediglich für eine spätere Uebersetzung
eines älteren hebräischen Textes halte, schließen lassen. Die Gesammtheit der
philologischen Kennzeichen der Sprache dürfte hiebei ebenfalls von Gewicht sein.

werden, daß man sämmtliche verlorenen Theile des Urtextes aus
einer erhaltenen Uebersetzung ergänzte, wobei die Sprache der
letzteren in den entlehnten Stücken unverändert blieb. Die Rich=
tigkeit dieser Erklärung ergiebt sich sogar schlagend aus jenem
noch vor der Entstehung der Septuaginta in den Text über=
nommenen Randvermerk, der im vierten Verse des zweiten Capitels
den der aramäischen Uebersetzung entlehnten, bis zu Anfang des
achten Capitels sich hinziehenden Passus einleitet. Wir werden
hier nicht wie bisher zu lesen haben:

> Da sprachen die Chaldäer zum Könige auf Aramäisch:
> Herr König, Gott verleihe dir langes Leben! Sage deinen Knechten
> den Traum, so wollen wir ihn deuten u. s. w.;

es wird vielmehr richtig zu übersetzen sein:

> Und die Chaldäer sprachen zum König:
> Aramäisch:
> Herr König, Gott verleihe dir langes Leben! Sage deinen Traum,
> so wollen wir ihn deuten u. s. w.

Und in dieser Weise würde denn auch jene völlig ungereimte
und unbegründete Ansicht widerlegt, daß die Chaldäer sich der
aramäischen Sprache bedient haben könnten, — eine Annahme,
welche bekanntlich wiederholt vertreten wurde und natürlicher
Weise viele Irrthümer veranlaßte [1]).

Im Buche Esra, wo ein ähnlicher Sprachwechsel eintritt,
wird der längere aramäische Passus, der sich vom achten Verse
des vierten bis zum achtzehnten Verse des sechsten Capitels hin=
zieht, ebenfalls durch eine gleiche, in den Text übergegangene
Glosse eingeleitet. Vers 7 des vierten Capitels lautet in seiner
gegenwärtigen Fassung:

> Und zu den Zeiten Arthahschaschtha's schrieben Bischlam,
> Mithrabath, Tobel und die anderen ihres Rathes an den Perserkönig
> Arthahschaschtha; die Schrift aber des Briefes war aramäisch und ward
> aramäisch ausgelegt.

---

[1]) Daß J. Halévy erst kürzlich diese Ansicht wieder vorbringen konnte,
beweist jedenfalls von Neuem, welchen Grad von Competenz dieser leider ebenso
gestrenge als unberufene Richter der Assyriologen und der Assyriologie bean=
spruchen darf.

34*

Er muß indessen offenbar mit Vers 8 verbunden und folgendermaaßen übersetzt werden:

Und zu den Zeiten Arthakhschaschtha's schrieben Bischlam, Mithradath, Tobel und die anderen ihres Rathes an den Perserkönig Arthakhschaschtha; dieser Brief war aramäisch verfaßt und von einer Uebersetzung begleitet.

Aramäisch:

Rekhum, der Kanzler, und Schimschai, der Schreiber, schrieben einen Brief wider Jerusalem an den König Arthakhschaschtha, wie folgt u. s. w.

Zudem sind mehrere der Eigennamen, die der gegenwärtig uns vorliegende Text des Buches Daniel nennt, offenbar durch Verschulden der Abschreiber entstellt worden. So finden wir nicht allein Nabucadnezar für Nabukabrezar (Nabukudurri-uṣur), eine fehlerhafte Form, die sich übrigens auch in die Bücher der Könige und der Chronik eingeschlichen hat, während Jeremia[1]) und Esra[2]) allein die richtige Lesart bewahrten, sondern auch Abad-Nego anstatt Abad-Nebo und Belschazar für Belscharazar (Bel-sar-uṣur). Der Name Mischach, der einem der Gefährten Daniel's angehört, ist augenscheinlich ebenfalls durch Corruption einer ursprünglichen Form (vielleicht Mischa [marda]ch[3]), assyrisch Ma-sa-Maruduk) entstanden, in welcher der letzte Bestandtheil des jüdischen Namens Mischael durch einen babylonischen Götternamen ersetzt war; auch glaube ich, daß der fremdartig klingende Name Schadrach sich durch geringfügige Abänderung leicht auf einen wirklich babylonischen Namen zurückführen ließe[4]). Desgleichen dürfte der Widerspruch zwischen dem fünften Verse des ersten und dem ersten Verse des zweiten Capitels lediglich den Ab-

---

[1]) XLIII, 10.

[2]) II, 1.

[3]) Obige Vermuthung, daß in מישך eine Corruption von מיש[מרד]ך zu erblicken sei, ließe sich immerhin durch ein analoges Beispiel im Buche Esra (IV, 10) rechtfertigen, wo aus dem Königsnamen Assurbanhabal thatsächlich Asnapar, mithin אסנפר aus אס[רב]נ[ב]ל geworden ist.

[4]) Der elamitische Name Sutruk oder Sudruk, der dem שדרך genau entspricht und sich gerade damals in Babylon eingebürgert zu haben scheint, könnte indessen ebenfalls der ursprüngliche gewesen sein.

schreibern zuzuschreiben sein, da aller Wahrscheinlichkeit nach der
Text der zweiten Stelle ursprünglich lautete: „Im zweiten Jahre"
(nachdem Daniel die Schule der Chaldäer verlassen hatte),
woraus dann später: „Im zweiten Jahre der Regierung Nabu=
kuburussur's" gemacht wurde.

Endlich scheinen auch einzelne, allerdings wohl in bester
Absicht vorgenommene, indessen höchst unglücklich ausgefallene
Verbesserungsversuche nicht minder zur Verunstaltung unseres so
wie so schon mangelhaften Textes des Buches Daniel beige=
tragen zu haben. Wenigstens ließe sich z. B. der grobe Irrthum
im ersten Verse des ersten Capitels, wo das dritte Regierungs=
jahr Jojakim's als Zeitpunct der ersten Einnahme Jerusalems
durch Nabukuburussur angegeben wird, während Letzterer
doch erst im vierten Regierungsjahre des Ersteren den Thron
bestieg, kaum anders als dadurch erklären, daß man die ursprüng=
liche, vielleicht schon an sich nicht ganz richtige Zahlenangabe nach
dem zweiten Buche der Könige, XXIV, 1, zu verbessern suchte, —
wobei indessen auch letztere Stelle offenbar mißverstanden wurde.
Endlich bin ich der Ansicht, daß in ähnlicher Art der Name
Akhaschverosch, die gewöhnliche hebräische Transscription des
Namens Xerxes, in den ersten Vers des neunten Capitels
hineingerieth, während im ursprünglichen Texte wohl eine der
persischen Originalform des Namens Kyaxares, Uvakhsatra,
entsprechende Transscription zu lesen gewesen sein mag.

Daß also im Buche Daniel in der That Textesänderungen
und sogar Corruptionen stattgefunden haben, muß unbedingt
jeder Klarsehende zugestehen, — es müßte denn sein, daß der
Eine oder Andere lediglich von der Ansicht ausgehen wollte, daß
ein beständiges göttliches Wunder den gesammten Wortlaut der
heiligen Schrift überhaupt vor Entstellungen und Schädigungen
der bezeichneten Art bewahrt habe, wiewohl schon ein einziger

---

[1] II Kön., XXV, 8; Jerem., XXV, 1.

[2] Aus ארתשתר entstand אחשורוש wohl erst dann, nachdem es eine
paläographisch wohl erklärliche Abänderung in ארתשורר erfahren hatte, welche
Form sodann unberufene Hände erst völlig verdarben.

Blick in die hebräische Bibel mit ihren qerî und chetib erkennen läßt, daß dieses Wunder nun doch nicht geschehen ist. Wenn indessen die Exegeten aus eben diesen Mängeln fast alle ihre Einwendungen gegen das Alter des Buches Daniel schöpfen, die nicht etwa in einer vorgefaßten Meinung von der Unmöglichkeit der Prophetien und Wunder wurzeln, so müssen wir dem doch entgegenhalten, daß von allen jenen Corruptionen nicht eine über den gewöhnlichen Kreis der Entstellungen hinausgeht, denen selbst vorzügliche Texte unter den Händen der Abschreiber ausgesetzt sein können. Die Handschriften vieler griechischer Schriftsteller sind bei weitem mehr corrumpirt worden, ohne daß man deshalb ihre Echtheit bestritte; man sucht sie eben nur möglichst fehlerfrei zu machen und ihre ursprüngliche Fassung wieder herzustellen. Eine strengere Prüfung und Beurtheilung des Buches Daniel wird daher ebenfalls nur nach vorhergegangener genauester Feststellung aller im gegenwärtig vorliegenden Texte enthaltenen Corruptionen und Fehler stattfinden können. Und hiebei wird natürlich die gleichzeitige Berücksichtigung der erhaltenen keilschriftlichen Urkunden unzweifelhaft von wesentlichster Bedeutung sein.

III.

Das Buch Daniel enthält mehrere historische Angaben, die in allen anderen heiligen oder profanen Schriften fehlen, jedoch durch das Zeugniß der keilschriftlichen Texte bestätigt werden. So ist es z. B. jetzt bestimmt aus einem zu Mugheir, dem alten Ur, wiederaufgefundenen und gegenwärtig im Britischen Museum aufgestellten Prisma [1] erwiesen, daß der unabhängige, eingeborene babylonische König Nabonahid [2] in der That einen Sohn und Mitregenten Namens Belsarussur gehabt hat. Und wenn ich ferner in einem Fragment des Abydenus, des Abbreviators des Berosus, die seltsame Erzählung vom Tode Nabukuburussur's lese und darin eine Anspielung auf die Rolle finde, welche bei der Einnahme Babylons durch die Perser „ein Meder" vertrat, „dessen sich bis dahin Assyrien rühmte [3]," so kann ich nicht umhin zu glauben, daß dieses thatsächlich auf jenen medischen Darius sich beziehe, über den schon so manche Conjecturen gemacht wurden. Denn daß der Verfasser des Buches Daniel aus Unwissenheit Darius Hystaspes mit Cyrus verwechselt habe, ist völlig undenkbar; er erwähnt Letzteren wiederholt auf's bestimmteste, auch kennt er den Unterschied zwischen

---

[1] Vgl. W. A. L, I, 68, 1.

[2] Zwar ist im Buche Daniel von „seinem Vater Nabukuburussur" die Rede (V, 2, 11 und 18); doch wird „Vater" in den assyrischen Texten auch in weiterem Sinne gebraucht, zur Bezeichnung von Ahnen und Vorgängern. In den Inschriften des Obelisken zu Nimrud wird z. B. Jehu „Sohn Omri's" genannt.

[3] Abyden., Fragm. 9, Ausgabe von C. Müller.

Medern und Persern recht wohl; und wenn er daher sagt, daß
der fragliche Darius ein Meder gewesen, so dürfte das offenbar
nicht ohne Grund geschehen sein. Zudem ist nichts wahrschein=
licher, als daß Cyrus jenen Meder, der ihm zur Einnahme der
Stadt verhalf, zur Belohnung zeitweise als Vasallenkönig in
Babylon einsetzte[1]). Ich finde dies sogar gewissermaaßen da=
durch bestätigt, daß in den babylonischen und chaldäischen Ver=
trägen in Keilschrift Cyrus als „König von Babylon, König
der Völker" erst seit dem dritten Jahre nach der Einnahme von
Babylon bezeichnet wird, während er in den Verträgen aus den
ersten beiden Jahren nur den Titel „König der Völker" führt.

Alle Eigennamen, die nicht etwa durch Schuld der Ab=
schreiber zu sehr entstellt wurden, lassen sich leicht als babylo=
nische erkennen, mit anderen Worten als solche, wie man sie im
zweiten Jahrhundert v. u. Z. in Palästina nicht erfinden konnte;
so z. B. Balaṭsu-uṣur[2]) (beschütze sein Leben!), wie Daniel
genannt wird, desgl. Abad=Nabu[3]), wie einer der Gefährten
desselben heißt. Was ferner den Namen des Obersten der Eu=
nuchen betrifft, im hebräischen Text אשפנז, so dürfte derselbe
offenbar ein finales r verloren haben, da die Septuaginta ihn
mit Beibehaltung des r, hingegen mit Auslassung eines anderen
Buchstabens, Ἀβιεσδρι oder Ἀβνεσδρι, also אבנזדר schreibt. Die

---

[1]) Wird die Abänderung, die ich vorhin für IX, 1 vorgeschlagen, als
richtig anerkannt, so wäre dieser medische Darius der Sohn eines Kyaxares,
und zwar zweifelsohne desjenigen, für dessen Sohn sich der medische Prätendent,
der sich gegen Darius empörte, ausgab. Nach Xenophon hätte nun
Astyages auf dem Throne Mediens einen Kyaxares II zum Nachfolger
gehabt, während Herodot dieses medische Königthum gleich nach Astyages'
Besiegung durch Cyrus gänzlich aufhören läßt. Gewiß ist Alles, was Xeno=
phon von den Beziehungen zwischen Cyrus und diesem neuen Kyaxares
mittheilt, unmöglich; andererseits aber erregt doch der Umstand, daß in der
Inschrift zu Behistun thatsächlich des Meders Phraortes gedacht wird, der
sich für Xathrites, den Sohn des Kyaxares ausgab, Bedenken, die
Existenz einer Person dieses Namens, die nach Astyages gelebt und zeitweise
als Vasall des Cyrus die Krone getragen haben könnte, als reine Fabel zu
betrachten.

[2]) Vgl. Schrader, Die Keilinschriften und das Alte Testament, S. 278.

[3]) W. A. I., III, 46, Col. 1, Z. 82.

eigentlich richtige Form dieses Namens dürfte daher, in Anbetracht der Varianten אשפכנז und אבנזרי, entweder אשפנזר oder אשבנזר [1]) gewesen sein, mithin eine genaue Transscription des mehrfach [2]) vertretenen Namens Assa-ibni-zir [3]) „die Herrin [4]) hat den Keim gebildet". Andere Namen sind zwar bei weitem entstellter; doch findet sich gleichwohl unter ihnen nicht einer aus anderen Zeiten und Ländern, der irgendwie Zweifel erregen könnte; auf den Namen Arioch, welcher anscheinend Verdacht schöpfen ließe, werde ich später zurückkommen.

Die Topographie ist ihrer Genauigkeit wegen nicht minder beachtenswerth. Die Angaben des vierten Capitels über das Königsschloß Nabukuburussur's sind völlig untadelhaft. Desgleichen ist „die Ebene Dura in der Provinz Babylon", wo Nabukuburussur das Götzenbild zur allgemeinen Anbetung aufstellen ließ, eine unmittelbar zur Stadt Babylon gehörige Oertlichkeit, die noch heut diesen Namen führt.

Endlich ist es nicht uninteressant, aus diesen verschiedenen Gesichtspuncten das Buch Daniel mit dem Buche Judith zu vergleichen, wiewohl letzteres durchaus keinen historischen Charakter beansprucht, vielmehr nur als eine allegorische Darstellung aus der Zeit der Makkabäer betrachtet werden kann [5]). Wir begegnen hier einem assyrischen Könige, der nie existirte, einem ninivitischen Nebukadnezar, der im zwölften Jahre seiner Regierung, — im Lande eines ebenso unbekannten Elamiterkönigs Arioch [6]),

---

[1]) Der Wechsel von p und b in Aussprache und Schreibung ist häufig; so wird z. B. aus abal „Sohn" erst bal, dann pal, in der Bibel בל; desgl. zeigt die Wurzel בנה in den Parallelformen Zir-banit und Zar-panit dieselbe Vertauschung.

[2]) In den mir bekannten Beispielen ideographisch AN.XV.KAK.zir geschrieben.

[3]) In Betreff der Lesung Assa des Göttinnennamens AN.XV und der bezüglichen semitischen Transscriptionen אש und עש, vgl. W. A. I., III, 46, 3 und 6. — Das Verbum steht hinter Namen von Göttinnen häufig im Masculinum; im vorliegenden Falle könnte indessen auch der Imperativ stehen: Assa-bani-zir „Herrin bilde den Keim!"

[4]) Istar von Ninive.

[5]) Vgl. Oppert, im Annuaire de la Société d'Ethnographie, 1865.

[6]) Entnommen aus Genes., XI, 1 und 9.

speciell auf einer zugleich vom Euphrat, bem Tigris und dem in-
bischen Hydaspes ¹) bewässerten Ebene, und zwar zu einer Zeit,
wo Elam bereits seine Unabhängigkeit verloren hatte, — einen
Mederkönig besiegt, bessen semitischer Name Arphaxad einfach
der Stammtafel Sem's im zehnten Capitel der Genesis entlehnt
ist. Nach bieser Niederlage der Meder zieht sobann der Affyrerkönig aus, die Welt zu erobern. Sein Felbherr, mit perfischem
Namen Holophernes (Urufranâ), unterwirft auf einem mähr-
chenhaften Zuge ganz Syrien und gelangt enblich in das Land
Juba, wo er eine völlig unbekannte, allegorisch Betheloah „Haus
Gottes" genannte Stadt belagert, welche zuletzt von einem Weibe
Jubith (wörtlich „Jübin") übergeben wird. Wir bewegen uns
mithin in einem krausen Gewirr von Erfindungen und phantasie-
reichen Dichtungen, die dem Verfasser lediglich als Rahmen für
eine Summe moralischer Lehren bienen, welche allerdings den
einzigen Werth des Buches Jubith bilden ²). Im Buche Daniel

---

¹) Daß der h. Hieronymus biesen Namen gegen ben eines unbekannten
Flusses Jabasos vertauschte, suchen Manche bamit zu rechtfertigen, baß
Q. Curtius den Choaspes Hybaspes nenne. Dieses hieße jedoch einen
Irrthum durch einen anberen ersetzen.

²) Fréret wies bereits vor einem Jahrhundert barauf hin, baß das
Buch Jubith keinesivegs zu ben Schriften zu zählen sei, bie ber Geschichte
als Grundlage bienen können.

Gehen wir der Erzählung des Buches Jubith etwas näher auf ben
Grund, so scheint es fast, als habe ber Verfasser besselben an die Niederlage
des Mederkönigs Phraortes durch die Affyrer gebacht, welche nach Herobot's Angaben allerdings mit dem Jahre 12 (Chiniladan) des Ptolemäischen
Canon, b. h. mit dem zwölften Regierungsjahre Affurbanhabal's in Babylon, nach dem Tode seines Bruders Samulsumyukin, zusammenzufallen
scheint. Jedoch bleibt bieses immerhin zweifelhaft, einerseits ba die Niederlage
des Phraortes thatsächlich nur dann in ein zwölftes Jahr des Ptolemäischen
Canon fällt, wenn man durch künstliche Berechnungen eine gewisse Uebereinstimmung zwischen ben Chronologien des Herobot und des alexandrinischen
Astronomen herbeiführt, — andererseits ba das zwölfte Regierungsjahr Affurbanhabal's in Wirklichkeit das zweiundbreißigste seiner Regierung in Affyrien war. Nähme man aber trotzbem an, baß die Niederlage des
Arphaxad wirklich die des Phraortes gewesen sei, so geriethe man boch
mit neuen Widersprüchen und Unmöglichkeiten in Collifion, ba bie Ereignisse
in die Zeit des Königs Josias fallen würden, in welche ein affyrischer Einfall,
ben bie Bücher der Könige und der Chronik nicht kennen, sich wohl schwerlich

dagegen tragen alle charakterisirten Personen ein ebenso genau

---

verlegen ließe. Zudem hieß, nach Ausweis der authentischen Verzeichnisse, der Hohepriester zur Zeit Josias' keineswegs Jojachim, wie er im Buche Judith genannt wird. Auch deutet jener Vers, inhaltlich dessen Jojachim aus Jerusalem kam, um „mit dem Rathe der Söhne Israel's" Judith zu sehen (im griechischen Text XV, 8, beim h. Hieronymus XV, 9), offenbar auf die Verfassungsverhältnisse nach der Rückkehr aus der Gefangenschaft, nicht aber auf diejenigen zur Zeit der Könige hin (vgl. IV, 8, wonach die Landes=regierung ausschließlich aus dem Hohenpriester und dem Rathe bestand). Endlich verschwindet die Wahrscheinlichkeit der in Rede stehenden geschichtlichen Coinci=denz fast gänzlich, wenn wir den griechischen Text des ersten Capitels, der bei weitem* vollständiger ist als die lateinische Uebersetzung, zur Hand nehmen; denn danach erlitt Arphaxad sogar zwei Niederlagen, die eine im Jahre 12, die andere im Jahre 17, womit überhaupt kein bekanntes Ereigniß sich in Ver=bindung bringen läßt.

Daß übrigens auch Josephus bei Abfassung seines Geschichtswerkes das Buch Judith unbeachtet ließ, wiewohl dasselbe gerade zu seiner Zeit, wie der Brief des Clemens Romanus bezeugt, allgemein im Volke verbreitet war, kann ebenfalls nur darauf zurückgeführt werden, daß er demselben durchaus keinen historischen Werth beilegte. Ueberhaupt rechnen die Juden, wie schon Origenes bemerkte, das Buch Judith nicht zu ihrem Canon, weil weder ein hebräischer noch ein aramäischer Text davon vorhanden ist. Jedoch kennen sie die Geschichte der Judith recht wohl; auch besagt ihre bis in die talmu=dischen Zeiten zurückreichende Tradition, daß dieselbe sich zur Zeit der Makka=bäer zutrug, und daß die Feinde, mit denen Judith zu thun hatte, die Griechen waren. Dieses ergiebt sich nicht allein aus Jellinek's Beth ha-Midrasch (in's Deutsche übers. von Lipsius, im zehnten Bande der Zeitschrift für wissenschaftliche Theologie von Hilgenfeld), sondern auch daraus, daß der Tag, an welchem angeblich Judith's Heldenthat gefeiert wurde (XVI, 11 im Texte des h. Hieronymus), genau dem 13. Adar entspricht, an welchem die Niederlage und der Tod des Nikanor, des Feldherrn des Demetrius Soter, festlich begangen wurde (vgl. I Makkab., VII, 49; II Makkab., XV, 37). Völlig müssig wäre es indessen, die Richtigkeit oder Unrichtigkeit dieser jüdischen Ueberlieferung weiter zu prüfen: die Erzählung Achior's über die Geschichte des Juden, das Exil, die Gefangenschaft und Rückkehr, die Zerstörung und den Wiederaufbau des Tempels sind eben zu be=stimmt und unzweideutig, als daß sie anders aufgefaßt werden könnten (vgl. V, 18 und 19 des griechischen Textes, V, 22 und 23 der Vulgata).

Endlich bemerke ich in mehreren Puncten eine auffallende Aehnlichkeit zwischen dem assyrischen Nebucadnezar des Buches Judith und An=tiochus Epiphanes.

1. Nebucadnezar verlangt, daß man ihm göttliche Ehren erweise, während auch Antiochus sich auf seinen Münzen Θεὸς Ἐπιφανής nennt.

2. Nebucadnezar's Zorn richtete sich insbesondere gegen die Tempel aller Völker, die er der Plünderung preisgab; Antiochus wollte ebenfalls

historisches Gepräge wie die am Hofe des Xerxes im Buche
Esther [1]).

———————

den Nanäa-Tempel in Elam seiner Schätze berauben, wie er ja auch den
Tempel zu Jerusalem geplündert hatte.

3. Ersterer dehnte seine Herrscheransprüche über die syrischen Grenzen bis
auf Aegypten aus; desgleichen war Letzterer nicht frei von ähnlichen Erobe-
rungsgelüsten, bis Popilius im Namen des römischen Senates ihm Einhalt
gebot.

4. Nebucadnezar besiegt Arphaxad, den Begründer der medischen
Monarchie, sowie der Hauptstadt Ecbatana, und nimmt ihn gefangen; Antiochus schlägt Artaxias, den Begründer des armenischen Königthums,
sowie der Hauptstadt Artaxata, und macht ihn ebenfalls zum Kriegsgefangenen;
desgleichen ist die Assonanz der Namen Arphaxad und Artaxias offenbar
absichtlich herbeigeführt.

Die Ansicht derer, die gleich Volkmar, Hitzig und Oppert, das
Buch Judith erst in römischer Zeit entstehen lassen, dürfte indessen nicht richtig
sein, einerseits da der h. Clemens desselben gedenkt, andererseits da die Erwähnung der Edomiter unter den Feinden der Juden beweist, daß das Buch
aus der Zeit vor Johannes Hyrcanus stammt. Endlich thut auch die
Frage, ob das Buch Judith in historischer Beziehung von Werth sei oder
nicht, seiner von der Kirche ausgesprochenen Canonicität durchaus keinen Ab-
bruch, zumal absichtliche Namensvertauschungen in der Bibel keineswegs zu den
Seltenheiten gehören: wir brauchen hier nur an die erste Epistel Petri zu
denken, wo die Namen Babylon und Rom (Cap. 5, 13) mit einander ver-
tauscht sind.

[1]) Ueber das Buch Esther vgl. Oppert, Annales de philosophie chrétienne, Januar 1864.

IV.

Je öfter ich das Buch Daniel lese und mit den Angaben der Keilschrifttexte vergleiche, desto lebhafter tritt mir die Wahrheitstreue des Gemäldes vor Augen, welches die sechs ersten Capitel vom babylonischen Hoflager und den abergläubischen Vorstellungen der Zeiten Nabukudurussur's entwerfen; und je mehr ich von der Ueberzeugung durchdrungen werde, daß wenigstens dieser Theil des Buches Daniel in Babylon selbst und in einer den erzählten Begebenheiten noch nahe liegenden Zeit verfaßt wurde, um so unthunlicher und unrichtiger erscheint es mir, die Entstehung desselben in eine so späte Zeit wie die des Antiochus Epiphanes zu verlegen.

Oder ließe sich etwa annehmen, daß ein um das Jahr 167 v. Chr. in Palästina lebender Schriftsteller in der That so gründlich mit der Bedeutung vertraut gewesen sei, welche die Chaldäer und Babylonier den Träumen beilegten, desgleichen so genau den Einfluß gekannt habe, den dieser Aberglaube auf das ganze Verhalten der Könige gerade zu jenen Zeiten ausübte, in die er seine Erzählung verlegte? Dazu müßte er jedenfalls eine so überaus gründliche Kenntniß der Vergangenheit und eine so außerordentliche Darstellungsgabe besessen haben, wie sie sonst in allen auf Erfindung beruhenden literarischen Machwerken des Alterthums vergeblich gesucht wird.

Aus welcher Quelle sollte ferner derselbe Berichterstatter das Material zu seiner trefflichen Charakterisirung des babylonischen Königthums geschöpft und die richtige Ansicht gewonnen haben, daß letzteres selbst zur Zeit seiner Eroberungen eine geistliche und weltliche Monarchie zugleich war, welche thatsächlich von einem Priesterkönig, sakkanakku „Stellvertreter der Götter", regiert wurde? Die Geschichte, so gründlich er sich mit derselben vertraut machen mochte, würde ihn im Allgemeinen nur soviel gelehrt haben, daß dieser specielle Charakter vielleicht am ent= schiedensten bei der Dynastie hervortrat, die aus der Priester= kaste der Chaldäer hervorging und durch Nabopolassar ge= gründet wurde; auch konnte er aus derselben immerhin entnehmen, daß Nabukuduruffur in der Localtradition von Babylon, auf welche sich auch die Geschichtsschreiber, wie Berosus, stützten, speciell den Ruf eines Sehers und Propheten hatte [1]). Die Einzelheiten, die das Buch Daniel über die Organisation der Priester= und Gelehrtenkaste giebt, die Thatsache, daß fünf verschiedene Gelehrtenclassen bestanden, welche genau der Ein= theilung der heiligen Bücher über Astrologie, Magie und Wahr= sagekunst entsprachen, hätte er indessen ebensowenig auf diesem Wege erfahren können wie den Umstand, daß für diese heiligen Wissenszweige auch eine besondere Sprache in den Priesterschulen gelehrt wurde, — das Akkadische, welches mit Recht den Namen einer „Sprache der Chaldäer [2])" verdiente.

Auch ist es undenkbar, daß ein Schriftsteller aus der Zeit des Antiochus Epiphanes so genau über den ehemaligen Brauch der Erziehung von Jünglingen hätte unterrichtet sein können, die aus den Geißeln der unterjochten Völker ausgewählt und dazu bestimmt wurden, „dem Landesfürsten Dienste zu leisten". Nach Angabe einer Inschrift des Sinakheirib wurden diese Auserwählten in der That gleich „Hündchen", kissa mirani, im königlichen Schlosse erzogen; einer von ihnen, Bel=ibus, ward sogar als Vasallenkönig in Babylon eingesetzt [3]).

Daß ferner die Bezeichnungen der musikalischen Instrumente im dritten Capitel, mit Ausnahme derjenigen des Hornes, der Flöte und vielleicht auch der Sambuca [4]), griechisch sind, ist

[1]) Abyden., Fragm. 9, Ausg. von C. Müller.
[2]) I, 4.
[3]) Layard, Inscriptions, Tff. LXIII, Z. 14.
[4]) Anscheinend von der Wurzel סבך; die Bezeichnung dieses Instrumentes

allerdings ein Anhalt zur Bestimmung der Abfassungszeit der
aramäischen Uebersetzung; indessen wäre ein durch vier Jahr=
hunderte von den berichteten Ereignissen getrennter Schriftsteller
offenbar ein so hervorragender Gelehrter gewesen, wie es deren
zu seiner Zeit wohl schwerlich gab, wenn er thatsächlich den
Umstand gekannt hätte, daß die Instrumentalmusik, die von den
ersten assyrischen Königen fast gänzlich vernachlässigt und über=
gangen worden war, gerade vom siebenten Jahrhundert an eines
der wesentlichsten Elemente aller religiösen und öffentlichen Cere=
monien in Assyrien und Babylon wurde. Unter Assurnazir=
habal war die Rolle der Musiker bei Festfeiern nur eine völlig
untergeordnete; zudem besaßen dieselben dazumal nur erst drei
Instrumente: eine Art Harfe, die horizontal gehalten und mit
dem Plektron geschlagen wurde, eine mit der Hand gespielte
Leier, sowie endlich die Cymbel [1]). Dagegen werden die Musiker
unter den Sargoniden beständig auf den Basreliefs dargestellt
und wiederholt in den Inschriften erwähnt; auch kennen sie nun=
mehr etwa zehn verschiedene Instrumente, von denen einzelne
entschieden fremden Ursprunges [2]) sind, wie z. B. das syrische
Kinnor [3]), die Doppelflöte [4]) aus Kleinasien [5]) und die sieben=
saitige Zither [6]), die unzweifelhaft eine griechische Erfindung war [7]).

---

dürfte daher von den Griechen den Semiten, nicht umgekehrt vom Verfasser
des aramäischen Textes dem Griechischen entlehnt sein.

[1]) G. Rawlinson, The five great monarchies, zweite Aufl., Bd. I,
S. 529.

[2]) Die Einführung fremder musikalischer Instrumente geschah meist durch
die Kriegsgefangenen, die den Siegern musikalische Genüsse zu bereiten ge=
zwungen wurden. Im Psalm 137 wird dieses ausdrücklich von den Juden zu
Babylon gesagt. — Vgl. G. Rawlinson, a. a. O., Bd. I, S. 540.

[3]) G. Rawlinson, a. a. O., Bd. I, S. 580.

[4]) Ebd., S. 534.

[5]) Athen., IV, 184; Plut., De mus., 1135.

[6]) G. Rawlinson, a. a. O., Bd. I, S. 533.

[7]) Euclib., Introd. harmon., S. 19; Strabo, XIII, 618; Clem.
Aleg., Stromat., VI, S. 814. —

Die Erfindung der Zither wird Terpander, um 650 v. Chr., zuge=
schrieben; desgl. wird sie auf assyrischen Bildwerken erst zur Zeit Assurban=
habal's, 668—625, dargestellt; die Coincidenz dieser Daten ist jedenfalls
überraschend.

Endlich mußte der Verfasser des Buches Daniel, wie ebenfalls aus dem dritten Capitel hervorgeht, genauere Kenntnisse über die Art der Todesstrafen haben, die speciell über Gottes= lästerer verhängt wurden. Denn wie wir gegenwärtig aus den bildlichen Darstellungen der erhaltenen Denkmäler ersehen, wurden derartige Delinquenten in der That den qualvollsten und aus= gesuchtesten Martern unterzogen. An den Wänden des Schlosses zu Kojundjik wird die Hinrichtung zweier Gotteslästerer dar= gestellt, die der Zunge beraubt und lebendig geschunden werden [1]).

Die Erzählung von dem Vorgange in der Löwengrube (Capitel VI.) liefert ebenfalls einen schlagenden Beweis für die außerordentliche Genauigkeit des Berichterstatters, wenn man einerseits die Jagdscenen auf den Basreliefs Assurbanhabal's, auf denen Löwen in Käfigen vorgeführt werden, andererseits die Mittheilung eines Urtextes in Betracht zieht, wonach Assar= habbon „den Büffeln, Hunden und Bären, die in nächster Nähe des Ostthores von Ninive in Verwahrsam gehalten wurden", Gefangene vorwerfen läßt [2]).

Die Maaße des goldenen Standbildes, welches Nabukudur= ussur in der Ebene Dura zur allgemeinen Anbetung errichten ließ, 60 Ellen Höhe und 6 Ellen Breite, sind offenbar über= trieben [3]) und dürfte hier der Verfasser lediglich nach Hörensagen berichtet haben [4]), wenn nicht etwa seine Angaben später durch die Hand der Abschreiber geändert worden sind. Daß aber that= sächlich der Brauch bestand, goldene Standbilder von kolossaler Größe zu errichten, unterliegt trotzdem keinem Zweifel. Die drei Götterstatuen, welche bis zur Plünderung durch Xerxes die Pyramide Ê=saggal zu Babylon krönten, repräsentirten, nach Diodorus Siculus [5]), nebst ihren Altären und anderem

---

[1]) Vgl. die zugehörige Inschrift W. A. I., III, 37, 7.

[2]) Prisma des Assarhaddon, Col. 2, Z. 2 ff.

[3]) Auch in künstlerischer Hinsicht wäre dieses Höhen= und Breitenverhältniß, buchstäblich genommen, geradezu ein ungeheuerliches.

[4]) Auf Grund des sexagesimalen Rechnungssystems der Babylonier könnte übrigens die Zahl 60 hier auch als unbestimmte Angabe überhaupt gegeben sein.

[5]) II, 9.

Zubehör zusammen eine Goldmaſſe von 5,850 Talenten, alſo 143,559 Kilogramm Gewicht oder 430,677,000 Francs Werth [1]). Desgleichen befand ſich, ebenfalls bis auf Xerxes' Zeiten, im Heiligthum der Stockwerkpyramide zu Borſippa ein maſſiv goldenes Standbild, deſſen Höhe nach Herobot's [2]) Mittheilungen nicht weniger als zwölf Ellen betrug.

Aehnliche, wenn auch weniger beträchtliche Daten ergeben ſich aus folgendem Berichte einer Keilſchrifttafel [3]), die zwei höhere Beamte der Unterſchlagung von Gold bezichtigt, welches zur Anfertigung von Standbildern beſtimmt war:

An den König, meinen Herrn, dein Diener Abad=Nebo [4]).
Friede dem Könige, meinem Herrn! Aſſur, Samas, Bel, Zarpanit, Nebo, Tasmit, Iſtar von Ninive, Iſtar von Arbela, die allgewaltigen und großen Götter, die Beſchirmer des Königthums, ſie mögen dem Könige hundert Jahre (Lebensdauer) gewähren und die Diener und Nachkommen des Königs, meines Gebieters, vermehren!
Das Gold, welches der Geheime Rath (abarakku) und der Verwalter des Schloſſes (aba hikal [5])) mich im Monat tasrit dem rab-daninu [6]) übergeben hießen . . . ., drei Talente reinen Goldes und vier Talente gemiſchten Goldes (Elektron?), beſtimmt für die Bildſäulen des Königs und ſeiner Mutter, iſt (den Arbeitern) nicht ausgehändigt worden.
Der König, mein Herr, befehle daher dem Geheimen Rath und dem Verwalter des Schloſſes, das Gold zurückzuerſtatten und binnen Monatsfriſt den Kriegsknechten zu übergeben, auf daß dieſes pünctlich geſchehe.

Die Goldmaſſe, um die ſich's hier handelt, betrug alſo 212 Kilogramm 100 Gramm an Gewicht [7]) oder 636,000 Francs

---

[1]) Obiger Berechnung iſt ſpeciell das Gewicht des leichten Goldtalentes zu Grunde gelegt; nach ſchweren Goldtalenten berechnet, würden obige Ziffern ſich um das Doppelte vergrößern. Rechnet man dagegen nach gewöhnlichen Gewichtstalenten, dann ergiebt das leichte Aichmaaß 174,270 Kilogramm 800 Gramm, das ſchwere Aichmaaß das Doppelte. Dieſe verſchiedenen Gewichte in Münze zu übertragen, rechne ich das Goldgramm zu 3 Francs.

[2]) I, 181.

[3]) Britiſches Muſeum K. 538. Der Urtext dieſer Inſchrift wird im vierten Hefte meines Choix de textes cunéiformes inédits veröffentlicht werden.

[4]) Oder Arad=Nebo.

[5]) Mitunter auch nir-hikal genannt.

[6]) Noch nicht ermittelter Amtstitel.

[7]) Nach ſchweren Talenten berechnet; 424 Kilogramm 200 Gramm.

an Werth, — jedenfalls eine genügende Quantität zur Her=
stellung zweier Bildsäulen, zumal in getriebener Arbeit.

Endlich erfahren wir, daß schon mehrere Jahrhunderte vorher
auch der cissische König Agû=kak=rime[1]) für die Kolossal=
statuen des Marubuk und der Zarpanit in der Pyramide
zu Babylon goldene Bekleidungen im Gewichte von vier Talenten
(121 Kilogramm 200 Gramm Gewicht oder 363,000 Francs
Werth[2])) nebst zahlreichen Edelsteinen geliefert hatte.

Die bedeutendsten Goldmassen dürften indessen unzweifelhaft
unter Nabukuburussur zur Ausschmückung der Tempel ver=
wandt worden sein[3]), zumal gerade damals durch die Plünde=
rung eines großen Theiles von Kleinasien eine ungewöhnliche
Anhäufung von Schätzen in Babylon stattgefunden haben mußte.
W. A. I., I, 53—58 wird z. B. berichtet, daß dieser Monarch
einen monumentalen Altar vor der Pyramide zu Babylon er=
richten und „mit reinem Golde von beträchtlichem Gewichte über=
ziehen", desgleichen die inneren Wände des oberen Heiligthums
der Pyramide zu Borsippa „mit gehämmertem Golde, welches
wie die auf= und niedergehende Sonne leuchtete," auslegen ließ.
Auch sah noch Herodot[4]), nach dem Durchzuge des Xerxes,
an letztgenannter Stelle einen Tisch, einen Thronsessel und ein
Fußgestell von Gold, welche zusammen 800 Talente wogen.
Erwägen wir nun, daß Herodot das Gold nach euböischen
Talenten abschätzt, wie dies zu seiner Zeit auch amtlich im Reiche
der Achaemeniden geschah, so würden diese 800 Talente etwa
20,196 Kilogramm Gewicht oder 60,598,000 Francs Werth ent=
sprechen. Diese Angaben sind in der That um so gewichtiger,
als Herodot gerade hier über Dinge berichtet, die er selbst mit
eigenen Augen gesehen und nicht etwa aus Mittheilungen Anderer
kennen gelernt hatte, wie dies bei Diodorus Siculus vor=

---

[1]) Vgl. Boscawen, Transactions of the Society of Biblical Archaeology, Bd. IV, S. 138—166; W. A. I., II, 38, 3.

[2]) Nach schweren Talenten berechnet: 242 Kilogramm 400 Gramm Ge=
wicht oder 727,200 Francs Werth.

[3]) Vgl. Berosus, Fragm. 14, Ausg. von C. Müller.

[4]) I, 183.

ausgesetzt werden könnte. Es liegen mithin Beweisgründe genug
dafür vor, daß die Erzählung des Buches Daniel über die
Errichtung eines kolossalen Götterstandbildes durch Nabukubü=
russur immerhin auf einer Thatsache beruhen kann, so über=
trieben auch die Einzelheiten, die damit verknüpft werden, sein
mögen.

Der „Oberste der Eunuchen" sowie der amil ussur oder
„Schatzmeister", die der hebräische Text des ersten Capitels er=
wähnt, werden auch in assyrischen Urtexten wiederholt genannt
und in gleicher Weise charakterisirt. Die assyrische Titulatur[1]
des Letzteren ist im Hebräischen in מלצר geändert, jedoch in der
Septuaginta durch die genauere Form Ἀμελσάδ oder Ἀμελσάρ,
also אמלצר, ersetzt worden. Dagegen stimmt die Bezeichnung
des Ersteren, rab hasarisim oder sar ha-sarisim, in anderen
alttestamentlichen Büchern[2] rab saris, genau mit dem assy=
rischen Titel rabbi nar oder rab nar „Oberster der Diener",
d. h. Oberaufseher des gesammten Palastdienstes, überein.
Der „Oberste Rechtsvollstrecker" (assyrisch: rab daiki, wörtlich
„Oberster Scharfrichter"), von dem im zweiten Capitel die Rede
ist, stand bekanntlich bei allen orientalischen Monarchen in beson=
derem Ansehen; auf einer von Smith[3] in Nimrud entdeckten
emaillirten Thontafel sehen wir ihn sogar unmittelbar neben
dem königlichen Wagen einherschreiten. II Könige, 25, und
Jeremia, 52, wo die Einnahme Jerusalems geschildert wird,
spielt der „Oberste Richter" Nabukuburussur's ebenfalls
eine wesentliche Rolle. Nur fällt es auf, daß an beiden Stellen
der daiki, der bis zum dreiundzwanzigsten Regierungsjahre des
genannten babylonischen Königs im Amte verblieb, den assyrischen
Namen Nabu=zir=ibbin führt, während der „Oberste Richter"
im Buche Daniel Arioch genannt wird, — ein Name, der

---

[1] Ideogramm „Mensch" in Verbindung mit dem phonetischen u-ṣu-ur;
daß übrigens das Schriftzeichen für „Mensch", wenn es einem Amtstitel vor=
aufgeht und wirklich ausgesprochen werden soll, amil und nicht nisu gelesen
wurde, glaube ich aus mehreren anderen Beispielen ersehen zu müssen.

[2] II Könige, XX, 18; Jesaia, XXXIX, 7.

[3] Assyrian discoveries; vgl. die Tafel zu S. 80.

allerdings der Genesis¹) entnommen zu sein scheint. Erwägen wir indessen, daß die Zeitangabe im ersten Verse des zweiten Capitels, ebenso wie die im ersten Verse des ersten Capitels, durch ein Versehen des Abschreibers geändert und daß anstatt „im zweiten Jahre Nabukuburussur's" nur zu lesen sein dürfte „im zweiten Jahre", d. h. zwei Jahre nach den im ersten Capitel erzählten Begebenheiten²), so dürfte Arioch's Amtsverwaltung noch vor dem neunzehnten Regierungsjahre Nabukuburussur's stattgefunden haben; und da wir Nabu-zir-ibbin erst von diesem Zeitpuncte ab auftreten sehen, so ließe sich demgemäß ganz gut annehmen, daß Arioch ein Amtsvorgänger desselben gewesen sei. Zudem könnte dem Namen Arioch, so verdächtig er auch erscheint, immerhin ein wirklich babylonischer Name zu Grunde liegen; wenigstens findet sich in vielen Privaturkunden Ariku „der Lange" als Eigenname gebraucht, und es ließe sich daher wohl annehmen, daß die entsprechende hebräische Form ursprüng= lich אריך gelautet habe, dann aber durch die Abschreiber, die diesen Namen mit dem in der Genesis genannten in Ueberein= stimmung zu bringen für angemessen hielten, in אריוך verwandelt worden sei³).

Unter den vielen Titeln politischer und gerichtlicher Ver= waltungsbeamten, die im dritten Capitel genannt werden, findet sich ebenfals nicht einer, der sich nicht auch in den Urkunden der ninivitischen und babylonischen Könige nachweisen ließe. In= dessen sind nur zwei dieser amtlichen Bezeichnungen, pakhat und sakan, die ziemlich genau dem heutigen „Pascha" und „Kihaya" entsprechen, in ihrer ursprünglichen assyrischen Form beibehalten worden, während der aramäische Text alle übrigen,

----

¹) **XI**, 1 und 9.
²) Josephus' Vermuthung (Ant. Jud., X, 10, 3), daß es sich hier um das zweite Jahr nach Nabukuburussur's Einfall in Aegypten, das Jahr 23 seiner Regierung, handele, ist ganz unzulässig, — abgesehen davon, daß dieser Einfall selbst noch sehr zweifelhaft ist.
³) Josephus (Ant. Jud., X, 10, 8) verwandelte ebenfals die Be= zeichnung des „Obersten der Eunuchen" in אשפנז, Ἀσχάνης, indem er dieselbe mit dem Namen אשכנז im zehnten Capitel der Genesis verwechselte.

die Titulatur des königlichen Heroldes einbegriffen, durch persische Aequivalente aus der Achämenidenzeit ersetzt. Gerade dieser Umstand aber dürfte insbesondere geeignet sein, das Datum der Abfassung der ersten Capitel des Buches Daniel zu bestimmen. Denn wenn dasselbe in der That zur Zeit des Antiochus Epiphanes verfaßt wäre, dann müßten sich auch griechische Titulaturen darin vorfinden, entsprechend den Bezeichnungen der musikalischen Instrumente, — zum wenigsten der Titel στρατηγός, welcher nach Ausweis aramäischer Inschriften un= zweifelhaft in die semitischen Sprachen aufgenommen wurde. Auch kann nicht zugestanden werden, daß die persischen Aequivalente von dem Verfasser der aramäischen Uebersetzung anstatt der wirklich assyrischen Titel gebraucht worden seien; es wird viel= mehr angenommen werden müssen, daß sie bereits im ursprüng= lichen hebräischen Texte standen, um so mehr, da der erhaltene hebräische Text des ersten Capitels, im dritten und fünften Verse, ebenfalls zwei persische Ausdrücke, — פרתמים, zur Be= zeichnung der Vornehmsten des israelitischen Adels, und פתבג, zur Bezeichnung der täglichen Rationen, die von der königlichen Tafel den im Schlosse erzogenen Jünglingen verabfolgt wurden, — dagegen nicht ein einziges griechisches Wort enthält. Alle diese persischen Ausdrücke beweisen offenbar, daß das Buch Daniel, in seiner ursprünglichen Fassung, unter den Achämeniden und nicht unter den Seleuciden verfaßt wurde, also zur Zeit, da in Babylon die persischen Titulaturen die alten assyrischen ver= drängten und bevor noch die griechischen Eroberungen andere, griechische Bezeichnungen eingeführt hatten.

V.

Das wichtigste und anziehendste der sechs ersten Capitel des Buches Daniel ist unzweifelhaft das vierte, in welchem Nabu= kuburuffur selbst, in Form eines amtlichen Erlasses, über seine Geistesverwirrung berichtet und das Traumgesicht schildert, welches dieselbe ankündigte. Ich habe den Leser bereits früher mit der Erzählung eines mantischen Traumes aus amtlichen Annalen eines assyrischen Monarchen bekannt gemacht und gestatte mir daher ebenfalls den Bericht hier wiederzugeben, den das Buch Daniel dem babylonischen Könige zuschreibt:

Ich, Nabukuburuffur, da ich gute Ruhe hatte in meinem Hause und es wohl stand auf meiner Burg, sahe ich einen Traum, und erschrak, und die Gedanken die ich auf meinem Bette hatte über dem Gesicht, so ich gesehen hatte, betrübten mich. Und ich befahl, daß alle Weisen zu Babel vor mich herauf gebracht würden, daß sie mir sagten, was der Traum bedeutete.

Da brachte man herauf die Beschwörer, Weisen, Chaldäer (Sterndeuter) und Wahrsager, und ich erzählte den Traum vor ihnen; aber sie konnten mir nicht sagen, was er bedeutete. Bis zuletzt Daniel vor mich kam, welcher Balatfuffur heißt, nach dem Namen meines Gottes[1]), der den Geist der heiligen Götter hat. Und ich erzählte vor ihm den Traum:

„Balatfuffur, du Oberster unter den Beschwörern, welchen ich weiß, daß du den Geist der heiligen Götter hast, und dir nichts verborgen ist, sage das Gesicht meines Traumes, den ich gesehen habe, und was er bedeutet. Dies ist aber das Gesicht, das ich gesehen habe auf meinem Bette[2]): Siehe es stand

---

[1]) Der Gott, der im Namen Balatfuffur („beschütze sein Leben") an= gerufen wird, wäre demnach Bel=Maruduk, der Hauptgott von Babylon.

[2]) Im Exemplar, nach welchem die Verfasser der Septuaginta übersetzten, fehlte der ganze Passus von den Worten: „Und ich befahl, daß alle Weisen zu Babel u. s. w." bis „Siehe es stand ein Baum u. s. w."

ein Baum mitten im Lande, der war sehr hoch, groß und dick; seine Höhe reichte bis in den Himmel und breitete sich aus, bis an's Ende des ganzen Landes; seine Aeste waren schön und trugen viele Früchte, davon Alles zu essen hatte; alle Thiere auf dem Felde fanden Schatten unter ihm, und die Vögel unter dem Himmel saßen auf seinen Aesten, und alles Fleisch nährte sich von ihm. Und ich sahe ein Gesicht auf meinem Bette, und siehe, ein heiliger Wächter fuhr vom Himmel herab, der rief überlaut und sprach also: „Hauet den Baum um und behauet ihm die Aeste, und streifet ihm das Laub „ab und zerstreuet seine Früchte, daß die Thiere, so unter ihm liegen, weg= „laufen und die Vögel von seinen Zweigen fliegen. Doch laßt den Stock mit „seinen Wurzeln in der Erde bleiben; er aber soll in eisernen und ehernen „Ketten auf dem Felde im Grase gehen; er soll unter dem Thau des Himmels „liegen und naß werden, und soll sich weiden mit den Thieren von den Kräu= „tern der Erde. Und das menschliche Herz soll von ihm genommen und ein „viehisches Herz ihm gegeben werden, bis sieben Zeiten über ihn um sind. „Solches ist im Rathe der Wächter beschlossen und im Gespräch der Heiligen „berathschlaget, auf daß die Lebendigen erkennen, daß der Höchste Gewalt hat „über der Menschen Königreiche, und giebt sie, wem er will, und erhöhet die „Niedrigen zu denselben." Solchen Traum habe ich König Nabukuburussur gesehen. Du aber, Balatsussur, sage was er bedeute, denn alle Weisen in meinem Königreich können mir nicht anzeigen was er bedeute; du aber kannst es wohl, denn der Geist der heiligen Götter ist bei dir."

Da entsetzte sich Daniel, der sonst Balatsussur heißt, bei einer Stunde lang, und seine Gedanken betrübten ihn. Aber der König sprach:

„Balatsussur, laß dich den Traum und seine Deutung nicht be= trüben."

Balatsussur fing an und sprach: „Ach mein Herr, daß der Traum deinen Feinden und seine Deutung deinen Widerwärtigen gälte! Der Baum, den du gesehen hast, daß er groß und dick war, und seine Höhe bis an den Himmel reichte, und breitete sich über das ganze Land, und seine Aeste schön, und seiner Früchte viel, davon Alles zu essen hatte, und die Thiere auf dem Felde unter ihm wohnten, und die Vögel des Himmels auf seinen Aesten saßen; das bist du, König, der du so groß und mächtig bist; denn deine Macht ist groß und reichet an den Himmel, und deine Gewalt langet bis an der Welt Ende. Daß aber der König einen heiligen Wächter gesehen hat vom Himmel herabfahren und sagen: „Hauet den Baum um und verderbet ihn, doch den „Stock mit seinen Wurzeln laßt in der Erde bleiben; er aber soll in eisernen „und ehernen Ketten auf dem Felde im Grase gehen, und unter dem Thau des „Himmels liegen und naß werden, und sich mit den Thieren auf dem Felde „weiden, bis sieben Zeiten über ihn um sind," — das ist die Deutung, Herr König, und solcher Rath des Höchsten gehet über meinen Herrn König. Man wird dich von den Leuten verstoßen, und mußt bei den Thieren auf dem Felde bleiben; und man wird dich Gras essen lassen, wie die Ochsen, und wirst unter dem Thau des Himmels liegen und naß werden, bis über dich sieben Zeiten um sind; auf daß du erkennest, daß der Höchste Gewalt hat über der Menschen Königreiche, und giebt sie, wem er will. Daß aber gesagt ist, man solle

dennoch den Stock mit seinen Wurzeln des Baumes bleiben lassen; dein König=
reich soll dir bleiben, wenn du erkannt hast die Gewalt im Himmel. Darum,
Herr König, laß dir meinen Rath gefallen, und mache dich los von deinen
Sünden durch Gerechtigkeit, und ledig von deiner Missethat durch Wohlthat
an den Armen, so wird er Geduld haben mit deinen Sünden."

Dies Alles widerfuhr dem Könige Nabukuduruffur. Denn nach
zwölf Monaten, da der König auf der königlichen Burg ¹) zu Babel ging, hob
er an und sprach: „Das ist die große Babel, die ich erbauet habe zum könig=
lichen Hause, durch meine große Macht, zu Ehren meiner Herrlichkeit."

Ehe der König diese Worte ausgeredet hatte, fiel eine Stimme vom Himmel:
„Dir, König Nabukuduruffur, wird gesagt: Dein Königreich soll dir
genommen werden; und man wird dich von den Leuten verstoßen, und sollst
bei den Thieren, so auf dem Felde gehen, bleiben; Gras wird man dich essen
lassen, wie Ochsen, bis daß über dir sieben Zeiten um sind, auf daß du er=
kennest, daß der Höchste Gewalt hat über der Menschen Königreiche, und giebt
sie, wem er will."

Von Stund an ward das Wort vollbracht über Nabukuduruffur,
und er ward vor den Leuten verstoßen, und er aß Gras wie Ochsen, und sein
Leib lag unter dem Thau des Himmels, und ward naß, bis sein Haar wuchs,
so groß als Adlers Federn, und seine Nägel wie Vogelsklauen wurden.

Nach dieser Zeit hob ich, Nabukuduruffur, meine Augen auf gen
Himmel und kam wieder zur Vernunft und lobte den Höchsten. Ich pries
und ehrte den, so ewiglich lebet, deß Gewalt ewig ist, und sein Reich für und
für währet; gegen welchen Alle, so auf Erden wohnen, als nichts zu rechnen
sind. Er macht es, wie er will, beides mit den Kräften im Himmel, und mit
denen, so auf Erden wohnen, und Niemand kann seiner Hand wehren, noch zu
ihm sagen: „Was machst du?"

Zu derselben Zeit kam ich wieder zur Vernunft, auch zu meinen könig=
lichen Ehren, zu meiner Herrlichkeit und zu meiner Gestalt. Und meine Räthe
und Gewaltigen suchten mich; und ward wieder in mein Königreich gesetzt,
und ich überkam noch größere Herrlichkeit. Darum lobe ich, Nabukudu=
ruffur, und ehre und preise den König vom Himmel. Denn alles sein Thun
ist Wahrheit, und seine Wege sind recht; und wer stolz ist, den kann er de=
müthigen.

Es handelt sich also hier nicht um eine „Verwandelung
Nabukuduruffur's in ein Thier", wie ältere illustrirte Bibeln
und leider auch noch viele neuere religiöse Erzählungsbücher
diesen Vorgang darzustellen pflegen, sondern lediglich um einen
allerdings dichterisch ausgeschmückten, im Uebrigen aber wohl
denkbaren Fall von Lykanthropie. Ob indessen der gewaltige

---

¹) Nach Abydenus (Fragm. 9, Ausg. von C. Müller) prophezeite
Nabukuduruffur ebenfalls von den Terrassen seines Schlosses aus.

Nabukuburuffur in den letzten Jahren feiner Regierung that=
fächlich von diefer Krankheit befallen wurde, läßt fich freilich
nicht mit Beftimmtheit ermitteln. Denn unfere Kenntniß der
Begebenheiten während der Regierung diefes Fürften ift in vielen
Hinfichten noch·lückenhaft; wir befitzen keine hiftorifchen In=
fchriften aus feiner Zeit, keine epigraphifchen Nachrichten über
feine Eroberungen, fondern nur wenige Texte, welche ausfchließlich
über feine Bauten berichten. Das Meifte von dem, was wir
über Nabukuburuffur's Kriegsthaten wiffen, beruht allein
auf biblifchen Erzählungen, und diefe laffen fich natürlich eben=
fowenig controliren wie die Angaben des vierten Capitels des
Buches Daniel.

Gleichwohl bietet, nach Oppert's[1]) Anficht, die angebliche
Geiftesverwirrung Nabukuburuffur's den einzigen Anhalte=
punct zur Löfung eines hiftorifchen Problems, welches die keil=
fchriftlichen Texte aufwerfen. Nergalfaruffur, der Schwieger=
fohn des Zerftörers von Jerufalem und Entthroner feines Schwa=
gers Amil=Maruduk (Evilmerodach), des einzigen Sohnes
Nabukuburuffur's, legt nämlich in amtlichen Infchriften
feinem eigenen Vater Bel=zikir=iskun[2]) den Titel „König
von Babylon" bei. In der für diefen Zeitraum vollftändigen
Lifte der Könige wird jedoch Letzterer nicht aufgeführt; und es
muß daher angenommen werden, daß Nergalfaruffur nur
deshalb feinem Vater den Königstitel beilegte, um einen Ufur=
pationsverfuch deffelben zu legitimiren, der zur Zeit Nabu=
kuburuffur's ftattfand und vielleicht zu unbedeutend war, um
im Canon des Ptolemäus, der fyftematifch alle nur wenige
Monate herrfchenden Perfonen ungenannt läßt, Erwähnung zu
finden. Der Verfuch, einen fo mächtigen Fürften wie Nabu=
kuburuffur zu entthronen, war aber jedenfalls kein leichtes
Unternehmen; er konnte eben nur gefchehen, wenn er von be=
fonderen Umftänden, wie etwa von der zeitweifen Unzurechnungs=
fähigkeit des Monarchen, begünftigt wurde.

---

[1]) Expédition en Mésopotamie, Bd. I, S. 186.
[2]) Oder: Bel=fum=iskun; beide Lesarten find gleich möglich.

Aller Wahrscheinlichkeit nach war der König Nergal=
faruffur ein Enkel jenes älteren Nergalfaruffur, der zur
Zeit der Einnahme Jerufalems den Titel rubu-emga [1] „glor=
reiches Oberhaupt", in der Bibel rab-mag, führte. Ebendiefer
Titel, den auch der Vater des Nabonahib befaß [2]), fcheint
aber der nämliche zu fein, der dem Oberhaupt der Priefterkafte
zuftand. Der König Nergalfaruffur war alfo ein Enkel des
Oberften der Chaldäerkafte, welcher verfaffungsgemäß und auf
Grund feiner Rangftellung vom Tobe Nabopolaffar's bis
zur Rückkehr Nabukuburuffur's aus feinem Feldzuge gegen
Syrien [3]) ftellvertretend die Regentfchaft geführt hatte. Und da
in der Priefterkafte Alles erblich war, mußte natürlich auch der
Sohn des älteren Nergalfaruffur, Bel=zifir=iskun, denfelben
Rang und die nämlichen Rechte befitzen wie fein Vater, d. h. er
war ebenfalls berechtigt, die Regentfchaft zu führen, folange der
regierende Monarch durch feine Geiftesverwirrung behindert war,
feinen Herrfcherpflichten felbftändig obzuliegen. Daß er fobann
verfucht haben könnte, diefe Regentfchaft in ein förmliches König=
thum umzuwandeln, ift alfo etwas an fich durchaus nichts Un=
wahrfcheinliches [4]). Meines Erachtens fcheinen fogar einige Rede=

---

[1]) Jeremia, **XXXIX**, 3.

Das Wort emga „glorreich" ift akkadifchen Urfprungs und fcheint ein
Ehrentitel aller Gelehrten von hohem Range gewefen zu fein. Es darf daher
mit dem iranifchen magus, der Bezeichnung der medifchen Magier, nicht ver=
wechfelt werden.

In's Affyrifche übergegangen, wurde es mit dem femitifchen rubu „Ober=
haupt, Führer" zu rubu-emga verbunden (vgl. meine Langue primitive de
la Chaldée, S. 367), wie man auch durch Verknüpfung des akkadifchen
sak „Offizier" mit dem femitifchen rab „groß" den Titel rab-sak „General=
ftabschef" bildete.

Ueberhaupt find viele affyrifche Amtstitel dem Akkadifchen entlehnt; fo z. B.
die militairifchen Chargen:

        Sak, Offizier;

        Sud-sak, Stabsoffizier;

        Rab-sak, Generalftabschef;

        Turtan, Oberfeldherr.

[2]) W. A. I., I, 68, 2 und 3; vgl. meine Langue primitive de la
Chaldée, S. 364 ff.

[3]) Berofus, Fragm. 14, Ausg. von C. Müller.

[4]) Jofephus (Ant. Jud., X, 10, 6) ift der Anficht, daß während der

wendungen des Bibeltextes selbst ziemlich deutlich hierauf hinzu=
weisen. Die Worte Nabukuburussur's:

Zu derselben Zeit kam ich wieder zur Vernunft, auch zu meinen könig=
lichen Ehren, zu meiner Herrlichkeit und zu meiner Gestalt; und meine Räthe
und Gewaltigen suchten mich; und ward wieder in mein Königreich
gesetzt, und ich überkam noch größere Herrlichkeit . . . .

lassen immerhin darauf schließen, daß während seiner Krank=
heitsperiode ein Usurpationsversuch stattfand. Nur dürften aber
unter den „sieben Zeiten" nicht etwa „sieben Jahre" zu verstehen
sein; denn die Geisteskrankheit des Königs mußte in Wirklichkeit
nur von kurzer Dauer sein. Zudem könnte derselbe Ausdruck
auch für einen Zeitraum von „sieben Monaten" gelten; und
dieserart erschiene es vollkommen begreiflich, wie der Usurpationsact
des Bel=zikir=iskun im Canon des Ptolemäus unerwähnt
bleiben könnte. Der Grund wäre eben ein doppelter gewesen:
zunächst die Unrechtmäßigkeit des Actes, welche die Streichung
des Namens des Usurpators aus den Königslisten verursachte;
sodann die kurze, nicht einjährige Dauer der Usurpation selbst.

Die Nachrichten des vierten Capitels des Buches Daniel
dürften also immerhin eine thatsächliche Grundlage haben. Es
fehlt wenigstens nicht an geschichtlichen Momenten zu ihrer Recht=
fertigung; und sie könnten daher wohl zur Zahl jener schätz=
baren und zuverlässigen Angaben gehören, die sich allein im
Buche Daniel erhalten haben.

Handelt es sich ferner um die Abfassungsform der in Frage
stehenden Erzählung des vierten Capitels, dann müssen meines
Erachtens ebenfalls zwei Puncte nicht außer Acht gelassen werden.

Es ist zunächst nicht anzunehmen, daß in ihr die wortgetreue
Wiedergabe eines Erlasses des Nabukuburussur vorliegt.
Die Hand des jüdischen Verfassers verräth sich an zu vielen
Stellen, auch widerstreitet darin Manches dem hergebrachten Stil
der assyrischen und babylonischen Urtexte. War Nabukubu=

---

siebenjährigen Geisteskrankheit Nabukuburussur's „Niemand die Leitung
der Regierungsgeschäfte zu übernehmen wagte". Indessen dürfte er sich hierbei
allein auf die Angaben des Buches Daniel gestützt haben.

ruſſur wirklich zeitweiſe geiſteskrank, und veranlaßte ſeine Krank=
heit in der That einen Umſturzverſuch, ſo dürften die amtlichen
Annalen ſeiner Zeit allerdings darüber berichtet, jedenfalls aber
den phyſiſchen und geiſtigen Zuſtand, in den der König durch
ſeine Krankheit gerathen war, wohl kaum in ſo grellen Farben
dargeſtellt haben. Im vierten Capitel des Buches Daniel
ſpiegelt ſich aber unverkennbar der perſönliche Standpunct des
jüdiſchen Verfaſſers ab, der beſonderes Wohlgefallen daran findet,
den allgewaltigen Beſieger ſeines Vaterlandes bis zum Thiere
erniedrigt zu ſchildern.

Andererſeits erſcheint es mir ebenſo undenkbar, daß dieſe
Erzählung ganz und gar von dem jüdiſchen Schriftſteller verfaßt
ſein könne; denn in dieſem Falle hätte derſelbe unzweifelhaft
ſeiner Schilderung an vielen Stellen eine andere Färbung ver=
liehen. Er würde der Bekehrung Nabukuburuſſur's ein
beſtimmteres Gepräge gegeben und ihn mit feierlichen Worten die
Macht des Gottes Daniel's haben preiſen laſſen, — ebenſo
wie er ihn am Schluſſe des dritten Capitels dem Gotte der drei
aus dem Feuerofen erretteten Jünglinge eine förmliche Huldigung
darbringen läßt. Desgleichen würde er ihn, neben der Aner=
kennung der Macht und Größe eines höchſten Gottes, nicht auch
von „ſeinem Gotte" Bel=Marubuk, nach welchem Daniel
benannt war, und vom „Geiſte der heiligen Götter", der den
Seher inſpirire, haben reden laſſen. Endlich hätte er nicht un=
terlaſſen, ihm ein gewiſſes Bedauern, ein Wort der Reue über die
Erniedrigung Jeruſalems und die Zerſtörung des Tempels Jah=
veh's in den Mund zu legen; er hätte ihn in dieſer Hinſicht
etwa ebenſo ſprechen laſſen wie die Bücher der Makkabäer den
ſterbenden Antiochus Epiphanes.

Im Texte des vierten Capitels laſſen ſich bei näherer Prü=
fung zwei einander genau entſprechende Thatſachen nachweiſen.
Neben den Stellen, in denen der Geiſt des jüdiſchen Schrift=
ſtellers augenſcheinlich hervortritt, und wo der Ausdruck und Ge=
danke offenbar der ſtehenden Abfaſſungsform der amtlichen Ur=
texte aſſyriſcher und babyloniſcher Könige widerſtreitet, finden
ſich auch ſolche Perioden, beſonders bis zum ſechszehnten Verſe,

und vom einunddreißigsten Verse bis zu Ende, in denen das Ge=
präge einer ursprünglichen assyrischen Vorlage sich auf's genaueste
erkennen läßt. Ich glaube sogar wiederholt echt assyrische
Phrasen hindurchschimmern zu sehen, und es wäre in der That
ein Leichtes, manchen Ausdrücken einzelner Verse entsprechende
Redewendungen aus bekannten assyrischen Texten gegenüberzu=
stellen.

Meines Erachtens dürfte daher der Verfasser des vierten
Capitels eine wirklich babylonische Geschichtsurkunde, vielleicht ein
Fragment der Annalen Nabukuburussur's vor Augen ge=
habt haben, welches er jedoch seiner eigenen Denkweise gemäß
paraphrasirte, indem er fremde Ideen hineintrug und Umstände
in den Vordergrund brachte, welche die ihm vorliegende Urkunde
nur oberflächlich andeutete. Und diese Paraphrase dürfte dann, wie
ein Vergleich des Textes der hebräischen Bibeln mit dem der
Septuaginta ergiebt, in den späteren Bearbeitungen des Buches
D a n i e l immer mehr und mehr durchgeführt worden sein. Die
Verse 3 bis 6, welche in der Redaction der Septuaginta fehlen,
sind offenbar der Einleitung des zweiten Capitels nachgebildet,
woselbst D a n i e l ebenfalls erst befragt wird, da die amtlichen
Wahrsager und Deuter keine Auskunft zu geben vermögen. Ferner
dürften die Verse 17 bis 30 ganz und gar vom jüdischen Bear=
beiter verfaßt sein, während die Urtexte, die ihm als Vorlage
dienten, wohl nur in kurzen Sätzen und andeutungsweise die
Krankheit des Königs berührt haben mögen. Dagegen glaube
ich, daß andere Stellen, insbesondere Vers 7 bis 14 und 31 bis
33 unverändert babylonischen Urkunden entnommen sind. Wir
begegnen hier wiederholt Ausdrücken, die sich auch in assyrischen
Inschriften, zumal in den Hymnen, deren sich mehrere erhalten
haben, genau wiederfinden lassen.

Vielleicht dürfte hiergegen eingewandt werden, daß der de=
müthige Ton, der speciell an letztgenannter Stelle hervortritt,
dem siegesbewußten Hochmuth widerspreche, der im Allgemeinen
die epigraphischen Denkmäler Nabukuburussur's charakterisirt
und auch im vierten Capitel des Buches D a n i e l, im 27. Verse,
zum Ausdruck gebracht ist:

Das ist die große Babel, die ich erbauet habe zum königlichen Hause, durch meine große Macht, zu Ehren meiner Herrlichkeit!

Das Gefühl der Reue und Demuth gegen die Gottheit war aber den Assyrern und Babyloniern durchaus nicht fremd. Wir haben bereits früher[1]) eine Reihe von Urtexten kennen gelernt, aus denen deutlich hervorgeht, daß das Reuegefühl dieser Völker sogar in hohem Maaße ausgebildet war und geradezu einen charakteristischen Zug ihrer Frömmigkeit bildete. Einzelne dieser Bußpsalmen haben sich im akkadischen Original nebst assyrischer Interlinearübersetzung erhalten; andere dagegen sind ausschließlich assyrisch verfaßt[2]); sie weisen aber ohne Ausnahme nach, daß die Babylonier und Assyrer vielleicht mehr als andere Völker von der Nothwendigkeit der Reue und der wohlthätigen Macht der Demuth und Buße durchdrungen waren, um so mehr da sie jeden Unglücksfall, jede Krankheit als unmittelbare Folge irgend welchen Fehltrittes oder Verstoßes gegen die göttlichen Gebote betrachteten.

Daher denn auch ihre Könige, selbst öffentlich, ihre Demuth und Reue wiederholt zu erkennen gaben. Als der letzte babylonische König Nabonahid seine Krone bedroht und von Persien her sein Unglück herannahen sah, wandte er sich reueerfüllt und in tiefster Demuth an den Gott Sin[3]):

Was mich, Nabonahid, in meinem sündigen Zustande gegen seine große Gottheit betrifft, so errette mich, gewähre mir edelmüthig Verlängerung meines Lebens bis in ferne Zeiten!

Und was Belsarussur, meinen Erstgeborenen, den Sprößling meines Herzens, betrifft, so flöße ihm Frömmigkeit gegen deine erhabene Gottheit in's Herz; er möge nimmer der Sünde verfallen und keine Freude haben an der Pflichtvergessenheit . . . .

Die herrlichen Worte, die im vierten Capitel des Buches Daniel die Macht des Allerhöchsten feiern, werden auch in der sog. Inschrift der Indischen Gesellschaft und anderen Schrift-

---

[1]) Vgl. den ersten Theil, Cap. I, §. 6.
[2]) W. A. I., IV, 64.
[3]) W. A. I., I, 68, 1, Col. 2, Z. 19—31.

denkmälern Nabukuburuſſur's gebraucht, zur Lobpreiſung
Bel=Marubuk's, des Schutzgottes von Babylon, den der
König im fünften Verſe ſpeciell „meinen Gott" nennt und auch
ſonſt überall zum Gegenſtande ſeiner tiefſten Verehrung macht.
Wenn indeſſen vermuthet wird, daß der jüdiſche Verfaſſer des
Buches Daniel hier durch Unterdrückung des Namens Bel=
Marubuk den Sinn der ihm zur Vorlage dienenden Urkunde
weſentlich geändert habe, lediglich um den Ausdrücken, die den
babyloniſchen Gott verherrlichen, den Charakter der Dankbarkeit
gegen den „wahren Gott" unterzuſchieben, ſo dürfte dieſe Anſicht
doch nicht in dem Maaße richtig ſein, als man auf den erſten
Blick glauben könnte.

Die erhaltenen keilſchriftlichen Texte bekunden mehrfach, daß
zur Zeit Nabukuburuſſur's die Ausbildung der philoſophiſch=
religiöſen Lehre der Prieſterſchulen Babylons und Chaldäas un=
unterbrochen im Gange war. Die Idee, daß die göttliche Sub=
ſtanz eine einheitliche und daß die Götter nur beſondere Er=
ſcheinungsformen derſelben, nicht aber völlig von einander ge=
ſchiedene Weſen ſeien, hatte von jeher in der chaldäiſch=babylo=
niſchen Glaubenslehre exiſtirt; ſie verharrte aber lange im Zu=
ſtande eines Keimes und entbehrte daher jeder genaueren Faſſung.
Erſt zur Zeit der Anfänge des neuen chaldäiſchen Reiches begann
die Vorſtellung eines erſten und höchſten Princips, welches über
allen Göttern waltet, ſich klarer auszubilden, wozu die gleich=
zeitige Entwickelung einer philoſophiſchen, von den ſymboliſchen
Götternamen unabhängigen Terminologie ſehr weſentlich beitrug.
Zum erſten Male trat damals, mit beſtimmten Zügen und einem
förmlichen Cultus ausgeſtattet, die Perſon des Ilu, des Gottes
κατ' ἐξοχήν, des abſoluten Gottes auf, der die göttliche Hierarchie
krönt und aus ſeinem Schooße alle Emanationen hervorgehen
läßt; man erblickte in ihm den Einen und Guten, das erſte
Princip, den Urquell der oberen Göttertriaden[1]. Und dieſe
Vorſtellung erreichte endlich in der berühmten Schule von Uruk

---

[1] Anonym. Compend. de doctr. Chaldaic., ap. Stanley, Histor. philosoph., Bd. II, 1125.

ober Orchoë, zur Zeit der Seleuciden, den höchsten Grad der
Bestimmtheit; der Ausdruck „Gott Eins", der dazumal in Ge=
brauch kam, wurde sogar ein Bestandtheil vieler Eigennamen
orchoënischer Gelehrten [1]). Soweit war man indessen, allem
Anschein nach, zur Zeit Nabukuburussur's noch nicht vor=
geschritten; insbesondere war dieser König bestrebt, infolge seiner
persönlichen Ergebenheit gegen Marubuk, der sich entwickelnden
religiösen Idee eine andere Form und Richtung zu geben. Vor
ihm hatten die Assyrer ihrem Nationalgott Assur den Charakter
eines deus exsuperantissimus, eines Vaters und Führers der
Götter beigelegt; und sie hatten diesen Vorrang des einen Gottes
allmälich in einem Grade gefördert und präcisirt, daß man hierin
einen gewaltigen Drang zum Monotheismus erkennen muß, un=
geachtet der gleichzeitigen Beibehaltung anderer Nebengötter,
welche den Babyloniern entlehnt waren und sodann Assur un=
tergeordnet wurden. Nabukuburussur versuchte aus Ma=
rubuk dasselbe zu machen, was die Assyrer aus ihrem National=
gott gemacht hatten; er war bestrebt, ihn als höchsten Gott, als
erstes Princip von seinen Unterthanen anerkennen zu lassen; er
suchte den Begriff der Einheit des göttlichen Urwesens, der in
den religiösen Speculationen des Priesterthums sich ausbildete,
bestimmter als je zuvor an den Namen Marubuk's zu knüpfen;
daher auch Letzterer häufig Titel erhielt, die ihm vorher nie zu
Theil wurden und nur in den Inschriften Nabukuburussur's
ihm den Charakter einer absoluten Gottheit, eines Gottes ohne
Gleichen, vielleicht noch entschiedener verliehen, als dies je mit
Assur der Fall war. In der sog. Inschrift der Indischen Ge=
sellschaft wird er speciell als „oberster Führer, Erstgeborener,
Oberhaupt aller Götter, Gott Erhalter des Himmels und der
Erde, Gott Herr, erhabener Meister der Götter" bezeichnet, ja
sogar ausdrücklich mit Ilu identificirt, während sich Nabu=
kuburussur gleichzeitig als „Verbreiter des Cultus Maru=
buk's" ausgiebt.

---

[1]) Vgl. mein Essai sur un document mathématique chaldéen, Noten
auf S. 98 ff.

Der jüdische Verfasser des Buches Daniel war also immerhin berechtigt, diese in den Urkunden Nabukuduruffur's wieder= holt hervortretende religiöse Vorstellung als eine wirkliche Nei= gung zum Monotheismus und als einen Fortschritt gegen die früheren babylonischen Glaubenslehren zu betrachten. Er konnte Maruduk, so wie er von Nabukuduruffur verehrt und verkündet wurde, ungefähr in gleicher Weise auffassen, wie der Verfasser des Buches Esra den Ahuramazdā der Perser auf= faßte: als eine Art unvollkommener Darstellung des „wahren Gottes". Auch war es natürlich, daß er diesen wiewohl geringen religiösen Fortschritt dem Einflusse zuschrieb, den einer seiner Landsleute, der begeisterte Seher, dessen Geschichte er erzählte, auf das Verhalten und die Gemüthsstimmung des Königs aus= übte ¹).

Endlich verdient noch bemerkt zu werden, daß, so oft bei Verfasser des Buches Daniel den König Nabukuduruffur direct sprechen läßt und dabei auf einen amtlichen Erlaß desselben Bezug zu nehmen scheint, einzig und allein nur diese Erkenntniß eines höchsten Gottes und alleinigen Urquells zum Ausdruck ge= bracht wird. In den Versen 31 bis 33 des dritten Capitels ²) wird diese bestimmte Grenze ebenfalls nicht überschritten. Das Verbot, den Gott Schadrach's, Meschach's und Abad= Nebo's zu lästern (III, 29), wird dagegen nicht in gleichem Sinne gegeben und unter gleichen Nebenumständen erwähnt ³), —

---

¹) Einzelne Kritiker gehen so weit, die historische Existenz der Person Daniel's in Abrede zu stellen. Meines Erachtens dürfte aber die Entschei= dung dieser Streitfrage lediglich davon abhängen, ob das Buch, welches den Namen Daniel's trägt, einen thatsächlichen historischen Werth hat, oder nicht. Den vom Hesekiel (XIV, 14 und 20; XXVIII, 3) erwähnten Daniel mit demjenigen zu identificiren, der ein Zeitgenosse Nabukuduruffur's war, dürfte dagegen sehr schwer halten (vgl. Ewald, Die Propheten, Bd. II, S. 560), wiewohl Delitzsch (in Herzog's Encyklopädie, S. 271) nachgewiesen, daß dies immerhin nicht unmöglich sein dürfte.

²) Wahrscheinlich bildeten diese drei Verse ursprünglich die Einleitung des Erlasses, der im vierten Capitel mitgetheilt wird.

³) An und für sich zeigt dieses Verbot nur die Art und Weise, wie die Assyrer, auch sonst in allen ihren Urkunden, von den fremden Göttern sprechen. Sie erkannten dieselben zwar als Götter an, ordneten sie aber der Allmacht

ebensowenig wie in II, 47 der Ausspruch des Königs, daß der
Gott Daniel's ein „Gott über alle Götter sei"; diese beiden
Stellen gehören lediglich dem Verlaufe der Erzählung an und
sind allein auf den persönlichen Standpunct des Schriftstellers
zurückzuführen.

Assur's unter. Ebenso giebt Nabukuburussur zu, daß der Gott der
drei Jünglinge ein wirklicher Gott sei, und als solchen verbietet er ihn zu
lästern; er macht ihn aber nicht zum alleinigen Gott, noch auch zum höchsten
Gott. Diese Nuance ist bemerkenswerth, da sie immerhin zu Gunsten des
Buches Daniel spricht.

VI.

Zum Abschlusse meiner flüchtigen Prüfung der sechs ersten Capitel des Buches Daniel hebe ich hier noch zwei Puncte hervor, deren Unmöglichkeit in geschichtlicher Hinsicht mir unzweifelhaft scheint.

Zunächst dürfte die Zahl der vom medischen Darius errichteten Satrapien (VI, 2) unbedingt übertrieben sein, zumal wenn man in diesem Fürsten einen vom Cyrus in Babylon eingesetzten Statthalter zu erkennen hat. Diese Angabe läßt sich eben nur durch eine spätere Entstellung des ursprünglichen Textes erklären, deren Urheber offenbar an die zwanzig großen Satrapien dachte, welche Darius Hystaspes im Perserreich errichtete. Derartige Abänderungen, welche durch die Feder der auf einander folgenden Abschreiber entstanden, lassen sich überhaupt an vielen Stellen der Bibel thatsächlich nachweisen, und sie werden daher auch von den orthodoxesten Commentatoren als solche beurtheilt.

Sodann erscheint es kaum glaublich, daß Nabukuduruffur Daniel zum „Obersten der Beschwörer, Weisen, Sterndeuter und Wahrsager" ernannt habe. Denn einerseits leuchtet ein, daß Letzterer als strenggläubiger und in jeder Hinsicht nach Maaßgabe des Gesetzes handelnder Jude dieses vorzugsweise heidnische Amt nicht hätte annehmen können; andererseits dürften die chaldäischen Gelehrten, welche auf die Reinheit ihrer Abstammung so stolz waren und eine erbliche Kaste bildeten[1]), wohl kaum geduldet haben, daß ein Fremder, zumal ein Andersgläu-

---

Diod. Sic., II, 29.

biger, an ihre Spitze gestellt würde. Ich trage daher kein Be=
denken, den zweiten Theil des eilften, sowie den ersten Theil des
zwölften Verses des fünften Capitels, desgleichen den sechsten
Vers des vierten Capitels, welcher den Verfassern der Septua=
ginta unbekannt war, für neuere Interpolationen zu halten; und
dieses um so mehr, da Nabukuburussur nach Angabe des
achtundvierzigsten Verses des zweiten Capitels den Daniel nur
mit Verwaltungsämtern belehnte. Allerdings ist auch an letzterer
Stelle von „Gelehrten" die Rede; doch glaube ich auch dieses
Wort, welches offenbar nicht am Platze ist, auf eine Einschaltung
zurückführen zu müssen, welche später geschah, da die eigentliche
Bedeutung der assyrischen Titulatur sakan bereits in Vergessen=
heit gerathen war. Der in Rede stehende Vers dürfte ursprüng=
lich gelautet haben:

Und der König erhob Daniel und machte ihm ansehnliche Geschenke:
auch ernannte er ihn zum Statthalter der Provinz Babylon, sowie zum Vor=
gesetzten der Bezirksverwalter (sakan) von Babylon.

VII.

Die Schlüsse, die sich aus vorstehenden Paragraphen ergeben, fassen wir kurz dahin zusammen:

Die sechs ersten Capitel des Buches Daniel entwerfen ein wahrheitsgetreues Bild vom babylonischen Hoflager unter Nabukuburussur und seinen Nachfolgern; auch haben sie einen nicht zu unterschätzenden historischen Werth, den die erhaltenen keilschriftlichen Texte mehrfach bestätigen.

Sie wurden zu einer den besprochenen Personen und Vorgängen noch naheliegenden Zeit verfaßt und können daher nicht, wie die rationalistische Exegese behauptet, als ein Machwerk aus der Zeit des Antiochus Epiphanes betrachtet werden.

Ferner scheint der Verfasser derselben wiederholt babylonische Originalurkunden, vielleicht Abschnitte aus den amtlichen Annalen Nabukuburussur's, benutzt zu haben, die er indessen paraphrasirte und nach Maaßgabe seines individuellen Standpunctes verarbeitete.

Enthält daher die aramäische Redaction der Capitel II bis VI, wie sie uns gegenwärtig vorliegt, griechische Wörter, die auf die Zeit nach Alexander hinzuweisen scheinen, so ist dies der Fall, weil sie wahrscheinlich nur die Uebersetzung eines ursprünglichen hebräischen Textes ist, der sich allein vom ersten Capitel erhalten hat.

Dieser ursprüngliche hebräische Text dürfte allem Anschein nach unter den Achämeniden verfaßt worden sein, wie sich schon daraus ergibt, daß er gewisse assyrische Titulaturen durch entsprechende persische Bezeichnungen ersetzt, welche vom Verfasser der aus der Seleucidenzeit herrührenden aramäischen Uebersetzung beibehalten wurden.

Diese Schlüsse führen nicht allein auf die Angabe des Talmud zurück, daß das Buch Daniel aus der Zeit der großen Synagoge herstamme, — sie passen zugleich recht gut zu den Anspielungen, die der sterbende Mathathias in seiner Rede an seine Söhne[1]) auf Episoden des Buches Daniel macht, und zwar gerade auf solche, die in den sechs ersten Capiteln enthalten sind. Dieselbe Erwähnung läßt sich aber nicht mit der Annahme vereinigen, daß das Buch ganz und gar zur Zeit des Antiochus Epiphanes verfaßt sei; daher denn auch Solche, die die Ansicht des Porphyrius verfechten, wohl darauf bedacht sind, sie vom Kreise ihrer Betrachtungen auszuschließen. „So verkehrt es nun ist," bemerkt Nöldeke[2]), „wenn man diese Stelle als ein Zeugniß für die Echtheit des Buches hat ansehen wollen, da dies nur in dem Falle anginge, daß wir jene Rede als eine solche ansehen könnten, die mit stenographischer Treue aufbewahrt wäre, so folgt doch daraus u. s. w." Dieses heißt jedoch nur, in absprechender und nicht genügend begründeter Weise das Zeugniß eines biblischen Buches verwerfen, dessen historischer Werth sonst allgemein anerkannt wird. Die letzten Worte des Mathathias konnten freilich nicht von einem Stenographen aufgezeichnet werden; sie waren aber gleichwohl zu feierlicher Art, als daß die Zeitgenossen sie nicht mit Sorgfalt bewahrt haben sollten; sie waren überdies zu kurz und bündig, um größeren Sinnentstellungen ausgesetzt zu sein; und sie mußten daher dem Verfasser des ersten Buches der Makkabäer, der sie nur wenig über sechszig Jahre später citirte, wenn nicht wörtlich, so doch wenigstens ihrem wesentlichen Inhalte nach bekannt sein. Wollte man dagegen aus den nämlichen Worten herleiten, daß das Buch Daniel bereits zur Zeit des Mathathias als ein canonisches betrachtet worden sei, dann räume ich gerne ein, daß dieselben kaum mehr als einen schwachen Anhaltepunct hiezu bieten, wie-

---

[1]) I Makkab., II, 59 und 60.
[2]) Die alttestamentliche Literatur, S. 232.

wohl auch zum Nachweise des Gegentheils zum Mindesten ein
gleicher Anhaltepunct fehlt. Wenigstens dürfte der Ausfall des
Namens Daniel aus der Prophetenliste des neununbvierzigsten
Capitels der „Weisheit des Jesus Sirach" keinen solchen ab=
geben; dieser Ausfall beweist eben nur, daß das Buch Daniel
dazumal nicht zu den prophetischen Büchern, vielmehr, wie es im
jüdischen Canon noch der Fall ist, wegen seines eigenthümlichen,
mehr apokalyptischen als streng prophetischen Inhaltes, zu den
Hagiographa gerechnet wurde. Dieses scheint mir so klar auf
der Hand zu liegen, daß nur von Vorurtheilen Befangene an=
derer Ansicht sein könnten.

VIII.

Wenn endlich die Echtheit des Buches Daniel auch der vielen darin mitgetheilten wunderbaren Begebenheiten wegen bestritten, und demgemäß behauptet wird, daß Erzählungen, wie die von der Erhaltung der drei Jünglinge im Feuerofen, der Errettung Daniel's aus der Löwengrube, der geheimnißvollen Hand, die beim Gastmahl Belsarussur's prophetische Worte an die Wand schreibt u. s. w., nur den besten Beweis für die Unechtheit und historische Werthlosigkeit des Buches lieferten, so muß ich dieses Verfahren als ein durchaus unrichtiges und unwissenschaftliches auf's nachdrücklichste zurückweisen. Und ich thue dieses nicht allein als Christ, sondern auch als Gelehrter und im Namen eines Princips der Kritik, welches meines Erachtens bei der Prüfung der heiligen Bücher wie überhaupt aller schriftlichen Urkunden des Alterthums unbedingt aufrecht erhalten werden muß.

„Aus dem Gesagten," bemerkt Nöldeke[1]), „folgt die Unechtheit und wirkliche Abfassungszeit unseres Buches mit Sicherheit, und wir brauchen die zahlreichen sonstigen Schwierigkeiten, welche der Annahme der Echtheit gegenüberstehen, nur ganz kurz zu berühren. Dahin gehört die Märchenhaftigkeit und Unmöglichkeit der meisten in dem Buche erzählten Begebenheiten. Man denke nur an die Bewahrung der drei Männer vor dem Feuer und andere grelle Wunder u. s. w." Ein solcher Weg darf aber

---

[1]) Die alttestamentliche Literatur, S. 225.

zum Nachweise der Unechtheit eines Buches nicht eingeschlagen werden, selbst wenn man die Möglichkeit der Wunder in Abrede stellt und darin nur „Märchenhaftes und Unmögliches" erblickt. Denn die Frage, ob gewisse Begebenheiten für glaubhaft gehalten oder auf Täuschungen zurückgeführt werden müssen, wird stets unabhängig von der zweiten Frage nach der Abfassungszeit der Schrift selbst zu crörtern sein.

Welche Meinung man auch vom Uebernatürlichen und Wunderbaren hegen mag, man wird jedenfalls nicht läugnen können, daß auch heutzutage Schriften verfaßt werden, die über ebenso ungewöhnliche Begebenheiten wie die des Buches D a n i e l berichten und von Zeitgenossen herrühren, die sich ausdrücklich für Augenzeugen ausgeben. Man wird eben nur sagen können, daß diese Berichterstatter entweder täuschen oder selber getäuscht sind, — je nach der Würdigung der berichteten Dinge und der Glaubwürdigkeit ihrer Erzähler. Aber man kann die Erzählung selbst deshalb nicht als eine spätere Legende bezeichnen und ihre materielle Echtheit bestreiten. Mit einer Beweisführung, wie sie gegen das Buch D a n i e l angewandt wird, wäre ich schließlich noch im Stande nachzuweisen, daß das Buch Notre-Dame de Lourdes von L a S e r r e erst im ein- oder zweiundzwanzigsten Jahrhundert verfaßt worden sei!

Jede vorurtheilsfreie und echt wissenschaftliche Kritik wird daher die Wunderfrage von vornherein ausschließen und lediglich für die Beurtheilung der Thatsachen an sich aufsparen müssen; denn sie hat dieselbe weder zu lösen noch überhaupt zu crörtern. So lange sie sich nicht durch vorgefaßte und ihrem Gebiete fremde Theorien beirren läßt, wird es ihr stets gleichgültig sein müssen, ob die Urkunde, die ihrer Beurtheilung unterliegt, mit Wundergeschichten angefüllt ist; sie wird hiebei allein in's Auge zu fassen haben, ob man zur Zeit, da diese Urkunde verfaßt wurde, thatsächlich an dergleichen glaubte. Das Urtheil des Kritikers darf sich aber am allerwenigsten durch persönliche Ueberzeugungen beeinflussen lassen.

Ein treffliches Beispiel, welches übrigens weder die Wunder der Bibel noch des Christenthums berührt und daher auch keine Verschiedenheit des kritischen Standpunctes zwischen einem Christen und einem Freidenker zuläßt, bietet meines Erachtens die Hieroglyphenstele des Königs Ramses XII., die in der Pariser Nationalbibliothek aufbewahrt wird. Diese Urkunde enthält unzweifelhaft so viele Wundergeschichten, wie sie wohl kaum in einem einzelnen Buche der Bibel zusammengehäuft sind. Man denke nur an die Besessenheit der Prinzessin Bint-Reschit, an das Gespräch, welches sich in Gegenwart der Priester zwischen dem „in seiner Vollkommenheit ernsten“ Gotte Khons und seiner niedrigeren Erscheinungsform „Khons, dem Berather von Theben“, entspinnt, sodann an die vielen Nebenumstände, die die wunderbare Heilung der Prinzessin durch Berührung der nach Mesopotamien geschafften Arche des Khons begleiten, endlich an das wunderbare Traumgesicht, welches den Fürsten von Bakhten bestimmte, diese heilige Arche nach Aegypten zurückzusenden. Gewiß wird Niemand an die Wunder des Gottes Khons, des Berathers von Theben, glauben; es wird aber gleichwohl auch Niemandem beifallen, die Echtheit der betreffenden Stele zu bestreiten. Man sagt eben nur, daß ihre Mittheilungen das Gepräge der Glaubensmeinungen ihrer Zeit tragen. Und dieses um so mehr, da sie kein Legendenbuch, keine Urkunde ist, die erst nach mehrfacher Abschrift auf uns gelangte, sondern lediglich das Original einer amtlichen Inschrift, welche unmittelbar nach der Rücksendung der Arche des Gottes Khons und auf Befehl des Schwagers der Prinzessin Bint-Reschit verfaßt wurde.

Ist es also im Grunde richtig, die Echtheit eines Buches zu läugnen, lediglich weil dasselbe Wundererzählungen enthält? Ich verlange eben nur so viel von den rationalistischen Exegeten, daß sie nicht doppeltes Maaß und Gewicht anwenden, vielmehr das Buch Daniel, wie jede andere biblische Schrift, ungeachtet ihrer Wundergeschichten, aus demselben Gesichtspunct beurtheilen mögen, wie die Stele des ägyptischen Monarchen. Ich verlange nur wenig; aber dieses Wenige sind wir gewiß berechtigt von einer Kritik zu erwarten, welche Anspruch auf diesen Namen erhebt und sich nicht etwa blindlings in den Dienst vorgefaßter philosophischer Ideen begiebt. Erst dann, wenn das Alter und die Echtheit des Buches Daniel aus inneren und äußeren Gründen, frei von jedem Vorurtheil erkannt sein wird, mag es an der Zeit sein, auch die darin erzählten Wunder an sich zu prüfen, sowie ihre Glaubhaftigkeit zu erörtern.

www.ingramcontent.com/pod-product-compliance
Lightning Source LLC
Chambersburg PA
CBHW020512110726
47899CB00004B/1090